WISSENSCHAFTLICHE ABHANDLUNGEN DER ARBEITSGEMEINSCHAFT FÜR FORSCHUNG DES LANDES NORDRHEIN-WESTFALEN

Band 10

WISSENSCHAFTLICHE ABHANDLUNGEN DER ARBEITSGEMEINSCHAFT
FÜR FORSCHUNG DES LANDES NORDRHEIN-WESTFALEN

Band 10

CARL GOTTLIEB SVAREZ

Vorträge über Recht und Staat

HERAUSGEGEBEN
IM AUFTRAGE DES MINISTERPRÄSIDENTEN Dr. FRANZ MEYERS
VON STAATSSEKRETÄR PROFESSOR Dr. h. c. Dr. E. h. LEO BRANDT

Vorträge über Recht und Staat

von Carl Gottlieb Svarez (1746 – 1798)

herausgegeben von

Hermann Conrad und Gerd Kleinheyer

SPRINGER FACHMEDIEN WIESBADEN GMBH

Das Manuskript wurde
der Arbeitsgemeinschaft für Forschung des Landes Nordrhein-Westfalen
am 16. Oktober 1957 vorgelegt

ISBN 978-3-663-06614-9 ISBN 978-3-663-07527-1 (eBook)
DOI 10.1007/978-3-663-07527-1

Ursprünglich erschienen bei Westdeutscher Verlag Koln und Opladen 1960
Softcover reprint of the hardcover 1st edition 1960

Inhaltsverzeichnis

Kronprinzenvorträge

Skizzierter Leitfaden zu den mündlichen Vorträgen

Schriftliche Vorträge

Vorträge vor der Mittwochsgesellschaft

Vorwort

Einige Fragen, die sich aus der Arbeit an privatrechtsgeschichtlichen Problemen der Neuzeit ergaben, führten mich im Jahre 1955 zu den von der Forschung zwar oft benutzten, bisher aber nicht vollständig gedruckten Vorträgen von *Carl Gottlieb Svarez* vor dem preußischen Kronprinzen (1791/92). Die früher im Archiv des preußischen, später des Reichsjustizministeriums ruhenden Bestände der Materialien zum Allgemeinen Landrecht für die Preußischen Staaten von 1794, bei denen sich auch die Kronprinzenvorträge befanden, schienen nach dem 2. Weltkriege zunächst verloren, hatten jedoch Aufnahme im Zentralarchiv Abteilung Merseburg gefunden. Es gelang mit Hilfe von Herrn Ministerialdirektor Dr. *Petersen* im Bundesjustizministerium, sie dort zu ermitteln. Nach längeren Verhandlungen stellte mir die Leitung des Merseburger Archivs einen Mikrofilm der Originalfassung der Kronprinzenvorträge zur Verfügung, der im Institut für Deutsche und Rheinische Rechtsgeschichte der Universität Bonn im Sommer 1957 mit technischen Hilfsmitteln übertragen wurde.

Die finanzielle Betreuung der Arbeiten übernahm in großzügiger Weise die Arbeitsgemeinschaft für Forschung des Landes Nordrhein-Westfalen, in deren Reihe Wissenschaftliche Abhandlungen auch die vorliegende Ausgabe erscheint.

Das gesamte Material der Kronprinzenvorträge umfaßt drei Teile (Abteilungen). Den 1. Teil bildet ein Grundriß der Vorträge, gewissermaßen eine Skizze des vorzutragenden Stoffes, während der 2. Teil das eigentliche Vortragsmanuskript enthält, das allerdings zuweilen nur stichwortartig den Gedankengang des Verfassers angibt. Der 3. Teil enthält eine schriftliche Ausarbeitung der Vorträge, die dem Kronprinzen vom Verfasser überreicht worden sind. Diese Bearbeitung ist naturgemäß eingehender und tiefgreifender, aber nicht vollständig. Da eine Drucklegung des gesamten Materials auf Schwierigkeiten stieß, haben sich die Herausgeber entschlossen, den 2. Teil der Vorträge, das eigentliche Vortragsmanuskript, zum Druck zu bringen und dieses durch ausgewählte schriftliche Vorträge aus dem 3. Teil, die wegen ihres Inhaltes und zur Aufhellung einzelner Themen des 2. Teiles besonders wichtig erschienen, zu ergänzen. Auf diese Weise soll dem Benutzer der vorliegenden Ausgabe der gesamte von Svarez nach seinen eigenen handschriftlichen Aufzeichnungen dem Kronprinzen vorgetragene Stoff zugänglich gemacht und überdies noch ermöglicht werden, die eingehendere Stellungnahme von Svarez zu einzelnen Problemen kennenzulernen. Wegen ihres Inhaltes, der die Gedanken des eigentlichen Verfassers des Allgemeinen Landrechtes von 1794 über die Gesetzgebung, Recht und Staat vervollständigt, teils auch wegen der inneren Beziehungen zu den Kronprinzenvorträgen wurden mit diesen auch drei Vorträge zum Abdruck gebracht, die Svarez in den Jahren 1788–1791 vor der Mittwochsgesellschaft in Berlin gehalten hat.

Die Drucklegung der Vorträge bedarf wohl kaum einer Rechtfertigung. Die Bedeutung der Vorträge für die Forschung ist schon lange erkannt, in neuerer Zeit aber durch die wertvollen Forschungen Hans Thiemes noch in den Vordergrund gerückt worden. Der Inhalt der Vorträge ist für die Erkenntnis der geistigen Grundlagen der Gesetzgebung, der Entwicklung des späten Naturrechtes und des wachsenden Einflusses des deutschen Rechtes am Ende des 18. Jahrhunderts ebenso wichtig wie für die Verfassungsgeschichte im Zeitalter des Überganges vom Absolutismus zum Verfassungsstaat. Die Veröffentlichung der Vorträge in möglichst ungekürzter Form war daher von jeher ein Anliegen der rechtsgeschichtlichen Forschung.

Allen Mitarbeitern an dieser Ausgabe, besonders auch Herrn Dr. phil *Martin Herold*, der die Korrekturen mitgelesen hat, sei auch an dieser Stelle herzlich gedankt.

Bonn, im März 1960 Hermann Conrad

Einleitung

1. Aufklärung und Gesetzgebung

Die Mitte des 18. Jahrhunderts bedeutete für die deutsche Rechtswissenschaft eine grundlegende Wende. An die Stelle der älteren neuzeitlichen Naturrechtslehre, die von einem aus der Natur des Menschen erkennbaren, durch die Vernunft erschließbaren Recht (Vernunftrecht) ausging und auf die Erkenntnis eines allgemeingültigen, allen Menschen schlechthin eigenen und angeborenen Rechtes abzielte, trat eine jüngere Richtung der Naturrechtslehre, die nicht mehr von einem abstrakten schlechthin geltenden Naturrecht ihren Ausgang nahm. Diese wandte sich auch in stärkerem Maße gegen das von der älteren Naturrechtslehre meist noch als allgemeingültig anerkannte römische Recht und griff zugleich auf nationale Rechtsüberlieferungen zurück, so daß das seit Jahrhunderten infolge der Rezeption zurückgedrängte und nur noch im Schatten lebende deutsche Recht wieder stärker in den Vordergrund trat.

Die vom Geiste der stürmisch vorwärtsdrängenden Aufklärungsbewegung beeinflußte jüngere Naturrechtsschule forderte eine neue Gesetzgebung, um mit deren Hilfe Neuerungen und Verbesserungen in der Rechtsordnung durchzusetzen. Damit wurde die Aufklärung und ihre Naturrechtsschule zu einem Antrieb für die Gesetzgebung. Man beschränkte sich dabei nicht auf die Einzelgesetzgebung, mit der man in einzelnen Rechtsmaterien Fortschritte erzielen konnte, sondern gelangte auch zu dem Gedanken einer umfassenden Gesetzgebung, der Kodifikation. Mit ihrer Hilfe sollte das vielfach zersplitterte und unübersichtlich gewordene Recht vereinheitlicht (unifiziert) und vereinfacht (simplifiziert) werden.

Zugleich siegte in Deutschland auch die Aufklärung im Bereiche des Politischen. Sie nahm Einfluß auf die Staatsform des Absolutismus, in der Staat und Herrscher als Einheit angesehen wurden und der Untertan dem Willen des Herrschers und der von ihm bestimmten Staatszwecke unbedingt unterworfen wurde. Der aufgeklärte Absolutismus gründete den Staat und die Gewalt des Herrschers auf der naturrechtlichen Vertragslehre und band den Staat und die Macht des Herrschers an die von ihm angenommenen vertraglich vereinbarten Zwecke der bürgerlichen Gesellschaft. Dem Untertanen wurden natürliche Rechte zuerkannt. Er unterlag nicht mehr der Willkür der staatlichen Gewalt. Die aufklärerischen Reformer versuchten, dieses neue Staatsdenken auch in der von ihnen erstrebten Gesetzgebung zu verwirklichen.

Mithin bedeutete die Gesetzgebung jener Epoche der Aufklärung mehr als Überwindung veralteter Rechtszustände und Verbesserung der Rechtsordnung. Sie nahm den Charakter einer konstitutionellen Gesetzgebung an, die Rechte und Pflichten des Staates und Herrschers sowie der Untertanen, schließlich das Verhältnis von Staat und Untertan gesetzlich regeln wollte. Im vorkonstitutionellen Zustand der zweiten Hälfte des 18. Jahrhunderts war eine solche Gesetzgebung nichts anderes als der Versuch einer Grundlegung des Rechtsstaates im Rahmen der Staatsform des Absolutismus. Zum Aufgabenbereich der Gesetzgebung gehörte auch das Zivilrecht, das die rechtlichen Beziehungen der Bürger des Staates untereinander regelte. In der Ordnung des Zivilrechtes sah der Aufklärungsgesetzgeber sogar ein rechtsstaatliches Element, weil durch eine solche Ordnung ermöglicht wurde festzustellen, was einem jeden als das Seinige gehöre (vgl. S. 216, 464ff., 581).

Führend im Sinne einer aufgeklärten Gesetzgebung waren in Deutschland *Preußen* und *Österreich*. In beiden Staaten gelangte man in der zweiten Hälfte des 18. Jahrhunderts zu gesetzgeberischen Erfolgen. Nach dem Mißerfolg des Kodifikationsentwurfes des Großkanzlers *Samuel von Cocceji* (1679–1755), des sog. *Project des Corporis juris Fridericiani* (1749–1751), kam das Kodifikationswerk in Preußen erst gegen Ende der Regierung Friedrichs d. Gr. (1740–1786) erneut in Bewegung. Die Kabinettsorder vom 14. April 1780 (N.C.C. VI no. 13 Sp. 1935 ff.) ordnete die Ausarbeitung eines umfassenden Gesetzeswerkes für die preußischen Staaten an. Das Anliegen des Königs war die Vereinfachung der Gesetze (Simplifizierung), so daß das Gesetz dem gemeinen Manne verständlich war und juristische Streitigkeiten und Spitzfindigkeiten ausgeschlossen wurden. Darüber hinaus sollte aber auch das Recht in den preußischen Staaten vereinheitlicht werden (Unifizierung), ohne daß dabei die Landes- und Provinzialgesetze ausgeschaltet werden sollten. Der König ordnete vielmehr an, Provinzialgesetzbücher herzustellen, über denen sich das Landrecht als umfassendes Gesetzeswerk mit subsidiärer Geltungskraft erheben sollte. Dieses Gesetzeswerk aber sollte römisches Recht, Naturrecht und einheimisches deutsches Recht in gleicher Weise berücksichtigen und zu einer Einheit verbinden: „Es muß also nur das Wesentliche mit dem Natur-Gesetze und der heutigen Verfassung Übereinstimmende aus demselben (römischen Rechte) abstrahiert, das Unnütze weggelassen, unsere eigenen Landes-Gesetze am gehörigen Orte eingeschaltet und solchergestalt ein subsidiarisches Gesetz-Buch, zu welchem der Richter beim Mangel der Provinzial-Gesetze rekurrieren kann, angefertigt werden."

Der Tod des großen Königs (17. August 1786) unterbrach nicht die Arbeit an dem Gesetzeswerke. Schon 1791 konnte die Arbeit abgeschlossen und das Gesetzeswerk als *Allgemeines Gesetzbuch für die Preußischen Staaten* durch Patent vom 20. März 1791 publiziert werden. Gesetzeskraft sollte es am 1. Juni 1792 erlangen. Bevor das Gesetzeswerk in Kraft trat, wurde es vom König suspendiert (Kabinettsorder vom 18. April 1792, Jbb. f. die preuß. Gesetzgebung, Rechtswissenschaft und Rechtsverwaltung 52, 1838 S. 140/1). Gegenströmungen hatten an der zu aufgeklärten Haltung des Gesetzbuches Anstoß genommen und forderten seine Unterdrückung. Mit Nachdruck traten der Großkanzler *Johann Heinrich Casimir von Carmer* (1721–1801), den Friedrich d. Gr. 1780 mit der Gesetzeserneuerung betraut hatte, und sein engster Mitarbeiter, der Geheime Ober-Justiz- und Tribunalsrat *Carl Gottlieb Svarez* (1746–1798), für ihr Werk ein, dessen Rettung nach einigen allerdings schwerwiegenden Zugeständnissen in der Grundlegung des Rechtsstaates gelang. Nach Beseitigung der anstößigen Stellen und Änderung des ebenfalls Bedenken erregenden Titels konnte das Gesetzeswerk als *Allgemeines Landrecht für die Preußischen Staaten* am 5. Februar 1794 neu verkündet werden. Am 1. Juni des gleichen Jahres ist es in Kraft getreten[1].

[1] Zur Geschichte des Allgemeinen Landrechts für die Preußischen Staaten: *Matthias Joseph Euler*, Geschichtliche Einleitung in das Studium des allgemeinen Preußischen Landrechts, Jbb. f. d. preuß. Gesetzgebung, Rechtswissenschaft und Rechtsverwaltung, hrsg. von *K. A. von Kamptz* 32, 1828, S. 3ff.; *E. Schwartz*, Die Geschichte der privatrechtlichen Kodifikationsbestrebungen in Deutschland und die Entstehungsgeschichte des Entwurfs eines bürgerlichen Gesetzbuchs für das Deutsche Reich, Archiv f. bürgerliches Recht 1, 1889, S. 12ff.; *Ernst Landsberg*, Geschichte der Deutschen Rechtswissenschaft 3. Abt. 1. Halbbd., München und Leipzig 1898, S. 214ff.; 465ff.; *Conrad Bornhak*, Preußische Staats- und Rechtsgeschichte, Berlin 1903, S. 246ff.; *Eberhard Schmidt*, Rechtsentwicklung in Preußen, Berlin 1929[3], S. 25ff.; *Wilhelm Dilthey*, Das Allgemeine Landrecht, Ges. Schriften Bd. XII. Zur Preußischen Geschichte, Leipzig und Berlin 1936, S. 131ff.; *Hans Thieme*, Die Zeit des späten Naturrechts. Eine privatrechtsgeschichtliche Studie, ZRG, Germ. Abt. 56, 1936, S. 202ff.; *ders.*, Die preußische Kodifikation. Privatrechtsgeschichtliche Studien II, ZRG. Germ. Abt. 57, 1937, S. 355ff.; *ders.*, *Das* Gesetzbuch Friedrich d. Gr. Zum 150. Jahrestag des Todes Friedrichs des Großen am 17. August 1786, DJZ 41, 1936, Sp. 939ff.; *Franz Wieacker*,

Der eigentliche Verfasser des Gesetzbuches *Carl Gottlieb Svarez* erhielt im Jahre 1791 den ehrenvollen Auftrag, dem preußischen Kronprinzen, dem späteren König Friedrich Wilhelm III. (1797–1840), Vorlesungen aus dem Gebiete des Staatsrechtes und der Rechtswissenschaft zu halten. Voraufgegangen war ein Unterricht des Kronprinzen durch Vorträge in der Finanzwissenschaft (vgl. unten S. 111, 120, 126). Noch im gleichen Jahre, vor allem im Winter 1791/92, bis ins Frühjahr 1792 hat sich Svarez dieses Auftrags entledigt. Diese Vorträge dienten im Sinne der Prinzenerziehung der Zeit der Unterweisung des Thronfolgers und künftigen Monarchen in den Pflichten seines hohen Amtes und der Regierung, die sie beeinflussen sollten und in diesem Falle auch wohl beeinflußt haben. Sie zeigen zugleich die Gedanken und Vorstellungen des eigentlichen Verfassers des preußischen Gesetzbuches über Recht und Staat und geben damit einen Einblick in die geistige Welt dieses Gesetzeswerkes. Bemerkenswert ist vor allem, daß es sich hier nicht um ein theoretisches System der Rechtsphilosophie handelt, sondern um das weltanschaulich-politische Bild von Recht und Staat eines Mannes, der zum Gesetzgeber eines führenden deutschen Staates seiner Zeit geworden ist. Die zugrundeliegende naturrechtliche Theorie der Aufklärung ist hier zum Leben in einem Gesetzeswerk erweckt worden.

Die Forderungen der Aufklärung nach Allgemeinverständlichkeit, Übersichtlichkeit und Volkstümlichkeit des Gesetzes, nach Zurückdrängung des römischen Rechtes und weitgehender Berücksichtigung des Naturrechtes und des einheimischen Rechtes waren in der preußischen Kodifikation verwirklicht, so daß das Publikationspatent vom 20. März 1791 mit Recht sagen konnte, daß „das Ganze in einer zusammenhängenden Ordnung, in der Sprache der Nation, und dergestalt allgemein verständlich vorgetragen werde, daß ein jeder Einwohner des Staates, dessen natürliche Fähigkeiten durch Erziehung nur einigermaßen ausgebildet sind, die Gesetze, nach welchen er seine Handlungen einrichten und beurteilen lassen soll, selbst lesen, verstehen und in vorkommenden Fällen sich nach den Vorschriften derselben gehörig achten könne". Die Rechtseinheit wurde allerdings durch das Gesetzbuch in den preußischen Staaten nicht erreicht, weil das Gesetzbuch nur subsidiäre Geltungskraft hinter den Provinzialrechten haben sollte, deren Sammlung zwar erneut vorgeschrieben, aber nur in einem sehr beschränkten Umfang durchgeführt wurde. So war der Weg zur Rechtseinheit für die preußischen Staaten, jener zusammengewürfelten Ländermasse mit

Privatrechtsgeschichte der Neuzeit unter besonderer Berücksichtigung der deutschen Rechtsentwicklung, Göttingen 1952, S. 201 ff.

den verschiedenartigsten Lebensverhältnissen und Rechtsordnungen, die unter der Krone des preußischen Herrschers vereinigt waren, durch das neue Gesetzbuch geöffnet worden. Die Gebietserweiterungen des preußischen Staates nach den Befreiungskriegen verhinderten jedoch eine solche Rechtseinheit.

Den Forderungen der Aufklärung war das neue preußische Gesetzbuch auch insoweit entgegengekommen, als es im Sinn des aufgeklärten Absolutismus eine Grundlegung des Rechtsstaates brachte. Die Staatsgewalt wurde an die durch den bürgerlichen Vertrag (Gesellschaftsvertrag) vorgezeichneten Zwecke gebunden, der Herrscher zum Garanten der Wohlfahrt und Sicherheit des Staates und seiner Bürger gemacht, den Bürgern wurden natürliche, grundsätzlich unentziehbare Rechte zuerkannt. Staatliche Willkürakte bei der Gesetzgebung und Rechtsprechung (Verbot des Machtspruches) sollten ausgeschlossen werden. Die Vorschriften der Einleitung des Allgemeinen Gesetzbuches für die preußischen Staaten von 1791 gegen die Willkür des Herrschers bei der Gesetzgebung und Rechtsprechung (§§ 6, 10–13, 14, 18) und die Grundsätze des Verhältnisses zwischen dem Staate und seinen Bürgern (Einl. §§ 77–85) stellten eine Art von Grundrechtskatalog dar, eine für einen absoluten Staat erstaunliche Erscheinung[2]. Die Verfasser des Gesetzbuches waren sich selbst darüber im klaren, daß sie hier eine konstitutionelle Gesetzgebung schufen. Die von Friedrich Wilhelm II. (1786–1797) nach seiner Thronbesteigung veranlaßte Mitwirkung der Stände bei der Bearbeitung des Entwurfes, deren eigentliches Ziel der Kampf gegen den neuen Geist des Gesetzbuches war, wurde vom Großkanzler von Carmer in der Vorerinnerung zum zweiten Teile des Entwurfes dahin gedeutet, daß sich Preußens Untertanen mit Recht rühmen könnten, unter Gesetzen zu leben, die von ihnen selbst geprüft und genehmigt worden seien: „Niemand wird sich beklagen dürfen, daß ihm Vorschriften aufgedrungen werden, die seiner Lage, seinen Verhältnissen, der Lage und den Verhältnissen seiner Provinz und deren ursprünglichen Verfassungen nicht angemessen sind. Der bürgerliche Vertrag, dieser von den Weltweisen mit

[2] Hierzu neuestens *Hermann Conrad*, Die geistigen Grundlagen des Allgemeinen Landrechts für die preußischen Staaten von 1794 (Arbeitsgemeinschaft für Forschung des Landes Nordrhein-Westfalen, Geisteswissenschaften H. 77), Köln und Opladen 1958; *Gerd Kleinheyer*, Staat und Bürger im Recht. Die Vorträge des Carl Gottlieb Svarez vor dem preußischen Kronprinzen (1791/92) (Bonner Rechtswissenschaftliche Abhandlungen, hrsg. von der Rechts- und Staatswissenschaftlichen Fakultät der Universität Bonn, Bd. 47), Bonn 1959.

[3] Entw. eines allgemeinen Gesetzbuches für die Preußischen Staaten, 2. Teil, Berlin und Leipzig 1787, Vorerinnerung.

menschenfreundlichem Witz erfundene Grund des Gehorsams gegen die Gesetze, wird alsdann etwas mehr sein als eine schöne Hypothese"[3]. Svarez selbst aber wollte dem Gesetzeswerke den Charakter eines Grundgesetzes für die preußischen Staaten zuerkennen. In seinem Vortrag vor der Mittwochsgesellschaft, den er noch vor der Verkündigung des Gesetzeswerkes am 1. April 1789 gehalten hat, spricht er „von der allgemeinen Gesetzgebung, deren Werk es ist, feste, sichere und fortdauernde Grundsätze über Recht und Unrecht festzustellen, die besonders in einem Staat, welcher keine eigentliche Grundverfassung hat, die Stelle derselben gewissermaßen ersetzen soll, die also für den Gesetzgeber selbst Regeln enthalten muß, denen er auch in bloßen Zeitgesetzen nicht zuwiderhandeln darf, die sich den stolzen Gedanken erlauben darf, die Wohlfahrt nicht bloß der gegenwärtigen, sondern auch künftiger Generationen zu befördern"[4]. Erst später hat Svarez angesichts der wachsenden Stimmung gegen das Gesetzbuch seine Meinung eingeschränkt.

Die wertvollen Ansätze der preußischen Kodifikation zum Rechts- und Gesetzesstaat sind allerdings bei der Umarbeitung des Gesetzbuches zum Allgemeinen Landrecht teils wieder verlorengegangen. Noch bevor die Suspension des Allgemeinen Gesetzbuches durch den König erfolgte, konnte Svarez seine Vorträge vor dem preußischen Kronprinzen abschließen. Infolgedessen zeigen diese noch die geschlossene Gedankenwelt des Allgemeinen Gesetzbuches, nicht aber das durch die Beseitigung der anstößigen Stellen bereits stark beeinträchtigte System des Allgemeinen Landrechtes von 1794.

Die Vorträge von Svarez lassen deutlich erkennen, daß dem preußischen Gesetzeswerk das klare System einer Staats- und Rechtslehre zugrunde lag. Die Verfasser haben sich darauf beschränkt, von den Grundsätzen dieses Systems nur so viel in das Gesetzeswerk zu übernehmen, als eben für den praktischen Zweck des Gesetzgebers erforderlich war. Anders ist hier der österreichische Gesetzgeber zu Werke gegangen, der in seinem *Bürgerlichen Gesetzbuch für Westgalizien vom 13. Februar 1797* (JGS. Nr. 337) eine von der Naturrechtslehre der Aufklärung bestimmte Grundlegung von Recht und Staat vornahm. Zweifellos war der eigentliche Verfasser des Westgalizischen Gesetzbuches, der Wiener Naturrechtslehrer *Karl Anton Freiherr von Martini zu Wasserburg* (1726–1800), ein Anhänger der deutschen Naturrechtsschule, dem Vorbild der preußischen Kodifikation gefolgt, ohne sich dabei allerdings deren Zurückhaltung und Beschränkung in der gesetzlichen Normie-

[4] Vgl. unten S. 635/36.

rung rechtsphilosophischer Grundsätze zu befleißigen. Diese Grundsätze in einem privatrechtlichen Gesetzbuche gaben zu Beanstandungen Anlaß. Sie wurden später bei der Umarbeitung des Gesetzes zum *Allgemeinen Bürgerlichen Gesetzbuche für die gesamten deutschen Erbländer der österreichischen Monarchie von 1811* als nicht in ein privatrechtliches Gesetzbuch gehörig gestrichen[5]. Immerhin hat die österreichische Gesetzgebung am Ende des 18. Jahrhunderts in einem Gesetzbuche die naturrechtliche Grundlegung von Recht und Staat zur Anerkennung gebracht, wenn auch die Aufnahme der naturrechtlichen Grundsätze in ein privatrechtliches Gesetzbuch verfehlt war. Selbst das Verbot des Machtspruches wurde hier ausgesprochen, das in Preußen als anstößig gestrichen werden mußte[6].

Die Gedanken und Vorstellungen von Recht und Staat bei dem eigentlichen Verfasser des Allgemeinen Landrechts werden noch vervollständigt durch die von Svarez vor der Mittwochsgesellschaft gehaltenen Vorträge[7]. Der erste dieser Vorträge „*Inwiefern können und müssen Gesetze kurz sein?*", gehalten am 11. Juni 1788, knüpft an eine Randbemerkung Friedrichs d. Gr. bei der Vorlage des 2. Teiles des Entwurfes zum Allgemeinen Gesetzbuch an: „Gut, aber es ist ja so dicke. Gesetze müssen kurz sein" (Fassung nach Svarez) (unten S. 627 ff.). Der König wendet sich hier gegen die oft gerügte Kasuistik des Gesetzbuches, die dieses zu einem so umfangreichen Werke hat anschwellen lassen. Svarez tritt in dem Vortrage für eine Beschränkung des Umfanges der Gesetze ein, lehnt aber eine allzugroße Kürze ab, weil dadurch der Richter zum Gesetzgeber gemacht und die bürgerliche Freiheit gefährdet werde. Damit griff er eine Kardinalfrage der damaligen Gesetzgebung auf, für deren Lösung, wie sie im Vortrag vorgeschlagen und im preußischen Gesetzbuch durchgeführt worden war, er später die herbe Kritik des Verfassers des Allgemeinen Bürgerlichen Gesetzbuches für die gesamten deutschen Erbländer der österreichischen Monarchie, *Franz von Zeiller*, hinnehmen mußte. Dieser bemerkte zu der Frage im Hinblick auf die Arbeit am österreichischen Entwurf: „Immer aber war man zugleich besorgt, die gefährliche Klippe einer ängstlichen, weitschweifigen und doch nie befriedigenden Kasuistik zu vermeiden, von der man weder das römische,

[5] Vgl. *Sigmund Adler*, Die politische Gesetzgebung in ihren geschichtlichen Beziehungen zum allgemeinen bürgerlichen Gesetzbuche, Festschr. z. Jahrhundertfeier des Allgemeinen Bürgerlichen Gesetzbuches 1. Teil, Wien 1911, S. 141f.

[6] Westgalizisches Bürgerliches Gesetzbuch von 1797 I § 39. Entscheidungen, welche ohne das vorgeschriebene richterliche Verfahren ergehen oder sog. Machtsprüche sollen weder Kraft noch Wirkung haben.

[7] Vgl. unten S. 625ff.

noch das preußische Gesetzbuch freisprechen kann. In diesen Fehler der Gesetzgebung muß man notwendig verfallen, wenn man so, wie das preußische Gesetzbuch, den Richter an eine buchstäbliche Anwendung des Gesetzes binden und ihn in eine rechtsprechende Maschine verwandeln will[8]." Svarez' Betrachtungen in seinem Vortrag vor der Mittwochsgesellschaft führten zu dem Gedanken eines doppelten Gesetzbuches: „eines für den Richter und Rechtsgelehrten und das andere für das Volk überhaupt." Dem Inhalt eines solchen Volksgesetzbuches ist der Vortrag im übrigen gewidmet. Der in dem Vortrag grundgelegte Plan des Volksgesetzbuches kam erst im Jahre 1793 zur Ausführung. Mit seinem Mitarbeiter *Christoph Goßler* gab Svarez eine Schrift zur Belehrung des Publikums über das neue Gesetzbuch heraus, die er das zweite Gesetzbuch oder den Volkskodex nannte (*Unterricht über die Gesetze für die Einwohner der preußischen Staaten von zwei preußischen Rechtsgelehrten*, Berlin und Stettin 1793), an dessen Ausarbeitung Svarez der Hauptanteil zukam. Dieser Volkskodex, in dem dem Bürger „ein kurzer und verständlicher Auszug der Landesgesetze vorgelegt" werden sollte, um ihn mit den Regeln des neuen Gesetzbuches vertraut zu machen, ist nicht so volkstümlich geworden, wie sein Schöpfer es sich erhofft hatte[9]. Der zweite Vortrag vor der Mittwochsgesellschaft „*Über den Einfluß der Gesetzgebung in die Aufklärung*", gehalten am 1. April 1789 (unten S. 634), befaßt sich mit den Beziehungen zwischen der Gesetzgebung und der Aufklärung und zeigt die grundsätzlich aufgeklärte Haltung des Verfassers, indes der dritte Vortrag „*Über den Zweck des Staats*", gehalten am 19. Januar 1791 (unter S. 639), eine wertvolle Ergänzung zu den staatsrechtlichen Ausführungen des Verfassers in seinen Vorträgen vor dem preußischen Kronprinzen darstellt. Bemerkenswert ist hier die Auseinandersetzung mit der in der Entstehung begriffenen französischen Verfassung vom 3. September 1791.

Insgesamt enthalten die hier veröffentlichten Vorträge des eigentlichen Verfassers des preußischen Gesetzbuches die geistigen Grundlagen des Allgemeinen Landrechts für die Preußischen Staaten vom 5. Februar 1794, des bedeutendsten Gesetzeswerkes seiner Zeit, dessen Unglück es war, daß

[8] *Julius Ofner*, Der Ur-Entwurf und die Beratungs-Protokolle des Österreichischen Allgemeinen bürgerlichen Gesetzbuches, 2. Bd., Wien 1889, S. 473. Siehe auch *Franz von Zeiller*, Grundsätze der Gesetzgebung (1806–1809), Quellenbuch zur Geschichte der Deutschen Rechtswissenschaft, hrsg. von *Erik Wolf*, Frankfurt am Main 1949, S. 242ff.

[9] Zu diesem Werk jetzt *Erik Wolf*, Quellenbuch, S. 183f., daselbst gekürzte Neuausgabe S. 185ff.; *Hans Brandt*, Das preußische Volksgesetzbuch, Zeitschrift für die gesamte Staatswissenschaft 100, 1940, S. 337ff.

wenige Jahre nach seinem Inkrafttreten die naturrechtliche Epoche in Deutschland zu Ende ging und die aufkommende Historische Rechtsschule der großen Leistung des preußischen Gesetzgebers kein Verständnis mehr entgegenbrachte. Die Vorträge zeigen weiter, daß der Geist eines Mannes einem Gesetzeswerke Inhalt und Form geben konnte. Die Persönlichkeit des geistigen Schöpfers prägte den Geist des Gesetzes.

2. *Persönlichkeit und Lebenswerk des Verfassers*[10]

Carl Gottlieb Svarez (eigentlich Schwartz), als Sohn des einer vorpommerschen Familie entstammenden Advokaten *Gottfried Svarez* am 27. Februar 1746 in Schweidnitz geboren, wo die Familie in den Wirren des 7jährigen Krieges viel zu leiden hatte und verarmt war, hatte an der preußischen Universität Frankfurt a. d. Oder von 1762 bis 1765 studiert und war hier von dem Professor für Philosophie und Rechtswissenschaft *Joachim Georg Darjes* (1714–1791) in die Naturrechtslehre eingeführt worden, von der er auf das tiefste beeinflußt werden sollte. Obwohl Darjes ein Gegner *Christian Wolffs* (1679–1754) war, schloß er sich doch dessen Lehrsystem weitgehend an. Nach Abschluß seines Studiums bewährte sich Svarez unter der Leitung des schlesischen Justizministers *Johann Heinrich Casimir von Carmer* (1721–1801) in vielfältigen ihm übertragenen Aufgaben (Reform der Gerichtsverhältnisse seiner Vaterstadt Schweidnitz, Ausbau eines Kreditsystems für den Grundbesitzadel Schlesiens, Neuordnung des schlesischen Schulwesens). Carmer zog ihn schließlich auch zur Mitarbeit an seinen Plänen einer Justizreform heran. Als dann Carmer im Zusammenhang mit der Justizkatastrophe des Müller-Arnold-Prozesses an der Jahreswende 1779/80 von Friedrich d. Gr. zum Großkanzler berufen wurde und zugleich den Auftrag einer

[10] Zur Lebensgeschichte von *Carl Gottlieb Svarez*: *C. (Christoph) Goßler*, Beiträge zur Lebensgeschichte des Geheimen-Ober-Justiz- und Tribunal-Rathes Carl Gottlieb Svarez, Juridische Miszellen, 1. Heft Berlin 1810, S. 60ff.; *Karl Albert von Kamptz*, Svarez. Ein biographisches Fragment, Jbb. f. d. preußische Gesetzgebung usw. 41, 1833, S. 1aff.; *Adolf Stölzel*, Carl Gottlieb Svarez. Ein Zeitbild aus der zweiten Hälfte des achtzehnten Jahrhunderts, Berlin 1885; *Eberhard Schmidt*, Carl Gottlieb Svarez, Schlesische Lebensbilder 2. Bd. Schlesier des 18. und 19. Jahrhunderts, Breslau 1926, S. 29ff.; *E. Schwartz*, Carl Gottlieb Svarez. Nord und Süd, Bd. 58, 1891, S. 81ff.; 200ff.; 308ff.; *Friedrich Ebert*, Carl Gottlieb Svarez, 200 Jahre Dienst am Recht. Gedenkschrift aus Anlaß des 200jährigen Gründungstages des Preußischen Justizministeriums, hrsg. von *Franz Gürtner*, Berlin 1938, S. 367ff.; *Erik Wolf*, Große Rechtsdenker der Deutschen Geistesgeschichte, Tübingen 1951^3, S. 421ff.

Justizreform und Gesetzeserneuerung erhielt, berief er seinen bewährten schlesischen Mitarbeiter Svarez in den neuen Aufgabenkreis nach Berlin. Für diesen begann damit der verantwortlichste Abschnitt seines Lebens. In engster Zusammenarbeit mit dem Großkanzler von Carmer hat Svarez mehr als ein Jahrzehnt seine Kraft für die Gesetzeserneuerung in Preußen eingesetzt. Die Gesetzgebungsarbeit des neuen Großkanzlers nahm ihren Anfang mit der Reform des Zivilprozeßrechtes, in dem der das Verfahren verschleppende Parteibetrieb des gemeinen Prozesses durch ein straffes Amtsverfahren ersetzt wurde (vgl. unten S. 432 ff., 657 f.). Bereits wenige Wochen nach Erteilung des Gesetzgebungsauftrages war der Entwurf einer Zivilprozeßordnung fertiggestellt, der am 26. April 1781 unter dem Titel „*Corpus Juris Fridericianum, 1. Buch. Von der Prozeßordnung*" verkündet wurde. Doch wurde erst mit der Reform dieser Prozeßordnung ein wichtiger Abschnitt der gesamten Rechtsreform beendet. Durch Patent vom 6. Juli 1793 wurde die „*Revidirte Gerichts- und Prozeßordnung*" (sog. *Allgemeine Gerichtsordnung für die Preußischen Staaten*, I. Teil) verkündet, die nur das Zivilprozeßrecht regelte, indes der Strafprozeß erst durch die *Kriminalordnung vom 11. Dezember 1805* eine abschließende Regelung fand.

Der Regelung des Zivilprozeßrechtes in der Prozeßordnung von 1781 folgten zwei wichtige ergänzende Gesetze, die beide von Svarez verfaßt worden sind: die *Depositalordnung vom 15. September 1783* und die *Allgemeine Hypothekenordnung für die gesamten königlichen Staaten vom 20. Dezember 1783*. Svarez hat den in beiden Gesetzen geregelten Rechtsmaterien eine klare und eingehende Darstellung in seinen Vorträgen vor dem preußischen Kronprinzen gewidmet und damit seiner geistigen Urheberschaft ein würdiges Denkmal errichtet (vgl. S. 440 ff.; 447 ff.).

Das 2. Buch des 1781 mit der Prozeßordnung begonnenen Corpus Juris Fridericianum sollte die Kodifikation des materiellen Rechtes enthalten, die der Gesetzeserneuerungsauftrag Friedrichs d. Gr. in der Kabinettsorder vom 14. April 1780 besonders im Auge gehabt hatte. Unter der führenden Mitarbeit von Svarez waren die Vorarbeiten zu dem Gesetzeswerk bereits 1784 abgeschlossen, so daß der Entwurf in den Jahren 1784–1788 veröffentlicht und der Kritik der Öffentlichkeit unterbreitet werden konnte. Die zahlreichen eingehenden Kritiken und Stellungnahmen (Monita) wurden von Svarez gesichtet und durchgearbeitet. Endlich konnte durch Publikationspatent vom 20. März 1791 das Gesetzeswerk verkündet werden, das allerdings noch vor seinem Inkrafttreten am 1. Juni 1792 vom König suspendiert (18. April 1792) und auf seinen Befehl einer Umarbeitung unterworfen wurde, um dann am 5. Februar 1794 erneut als Allgemeines Landrecht für die Preußischen Staaten mit Gesetzeskraft vom 1. Juni 1794 verkündet zu werden. Das Lebenswerk von Svarez war damit vollendet, wenn es auch durch die Gegenströmungen im preußischen Staate erhebliche Abstriche hatte erleiden müssen. Über der Arbeit an einer neuen Ordnung des Strafverfahrens ist Svarez am 27. Mai 1798 in Berlin gestorben. Die Arbeit blieb unvollendet und die Ausarbeitung der neuen Kriminalordnung anderen Männern vorbehalten.

Die Persönlichkeit des Geheimen Ober-Justiz- und Tribunalsrates Carl Gottlieb Svarez ist von zwei Grundlinien bestimmt: der Pflichttreue und Opferbereitschaft des preußischen Beamtentums der friderizianischen Epoche und dem Geiste der Aufklärung und ihrer Naturrechtslehre. Die Aufklärung war für Svarez keine Bewegung zum Umsturz der bestehenden staatlichen Verhältnisse, sondern der Geist des Fortschrittes und der Verbesserung der menschlichen Lebensverhältnisse. Daher auch seine kritische Haltung gegenüber der Französischen Revolution, deren Ursachen er nicht in der Aufklärung, sondern in den zerrütteten sozialen und staatlichen Verhältnissen des Ancien Régime suchen wollte. Von der Aufklärung versprach sich Svarez für die weitere Entwicklung auch eine Verbesserung der staatlichen Rechtsordnung. In diesem Sinne übte er seine Mitarbeit bei der Gesetzgebung aus, zugleich auf Allgemeinverständlichkeit und Volkstümlichkeit der Gesetzgebung bedacht. Als echtem Aufklärer lag ihm daran, die Gesetzgebung dem Volke nahezubringen. Diesem Ziele der Unterweisung des Bürgers im Rechte dienten einige seiner Schriften.

Die Naturrechtslehre der Aufklärung bot ihm die Grundlage für den Ausbau des Rechtsstaates, den er in etwa schon im Lebenswerke Friedrichs d. Gr. vorgezeichnet sah, dessen Schriften daher von Svarez auch oft angeführt werden. In der naturrechtlichen Grundlegung des Staates schloß sich Svarez weitgehend Friedrich d. Gr. an, ging aber wohl in seinen Folgerungen, vor allem in der Anerkennung unveräußerlicher Rechte der Menschheit, über diesen hinaus. Hier näherte er sich schon stark den Ideen der nordamerikanischen Freiheitskämpfer und der Französischen Revolution. Insgesamt aber klingt das naturrechtliche System bei Svarez an die überlieferte deutsche Naturrechtsschule, vor allem *Samuel von Pufendorfs* (1632–1694) und *Christian Wolffs* (1679–1754), an. Auch Montesquieus *Ésprit des lois* scheint auf Svarez einen Einfluß ausgeübt zu haben.

Auf Grund seiner aufgeklärten Haltung stand Svarez religiösen Meinungen und Gefühlen kühl, aber keineswegs ablehnend gegenüber. Er schloß sich der damals zur Herrschaft gelangenden aufgeklärten Ansicht der religiösen Toleranz an, die er in der preußischen Kodifikation auch zur Anerkennung gebracht hat, verhielt sich jedoch dem sog. Woellnerschen Religionsedikt von 1788 gegenüber wohl im Grunde ablehnend. In seinen Ansichten über Lehren und Einrichtungen der katholischen Kirche zeigt Svarez sich zuweilen stark befangen oder sogar unwissend. Im Verhältnis von Staat und Kirche vertrat er die Theorie des Territorialismus und blieb auch hier in der Linie der preußischen Überlieferung.

Das nüchterne Zweckmäßigkeitsdenken leitete sich bei Svarez weniger aus dem Geist des preußischen Beamtentums als aus der Aufklärung und deren Naturrechtslehre her. Hier wirkte sich wohl die Wolff'sche Naturrechtsschule aus. Dem preußischen Herrscherhaus und Staat brachte Svarez ein warmes Gefühl entgegen. Ein nationaldeutsches Empfinden war ihm dagegen fremd. Das Reich war ihm nicht mehr als eine lockere Konföderation der deutschen Staaten (vgl. unten S. 198).

3. Bemerkungen zur Edition

Die Grundlage der vorliegenden Ausgabe bilden die Originalhandschriften der Kronprinzenvorträge und der Vorträge vor der Mittwochsgesellschaft, die das preußische Justizministerium nach dem Tode Svarez' aus dessen Nachlaß übernahm. Im Auftrage des damaligen preußischen Justizministers *von Kircheisen*, der zu Lebzeiten von Svarez Direktor der Kriminaldeputation des Berliner Kammergerichts gewesen war und mit Svarez in engen persönlichen und beruflichen Beziehungen gestanden hatte[11], stellte im Jahre 1815 der Justizcommissarius *Simon* die Vorträge zusammen, wobei er die Reihenfolge beachtete, wie sie sich aus den Vorträgen selbst ergab.

Das Manuskript enthält eine dreifache Darstellung der Gesamtmaterie (Rep. 92, Nachlaß Svarez Nr. 1). Den ersten Teil bildet eine grundrißartige Ausarbeitung, die über eine bloße Disposition aber bereits hinausgeht. Der zweite Teil ist das eigentliche Manuskript der mündlich gehaltenen Vorträge. Die im Verhältnis zu den anderen Teilen größere Schrift läßt darauf schließen, daß Svarez es unmittelbar abgelesen hat. Dieser Teil ist unterschiedlich ausgearbeitet. Während einzelne Abschnitte sich auf eine stichwortartige Angabe des Gedankenganges beschränken, dringen andere in

[11] *Adolf Stölzel*, Carl Gottlieb Svarez, S. 326f.

sorgfältiger Formulierung in die Tiefe und sind wohl auch wörtlich abgelesen worden. Der dritte Teil schließlich enthält die sogenannten schriftlichen Vorträge, eine schriftliche Ausarbeitung des in den Vorlesungen vorgetragenen Stoffes. Diese Ausarbeitungen überreichte Svarez dem Kronprinzen jeweils am Schlusse der einzelnen Materien[12]. Naturgemäß sind diese Abhandlungen eingehender als die entsprechenden Abschnitte des ersten und zweiten Teils.

Neben den Kronprinzenvorträgen sind in der vorliegenden Ausgabe drei Vorträge vor der Mittwochsgesellschaft enthalten. Die Vorträge „*Über den Einfluß der Gesetzgebung in die Aufklärung*“ und „*Über den Zweck des Staats*“ sind zusammen mit anderen Manuskripten, unter anderem den Vorarbeiten Svarez' zu einer Strafprozeßordnung, in einem Sammelband enthalten (Rep. 92, Nachlaß Svarez Nr. 3, vol. 1, fol. 56–59 R). Der Vortrag „*Inwiefern können und müssen Gesetze kurz sein?*“, der wegen seines engen Zusammenhanges mit den Themen der anderen Vorträge ebenfalls in diese Ausgabe aufgenommen ist, ist erstmalig in der Berlinischen Monatsschrift, hrsg. von *F. Gedike* und *J. E. Biester*, Bd. 12, 1788, erschienen.

Der erste und der zweite Teil der Kronprinzenvorträge sind im wesentlichen vollständig erhalten. Dem Leitfaden zu den mündlichen Vorträgen läßt sich auch die Reihenfolge, in der die Vorträge gehalten wurden, entnehmen. Sie ergibt sich aus den Überleitungen, die den einzelnen Abschnitten vorangestellt sind[13], und für einen Teil auch aus der vorläufigen Zusammenfassung im Allgemeinen Staatsrecht[14].

Der dritte Teil der Kronprinzenvorträge ist anscheinend nicht zu Ende geführt; denn die Ausarbeitungen brechen in der Einleitung zu den Privatrechtsvorträgen ab, und zu den Materien, die entsprechend dem Grundriß und Vorlesungsmanuskript hätten folgen müssen, sind keine schriftlichen Vorträge mehr vorhanden. Es ist nicht ausgeschlossen, daß die Ausarbeitung der Vorträge aus einem bestimmten Anlaß, möglicherweise sogar im Zusammenhang mit dem Prozeß gegen den „Zopfschulzen“[15] oder mit der am 18. April 1792 erfolgten Suspension des Allgemeinen Gesetzbuches, ein plötzliches

[12] Vgl. unten S. 68: „Ich wage es, in Ansehung des Details mich auf die Blätter zu beziehen, die ich am Schlusse einer jeden Materie Eurer Königlichen Hoheit untertänigst überreicht habe.“

[13] Siehe unten S. 195, 209, 215, 374.

[14] Siehe unten S. 68, 70.

[15] Der entscheidende Beschluß des Kammergerichts, der den König Friedrich Wilhelm II. dann zu seinem bekannten Machtspruch veranlaßte, erging am 27. Februar 1792. Der

Ende gefunden hat. Auch die ausgearbeiteten Abschnitte des dritten Teils weisen Lücken auf. Unvollständig ist das Allgemeine Staatsrecht in seinen Teilen Gesetzgebung, Strafrecht, Kirchenrecht, Kriegsrecht und Finanzrecht.

Die aus dem Nachlaß Svarez' übernommenen Vortragsmanuskripte ließ *von Kircheisen* abschreiben. Diese Abschriften sind erhalten und befinden sich ebenfalls im Merseburger Archiv. Daneben sind auch noch die dem Kronprinzen überreichten Reinschriften der schriftlichen Vorträge vorhanden, die aus dem Nachlaß König Friedrich Wilhelms III. in das Hohenzollernsche Hausarchiv gelangt sind. Ihren Plan, auch diese Abschriften zu verwerten, konnten die Herausgeber nicht verwirklichen, weil ihnen sowohl die Einreise wie auch die Genehmigung zur Benutzung des Merseburger Archivs von den Behörden verweigert wurde. Doch sollte daran die Ausgabe nicht scheitern, zumal eine Durchsicht der Abschriften wohl auch wenig ergiebig gewesen wäre. Die von *Kircheisen* angefertigten Abschriften geben nur den Originaltext wieder, wie er den Herausgebern vorlag, und auch diesen, wie Stichproben ergaben, nur unzuverlässig. Die Reinschriften der schriftlichen Vorträge aber waren für die Ausgabe nur von untergeordneter Bedeutung; die schriftlichen Vorträge sind, soweit sie mit veröffentlicht werden, nur als Ergänzung gedacht, während den eigentlichen Gegenstand der Ausgabe der Leitfaden zu den mündlichen Vorträgen bildet, der das gesprochene Wort des Vortragenden am unmittelbarsten wiedergibt. Eine Ergänzung der im Manuskript der schriftlichen Vorträge bestehenden Lücken wäre im übrigen aus den Reinschriften für den Kronprinzen ohnehin nicht möglich gewesen, weil diese noch lückenhafter als das Original sind und nichts enthalten, was nicht auch im Original vorhanden ist[16].

Aus dem Schlußvortrag geht hervor[17], daß die Vorträge sich insgesamt über mehr als ein Jahr erstreckt haben. Der Entwurf eines Schreibens, das nach Abschluß der Vorträge die Übersendung der restlichen Privatrechtsausarbeitungen an den Kronprinzen begleiten sollte, trägt das Datum vom März 1792[18]. Die Vorträge dürften danach in den ersten Monaten des Jahres

zeitliche Zusammenhang mit dem Abbruch der schriftlichen Vorträge ist also nicht auszuschließen (vgl. das Schreiben unten S. 579, Fußnote, sowie die folgenden Ausführungen zur Datierung der Vorträge). Zum Prozeß gegen den dem Determinismus anhängenden Prediger Schulz vgl. *Gerd Kleinheyer*, Staat und Bürger im Recht, S. 27, 88; *Adolf Stölzel*, Svarez, S. 329 ff.

[16] *Adolf Stölzel*, Svarez, S. 282 f.

[17] Siehe unten S. 449 f.

[18] Siehe unten S. 579, Fußnote.

1791 begonnen haben. Sie waren beendet vor dem Besuch des Kronprinzen beim Berliner Kammergericht, auf den in dem Schreiben Bezug genommen ist und der am 6. und 7. März 1792 stattfand[19]. Eine Reihe von Bezugnahmen auf Zeitgeschehnisse, die sich im Text der Vorträge finden, gestatten weitere Schlußfolgerungen für die Einzeldatierung. Es ergibt sich, daß die Intensität des Unterrichts nicht gleichbleibend war.
Bis zum Herbst 1791 ist wohl überhaupt nur das Allgemeine Staatsrecht behandelt worden. So findet sich im völkerrechtlichen Vortrage, der dem Vortrage des Allgemeinen Staatsrechts folgt, ein Vergleich der Stellung des französischen mit dem englischen König und eine Bezugnahme auf die „neue Konstitution der Franzosen", die ihrem Könige das Recht der Repräsentation genommen hätten[20]; damit kann nur die Konstitution vom 3. September 1791 gemeint sein[21]. Nach diesem Zeitpunkt erst folgten also die Vorträge über Völkerrecht, Deutsches Staatsrecht, Privatfürstenrecht und Privatrecht mit mehr als zwei Dritteln des gesamten behandelten Stoffes. Das wird bestätigt durch ein weiteres Beispiel, das Svarez bei der Behandlung der Rechte und Pflichten der Staatsbürger untereinander und damit etwa im Mittelteil der Vorträge bringt[22] und aus dem hervorgeht, daß dieser Teil der Vorträge im Winter 1791/92 gehalten worden ist.
Bei der Textwiedergabe ist moderne Rechtschreibung und Interpunktion zugrunde gelegt worden, während die Ausdrucksweise unverändert blieb. Die oft verwendete lateinische Schreibweise ist nur dort übernommen worden, wo dies durch die Wortform geboten war. Das Manuskript des Leitfadens zu den mündlichen Vorträgen weist zahlreiche Abkürzungen auf. Soweit deren Sinn unzweifelhaft war, sind sie im Interesse der Lesbarkeit aufgelöst worden. Offensichtliche Schreibfehler und Versehen, die besonders in der Absatzzählung häufig waren, sind berichtigt worden. Unterstreichungen im Manuskript sind im Text durch Kursivdruck hervorgehoben.
Die Seitenzählung des von Justizcommissarius Simon zusammengestellten Folianten ist am Rande wiedergegeben. Der Seitenbeginn ist, wo er nicht mit dem Zeilenbeginn zusammenfällt, durch einen senkrechten Strich in der Zeile angezeigt.

[19] *Adolf Stölzel*, Svarez, S. 284.
[20] Siehe unten S. 522.
[21] Insbes. deren Cap. III, Abschn. I, Art. 2 und 3.
[22] „Wenn ich heute für gut fände, chapeau bas und im leichten Sommerrocke nach dem Tiergarten spazieren zu gehen, so würde niemand berechtigt sein, mich bloß aus dem Grunde, weil ich mich erkälten und meiner Gesundheit schaden möchte, mit Gewalt daran zu verhindern." Siehe unten S. 259.

Zusätze der Herausgeber im Text sind durch eckige Klammern kenntlich gemacht. Die Textüberschriften bedurften ebenfalls teilweise der Ergänzung. Sie sind, sofern die betreffende Überschrift aus einem der beiden anderen Teile der Vorträge übernommen worden ist, durch eckige, wo sie von den Herausgebern stammt, durch runde Klammern angedeutet.
Der Wiedergabe der von Svarez angeführten Stellen aus den Werken Friedrichs d. Gr. in den Fußnoten liegt die Ausgabe der Oeuvres de Frédéric le Grand von *J. D. E. Preuss*, Berlin 1846–1852, zugrunde.

Hermann Conrad (1. und 2.)
Gerd Kleinheyer (3.)

Verzeichnis der Abkürzungen in Einleitung und Fußnoten

AGB	Allgemeines Gesetzbuch für die preußischen Staaten
C.C.M.	Corpus Constitutionum Marchicarum (Mylius)
Cont.	Continuatio
DJZ	Deutsche Juristen-Zeitung
JGS	Gesetze und Verfassungen im Justizfache
N.C.C.	Novum Corpus Constitutionum Marchicarum usw.
ZRG Germ. Abt.	Zeitschrift der Savigny-Stiftung für Rechtsgeschichte, Germanistische Abteilung

CARL GOTTLIEB SVAREZ

Vorträge über Recht und Staat

Der nebenstehende Schattenriß ist Kamptz's Jahrbüchern Band 41, 1833 entnommen

KRONPRINZENVORTRÄGE

Skizzierter Leitfaden zu den mündlichen Vorträgen

Allgemeines Staatsrecht

[GRUNDSÄTZE DES NATUR- UND ALLGEMEINEN STAATSRECHTS]

I. Was das allgemeine Staatsrecht sei. Nutzen desselben, besonders für einen künftigen Regenten. Seine Beziehung auf die Geschichte. 117

II. Nicht von jeher haben Staaten existiert. Der Mensch im Stande der Natur hat schon Rechte und Pflichten, die man kennenlernen muß, um seine Rechte und Verhältnisse im Staat richtig zu bestimmen.

III. Alle natürlichen Rechte und Pflichten des Menschen lassen sich aus dem Triebe zur Glückseligkeit herleiten. Allgemeinheit dieses Triebes. Er ist der Zweck unseres Daseins, die Grundlage unserer moralischen Natur. Wir können also schließen, daß wir von Natur berechtigt sind, alles zu tun, was zu unsrer Glückseligkeit dient.

IV. Was gehört zur Glückseligkeit des Menschen? Betrachtung über den Menschen, soweit er

1. aus einem vernünftigen Geiste, der
   a) Vernunft,
   b) Freiheit des Willens hat;
2. aus einem organisierten Körper, der Kräfte besitzt, die ausgebildet und angewendet werden können;
3. soweit er mit physischen Gütern umringt ist, die er zur Erhaltung und Vermehrung seiner Glückseligkeit anwenden kann;
4. soweit er zur Geselligkeit geschaffen ist und durch gesellschaftliche Verbindungen seine Bedürfnisse erleichtern, seine Seelenkräfte ausbilden, seine moralischen Freuden erhöhen kann.

V. Herleitung der natürlichen Rechte des Menschen in Ansehung dieser verschiedenen Gegenstände. *Dasein.*

VI. Aus diesen Rechten entstehen Pflichten,
a) für die Erlangung, Erhaltung und Vervollkommnung dieser Güter zu sorgen,
b) bei entstehenden Kollisionsfällen das mindere Gut dem größern nachzusetzen.

VII. Die Belehrung des Menschen über diesen ganzen Umfang seiner natürlichen Rechte und Pflichten ist das Geschäft der praktischen Philosophie.

VIII. Ein Teil von dieser ist das Naturrecht, welches sich mit den Rechten des Menschen gegen andre, die durch Zwang ausgeübt werden können, beschäftigt.

IX. Der Mensch hat ein vollkommenes Recht, sich im Besitz seiner teils angeborenen, teils erworbenen Güter und in dem freien Gebrauch seiner Fähigkeiten und Kräfte zur Vermehrung seiner Glückseligkeit zu behaupten. Umfang dieses Rechts, wonach darunter begriffen ist
a) das Recht der Selbstverteidigung,
b) das Recht, das Geraubte zurückzunehmen,
c) das Recht, Schadloshaltung zu fordern.

X. Aus diesem Recht entsteht die Pflicht, niemand zu beleidigen und einem jeden das Seine zu lassen. 117R

XI. Diese Pflicht enthält zugleich die Grenzen aller natürlichen Zwangsrechte des Menschen. Denn es folgt daraus, daß niemand den anderen zwingen kann, etwas von dem Seinigen zur Beförderung der Glückseligkeit des Zwingenden anzuwenden. Denn durch solchen Zwang würde der Gezwungene beleidigt und in dem freien Gebrauche des Seinigen gestört.

XII. Alle Pflichten des Wohlwollens also, vermöge deren jemand verbunden ist, die Glückseligkeit eines anderen tätig zu befördern, gehören in das Gebiet der Moral. Motive derselben zu wohlwollenden Handlungen

a) aus der Natur und Würde unseres Geistes,
b) aus dem Gefühl der inneren Selbstruhe und Zufriedenheit,
c) aus der natürlichen Verbindung unserer eigenen mit der Glückseligkeit anderer,
d) aus der Notwendigkeit, uns das Wohlwollen anderer zu erwerben.

Motive aus der Religion. Aus dem höchsten Zwecke unseres bis jenseits des Grabes fortdauernden Daseins.

XIII. Diese Pflichten der Moral aber sind nicht zwingend. Sie können es ihrer Natur nach nicht sein, weil es bloß von unsrer eigenen Einsicht und Überzeugung abhängen kann, inwiefern wir die Ausübung dieser oder jener wohlwollenden Handlung für zuträglich zur Beförderung unserer eigenen Glückseligkeit ansehen. Im Stande der Natur hat der Mensch keinen anderen Richter als sich selbst. Jeder, der ihm vorschreiben will, wie er seine Güter, Fähigkeiten und Kräfte anwenden soll, stört ihn in dem Gebrauche seiner natürlichen Rechte und gibt ihm ein Recht zum Widerstande. Der Mensch kann also im Stande der Natur nur zu Pflichten der Gerechtigkeit, nicht aber zu Pflichten des Wohlwollens gezwungen werden.

XIV. Natürliche Gleichheit aller Menschen.

a) Jeder ist berechtigt, seine Glückseligkeit zu befördern.
b) Jeder ist berechtigt, jedem, der ihn daran hindern will, mit Gewalt zu widerstehen.
c) Jeder ist in seiner Freiheit nur durch das Gesetz, niemand zu beleidigen und einem jeden das Seine zu lassen, eingeschränkt.
d) Keiner ist berechtigt, den anderen zu Handlungen zu zwingen, die der Gezwungene nicht selbst zu seiner Glückseligkeit für nötig oder nützlich ansieht.

XV. In diesem Zustande der natürlichen Freiheit und Gleichheit *könnten* die Menschen sehr glücklich sein, wenn sie alle aufgeklärt und wohlwollend wären.

XVI. Ursachen, warum dennoch das Menschengeschlecht in diesem Zustande nicht glücklich ist: 118

a) Wegen der Eingeschränktheit unsres Verstandes vermöge der Verbindung unsres Geistes mit einem animalischen Körper und weil unser Geist seine Begriffe und Kenntnisse nur durch die Sinne erhalten kann.

b) Wegen des Übergewichts der Sinnlichkeit und der Leidenschaften über unsere Seelenkräfte.

c) Wegen der daraus entstehenden unrichtigen Schätzung der Güter, des überwiegenden Hanges zur Befriedigung sinnlicher Begierden, des moralischen Egoismus, der Bereitwilligkeit, nicht nur die Pflichten des Wohlwollens zu versagen, sondern auch die Pflichten der natürlichen Gerechtigkeit zu verletzen.

d) Wegen der häufig vorkommenden Kollisionsfälle, wo jeder Mensch im Stande der Natur nur sein eigener Richter ist.

e) Daraus entsteht das sogenannte Recht des Stärkeren. Der Krieg aller gegen alle. Die Vernachlässigung aller Kultur der edleren Seelenkräfte.

XVII. Bestätigung des bisher Gesagten aus der Geschichte des Menschengeschlechts.

1. Vor der Sündflut.
2. Zu Abrahams Zeiten; 1. Buch Hos. 14 (4. u. 5. Kap.).
3. Aus der ältesten Geschichte Griechenlands.
4. Aus der Geschichte der neuen Entdeckungen im Südmeer.
5. Aus der Geschichte Deutschlands vor und während dem Interregno im 11ten und 12ten Jahrhundert.

I. Wie sind Staatsverbindungen entstanden, und worauf gründet sich das Verhältnis zwischen Regenten und Untertanen?

1. Die göttliche Einsetzung. Exempel von Saul. Von König Chlodowich aus dem Anfange des 6ten Jahrhunderts.
2. Das Recht des Stärkeren. Gründe, welche diese Meinung aus der Geschichte für sich hat. Verteidiger dieser Meinung. Hobbes und Machiavell. Etwas vom Antimachiavell. Gründe gegen die Meinung. Sie ist falsch; denn Stärke allein kann nie ein Recht geben. Sie ist gefährlich, weil die Regenten

alsdann bei ihrem Rechte sehr unsicher sind. Widerlegung der Gründe aus der Geschichte. Was anfangs nur Usurpation war, ist in der Folge durch eine hinzugekommene Sanktion wirklich Recht geworden.

3. Diese Sanktion kann keine andere sein als der sogenannte bürgerliche Vertrag. Der Regent übernimmt, das Volk nach dem Gesetz und nach dem dadurch bestimmten Zwecke des Staates zu regieren; die Untertanen geloben, ihm nach diesen Gesetzen zu gehorchen. Wie dieser Vertrag geschlossen werde;
   a) ausdrücklich, bei Huldigungen, Verpflichtungen der Vasallen, Offizianten, Bürger pp.;
   b) stillschweigend durch das Faktum der Etablierung in einem Staat.

II. Welches ist der Zweck des Staats? 118 R

1. Daß ein jeder bei dem Seinigen gegen alle gewaltsamen Störungen und Beleidigungen Schutz und Sicherheit genießen soll.
   Großer Umfang dieses Zwecks nach dem Begriff des *Seinigen*, worunter auch die Freiheit begriffen ist, seine Kräfte und Fähigkeiten auszubilden und sie zur Erhaltung seiner Glückseligkeit nach eigener Einsicht und Überzeugung, soweit es ohne Beleidigung anderer geschehen kann, anzuwenden. In diesem Sinne ist also der Zweck des Staats, jeden einzelnen in seiner natürlichen Freiheit zu schützen, soweit damit die Freiheit aller bestehen kann.
   Dieser Zweck begreift nicht nur den Schutz gegen die Beunruhigungen von Mitgliedern der Gesellschaft, sondern auch von andern außer ihr oder von auswärtigen Feinden unter sich.
   Aus diesem Zwecke entsteht insonderheit auch:
   a) Das Recht, Merkmale und Kennzeichen zu bestimmen, woran erkannt werden kann, was ein jeder zu dem Seinigen zu rechnen habe und wobei er also geschützt werden müsse. *Sicherheit des Eigentums.* Erläuterungen aus der Lehre von der Okkupation, von Verträgen, von der Verjährung. Die Bestimmung solcher positiven Merkmale ist also Zweck des Staats.
   b) Die Bestimmung fester und allgemein geltender Regeln für die Kollisionsfälle, die Anwendung derselben auf die wirklich vorkommenden Fälle. Erläuterungen aus der Lehre von Erfüllung der Verträge; de re duobus vendita. Aus der Priorität in Konkursen.
2. Die Aufrechterhaltung dieser Verbindung selbst durch alle dazu not-

wendigen Mittel, weil, wenn die Verbindung selbst wieder aufgelöst würde, die beabsichtigte Ruhe und Sicherheit wegfallen würde. Es ist also Zweck des Staats, daß jeder einzelne nach seinen Fähigkeiten und Kräften dazu mitwirken soll, die Staatsverbindung aufrechtzuerhalten und zu befestigen. Erläuterungen aus dem Rechte des Staats, persönliche, z. E. Kriegsdienste, Abgaben pp. zu fordern.

3. Durch die verbundenen Kräfte aller das Wohl der einzelnen zu befördern. Hier ist die wichtige Frage zu erörtern,

inwiefern es als Zweck des Staats angenommen werden könne, die Mitglieder desselben zur Erfüllung bloß moralischer Pflichten des Wohlwollens zu zwingen.

Im allgemeinen läßt sich dieses nicht behaupten, weil, wie oben gezeigt worden, die Tugend sich nicht erzwingen läßt und, wenn der Staat jemanden zwingen wollte, seine Güter, Kräfte | und Fähigkeiten zur Beförderung 119
der Wohlfahrt eines andern anzuwenden, er ihn in seiner natürlichen Freiheit, zu deren Schutze doch der Staat da ist, selbst beeinträchtigen würde. Schädliche Folgen eines solchen Zwangs zur Tugend durch die Aufhebung aller Moralität. Exempel aus der chinesischen Staatsverfassung, wo verschiedene moralische Pflichten durch Gesetze geboten sind, z. E. die Höflichkeit.

Man kann es also nicht zum Zweck des Staats annehmen,

daß die einzelnen Bürger desselben gezwungen werden sollen, das Wohl andrer durch Anwendung ihres Vermögens und ihrer Kräfte tätig zu befördern.

Vielmehr muß man in dieser Beziehung den Zweck des Staats bloß darauf einschränken,

a) daß Anstalten getroffen werden sollen, durch welche die moralischen Bewegungsgründe zur Ausübung der Pflichten des Wohlwollens erweckt, unterhalten und gestärkt werden sollen; dahin Unterrichts- und Erziehungsanstalten, Unterstützung der Wissenschaften und Künste;
b) daß zu Gründung und Unterhaltung solcher Anstalten diejenigen, welche davon Gebrauch machen können, beitragen sollen;
c) daß die Bürger des Staats zur Ausübung solcher Pflichten des Wohlwollens gezwungen werden sollen, von welchen mit überzeugender Gewißheit behauptet werden kann, daß die Übertretung und Vernachlässigung derselben geradezu und unmittelbar *entweder* die Erreichung des Hauptzwecks der Staatsverbindung, der gemeinschaftlichen Ruhe und Sicherheit, hindern *oder* die Auflösung des Bandes der bürgerlichen Ge-

sellschaft zur Folge haben würde. Erläuterungen aus den Armenanstalten, aus der Pflicht, Vormundschaften zu übernehmen.

III. Diese Zwecke des Staats können außer der Staatsverbindung nicht erreicht werden. Die Staatsverbindung aber ist das Mittel dazu. Denn sie vereinigt eine große Summe von Kräften, die alle zusammen zur Erreichung des gemeinschaftlichen Endzwecks wirken. Sie bestimmt durch Gesetze als Aussprüche des allgemeinen Willens die Art und Weise, wie diese gemeinschaftlichen Kräfte zur Erreichung des Zwecks verwendet werden sollen. Sie übergibt dem Regenten die Disposition über ihre gesamte Kraft zur Aufrechthaltung und Ausübung der Gesetze. Der Regent ist also gleichsam die Seele dieses großen Körpers, die in einem Augenblick alle Glieder desselben zum Schutz der einzelnen, zur Erreichung des gemeinschaftlichen Wohls in Bewegung setzen kann.

IV. Allgemeine Übersicht der Rechte und Pflichten der Untertanen und des Regenten aus diesen Zwecken des Staats. 119 R

1. Pflichten der Untertanen:
   a) Sie sind schuldig, ihre Handlungen den vom Staat gegebenen Gesetzen zu unterwerfen und ihre Rechte nur nach diesen Gesetzen als den Aussprüchen des allgemeinen Willens auszuüben;
   b) sie sind schuldig, das natürliche Recht der Selbstverteidigung nicht mit eigener Gewalt, sondern nur durch den Staat und die von diesem gesetzten Obrigkeiten auszuüben;
   c) sie müssen zur Aufrechterhaltung und Befestigung der Staatsverbindung nach dem Maße ihres Vermögens und ihrer Kräfte mitwirken;
   d) sie müssen sogar ihr eigenes Interesse und einen Teil ihrer Güter der Erhaltung dieser Verbindung aufopfern, um sich dadurch den ruhigen Besitz und Genuß des Überrestes zu sichern.
2. Pflichten des Regenten und Einschränkungen seiner Gewalt:
   a) Alle seine Handlungen müssen nur auf Erreichung der Zwecke des Staats, i. e. auf Erhaltung und Vermehrung des allgemeinen Wohls abzielen.
   b) Er muß die ihm anvertrauten gemeinschaftlichen Kräfte nie dazu brauchen, sein Privatinteresse oder das Wohl einiger auf Kosten aller übrigen zu befriedigen.

c) Er muß die natürliche Freiheit seiner Untertanen nur soweit einschränken, als es notwendig ist, um die Sicherheit und Freiheit aller zu schützen und aufrechtzuerhalten.
d) Er muß seine Gewalt nur nach den vorhandenen allgemeinen Gesetzen ausüben, weil Willkür mit der Sicherheit des Eigentums und der Rechte nicht bestehen kann.
e) Er muß für Anstalten sorgen, wodurch Kultur und Moralität unter seinen Bürgern, jedoch ohne Zwang, befördert werden können.

Überschreitet der Regent diese Grenzen, so bricht er den bürgerlichen Vertrag.

V. Erläuterung des bisher Gesagten aus einigen Stellen der Oeuvres posthumes. Abhandlung über die verschiedenen Regierungsformen[1]:
„Man behalte es ja wohl und drücke sich fest ein, daß die Aufrechthaltung der Gesetze die einzige Ursache war, welche die Menschen vermögen konnte, sich einem Oberherrn zu unterwerfen. Denn das ist der wahre Ursprung aller Souveränitätsrechte.
Der Regent muß sich oft erinnern, daß er nur der erste Diener des Staats sei, dem die Pflicht obliegt, weise, rechtschaffen und durchaus uneigennützig zu handeln, so als wenn er in jedem Augenblick seinen Bürgern Rechenschaft von seiner Verwaltung ablegen müßte."

VORTEILE UND MÄNGEL DER VERSCHIEDENEN REGIERUNGSFORMEN 120

I. Demokratie.
1. Vorteile:
   a) Sie nähert sich am meisten dem Stande der natürlichen Freiheit.
   b) Sie sichert am meisten das Privateigentum.
   c) Sie läßt den willigsten Gehorsam gegen die Gesetze und den höchsten Patriotismus erwarten.

[1] Essai sur les formes de gouvernement et sur les devoirs des souverains; Oeuvres de Frédéric le Grand, tom. IX, p. 225,238.

2. Mängel:
   a) Bei der Gesetzgebung fehlt es an einem festen und gleichförmigen Plane, weil Laune und Leidenschaften und die Künste ehrsüchtiger Demagogen zu viel Einfluß haben.
   b) Bei der ausübenden Macht fehlt es an Standhaftigkeit, Geheimhaltung und Geschwindigkeit der Ausführung.
   c) Die richterliche Macht ist den Leidenschaften des großen Haufens, dem Einfluß sophistischer Beredsamkeit pp. zu sehr unterworfen.
   d) Die demokratische Verfassung ist unterworfen
      α) inneren Unruhen bei geteilten Meinungen;
      β) Revolutionen wegen der in einem solchen Staat immer vorhandnen Faktionen.

Beispiel Athens während des Persischen Krieges; im Peloponnesischen Kriege. Die 30 Tyrannen. Fernere Revolutionen bis zur gänzlichen Unterjochung durch die Römer.

II. Aristokratie.

1. Vorzüge:
   a) Weisheit in der Gesetzgebung.
   b) Festigkeit und Gleichförmigkeit in der Regierungsverwaltung.
2. Mängel:
   a) Unverschwiegenheit und Langsamkeit in der Ausführung genommener Maßregeln.
   b) Unterdrückung der an der Regierung keinen Anteil nehmenden Bürger
      α) aus Verachtung,
      β) aus Eifersucht und Argwohn.

Venedig. Übermut der Nobili. Tribunal degli Dieci. 700.

III. Eingeschränkte Monarchie.

1. Vorzüge:
   a) Bei der Gesetzgebung: Sicherheit der bürgerlichen Freiheit. Nicht die Übereilung und der Leichtsinn wie bei Demokratien.
   b) Festigkeit, Verschwiegenheit und Schnelligkeit bei der exekutiven Macht.
   c) Balancierung der verschiedenen Kräfte.
2. Mängel: **120R**

a) Schwierigkeit in Bestimmung der Grenzen und daraus zu besorgende innere Unruhen.
b) Hang, die bestimmten Grenzen zu überschreiten; Ringen um Macht auf Kosten des Ganzen.

Exempel von England.
1. Streit über die Bestimmung der Grenzen. Innere Unruhen von 1215 bis 1689 von der Magna Charta bis zur Bill of Rights.
2. Mängel der jetzigen Verfassung:
   a) Ungleiche Repräsentation. 558 Repräsentanten, wovon noch nicht 6000 die eine und 6 Millionen die andre Hälfte wählen.
   b) Bestechlichkeit.
   c) Testakte.
   d) Schlechte Polizei.
   e) Langsame und kostbare Privatjustiz.
   f) Unzuverlässigkeit des politischen Systems.
   Das Gegengewicht hält Aufklärung und Public Spirit.

IV. Uneingeschränkte Monarchie.
1. Vorteile:
   a) Schutz gegen auswärtige Feinde durch Gleichförmigkeit, Geheimhaltung und schnelle Ausführung ihrer Entschlüsse.
   b) Sicherheit vor inneren Unruhen.
   c) Sicherheit der bürgerlichen Freiheit, wegen der Gleichheit unter den verschiedenen Ständen.
   d) Sicherheit des Privateigentums wegen der prompten Justiz.
   e) Einheit des Interesses zwischen Landesherrn und Untertanen.
   Beispiele von der preußischen Monarchie.
2. Gefahr. Wegen des Hanges zum Despotismus. Der Monarch wird Despot,
   a) wenn er in der inneren Regimentsverwaltung nicht nach allgemeinen und gleichförmigen Grundsätzen, sondern nach Willkür handelt;
   b) wenn er die Gesetze nicht respektiert, sondern die Rechte seiner Untertanen nach Laune und Einfällen entscheidet;
   c) wenn er die ihm anvertraute Macht zur Befriedigung seiner Privatleidenschaften mißbraucht.
   Despotismus setzt Mangel an Einsicht oder Schwäche des Charakters voraus. Der Despot handelt

α) wider seine Pflicht,
β) wider seine Sicherheit.
Der Souverän hat sein Recht aus dem bürgerlichen Vertrage. 121
Er stößt selbst diesen Vertrag um, wenn er Despot wird.
Er hat kein Recht mehr, sondern bloß Stärke.
Seine Stärke ist nichts gegen die Stärke seiner Untertanen.
Der bessere Teil der Untertanen gehorcht nicht mehr willig, er verliert allen Patriotismus.
Der große Haufen fühlt es, daß nicht Millionen um eines willen da sein können.
Dies erweckt Mißvergnügen, was leicht zur Empörung reifen kann und sich mit dem Untergange des Despoten oder mit dem Umsturz der Staatsverfassung endigt.
Der Despot, um sich gegen diese Gefahr zu sichern, verläßt sich
a) auf das Militär,
b) auf den Adel.
Der Militärische Despotismus. Rom.
Der Aristokratische Despotismus. Frankreich.
Große Männer können die Sache eine Weile hinhalten, aber ihre Familie und die Nachwelt.

RECHT DER GESETZGEBUNG 123

I. Gesetze überhaupt sind allgemeine Vorschriften der Obergewalt im Staat, nach welchen die Untertanen desselben ihre Handlungen einrichten sollen.

II. Zur gesetzgebenden Macht gehört ius leges ferendi, leges abrogandi, leges declarandi, exemptiones a legibus concedendi. Privilegia. Dispensationes.

III. Durch Gesetze werden
1. Handlungen verboten; Verbotsgesetze, Strafgesetze;
2. Handlungen befohlen; Gebote, Strafgesetze;

3. Handlungen der natürlichen Freiheit
   a) in Ansehung ihrer äußeren Form,
   b) in Ansehung ihrer rechtlichen Folgen
   bestimmt.

IV. Man teilt die Gesetze ein:
1. in bürgerliche, wodurch die Privatrechte der einzelnen Untertanen des Staats sowohl gegeneinander als gegen den Staat bestimmt werden;
2. in peinliche, welche die Verbrechen verbieten und die Strafen derselben festsetzen;
3. in Polizeigesetze, welche die Anstalten betreffen, wodurch der innere Wohlstand des Staats und seiner Bürger befördert oder den Hindernissen und Störungen dieses Wohlstands vorgebeugt werden soll;
4. in Auflagegesetze, welche die Bestimmung der von den Bürgern des Staats zu den Bedürfnissen desselben zu leistenden Beiträge, die Einziehung, Berechnung und Verwendung der Staatseinkünfte betreffen.

V. Die gesetzgebende Macht im Staat kann äußeren und inneren Einschränkungen unterworfen sein. Die inneren Einschränkungen fließen aus der Natur des Staats und dem Zweck der bürgerlichen Gesellschaft.

VI. Innere Einschränkungen.

1. Gesetze können nur Handlungen, nie bloße Meinungen und innere Gesinnungen zum Gegenstande haben. Das Spanische Glaubensgericht.
2. Alle Gesetze müssen die Beförderung der Zwecke des Staats zur Absicht haben. Sie müssen also dahin abzielen, die allgemeine Ruhe und Ordnung zu schützen, die Staatsverbindung aufrechtzuerhalten, das Privateigentum zu sichern, den Bürgern des Staats die Mittel zu erleichtern, durch deren freien Gebrauch sie ihren Privatwohlstand befördern können. Gesetze, welche keinem dieser Zwecke entsprechen, sind entweder unnütz oder gar schädlich.
3. Durch Verbotsgesetze müssen nur solche Handlungen untersagt werden, 123 R
die entweder der Staatsverbindung selbst und der davon abhängenden allgemeinen Ruhe und Ordnung oder der Sicherheit der Privatpersonen nach-

teilig sind. Nicht gleichgültige Handlungen, auch nicht alle bloß unmoralischen Handlungen.

4. Bei Strafgesetzen muß auf das gehörige Verhältnis zwischen der Strafe und ihrem Zweck genau beobachtet werden. Der Zweck der Strafe ist Abschreckung. Die nähere Abhandlung kommt besonders vor[1].
5. Wenn der Staat Handlungen gebietet, so sind es entweder solche, wodurch die Staatsverbindung aufrechterhalten und befördert werden soll. Dahin gehören die Auflagegesetze, von welchen besonders gehandelt werden wird[2].
6. Handlungen, wodurch ein Bürger des Staats zum Besten des andern etwas tun soll, kann der Staat in der Regel durch Gesetze nicht befehlen, weil zu bloßen Pflichten des Wohlwollens niemand gezwungen werden kann und ein solcher Zwang einen Eingriff in den freien Gebrauch seines Vermögens und seiner Kräfte, wobei der Staat einen jeden schützen soll, enthalten würde. *Ausnahme*, wenn solche Handlungen schlechterdings notwendig sind, um die Staatsverbindung selbst oder die allgemeine Ruhe und Ordnung zu erhalten. *Erziehung*, *Vormundschaften*.
7. Gesetze, welche bloß die Form und rechtlichen Folgen der Handlungen bestimmen.
   a) Die Bestimmungen müssen dem Rechte der Natur nicht zuwiderlaufen, z. E. erzwungene Verträge, betrügliche.
   b) Sie müssen von allgemein angenommenen Meinungen und Gebräuchen nicht ohne die überwiegendsten Gründe und nur alsdann abgehen, wenn diese Meinungen und Gebräuche selbst etwas dem Staate Schädliches enthalten.
   c) Sie müssen die natürliche Freiheit möglichst begünstigen und daher besonders bei Rechten, welche von Verträgen abhängen, die Bestimmungen derselben den Verabredungen der Parteien überlassen, sobald nur diese Verabredungen nicht wider andre Gesetze anlaufen. Außer diesem Fall muß sich der Staat nur damit begnügen, die fehlenden und von den Kontrahenten übergangenen Bestimmungen zu ergänzen. Eben das gilt von Willenserklärungen. Testamente.
8. Zur Abschaffung oder Abänderung alter Gesetze muß nicht ohne Not und nur nach der reiflichsten Überlegung geschritten werden; z. E. die Communio bonorum inter conjuges läßt sich in Handlungsstädten nicht abschaffen wegen des Kredits. Item Gesetze, die auf den Verkehr der Nation mit Fremden Beziehung haben. Provinzialgesetze.

[1] s. unten S. 23
[2] s. unten S. 115

9. Wenn der Staat alte Gesetze abschafft, so darf er dennoch iura iam quaesita nicht aufheben. 124
10. Er darf also auch neue Gesetze auf vorhergegangene Fälle nicht ausdehnen.
11. Er muß in Erteilung von Privilegiis und Dispensationen äußerst behutsam sein, weil sie eine Ungleichheit der Rechte wirken und das Ansehen der allgemeinen Gesetze schwächen.
12. Wenn aber Privilegia einmal vorhanden sind, so müssen sie ebenso wie die Gesetze selbst respektiert, zu deren Aufhebung nicht ohne die überwiegendsten Gründe geschritten und der Privilegierte für den durch die Aufhebung erleidenden Verlust vollständig entschädigt werden.
13. Der Staat muß dafür sorgen, daß seine Gesetze deutlich und bestimmt abgefaßt, so daß diejenigen, welche sie befolgen sollen, ihren Inhalt verstehen können, vorgetragen und so allgemein als möglich bekanntgemacht werden.

Erläuterung des bisher Gesagten durch die mißlungene Gesetzgebung Kaiser Josephs II.

1. Er verfuhr zu hastig und übereilt in Abschaffung alter und Gebung neuer Gesetze. Ohne Plan und Ordnung. Ohne Zusammenhang.
2. Er wollte lauter allgemeine Gesetze haben und reflektierte nicht genugsam auf die verschiedenen Gebräuche, Verfassungen, den Unterschied des Genies, der Kultur, die Lage seiner Provinzen.
3. Er schonte nicht genugsam die wohlerworbenen Rechte seiner Untertanen, sondern nahm ihnen durch neue Gesetze alte längst erworbene Rechte und Privilegia ohne alle Entschädigung.
4. Seine Strafgesetze waren zu hart und überschritten das gehörige Verhältnis.

VII. Die äußeren Einschränkungen der gesetzgebenden Macht bestehen entweder darin, daß außer dem Regenten noch jemand da ist, der an dem Rechte der Gesetzgebung teilnimmt, oder daß dieses Recht dem Regenten zwar ungeteilt zukommt, gleichwohl aber derselbe bei dessen Ausübung an eine gewisse Form gebunden ist. Die erste Art der Einschränkung findet in der preußischen Monarchie nicht statt, wohl aber die letztere.

VIII. Dieser Formen sind zweierlei vorhanden.

1. Die Zuziehung der Gesetzkommission. Cabinetsordre vom 14ten April 1780[1].

Patent vom 29ten Mai 1781[2]. Was die Gesetzkommission sei. Worauf sie zu sehen habe.

a) Ob das Gesetz den Zwecken des Staats und den allgemeinen Grundsätzen der Legislation gemäß sei.
b) Ob es mit der Billigkeit und dem Zusammenhange des Systems harmoniere.
c) Ob iura quaesita dadurch gekränkt werden.
d) Vollständigkeit, Deutlichkeit und Bestimmtheit der Fassung.

2. Die Zuziehung der Stände. Was Stände sind. Privilegia, Rezesse, Verträge. Cabinetsordre vom 26ten August 1786[3]. Sie werden zugezogen bei neuen Gesetzen, welche die Rechte der Bürger des Staats unter sich und gegen den Staat bestimmen, insofern es dabei auf Befugnisse und Privilegia der Stände mit ankommt.

IX. Diese Formen benehmen dem Monarchen nichts von seinem Rechte, weil die Gesetzkommission und Stände nur Gutachten, Erinnerungen und Remonstrationes machen können, die letzte Beurteilung aber stets dem Landesherrn zukommt. Sie sind aber sehr nützlich, **124 R**

1. weil sie allen Übereilungen vorbeugen.
2. Sie setzen den Regenten in den Stand, die Rechtmäßigkeit und Nützlichkeit eines vorgeschlagenen Gesetzes von allen Seiten und vollständig zu prüfen. Die Gesetzkommission sieht aufs Allgemeine, die Stände auf die besonderen Verhältnisse der verschiedenen Provinzen.
3. Sie sichern ihn gegen falsche Schritte, zu welchen er von seinen unmittelbaren Staatsdienern verleitet werden könnte, für der Gefahr, wohlerworbene Rechte seiner Untertanen durch seine Gesetze zu kränken und dadurch eine seiner heiligsten Pflichten zu verletzen. Die Minister neigen von Natur zum Despotismus, weil dadurch ihr eigenes Ansehen und Einfluß erweitert wird. Kommt unbegrenzte Ehrsucht und ein schlechtes Herz hinzu, so ist die Gefahr um so größer. Exempel der Richelieu und Mazarins, der Louvois, Choiseul, Aiguillon, Maupeou, Breteuils und Calonnes. Durch die Gesetzkommission und die Stände gelangt die Stimme der Wahrheit vor den Thron, und sie sind das Gegengewicht wider den Ministerdespotismus.

[1] N. C. C., Bd. VI, Nr. 13, Sp. 1935 ff.
[2] N. C. C., Bd. VII, Nr. 26, Sp. 337 ff.
[3] Cabinets-Ordre vom 28. August 1786 und Schreiben an v. Carmer vom 27. August 1786, N. C. C., Bd. VIII, Nr. 52 Sp. 143 ff.

RECHT DER HÖCHSTEN GERICHTSBARKEIT 125

I. Entstehung dieses Rechts aus dem Zwecke der bürgerlichen Gesellschaft, daß die unter ihren Mitgliedern entstehenden Streitigkeiten nicht mehr wie im Stande der Natur durch Gewalt und Stärke, sondern nach Gesetzen als Aussprüchen des allgemeinen Willens entschieden und diese Entscheidungen durch die vereinigte Staatsgewalt behauptet und ausgeführt werden sollen. Die bürgerliche Gesellschaft hat also ihrem Oberhaupte das Recht übertragen, über die Streitigkeiten ihrer Mitglieder zu richten und die von ihm gefällten Aussprüche gegen den, welcher sich ihnen nicht gutwillig unterwerfen will, durch Anwendung der ihm anvertrauten allgemeinen Gewalt zu vollstrecken. Dieses Recht heißt die Gerichtsbarkeit.

II. Mit dieser Befugnis ist zugleich das Recht verbunden,

a) durch Ausübung der Jurisdictionis voluntariae rechtliche Handlungen der Bürger fester und sicherer zu machen; Derivierung aus dem Zwecke des Staats, Kennzeichen des Eigentums und der Rechte zu bestimmen;

b) das Vormundschaftsrecht; deriviert aus der Pflicht des Staats, für die zu sorgen, die sich selbst nicht vorstehen können.

III. Geschichte der Gerichtsbarkeit.

1. Im ersten Anfange der Staaten waren die Könige selbst Richter und konnten es sein, weil die Staaten klein, die Geschäfte des bürgerlichen Lebens bloß auf Ackerbau, Viehzucht und die nötigsten Gewerbe eingeschränkt, die Gesetze also kurz und einfach, die Prozesse selten und wenig verwickelt, die Staaten isoliert und außer Verbindung miteinander waren.
2. Als die Staaten sich vergrößerten, die Geschäfte und Gewerbe sich vervielfältigten, die Menschen klüger und industrieuser, aber auch schlauer, listiger und gekünstelter wurden, die Gesetze sich vermehrten, die richtige Anwendung derselben immer mehr Zeit, Bedachtsamkeit und mühsame Untersuchung erforderte, das politische System der großen Staatenrepublik sich bildete, die stehenden Armeen eingeführt wurden, die Finanzen mehr Aufmerksamkeit erforderten — da ging es nicht mehr an, daß die Regenten das Richteramt in eigener Person ausüben konnten.

3. Es ereignete sich also eine doppelte Veränderung in der Ausübung der Gerichtsbarkeit.
   a) Die Regenten bestellten dazu gewisse Personen und Collegia und reservierten sich nur die Aufsicht über dieselben.
   b) Sie überließen die Ausübung derselben über gewisse Örter, Distrikte und Volksklassen teils den Besitzern der adlichen Güter, teils den Magisträten in den Städten.
      α) Entstehung der Patrimonialjurisdiktion teils ex iure belli, teils aus dem Rechte der Ansiedlung.
      β) Entstehung der Städtischen Jurisdiktion.
4. Sowohl die Patrimonial- als die Städtischen Jurisdiktionen. Sie sind immer der Oberaufsicht des Landesherrn, von welchem sie ursprünglich herrühren, unterworfen geblieben. Sie werden von dem Landesherrn verliehen und bestätigt.

IV. Nach dieser geschichtsmäßigen Darstellung des Ursprungs der Jurisdiktion und der damit sich zugetragenen Veränderungen ist das heutige Verhältnis derselben folgendes. 125 R
1. Der Landesherr ist und bleibt die Quelle aller Jurisdiktionsrechte; seine Jurisdiktion tritt überall ein, wo eine Verleihung nicht nachgewiesen werden kann.
2. In der Regel hat der Adel die Jurisdiktion über die Einwohner seiner Dörfer und der Magistrat über die Bewohner der Städte.
3. Die Jurisdiktion über die Domänengüter ist Patrimonialjurisdiktion.
4. Der unmittelbaren landesherrlichen Jurisdiktion sind unterworfen:
   a) der Adel selbst und die Städte als ein Ganzes betrachtet;
   b) die Offizianten und alle, denen der Staat Würden erteilt;
   c) die Geistlichkeit.
5. Die Jurisdiktion des Landesherrn exerzieren die von ihm bestellten Richter.
6. Die Collegia, denen diese Jurisdiktion in einer ganzen Provinz übertragen ist, heißen Landesjustizcollegia.
7. Den Landesjustizcollegiis ist die Aufsicht über die Patrimonial- und Städtischen Jurisdiktionen übertragen.

V. Rechte des Landesherrn, die zu dieser höchsten Gerichtsbarkeit als einem Regali gehören:

1. Das Recht, Prozeßordnungen zu machen (gehört eigentlich zur Gesetzgebung).
2. Das Recht, die Richter und Mitglieder der Landesjustizcollegien zu bestellen.
3. Das Recht, die Aufsicht über sie zu führen und sie zur Verantwortung zu ziehen.
4. Das Visitationsrecht bei den Patrimonial- und Städtischen Jurisdiktionen.
5. Das Appellationsrecht.
6. Die Fructus iurisdictionis.

VI. Pflichten:

1. Gute Prozeßordnung.
2. Daß die richterliche Hilfe niemandem versagt und niemand ungehört verurteilt werde.
3. Daß niemand von seinem gehörigen Richter abgezogen werde.
4. Bestellung tüchtiger Subjekte.
5. Er muß nicht selbst Richter sein wollen.
6. Er muß nicht Machtsprüche contra judicata tun.
7. Er muß seine Untertanen hören und Visitationes veranlassen.
8. Er muß die Besitzer der Patrimonial- und Städtischen Jurisdiktionen dabei schützen.
9. Er muß sie aber unter genauer Aufsicht halten und sie ihre Schranken nicht überschreiten lassen.

ÜBER DAS STRAFRECHT 126

I. Die Quelle dieses Rechts ist die Pflicht des Staats, die öffentliche Ruhe und Ordnung zu erhalten und die Mitglieder der bürgerlichen Gesellschaft gegen Beeinträchtigungen in ihrem Eigentum und Rechten zu schützen.

II. Das Strafrecht, als ein Landeshoheitsrecht betrachtet, begreift unter sich:

a) das Recht, durch Gesetze zu bestimmen, welche Handlungen als Verbrechen verboten sein und wie dieselben bestraft werden sollen;

b) das Recht, allgemeine Vorschriften über die Art und Weise zu erteilen, wie bei der Untersuchung vorgefallener Verbrechen und Festsetzung der darauf zu verhängenden Strafen verfahren werden soll;

c) das Recht, in einzelnen Fällen diejenigen, welche eines begangenen Verbrechens beschuldigt oder verdächtig geworden, zur Untersuchung zu ziehen und nach erfolgter Überführung die verdiente Strafe an ihnen zu vollziehen.

III. Die beiden ersten Stücke gehören zum Rechte der Gesetzgebung, das letzte zum Rechte der Gerichtsbarkeit. Die allgemeinen Regeln und Grundsätze, welche bei jenen Hoheitsrechten angegeben worden, finden also auch hier Anwendung.

IV. Weil aber die Lehre von Verbrechen und Strafen von so vorzüglicher Wichtigkeit ist, auf die Sicherheit und das Wohl des Staats einen so unmittelbaren Einfluß hat und der Souverän dabei noch öfterer und unmittelbarer mitwirkt als bei der bürgerlichen Gesetzgebung, so verdient und erfordert diese Materie eine besondere Abhandlung.

V. Soweit das Strafrecht als ein Teil der Gesetzgebung anzusehen ist, kommt es dabei auf folgende Fragen an:

1. Was für Handlungen kann der Staat durch Gesetze verbieten und bestrafen?
2. Nach welchen Grundsätzen muß er die Strafen der verschiedenen Verbrechen bestimmen?
3. Was für Arten von Strafen kann der Staat verordnen?

VI. Was für Handlungen kann der Staat als Verbrechen verbieten und bestrafen?

1. Nur äußere Handlungen. Nicht bloße Meinungen und Gesinnungen. Auch nicht den bloßen Vorsatz. Unterschied zwischen einem bloß vorgenommenen, einem versuchten, einem angefangenen und einem vollendeten Verbrechen. *Exempel* vom Morde. Der, welcher sich bloß vorgenommen hat, einen anderen zu töten. Der, welcher ihm mit geladenen Pistolen aufpaßt.

Der, welcher die Pistole auf ihn losdrückt. Der, welcher ihn wirklich tötet. *Ausnahme*. Es gibt einige Verbrechen, bei welchen wegen der ausnehmend großen Gefahr, womit sie den Staat bedrohen, auch schon der Vorsatz gestraft werden kann. Doch kann diese Strafe nie so hart sein, als wenn das Verbrechen wirklich angefangen worden, z. E. Konspirationen gegen den Staat, Desertionskomplotte.

2. Der Staat kann nur solche Handlungen verbieten und strafen, wodurch Zwangspflichten, die der Handelnde andern schuldig ist, verletzt werden. 126 R
Deduktion aus dem Zwecke des Staats, welcher nur dahin geht, Beeinträchtigungen zu verhüten, nicht Pflichten des Wohlwollens durch Zwang zu bewerkstelligen. Aus diesem Grundsatze folgt, daß nicht bestraft werden können:
   a) Handlungen, durch welche bloß Pflichten des Wohlwollens übertreten werden, z. E. Undankbarkeit, Geiz.
   b) Handlungen, durch welche der Handelnde bloß sich selbst Schaden zufügt, insofern er dadurch nicht zugleich Zwangspflichten gegen andre verletzt. Selbstmord. Die sich selbst verstümmelnden Kantonisten.
   c) Sogenannte Beleidigungen der Gottheit, insofern dadurch nicht zugleich die öffentliche Ruhe und Ordnung gestört wird. Blasphemie, die nicht öffentliches Ärgernis gibt.
   d) Fleischliche Verbrechen, insofern kein andres Deliktum dabei konkurriert.
3. Der Staat kann nur freie Handlungen strafen, d. h. solche, deren Unterlassung in der Macht des Handelnden stand. Es können also nicht gestraft werden:
   a) Handlungen, wozu jemand durch physischen Zwang genötigt worden;
   b) Handlungen, die im Stande der äußersten Not vorgenommen sind.

      Theorie von der Notwehr. Notwehr ist vorhanden, wenn jemand einer gegenwärtigen dringenden Gefahr an Leben, Person, Gesundheit oder Vermögen ausgesetzt ist und die Umstände so beschaffen sind, daß ihm zur Abwendung dieser Gefahr die Hilfe des Staats nicht zustatten kommen kann. Rücktritt in den Stand der Natur. Grenzen der Notwehr. Exempel von Friedrich Wilhelm dem Ersten.
4. Der Staat kann nur Handlungen strafen, die dem Handelnden zugerechnet werden können, d. h. solche, von welchen der Handelnde wußte oder doch wissen konnte und sollte, daß sie die im Gesetz verbotenen Folgen hervorbringen würden. Daher können nicht bestraft werden:
   a) Handlungen, die ein Mensch vornimmt, dem es an dem Vermögen, seine Pflichten zu erkennen und die Folgen seiner Handlungen zu beurteilen, gänzlich ermangelt.

Handlungen der Kinder, der Rasenden und Wahnwitzigen. Von den Handlungen der Trunkenen.

b) Handlungen, die gegen Gesetze begangen worden, welche dem Handelnden nicht bekannt sein konnten.
Akzisecontraventiones fremder Reisender.

VII. Nach welchen Grundsätzen hat der Staat die Strafen der verschiedenen Verbrechen zu bestimmen? Diese Grundsätze sind herzuleiten aus dem *Begriff* der Strafe und aus dem *Zweck* derselben.

Begriff: Ein Übel, welches vom Staat demjenigen zugefügt wird, der ein Verbrechen begangen hat.

Zweck: Die Sicherheit des Staats und seiner Einwohner. Da durch die 127
Strafe das Verbrechen nicht ungeschehen gemacht werden kann, so kann der Zweck der Strafe nur dadurch erreicht werden, daß der Verbrecher und andre außer ihm von ähnlichen künftigen Handlungen zurückgehalten werden. Rache kann also nie Zweck der Strafe sein, sondern nur Abschreckung von Verbrechen und Besserung des Verbrechers, wo diese nur irgend noch möglich ist. Auch der Verbrecher hört noch nicht auf, Mensch zu sein, und verliert noch nicht allen Anspruch auf die Rechte der Menschheit. Der Staat ist also nicht berechtigt, ihn unvollkommener und unglücklicher zu machen, als es unumgänglich notwendig ist, um den Zweck der Erhaltung der Ruhe und Sicherheit der bürgerlichen Gesellschaft und ihrer Mitglieder zu erreichen.

VIII. Aus diesem Begriff und Zweck der Strafe folgt, daß die Strafe immer mit dem Verbrechen im Verhältnis stehen müsse.

Dies Verhältnis läßt sich in einer doppelten Beziehung denken:

1. auf den Grad der Zurechnung der Handlung selbst gegen den Handelnden;
2. auf den Grad der Schädlichkeit der Handlung und ihre nachteiligen Folgen.

IX. Der Grad der Zurechnung hängt von dem Grade des Vermögens bei dem Handelnden ab, seine Pflicht zu erkennen und die Folgen seiner Handlungen zu beurteilen. Unendliche Verschiedenheit dieser Grade an sich. Unterschied unter *Absicht*, *Vorsatz* und *Versehen*.

Wer das Verbotsgesetz kennt und wissentlich eine Handlung vornimmt, aus welcher die im Gesetz verbotenen schädlichen Folgen nach dem natürlichen und gewöhnlichen Laufe der Dinge entstehen müssen, der begeht ein Verbrechen mit *Vorsatz*.

Wer es will, daß just diese schädlichen Folgen aus seiner Handlung entstehen sollen, der begeht dies Verbrechen *absichtlich*.

Absicht und Vorsatz sind in den meisten Fällen schwer zu unterscheiden, weil jene zu den inneren Handlungen der Seele gehört, die niemand kennt als der Allwissende. In den meisten Fällen muß man sich also damit begnügen, aus den vor, bei und nach der Handlung vorgefallenen Umständen zu beurteilen, ob Vorsatz oder nur Versehen dabei zugrunde liegen. Zuweilen aber kann auch die Absicht ausgemittelt werden, und dann findet der höchste Grad der Zurechnung statt.

Exempel vom Totschlage und Morde.

Der Absicht und dem Vorsatz wird das *Versehen* entgegengesetzt. Wenn nämlich der Handelnde nicht gewußt hat, daß die Handlung verboten sei oder daß die im Gesetz verbotene schädliche Folge aus seiner Handlung entstehen werde. Diese Unwissenheit ist verschuldet oder unverschuldet. Ist sie ganz unverschuldet, so findet weder Zurechnung noch Strafe statt. Ist sie verschuldet, so ist das Verbrechen aus Versehen begangen, und der Grad der Schuld bestimmt den Grad der Zurechnung, mithin auch der Strafe. Exempel vom *homicidio culposo*. Jemand erschießt im Walde einen Menschen, den er für ein wildes Tier hält. Er erschießt ihn in der Nähe einer Landstraße. Er schießt in bewohnten Gegenden und tötet dadurch einen Menschen.

X. Grundsätze aus dieser Theorie von Absicht, Vorsatz und Versehen. 127R

1. Der höchste Grad der Strafe findet nur gegen absichtlich begangene Verbrechen statt. Der Mord muß härter bestraft werden als der bloße Totschlag.
2. Ein vorsätzlich begangenes Verbrechen ist schärfer zu bestrafen als ein Verbrechen aus bloßem Versehen.
3. Ein Verbrechen, welches bei einer ganz gewöhnlichen Überlegung und Aufmerksamkeit vermieden werden konnte, ist strenger zu ahnden als ein solches, dessen Vermeidung einen höheren Grad von Aufmerksamkeit und Überlegung erforderte.
4. Da der Gesetzgeber für die unendlich verschiedenen Grade des Versehens

unmöglich bestimmte Strafen verordnen kann, so muß er nur den höchsten und den niedrigsten Grad der Strafe des Versehens bestimmen und dazwischen dem arbitrio iudicis Raum lassen, z. E. homicidium culposum wird mit Gefängnis- und Festungsstrafe von 4 Wochen bis 4 Jahren belegt.

XI. Die zweite Art des Verhältnisses, auf welches bei Bestimmung der Strafen Rücksicht zu nehmen ist, bezieht sich auf die verschiedenen Grade der Gefahr und Schädlichkeit der durch die Strafgesetze zu verhütenden Verbrechen.

Klassifikation der Verbrechen.

A. Staatsverbrechen, durch welche die ganze bürgerliche Gesellschaft,

B. Privatverbrechen, durch welche nur einzelne Mitglieder derselben beleidigt werden. Die Privatverbrechen verletzen das Leben, die Gesundheit von Körper und Geist, die persönliche Freiheit, die Ehre und den guten Namen, das Vermögen.

Der verschiedene Wert dieser Güter, bei deren ruhigem Besitz und Genuß die Einwohner des Staats durch die Strafgesetze geschützt werden sollen, der größere oder geringere Grad der Gefahr und Unsicherheit, welcher aus der unerlaubten Handlung für eins oder das andre dieser Güter entsteht, die mehrere oder mindere Möglichkeit der Wiederherstellung des aus dem Verbrechen entstehenden Schadens bestimmen in dieser Rücksicht die Grade der Strafbarkeit eines Verbrechens.

a) Die Aufrechthaltung der öffentlichen Ruhe und Ordnung, die Erhaltung einer guten Staatsverfassung, unter welcher die bürgerliche Gesellschaft Wohlstand und Freiheit genießt, muß in den Augen des Gesetzgebers unstreitig den größten Wert haben, weil davon die Privatglückseligkeit aller einzelnen Mitglieder des Staats abhängt.

Unter den Gütern der einzelnen:

b) Das Leben, die Bedingung aller Glückseligkeit.

c) Gesundheit des Körpers und des Geistes, weil ohne diese kein freier Gebrauch der Fähigkeiten und Kräfte zur Beförderung der Glückseligkeit stattfindet.

d) Persönliche Freiheit ist von gleichem Wert.

e) Der Wert der äußerlichen Güter ist geringer, weil sie weniger notwendig zur Glückseligkeit und leichter zu ersetzen sind.

f) Die Ehre hat zwar an sich einen sehr hohen Wert, sie ist aber der Gefahr, 128
durch die Handlungen andrer gekränkt zu werden, weniger ausgesetzt.

XII. Grundsätze der Kriminalgesetzgebung aus dieser Klassifikation der Verbrechen.

1. Handlungen, aus welchen der beabsichtigte Schaden nicht entstanden ist, können nicht so bestraft werden, als wenn sie den Schaden wirklich hervorgebracht haben. Exempel: Der tödlich Verwundete, der wieder kuriert wird.
2. Verbrechen, durch welche jemand das Leben verliert, erfordern unter allen Privatverbrechen die strengste Ahndung.
3. Beleidigungen des Vermögens sind gelinder zu bestrafen als der Gesundheit und der persönlichen Freiheit.
4. Beleidigungen der Ehre sind am wenigsten strenge zu ahnden.
5. Bei Verbrechen von eben derselben Klasse muß dasjenige, welches leichter zu begehen und schwerer zu verhüten ist, strenger bestraft werden als ein anderes, von welchem eine geringere Gefahr bevorsteht. *Diebstahl, Hausdiebstahl.*
6. Bei jeder Klasse von Verbrechen gibt die Größe oder Geringfügigkeit des Schadens, die mehrere oder mindere Unwiederbringlichkeit desselben den Maßstab des Grades der Strafe ab. *Zufügung von Schmerzen und Verstümmelung.* Diebstahl eines Schnupftuches und einer großen Summe.
7. Eben dasselbe Verbrechen, wenn es gegen den Staat begangen worden, muß härter bestraft werden, als wenn es nur gegen einen Particulier verübt wird. Dies gilt nur von Verbrechen, die zu einer Klasse gehören.
8. Ein Verbrechen, welches zwar zunächst und unmittelbar nur gegen einen Particulier begangen, wodurch aber zugleich die öffentliche Ruhe und Sicherheit gestört wird, muß schärfer bestraft werden, als wenn es ohne dergleichen Verletzung der öffentlichen Sicherheit begangen worden. *Raub, Straßenraub.*
9. Ein Verbrechen, wodurch mehrere Staatsbürger zugleich in Gefahr gesetzt werden, erfordert strengere Bestrafung, als wenn die Gefahr nur einem droht. Brunnenvergiftung, Brandstiftung.
10. Der höchste Grad des Verbrechens ist, wenn die Staatsverfassung unmittelbar angegriffen und beleidigt ist. Unterschied zwischen Hochverrat und crimen laesae majestatis.

XIII. Diese Verhältnisse zwischen Verbrechen und Strafen ist der Staat genau zu beobachten schuldig, weil er sonst

1. die Pflichten der wesentlichen Gerechtigkeit verletzt,

2. dem natürlichen Gefühl der Billigkeit entgegenhandelt,
3. sich der Gefahr aussetzt, indem er ein geringeres Verbrechen durch strenge Strafen verhüten will, zu einem größeren Anlaß zu geben. Der Dieb — der Mörder. Der englische Straßenräuber — der französische.

XIV. Was für Arten der Strafen kann der Staat festsetzen? Die bisher bekannten **128 R**
und gewöhnlichen Strafen sind: 1. Geldstrafen, 2. Körperliche Züchtigung, 3. Strafarbeit, 4. Gefängnisstrafe, 5. Ehrenstrafen, 6. Zuchthaus- und Festungsstrafe, 7. Todesstrafe.

Die ersten fünf Strafarten sind für die geringeren Arten und Grade der Verbrechen bestimmt, die 6te und 7te für die schweren.

1. *Geldstrafen* sollten eigentlich nur gegen Verbrechen stattfinden, die aus Eigennutz begangen worden, z. E. Wucher, Betrug im Handel und Wandel, Akzise- und Zollverbrechen und andre Contraventiones gegen Auflagegesetze. Man hat inzwischen auch auf andre geringere Vergehungen, die bei Leuten der mittleren und niederen Stände mit Gefängnis- oder Strafarbeit geahndet werden, z. E. Injurien, bei Personen der höheren Stände Geldstrafen festgesetzt, und da die fiskalischen Strafgelder seit langen Zeiten her eine von den Quellen der Staatseinkünfte geworden sind, so ist zu vermuten, daß es auch wohl noch ferner dabei verbleiben werde. Inzwischen sind Gesetze vorhanden, welche verbieten, daß gemeine Leute auf dem Lande nicht um Geld gestraft werden sollen, und es ist sehr zu wünschen, daß es bei diesen Gesetzen gelassen werden möge, da die Erlaubnis, dergleichen gemeine Leute um Geld zu strafen, den Eigennutz mancher Gerichtsobrigkeiten und Unterbedienten zu Bedrückungen des Landmanns reizen dürften.

2. *Körperliche Züchtigungen* sind bisher als wirkliche Strafen nur bei dem Militärstande wegen Dienstvergehungen üblich gewesen. Man hat in neueren Zeiten Versuche gemacht, diese Strafart auch bei Verbrechern des Zivilstandes einführen zu wollen, es ist aber aus sehr guten Gründen unterblieben. Einesteils wegen der darin liegenden zu großen Willkürlichkeit, andernteils, weil dadurch der Charakter der Nation zu sehr erniedrigt wird, z. E. bei den Russen, bei den Chinesen. Exempel von Kaiser Joseph.

3. *Strafarbeit* ist die schicklichste und zweckmäßigste Strafart für die niederen Volksklassen; es kann bei geringeren Vergehungen der Zweck der Abschreckung und Besserung dadurch am besten erreicht werden, und der Verbrecher nützt dadurch zugleich dem Staat und dem gemeinen Wesen.

4. *Gefängnisstrafe* ist die gewöhnlichste Art der Strafe für geringere Vergehungen. Die bisher dabei vorgewalteten Mängel sind a) die schlechte Beschaffenheit der Gefängnisse, b) der Müßiggang, in welchem die Gefangenen bisher unterhalten worden. Man muß also die Gefängnisse mit Arbeitsanstalten verbinden.

5. *Ehrenstrafen*, wodurch der Verbrecher seiner bürgerlichen Ehre beraubt wird. Diese sind nicht zweckmäßig. Denn entweder wird der Verbrecher
zugleich seiner Freiheit auf immer beraubt, und in | diesem Fall ist die Strafe 129
der Infamie unnütz, oder er soll nach ausgestandener übriger Strafe wieder in die bürgerliche Gesellschaft zurückkehren, und in dieser sind ihm gleichwohl durch die zugefügte Infamie alle Mittel zum weiteren Fortkommen verschlossen. Er muß also aus Not neue Verbrechen begehen, und die Strafe, durch welche die bürgerliche Gesellschaft gesichert werden sollte, gibt Anlaß zu neuen Gefahren für dieselbe.

6. *Landesverweisung*. Diese Strafe war ehedem sehr gewöhnlich bei Verbrechen der mittleren Art, die weder den Tod verdient hatten noch mit bloßem Gefängnis hinlänglich geahndet werden konnten. Man hat aber in neueren Zeiten eingesehen, daß diese Strafart gar nicht zweckmäßig und daß es besser sei, die Verbrecher, die man sonst zum Lande hinaustrieb, im Lande zu behalten und neben dem Verlust ihrer Freiheit mit einer dem gemeinen Wesen nützlichen Arbeit zu beschäftigen. Daher sind

7. die *Zuchthaus- und Festungsstrafen* entstanden, wo der Verbrecher eine gewisse bestimmte Zeit hindurch in gefänglicher Haft behalten und in den Festungen mit Festungsbauarbeiten, in den Zuchthäusern aber mit Fabriken- und Manufakturarbeiten beschäftigt wird. Diese Strafart der gröberen Verbrechen empfiehlt sich überdem noch dadurch, daß durch die verschiedenen Bestimmungen der Dauer die Verhältnisse zwischen Verbrechen und Strafen desto genauer beobachtet werden können.

8. *Todesstrafen*.

Geschichte derselben. In älteren Zeiten war man sehr leicht mit Todesstrafen fertig. Wer über 5 Taler am Wert gestohlen, wer ein Pferd von der Weide entwendet, wer durch Erbrechung irgendeines Schlosses oder Behältnisses den Diebstahl verübt hatte, ward mit dem Tode bestraft. In neueren Zeiten, wo man angefangen hat, den Wert eines Menschen höher und sein Leben nicht mit dem Verlust weniger Taler in Verhältnis zu setzen, ist man auf das andre Extremum geraten und hat dem Staate das Recht, Todesstrafen zu verhängen, ganz absprechen wollen. Diese Lehre hat bei vielen Regenten Eingang gefunden, und sowohl der hochselige Kaiser als die

Kaiserin von Rußland haben die Todesstrafen in ihren Ländern gänzlich abgeschafft. Auch in verschiedenen deutschen Ländern geht man jetzt damit um, eine gleiche Reform in der Kriminalgesetzgebung durch Abschaffung der Todesstrafen vorzunehmen.

Die Gründe gegen die Todesstrafen sind auch in der Tat sehr scheinbar. Da alle Rechte des Staats über die Mitglieder der bürgerlichen Gesellschaft sich zuletzt auf den bürgerlichen Vertrag gründen, kein Mensch aber einen gültigen Vertrag über sein Leben schließen kann, so scheint der Staat aus dem bürgerlichen | Vertrage kein Recht zu haben, irgendeinem seiner Unter- 129 R
tanen eines begangenen Verbrechens wegen das Leben zu rauben. Auch an sich ist das Leben eines Menschen ein Gut von so hohem Wert und sein Verlust ist so unwiederbringlich, daß die natürliche Empfindung es selbst zu mißbilligen scheint, wenn der Staat einem seiner Bürger wegen eines Verbrechens, welches gleichwohl nicht mehr ungeschehen gemacht werden kann, das Leben nimmt.

Allein bei alledem sind Todesstrafen ein notwendiges Mittel, wenn der Zweck des Staats, nämlich seine eigene und die Sicherheit seiner Bürger, erreicht werden soll. Diese Notwendigkeit rechtfertigt also den Gebrauch des Mittels hinlänglich. Es gibt Verbrechen, die für den Staat und die Mitglieder der bürgerlichen Gesellschaft so gefährlich sind, daß man ihnen den höchsten Grad der Abschreckung entgegensetzen muß. Dieser Grad kann kein andrer sein als der angedrohte Verlust des Lebens. Es liegt in der Natur des Menschen, daß er den Tod als das größte Übel scheut, besonders darum, weil der Verlust des Lebens unwiederbringlich ist. Todesstrafen sind also das wirksamste Abschreckungsmittel, und der Staat ist berechtigt, von diesem Mittel alsdann Gebrauch zu machen, wenn er findet, daß die minderen Grade nicht hinreichen. Die Erfahrung hat dies bestätigt. In allen Ländern, wo man die Todesstrafen hat abschaffen wollen, sind daraus große Unordnungen entstanden. Der verstorbene Kaiser setzte an die Stelle der Todesstrafe das Schiffziehen. Diese Strafe ist eine der grausamsten, die nur je erfunden worden. Sie führt den Tod des Verbrechers ebenso gewiß als Strang und Schwert, nur langsamer und unter den fürchterlichsten, jedes Gefühl empörenden Leiden herbei und verwandelt das Leben, dessen man schonen zu wollen vorgibt, in einen immerwährenden Todeskampf. Gleichwohl hat diese Strafart bei aller ihrer Furchtbarkeit den Zweck der Abschreckung nicht so erreicht wie die Todesstrafe. Schon der Gedanke allein, daß es doch möglich sei, dieser Strafe durch die Flucht oder auf irgend eine andre Art zu entgehen, schwächt den Eindruck, welchen die Furcht dafür auf den Verbrecher machen soll, zu sehr und macht, daß diese Furcht ihn lange nicht so stark von der Begehung des Verbrechens abschrecken wird als der Gedanke an den gewissen und unvermeidlichen Verlust des Lebens. Man kann also dem Staat das Recht der Todesstrafen nicht nehmen, ohne ihm ein notwendiges Mittel zur Verteidigung seiner eigenen Sicherheit und der Sicherheit seiner Bürger zu entziehen.

Inzwischen erhellt aus eben den Gründen, aus welchen bisher die Not- 130
wendigkeit und Rechtmäßigkeit der Todesstrafen behauptet worden, daß die Fälle, wo der Staat von diesem traurigen Rechte Gebrauch zu machen wirklich befugt ist, nur sehr selten vorkommen können. Denn da Todesstrafen nur soweit rechtmäßig sein können, als sie zur Sicherheit des Staats und seiner Bürger notwendig sind, so folgt,

a) daß sie nur gegen solche Verbrechen stattfinden, welche entweder den Staat oder dessen Bürger mit der Gefahr eines sehr großen und auf andre Art nicht abzuwendenden Schadens bedrohen. Die Gefahr am Vermögen, die den einzelnen Bürgern des Staats oder auch dem Staate selbst aus Diebstählen und Entwendungen bevorsteht, ist so groß und dringend nicht, daß, um die Diebe davon abzuschrecken, Todesstrafen nötig wären. Hier kann der Staat mit geringeren Abschreckungsmitteln auslangen. Die Begierde, sich zu bereichern, ist so heftig und hinreißend nicht, daß man derselben die Furcht vor dem Tode entgegensetzen müßte. Überdem würde der Staat, wenn er den Dieb mit dem Leben strafen wollte, demselben in vielen Fällen Motive geben, auch ein Mörder zu werden, weil er doch nur einmal sterben kann und also nichts da ist, was ihn abhalten könnte, sich durch die Ermordung des Bestohlenen gegen die Entdeckung seines Verbrechens mehr zu sichern. Wer aber mit kaltem Blute den Entschluß fassen kann, seinen Mitbürger zu ermorden, der hat schon alle Triebe der Menschlichkeit, alle Motive der Moral und Religion in sich erstickt. Eine sehr heftige und wütende Leidenschaft ist allein fähig, ihn zu einem solchen abscheulichen Entschlusse zu bringen. Hier ist also das stärkste Motiv nötig, was der Staat in seiner Gewalt hat, um ihn von der Ausführung der Tat abzuschrecken, und dies kann kein andres sein als die Furcht des Todes.
b) Todesstrafen können nur dann stattfinden, wenn das Verbrechen völlig ausgemittelt ist. Denn da der Verlust des Lebens unwiederbringlich ist, so darf der Staat niemals auf bloßen Verdacht, sondern nur bei vorhandenen klaren und überzeugenden Beweisen Todesstrafen verfügen, damit er sich nicht der Gefahr, einen Unschuldigen zu ermorden, aussetze.

Diese Gefahr ist größer, als man glaubt. Exempel von einem gewaltsamen Einbruch, der vor wenig Jahren in Lothringen verübt wurde.

c) Todesstrafen finden nur statt, wenn das Verbrechen wirklich ausgeführt und bei dem Verbrecher der höchste Grad der Zurechnung vorhanden ist. Denn da sie den höchsten Grad der Strafe enthalten, | so können sie 130R auch nur bei dem höchsten Grade des Verbrechens angewendet werden, und man würde das Verhältnis zwischen Verbrechen und Strafen verletzen, wenn man das bloße Unternehmen eines Verbrechens, dessen Vollendung unterblieben ist, oder das bloße Versehen, bei welchem die Absicht, das Verbrechen zu begehen, nicht ausgemittelt ist, mit dem Tode bestrafen wollte.

Nach diesen Grundsätzen verfährt die preußische Gesetzgebung bei Verhängung der Todesstrafen. Sie finden bei uns nur statt[1]

a) auf den Hochverrat, weil dadurch die Staatsverbindung selbst und das Band der bürgerlichen Gesellschaft, auf welcher alle Privatsicherheit und Glückseligkeit beruht, angegriffen wird; hier wird sogar der Conatus mit dem Tode gestraft;
b) auf alle Arten des vorsätzlichen Totschlages;
c) auf Brandstiftungen;
d) auf den Straßenraub.

Sobald aber auch bei diesen Verbrechen entweder an der Gewißheit der Tat etwas ermangelt oder das Verbrechen nicht völlig ausgeführt worden oder der höchste Grad der Moralität und Zurechnung bei dem Verbrecher nicht vorhanden gewesen ist, fällt die Todesstrafe weg, und es tritt nach Bewandtnis der Umstände eine zehn- oder mehrjährige oder gar lebenswierige Festungs- oder Zuchthausstrafe an deren Stelle.

Bei diesem System hat der Preußische Staat sich bisher vollkommen wohl befunden; das menschliche Leben ist möglichst geschont worden, ohne daß die öffentliche Ruhe und Sicherheit darunter gelitten hätte. So ist z. E. im vorigen Jahre nur in 7 Fällen auf Todesstrafe erkannt worden, und gleichwohl beläuft sich die Summe aller in eben diesem Jahre vorgekommenen eigentlichen Verbrechen noch nicht auf 200, da doch in Bayern, einem Lande, welches in Ansehung des Flächeninhalts und der Population noch nicht den 4ten Teil der preußischen Monarchie ausmacht, jährlich 50—60 Menschen hingerichtet werden und gleichwohl die Unsicherheit in diesem Lande besonders auf den Straßen so groß ist, daß besonders in gewissen Gegenden

[1] Am Rande: nb Militär.

niemand anders als wohl bewaffnet und unter guter Bedeckung zu reisen sich getrauet.

XV. Mit der Frage, welche Arten von Strafen der Staat zu verhängen berechtigt 131
sei, steht auch die in Verbindung, inwiefern der Staat die Strafen, besonders die Todesstrafen, durch Hinzufügung andrer Martern erschweren oder verschärfen könne. Die Grausamkeit bei den Strafen war ehemals sehr Mode. Man hat ganze Sammlungen mit Kupferstichen, in welchen ein grausamer Witz sich in Erfindung von Qualen erschöpft hat, mit welchen dem Verbrecher, der doch immer nicht aufhört, Mensch zu sein, das Ende seines unglücklichen Lebens erschwert werden soll. Man glaubt, daß, weil auch bei todeswürdigen Verbrechen unzählige Grade und Abstufungen teils in der Schädlichkeit der Tat selbst, teils in der Moralität des Verbrechers möglich sind, man auch dergleichen Abstufungen in den Arten der Todesstrafen machen müsse. Eine weise und menschliche Gesetzgebung wird aber dergleichen Grausamkeiten in ihren Strafkodex niemals aufnehmen. Denn dergleichen grausame Strafen sind

a) unnütz. Wen die Furcht vor dem Verluste des Lebens nicht zurückhält, den wird der Gedanke, daß er vor seiner Hinrichtung mit glühenden Zangen gerissen werden soll, nicht abschrecken. Diese Strafen sind also auch
b) ungerecht, eben weil sie unnütz sind und der Staat kein Recht hat, seinen Bürgern mehrere und größere Übel zuzufügen, als es zur Erreichung des Zwecks der allgemeinen und Privatsicherheit notwendig ist.
c) Sie sind schädlich; denn sie erzeugen entweder Mitleiden gegen den Verbrecher und Unwillen gegen den Staat, der ein Vergnügen daran zu finden scheint, seine Untertanen zu martern, oder sie verhärten und erniedrigen den Charakter der Nation und erzeugen in dem gemeinen Manne einen Hang zur Grausamkeit.

Auch hierin liefert Frankreich das Beispiel. Nirgend sind die Strafen härter und grausamer als in diesem Land, und gleichwohl machen sie nirgend weniger Eindruck als dort. Unter dem Schafott, wo ein Missetäter wegen begangener Diebstähle aufs längste gemartert wird, werden eine große Menge neuer Diebstähle verübt. Der gemeine Franzose, der sonst einen solchen Hang zur Weichlichkeit und Wollust hat, besonders der französische Soldat, ist wegen seiner Grausamkeit berüchtigt, und man irrt gewiß nicht, wenn man einen Teil dieses Hanges auf die Rechnung der in diesem Lande üblichen grausamen Todesstrafen schreibt, durch deren täglichen Anblick der gemeine Mann zu einer gewissen Gleichgültigkeit gegen die Martern gewöhnt wird und die natürlichen Empfindungen der Menschlichkeit in ihm abgestumpft und unterdrückt werden.

Die preußische Gesetzgebung hat daher mit Recht außer der Strafe des Schwerts und des Galgens nur das Rädern und Verbrennen beibehalten.

Ich kann diese wichtige Materie von Verbrechen und Strafen nicht schick- 131 R
licher beschließen als mit einer Stelle aus den Werken des unsterblichen Friedrichs. In seiner Abhandlung über die Gesetze sagt er nach einem ebenso philosophischen als scharfsinnigen Raisonnement über die verschiedenen Arten der Strafgesetze:[1]

„Nationen, die erst aus dem Stande der Wildheit heraustreten, bedürfen strenger Gesetze; bei Völkern, deren Sitten schon durch Kultur gemildert und sanfter geworden sind, müssen die Gesetze gelinde und menschlich sein. Sich einbilden, daß alle Menschen Teufel sind, ist die Vision eines wilden Menschenfeindes. Glauben, daß sie alle Engel sind, ist der Traum eines schwachköpfigen Kapuziners. Sie nicht alle für gut, nicht alle für boshaft halten, gute Handlungen über ihren Wert belohnen, Verbrechen gelinder bestrafen, als sie es verdienen, Nachsicht für Schwachheiten und Menschlichkeit gegen alle beweisen — das heißt den Gesetzen der Vernunft gemäß handeln."

XVI. Bisher ist von den Grundsätzen der Kriminalgesetzgebung die Rede gewesen, soweit sich dieselbe mit Bestimmung der Verbrechen und Strafen beschäftigt. Nunmehr wird es nötig sein, noch einige Betrachtungen über denjenigen Teil derselben anzustellen, welcher die Art des Verfahrens bei der Untersuchung und Bestrafung der Verbrechen zum Gegenstande hat.

Im ganzen genommen finden dabei eben die Grundsätze und Regeln statt, welche bei dem Rechte der Gesetzgebung und Gerichtsbarkeit überhaupt vorgetragen worden, deren Wiederholung mithin überflüssig sein würde. Nur einige Punkte kommen dabei in Erwägung, die wegen ihrer vorzüglichen Wichtigkeit und wegen des unmittelbaren Anteils, welchen der Landesherr daran zu nehmen hat, eine etwas umständlichere Auseinandersetzung erfordern.

[1] Dissertation sur les raisons d'établir ou d'abroger les lois; Oeuvres de Frédéric le Grand, tom. IX, p. 37.

1. Der wichtigste Punkt bei dem Kriminalprozeß ist immer, ob wirklich ein Verbrechen begangen worden und wer der Täter sei. Die erste dieser Fragen ist gewöhnlich nicht sehr schwer auszumitteln, desto größer aber ist die Schwierigkeit bei der letzteren. Der Täter wird sich, wenn auch einiger Verdacht auf ihn fällt, gemeinhin aufs | Leugnen legen. Zeugen sind bei 132
solchen bösen Taten, die gewöhnlich im größten Geheim unter dem Schutze der Nacht und Finsternis oder an einsamen Orten und Gegenden ausgeübt werden, selten vorhanden. Auch die übrigen Beweismittel, die in bürgerlichen Prozessen über das Mein und Dein entscheiden, fallen bei Kriminalprozessen gewöhnlich weg. Da nun aber dennoch jede Strafe, besonders die Todesstrafe, wenn sie stattfinden soll, die möglichste Gewißheit, daß der Angeschuldigte die Tat wirklich begangen habe, erfordert, so ist es von jeher das schwerste Problem der Kriminalgesetzgebung gewesen, Mittel und Wege zu finden, wie der Urheber eines begangenen Verbrechens entdeckt und in Gewißheit gesetzt werden könne. Die Versuche, welche die Gesetzgeber zur Auflösung dieses Problems gemacht haben, sind ein sehr wichtiger Beitrag zu der Geschichte der Verirrungen des menschlichen Verstandes. In den älteren Zeiten verfiel man

a) auf die Gottesurtel, die Feuer- und Wasserprobe,

b) auf die gerichtlichen Duelle in den mittleren Zeiten[1],

c) auf die Tortur in den neueren.

Gründe gegen die Tortur. Sie ist ein äußerst barbarisches und ein ebenso unzuverlässiges Mittel zur Entdeckung der Wahrheit. Der Bösewicht von starken Nerven und abgehärtetem Körper lacht ihrer, und der unschuldig Angeklagte, dem sein zarterer Nervenbau, seine schwächere Leibeskonstitution das Ertragen der Schmerzen unmöglich macht, wird dadurch gezwungen, Verbrechen zu gestehen, die er niemals begangen hat. Widerruft er nach geendigter Tortur, so wird er von neuem auf die Folterbank gebracht, und dies dauert so lange, bis der unmenschliche Richter nunmehr hinlängliche Gewißheit seiner Schuld in seinem Geständnisse zu finden glaubt. Die Fälle sind unzählig, wo ganz Unschuldige auf den Grund solcher ihnen durch Martern abgepreßten Geständnisse am Leben bestraft worden und wo sich hinterdrein dennoch gefunden hat, daß sie unschuldig waren. Gesetzt aber auch, daß der unschuldig Angeklagte den Martern widersteht und also mit der Strafe verschont wird, ist es nicht äußerst ungerecht und grausam, daß ihn der Staat auf einen bloßen Verdacht hin mit solchen Qua-

[1] Am Rande: Duell über die Sp. lib. der Bib.

len belegt, die noch dazu den Verlust der Gesundheit für sein ganzes übriges Leben zur Folge haben? Es war daher eine der ersten und zugleich der gerechtesten und wohltätigsten Verfügungen des hochseligen Königs, daß er die Tortur in seinen Landen abschaffte. Zwar schrieen damals viele Menschen, besonders die damaligen Rechtsgelehrten, daß, wenn man solchergestalt dem Richter das einzige Mittel entziehe, hinter die Wahrheit zu kommen und einen hartnäckigen verstockten Bösewicht zum Geständnis zu bringen, nunmehr viele Verbrecher unentdeckt und ungestraft | bleiben, darunter aber die 132 R
öffentliche Ruhe und Sicherheit sehr leiden würden. Allein eine nun fast 50jährige Erfahrung hat alle diese Besorgnisse hinlänglich widerlegt. Der preußische Richter, dem dies barbarische Mittel, seine Bemühungen abzukürzen, entzogen wurde, mußte sich, um seine Pflicht zu tun, desto mehr anstrengen, um auf anderen zuverlässigeren und vernünftigeren Wegen zur Entdeckung der Wahrheit zu gelangen. Kenntnis des menschlichen Herzens, genaue Aufmerksamkeit auf den Charakter, die Denkart und den bisher geführten Lebenswandel des Angeschuldigten, genaue Zusammennehmung aller bei der Tat sich findenden, oft unbedeutend scheinenden Nebenumstände, ein gewisser Grad von Scharfsinn, durch Übung in dergleichen Geschäften des Richteramts gestärkt, haben es unseren Kriminalgerichten noch immer möglich gemacht, ohne das grausame und unzuverlässige Mittel der Tortur zur Wahrheit zu gelangen und den hartnäckig leugnenden Verbrecher seiner Schuld zu überführen. Und gesetzt, daß in ein oder andrem seltenen Falle, wo die Gesetze den höchsten Grad der Gewißheit zur Verhängung des höchsten Grades der Strafe erfordern, dieser Grad um deswillen nicht angewendet werden könnte, weil der boshafte und abgefeimte Verbrecher nicht zu einer ganz vollständigen Überführung gebracht werden kann, gesetzt also, daß ein Mensch, der eigentlich den Tod verwirkt hätte, mit einer 10jährigen oder lebenswierigen Festungsstrafe davon käme, so ist doch der Schade, welcher in einem solchen einzelnen und seltenen Falle dem Staat und der bürgerlichen Gesellschaft erwächst, ganz unbedeutend gegen die oben geschilderten abscheulichen Folgen der Tortur, welche in ehemaligen Zeiten so viel tausend Unschuldigen das Leben gekostet hat.

2. Es gehört zu den vorbehaltenen Rechten eines preußischen Monarchen, daß in seinen ganzen Staaten kein Todesurtel vollstreckt werden kann, welches ihm nicht zuvor zur Bestätigung vorgelegt worden. Eben das gilt von solchen Straferkenntnissen, die in gewissen oben bemerkten Fällen an die Stelle der Todesurtel treten, nämlich wenn gegen jemand eine zehnjährige oder längere Zuchthaus- oder Festungsstrafe verhängt werden soll. Dieser Vorbe-

halt ist sehr wichtig und nützlich. Er beweist, wie hoch im preußischen Staat das Leben eines Menschen, auch des niedrigsten und verworfensten, geachtet werde. Diese Schätzung macht der Regierung ebensoviel Ehre, als sie den Charakter der Nation erhebt und veredelt, die auf den Gedanken stolz ist, daß keine subalterne Obrigkeit, selbst die vom höchsten Range nicht, sondern bloß allein sein Monarch das Recht über Leben und Tod gegen ihn ausüben könne.

3. Aus eben den Gründen, aus welchen oben gezeigt worden, | daß der Monarch in Prozessen nicht selbst Richter sein könne, folgt auch, daß es ihm niemals zu raten sei, in Kriminalsachen das Richteramt selbst ausüben und die Erkenntnisse seiner Gerichte schärfen zu wollen. Nur die Gesetze und nicht seine Willkür sollten die Strafen im Verhältnis gegen die Verbrechen bestimmen. Er kann also nicht härter strafen als das Gesetz. Da nun seine Kriminalgerichte die Vermutung für sich haben, daß sie in jedem Falle die Strafe schon so bestimmt haben, wie sie den Gesetzen gemäß ist, so kann der Regent nicht schwerere Strafen verhängen, ohne sich in Gefahr zu setzen, daß er eine Ungerechtigkeit begehe, welche in Kriminalfällen noch sorgfältiger als in ordinären Zivilprozessen zu vermeiden ist, weil sie dort gemeiniglich noch weit weniger als hier wiedergutgemacht werden kann. 133

4. Dagegen haben die Gesetze dem Monarchen das herrliche Vorrecht der Begnadigung reserviert, vermöge dessen er befugt ist, eine nach den Gesetzen erkannte härtere Strafe in eine gelindere zu verwandeln, die Dauer der Strafzeit zu mindern oder auch die Strafe ganz zu erlassen. In diesem Vorrecht ist er durch keine Gesetze eingeschränkt. Inzwischen werden Grundsätze der Klugheit und der Gedanke, daß die Straflosigkeit der Verbrechen die Macht der Gesetze schwäche und die Unsicherheit im Staat vermehre, den weisen und sein Volk liebenden Monarchen immer bewegen, von diesem Vorrecht nicht zu oft und nicht aus bloßer persönlicher Zuneigung oder Gunst Gebrauch zu machen.

ÜBER DAS RECHT DER POLIZEI 133 R

I. Wichtigkeit dieses Rechts wegen seines großen Einflusses auf die öffentliche und Privatglückseligkeit und wegen der Gefahren für die bürgerliche Freiheit.

II. Gründung desselben nach seinen verschiedenen Gegenständen.

1. Der Staat soll einem jeden den ruhigen Besitz und Genuß des Seinigen möglichst sichern und also Verbrechen verhüten. Zu dem Seinigen eines jeden gehört auch sein Anteil an der Aufrechthaltung der Staatsverfassung. Der Staat kann Verbrechen verhüten durch Furcht der Strafen oder durch Anstalten, welche die Begehung der Verbrechen hindern und erschweren. Letzteres gehört zum Rechte der Polizei.
2. Der Staat soll die Personen und das Vermögen seiner Bürger auch gegen Beschädigungen durch Zufälle oder aus Naturbegebenheiten möglichst sichern. Solchen Zufällen und widrigen Naturbegebenheiten vorzubeugen oder doch ihre Folgen so unschädlich zu machen als möglich, ist ein 2tes Hauptgeschäfte der Polizei.
3. Jedem muß zwar der freie Gebrauch seines Eigentums gelassen werden, soweit er dadurch nicht andre beleidigt, aber wenn dieser Gebrauch so beschaffen ist, daß daraus ein erheblicher Nachteil für die ganze bürgerliche Gesellschaft oder doch einen sehr beträchtlichen Teil derselben entstehen würde, so kann ihm der Staat gewisse Grenzen setzen.
4. Sobald der Staat einem jeden den freien Gebrauch seiner Fähigkeiten und Kräfte, soweit derselbe ohne Beleidigung andrer möglich ist, gesichert hat, kann und muß einem jeden überlassen werden, wie er durch die Anwendung dieser seiner Fähigkeiten und Kräfte seine Privatglückseligkeit nach seinen natürlichen Neigungen und Wünschen am besten befördern zu können vermeine. Aus der Verschiedenheit dieser Fähigkeiten und Neigungen, verbunden mit der Verschiedenheit der Bedürfnisse, welche der gesellschaftliche Zustand erzeugt, sind die verschiedenen Gewerbe und Verkehre des bürgerlichen Lebens entstanden, bei welchen das Geld den Maßstab der auszutauschenden Bedürfnisse abgibt. Nun ist es zwar die Sache eines jeden einzelnen Staatsbürgers, der einem oder dem andern dieser Geschäfte und Gewerbe sich widmet, durch zweckmäßige Anwendung seiner Fähigkeiten und Kräfte seinen Wohlstand in demselben zu befördern. Zuweilen aber setzen sich dem Fortgange und Emporkommen eines solchen Gewerbes gewisse allgemeine Hindernisse entgegen, welche durch die Kräfte der einzelnen nicht gehoben werden können. Hier muß also der Staat als der Inhaber und Verwahrer der allgemeinen Kraft zutreten, um dergleichen Hindernisse aus dem Wege zu räumen.
5. Dem allgemeinen Wohl ist ohnstreitig daran gelegen, daß den Bürgern des Staats die Mittel zu ihrer Privatglückseligkeit erleichtert werden. Dazu ge-

hört, daß ein jeder Gelegenheit habe, die Pflichten des Wohlwollens und ihre Bewegungsgründe kennenzulernen, daß er in den Stand ge|setzt 134
werde, sich nicht bloß die Bedürfnisse, sondern auch die Bequemlichkeiten und Annehmlichkeiten des Lebens zu verschaffen, daß er durch einen in die gehörigen Grenzen eingeschränkten Genuß der mancherlei Vergnügungen aus den Schönheiten der Natur und Kunst sein Leben froh mache und erheitere. Es ist also die Sache des Staats, Anstalten zu treffen, wodurch diese verschiedenen Absichten ohne Verletzung der Hauptzwecke der bürgerlichen Gesellschaft erreicht werden können.

III. Unter dem Polizeirechte des Staats ist also begriffen:

1. Die Befugnis, allgemeine Veranstaltungen zu treffen, wodurch Verbrechen verhütet und deren Begehung möglichst erschwert werde.
2. Das Recht, durch allgemeine Verfügungen schädlichen Zufällen und Naturbegebenheiten vorzubeugen oder doch die Folgen derselben für die Person und das Vermögen der Staatsbürger so unschädlich als möglich zu machen.
3. Das Recht, dem Mißbrauche des Eigentums soweit Grenzen zu setzen, als es notwendig ist, um gemeinschädliche Folgen für das Ganze zu verhüten.
4. Das Recht, die dem Fortgange und Gedeihen gewisser Gewerbe und Nahrungszweige im ganzen sich entgegenstellenden Hindernisse aus dem Wege zu räumen.
5. Das Recht, Anstalten zu treffen, wodurch den Bürgern des Staats der Unterricht von ihren Pflichten und ein nicht bloß notdürftiger, sondern auch bequemer und froher Lebensgenuß erleichtert werde.

IV. Exempel der verschiedenen hierunter begriffenen Polizeirechte.

Ad 1. Das Recht, dem Müßiggange zu steuern. Straßenbettler. Landstreicher. Armenanstalten. Aufsicht bei öffentlichen Zusammenkünften und Belustigungen.

Ad 2. Medizinalanstalten. Vorsichtsregeln beim Bau und andern dergleichen Geschäften. Feueranstalten. Damm- und Uferordnungen. Lex de positis vel suspensis.

Ad 3. Die Verordnungen gegen Forstdevastationes. Polizeigesetze wegen der

Gebäude, z. E. ne luminibus afficiatur; von ruinierten Häusern. Die Notwendigkeit, die Äcker zu kultivieren.

Ad 4. Aufsicht über die Gewerbe. Leitung eines jeden, so daß es dem andern nicht Eintrag tue. Eröffnung von Wegen. Schiffbarmachung von Strömen pp.

Ad 5. Unterrichts- und Erziehungsanstalten. Der äußere Gottesdienst. Die Schriftstellerei, das Theater. Die Veranstaltung und Direktion der Volksbelustigungen.

Die wichtigsten dieser Gegenstände sollen besonders erörtert werden. Jetzt kommt es nur auf allgemeine Grundsätze an, nach welchen der Staat sein Polizeirecht auszuüben hat.

Zwei Fragen, die unterschieden sind:

a) Welche Mittel sind die tauglichsten und wirksamsten, um die verschiedenen Zwecke der Polizei zu erreichen?

b) Welche Mittel ist der Staat anzuwenden berechtigt?

Jenes ist der Gegenstand der innern Staats- und Regierungskunst.

V. Allgemeine Grundsätze des Polizeirechts **134 R**

1. Nur die Abwendung eines großen und mit moralischer Gewißheit zu fürchtenden Schadens für die bürgerliche Gesellschaft, nur die gegründete Hoffnung zur Erlangung sehr erheblicher und dauerhafter Vorteile für das Ganze können den Staat berechtigen, die natürliche Freiheit seiner Bürger durch Polizeigesetze einzuschränken.
   Deduktion aus dem Hauptgrundsatze des allgemeinen Staatsrechts,
   daß der Staat die Freiheit der einzelnen nur soweit einzuschränken berechtigt sei, als es notwendig ist, damit die Sicherheit und Freiheit aller bestehen könne.
2. Der Schade, welcher durch die Einschränkung der Freiheit der einzelnen abgewendet werden soll, muß bei weitem erheblicher sein als der Nachteil, welcher den einzelnen oder auch dem Ganzen aus dieser Einschränkung entspringt. (Exempel: Gänzliches Verbot aller im Feuer arbeitenden Gewerbe. Verweisung derselben auf abgesonderte Plätze.) Nur die Erreichung eines überwiegenden Guts für das Ganze kann den Staat berechtigen, die Aufopferung eines minderen Guts von dem einzelnen zu fordern. Solange das Übergewicht nicht evident ist, muß es bei der natürlichen Freiheit bleiben.
3. Die Einschränkung der Freiheit, die durch ein Polizeigesetz geschieht, muß so beschaffen sein, daß sie dem Eingeschränkten selbst zum Vorteil ge-

reichen könne, z. E. lex de positis vel suspensis; wegen des Verbauens der Fenster, wegen des schnellen Reitens und Fahrens.

4. Zu Einschränkungen, welche auf die Abwendung gemeiner Gefahren und Beschädigungen abzielen, hat der Staat ein stärkeres Recht als zu solchen, wodurch bloß der Privatwohlstand, die Bequemlichkeit, der angenehme Lebensgenuß pp. befördert werden sollen. *Exempel:* Sicherheitsanstalten, Feuer- und Uferanstalten, Getreideausfuhrverbote. — Fabriken und Handel mit Waren des Luxus, Verschönerung der Städte durch Gebäude und Promenaden.
5. Auch bei Polizeigesetzen müssen die bereits wohlerworbenen Eigentums- und andre Rechte der Bürger des Staats respektiert werden. Zu Absichten der Polizei, welche nicht unmittelbar den Schutz und die Sicherheit betreffen, kann niemand gezwungen werden, sein schon erworbenes Recht wider seinen Willen fahren zu lassen. *Exempel:* Notwendiger Verkauf eines Platzes zu einem Komödienhause — zu Festungswerken.
6. Wenn die Ausführung eines unmittelbar auf Sicherheit abzielenden Polizeigesetzes Aufopferungen von Eigentums- und andren Rechten einzelner Staatsbürger nötig macht, so können die einzelnen zu solchen Aufopferungen zwar, aber nur gegen Entschädigung gezwungen werden; z. E. Abschaffung der Schindeldächer.
7. Von den Polizeigesetzen sind Polizeianstalten wohl zu unterscheiden. Der Staat kann Veranstaltungen treffen, wodurch z. E. der Unterricht des Volks von seinen Pflichten und in nützlichen Kenntnissen erleichtert,|zweckmäßig 135
eingerichtet und befördert, der Betrieb eines Gewerbes, einer Kunst oder Wissenschaft leichter gemacht und zu einem höhern Grade der Vollkommenheit gebracht werde. Sein Recht zu solchen Veranstaltungen ist ungezweifelt. Nur kann er niemand mit Gewalt dazu zwingen, an diesen Anstalten teilzunehmen, sondern er kann seine Bürger nur durch Belohnungen oder durch Vorteile dazu aufmuntern, welche er denjenigen angedeihen läßt, die von solchen Anstalten zweckmäßigen Gebrauch machen, und hingegen denjenigen verweigert, welche sich der Teilnehmung entziehen. Sobald er sich aller Zwangsmittel enthält, ist er berechtigt, der Anstalt selbst Gesetze nach eigenem Gutfinden vorzuschreiben, welchen sich alsdann diejenigen, die daran teilnehmen wollen, ohne alle Widerrede unterwerfen müssen. *Exempel:* Schulen, Akademien, Pfand- und Leihhäuser, Etablierung neuer Fabriken.

VI. Unterschied zwischen *Polizeigesetzen* und *Polizeiverordnungen.* Letztere gehen nur einzelne Örter oder nur gewisse Klassen der Einwohner solcher Örter an. Sie enthalten eigentlich nur Modifikationen der allgemeinen Polizeigesetze in dieser speziellen Anwendung. Der Staat kann es den Unterobrigkeiten der Örter, auch wohl den Beschlüssen der Korporationen und Gemeinen überlassen, dergleichen Polizeiverordnungen zu machen, und hat nur darauf zu sehen, daß durch selbige nichts statuiert werde, was den allgemeinen Landes- und Polizeigesetzen zuwider ist. Allgemeine Polizeiverordnungen aber, die im ganzen Lande oder in einer ganzen Provinz gelten sollen, kann nur der Staat erlassen, da sie einen Teil des Rechts der Gesetzgebung ausmachen.

VII. *Von Polizeistrafen.* Daß das Recht, den Polizeigesetzen durch beigefügte Strafen die nötige Folgsamkeit zu verschaffen, dem Staat zukomme, kann nicht bezweifelt werden. Aber diese Strafen müssen nach einem viel gelinderen Verhältnisse abgemessen werden als selbst die Kriminalstrafen. Selbst diejenigen Polizeigesetze, welche die Abwendungen von gemeiner Gefahr zur Absicht haben und also dem Hauptzwecke des Staats am nächsten liegen, sind zur Erreichung dieses Zwecks so notwendig nicht als diejenigen, welche wirkliche Verbrechen untersagen. Wer ein Polizeigesetz übertritt, verletzt noch nicht die Sicherheit des Staats und seiner Bürger, sondern er setzt dieselbe nur erst noch einer bevorstehenden Gefahr aus, die immer noch abgewendet werden kann. Derjenige z. E., der gegen ein Polizeigesetz Blumentöpfe für das Fenster setzt, kann, solange daraus noch kein wirklicher Schaden entstanden ist, nie so strenge bestraft werden als der, welcher, wenn auch nur aus Unvorsichtigkeit und groben Versehen, durch Herauswerfen aus dem Fenster einen Vorübergehenden wirklich beschädigt hat. Um aber alles Mißverständnis bei diesem Satze zu vermeiden, sind zwo Bemerkungen nötig:

1. daß sehr oft die Übertretung eines Polizeigesetzes mit einem wirklichen 135 R
   Verbrechen zusammenfließe; z. E. der zur Zeit des hohen Wassers einen Damm durchsticht;
2. daß es Polizeigesetze geben könne, an deren Beobachtung dem Staat und der bürgerlichen Gesellschaft so viel gelegen ist, daß auf ihre Übertretung strengere Strafen verordnet werden müssen als auf manche Kriminalgesetze. So ist z. E. der bloße gemeine Diebstahl schon ein Kriminalverbrechen; hingegen ist die Aufnehmung und Hegung eines verdächti-

gen Menschen eine bloße Polizeikontravention. Und doch wird der Dieb, welcher eine Kleinigkeit ohne Gewalt gestohlen hat, allemal gelinder bestraft als der, welcher einen für den Staat und die bürgerliche Gesellschaft gefährlichen Menschen bei sich aufnimmt, ohne der Polizei davon Anzeige zu machen.

Diese Ausnahme hebt inzwischen die Regel nicht auf, welche immer dahin stehen bleibt,

daß bloße Polizeivergehungen, wenn nicht besondere Umstände eine Ausnahme notwendig machen, niemals so streng als wirkliche Verbrechen bestraft werden müssen und daß ohne allen Unterschied Todes- oder derselben gleichkommende langwierige Zuchthaus- oder Festungsstrafen auf bloße Polizeivergehungen niemals stattfinden können.

VIII. Grenzen der Polizei- und der Kriminaljustiz. Diese sind sehr streitig und häufigen Kontestationen ausgesetzt. Der einfachste und natürlichste Grundsatz aber, welcher dabei angenommen werden kann, ist folgender:

Solange durch Übertretung eines Polizeigesetzes noch kein wirklicher Schaden entstanden ist, gehört die Untersuchung und Bestrafung vor die Polizei-, sonst aber zur Kriminaljustiz; *nb* der erste Angriff.

IX. Verfahren in Polizeisachen. Dies muß sehr kurz und schnell sein, sobald es nur darauf ankommt, die Befolgung eines Polizeigesetzes zu bewirken oder die Übertretung desselben zu verhüten. Wenn aber jemand wegen einer schon begangenen Kontravention bestraft werden soll, so muß eben die Vorsicht und Behutsamkeit wie bei Kriminaluntersuchungen stattfinden.

Anwendung obiger Grundsätze auf einige einzelne Materien 136

I. Kurze Rekapitulation des bisher Gesagten.

a) Was der Zweck des Polizeirechts sei.

b) Behutsamkeit, die dabei nötig ist.

c) Grundsätze, welche dabei beobachtet werden müssen.

II. Sorge des Staats für die Verhütung der Verbrechen
a) durch Wachen;
b) durch Verstopfung ihrer Quellen; Müßiggang und dadurch verursachte Armut;
c) Aufmerksamkeit der Polizei auf Bettler und Landstreicher;
d) Klassifikation der Bettler und verschiedene Verfügungen nach Verschiedenheit der Klassen;
e) Rechtmäßigkeit aller dieser Maßregeln.

III. Von Zensurgesetzen.
1. Grund und Rechtmäßigkeit derselben. Die so sehr überhand genommene Schriftstellerei und Leserei. Wichtiger Einfluß der Schriften, welche Begriffe, Meinungen und Maximen über Gegenstände der bürgerlichen Verhältnisse und Pflichten [sic!].
2. Bedenklichkeiten dagegen.
a) Das Recht der Mitteilung folgt unmittelbar aus dem Triebe zur Geselligkeit und ist also eins unsrer ersten und natürlichsten Rechte.
b) Die Polizei muß nie etwas verbieten, sobald zu besorgen ist, daß der Schade, der aus dem Verbot entsteht, den aus der Zulassung entstehenden Schaden überwiegen könnte. Von einer strengen Zensur aber ist die Unterdrückung nützlicher Wahrheiten zu fürchten. Großer Wert der Wahrheit. Gefahr derselben bei den Zensurgesetzen. Zwar ist es nur der Zweck der Zensur, die Verbreitung schädlicher Begriffe, Grundsätze und Meinungen zu verhindern. Aber das Urteil der Zensoren darüber ist sehr trüglich. Nicht alles ist falsch, was den allgemein angenommenen Meinungen und Systemen eines gewissen Zeitalters widerspricht. Nicht alles ist schädlich, was den Ungrund gewisser Vorurteile oder Anmaßungen darstellt. Exempel
a) von der Reformation,
b) vom kopernikanischen System,
c) von der Seligkeit der Heiden,
d) von der Inokulation der Blattern,
e) von den Pflichten der Fürsten gegen ihre Völker.

Diese Beispiele zeigen, wie mißlich es sei, die Verbreitung von Begriffen und Grundsätzen bloß um deswillen, weil sie nach gewissen allgemein angenommenen Meinungen für irrig und schädlich gehalten werden, mit Gewalt verhindern zu wollen, und wieviel Gefahr der Staat laufe, indem er schädliche Irrtümer zu ersticken gedenkt, große und nützliche Wahrheiten zu unterdrücken. Nicht einmal die öffentliche Beurteilung und Bestreitung wirklicher Landesgesetze kann der Staat verbieten, | ohne dieser Gefahr sich auszusetzen. Auch Gesetze können fehlerhaft sein. 136R

Gesetze wegen der Hexenprozesse und wegen der Tortur. Thomasius. Aus allem diesen erhellet, wie weit die Grenzen sein müssen, die der Preßfreiheit zu setzen sind.

c) Der Staat muß nichts unternehmen, was er nicht ausführen kann. Er verliert sonst Kredit und Achtung, weil solche Unternehmungen für Beweise von Übereilung oder von Schwäche angesehen werden. Nun können aber selbst die strengsten Zensurgesetze die Zirkulation und Verbreitung gewisser Ideen und Meinungen nach jetziger Lage der Dinge nicht mehr hindern. Den Druck nicht — wegen der vielen in Deutschland existierenden Druckereien. Die Einbringung nicht — weil die Büchercontrebande viel leichter zu verüben und schwerer zu entdecken ist als jede andre. Exempel der Maria Theresia. Das nitimur in vetitum macht die Neugier auf ein verbotenes oder konfisziertes Buch nur noch heftiger und gibt demselben eine Wichtigkeit, die es sonst nicht gehabt haben würde.

d) Die Gefahr der Preßfreiheit ist so groß nicht, als sie scheinen möchte. Für die Religion nicht, weil diese, soweit sie wahr ist, bei der Prüfung stets gewinnt. Für den Staat nicht, weil der große Haufe ein animal d'habitude ist, durch Gewohnheit, nicht durch Meinungen regiert wird und seinen Gang solange ruhig fortgeht, als es nicht durch außerordentliche Zufälle und Begebenheiten herausgerissen und in andre Verhältnisse gesetzt wird. Solange der Regent für gute Gesetze sorgt, über deren unparteiischer Ausübung hält, nicht Despot wird, nicht seine Untertanen mit übertriebenen Auflagen drückt, den Schweiß derselben weder verschwendet noch durch seine Maitressen und Günstlinge verschwenden läßt, für hinlängliche und wohlfeile Lebensmittel und für Gelegenheiten zum Erwerb sorgt, solange hat er von allen philosophischen Meinungen und Spekulationen nichts zu fürchten. Läßt er es aber an jenen Erfordernissen fehlen, so werden alle Zensurgesetze und Bücherverbote zu nichts helfen; das Volk wird sich doch empören, ohne ein Wort von Hobbes, Milton, Rousseau oder Mounier zu wissen. Es ist falsch, daß die jetzige Revolution in Frankreich ein Werk der Schriftsteller sei. Unordnungen in der Finanz, Druck der Auflagen, Verschwendung des Hofes und der Favoriten, Ministerdespotismus sind die wahren und einzigen Quellen der Revolution. Die Philosophie hat derselben eine gewisse Richtung gegeben. Sie würde doch auch entstanden sein, wenn noch nie ein Rousseau, Mably oder Delolmes gelebt oder geschrieben hätten, so wie sie in Konstantinopel und Petersburg vormals entstanden ist, nur daß es dabei noch viel unruhiger und blutiger hergehen würde. Zeit der Fronde, die Ligue. Dethronisierung des Sultans Achmed a. 1730. In zwei Monaten kostete es über 100/m Menschen das Leben.

3. Aus diesen Gründen scheint es am ratsamsten zu sein, gar keine Zensur- 137
gesetze zu geben, sondern die englische Verfassung zu befolgen.
4. Im preußischen Staat gibt es Zensurgesetze. Es sind verboten:
   a) Schriften wider die Religion. Existenz Gottes, Providenz, Immortalität, discrimen inter virtutem et vitium. Ein Zustand künftiger Belohnungen und Strafen.
   b) Schriften wider den Staat, welche die Person des Regenten verhaßt oder verächtlich machen, geradezu zu Ungehorsam und Empörungen reizen, Fundamente der Sicherheit angreifen.
   c) Schriften wider die guten Sitten. Die Anweisungen oder Lockungen zum Laster geben.

   Solange die Zensurgesetze hierbei stehen bleiben, sind sie gerecht. Gehen sie weiter, nimmt man Symbole für Religion, Tadel einzelner Verordnungen oder Einrichtungen eines Ministers für Angriffe auf die Sicherheit des Staats, so sind wir verloren.

IV. Von Handlungsgesetzen.

1. Die Leitung der Gewerbe ist für den Staat sehr wichtig.
2. Vornehmlich muß er sich um Fabriken und Handel bekümmern, die seiner mehr bedürfen als Ackerbau und gewöhnliche Professiones.
3. Um Fabriken und Handel emporzubringen, hat man Verbotsgesetze gemacht und Monopolia erteilt.

V. Von Einfuhrverboten.

1. Ihre Absicht: das Emporbringen inländischer Fabriken durch Sicherung des Absatzes und Preises.
2. Bedenklichkeiten dagegen. Sie schränken die Freiheit ein, vermindern die Güte und steigern die Preise.
3. Inwiefern sie rechtmäßig sind. Die verbotenen Waren sind
   a) Artikel des Luxus, der Pracht und der Mode;
   b) Artikel der ersten Bedürfnis und Bequemlichkeit.
4. Verbotsgesetze der ersteren Art sind nicht ungerecht, weil der Vorteil des

Ganzen den Nachteil einiger weniger weit überwiegt und weil der, welcher die inländische Ware nicht gut oder wohlfeil genug findet, sich deren Gebrauchs nur enthalten darf.

5. Verbotsgesetze der 2ten Art sind bedenklicher. Hier kommt der Vorteil einiger Fabrikanten mit dem Zwange und Nachteile aller in Kollision, weil solcher Waren des ersten Bedürfnisses keiner entbehren kann. Solange man nicht gewiß ist, eben die Ware von gleicher Güte und für gleichen Preis im Lande liefern zu können, so lange sind solche Einfuhrverbote ungerecht. Ist aber jene, so sind die Verbote unnütz. Wenigstens können sie nur auf einige Zeit von Nutzen sein, um dem Vorurteil für das Fremde zu begegnen.

VI. Monopolia.

1. Was sie sind und warum sie erteilt werden. Exempel der Raffinerien.
2. Gründe dagegen.
   a) Alle, die gegen die Einfuhrverbote sind. Die Verschlimmerung in der Güte und die Verteuerung der Preise sind hier noch mehr zu besorgen, weil hier auch keine einländische Konkurrenten sind.
   b) Die Hauptungerechtigkeit liegt in der Ausschließung aller andern Unter- 137 R tanen von einem solchen Gewerbe, welches ein unmittelbarer Eingriff ist in das Recht, seine Fähigkeiten und Kräfte zur Beförderung seines Wohls ohne Beleidigung anderer frei anwenden zu dürfen.
   c) Das Staatsinteresse kann hier nichts entschuldigen. Der Zweck des Staats ist die Sicherheit und möglichste Freiheit aller. Diesen zu erreichen, kann es unmöglich ein Mittel sein, wenn die Freiheit zum Besten eines einzelnen oder einer Gesellschaft beeinträchtigt wird.
3. Der Staat hat also kein Recht, Monopolia zu erteilen; er kann sie also quovis tempore wieder aufheben.
4. Er muß aber den Monopolisten, der auf sein Wort getraut und kostbare Anstalten gemacht hat, entschädigen.

ÜBER DAS RECHT DER OBERAUFSICHT 138

I. Der Staat hat das Recht der Oberaufsicht sowohl über die einzelnen als über die Gesellschaften, aus welchen die große bürgerliche Gesellschaft zusammengesetzt ist.

II. Außer der ehelichen und häuslichen Gesellschaft haben sich die Menschen in statu sociali zu gewissen Zwecken vereinigt, die entweder fortwährend sind und mit dem Zweck der bürgerlichen Gesellschaft in einer gewissen Beziehung stehen oder die gleichgültig und vorübergehend sind. Dorf- und Stadtgemeinen, Zünfte und Innungen, Kirchengemeinen — gelehrte Gesellschaften, geistliche Gesellschaften, Handlungsgesellschaften, Ordensverbindungen, Klubs.

III. Wenn Gesellschaften, die einen fortwährenden und gemeinnützigen Zweck haben, von dem Staat ausdrücklich bestätigt und mit gewissen Vorrechten versehen worden, so heißen sie öffentliche Gesellschaften oder Korporationen.

IV. Alle diese Gesellschaften stehen unter der Aufsicht des Staats und müssen demselben von ihrem Zweck, den dazu gewählten Mitteln und von ihren Verhandlungen auf Erfordern Rechenschaft geben.

V. Das Recht der Oberaufsicht gründet sich auf die Pflicht des Staats, alles zu verhüten, was der Sicherheit der bürgerlichen Gesellschaft und ihrer Mitglieder schädlich werden könnte, und nichts zu gestatten, was dem Zweck des gemeinschaftlichen Wohls und den Gesetzen des Landes zuwider ist.

VI. Dieses Recht erstreckt sich über alle Gesellschaften ohne Ausnahme. Eine Gesellschaft, die vom Staat und seinen Gesetzen unabhängig sein und sich seiner Oberaufsicht nicht unterwerfen will, formiert statum in statu.

VII. Das Recht der Oberaufsicht begreift unter sich:

1. Das Recht, die Vorlegung des Gesellschaftsvertrages zu verlangen.
2. Das Recht der Visitation.
3. Das Ius reformandi.
4. Das Recht der Aufhebung.

VIII. Grundsätze, welche der Staat bei Ausübung dieses Rechts zu beobachten hat.

1. Da das Recht der Oberaufsicht nur die Abwendung besorglicher Gefahren zum Zwecke hat, so muß der Staat davon keinen Gebrauch machen, sobald keine vernünftige Besorgnis einer Gefahr vorhanden ist. Exempel von Freimaurern. Vorsicht wegen neu sich etablierender Logen.
2. Die Ausübung dieses Rechts muß sich nach den Zeitumständen richten; z. E. zur Zeit des Kriegs oder innerlicher Unruhen muß es sorgfältiger und genauer ausgeübt werden als außerdem.
3. Eine Gesellschaft, die unmittelbar auf den Staat wirken will, kann unter keinerlei Umständen sich der Aufsicht des Staats entziehen. Sie ist vielmehr schuldig, sich bei dem Staat zu melden und demselben ihren Plan vorzulegen. Tut sie das nicht, verheimlicht sie sich vielmehr, so ist der Staat berechtigt, ihre Mitglieder allenfalls durch Zwang zur Offenlegung der Absichten und Grundsätze ihrer Verbindung an|zuhalten und, wenn sie sich dazu nicht 138 R bequemen wollen, die Gesellschaft aufzuheben und ihre Fortsetzung bei Strafe zu untersagen. Exempel von den Illuminaten in Bayern.
4. Das Recht der Oberaufsicht berechtigt den Staat nur, eine schädliche Gesellschaft aufzuheben oder sie zur Abänderung der schädlichen Maßregeln anzuhalten. Er kann ihr aber statt des gemißbilligten Zwecks oder der unzulässigen Mittel keine anderen vorschreiben oder aufdringen, z. E. eine Gesellschaft von Goldmachern kann nicht gezwungen werden, Chemie zu treiben.
5. Die öffentlichen Gesellschaften oder Korporationen sind der Aufsicht des Staats in einem höheren Grade unterworfen als bloße Privatgesellschaften, weil sie einen immerwährenden mit dem gemeinen Besten in naher Beziehung stehenden Zweck haben und vom Staat mit besondern Privilegiis versehen sind. Besonders müssen dergleichen Gesellschaften,
   a) wenn sie entstehen, sich bei dem Staate melden und demselben ihren Grundvertrag zur Bestätigung vorlegen. Was der Grundvertrag sei. Zweck der Verbindung, Mittel, Ordnung.
   b) Der Staat ist berechtigt, diesen Grundvertrag, ehe er ihn bestätigt, zu prüfen, was ihm nicht ansteht, zu verwerfen, und wenn die Gesellschaft davon nicht abstehen will, die Konfirmation zu versagen und die Fortsetzung der Gesellschaft zu verbieten.
   c) Wenn aber der Grundvertrag einmal bestätigt worden, so hat die Gesellschaft ein Ius quaesitum daraus; und es kann also in selbigem ohne ihre Zuziehung und Einwilligung vom Staat nichts geändert noch die Gesellschaft pro lubitu aufgehoben werden.
   d) Nur in Fällen, wo der Zweck der Erhaltung der öffentlichen Ruhe und Sicherheit als der letzte und Hauptzweck des Staats es notwendig macht,

kann derselbe die Gesellschaft zur Abänderung ihres Grundvertrages zwingen oder sie sogar aufheben. Unterschied, der hierin zwischen öffentlichen und Privatgesellschaften stattfindet. Exempel von den Zünften und Innungen.

e) Die Aufhebung einer Gesellschaft, wenn sie auch wirklich dem gemeinen Besten nachteilig zu werden scheint, ist immer ein Extremum, zu welchem der Staat erst alsdann schreiten muß, wenn Einschränkungen und Modifikationen nicht mehr hinreichend sind. Exempel von den Klöstern.

6. So wie der Staat in der Grundverfassung einer von ihm bestätigten Gesellschaft eigenmächtig nichts ändern darf, so darf auch die Gesellschaft ohne sein Vorwissen und Genehmigung dergleichen Veränderungen nicht vornehmen. Inzwischen versteht sich dieses nur | von solchen Stücken oder Arti- 139
keln des Grundvertrags, welche mit dem Zweck der Gesellschaft und dem Einflusse, welchen dieser Zweck auf das gemeine Beste hat, in näherer Verbindung stehen. In Fällen, wo es nur auf außerwesentliche innere Einrichtungen ankommt, kann und soll der Staat der Gesellschaft die Freiheit lassen, durch gemeinschaftliche Beschlüsse das Nötige darüber festzusetzen. Aber auch solche Schlüsse müssen der Kenntnis des Staats nicht entzogen werden. Daher sind entweder die Vorsteher der Gesellschaft dem Staat besonders zu verpflichten, oder es ist der Gesellschaft ein Assessor beizuordnen. Die Beisitzer bei den Zünften.

7. Es gibt Gesellschaften, von denen der Staat selbst der Stifter ist, z. E. die Akademien, verschiedene vom Staat allein fundierte Universitäten. Über diese hat der Staat mehrere und größere Rechte als über solche, die durch den eignen Entschluß und die willkürliche Verbindung der ersten Mitglieder entstanden und vom Staat nur konfirmiert worden sind. Diese mehreren Rechte fließen aber nicht aus dem Hoheitsrechte des Staats, sondern aus dem Rechte des Stifters, welches anderwärts erklärt werden wird.

IX. Rechte des Staats über das Vermögen der Gesellschaften.

1. Aufsicht über die Konservation und zweckmäßige Verwendung desselben.
2. Verhütung einer übermäßigen und gemeinschädlichen Vermehrung. Von Amortisationsgesetzen. Grund derselben. Der Staat muß, soviel möglich ist und ohne Zwang der Freiheit, ohne Verletzung der Rechte des Eigentums geschehen kann, eine allzu ungleiche Verteilung des Vermögens unter den Einwohnern zu verhüten suchen. Er muß dahin sehen, daß nicht zu viel Reichtümer an einem Orte sich anhäufen, weil alsdann desto gewisser an

einem andern Orte Mangel entsteht. Bei Privatpersonen sorgt das ganze System der Gesetzgebung dafür. Wenn auch einmal ein Particulier großes Vermögen erworben hat, so wird es doch bald durch Heiraten, Erbschaften pp. wieder verteilt. Öffentliche Gesellschaften sind unsterblich. Was sie einmal haben, kommt nie wieder in den Verkehr zurück. Besonders gilt dies von Landgütern und andern Gegenständen des unbeweglichen Eigentums. In Ansehung dieser ist dem Staat vorzüglich daran gelegen, daß sie dem gemeinen Verkehr nicht entzogen werden und nicht eine zu große Masse derselben sich in den Händen eines einzigen befinde. Denn wenn es dem Particulier an Gelegenheiten fehlt, Grundeigentum zu erwerben, so leidet darunter Population, Industrie, der Landbau, das Attachement an den Staat. Daher sind fast in allen europäischen Staaten die öffentlichen Gesellschaften, besonders die geistlichen, in der Erwerbung des Vermögens durch Gesetze eingeschränkt worden. Einschränkungen im preußischen Staat

a) wegen der Akquisition von Immobilibus,
b) wegen der Geschenke und Vermächtnisse.

3. Das Recht, sich die Güter und das Vermögen einer aufgehobenen oder erloschenen Gesellschaft zuzueignen. Nähere Bestimmungen. 139R

a) Dieses Recht setzt voraus, daß die Gesellschaft aus irgendeinem rechtmäßigen Grunde aufgehoben worden. Gesellschaften aufzuheben, bloß um sich ihres Vermögens zu bemächtigen, würde eine Ungerechtigkeit sein.
b) Das Recht erstreckt sich bloß auf solches Vermögen, was die Gesellschaft entweder vom Staat erhalten oder durch Beiträge unter sich aufgebracht oder aus ihren Einkünften gesammelt |hat.
c) Vermögen, welches von andern Privatpersonen durch Geschenke, Stiftungen usw. der Gesellschaft zugewendet worden, muß an den Stifter oder seine Erben zurückfallen.
d) Sind diese nicht mehr vorhanden, so kann zwar der Staat auch über ein solches Vermögen disponieren, es muß aber zu einem solchen Zwecke geschehen, welcher mit dem Zwecke des Stifters so viel als möglich übereinstimmt.
e) Den gewesenen Mitgliedern der Gesellschaft muß ihr in die Gesellschaft gebrachtes Vermögen zurückgegeben werden.
f) Hatten sie von der Gesellschaft Unterhalt und Verpflegung zu erwarten, so muß ihnen der Staat nach aufgehobener Gesellschaft dieses gewähren.

Prüfung des Verfahrens bei Aufhebung der Klöster nach diesen Grundsätzen.

X. Äußere Rechte der Gesellschaften gegen andre Mitglieder der bürgerlichen Gesellschaft. Was moralische Person sei. Diese Rechte können Gesellschaften nur durch die Konfirmation des Staats erlangen, und es hängt vom Staat ab, wie er dieselben bestimmen will. Die einmal verliehenen Rechte aber können solchen moralischen Personen so wenig als andern extra casum einer rechtmäßigen Aufhebung genommen werden.

RECHTE DES STAATS ÜBER DIE RELIGIONSGESELLSCHAFTEN 140

I. Um die Rechte des Staats über die Religionsgesellschaften richtig zu fassen, muß man bei der Religion unterscheiden

1. den theoretischen oder spekulativen Teil derselben,
2. den moralischen oder praktischen Teil,
3. die äußeren Religionsübungen.

II. Ferner muß man bei den Rechten des Staats selbst unterscheiden

1. diejenigen, die ihm bloß vermöge des Rechts der Oberaufsicht über alle Religionsgesellschaften ohne Unterschied zukommen,
2. diejenigen, die ihm von gewissen bestimmten Religionsgesellschaften übertragen worden.

III. Rechte, die dem Staat vermöge seiner Oberaufsicht über alle Religionsgesellschaften zukommen.

1. Jede Religionsgesellschaft ist schuldig, dem Staat treulich anzuzeigen, zu was für Religionsmeinungen sie sich bekenne, was für Pflichten sie ihren Mitgliedern lehre und wie die Einrichtung ihres äußerlichen Gottesdienstes beschaffen sei. Bücher, in welchen ein solches öffentliches Bekenntnis im Namen einer ganzen Religionspartei abgelegt wird, heißen Symbolische Bücher.
   Exempel der Augsburgischen Konfession.
2. Der Staat ist berechtigt, das ihm vorgelegte Symbol zu prüfen, insofern dasselbe für die öffentliche Ruhe und Sicherheit der bürgerlichen Gesellschaft in der Tat schädlich ist, es zu verwerfen, die weitere Verbreitung einer

solchen schädlichen Religion zu untersagen und die dazu zu schließenden Gesellschaften zu verbieten und aufzuheben.

3. Der Staat ist berechtigt zu verlangen, daß die von ihm aufgenommenen und geduldeten Religionsgesellschaften ihren Gottesdienst öffentlich feiern oder zu ihren besondern Zusammenkünften Abgeordnete von ihm als seine Aufseher zulassen.
4. Die Lehrer und Vorsteher solcher Religionsgesellschaften müssen dem Staat angezeigt und von ihm approbiert werden; wegen des großen Einflusses, den sie haben, ist ihm daran gelegen, von ihren treuen und zuverlässigen Gesinnungen überzeugt zu sein.
5. Keine Religionsgesellschaft kann sich äußere Rechte im Staat und gegen die Bürger desselben anmaßen, insofern ihr dieselben nicht vom Staat ausdrücklich verliehen worden. Bloße Duldung ist dazu nicht hinreichend.
6. Jede Religionsgesellschaft muß diese ihr verliehenen äußeren Rechte nur nach den Gesetzen des Staats ausüben und dabei seine Gerichtsbarkeit anerkennen.
7. Aufsicht über das Vermögen. Konservation und zweckmäßige Verwendung. Einschränkung durch Amortisationsgesetze.
8. Der Staat ist berechtigt, sich in die unter den verschiedenen Religionsparteien **140 R** entstehenden Streitigkeiten insoweit zu mischen, daß er denjenigen öffentlichen Ausbrüchen derselben, welche der allgemeinen Ruhe und bürgerlichen Ordnung nachteilig werden könnten, vorbeuge. Von Kontroverspredigten.
9. Der Staat ist berechtigt und verpflichtet, jede von ihm aufgenommene Religionspartei bei ihren Rechten zu schützen und sie gegen alle Beeinträchtigungen und Störungen in ihren gottesdienstlichen Handlungen zu sichern.
10. Jeder vom Staat aufgenommenen Religionspartei gebührt zwar das Recht, die mit Genehmigung des Staats festgesetzte Ordnung in Begehung ihres Gottesdienstes und ihrer gottesdienstlichen Handlungen zu behaupten und ihre Mitglieder zur Befolgung dieser Ordnung anzuhalten. Sobald aber hierzu weltliche Strafen nötig sind, kann die Religionsgesellschaft sich deren nicht anmaßen, sondern muß die Untersuchung und Bestrafung dem Staat anheimstellen.

IV. Einschränkungen dieser Rechte des Staats über die Religionsgesellschaften.

1. Der Staat muß jedem seiner Untertanen eine vollkommene Gewissensfreiheit lassen. Er kann also keinem vorschreiben, was er glauben und zu

welcher Religion er sich bekennen wolle. Er kann keinem verbieten, seine Meinungen und Gesinnungen über religiöse Gegenstände auch öffentlich durch Handlungen an den Tag zu legen, sobald nur diese Handlungen nicht in Verletzungen der Rechte der bürgerlichen Gesellschaft oder in Verbrechen gegen andre Gesetze des Staats ausarten. Der Staat kann auch keiner Religionsgesellschaft vorschreiben, was sie lehren und wie sie ihren Gottesdienst einrichten soll. Beweis aus der Natur der Sache, weil Meinungen und Gesinnungen nicht geboten werden können, weil der Staat nur solche Handlungen, welche gegen Zwangspflichten sind und die gemeine Ruhe und Sicherheit stören, verbieten kann und weil das Recht der Oberaufsicht über die Gesellschaften nicht bejahend, sondern bloß verneinend ist.

2. Der Staat kann keine Religion bloß um ihrer spekulativen und dogmatischen Begriffe und Meinungen willen verbieten, ihr die Aufnahme und Duldung verweigern oder ihre Anhänger unterdrücken und verfolgen. Das Recht des Staats geht nicht weiter als auf die äußeren Handlungen seiner Bürger. Er kann die Freiheit der einzelnen nur soweit einschränken, als es notwendig ist, um die Freiheit und Sicherheit aller zu erhalten. Die Freiheit der Bürger, über dogmatische Sätze in der Religion zu denken, wie sie wollen, und ihre Überzeugungen darüber auch durch Handlungen zu äußern, bedarf keiner solchen Einschränkung, weil daraus niemals gefährliche Folgen für die allgemeine Sicherheit und Freiheit entstehen können. Denn die bloßen spekulativen Meinungen von Gott, seiner Natur und Eigenschaften, von der Art und Weise, wie er sich den Menschen offenbart hat, von dem Verhältnisse der Menschen gegen ihn und von den | Pflichten, die sie ihm schuldig **141**
sind, von gewissen Geheimnissen dieses oder jenes theologischen Systems, von der Beschaffenheit des künftigen Zustandes nach dem Tode usw. — alle diese Meinungen ändern nichts in den Pflichten, die der Mensch seinem Nächsten, der bürgerlichen Gesellschaft und dem Staat schuldig ist. Diese Pflichten beruhen auf ganz anderen Gründen, und die Verbindlichkeit zu deren Erfüllung bleibt unverändert, was auch der Mensch über jene spekulativen Materien glauben oder nicht glauben mag. Diese Pflichten haben ihren Grund in der Natur des Menschen, in seiner eigenen Glückseligkeit, in dem Zwecke der bürgerlichen Gesellschaft und in den Gesetzen des bürgerlichen Vertrages, denen sich ein jeder bei seinem Eintritt in den Staat unterwirft. Daher stimmen auch alle Religionsparteien, sie mögen nun in ihren spekulativen Systemen noch so weit voneinander verschieden sein, dennoch in ihren Lehren über die moralischen Pflichten gegen andre und gegen den Staat im wesentlichen völlig überein. Der Heide, der Mahometa-

ner und der Jude, der Katholik und der Protestant, der Sozinianer, der Deist und selbst der Gotteslehrer lehren einmütig, daß der Mensch schuldig sei, niemand zu beleidigen, jedem das Seine zu lassen, sein Wort zu halten, seine Verträge zu erfüllen, sich des Betrugs im Handel und Wandel zu enthalten, den Gesetzen zu gehorchen und der Obrigkeit Folge zu leisten. Friedrich der Große sagt daher in seiner Abhandlung Sur la superstition et sur la religion vollkommen richtig: „Alle Religionen gehen in Ansehung der moralischen Pflichten nicht weit voneinander ab, sie können daher dem Staat alle gleichgültig sein, und dieser muß jedem die Freiheit lassen, auf welchem Wege er in den Himmel kommen will. Er sei ein guter Bürger. Das ist alles, was man von ihm fordern kann".[1] So ungerecht und töricht es also ist, wenn die Inquisition in Spanien oder Portugal einen Menschen verbrennt, weil er in der Fasten Fleisch gegessen hat, so ungerecht und töricht würde es sein, wenn man in einem protestantischen Staat einen Menschen drücken oder verfolgen wollte, weil er die Dreieinigkeit leugnet oder die Gottheit Christi bezweifelt.

3. Es ist nicht zu leugnen, daß die eine Religion mehrere und stärkere Motive zur Erfüllung der bürgerlichen Pflichten an die Hand gebe und die Gemüter zur Ausübung der Pflichten des Wohlwollens geneigter und williger mache als die andre, daß also auch die eine dem Wohl des Staats und der Beförderung der allgemeinen Glückseligkeit zuträglicher sei als die andre. Exempel des Christentums und des Atheismus, des Katholizismus und Protestantismus. Aber daraus folgt weiter nichts, als daß der Staat wünschen könne, eine Religion, von welcher er sich so vielen Beistand in der Erreichung seiner Zwecke in so vorzüglichem Grade versprechen kann, vorzüglich vor andern unter seinen Bürgern verbreitet zu sehen. Aber diesen Wunsch kann er nach der Natur der Sache nur durch Unterricht und Belehrung, nie dadurch erreichen, daß er die Andersdenkenden verfolgt und unterdrückt. Vielmehr hat die Erfahrung aller Zeiten gelehrt, daß Druck und Verfolgung den | Reli- 141 R
gionseifer immer stärker entzünden, die Gemüter in der Überzeugung und Behauptung der verfolgten Meinungen bestärken und den Haß und die Abneigung gegen die verfolgende Religion vermehren. Exempel von den Verfolgungen der Protestanten in den Niederlanden, der Hugenotten in Frankreich. Friedrich der Große sagt daher ebenso schön als wahr:

> „Der Verfolgungsgeist ist ein Tyrann, welcher die Länder entvölkert. Die Toleranz ist eine zärtliche Mutter, welche sie blühend macht".[2]

[1] vgl. Oeuvres de Frédéric le Grand, tom. I, p. 241-42.
[2] vgl. Oeuvres de Frédéric le Grand, tom. I, p. 242.

4. Kann also der Staat den einzelnen Bürgern die Annahme und das Bekenntnis einer Religion um bloßer spekulativer Meinungen willen nicht verbieten, so kann er auch den Anhängern einer und eben derselben Religion nicht wehren, sich zu einer gemeinschaftlichen, diesen Begriffen angemessenen Gottesverehrung miteinander zu vereinigen und also Religionsgesellschaften zu errichten. Er kann also keiner Religionspartei, ihr theoretisches Glaubenssystem mag noch so falsch, unrichtig und absurd sein, die Duldung und freie Religionsübung verweigern.
5. Alles, was er tun kann, ist, auf den Unterricht, den sie ihren Anhängern in Ansehung ihrer moralischen Pflichten erteilt, ein wachsames Auge zu haben und dahin zu sehen, daß durch ihre Religionsübungen die öffentliche Ruhe, Ordnung und Wohlanständigkeit nicht verletzt werde. *Exempel des ersten :* die Jesuiten. Haereticis non est servanda fides. Der Königsmord. *Exempel des zweiten :* die Bachanalien bei den Römern.

V. Begriff der wahren Toleranz, abgeleitet aus vorstehenden Betrachtungen.

1. Der Staat muß jede Religionspartei, deren moralische Lehren nichts enthalten, was der öffentlichen Ruhe und Sicherheit zuwider wäre, dulden.
2. Er muß jeder solchen Religionspartei die freie Übung ihres Gottesdienstes nach ihrem System gestatten, soweit dadurch die bürgerliche Ruhe und Ordnung nicht gestört wird.
3. Jedem Bürger des Staats muß es freistehn, zu welcher Religionspartei er sich halten wolle.
4. Niemand muß bloß seines Religionsbekenntnisses wegen von der Teilnehmung an den Rechten und Vorteilen der bürgerlichen Gesellschaft ausgeschlossen werden.
5. Der Staat muß nicht gestatten, daß eine Religionspartei die andre beunruhige, drücke oder verfolge. Proselytenmacherei, Bekehrungssucht, Kontroversen.

VI. Einschränkungen dieser Toleranz, wozu der Staat berechtigt und verpflichtet ist.

1. Der Staat kann eine Religion vor der andern begünstigen und unterstützen, sobald nur diese Begünstigung nicht in Druck und Verfolgung der übrigen ausartet. Vorzügliche Beförderung zu Ämtern und Würden. Die Katholiken in Schlesien. Diezos in Preußen.

2. Unterschied des Exercitii religionis publici et privati. Solange darüber anderweitig nichts bestimmt ist, hängt es vom Staat ab, welche Art von Exercitio er dieser oder jener Religionspartei gestatten wolle.
3. Wenn das Exercitium religionis durch Verträge und Verfassungen bestimmt ist, so muß der Staat darüber halten und kann, wenn er solches tut, einer Intoleranz nicht beschuldigt werden. *Exempel:* Die Katholiken in Schlesien, die Katholiken in der Mark und in Pommern.
4. Wenn eine Religionspartei Lehrsätze hegt, die zwar an sich nicht gegen die 142
bürgerliche Ruhe und Ordnung sind, die aber doch ihre Bekenner hindern, die Bürgerpflichten nach ihrem ganzen Umfange zu erfüllen, so kann eine solche Religionspartei sich nicht beschweren, wenn ihr die Teilnehmung an den Rechten der bürgerlichen Gesellschaft nicht in völlig gleichem, sondern nur in einem verhältnismäßig geringeren Maße verstattet wird.
Exempel von den Memnonisten, denen man nicht gestattet, bäuerliche Grundstücke zu akquirieren, weil sie nicht Kriegsdienste tun.

VII. Rechte, die dem Oberhaupt des Staats außer der allgemeinen Oberaufsicht über gewisse Religionsgesellschaften vermöge einer geschehenen Übertragung zukommen.

Geschichte dieser Übertragung, die sich aus den Zeiten der Reformation herschreibt. In jeder Gesellschaft muß notwendig eine gewisse Ordnung sein, in welcher die Geschäfte und Verhandlungen derselben betrieben werden. Es müssen Gesetze sein, nach welchen die Mitglieder der Gesellschaft ihr Teilnehmungsrecht ausüben, welche bestimmen, was einem jeden derselben für Rechte und Pflichten in der Sozietät zukommen sollen. Dergleichen Ordnung und gesetzliche Bestimmung hat auch von jeher in den Religionsgesellschaften existiert. Es ist festgesetzt gewesen, wie die Lehrer und Vorsteher der gottesdienstlichen Handlungen bestellt werden, was für Pflichten dieselben zu beobachten haben sollen, was für gottesdienstliche Handlungen und Feierlichkeiten in der Gesellschaft vorgenommen, zu welchen Zeiten und bei was für Gelegenheiten sie begangen werden sollen, was dabei ein jeder, der Lehrer und der Zuhörer, zu tun habe, auf was für Art und unter welchen Umständen jemand zum Mitgliede der Gesellschaft aufgenommen und aus was für Ursachen er von derselben ausgeschlossen, durch wen die der Religionsgesellschaft vom Staat beigelegten äußeren Rechte ausgeübt, wie das Vermögen der Gesellschaft administriert und verwendet werden solle.

Diese Gesellschaftsrechte wurden in den ersten Zeiten des Christentums von den Priestern und Lehrern mit Zuziehung der Gemeinen ausgeübt. In der Folge wurden mehrere einzelne Gemeinen unter einem gemeinschaftlichen Vorsteher und Aufseher, welcher den Namen *Bischof* erhielt, vereinigt. Die Bischöfe in einer jeden Provinz hatten wiederum einen gemeinschaftlichen Vorgesetzten, der den Namen Erzbischof, Metropolitan oder Patriarch führte, und als zuletzt der Bischof zu Rom sich der Oberaufsicht und des Vorsteheramts über sämtliche Erzbischöfe und Bischöfe anmaßte, so ward dadurch das große Gebäude der kirchlichen Verfassung und Subordination, welches man die Hierarchie nennt, vollendet. Diese geistliche Macht war um so größer und fürchterlicher, da sie sich über die ganze christliche Welt erstreckte und der Papst, in welchem sich alle Kräfte derselben, die in den damaligen Zeiten der Unwissenheit und des Aberglaubens so groß waren, vereinigten, sie zu Ausführung aller seiner ehrsüchtigen oder habsüchtigen Absichten mit einem Wink in Bewegung setzen konnte. Daher war es in jenen Zeiten dem Papste so leicht möglich, Könige und Kaiser abzusetzen. Wirkungen des Bannes.

Als durch die schreienden Mißbräuche, welcher sich die Geistlichkeit und 142R
besonders der Römische Hof schuldig gemacht hatten, die Reformation Luthers am Anfange des 16ten Seculi veranlaßt wurde, so war es einer der ersten Schritte, welche die Reformatoren taten, daß sie sich von aller Abhängigkeit und Verbindung mit dem Papste und mit den an sein Interesse zu fest gebundenen Bischöfen lossagten. Dadurch wurden nun zwar die protestantischen Kirchen von dem Joche der Hierarchie frei, sie verloren aber auch die Aufseher und Vorsteher, welche bisher für die Ordnung in den kirchlichen Angelegenheiten und Geschäften und für die Ausübung der gesellschaftlichen Rechte der Kirchengemeinen gesorgt hatten. Hier traten nun in den Ländern, welche die Reformation am meisten begünstigt hatten, z. E. Sachsen, Brandenburg und Hessen, die Landesherren ins Mittel, übernahmen die Funktionen der Bischöfe in Ansehung der protestantischen Kirchen und errichteten zu deren Ausübung die Consistoria. Daraus entspringen diejenigen Rechte protestantischer Landesherren auf die in ihren Landen sich befindenden protestantischen Religionsgesellschaften, welche nicht auf das allgemeine Recht der Oberaufsicht, sondern auf eine geschehene Übertragung der bischöflichen Rechte sich gründen. Man sagt daher, daß ein protestantischer Landesherr zugleich Bischof in seinem Staat sei, und die protestantischen Fürsten sind in dieser Eigenschaft durch den Westfälischen Frieden ausdrücklich anerkannt worden.

VIII. Zu diesen übertragenen bischöflichen Rechten gehören vornehmlich folgende:

1. Das Recht, Kirchenversammlungen und Synoden zu berufen und auf selbigen über Angelegenheiten, welche das gemeinschaftliche Beste der einzelnen Religionsgesellschaften betreffen, mit den Vorstehern derselben zu beratschlagen.
2. Das Recht, die Ordnung in der Feier des Gottesdienstes, die Zeremonien und Gebräuche, die Formulare, welche bei den verschiedenen Religionshandlungen gebraucht werden sollen, zu bestimmen. *Die Liturgie.*
3. Das Recht, die Lehrer und Prediger entweder selbst zu bestellen oder die von den Kirchengemeinen und deren Vorstehern oder Patronen gewählten Subjekte in Ansehung ihrer Fähigkeit und Tüchtigkeit zu einem solchen geistlichen Amte zu prüfen, die tauglich befundenen zu bestätigen und sie durch die Ordination zur wirklichen Ausübung ihres Amts zu autorisieren.
4. Das Recht, über die Lehre und den Wandel der Prediger die Aufsicht zu führen, diejenigen, die ihre Pflichten nicht gehörig erfüllen, durch Verweise und Strafen zu bessern und, wenn sie inkorrigibel sind oder sich grober Vergehungen in ihrem Amte schuldig gemacht haben, sie ihres Amtes zu entsetzen.
5. Das Recht der Kirchenzucht oder die Befugnis, Mitglieder der Gemeine, **143**
die sich der eingeführten Ordnung nicht unterwerfen wollen oder der Gemeine ein öffentliches Ärgernis geben, durch kirchliche Strafen zu bessern oder sie ganz von der Gesellschaft auszuschließen.
6. Das Recht, für die gute und nützliche Verwaltung des Kirchenvermögens zu sorgen, die darüber geführten Rechnungen zu revidieren und abzunehmen, die Administratores wegen schlecht geführter Verwaltung zur Rechenschaft zu ziehen und sie bei befundener Untreue oder grober Nachlässigkeit ihres Amts zu entsetzen.
7. Das Recht, die unter den Lehrern und Mitgliedern einer Gemeine oder auch unter den verschiedenen einzelnen Kirchengemeinen derselben Religionspartei über innere kirchliche Angelegenheiten entstehenden Streitigkeiten zu untersuchen und zu entscheiden.
8. Die Befugnis, zur Ausübung aller dieser Rechte Consistoria zu bestellen, die Kirchen in gewisse Distrikte oder Sprengel zu verteilen und diesen Sprengeln Aufseher unter dem Namen der Superintendenten und Inspektoren vorzusetzen.

IX. Einschränkungen dieser dem Staat übertragenen Rechte.

Die Rechte, welche der Staat vermöge der ihm geschehenen Übertragung ausübt, sind Rechte der Gesellschaft. Er kann sie also nicht weiter ausdehnen, als die Gesellschaft, an deren Stelle er getreten ist, selbst zu tun befugt sein würde. Alle Rechte einer Gesellschaft gründen sich auf den bei ihrer Errichtung geschlossenen Vertrag. Was also durch diesen nicht festgesetzt worden oder nicht hat festgesetzt werden können, dessen kann auch der Staat sich nicht anmaßen. Unter den Rechten, über welche ein Mensch keine Verträge schließen und deren er sich auf keinerlei Weise begeben kann, ist eins der vornehmsten das Recht, seine Kenntnisse zu erweitern, seine Begriffe zu berichtigen und sich von dem, was er als wahr erkannt, überzeugen zu lassen. Ein Vertrag also, durch den ein Mensch sich dieses seines Rechts auf Wahrheit und Überzeugung begeben wollte, würde etwas Unmögliches und Unerlaubtes enthalten und also von gar keiner Verbindlichkeit [sein]. Wenn ich mich auch noch so feierlich und unter den schwersten Strafen verpflichtet hätte, stets zu glauben, daß unter allen möglichen Methoden, Plätze zu befestigen, die Vaubansche die beste sei, so könnte mich doch ein solcher Vertrag unmöglich hindern, wenn ich einsähe, daß die Montalembertsche Manier vorzüglicher sei, davon überzeugt zu werden und diese meine Überzeugung auch öffentlich zu äußern. Eben das gilt auch von Religionsmaterien. Wenn auch diese oder jene Stelle in der Bibel von jeher auf eine gewisse Art erklärt worden und die Mitglieder einer Religionsgesellschaft sich ausdrücklich verpflichtet hätten, diese Erklärung für die wahre und richtige anzunehmen, so würde doch eine solche Verpflichtung keines dieser Mitglieder hindern können, sobald sein Verstand einsähe, daß jene bisher übliche Erklärung unrichtig sei und der Stelle ein andrer Sinn notwendig beigelegt werden müsse, seine Überzeugung zu ändern und diese seine veränderte Überzeugung erforderlichenfalls auch öffentlich an den Tag zu legen.

Es ist also unmöglich und unerlaubt, daß irgendein Mensch sich des Rechts 143 R
begeben wollte, seine Vernunft in Religionsangelegenheiten zu gebrauchen, dasjenige, was er dadurch als wahr erkennt, auch für wahr zu halten, wenn er überzeugt wird, daß seine bisherigen Begriffe falsch und irrig gewesen sind, diesen Irrtum zu verwerfen und richtigeren Ideen und Erkenntnissen Raum zu geben. Haben aber die einzelnen sich dieses Rechts nicht begeben können, so hat auch die Kirchengesellschaft ihnen dasselbe nicht nehmen und es dem Landesherrn übertragen können. Der Landesherr kann also unter keinerlei

Umständen berechtigt sein, für irgendeine Religionspartei oder auch nur für eine einzelne Kirchengemeine einen unabänderlichen Lehrbegriff festzusetzen und den Lehrern oder Mitgliedern jede Abweichung davon durch Befehle und Strafen zu untersagen.

X. Einschränkungen dieser übertragenen Rechte.

Von symbolischen Büchern als unabänderlichen Lehrvorschriften.

1. Der Staat ist nicht berechtigt, symbolische Bücher als unabänderliche Lehrvorschriften zu erteilen oder die Gemeinen und deren Lehrer zur unabänderlichen Beibehaltung derselben zu verpflichten. Dies Recht haben die protestantischen Gemeinen ihren Landesherrn

a) nicht übertragen *wollen*, weil es ganz wider den Charakter des Protestantismus wäre; die Reformatoren wollten gerade das Gegenteil;

b) nicht übertragen *können*; denn sie hätten alsdann

α) entweder auf allen Gebrauch der Vernunft in Religionssachen Verzicht tun müssen, welches *unerlaubt* ist,

β) oder sich verpflichten müssen, veränderte Einsichten ohnerachtet ihrer Überzeugungen nicht zu ändern, welches *unmöglich* ist,

γ) oder sich anheischig machen müssen, etwas in Ewigkeit als Wahrheit sich vortragen zu lassen, von dessen Unwahrheit sie überzeugt wären, welches *absurd* ist;

c) wirklich nicht übertragen. Johann Sigismund die Formulam conc.; Friedr. Wilh. M. die Vereidigung auf die symbolischen Bücher; Friedr. I. Domcapitul zu Brandenburg; Friedr. Wilh. I. die Kirchenvereinigung.

2. Die symbolischen Bücher haben aber dem ohnerachtet ihren Wert und Nutzen. Sie enthalten doch immer den Inbegriff derjenigen Lehrsätze, welche die lutherische Kirche in den ersten Zeiten ihrer Entstehung für Wahrheiten angenommen hat. Der Lehrer einer lutherischen Gemeine ist also nicht berechtigt, der Gemeine wider ihren Willen und solange sie ihre Überzeugung nicht geändert hat, etwas von diesem Lehrbegriff Abweichendes vorzutragen. Vielmehr ist der Staat berechtigt, wenn eine lutherische Gemeine sich beschwert, daß ihr Prediger sie nicht nach den Grundsätzen der lutherischen Kirche unterrichte, den Unterricht eines solchen Predigers 144
nach den symbolischen Büchern zu prüfen und, wenn er ihn selbigen nicht gemäß findet, einen solchen Prediger anzuhalten, daß er entweder seinen Unterricht ändere und den symbolischen Büchern konformiere oder daß er sein Amt niederlege.

3. Aber der Staat ist nicht berechtigt, sich von selbst und ohne das Anrufen der Gemeine in eine solche Sache zu mischen, den Prediger wegen vermeintlicher Abweichungen von den symbolischen Büchern zur Verantwortung zu ziehen und ihm die Alternative, zu ändern oder niederzulegen, zu proponieren. Denn wenn die Gemeine mit dem Vortrage ihres Predigers zufrieden ist, so dient solches zum Beweise, daß sie in den abweichenden Punkten ihre Meinung geändert habe, welches der Staat ihr nicht wehren kann und welches denselben nichts angeht.
4. Der Einwand, daß eine Gemeine, welche von den symbolischen Büchern abgehe, aufhöre, eine lutherische Gemeine zu sein, ist unbedeutend. Solange sie noch eine protestantische Gemeine bleibt, d. h. solange sie die Bibel als die einzige Erkenntnisquelle in Religionssachen erkennt und verehrt, so lange kann sie durch einzelne Abweichungen von dem alten lutherischen Lehrbegriff ihre Rechte als protestantische Gemeine nicht verlieren.
5. Die Besorgnis, daß Unruhen und Verwirrungen im Staat aus dergleichen Abweichungen entstehen möchten, ist unbegründet. Die Abweichungen betreffen bloß spekulative Meinungen und der Vernunft ganz unbegreifliche Lehren, z. E. de trinitate. Von der ewigen Zeugung des Sohns, von dem Ausgehen des Heiligen Geistes, de communicatione idiomatum, de satisfactione, de mysterio sacrae coenae. Es ist unmöglich, daß sie auf den Staat und dessen Wohlstand den geringsten Einfluß haben können. Die Erfahrung lehrt das Gegenteil. Holland, England, Preußen unter der vorigen Regierung. Praktische Religion, die Pflichten der Gerechtigkeit und des Wohlwollens in dem erhabenen Sinne und der vorzüglichen Wirksamkeit, wie das Christentum sie lehrt, können aus der Bibel als der einzig wahren Erkenntnisquelle ebenso deutlich, bestimmt und überzeugend hergeleitet werden, wenn man auch jene spekulativen Meinungen nicht einnimmt oder sie unberührt läßt.

ÜBER DAS RECHT DES STAATS, ÄMTER UND WÜRDEN ZU ERTEILEN

I. Das Recht, öffentliche Ämter einzurichten und Beamte zu setzen, gründet sich auf die Pflicht des Staats, dahin zu sehen, daß Regierungsgeschäfte, die von dem Oberherrn selbst nicht besorgt werden können, durch andre, die dazu mit den erforderlichen Eigenschaften versehen sind, besorgt werden.

II. Dem Staat kommt es also zu, die Art und den Umfang der Geschäfte zu bestimmen, die mit einem jeden Amte verbunden sein sollen, die Eigenschaften und Erfordernisse festzusetzen, mit welchen derjenige, der um ein solches Amt sich bewerben will, versehen sein müsse, die Art der Prüfung vorzuschreiben, die Belohnung zu bestimmen, die Bestallungen entweder selbst zu erteilen oder bei minderwichtigen Bedienungen durch seine Staatsbeamten in seinem Namen erteilen zu lassen.

III. Die Pflicht des Staats ist, 144 R
1. auf gute Besetzung der Ämter zu sehen und also niemandem ein Amt zu geben, der bei der angestellten Prüfung dazu nicht tauglich befunden worden;
2. alle seine Beamten unter beständiger Aufsicht zu halten, damit sie die Grenzen ihres Amts nicht überschreiten, ihre Pflichten nicht vernachlässigen oder die ihnen anvertraute Gewalt zur Unterdrückung der übrigen Bürger des Staats mißbrauchen;
3. seine Beamten, solange sie ihren Pflichten gehörig nachkommen, in ihrem Amte und bei dem Genusse der damit verbundenen Einkünfte zu schützen, folglich einen Beamten wider seinen Willen und ohne sein Verschulden nicht abzusetzen.

IV. Das Recht des Staats, Würden zu erteilen, gründet sich darauf, daß es ihm zukommt, einem jeden seinen Rang in der bürgerlichen Gesellschaft anzuweisen. Es begreift unter sich
1. das Recht, den Adel zu erteilen;
2. das Recht, jemanden aus einer niederen Klasse des Adels in eine höhere zu erheben;
3. das Recht, Rangordnungen zu machen.

Bemerkung wegen der vom Kaiser geadelten Einländer.

Die Pflichten des Staats dabei fließen bloß aus Regeln der Klugheit, wonach er

a) eine schädliche Rang- und Titelsucht nicht begünstigen,
b) die Vorurteile und gemeinen Meinungen, um nicht Mißvergnügen zu erregen, möglichst schonen,
c) den Adel und die Titel nicht zu gemein und dadurch verächtlich machen muß.

ZUSAMMENFASSUNG

1.

Jeder Mensch hat einen natürlichen Trieb, seine Glückseligkeit zu suchen und zu befördern. Er hat also auch ein natürliches Recht dazu.

2.

Von Natur sind alle Menschen einander gleich. Jeder hat gleichen Anspruch auf Glückseligkeit, jeder hat ein gleiches Recht, seine Fähigkeiten und Kräfte zur Erreichung dieses letzten Ziels aller seiner Wünsche und Bestrebungen nach seiner eignen Einsicht und Überzeugung anzuwenden.

3.

Der Mensch erkennt also in dem Stande der natürlichen Gleichheit keinen andern Richter über die Rechtmäßigkeit oder Unrechtmäßigkeit seiner Handlungen als sich selbst. Seine eigene Einsicht und Überzeugung von dem, was zu seinem Wohl beitragen könne oder demselben zuwider sei, ist die einzige Richtschnur seines Verhaltens.

4.

Zwar folgt es aus dieser natürlichen Gleichheit aller Menschen, daß keiner den andern in dem Besitz und Genuß seiner angeborenen und erworbenen Güter und in der freien Anwendung seiner Kräfte zur Beförderung seiner eigenen Glückseligkeit stören dürfe. Auch werden wir durch die ganze Anlage unsrer moralischen Natur darauf geführt, daß wir zu unserer Glückseligkeit des Beistands anderer nicht entbehren können, daß wir uns also bestreben müssen, uns das Wohlwollen derselben zu erwerben, und daß wir dazu nicht anders gelangen, als wenn wir uns angelegen sein lassen, zur Beförderung ihrer Glückseligkeit und Zufriedenheit einen Teil unserer eigenen Kräfte und Fähigkeiten anzuwenden. Es ist also kein Zweifel, daß, wenn bei allen Menschen richtige Einsichten und wohlgeordnete Neigungen anzutreffen wären, alle Pflichten der Gerechtigkeit und des Wohlwollens auch schon im Stande der Natur beobachtet werden und das menschliche Geschlecht in diesem Zustande der natürlichen Gleichheit einen sehr hohen Grad von Glückseligkeit genießen würde.

5.

Aber die Erfahrung lehrt uns, daß richtige Einsichten und wohlgeordnete Neigungen nur bei den wenigsten Menschen anzutreffen sind, daß der große Haufe nicht nach deutlichen Begriffen, sondern nach Eindrücken der Sinnlichkeit und tierischen Trieben handle, | daß alle Lehren der Moral und 145R
Religion nicht imstande sind, die Heftigkeit seiner Leidenschaften im Zaume zu halten, daß also die meisten Menschen von Natur geneigt sind, nicht nur die Pflichten des Wohlwollens, sobald ihnen solche die geringste Aufopferung kosten, aus den Augen zu setzen, sondern auch die Pflichten der Gerechtigkeit, sobald es ihr eigener vermeintlicher Vorteil erfordert, zu verletzen.

6.

Daher kommt es, daß der Zustand der Natur und der natürlichen Gleichheit nach dem Zeugnis der Geschichte ein Zustand der Unruhe und Verwirrung ist, in welchem keine Sicherheit des Eigentums und der Rechte, kein ungestörter Genuß der natürlichen Freiheit, keine Ausbildung und Veredlung unserer Natur, folglich keine wahre Glückseligkeit stattfinden kann.

7.

Durch diese Unvollkommenheiten des Naturzustandes sind die Menschen veranlaßt worden, aus demselben herauszutreten und unter einem gemeinschaftlichen Oberhaupt bürgerliche Gesellschaften zu errichten, die wir mit dem Namen *Staat* bezeichnen.

8.

Die Rechte dieses Oberhaupts in einem Staat oder des Regenten können nicht aus einer unmittelbaren göttlichen Einsegnung, nicht aus dem Rechte des Stärkeren, sondern sie müssen aus einem Vertrage hergeleitet werden, durch welchen sich die Bürger des Staats den Befehlen des Regenten zur Beförderung ihrer eigenen gemeinschaftlichen Glückseligkeit unterworfen haben.

9. 146

Hieraus folgt unmittelbar, daß, wenn die Menschen aus dem Stande der natürlichen Gleichheit heraustreten und sich in bürgerliche Gesellschaften unter einem gemeinschaftlichen Oberhaupte vereinigten, sie dabei keineswegs die Absicht hatten noch haben konnten, auf ihre natürliche Freiheit ganz Verzicht zu tun und sich als Sklaven der bloßen Willkür eines unumschränkten Gebieters zu unterwerfen, sondern daß der Zweck der bürgerlichen Gesellschaft und also auch des Staats nur dahin gehen könne, den Mängeln und Unvollkommenheiten des Naturzustandes abzuhelfen und die Freiheit der einzelnen so weit einzuschränken, als es notwendig ist, um die Freiheit aller zur Beförderung ihrer Glückseligkeit gegen Störungen und Beeinträchtigungen zu sichern.

10.

Sicherheit des Eigentums und der Rechte für jeden einzelnen durch die vereinigten Kräfte aller, ungestörter Gebrauch der natürlichen Freiheit eines jeden, soweit damit die Sicherheit und Freiheit der übrigen bestehen kann, Erleichterung der Mittel und Gelegenheiten zur Beförderung des Privatwohlstandes durch Veranstaltungen zur Ausbildung des Verstandes und Herzens, wodurch allein Neigung und Bereitwilligkeit zur Erfüllung der Pflichten des Wohlwollens erreicht werden kann, — das sind die großen und wichtigen Zwecke der bürgerlichen Gesellschaft, zu deren Erreichung sie dem Regenten die Macht, ihr zu befehlen, übertragen und die Disposition über ihre vereinigten Kräfte seinen Händen anvertraut hat.

11.

Sich von diesen Zwecken des Staats einen richtigen und stets gegenwärtigen 146 R
Begriff zu bilden, ist eine Sache von der äußersten Wichtigkeit, beides für Regenten und Untertanen. Für die Untertanen, weil sie nur dadurch zu einem vernünftigen und willigen Gehorsam gegen ihren Oberherrn bewogen und nur durch Erwägungen der wichtigen Vorteile, welche die Staatsverbindung durch Erreichung dieser Zwecke ihnen selbst und ihren übrigen Mitbürgern gewährt, mit den mannigfaltigen Einschränkungen, denen sie dadurch unterworfen sind, mit den vielfachen Aufopferungen, die sie dieser Verbindung täglich machen müssen, ausgesöhnt werden können. Noch wichtiger aber ist

diese Betrachtung für den Regenten und besonders für einen solchen, der eine uneingeschränkte Macht besitzt, weil sie das einzige Mittel ist, ihn von dem Mißbrauche dieser seiner Macht zurückzuhalten und ihn zu überzeugen, daß ihm dieselbe nicht um seiner selbst willen, nicht zur Befriedigung seines Ehrgeizes, seines Stolzes, seiner Wollust, seines Eigensinns oder anderer Privatleidenschaften, sondern zum Besten seiner Untertanen, zum Schutz derselben bei ihrem Eigentum und Rechten und zur Beförderung ihrer Glückseligkeit anvertraut worden.

12.

Aus dieser Entwicklung der Zwecke des Staats fließen die verschiedenen Rechte des Regenten, die gewöhnlich unter dem Namen der Majestäts- oder Hoheitsrechte begriffen werden.

1. Sollen Eigentum und Rechte der Bürger des Staats gesichert werden, so müssen Gesetze vorhanden sein, welche bestimmen, was zu dem Eigentum und dem Rechte eines jeden gehöre. Zwar gibt schon das Naturrecht dergleichen aus den Begriffen der Dinge fließende Merkmale an die Hand; allein diese Merkmale sind nicht allgemein anerkannt; sie sind nicht immer deutlich und in die Augen fallend genug, und besonders in Kollisionsfällen, wo zweierlei Rechte nicht zu gleicher Zeit ausgeübt werden können, folglich eins dem andern nachstehen muß, sind die Entscheidungen des Naturrechts oft schwankend und ungewiß. Zur Sicherheit des Eigentums und der Rechte ist es also notwendig, daß der Regent als der Vorsteher und das Organ der bürgerlichen Gesellschaft die Kennzeichen und Merkmale des Eigentums durch allgemeine Vorschriften bestimme und Regeln festsetze, nach welchen ein jedes Mitglied der Gesellschaft sein Verhalten gegen andre bei den Geschäften und Verhandlungen des bürgerlichen Lebens einrichten soll. Hieraus entspringt das Recht der bürgerlichen Gesetzgebung. 147

2. Sollen die Mitglieder der Gesellschaft bei dem Ihrigen gegen unrechtmäßige Gewalt und Störungen gesichert sein, so müssen denjenigen, die aus Mangel an Einsichten oder aus verderbten Neigungen zu dergleichen Beeinträchtigungen ihrer Mitbürger hingerissen werden könnten, nachdrückliche Abhaltungsmittel entgegengesetzt werden. Hierin liegt der Grund des dem Regenten zukommenden Strafrechts.

3. Sollen die bürgerlichen und Strafgesetze ihren Zweck erreichen, so müssen sie in vorkommenden Fällen gehörig angewendet, streitige Rechte danach bestimmt, begangene Verbrechen untersucht und die Strafen an den

Verbrechern wirklich vollzogen werden. Dies ist die Quelle der dem Regenten beigelegten höchsten Gerichtsbarkeit.
4. Es gibt physische Ereignisse und Naturbegebenheiten, die der ganzen bürgerlichen Gesellschaft oder doch einem großen Teile derselben Gefahr und Schaden drohen, deren Verhütung die Kräfte der einzelnen übersteigt. Ebenso gibt es natürliche und moralische Hindernisse, die sich der Beförderung dieser oder jener Art des gemeinen Wohlstandes widersetzen und die durch einzelne Kräfte nicht besiegt werden können. Es sind Anstalten möglich, wodurch gewisse Arten gemeinnütziger Kenntnisse erleichtert und befördert werden können, die aber nur dann den Zweck erreichen, wenn sie nach einem allgemeinen Plan und nach gleichförmigen Grundsätzen eingerichtet werden. Solche Gefahren durch die vereinigten Kräfte der bürgerlichen Gesellschaft abzuwenden, solche Hindernisse zu heben, solche Anstalten zu errichten und aufrechtzuerhalten, ist der Hauptzweck der allgemeinen Landespolizei und des dem Regenten zustehenden höchsten Polizeirechts.
5. Da die große bürgerliche Gesellschaft aus mehreren kleineren, die sich zu verschiedenen Zwecken vereinigen, besteht und diese untergeordneten Gesellschaften auf Beförderung oder Hinderung des allgemeinen Wohls den wichtigsten Einfluß haben können, so müssen sie insgesamt der Oberaufsicht des Regenten unterworfen sein, und er muß das Recht haben, sie dergestalt zu dirigieren, daß ihre besonderen Zwecke und Anstalten mit dem allgemeinen Zwecke der bürgerlichen Gesellschaft bestehen können. Hieraus fließt das dem Regenten zukommende Recht der Oberaufsicht, welches sich besonders auch auf die im Staat bestehenden oder daselbst zu errichtenden Religionsgesellschaften erstreckt.
6. Da es unmöglich ist, daß der Regent alle seine mannigfaltigen Rechte und Pflichten durch sich selbst und in eigener Person ausüben könne, so muß er befugt sein, gewisse Teile und Geschäfte der Staatsverwaltung anderen Personen unter seiner Aufsicht zu übertragen und sie dazu mit dem nötigen Ansehen auszustatten. Darauf gründet sich das Recht des Regenten, Staatsämter zu errichten und Würden zu verleihen.
7. Alle Anstalten und Vorkehrungen, welche der Regent zum Schutze der bürgerlichen Gesellschaft gegen innere Gefahren und Beschädigungen 147 R
treffen kann, würden vergeblich und unzureichend sein, wenn nicht zugleich für Schutz und Sicherheit gegen die Angriffe und Störungen auswärtiger Feinde gesorgt würde. Die Pflicht des Regenten zu diesem Schutze gegen auswärtige Feinde begründet sein Recht, Krieg zu führen, Frieden zu schließen und Bündnisse zu errichten.

8. Alle diese zur Sicherstellung der inneren und äußeren Ruhe und Glückseligkeit der bürgerlichen Gesellschaft abzielenden Veranstaltungen erfordern einen beträchtlichen Aufwand, der aus dem Staatsvermögen bestritten werden muß. Das Recht des Regenten zu bestimmen, wie dies Staatsvermögen zusammengebracht werden soll, dasselbe zu verwalten und zweckmäßig zu verwenden, wird das Finanz- oder Kameralrecht genannt.

Von diesen Rechten der Obergewalt im Staat sind die 6 ersten, nämlich pp. bisher abgehandelt worden. Ich habe mich bei jedem derselben bemüht, einen deutlichen Begriff, den Umfang und die darunter begriffenen Befugnisse zu entwickeln, aus den Zwecken, zu welchen ein solches Recht dem Regenten anvertraut worden, die Grundsätze herzuleiten, nach welchen bei dessen Ausübung verfahren werden muß, eben daher auch die Grenzen und inneren Einschränkungen zu zeigen, welchen die Macht des Regenten dabei unterworfen ist, endlich aber dasjenige zu bemerken, was etwa Besonderes und Eigentümliches für die preußische Monarchie bei einer jeden dergleichen Materie vorkommt. Ich wage es, in Ansehung des Details mich auf die Blätter zu beziehen, die ich am Schlusse einer jeden Materie Eurer Königlichen Hoheit untertänigst überreicht habe, und werde jeden Augenblick, wenn Sie, gnädigster Herr, es befehlen, bereit sein, über dasjenige, worüber Höchstdieselben etwa noch nähere Erläuterungen oder umständlichere Ausführungen wünschten, selbige mit ehrerbietiger Freude zu erteilen. Übrigens herrschen folgende aus der Natur und dem Zwecke der Staatsverbindung geschöpfte Grundsätze, von deren Wahrheit und Richtigkeit Eure Königliche Hoheit recht lebhaft zu überzeugen mein angelegentlichster Wunsch ist.

Der Regent, besonders der Monarch eines uneingeschränkten Staats, hat das Recht, alles zu tun, was das Wohl der bürgerlichen Gesellschaft, nach den gehörig betrachteten und richtig erklärten Zwecken derselben notwendig erfordert. Kein Untertan darf sich über Einschränkungen seiner natürlichen Freiheit beschweren, noch viel weniger aber sich denselben widersetzen, wenn diese Einschränkungen nötig sind, um die allgemeine Ruhe, Sicherheit und Ordnung zu behaupten oder die für das Ganze so wohltätige Staatsverbindung selbst aufrechtzuerhalten.

Nie aber kann ein Regent zu solchen Einschränkungen der natürlichen Freiheit befugt sein, wenn sich dieselben aus den Zwecken der Staatsverbindung nicht mehr rechtfertigen lassen, sobald das Eigentum und die Rechte auch nur eines einzigen, selbst des niedrigsten | seiner Untertanen 148 bloßen Privatabsichten, Neigungen oder Leidenschaften aufgeopfert werden sollen.

Der Regent, welcher in Beherrschung seines Staats diese Grundsätze aus den Augen verliert, bringt sich selbst um das Recht, Gehorsam von seinen Untertanen zu fordern, er löst selbst das Band der bürgerlichen Gesellschaft auf, seine Macht und Größe beruhen alsdann bloß auf seiner persönlichen Stärke, welche sehr hinfällig ist, sobald das Vertrauen und die Liebe seiner Untertanen dahin ist und in den Herzen derselben das Gefühl der natürlichen Freiheit, welches bei einer weisen und sanften Regierung durch die Empfindungen ihres wohltätigen Einflusses auf öffentlichen und Privatwohlstand so leicht zum Schweigen gebracht wird, durch den Druck eines eigenwilligen Despotismus wieder rege gemacht wird.

Man hat die Regenten auf Erden mit der Gottheit verglichen. So mangelhaft dies Gleichnis in vielem Betracht ist und notwendig sein muß, so gibt es einige Seiten, von welchen her die Monarchen der Völker dies erhabene Muster nachahmen könnten und sollten.

1. Die Gottheit umfaßt mit allgegenwärtigem Blick das ganze unermeßliche All; ebenso muß auch der wahrhaft große Regent bestreben, daß in dem ganzen Umfange seiner Staaten nichts, was auf das Wohl seiner Untertanen Einfluß haben kann, seiner Aufmerksamkeit entgehen möge.

2. Die Gottheit will das Glück aller ihrer Geschöpfe. Der Wurm, der zu unsern Füßen kriecht, ist ebenso der Gegenstand ihrer wohltätigen Vorsorge als der Erste im Reiche der Geister. Ebenso muß jede Handlung eines Regenten durch den Gedanken, sein Volk glücklich zu machen, bestimmt werden. Das Wohl des niedrigsten seiner Untertanen muß ihm ebensosehr am Herzen liegen als das des Fürsten, der an der Seite seines Thrones steht.

3. Die Gottheit regiert ihre Menschen als freie Wesen. Sie hat dieselben mit Kräften und Fähigkeiten ausgerüstet; sie hat solche Veranstaltungen getroffen, daß sie diese Fähigkeiten und Kräfte gehörig ausbilden und zur Tugend und Glückseligkeit anwenden können; sie hat ihnen durch Vernunft und Offenbarung die nötigen Kenntnisse über das Glück der Tugend, über die traurigen und unglücklichen Folgen des Lasters mitgeteilt. Dann aber hat sie sie ihrer eignen Leitung überlassen, sie hat es in ihren freien Willen gestellt, ob sie diesen Unterricht, diese Veranstaltungen gehörig nutzen und also die Baumeister ihres Glücks oder ihres Elends sein wollen. Ebenso beherrscht der weise Regent seine Untertanen nicht als Maschinen, als Sklaven, sondern als freie Bürger. Er sorgt dafür, daß jeder unter ihnen seine Kräfte und Fähigkeiten seiner eignen Einsicht und Neigung gemäß

zur Beförderung seiner Glückseligkeit gebrauchen könne, daß ein jeder bei diesem rechtmäßigen Gebrauch und bei den dadurch sich erworbenen Eigentume und Rechten gegen alle äußeren Störungen und Beeinträchtigungen | gesichert sei. Übrigens aber ist er weit entfernt davon, seinen 148R
Untertanen in der Anwendung ihrer Kräfte und Fähigkeiten nach eigener Einsicht und Neigung, in dem Gebrauche, den er von seinen angeborenen und erworbenen Gütern machen will, und noch weniger in seinen Gedanken und Meinungen den geringsten Zwang anlegen zu wollen. Er überläßt alles dieses seiner freien Willkür und Entschließung und begnügt sich gern damit, wenn nur die Gesetze von allen respektiert werden und niemand etwas vornimmt, was dem Wohl des Ganzen als dem höchsten Zwecke der Staatsverbindung zuwider wäre.

Nach gleichen Grundsätzen werde ich nunmehr die Gnade haben, Eurer Königlichen Hoheit auch die beiden noch übrigen Hoheitsrechte, nämlich das Recht des Krieges und Friedens und das Recht der Finanzen, zu erläutern und mit ersterem in der nächsten Stunde den Anfang zu machen.

ÜBER DAS RECHT DES KRIEGES, DES FRIEDENS UND DER BÜNDNISSE 149

I. Das Recht des Krieges fließt unmittelbar aus der Pflicht des Regenten, den Staat und die bürgerliche Gesellschaft gegen Angriffe und Beleidigungen von außen her zu schützen und sicherzustellen. Dem Zwecke der gemeinschaftlichen Verteidigung haben die meisten Staaten ihr Entstehen zu danken. Die ersten Regenten waren tapfere und glückliche Heerführer.

II. Krieg im allgemeinen. Jede Anwendung von Gewalt, wodurch jemand gezwungen werden soll, seine Pflichten gegen einen andern zu erfüllen. Im besondern Verstande: der Inbegriff von Handlungen, wodurch ein unabhängiges Volk das andre zwingen will, den Pflichten der Gerechtigkeit gegen dasselbe ein Genüge zu leisten. Krieg findet also nur zwischen unabhängigen Völkern statt.

III. Einteilung des Krieges in Offensiv- und Defensivkrieg. Diese Einteilung bezieht sich nur auf die Art, den Krieg zu führen, nicht auf die Rechtmäßigkeit oder Unrechtmäßigkeit desselben.

IV. Die Lehre vom Rechte des Krieges und Friedens kommt gewöhnlich im Völkerrechte vor, sie gehört aber auch hierher, insofern nicht die Rechte der Völker gegeneinander, sondern die Rechte des Regenten eines Volks gegen seine Untertanen in Beziehung auf diesen Gegenstand zu entwickeln sind.

V. *Allgemeine Grundsätze vom Rechte des Krieges.*

1. Völker befinden sich gegeneinander im Stande der natürlichen Gleichheit; sie erkennen keinen andern Richter über sich als sich selbst; ihre eigene Einsicht und Überzeugung ist die Richtschnur ihrer Handlungen.
2. So wie einzelne Menschen im Stande der Natur, so sind auch Völker einander die Pflichten der Gerechtigkeit schuldig, welche aus dem Grundsatze fließen, niemanden zu beleidigen und einem jeden das Seine zu lassen.
3. So wie jeder Mensch im Stande der Natur Gewalt brauchen kann, sich gegen Beeinträchtigungen und Störungen im Besitz und Genuß des Seinen zu schützen, das, was ihm widerrechtlich genommen, zurück- oder Schadloshaltung dafür zu fordern, gedrohten Beleidigungen zuvorzukommen und den Beleidiger zur Ausführung oder Wiederholung solcher Beleidigungen außer Stand zu setzen, so kommen alle diese Rechte auch einem Volke gegen das andre zu.
4. Diese Zwangsrechte haben die Völker ihren Oberhäuptern aufgetragen. In einem unabhängigen Staat ist also der Regent, und zwar allein und ausschließend befugt, die in seine Hände niedergelegten vereinigten Kräfte der bürgerlichen Gesellschaft, deren Oberhaupt er ist, zur Ausübung ihrer Zwangsrechte gegen andre anzuwenden.

VI. Umfang dieses Rechts, hergeleitet aus dem Grundsatze, daß, wer ein voll- 149R
kommenes Recht zum Zwecke hat, auch zu allen Mitteln, ohne welche derselbe nicht erreicht werden kann, befugt sein müsse. Hiernach begreift das Recht zum Kriege unter sich:

1. Das Recht, Truppen zu werben und zu unterhalten.
2. Das Recht, Festungen anzulegen.
3. Das Recht, Zeughäuser zu haben und Magazine zu bauen.

4. Das Recht, Beiträge zu den Kriegskosten von den Untertanen zu fordern.
5. Das Recht, den Krieg wirklich anzufangen und zu führen.
6. Das Recht, denselben durch Schließung eines Friedens zu endigen.

VII. *Das Recht, Truppen zu werben und zu unterhalten.* Um den Umfang dieses Rechts und die daraus fließenden einzelnen Befugnisse eines Landesherrn vollständig zu entwickeln, ist es notwendig, in die Geschichte des Kriegswesens und den heutigen Zustand desselben einen Blick zu tun.

Fünf Perioden des Kriegswesens.

A. Vom Anfang der Staaten bis auf die Gründung der römischen Monarchie. Jeder Einwohner war Soldat. Die Kriege dauerten kurz und wurden in einer geringen Entfernung geführt. Daher wußte man nichts von geworbenen und besoldeten Truppen. Bald wurden die Kriege regelmäßiger, entfernter und langwieriger. Es konnten also nicht mehr alle, sondern nur einige Bürger zu Kriegsexpeditionen wirklich gebraucht und diese mußten auf Kosten des Staats unterhalten werden. Daraus entstanden zuerst regelmäßige und besoldete Truppen. Erste Nachricht davon bei der Belagerung von Vejos durch die Römer. Inzwischen waren das noch keine stehenden Armeen, sondern die Truppen wurden nach hergestelltem Frieden wieder abgedankt. Leibwachen und Garnisonen waren die einzigen stehenden Truppen.
B. In den vier ersten Jahrhunderten der römischen Monarchie. Stehende Armeen der Römer; im Morgenlande gegen die Parther, am Rhein gegen die Deutschen, an der Donau gegen die Sarmaten und andre wilde Völker. Einzelne Legionen in entfernten und neubezwungenen Provinzen, z. E. Britannien, das innere Afrika oder Mauritanien.
C. Verfall der römischen Kriegszucht und stehenden Heere durch Luxus und Sittenverderbnis, durch militärischen Despotismus, durch die inneren Kriege der Thronbewerber und Gegenkaiser. Einbruch der barbarischen Völker. Art derselben, den Krieg zu führen. Entstehung des Lehnssystems. Alboin, König der Langobarden, im 6ten Jahrhundert. Kriegsdienste, die der Vasall seinem unmittelbaren Lehnsherrn und dieser nebst seinem Vasallen dem König als Oberlehnsherrn leisten mußte. Diese Periode dauerte das ganze Mittelalter und beinahe 1000 Jahre hindurch. In dieser ganzen Zeit waren weder geworbene noch besoldete Truppen üblich. Der Vasall mußte die Kriegs|dienste auf seine eignen Kosten leisten. Dagegen war aber auch 150
gemeiniglich bestimmt, wie lange er nur dienen durfte und wie weit er dem Lehnsherrn nur über die Grenze des Landes zu folgen schuldig war.

D. Vierte Periode vom Ende des 14ten bis zum Ende des 17ten Jahrhunderts. Vergrößerte Macht des Landesherrn. Daraus entstandene Möglichkeit und Lust zu Eroberungen. Ferdinandus Catholicus und Ludwig XII. Rivalité zwischen Karl V. und Franz I. Unbequemlichkeit des Lehnssystems zur Führung auswärtiger Kriege. Schweizer, ihr Kriegsruhm wegen ihrer vortrefflichen Infanterie. Gewohnheit, Schweizer in Dienste zu nehmen. Unbequemlichkeiten solcher fremden besoldeten Truppen. Daher entstandener Gedanke, eigene Infanterie zu halten. Bandes novies und Lansquenets der Franzosen. Die berühmte spanische Infanterie. In dieser Periode hatte man also ordentlich geworbene, disziplinierte und besoldete Truppen, die aber noch nicht mit unsern heutigen stehenden Armeen zu vergleichen sind. Der größte Teil dieser Truppen wurde im Frieden abgedankt, und es blieb gleichsam nur ein Stamm der Regimenter und Korps zurück, die man bei wieder entstehendem Kriege durch neue Werbungen komplettierte. Daher waren in dieser Periode die Armeen selten zahlreich. 70/m Mann hatte das Haus Österreich im 30jährigen Kriege. Schweden am Schlusse des 30jährigen Krieges 60/m.

E. Der gegenwärtige Zeitpunkt der großen stehenden Armeen datiert sich von dem Jahrhundert Ludwig XIV. her, welcher nach dem Frieden zu Nimwegen i. J. 1679 fast seine ganze Armee auf den Beinen behielt und sich derselben bediente, mitten im Frieden seinen Nachbarn eine Stadt und einen Strich Landes nach dem andern auf den Grund der Erkenntnisse seiner Reunionskammern wegzunehmen. Dies nötigte seine Nachbarn, auch im Frieden bewaffnet zu bleiben, und dies ist der Ursprung der heutigen großen stehenden Armeen.

Aus diesem kurzen Überblick der Geschichte des Kriegswesens können wir zu unserm gegenwärtigen Gebrauche zwei Sätze herleiten:

a) Es ist unumgänglich notwendig, daß das Oberhaupt eines großen Staats, der unter die Mächte vom Ersten Range gehört, eine stehende, beständig in den Waffen geübte und zum Kriege stets fertige Armee von einer solchen Stärke, die mit der Stärke seiner Nachbarn im Verhältnis steht, unterhalte. Reflexionen über den Schaden und Nutzen der stehenden Armeen. Abbé de St. Pierre. Notwendigkeit der Selbstverteidigung.

b) Diese stehenden Heere müssen, wenigstens größtenteils, aus Landeskindern zusammengesetzt sein, weil man nur von diesen, welche für ihr Vaterland und Eigentum streiten, Treue und zuverlässige Dienste erwarten kann. Nunmehr können wir also das Recht eines Regenten, Truppen zu werben und zu | unterhalten, näher bestimmen. Es liegt nämlich darin: 150R

1. Das Recht, unter den verschiedenen Klassen der Einwohner diejenigen auszuzeichnen, welche sich den Kriegsdiensten für das Vaterland vorzüglich widmen sollen. Kantonsreglement.

2. Jeder nach diesen allgemeinen Bestimmungen zum Kriegsdienst ausgezeichnete Untertan ist schuldig, denselben, sobald er dazu aufgefordert wird, wirklich anzutreten, und wer sich dieser Verbindlichkeit, es sei durch Auswanderung oder sonst, entzieht, handelt treulos gegen den Staat und verletzt eine der ersten Pflichten des Untertanen. Daher Rechtmäßigkeit der Auswanderungsverbote gegen Kantonisten und der darauf gesetzten in der Conf. bestimmten Strafen.

3. Der Regent muß aber nicht nur dafür sorgen, daß die Gesetze oder Kantonsreglements mit Weisheit, Billigkeit und Unparteilichkeit abgefaßt sind, daß die Last des Kriegsdienstes unter die dazu fähigen Klassen der Untertanen möglichst gleich verteilt und nicht eine Klasse oder Gegend vorzüglich vor einer andern gedrückt werden, sondern er muß auch über die genaue Beobachtung der Reglements mit vorzüglicher Aufmerksamkeit wachen, damit nicht aus bloßer Willkür, Parteilichkeit, Gunst und Eigennutz in seinem Namen und unter dem ehrwürdigen Vorwande der Aufforderung zum Dienste des Vaterlandes Ungerechtigkeiten und Erpressungen verübt werden.

4. Der Regent ist befugt und schuldig, dahin zu sehen, daß niemand außer ihm in seinem Lande Truppen werbe und unterhalte. Haustruppen der polnischen Magnaten. Fremde Werber. Verbot fremder Kriegsdienste an Untertanen, die auch dem Kanton nicht unterworfen sind.

5. Truppen an fremde Mächte zu überlassen, ist kein Regent berechtigt.

VIII. *Das Recht, Festungen anzulegen.*

1. Einteilung in Grenzfestungen und Waffenplätze.
2. Geschichte der Festungen. Die ältesten Befestigungen beruhten auf natürlichen Vorteilen der Lage, die durch Wälle und Graben verstärkt wurden. Erste der regelmäßigen Befestigungen die Winterlager der römischen Grenzlegionen. Zeiten des Lehnssystems. Die Burgen oder Schlösser des Adels. Die freien Städte, die schon mehr Kunst zeigten. Der Landesherr hatte außer seinen Domänen keine Festungen, aber als Oberlehnsherr das ius aperturae. Revolution im Fortifikationswesen durch die Erfindung des Pulvers und schweren Geschützes. Die große Menge von Festungen, die wir heutzutage sehen, und die kostbare Methode, sie anzulegen und zu unter-

halten, datiert aus dem Seculo Ludwig XIV. Vauban. 120 Plätze. Coehorn.

3. Sätze, die aus der heutigen Lage des Festungswesens fließen. 151
   a) Der Landesherr allein hat das Recht, Festungen zu haben und anzulegen. Privatpersonen kann dergleichen nicht gestattet werden, weil sie Schlupfwinkel der Räuber, Sammelplätze der Mißvergnügten, Aufenthaltsörter für den Feind werden würden.
   b) Der Regent allein hat das Recht zu bestimmen, wo Festungen angelegt werden sollen.
   c) Die Eigentümer müssen ihre Grundstücke zu Festungswerken hergeben, aber nur gegen Entschädigung.

IX. *Das Recht, Zeughäuser zu haben und Magazine anzulegen.* Alte Art, den Krieg zu führen. Noch vor 150 Jahren, selbst im 30jährigen Kriege, hatte man kleine Armeen von 30 bis 40/m Mann. Die Subsistenz derselben [wurde] durch Plünderungen und Fouragierungen in feindlichen Landen und durch gelegentlich ausgeschriebene Lieferungen in freundschaftlichen oder neutralen Staaten besorgt. War eine Gegend ausgezehrt, so rückte man weiter. Die Kriegsoperationen und die Pläne der Kampagnen mußten sich hauptsächlich nach Möglichkeit oder Unmöglichkeit, die Armee in dieser oder jener Gegend zu ernähren, richten, und Mangel an Subsistenz brachte sehr oft die wohlausgedachtesten Pläne zum Scheitern. Von unsern jetzigen Verpflegungsanstalten wußte man wenig oder nichts, und die Armee lebte im eigentlichen Verstande aus der Hand in den Mund. Die heutige Art, Krieg zu führen, die Stärke der Armeen, die großen Artillerietrains machen die Anlegung von Magazinen schon in Friedenszeiten notwendig. Der Landesherr hat also das Recht,

a) Magazine anzulegen,
b) Lieferungen in dieselben von den Untertanen zu fordern, jedoch nur gegen Vergütung.

X. Das Recht, Kriegsbeiträge von den Untertanen zu verlangen, fließt unmittelbar aus der Notwendigkeit aller dieser kostbaren Anstalten, welche zur Verteidigung des Staats und der bürgerlichen Gesellschaft getroffen werden müssen. Reliqua zum Kameralrechte.

XI. *Das Recht, den Krieg selbst zu führen.*

a) Beziehungsweise aufs Völkerrecht, soweit es auf die Verhältnisse der kriegführenden Völker gegeneinander ankommt, wo die Fragen zu beantworten sind, wie weit das Recht, seinem Feinde zu schaden, im Kriege sich erstrecke, welche Mittel erlaubt und unerlaubt sind, wie weit der Krieg fortgesetzt werden könne, was wegen der Kriegsgefangenen, der Kapitulationen, der Waffenstillstände pp. Rechtens sei.

b) Hier, wo wir nur Rechte und Pflichten zwischen Regenten und Untertanen zu erläutern haben, brauchen wir bloß 2 Sätze zu bemerken.

1. Das Recht, Krieg anzufangen und wirklich zu führen, kommt dem Landesherrn allein und ausschließend zu. Ein Privatmann, der sich gegen fremde Völker Feindseligkeiten erlaubt, ist a) in Ansehung ihrer ein Räuber, b) tut einen Eingriff in die Hoheitsrechte des Regenten, c) setzt den Staat in Gefahr. Exempel der Seeräuber. Ein Untertan also, der von einem fremden Staate oder dessen | Einwohnern beleidigt worden, darf, 151 R
wenn auch die Beleidigung so beschaffen wäre, daß sie ihm in statu naturali ein Recht zur Gewalt gäbe, dieses Recht doch nicht eigenmächtig ausüben, sondern muß es seinem Landesherrn überlassen. Von Repressaillen, die niemand ausüben und autorisieren kann als der Landesherr.
2. Auch bei einem wirklich ausgebrochenen Kriege sind nur diejenigen, welche von dem Landesherrn dazu bestellt und autorisiert worden, Feindseligkeiten auszuüben berechtigt. Dieser Satz gründet sich auf die gegenwärtige Verfassung unseres Kriegswesens und auf ein stillschweigendes Übereinkommen aller gesitteten Völker. Er ist für das Beste der Menschheit sehr vorteilhaft und macht die Kriege weniger verheerend als vormals. Exempel von Kapers, welche Marquebriefe lösen müssen. Ob der Landesherr alle seine Untertanen auffordern könne, dem Feinde, wo sie wissen und können, Schaden zuzufügen.

XII. *Das Recht des Friedens.* Davon ist hier nur soviel zu bemerken, daß es nur dem Regenten zukomme und seiner alleinigen Beurteilung überlassen werden müsse, ob, wann, unter welchen Umständen und Bedingungen ein Friede zu schließen sei. Es bietet sich aber bei dieser Materie eine sehr wichtige und zweifelhafte Frage des Staatsrechts dar,

ob ein Regent berechtigt sein könne, in einem Friedensschlusse oder sonst einen Teil seiner Länder und Provinzen einem fremden Beherrscher abzutreten.

Im allgemeinen und nach der Regel ist Negation klar, weil der bürgerliche Vertrag gegenseitig ist und so wie jeder andre Vertrag durch einseitige Entschließungen nicht aufgehoben werden kann. Von dem Tausche Bayerns und der Niederlande. Rechtmäßiges Verlangen der Stände, dabei gehört zu werden. Aber per modum exceptionis kann eine Ausnahme stattfinden, und diese gründet sich in dem sogenannten Notrechte. Wenn der Regent kein andres Mittel hat, sich und den Überrest seines Staats zu konservieren, so kann er mit eben dem Grunde, wie schon im Stande der Natur ein Teil oft um des Ganzen willen wieder aufgeopfert werden muß, seinen Vertrag mit dem abzutretenden Lande zurücknehmen, seiner Regierung über dasselbe entsagen und es der gegenseitigen Macht überlassen. Wenn dieser Fall eintritt, so kehrt eigentlich das abgetretene Land in den Stand der natürlichen Freiheit zurück, und es hängt, wenn nur von dem, was Rechtens sei, die Frage ist, von den Einwohnern ab, ob sie sich der neuen Oberherrschaft unterwerfen oder eine andere Regierungsform oder einen andern Oberherrn wählen wollen. Willigen sie ein, so hat die Sache kein Bedenken. Willigen sie nicht ein, so haben sie das Recht, sich der fremden Macht zu widersetzen. Da inzwischen dergleichen Widerstand gegen die Übermacht des Siegers wohl nutzlos sein dürfte, so werden Fälle dieser Art selten vorkommen. | Da wir 152
inzwischen das Recht des Regenten, seiner Regierung über ein Land zu entsagen und einer andern Macht die Besitznehmung desselben zu gestatten, nur aus dem Notrechte herleiten können, so folgt, daß der abtretende Regent, wenn er auch zu einem solchen äußersten Schritte genötigt wird, dennoch schuldig sei, bei der Abtretung selbst soviel als möglich solche Bedingungen festzusetzen, durch welche die fremde Macht verpflichtet werde, die neu in Besitz genommene Provinz bei ihren bisherigen inneren Verfassungen und die Einwohner derselben bei ihren Rechten und Gesetzen zu lassen. Daher die Stipulationes in den Friedenstraktaten. Erläuterung des bisher Gesagten aus dem Exempel der Katalonier im spanischen Successionskriege. Daß Österreich die Katalonier zuletzt im Stiche ließ, konnte ihm nicht verdacht werden. Aber das war ungerecht und grausam, daß es sich gar keine Mühe gab, ihnen bei ihrer nunmehr unvermeidlichen Unterwerfung unter Philipp V. die Bestätigung ihrer Rechte und Freiheiten auszuwirken, vielmehr durch heimliche Einblasungen und falsche Hoffnungen fernerer Unterstützung sie zum beharrlichen Widerstand reizte, wodurch Barcelona ruiniert und die Provinz aller ihrer Rechte und Freiheiten beraubt ward.

XIII. Bisher sind die verschiedenen Befugnisse erläutert worden, welche als Folgen aus dem Rechte zum Kriege dem Landesherrn gegen seine Untertanen zukommen. Nunmehr müssen auch *die Pflichten* untersucht werden, welche der Regent bei der Ausübung dieses Rechts seinen Untertanen schuldig ist. Diese Untersuchung ist sehr notwendig:

1. Weil der Krieg an und für sich ein so großes Übel ist. Schilderung der Übel des Krieges. a) Erschöpfung der Schätze des Staats. b) Verderbung des Charakters der Nation, der besonders, wenn er lange dauert, eine gewisse Rohigkeit und Wildheit in den Sitten hervorbringt, die Herzen gegen die sanfteren Empfindungen des Mitleides und der Menschenliebe verhärtet, durch die schnellen Abwechslungen in den Glücksumständen der Particuliers, durch die Ungewißheit, wie lange man im Besitz des Seinigen verbleiben werde, Leichtsinn, Unachtsamkeit und Verschwendung erzeugt. c) Aufopferung des Lebens und der Gesundheit so vieler Tausender in der Blüte ihrer Jahre. d) Verheerung der Provinzen, entweder der eigenen oder der feindlichen, durch Plünderung, Brand, Erschöpfung mit Lieferungen und Kontributionen. e) Zurücksetzung in der Kultur des Landes, der Künste des Friedens und der Wissenschaften. Zustand der deutschen Provinzen nach dem Ende des 30jährigen Krieges. Zustand der preußischen Provinzen nach dem Ende des 7jährigen Krieges.

2. Weil, besonders in einer uneingeschränkten Monarchie, das Recht des Krieges und Friedens dasjenige ist, von welchem der Regent unter allen am wenigsten seinen Untertanen Rechenschaft geben kann und darf, indem niemand außer ihm an der Stelle steht, von | welcher richtig übersehen und be- 152R
urteilt werden kann, ob der Fall, wo von diesem Rechte Gebrauch zu machen, vorhanden sei oder nicht. Je weniger also ein Regent andern außer sich hierüber Rechenschaft schuldig ist, desto mehr erfordert es seine Pflicht, für sich selbst nach den strengsten Regeln des Rechts die Sache zu prüfen und nicht anders als mit völliger Beistimmung seines eigenen Gewissens und seiner begründeten Überzeugung zu einem so bedenklichen und gefahrvollen Schritte sich zu entschließen.

3. Weil der Kriegsruhm unter allen der glänzendste ist und also besonders ein junger feuriger Fürst sehr leicht hingerissen werden kann, sich um diesen Ruhm auf Kosten seiner Untertanen zu bewerben, wenn nicht genaue Kenntnis seiner Pflichten und einige Überzeugung von der Notwendigkeit und Verbindlichkeit derselben den Eingebungen der Ehrsucht das Gegengewicht hält. Friedrich II. war im Frieden gewiß noch größer als im Kriege; gleichwohl haben seine Zeitgenossen ihn mehr im Lichte des Helden als im

Lichte des weisen Regenten, des Vaters seiner Untertanen, verehrt. Dieser letzte verehrungswürdigste Teil seines Charakters ist erst in späteren Jahren, eigentlich gar erst nach seinem Tode aus dem richtigen Gesichtspunkte betrachtet worden.

Aus allen diesen Gründen ist es so höchst wichtig, die Frage zu untersuchen: Wann kann ein Regent sich in Krieg einlassen, ohne dadurch den Pflichten, die er seinen Untertanen schuldig ist, entgegenzuhandeln?

XIV. Der Regent ist nur alsdann befugt, Krieg zu führen,

1. wenn rechtmäßige Ursachen dazu vorhanden,
2. wenn der Krieg notwendig ist.

Der Regent, welcher seinen Staat in einen unrechtmäßigen oder unnötigen Krieg verwickelt, handelt wider seine Pflicht und beladet sich und sein Gewissen vor den Augen Gottes, der unparteiischen Welt und Nachwelt mit der schwersten Verantwortung für alle die Übel und das unabsehliche Elend, welche der Krieg in seinem Gefolge führt.

XV. *Ursachen des Krieges.* Wir können sie einteilen in offenbar unrechtmäßige, offenbar rechtmäßige und zweifelhafte.

XVI. *Offenbar unrechtmäßige Ursachen.*

1. *Raubsucht* oder die Begierde, sich mit den Reichtümern und Schätzen eines Landes zu bereichern. Genghis Chan, Batu Chan im 13ten Seculo von China bis Breslau. Tamerlan im 14ten Seculo. Völkerwanderungen.
2. *Eroberungs- und Vergrößerungssucht.* Alexander M. Sein Krieg gegen die Perser läßt sich bis auf den Zeitpunkt der Bataille bei Issus verteidigen. Nachher war er offenbar ungerecht, und besonders war er es gegen die Einwohner Skythiens oder der sogenannten großen Tartarei und Indiens. Vorwurf, den ihm ein gefangener Räuber machte.
3. *Rachbegierde*, um eine erlittene Beleidigung durch den Untergang seines Feindes auszutilgen. Karl XIIte, der nicht eher Frieden machen wollte, als bis er so wie den König August auch den Zar Peter abgesetzt habe.

XVII. 153

a) *Offenbar rechtmäßige Ursachen.* In allen Fällen, da der Mensch im Stande der Natur berechtigt ist, Gewalt gegen andre zu brauchen, ist ein Staat berechtigt, Krieg gegen den andern zu führen.

1. *Wenn der Staat gegen wirkliche Angriffe verteidigt werden soll.*
2. *Wenn einem gedrohten Angriffe zuvorgekommen und derselbe abgewendet werden soll.* Exempel des siebenjährigen Krieges, ingleichen des gegenwärtigen Krieges zwischen den Russen und Türken.
3. *Wenn ein Volk dem andern etwas von dem, was ihm von Rechts wegen zukommt, wegnimmt oder vorenthält.* Dahin gehören die Fälle, wenn eine Nation die andre durch Wegnehmung von Personen, Schiffen und andern Gütern beeinträchtigt, wenn sie Länder, auf welche jene Nation begründeten Anspruch hat, in Besitz nimmt und sie derselben vorenthält. Dies ist die gewöhnlichste und häufigste Ursache zum Kriege. Denn da es unter unabhängigen Völkern so wenig als unter den im Naturstande lebenden Menschen einen Richter gibt, dessen Aussprüchen sie ihre Streitigkeiten zu unterwerfen verbunden wären, so bleibt, wenn zwei Nationen auf einerlei Gegenstand, auf dasselbe Land, Stadt oder Provinz Anspruch machen und keine die andre von dem Übergewicht der für sie obwaltenden Rechtsgründe überzeugen kann, kein andrer Richter übrig als das Schwert. Man kann daher auch nicht immer zur Rechtmäßigkeit eines solchen Krieges verlangen, daß die Ansprüche einer Nation ganz klar und erwiesen sind, sondern es kann genug sein, wenn nur das Gegenteil, nämlich ein offenbarer Ungrund der Ansprüche, nicht am Tage liegt. Wenn also der Regent eines Staats aus guten Gründen, die er reiflich geprüft hat, sich überzeugt findet, daß ihm und seinem Staat ein wirkliches Recht an das streitige Objekt zukomme, so kann man den Krieg, welchen er zur Behauptung seines Anspruchs unternimmt, nicht ungerecht schelten, wenn auch sein Gegner ihm ebenso scheinbare Gründe entgegensetzen könnte. In diesem Sinne kann man sagen, daß ein Krieg von beiden Seiten rechtmäßig sei, und so, wie in bürgerlichen Streitigkeiten das Endurteil des Richters entscheidet, wer Recht habe, so gibt unter unabhängigen Staaten das Glück der Waffen den Ausschlag. Erläuterungen aus dem 1. Schlesischen Kriege. Das Haus Brandenburg hatte auf die Fürstentümer Liegnitz, Brieg und Wohlau, ingleichen auf das Fürstentum Jaegerndorf Ansprüche, deren ursprüngliche Rechtmäßigkeit sich nicht bezweifeln läßt. Das Haus Österreich setzte denselben verschiedene Traktate entgegen, wodurch die brandenburgischen Regenten sich dieser

Ansprüche begeben haben sollten, besonders die pragmatische Sanktion. Diese Entsagung suchte Brandenburg wiederum durch andere Gegengründe zu entkräften, daß jene Traktate erzwungen, österreichischerseits nicht erfüllt und dadurch vermöge des ausdrücklichen Buchstaben des Traktats für Brandenburg unverbindlich geworden. Exempel von dem Traktate mit Friedrich Wilhelm M. und dem geheimen Traktat mit dem damaligen Kurprinzen, nachmaligen Könige Friedrich I. Hier waren also Gründe und Gegengründe vorhanden. Die Sache war zweifelhaft, und nur Krieg konnte den Ausschlag geben.

4. *Wenn ein Staat die Ehre des andern | beleidigt und denselben heruntersetzt.* Die Ehre 153R und Achtung eines Volks hat auf seine äußere Sicherheit und selbst auf seinen inneren Wohlstand einen nicht geringen Einfluß[1]. So wie also ein Privatmann denjenigen, der seine Ehre zu schmälern sucht, zur Genugtuung dafür anzuhalten berechtigt ist und, wenn er im Stande der Natur lebt, diese Genugtuung nötigenfalls mit Gewalt erzwingen darf, so *kann* unter unabhängigen Völkern dergleichen widerfahrene Ehrenkränkung und versagte Genugtuung dafür eine rechtmäßige Ursache zum Kriege sein. In monarchischen Regierungsformen ist der Regent Repräsentant der Nation, dem es obliegt, die Ehre und Würde seines Volks zu behaupten und zu verteidigen. Wenn also eine fremde Nation den Regenten in seiner Würde beleidigt, so gibt dies demselben ein gegründetes Recht, die dafür versagte Genugtuung mit gewaffneter Hand zu fordern. Exempel: Krieg von 1542 zwischen Franz I. und Karl V. wegen Ermordung der französischen Gesandten nach Venedig und Konstantinopel durch den Statthalter von Mailand. Gustav Adolph gegen Ferdinand wegen schimpflicher und verächtlicher Behandlung seiner Gesandten in Lübeck. Peter I. gegen Schweden wegen schimpflicher Behandlung seiner Gesandtschaft in Riga. Der letzte Holländische Krieg.

XVII.

b) *Zweifelhafte Ursachen.*

1. *Krieg zur Bestrafung eines fremden Volks.* Das Bellum punitivum ist ein Zankapfel unter den Gelehrten. Hugo Grotius verteidigt es, Pufendorf verneint es, wird aber von seinem Kommentator widerlegt. Beide streiten mehr mit Geschichte als mit Raisonnement. Sie berufen sich auf den Krieg der Israeli-

[1] Am Rande: Jakob I. von England

ten gegen die kanaanitischen Völker, die Kriege der Spanier gegen die Amerikaner. Krieg des Darius gegen die Carthaginenser wegen der Menschenopfer. Die Philosophie kann dergleichen Strafkriege unmöglich rechtfertigen. Eine Nation ist nur Richter über sich selbst, nicht über andre Nationen. Sie kann die Handlungen derselben nur insofern beurteilen, als dieselben auf ihr eigenes Wohl, auf ihre eigene Sicherheit Beziehung haben. Wenn also auch unter einem Volk noch so viel Unordnungen und Laster überhand nehmen, so gibt doch solches einer andern Nation noch kein Recht, sich in die inneren Angelegenheiten dieses Volkes zu mischen und sich des richterlichen oder gar des Strafamts über dieselben anzumaßen. Nur zwei Fälle lassen sich gedenken, wo eine Nation befugt sein kann, sich in die inneren Angelegenheiten eines benachbarten Volks zu mischen und Ruhe und Ordnung allenfalls mit gewaffneter Hand wiederherzustellen:

a) Wenn die Unordnungen so sehr überhand nehmen, daß sie die Ruhe und Sicherheit des benachbarten Volkes in Gefahr setzen. Dann koinzidiert aber diese Ursache zum Kriege mit andern.
b) Wenn bei innerlichen Unruhen und Spaltungen derjenige Teil der Nation, welchem nach der Verfassung derselben die Rechte der Obergewalt zukommen, ein benachbartes Volk zu Hilfe ruft, um die gestörte innere Ordnung wiederherzustellen. Letzter Holländischer Krieg. Dies findet besonders in gemischten Regierungsformen statt. Revolution in England unter Wilhelm III.

2. *Krieg für andre.* Es fragt sich nämlich, inwiefern der Regent einer Nation zum 154
Besten irgendeines andern Volkes, und um demselben gegen seine Feinde Beistand zu leisten, sich in einen Krieg einzulassen berechtigt sei. Wir müssen hier 2 Fälle unterscheiden:

a) Wenn der Regent durch schon vorhandene Allianzen zu einem solchen Beistande sich anheischig gemacht hat.
b) Wenn eine solche Allianz nicht vorhanden ist.

Im ersteren Falle verpflichtet ihn das allgemeine Gesetz des Naturrechts, nach welchem ein jeder seine Verträge erfüllen muß, dem alliierten Volke den versprochenen Beistand wirklich zu leisten. Die wenigen Fälle, wo er sich davon dispensieren kann und muß, werden unten vorkommen.

Im zweiten Falle aber, und wenn keine solche vorhergängige Verpflichtung durch Bündnisse vorhanden ist, kann man nicht behaupten, daß ein Regent berechtigt sei, Krieg gegen eine andre Nation anzufangen, bloß weil er glaubt, daß diese Nation die einer 3ten schuldigen Pflichten der Gerechtigkeit verletzt habe. Denn dadurch wirft ein solcher Regent sich eigenmächtig zum Richter zwischen diesen beiden Nationen auf, wozu er offenbar kein Recht hat, da jedes im Stande der natürlichen Gleichheit und Unabhängigkeit lebende Volk keinen Richter über seine Handlungen als sich selbst anerkennen darf. Auch die einseitige Aufforderung der einen im Kriege begriffenen Nation kann einen solchen Schritt nicht rechtfertigen. Denn dadurch unterwirft zwar diese Nation ihre Angelegenheit und den Gegenstand des Krieges der Beurteilung des Aufgeforderten, um dessen Hilfe sie sich bewirbt. Dadurch aber erlangt dieser noch kein Recht gegen die andre, von ihr zu verlangen, daß auch sie ihn als Richter in der Sache anerkennen solle. Ein Volk und dessen Regent können also nicht berechtigt sein, sich in die Fehden und Streitigkeiten andrer zu mischen, solange nicht eigene Sicherheit und Selbsterhaltung solches erfordert. Dies führt auf die dritte zweifelhafte Frage.

3. *Krieg zur Aufrechthaltung des politischen Gleichgewichts.* Inwiefern nämlich ein Volk berechtigt sein könne, sich der Vergrößerung der Macht eines andern zu widersetzen und solche allenfalls mit Gewalt zu hindern, oder inwiefern ein Krieg zur Aufrechterhaltung des politischen Gleichgewichts in Europa rechtmäßig sein könne. Um sich von diesem Gleichgewicht einen richtigen Begriff zu bilden, ist folgendes zu bemerken. Schon in der allgemeinen Abbildung, welche am Anfange des gegenwärtigen Vortrags von dem Menschen im Stande der Natur gegeben worden, haben wir die traurige Wahrheit entdeckt, daß unrichtige Begriffe und heftige Leidenschaften den Menschen in diesem Stande nur allzu geneigt machen, nicht nur die Pflichten des Wohlwollens gegen andre zu vernachlässigen, sondern auch die ihnen schuldigen Pflichten der Gerechtigkeit zu verletzen, sobald er sich dazu stark genug fühlt und die Befriedigung | irgendeiner Lieblingsleidenschaft es 154R
erfordert. Was von einzelnen Menschen gilt, gilt auch von den untereinander im Stande der Natur lebenden Völkern und ihren Beherrschern. Ehrgeiz und Eroberungssucht sind Leidenschaften, die in dem Herzen derselben nur allzu leicht rege werden und sie verleiten, andre Völker in ihren Rechten zu kränken und sie wohl gar ihrer natürlichen Freiheit und Unabhängigkeit zu berauben, sobald sie hinlängliche Macht dazu fühlen und keinen allzu starken Widerstand zu besorgen haben. Die Erfahrung aller Zeiten und Völker hat diese traurige Wahrheit nur allzu sehr bestätigt. Überall finden wir, daß, wenn eine Nation einen gewissen Grad von innerer Macht und Stärke erlangt hatte, sie sich keineswegs damit begnügte, dieselben bloß zu ihrer Sicherheit und Verteidigung anzuwenden, sondern daß sie früher oder später sich versucht fühlte, dies Übergewicht zur Unterdrückung und

Unterjochung andrer Völker anzuwenden. So die Römer. Nachdem sie vermöge ihres kriegerischen Genies, ihrer vortrefflichen Kriegszucht, ihres bis zur Schwärmerei gehenden Patriotismus eins der italienischen Völker nach dem andern sich entweder mit gewaffneter Hand oder unter dem Scheine ungleicher Bündnisse unterworfen und also zum Meister von ganz Italien gemacht hatten, so richteten sie ihre Augen auf Sizilien. Hier kamen sie in Kollision mit den Carthaginensern, denen diese Insel ebenfalls sehr gelegen war. Daraus entstanden die berühmten Punischen Kriege, die sich mit der gänzlichen Zerstörung von Carthago endigten. Dann Griechenland, dann Asien, und so trugen sie anfänglich unter allerlei künstlich genug ersonnenen Prätexten, zuletzt aber gar ohne sich um dergleichen scheinbare Vorwände zu bekümmern, ihre unüberwindlichen Waffen von einem Ende der damals bekannten und kultivierten Welt zum andern gegen die diesen ungeheuren Erdstrich bewohnenden Völker solange heran, bis sie dieselben eins nach dem andern bezwungen und unter ihre Botmäßigkeit gebracht hatten. Insofern also einem Volke daran gelegen ist, seine natürliche Freiheit und Unabhängigkeit zu behaupten, kann es unmöglich gleichgültig dabei sein, wenn ein andres durch Erwerbung neuer Besitzungen, es sei auf was für Art es wolle, seine Macht dergestalt vergrößert, daß es dadurch in den Stand kommt, der Freiheit und Unabhängigkeit andrer gefährlich zu werden. Denn sobald ein solches entschiedenes Übergewicht einmal da ist, wird der Wille und die Neigung, davon zur Unterdrückung andrer Gebrauch zu machen, gewiß nicht lange außen bleiben, und es würde ebenso wenig Kenntnis des menschlichen Herzens als Kenntnis der Geschichte verraten, wenn das mindermächtige Volk sich auf die Mäßigung und Gerechtigkeit seines übermächtigen Nachbars | verlassen und von diesem allein 155
seine Sicherheit gegen künftige Unterdrückungen erwarten wollte. Da nun jedes Volk ein natürliches und ungezweifeltes Recht hat, seine Freiheit und Unabhängigkeit zu erhalten und die derselben drohenden Gefahren abzuwenden, so ist auch ein jedes Volk berechtigt, sich der übermäßigen Vergrößerung der Macht eines andern Volkes zu widersetzen und dieselbe, wenn es nicht anders sein kann, auch mit Gewalt, d. h. durch Krieg zu verhindern.

Dies ist das philosophische Raisonnement, welches bei dem so berühmten System der politischen Balance in Europa zum Grunde liegt und dieses System hinlänglich rechtfertigt. Dunkle Begriffe davon finden sich schon in der älteren Geschichte, besonders in der berühmten Rede des pontischen Mithridates, als er andre benachbarte Könige zum vereinigten Widerstand gegen die Römer aufforderte. Die alles überwältigende Macht der Römer unter-

drückte aber bald alle Möglichkeit eines solchen politischen Gleichgewichts, und die Zeiten des Mittelalters, wo die Staatskunst gleich allen andern Wissenschaften unter dem Joche der Barbarei und des Mönchtums schmachtete, waren nicht geschickt dazu, ein solches System wiederherzustellen. Die ersten neuen Spuren finden wir wieder in der Periode Franz I. und Karl V. Dieser vereinigte in seiner Person die Herrschaft über Spanien, die gesamten Niederlande, Neapel und Sizilien und alle die weitläufigen Länder, welche jetzt die Staaten des Hauses Österreich ausmachen. Die Entdeckung von Amerika setzte ihn in den Besitz unermeßlicher Schätze, und seine Wahl zum Kaiser von Deutschland verschaffte ihm in diesem großen Staatskörper den überwiegendsten Einfluß. Das Bewußtsein einer solchen ungeheuren Macht, dergleichen seit Karl M. kein europäischer Regent mehr besessen hatte, erzeugte in ihm die Begierde, solche noch mehr zu vergrößern, und die Idee einer Universalmonarchie ward in seiner ehrgeizigen Seele lebendig. Der nächste Schritt, welcher ihn zu diesem Ziele seiner Wünsche führen konnte, war die Unterdrückung der deutschen Freiheit. Dazu gaben ihm die damals entstandenen Religionsunruhen und der Schmalkaldische Krieg die beste Gelegenheit. Durch den Beistand des Papstes und der deutschen Katholiken, die aus blindem Religionseifer ihr politisches Interesse ganz verkannten, gelang es ihm, diesem Kriege durch die berühmte Schlacht bei Mühlberg und die Gefangennehmung des Kurfürsten von Sachsen Johann Friedrich dergestalt ein Ende zu machen, daß die protestantische Partei völlig unterdrückt und unterjocht zu sein schien. Damals aber war es, als er durch die harte Behandlung der Gefangenen und überwundenen Fürsten, durch die eigenmächtigen Verfügungen über ihre Länder, durch die despotischen Entscheidungen selbst in Religionssachen seinen Plan, die deutsche Freiheit zu unterdrücken und über ihre Ruinen sich den Weg zu seiner gewünschten Universalmonarchie zu bahnen, allzu deutlich und unbehutsam verriet. Die gemeinschaftliche Gefahr machte alle übrigen europäischen Fürsten aufmerksam. Sogar der Papst rief seine Hilfsvölker zurück. Die katholischen Fürsten Deutschlands hörten auf, das allzu mächtig gewordene Oberhaupt ihres Religionsbündnisses ferner zu unterstützen; Kurfürst Moritz von Sachsen, der | bisher aus eigennützigen Absichten eins 155 R
der tätigsten Werkzeuge zur Unterdrückung seiner Mitfürsten gewesen war, änderte auf einmal sein ganzes System und stellte sich an die Spitze von den Überresten der protestantischen Partei. Vornehmlich aber griff Franz ungesäumt wieder zu den Waffen und leistete den Protestantischen nachdrücklichen Beistand, und so scheiterte damals der ehrsüchtige Plan des

österreichischen Hauses. Seit dieser Zeit ward das Haus Österreich, welches sich nun einmal den gegründeten Verdacht der Vergrößerungsbegierde und des formierten Plans zur Errichtung einer Universalmonarchie zugezogen hatte, der Gegenstand der argwöhnischen Aufmerksamkeit aller übrigen europäischen Fürsten, und diese Aufmerksamkeit wurde durch manche Unternehmung dieses Hauses, besonders der spanischen Linie desselben, beständig wach erhalten, die genugsam zu erkennen gaben, daß jener Lieblingsplan noch lange nicht aufgegeben sei. Am regsten aber wurde diese Aufmerksamkeit am Anfange des vorigen Jahrhunderts, wo Ferdinand II. fast unter ähnlichen Umständen wie Karl V. pp. Richelieu, Gustav Adolph. Gegen das Ende des Jahrhunderts entstand ein neues System. Österreichisches Haus geschwächt durch den unglücklichen Ausfall des 30jährigen Krieges, Spanien durch den Abfall der Niederlande und das Derangement seiner Finanzen. Frankreichs Macht in gleichem Grade vermehrt. Ludwig XIV. Seine Eroberungskriege, seine Reunionskammern, seine politischen Intrigen, sein stolzes und verächtliches Betragen. Diese Vorfälle benutzte die Feder des spanischen Gesandten Lisoln und die Politik Wilhelms III., um die europäischen Fürsten aufmerksam zu machen, daß nun der Gegenstand ihrer Besorgnisse sich geändert habe, daß es nicht mehr das Haus Österreich, sondern das Haus Bourbon sei, welches der Freiheit Europens Gefahr drohe. Nun ward es also Grundsatz der europäischen Politik, sich allen ferneren Vergrößerungen Frankreichs zu widersetzen und an das Haus Österreich, welches allein diesem übermächtigen Staate die Waage halten konnte, sich anzuschließen. Dies System bestand ohngefähr vom Jahre 1670 bis gegen das Ende des spanischen Sukzessionskrieges, wo Europa durch die bevorstehende Vereinigung der österreichischen Staaten beider Linien Gefahr lief, abermals einer allzu großen Übermacht von dieser Seite her exponiert zu sein. Seit dieser Zeit hat die Politik der europäischen Kabinette sich beständig damit beschäftigt, das Gleichgewicht zwischen beiden präponderierenden Mächten zu erhalten und zu verhindern, daß keine derselben ein allzu merkliches Übergewicht über die andre gewinne. Dies System ist in den neuesten Zeiten noch künstlicher und verwickelter geworden durch das Entstehen zweier Mächte des ersten Ranges im Norden, welche noch vor 100 Jahren gar nicht in Betracht kamen, nämlich Preußen und Rußland. Unsre gegenwärtigen Tage haben Begebenheiten entstehen sehen, die dem System einen neuen Umschwung zu verkündigen scheinen, da Frankreich aus der Reihe der Mächte des ersten Ranges herausgetreten ist und Polen alle Anstalten macht, ein größeres Gewicht als sonst in die

politische Waagschale | zu legen. Es gehört nicht hierher und übersteigt die 159
Grenzen meines Auftrags sowohl als meiner Kräfte, die politischen Grundsätze zu entwickeln, welche unter diesen Umständen die Maßregeln der europäischen Kabinette und besonders des preußischen leiten müssen. Meine Absicht bei dieser kurzen Geschichte des Systems der politischen Balance ist vielmehr bloß gewesen, aus der Geschichte zu zeigen, daß dasselbe zur Erhaltung der Freiheit und Unabhängigkeit der europäischen Völker notwendig und also rechtmäßig, daß es mithin keine bloße Schimäre sei, wofür in neueren Zeiten einige Philosophen, die entweder von aller Welt- und Menschenkenntnis entblößt waren oder deren Federn gedungen wurden, zugunsten eines oder des andern ehrsüchtigen Monarchen seine Nachbarn einzuschläfern, es haben ausgeben wollen.

Außer diesen Philosophen gibt es noch eine Klasse von Menschen, die sich 156
Kosmopoliten oder Weltbürger nennen und ein eignes Geschäft daraus machen, indem sie eine allgemeine Menschenliebe predigen, alle Vaterlandsliebe und allen Patriotismus durch sophistischen Witz und Spöttereien zu unterdrücken. Diese Sekte spricht dem Regenten das Recht zum Kriege überhaupt und besonders die Befugnis, zur Aufrechthaltung des Gleichgewichts einen Krieg zu führen, um deswillen ab, weil es den Völkern sehr gleichgültig sein könne, ob sie unter dem Szepter dieses oder jenes regierenden Hauses stehen, und weil nicht abzusehen wäre, was es denn für ein Unglück für das Menschengeschlecht sein würde, wenn nun auch die Universalmonarchie, die man durch so viele blutige Kriege verhindern wolle, endlich zustande käme, da dieses vielmehr das sicherste Mittel sein würde, allen ferneren Kriegen und Unruhen ein Ende zu machen. Da also die Völker keine Pflicht hätten, die Rechte ihrer Regenten auf Kosten ihres Vermögens und Lebens zu verteidigen oder der Vergrößerung der Macht eines andern Staats sich mit so vielen Aufopferungen entgegenzusetzen, so könne auch der Regent kein natürliches Recht haben, seine Untertanen aus einer oder der andern dieser Ursachen in blutige Kriege zu verwickeln.

Diese Raisonnements, mit welchen die Bücher vieler neueren besonders französischer Schriftsteller angefüllt sind, haben inzwischen mehr Blendendes als Gründliches.

Man fragt,

1. [1]was denn die Völker für ein Interesse dabei haben, ob dieses oder jenes Fürstenhaus über sie herrsche; und warum z. E. der Schlesier sich totschlagen lassen solle, damit seine Kinder und Mitbürger nicht weiße, sondern blaue

[1] Zählung wird nicht fortgesetzt.

Uniformen in ihren Städten auf die Wache ziehen sehen. Allein *zuvörderst* können wir diese Frage allenfalls ganz unbeantwortet liegen lassen, da, wenn vom Rechte die Rede ist, die Frage, was nützlich sei, auf die Entscheidung keinen Einfluß haben kann. Es ist schon oft bemerkt worden, daß das Verhältnis zwischen Regenten und Untertanen auf einem Vertrage beruhe, vermöge dessen jedem Teile gewisse Rechte und Pflichten zukommen. Wenn ein Volk sich durch einen solchen Vertrag der Regierung einer gewissen fürstlichen Familie unterwirft und dadurch ein Recht erlangt, von den Regenten aus dieser Familie zu verlangen, daß dieselben das Regiment über sie nach den vorhandenen Gesetzen und Verfassungen mit Weisheit und Güte zum Zweck der Beförderung der allgemeinen Glückseligkeit führen sollen, so übernimmt es dagegen offenbar auch die Verbindlichkeit, diesen ihren Regenten, solange sie ihre Pflichten erfüllen, treu zu bleiben und nur sie als ihre Oberherren anzuerkennen. Ebenso folglich, wie der Regent seinerseits den Vertrag erfüllen, sein Volk nach den Gesetzen und Verfassungen regieren und dasselbe gegen seine auswärtigen Feinde verteidigen muß ohne Rücksicht, ob sein Privatinteresse dabei gewinne oder verliere, ebenso sind die Untertanen verbunden, den Regenten bei seinen Rechten gegen die Angriffe fremder Staaten zu behaupten und ihr Vermögen, Kräfte und Leben zu seiner Verteidigung aufzuopfern, ohne zu fragen, ob ihr Privatinteresse dabei seine Rechnung finde oder | nicht. *Hiernächst* ist es ganz falsch, als ob das 156 R
Glück der Völker gar nicht dabei interessiert sei, welches Fürstenhaus über sie das Regiment führe. Die Vorzüge einer Staatsverfassung vor der andern sind unverkennbar. Erfahrung und Geschichte lehren uns, wie sehr der Wohlstand und die Privatglückseligkeit eines Landes von den Grundsätzen des regierenden Hauses und von den Verbindungen abhänge, in welchen es mit andern unter einem Szepter stehenden Ländern sich befindet. Man darf nur den Zustand Schlesiens, seitdem es unter der Regierung des Hauses Brandenburg steht, mit dem vergleichen, in welchem es sich unter Österreichischer Hoheit befunden hat. Wie sehr hat nicht in dieser Periode der Wohlstand unter allen Klassen der Einwohner und der innere Reichtum des Landes zugenommen? Freilich ist dieser vermehrte Wohlstand hauptsächlich das Werk des großen Geistes, der 46 Jahre lang an der Spitze der Preußischen Monarchie stand und sich ein eignes Geschäfte daraus gemacht zu haben schien, den Wohlstand dieser seiner Lieblingsprovinz zu bilden und zu befestigen. Aber das Werkzeug, mit welchem er dies schöne Gebäude errichtete, war doch am Ende kein andres als das vortreffliche preußische Staatssystem, so wie er dasselbe von seinem unmittelbaren Vorfahrer überkommen

und durch sein erhabenes Genie ausgebildet und vervollkommnet hatte. Die regelmäßigste Ordnung in der ganzen Staatsverwaltung, die strengste Aufsicht auf eine prompte und unparteiische Rechtspflege, die stets wachsame Vorsorge, daß nicht ein Stand, eine Klasse der Nation die Rechte der andern schmälere, daß der ärmere und niedrigere von seinem reichen und mächtigeren Mitbürger nicht unterdrückt werde, die unermüdete Sorgfalt für Gründung und Unterstützung gemeinnütziger Anstalten, wodurch der Wohlstand der Particuliers befördert, wodurch der Landbau, Manufakturen und Fabriken in Aufnahme gebracht werden können, die Achtung für die bürgerliche Freiheit, für die Rechte und das Eigentum der Untertanen, endlich die vollkommenste Religions- und Gewissensfreiheit — dies sind die Grundsäulen des Systems der preußischen Staatsverfassung. Dadurch wird sie unendlich geschickter gemacht als so viel andere, das Glück der unter ihrem Szepter vereinigten Länder zu sichern und zu befördern. Bei einer solchen Staatsverfassung also erfordert es nicht bloß die strengste Pflicht der Untertanen, sondern ebenso sehr der Vorteil derselben, dieselbe gegen alle auch auswärtigen Anfälle mit vereinigten Kräften zu schützen und, wenn es sein muß, selbst das Leben der Erhaltung derselben für ihre Mitbürger und Nachkommen aufzuopfern. Zugleich erhellt aber auch aus diesen Betrachtungen, wie sehr es das eigene Interesse eines Regenten und seine Sicherheit selbst gegen auswärtige Feinde erfordere, den Grundsätzen des bürgerlichen Vertrages auch von seiner Seite treu zu bleiben und die Glückseligkeit seiner Untertanen zum alleinigen Zwecke seiner Bemühungen und der Anwendung der ihm anvertrauten Macht zu bestimmen. Denn sobald der Despotismus die Bande des bürgerlichen Vertrages auflöst, sobald der Regent nicht mehr das Wohl seiner Untertanen, sondern die Befriedigung seines Ehrgeizes, seiner Wollust, seines Eigensinns, seines Geldgeizes oder andrer Privatleidenschaften zum Zwecke seiner Regierung macht, sobald muß notwendig die Stimme jener Kosmopoliten in den Herzen der Untertanen Eingang finden, und es muß notwendig der Gedanke in ihnen entstehen, daß es töricht sein würde, Vermögen, ja Blut und Leben für einen Regenten aufzuopfern, der seines Orts die Bedingungen des bürgerlichen Vertrags nicht mehr erfüllt und unter dessen despotischem Joche ihre Rechte, ihre Freiheit, ihr Privatwohlstand so wenig Schutz finden, so vielen Beeinträchtigungen ausgesetzt sind, daß sie bei einer Veränderung in der Regierung allemal mehr gewinnen
als verlieren | können. 157

Prüfen wir ebenso den uns hier näher liegenden Einwand der sogenannten Kosmopoliten gegen das System des politischen Gleichgewichts, daß nämlich gar kein Unglück, vielmehr am Ende ein Vorteil für das menschliche Geschlecht davon zu erwarten sei, wenn die Universalmonarchie, der durch die Aufrechthaltung des Gleichgewichts entgegengearbeitet werden soll, wirklich zustande käme, so können wir auch hier

a) antworten, daß der ganze Einwand, wenn er auch gegründet wäre, nichts beweisen würde. Denn es sind einmal unabhängige Völker und Fürsten in Europa vorhanden; diese haben ein unwidersprechliches Recht, sich in ihrer Freiheit und Unabhängigkeit zu behaupten; sie sind also befugt, sich allen Unternehmungen andrer Staaten, welche den Verlust dieser Freiheit und Unabhängigkeit nach sich ziehen würden, zu widersetzen. Ob es, wenn diese Unternehmungen gelingen sollten, für das Ganze des menschlichen Geschlechts gut oder nicht gut sein würde, dies kann hier, wo wir nur fragen, was Recht sei, nichts entscheiden. Es ist aber auch

b) wider Vernunft und Erfahrung, behaupten zu wollen, daß das menschliche Geschlecht sich besser befinden und glücklicher sein würde, wenn ganz Europa unter dem Szepter eines einzigen allgemeinen Monarchen vereinigt wäre. Unter der Menge von Beweisen, die sich gegen eine solche Behauptung anführen lassen, will ich, um möglichst kurz zu sein, nur folgende 3 ausheben.

1. Wenn wir uns eine Universalmonarchie unter einem Regenten denken, dessen Szepter sich von Lissabon bis nach Kamtschatka erstreckte, so mögen wir die Residenz dieses Monarchen setzen, wohin wir wollen, es wird immer die notwendige Folge sein, daß zwar die Stadt oder die Provinz, worin er seinen Sitz aufgeschlagen hat, in einem Meere von Luxus und Überflusse schwimmen, die entlegenen Provinzen aber nach eben diesem Verhältnis in Armut und Elend versinken würden. Denn nach der Residenz eines solchen allmächtigen Monarchen würden alle Schätze und Reichtümer der Provinzen als nach einem gemeinschaftlichen Mittelpunkte sich hinziehen. Seine Residenz würde der Sammelplatz aller Talente für Künste und Wissenschaften werden, und ein jeder, welcher sein Glück machen wollte, würde sich in die Nähe derjenigen Macht drängen, von der allein er die Befriedigung seiner Wünsche erwarten kann. Wie schädlich aber ein solcher Drang für den Wohlstand der Provinzen sei, lehrt die Erfahrung in unseren heutigen großen Monarchien, die doch noch lange keine Universalmonarchien sind. Unterdessen, daß Petersburg in allem Glanze eines asiatischen Luxus schimmert, schmachten die entlegneren Provinzen der russischen Monarchie in Armut, Elend und unter der gänzlichen Entbehrung aller Kultur und Aufklärung. Unterdessen, daß die Reichtümer Frankreichs in Paris und einigen

wenigen Handelsstädten aufgehäuft waren, herrschte in den übrigen Teilen des Reichs ein fast allgemeiner Mangel an den zur Glückseligkeit des Menschen erforderlichen physischen und moralischen Gütern. Was würde nicht erst geschehen, wenn irgendein Staat die Idee einer Universalmonarchie wirklich machen sollte? Alle übrigen Völker würden sehr bald nur als Sklaven der herrschenden Nation behandelt werden. Nicht nur | Armut und Mangel 157 R
im physischen Sinne würde bei ihnen bald überhand nehmen, sondern auch ihr Geist würde geschwind unter einer solchen sklavischen Behandlung erliegen und die Rückkehr der Barbarei würde solche unglücklichen Völker früher oder später jener Ausbildung der Seelenkräfte berauben, in welcher allein die Würde der menschlichen Natur gesetzt werden kann.

2. Wenn wir uns ein so ungeheures Gebiete gedenken, als eine europäische Universalmonarchie sein würde, so fällt gleich in die Augen, daß ein solches Reich von einem einzelnen Fürsten, und wenn er das Genie eines Engels hätte, unmöglich übersehen und durch sich selbst beherrscht werden könnte. Vielmehr würde ein solcher Regent die Beherrschung der entlegneren Provinzen notwendig seinen Statthaltern übertragen und diesen notwendig einen sehr hohen Grad von Macht über die Untertanen anvertrauen müssen. Unter dem Regiment solcher Statthalter aber würden sich die Völker gewiß weit schlechter befinden als unter eigenen unabhängigen Regenten. Bei diesen steht, wie wir schon mehrmalen gesehen haben, ihr eigenes richtig verstandenes Interesse mit ihrer Pflicht, ihre Untertanen weise, sanft und gütig zu regieren, in der glücklichsten Verbindung, da die eigene Größe eines Fürsten von dem Wohlstande seines Landes unmöglich getrennt werden kann. Ganz anders verhält es sich mit abhängigen Statthaltern, deren Gewalt und Dauer bloß von dem Wink ihres Monarchen abhängt. Was sollte einen solchen Mann, der nur einmal das gegen die Stärke der Leidenschaften nur sehr schwache Band der Pflicht von sich geworfen hat, abhalten, die ihm anvertraute Gewalt zum Druck der Völker, zur Bereicherung seiner Familie, zur Befriedigung seiner Leidenschaften anzuwenden, da ihm für seine Person wenig daran gelegen ist, ob das Volk sich wohl oder übel befinde, und da er seine Bedrückungen ganz sicher auf einen sehr hohen Grad treiben kann, ehe die Klagen darüber in einer so unabsehlichen Entfernung das Ohr des Monarchen erreichen können.

3. Und würden dann endlich solche mit einem so hohen Grade von Macht notwendig auszurüstende Statthalter die Unterwürfigkeit unter ihren Monarchen lange geduldig anerkennen, würde nicht die mit dem Besitze von Macht untrennbar verbundene Ehrsucht, die Begierde, die Dauer ihrer

Macht zu befestigen und dieselbe womöglich auf ihre Familie zu übertragen, die Furcht der Strafe, wenn ihre Ungerechtigkeiten und Bedrückungen endlich dann doch bis zu dem Monarchen durchgedrungen wären, und so tausend andre Bewegungsgründe nicht bald den Wunsch in ihnen erzeugen und zu Versuchen sie aufmuntern, sich unabhängig zu machen und aus dem Stande untergeordneter Statthalter in den Rang souveräner Fürsten emporzuschwingen? Und so würde dann eben das Mittel, welches unsere Kosmopoliten vorschlagen, um den Krieg mit seinem ganzen fürchterlichen Gefolge auf immer aus der Welt zu verbannen, gerade der Weg sein, die verschiedenen Provinzen der gepriesenen Universalmonarchie in immerwährende bürgerliche Kriege zu stürzen, die allemal weit grausamer, blutiger und verheerender sind als die Kriege unter unabhängigen Völkern. Exempel von Rom. August. Termini imperii. Empörungen der Statthalter. Das Kalifat.
Wir können also mit Beifall der Vernunft und Erfahrung den Satz be- 158
haupten, daß dem Glück des Menschengeschlechts im ganzen genommen und dem Wohlstand der einzelnen Völker keine Verfassung zuträglicher sei als die gegenwärtige, da Europa in mehrere unabhängige Staaten geteilt ist und von mehrern souveränen Fürsten beherrscht wird, deren jeder so wie die Pflicht also auch das stärkste Interesse dabei hat, die Glückseligkeit und den Wohlstand der ihm unterworfenen Provinzen zu befördern, dem es der mäßige Umfang seines Staats möglich macht, seinen vorsorgenden Blick überall hinzuwerfen, und den die beständige Eifersucht der ihn umringenden Völker nötigt, alle seine Kräfte zur Verbesserung seines Landes und zur Beförderung des inneren Wohlstandes desselben, wovon seine äußere Stärke wesentlich abhängt, anzustrengen. Wir können also auch aus diesem Gesichtspunkte behaupten, daß, da die Erhaltung der Unabhängigkeit der europäischen Fürsten und Völker die größte Gefahr läuft, wenn ein oder der andre Staat die Grenzen des politischen Gleichgewichts überschreiten und sich zu einer unwiderstehlichen Übermacht emporschwingen sollte, die Sorge für die Aufrechthaltung dieses Gleichgewichts zu den Pflichten eines jeden Regenten gehöre und daraus für ihn das Recht entstehe, sich der Zerstörung desselben nötigenfalls mit Gewalt und gewaffneter Hand zu widersetzen.

Inzwischen ist es nicht zu leugnen, daß die an sich so große, herrliche und 159
vollkommen rechtmäßige Idee des politischen Gleichgewichts großem Forts.
Mißbrauche unterworfen sei und schon mehr als einmal ungerechten und unnötigen Kriegen zum Vorwand gedient habe. Die Philosophie des Staatsrechts setzt daher folgende Regeln fest, unter deren Beobachtung allein ein

Krieg zur Aufrechthaltung des politischen Gleichgewichts für rechtmäßig gehalten werden kann.

a) Wenn eine Nation bloß ihre innere Macht verstärkt, d. h. wenn sie durch weise Gesetze und Anordnungen ihre Bevölkerung vermehrt, ihre Fabriken und Handlungen blühend macht, ihre Finanzen in Ordnung bringt, so kann dies nie und unter keinerlei Umständen einer andern Nation zu Feindseligkeiten gegen sie gerechten Anlaß geben. Eine solche Verbesserung des inneren Wohlstandes und der einheimischen Staatsverwaltung ist die erste und heiligste Pflicht, die jeder Regent seinem Volke schuldig ist. Die Erfüllung dieser Pflicht kann unmöglich einer andern Nation ein Recht geben, ihm darin Grenzen setzen und ihn an der Beglückung seines Volkes hindern zu wollen. Die bloße Besorgnis, daß ein solchergestalt innerlich verstärkter Staat seinen Nachbarn in der Folge gefährlich werden möchte, kann also nie eine rechtmäßige Ursache zum Kriege sein, zumalen dem Nachbar ja noch immer der weit rühmlichere und gerechtere Ausweg übrig bleibt, durch gleich weise Anstalten und Anordnungen seine inneren Kräfte ebenso zu verstärken und also das Gleichgewicht im vorigen Verhältnisse aufrechtzuerhalten. Es können also nur Vergrößerungen von außen her sein, die eine rechtmäßige Besorgnis für die Unterbrechung des politischen Gleichgewichts rege machen können.

b) Aber auch nicht jede äußere Vergrößerung der Macht eines Staats kann den übrigen sogleich ein Recht geben, sich derselben mit Gewalt zu widersetzen. Soll vielmehr ein Krieg, der bloß aus diesem Grunde angefangen wird, rechtmäßig sein, so muß von drei folgenden Umständen wenigstens einer hinzutreten. Entweder die Vergrößerung muß in einem solchen Verhältnis übermäßig sein, daß, wenn sie wirklich stattfände, das Übergewicht eines solchen vergrößerten Staats dergestalt entschieden sein würde, daß gegen seine ferneren Unternehmungen gar kein Widerstand mehr stattfände, welches z. E. | der Fall gewesen sein würde, wenn Rußland und Österreich 159 R
ihren Plan, die Türken ganz aus Europa zu verdrängen und die europäischen Provinzen des Osmanischen Reichs unter sich zu verteilen, wirklich hätten ausführen können. Denn hier tritt der obige Grundsatz ein, daß, wenn einmal ein ganz entschiedenes Übergewicht der Macht vorhanden ist, der Wille, dies Übergewicht zur Unterdrückung andrer zu mißbrauchen, nicht lange ausbleibe und also die Gefahr, zu deren Abwendung jedes Volk berechtigt ist, wirklich vorhanden sei. Oder wenn auch dergleichen auswärtige Vergrößerung eines Volkes das Gleichgewicht noch nicht so ganz und offenbar aufhebt, so kann sie dennoch eine gerechte Ursache zum Kriege

werden, wenn entweder der sich vergrößernde Staat eines formierten Plans, sich eine drückende Übermacht zu verschaffen, mit Grunde beschuldigt werden kann oder wenn dieser Staat schon Beweise und Proben seiner feindseligen Gesinnung gegen einen andern Staat an den Tag gelegt hat. Beides ist der Fall in dem politischen Verhältnisse zwischen den Häusern Preußen und Österreich, wodurch Preußen zu seiner eigenen Sicherheit und Selbsterhaltung genötigt und also auch berechtigt ist, sich jeder nicht ganz unbedeutenden Vergrößerung der österreichischen Macht im Verhältnis gegen die seinige zu widersetzen[1]. Wahrscheinlich waren es diese Gründe, welche Friedrich den Großen zu seinem Widerstande gegen die von Österreich versuchte Ansichbringung von Bayern zu zweien verschiedenen Malen veranlaßt haben.

Aus dieser näheren Prüfung der verschiedenen Ursachen, die einen Regenten veranlassen können, von dem ihm zustehenden Rechte des Krieges Gebrauch zu machen, ergibt sich, daß es eigentlich nur 5 rechtmäßige Ursachen zum Kriege gebe:

1. wenn ein Staat den andern zuerst feindlich angreift;
2. wenn er denselben mit dergleichen Angriff wirklich bedroht;
3. wenn ein Volk dem andern gegründete Ansprüche streitig macht oder vorenthält;
4. wenn ein Volk die Ehre des andern oder seines Regenten beleidigt und billige Genugtuung dafür versagt;
5. wenn ein Volk seine Macht durch auswärtige Erwerbungen dergestalt vergrößert, daß dadurch die Freiheit und Unabhängigkeit eines andern in offenbare Gefahr gesetzt wird.

Wenn eine oder die andre dieser Ursachen vorhanden ist, so kann ein Krieg rechtmäßig genannt werden, und die Gesetze des Völkerrechts werden einen Regenten, der in einen solchen Krieg sich einläßt, gegen den Vorwurf der Ungerechtigkeiten von seiten andrer Völker hinlänglich verteidigen. Aber in Rücksicht auf sein eigenes Volk ist es nicht genug, | daß der Krieg, in 160
welchen der Regent dasselbe verwickelt, rechtmäßig sei. Er muß vielmehr, wenn er vor dem Richterstuhl seines eigenen Gewissens gegen sein Volk gerechtfertigt sein will, auch darauf sehen, daß der anzufangende Krieg nicht unnötig sei, und dies gibt uns Anlaß, diese wichtige Materie noch von einer andern Seite zu betrachten.

[1] Am Rande: 2ter Schlesischer Krieg

XVIII. Wenn ein an sich nicht ungerechter Krieg zugleich notwendig sein soll, so muß

1. der Regent alle glimpflicheren Mittel, die Ursachen desselben aus dem Wege zu räumen, zuvor ernstlich und doch vergeblich angewendet haben;
2. er muß sorgfältig erwogen haben, ob das Übel, welches er durch den anzufangenden Krieg abwenden will, wirklich größer sei als diejenigen Übel, die der Krieg selbst bei sich führt, ob die Gefahr, die er durch den Krieg abwenden will, größer sei als diejenige, der er sich und sein Volk durch eben diesen Krieg aussetzt;
3. er muß den einmal angefangenen Krieg nicht weiter fortsetzen, als es notwendig ist, um den rechtmäßigen Zweck desselben zu erreichen, und wenn dieser erreicht ist, sich zu einer unnötigen Verlängerung des Krieges durch unechte Bewegungsgründe nicht verleiten lassen.

XIX. Der Krieg ist keineswegs das einzige, sondern nur das letzte und äußerste Mittel, die Streitigkeiten unter den Völkern zu entscheiden. Ehe zu diesem äußersten Mittel gegriffen wird, muß ein gerechter und sein Volk wahrhaftig liebender Regent erst die gelinderen Wege zur Wegräumung der Ursachen des Krieges einschlagen. Dies sind Unterhandlungen, Vermittlungen andrer Mächte und Repressaillen. So z. E., wenn ein Staat von kriegerischen Zurüstungen eines andern sich bedroht hält und wirkliche Ursache hat zu glauben, daß diese Rüstungen wider ihn gerichtet sind, so muß er zwar sich selbst unverzüglich in die erforderlichen Gegenverfassungen setzen, aber nicht unmittelbar mit den Feindseligkeiten den Anfang machen, sondern erst versuchen, ob nicht der feindlich gesinnte Staat durch Vorstellungen und Unterhandlungen dahin gebracht werden könne, seine feindseligen Pläne zu verlassen und gegen die besorgliche Gefahr hinlängliche Sicherheit zu geben. So Friedrich II. am Anfange des 7jährigen Krieges. Ebenso, wenn Streitigkeiten über gegenseitige Ansprüche zwischen zwei Nationen entstehen, muß der Regent die Gründe der seinigen dem andern Hofe umständlich vorlegen, er muß andre Höfe, die mit beiden in Verbindung stehen, von der Rechtmäßigkeit seiner Prätensionen zu überzeugen suchen und, wenn die Sache irgend zweifelhaft ist, sich zu einem billigen Vergleiche geneigt zeigen, ohne auf dem ganzen Umfange seiner Forderungen hartnäckig zu bestehen. So Friedrich II. vor dem Anfange des Ersten Schlesischen Krieges. Wenn | ein andrer Staat Miene macht, die Grenzen des Gleichgewichts **160 R**

überschreiten zu wollen, so muß der Regent sich demselben nicht sogleich mit gewaffneter Hand entgegenstellen, sondern sich erst bemühen, andre Staaten auf die drohende gemeinschaftliche Gefahr aufmerksam zu machen, in Bündnisse mit ihnen zu treten und so durch den Anblick einer zum Widerstande bereiten überwiegenden Macht jene ehrsüchtige Nation zur Aufgebung ihrer Vergrößerungspläne zu vermögen. So Friedrich II. bei der bayrischen Sukzession, bei dem intendierten Tausche von Bayern. Kurz, es müssen erst alle andern Hilfsquellen der Politik erschöpft, alle Mittel der gütlichen Unterhandlungen fruchtlos angewendet sein, ehe zu wirklichen Feindseligkeiten geschritten wird.

XX. Ebenso gehört es zu den Pflichten, welche der Regent seinen Untertanen schuldig ist, daß er zuvor, ehe sein Volk durch ihn in einen wirklichen Krieg verwickelt wird, mit der genauesten Sorgfalt prüfe, ob auch die vorhandenen Ursachen zum Kriege so erheblich und wichtig sind, daß sie die bei einem Kriege allemal unvermeidlichen Übel und Gefahren wirklich überwiegen. Die Größe, Nähe und Wahrscheinlichkeit der drohenden Gefahr von den Zurüstungen oder Vergrößerungen des andern Staats muß gegen die, welche der Anfang der Feindseligkeiten bei sich führt, sorgfältig abgewogen werden. Es muß bedacht werden, ob der Anspruch, den man ausführen, die Beleidigung, für die man Genugtuung fordern will, von solcher Wichtigkeit und Erheblichkeit sind, daß sie die Gefahren und Aufopferungen eines Krieges aufwägen können. Selbst die mehrere oder mindere Wahrscheinlichkeit, den Krieg glücklich zu führen und zu endigen, muß hier, wo es nicht mehr auf die schon entschiedene Rechtmäßigkeit, sondern auf die Notwendigkeit des Krieges ankommt, in die Waagschale mit gelegt werden. Hier kommt freilich alles auf die eigene Einsicht und Überlegung des Regenten, auf die politische Lage der Umstände und auf tausend andre in das Gebiete der Staatskunst gehörige Betrachtungen an, über die sich keine allgemeinen Regeln geben lassen. Die Philosophie des Staatsrechts muß sich darauf einschränken, den Regenten mit ernster Stimme zu warnen und bei dem Glück seiner Völker als seiner ersten und höchsten Pflicht zu beschwören, daß er doch ja leichtsinnigerweise keinen Krieg anfangen, sondern selbst bei vorhandenen rechtmäßigen Ursachen nicht eher zu diesem äußersten Mittel schreite, als wenn er nach der sorgfältigsten und genauesten Prüfung überzeugt ist, daß der Krieg unumgänglich notwendig sei und daß das Übel, welches dadurch von seinem Staate abgewendet, der Vorteil, welcher demselben verschafft werden soll, ein entschiedenes Übergewicht über die Gefahr und den Schaden haben, die mit jedem Kriege oder mit einem Kriege unter den vorwaltenden Umständen verbunden sind.

XXI. Endlich gehört es zu den Pflichten, die ein Regent seinen Untertanen schuldig ist, daß er den Krieg nicht weiter fortsetze, als es unumgänglich notwendig ist, um den dabei zum Grunde liegenden rechtmäßigen Zweck zu erreichen. Nach strengen Grundsätzen des Naturrechts ist zwar das Recht des Beleidigten gegen den Beleidiger unendlich. Er kann die Gewalt, zu deren Anwendung er durch die Angriffe seines Feindes einmal aufgefordert und genötigt worden, so weit treiben, als es ihm erforderlich zu sein dünkt, nicht nur für die schon erlittene Beleidigung Ersatz und Genugtuung zu erhalten, sondern auch den Feind zur Wiederholung ähnlicher Beleidigungen außer Stand zu setzen. In diesem Sinne nennt man auch im Völkerrechte das Recht eines einmal zum Kriege genötigten Volkes gegen seinen Feind unendlich. Ehemals endigten sich daher auch die Kriege gewöhnlich nur mit der gänzlichen Unterdrückung und Unterjochung der überwundenen Nation. Allein diese Art, den Krieg zu endigen, kann nach unsern heutigen Verfassungen höchstens nur gegen wilde und barbarische Nationen stattfinden, gegen welche es kein andres Mittel gibt, sich sicherzustellen, als ihre gänzliche Bezwingung und Entwaffnung. Unter den kultivierten Nationen Europens kann der Sieger seine Rechte niemals bis zu einem solchen Punkte ausüben. Wenn die drohende Gefahr abgewendet und der Feind entweder so geschwächt ist, daß man wenigstens auf eine Reihe von Jahren hinaus keine neuen Anfälle von ihm besorgen darf, oder wenn er hinlängliche Versicherung gegen solche neuen Beleidigungen anbietet, wenn das überwundene Volk die Rechtmäßigkeit der Ansprüche des Siegers erkennt, ihm den streitigen Gegenstand zu überlassen, für die widerfahrene Beleidigung Satisfaktion zu leisten, den verursachten Schaden zu ersetzen bereit ist, wenn der ehrsüchtige Nachbar auf seine Vergrößerungspläne Verzicht tut, wenn er in die Grenzen des Gleichgewichts, die er überschreiten wollte, zurücktritt, dann erfordert es die Pflicht und das eigene Interesse des Regenten, die Waffen niederzulegen und seinem Volke die Wohltat des Friedens wieder zu schenken. Seine Pflicht erfordert es, weil die Macht des Krieges ihm nur zur Verteidigung der Rechte seines Volkes, zum Schutze desselben gegen feindliche Beleidigungen anvertraut ist, mithin, wenn durch den glücklichen Erfolg seiner Waffen diese Zwecke erreicht worden, jeder aus andern Ab-

161

sichten fortgesetzte Gebrauch derselben in einen unrechtmäßigen Mißbrauch ausarten würde. Sein Interesse erfordert es, weil einesteils das stets wandelbare Kriegsglück, welches ihn bisher begünstigt hat, sich sehr leicht zu seinem Nachteil wenden und die Anstrengungen der Verzweiflung eines aufs Äußerste getriebenen Feindes ihm selbst gefährlich werden können und weil anderenteils selbst das System des politischen Gleichgewichts den übrigen Nationen Europens nicht erlauben würde, die gänzliche Unterdrückung eines überwundenen Volkes geschehen zu lassen, und also der Sieger, wenn er seine Vorteile über die Grenzen einer weisen Mäßigung | verfolgen wollte, sich 161 R
der Gefahr aussetzen würde, nicht nur von seinen bisherigen Bundesgenossen verlassen zu werden, sondern auch durch seinen Übermut die Eifersucht und den Argwohn derselben rege zu machen und sich am Ende wohl gar die Waffen derselben auf den Hals zu ziehen. Alles vereinigt sich daher, dem Regenten auch mitten unter den glücklichsten Erfolgen seiner Waffen eine weise Mäßigung in dem Gebrauche seiner Siege und eine beständige Geneigtheit, den Frieden auf billige und anständige Bedingungen zu schließen, anzuraten. Exempel: Karl XII. Der Spanische Sukzessionskrieg. Der Zweite Schlesische Krieg.

XXII. *Vom Rechte der Bündnisse.* Unter Bündnissen im allgemeinen Verstande sind alle Verträge begriffen, die ein unabhängiges Volk mit dem andern errichtet.

1. Wenn durch einen solchen Vertrag ein entstandner Krieg beigelegt wird, so heißt derselbe ein Frieden, und wenn dadurch die Aussetzung der Feindseligkeiten nur auf eine gewisse bestimmte Zeit verabredet wird, ein Waffenstillstand.

   Andre Verträge unter Völkern können über mancherlei Gegenstände und Geschäfte geschlossen werden.

   Vornehmlich unterscheidet man Bündnisse im eigentlichen Verstande, wenn zwischen zwei Völkern eine gegenseitige Unterstützung verabredet wird. Soll der Zweck dieser Unterstützung bloß die gemeinschaftliche Verteidigung sein, so heißt das Bündnis eine Defensivallianz, und Offensivallianz wird es genannt, wenn ein Volk dem andern zum Angriff eines dritten beizustehen sich verpflichtet.

   Die Hilfe, die ein verbundenes Volk dem andern erweisen soll, wird entweder auf desselben eigene Kosten geleistet, oder das eine kontrahierende Volk macht sich anheischig, dem andern seinen Beistand mit einer gewissen

Summe Geldes zu vergüten, und dann heißt der Vertrag ein Subsidientraktat. Wenn zwischen zweien Völkern gewisse besondere Bedingungen und Vorteile verabredet werden, die im Handlungsverkehr zwischen den beiderseitigen Untertanen stattfinden sollen, so wird ein solcher Vertrag ein Kommerzientraktat genannt.

2. Was zur Gültigkeit eines Vertrages unter Völkern erforderlich sei und was unter ihnen sowohl bei der Errichtung als bei der Erfüllung eines solchen Vertrages für Rechte und Pflichten stattfinden, wird im Völkerrechte vorgetragen werden. Hier untersuchen wir wie gewöhnlich nur, was zwischen einem Regenten und seinem Volke in Ansehung dieser Befugnis, Bündnisse mit andern Völkern zu schließen, Rechtens sei.

3. Verträge im Namen eines Volks mit der Wirkung, daß das ganze Volk dadurch verpflichtet werden soll, kann nur derjenige | schließen, welchem das 162
Volk die Ausübung seiner gemeinschaftlichen Rechte übertragen hat. Das Recht der Bündnisse ist also ein ausschließendes oder ein Hoheitsrecht des Regenten.

4. So wie der Regent schuldig, bei allen in dieser Eigenschaft von ihm unternommnen Handlungen den Zweck des Staats, die gemeine Ruhe und Sicherheit und die Beförderung der Wohlfahrt seines Volkes beständig vor Augen zu haben, so müssen auch alle von ihm mit andern Völkern geschlossenen Verträge auf diesen Zweck abzielen. Dergleichen Verträge können auf das Wohl einer Nation den wichtigsten Einfluß haben. So ist z. E. in neueren Zeiten die politische Balance und die davon abhängende Freiheit der europäischen Nationen schon mehr als einmal durch Bündnisse und Verträge unter ihnen gerettet, den ehrgeizigen Plänen und Unternehmungen einer überwiegenden Macht dadurch Grenzen gesetzt und der Ausbruch so manchen Krieges dadurch verhindert worden. Auf der andern Seite hat aber auch schon manches Volk durch Verträge, die sein Regent und dessen Ministers ohne hinlängliche Kenntnis und Überlegung, aus Eigennutz oder andern Privatabsichten mit andern Völkern geschlossen haben, den empfindlichsten Nachteil verspürt; z. E. die Allianz Schwedens mit Rußland im siebenjährigen Kriege, der Traktat zwischen Bayern und Österreich über die Sukzession, der neueste Kommerzientraktat zwischen England und Frankreich. Es ist also die erste Pflicht eines Regenten, ehe er sich in Bündnisse oder andre Verträge mit fremden Nationen einläßt, die Vorteile und Nachteile, welche seinem eignen Volke daraus erwachsen können, genau zu erwägen und nicht etwa um bloß vorübergehender oder bloß personeller Vorteile willen das Interesse seines Volks oder gar die Erhaltung desselben in Gefahr zu setzen.

5. Inzwischen werden wir im Völkerrecht die Gründe näher entwickeln, warum es nötig ist, daß Verträge unter Völkern sowie unter Privatpersonen heilig erfüllt werden müssen. Die Verbindlichkeit, seine Verträge zu halten, ist eins der ersten Grundgesetze des Naturrechts, an welches die im Zustande der Natur lebenden Völker ebenso gut als einzelne Menschen gebunden sind. Eine Nation, die es sich erlaubt, ihre Verträge leichtsinnigerweise unter allerlei unerheblichen Vorwendungen und unwichtigen Prätexten zu brechen, gibt dadurch nicht nur dem andern Volke, welches durch den Bruch des Traktats in einem wohlerworbenen Rechte gekränkt wird, ein gegründetes Recht zum Kriege gegen sich, sondern sie verwirkt auch ihren guten Namen und alles Vertrauen bei den andern Völkern und beraubt sich dadurch selbst alles Beistandes, den sie von diesen in vorkommenden Fällen hätte hoffen können. Die üble Renommée, in welche sich Frankreich durch seine machiavellistische Politik und durch seine Unzuverlässigkeit in Haltung der Traktaten gesetzt hatte, hat diesem Reiche vielleicht größern Schaden getan, als viele verlorene Schlachten ihm hätten zufügen können. Daher kann ein Regent nach | den Regeln des Rechts und der Klugheit 162R
einen von ihm oder seinen Vorfahren geschlossenen Traktat nicht bloß um deswillen brechen, weil ihm derselbe in gewisser Art lästig ist, weil er dieser oder jener seiner politischen Absichten im Wege steht oder weil die fremde Nation daraus größere Vorteile zieht als seine eigne. Ist durch den Drang der Umstände, durch Übereilung oder Unbedachtsamkeit oder durch den Einfluß unverständiger oder unredlicher Ratgeber ein nachteiliger Vertrag mit allen sonst zu seiner Gültigkeit gehörenden Erfordernissen einmal geschlossen worden, so muß der Regent denselben, so schwer es ihm auch fallen mag, dennoch erfüllen und nur alle mögliche Mühe anwenden, den daraus für seine Nation entstehenden Nachteil durch alle erlaubten Mittel abzuwenden oder doch zu vermeiden. So z. E., wenn einem fremden Staate in einem Kommerzientraktate Vorteile zugestanden worden, die dem Betrieb und dem Emporkommen der Landesfabriken schädlich sind, kann dieser Nachteil den Regenten nicht berechtigen, den Traktat selbst einseitig aufzuheben, sondern er muß durch außerordentliche Unterstützungen solcher Fabriken, durch Aufsuchung anderer Auswege zum Absatze für dieselben oder durch Lenkung der Nationalindustrie auf irgendein andres minder beschwertes Gewerbe dem Übel, welches seinen Untertanen aus jenem nachteiligen Traktate erwächst, wiederum abzuhelfen [suchen].

6. Es gibt aber allerdings Fälle, wo höhere Pflichten, die der Regent seinen Untertanen schuldig ist, ihn berechtigen, von Verträgen, die er selbst oder

sein Vorfahr zum Nachteil des ganzen Staats geschlossen haben, wieder abzugehen. Diese Fälle lassen sich unter 2 Regeln bringen.

a) Wenn der Vertrag den Staat zu irgendetwas verpflichten soll, was nach dem Rechte der Natur unerlaubt und verboten ist. Zu Verbrechen wider das Gesetz der Natur kann sich kein Mensch verpflichten; ein dahin abzielender Vertrag führt also seine Nichtigkeit selbst bei sich. So wenig ein Mensch an einen Vertrag gebunden sein kann, wodurch er sich verpflichtet hat, einen andern zu ermorden, so wenig kann ein Staat schuldig sein, einen Traktat zu halten, vermöge dessen er aufgefordert wird, seinem Alliierten in einem offenbar ungerechten Kriege zur Unterdrückung und Unterjochung eines andern Volks beizustehen.

b) Wenn der Vertrag in einem so hohen Grade nachteilig ist, daß daraus nicht bloß ein partieller oder vorübergehender Schaden für den Staat entsteht, sondern die ganze Erhaltung des Staats selbst, seiner Freiheit und Unabhängigkeit dadurch leidet oder in offenbare Gefahr gesetzt wird. Die Erhaltung der bürgerlichen Gesellschaft und der Verfassung, zu welcher sie sich unter ihrem Regenten vereinigt hat, ist die erste und höchste Pflicht des Regenten. Dieser Pflicht kann er sich durch keine Verträge mit andern Nationen entziehen. Es würde ein Verbrechen bei ihm sein, wenn er die Konservation seines Staats, die bürgerliche Freiheit und den Wohlstand
seiner Untertanen | wissentlich und vorsätzlich solchen Verbindungen auf- 163
opfern wollte. Zu einem Verbrechen aber kann, wie wir gesehen haben, niemand und also auch ein Regent nicht durch Verträge verpflichtet werden. Hier kommt es also wiederum auf die eigene sorgfältigste und überlegteste Prüfung des Regenten an, ob ein geschlossener Traktat wirklich in einem solchen Grade nachteilig für den Staat sei, daß die Pflicht der Selbsterhaltung den Bruch desselben notwendig mache und also auch rechtfertige. Allgemeine Regeln lassen sich hierüber nicht vorschreiben, weil die besondern Umstände eines jeden Staats, die äußere und innere Verfassung desselben, die politische Lage der Zeitumstände und Konjunkturen auf den Entschluß des Regenten einen entscheidenden Einfluß haben müssen. So viel kann man also nur im allgemeinen behaupten, daß ein Regent, dem die Pflichten der Gerechtigkeit heilig sind, der auf seine eigene und auf die Ehre seiner Nation den gehörigen Wert setzt, sich zur Brechung eines mit einer andern Nation geschlossenen Traktats immer äußerst schwer und nur alsdann entschließen werde, wenn er nach der reiflichsten Prüfung mit vollkommner Überzeugung gefunden hat, daß die Beobachtung desselben mit der Erhaltung der Sicherheit, Freiheit und Unabhängigkeit seines eigenen Staats

schlechterdings nicht und auf keine Weise bestehen könne. Exempel: Kurfürst Friedrich Wilhelm M.

ÜBER DAS RECHT DER FINANZEN 163R

(Das Finanzrecht)

I. Das Recht der Finanzen fließt aus der Notwendigkeit der von dem Regenten zur Erhaltung und Beförderung der inneren Ruhe und Wohlfahrt der bürgerlichen Gesellschaft, zur Behauptung der Würde der Nation und zur Verteidigung des Staats gegen auswärtige Feinde zu treffenden Anstalten und dadurch entstehenden Ausgaben.

II. Das Recht der Finanzen begreift die Befugnis unter sich zu bestimmen,

1. wieviel zu den Bedürfnissen des Staats erforderlich sei und also herbeigeschafft werden müsse;
2. die Art festzusetzen, wie diese Erfordernisse zusammengebracht und nach welchem Verhältnisse sie unter die Mitglieder der bürgerlichen Gesellschaft verteilt werden sollen;
3. die Erhebung und Einziehung, die Verwaltung und Verwendung der Staatseinkünfte zu besorgen.

Der Inbegriff dieser Rechte des Landesherrn heißt das Finanz- und Kameralrecht.

III. Das Recht zu bestimmen, wieviel zu den Bedürfnissen des Staats erforderlich sei und herbeigeschafft werden müsse, kommt dem Landesherrn allein zu, weil er allein imstande ist, diese Bedürfnisse vollständig zu übersehen und richtig zu beurteilen. Die Untertanen sind vermöge des bürgerlichen Vertrags verpflichtet, so wie ihre Fähigkeiten und Kräfte also auch ihr Vermögen zur Erreichung des gemeinschaftlichen Zweckes der bürgerlichen Gesellschaft zu verwenden.

IV. Der Regent hingegen ist schuldig:

1. Zu Staatsbedürfnissen nur dasjenige zu rechnen, was wirklich zur Er-

reichung des Zwecks der bürgerlichen Gesellschaft erforderlich ist, d. h. was nötig ist, um die innere Ruhe und Sicherheit zu erhalten, den Privatwohlstand der Bürger zu befördern, die demselben sich entgegenstellenden Hindernisse aus dem Wege zu räumen, die Würde und das Ansehen des Staats zu behaupten und den Staat gegen auswärtige Feinde zu verteidigen. Was nicht auf einen oder den andern dieser Zwecke Beziehung hat, ist kein wahres Staatsbedürfnis; der Regent hat also auch kein Recht, Beiträge dazu von den Untertanen zu fordern.

2. Die Staatsbedürfnisse so zu bestimmen, daß die zu deren Bestreitung von den Untertanen zu entrichtenden Beiträge mit dem Vermögen derselben in einem richtigen Verhältnisse stehen. Der Regent kann nämlich von den Untertanen nicht mehr fordern, als sie geben können, ohne der Mittel zur Besorgung ihrer Privatwohlfahrt beraubt zu werden. Da die Menschen in die bürgerliche Gesellschaft unter einem gemeinschaftlichen Oberhaupte getreten sind, um dadurch ihre Glückseligkeit vollständiger und zuverlässiger als im Stande der natürlichen Freiheit zu erreichen, so können die Pflichten dieser Verbindung unmöglich so weit extendiert werden, daß dadurch der Zweck selbst, | nämlich das eigene Wohl der Ver- 164
bundenen, aufgehoben würde. Der Mensch würde sich alsdann im Staat weit schlechter als im Stande der Natur befinden. Es kommt nicht allein in der Wirkung auf eins hinaus, ob der Untertan durch die Plünderungen eines auswärtigen Feindes oder durch die Erpressungen des landesherrlichen Einnehmers an den Bettelstab gebracht wird, sondern er würde auch darum noch übler daran sein, weil er gegen den letzteren nicht so wie gegen den ersteren das Recht der Selbstverteidigung ausüben kann und darf.

V. Der Grundsatz, daß die Beiträge, welche der Landesherr zur Bestreitung der Staatsbedürfnisse von den Untertanen fordern kann, mit den Vermögen derselben in einem gerechten Verhältnisse stehen müssen, erfordert eine nähere Erörterung und Bestimmung.

1. Durch die Abgaben muß niemals die Substanz des Vermögens der Untertanen oder ihr Kapital angegriffen werden. Wollte der Regent dieses tun, so würde nicht nur aller Privatwohlstand der Bürger durch die nach und nach erfolgende Aufzehrung dieses Kapitals ganz zu Grunde gehen, sondern der Staat selbst würde nicht mehr bestehen können, wenn nach absorbiertem Kapital die Fähigkeit der Untertanen zu ferneren Beiträgen auf-

hörte[1]. Alle Staatsabgaben können also nur von den Nutzungen des Vermögens der Untertanen genommen werden.

2. Jedem Untertanen muß von den Nutzungen seines Vermögens so viel gelassen werden, als erforderlich ist, damit er sich [sic!]
   a) seine eignen Bedürfnisse zu bestreiten, d. h. sich Nahrung, Kleidung, Wohnung und die nach seiner Lage und Stande in der bürgerlichen Gesellschaft nötigen Bequemlichkeiten verschaffen könne;
   b) damit er imstande sei, die Kosten und Vorschüsse zur ferneren Fortsetzung seines Gewerbes zu bestreiten;
   c) damit er von seinen Einkünften noch was übrigbehalte, teils als eine Belohnung seines Fleißes, wodurch er zur ferneren Anstrengung desselben aufgemuntert werde, teils damit er die im menschlichen Leben so häufig vorkommenden Unglücksfälle, die ihn in seiner Erwerbung hindern und zurücksetzen, übersehen und decken könne[2].

Nur das, was von dem Erwerb des Untertanen und von den Einkünften seines Vermögens nach Abzug dieser drei Rubriken noch übrig bleibt, ist der Teil dieser Einkünfte, auf welchen der Staat zur Bestreitung der allgemeinen Bedürfnisse Anspruch machen kann. Exempel von einem Landgute, dessen gewöhnlicher Ertrag auf 500 Taler jährlich berechnet wird.

Das gerechte Maß der Staatsabgaben ist also zusammengesetzt aus der Berechnung dessen, was der Staat braucht, um die gemeinschaftlichen Bedürfnisse zu bestreiten, und dessen, was der Untertan entbehren kann, ohne an seinen Privatbedürfnissen Mangel zu leiden. Fordert der Regent mehr, als der Staat wirklich braucht, verschwendet er die Abgaben der Untertanen zur Befriedigung seines Stolzes und seiner Eitelkeit, zu unnützen bloß aus Eroberungssucht geführten Kriegen, zur Bereicherung seiner Maitressen und Favoriten, so handelt er ungerecht, selbst wenn dies Mehrgeforderte von den Untertanen ohne ihren Ruin noch aufge|bracht werden könnte. Fordert er 164R
mehr, als der Untertan ohne Abbruch seiner eigenen Notdurft entbehren kann, erschöpft er durch Abgaben das Vermögen und die Einkünfte desselben dergestalt, daß der Untertan nicht nur gar keine Belohnung seines Fleißes und seiner Industrie mehr übrig behält, sondern sogar an seinem und

[1] Am Rande: Die Wilden auf Louisiana, welche den Baum umhauen, um die Frucht zu pflücken.

[2] Am Rande: Cela serait une faute impardonnable en finance, si les impôts dégoûtaient le cultivateur de ses travaux. Il doit, ayant acquitté ses droits, pouvoir encore vivre avec une certaine aisance, lui et sa famille. Vgl. Essai sur les formes de gouvernement et sur les devoirs de souverains, Oeuvres de Frédéric le Grand, tom. IX, p. 234.

seiner Familie Unterhalt Mangel leiden muß, so handelt er ebenfalls ungerecht selbst alsdann, wenn das Mehrgeforderte zu solchen Ausgaben verwendet werden soll, die an und für sich noch unter die Staatsbedürfnisse gerechnet werden könnten. Vielmehr bleibt in diesem letzteren Falle dem Regenten weiter nichts übrig, als die Staatsbedürfnisse so weit einzuschränken, damit das gerechte Ebenmaß zwischen dem Vermögen der Untertanen und ihren Abgaben unversehrt bleibe.

VI. Es kommt also bei diesem Punkte alles darauf an, daß die Bedürfnisse des Staats nach seiner äußeren und inneren Verfassung richtig bestimmt, daß der Erwerb der Untertanen mit möglichster Zuverlässigkeit berechnet, daß die davon zum eigenen Bedürfnis derselben zu machenden Abzüge mit Billigkeit ausgemessen und daß aus diesen Prämissen das, was der Staat haben *muß* und was der Untertan geben *kann*, in das gehörige Verhältnis gesetzt werden. Die Auflösung dieses Problems ist ein Hauptgegenstand der Finanzwissenschaft, die aber in ihren Operationen stets von den bisher vorgetragenen Grundsätzen des allgemeinen Staatsrechts ausgehen und denselben beständig treu bleiben muß, wenn sie nicht in bloße Plusmacherei ausarten soll.

VII. Einteilung der Staatsbedürfnisse.

1. Ordentliche:
   a) Der Unterhalt des Fürsten, seiner Familie und seines Hofstaats.
   b) Anstalten zur Erhaltung der äußeren Ruhe und Sicherheit des Staats. Auswärtige Angelegenheiten. *Militäretat.*
   c) Anstalten zur inneren Staatsverwaltung, welche die Erhaltung der inneren Ruhe und Sicherheit und des Wohlstands der bürgerlichen Gesellschaft zum Gegenstande haben. Justizpflege, Polizei, Lehr- und Unterrichtsanstalten, die Finanzverwaltung selbst. *Ziviletat.*
2. Außerordentliche:
   a) Unglücksfälle, die in der Staatseinnahme einen Ausfall verursachen. Mißwachs, Überschwemmungen, Feuersbrünste usw., wo es teils darauf ankommt, den Verunglückten ihre Beiträge zu erlassen, teils ihnen durch zeitige Unterstützung so weit wieder aufzuhelfen, daß sie in den Stand kommen, zu den Bedürfnissen des Staats ferner beizutragen.
   b) Kriege, die eine außerordentliche Anstrengung des Staats zu seiner Verteidigung erfordern.

Die Unglücksfälle sub a) ereignen sich, wenn auch nicht immer, doch sehr oft, und die Erfahrung hat Data zur Bestimmung einer Mittelzahl für diese Arten der Ausgaben an die Hand zu geben. Man rechnet daher dieselben in der Staatswirtschaft mit zu den ordentlichen Ausgaben, und es bleiben also zur Rubrik der außerordentlichen Staatsbedürfnisse eigentlich nur Kriege und solche ganz ungewöhnlichen Unglücksfälle übrig, auf welche, da sie sich gar nicht voraussehen lassen, bei Formierung des Staatsüberschlages nicht hat gerechnet werden können.

VIII. Für alle diese Staatsbedürfnisse muß gesorgt werden. Wieviel aber für jedes 165
derselben auszusetzen sei, läßt sich im allgemeinen nicht bestimmen. Die Größe und der Umfang eines Staats, seine natürliche und politische Lage, der Rang, welchen er in der großen Republik der europäischen Staaten behaupten muß, und mancherlei andre eigentümliche Verhältnisse eines gegebenen Staats liefern der Politik und Regierungskunst die Data, nach welchen sie das Maß der Bedürfnisse für eine jede dieser Rubriken zu bestimmen hat. Die Philosophie des Staatsrechts kann dabei weiter nichts tun, als den Regenten beständig erinnern, daß er von dem Vermögen der Untertanen nur zu solchen Kosten, die wirklich mit dem Zwecke des Staats in Verbindung stehen, Abgaben fordern könne und daß er diese Abgaben mit dem entbehrlichen Teile der Einkünfte seiner Untertanen in ein billiges Verhältnis setzen müsse.

IX. Wenn dieser letzte Grundsatz den Regenten nötigt, die Staatsausgaben einzuschränken, so muß das Notwendige dem Nützlichen vorgezogen und die Einschränkung bei denjenigen Rubriken angefangen werden, die nur auf eine entferntere Weise zur Beförderung des gemeinen Wohls beitragen; z. E. eine anständige nach den Regeln der Sittlichkeit und des guten Geschmacks eingerichtete Pracht in der Hofhaltung des Fürsten ist an und für sich eine erlaubte und rechtmäßige Staatsausgabe. Sie unterstützt die Würde des Regenten und die Achtung der Nation. Sie erweckt und bildet den Geschmack am Schönen und verfeinert dadurch die Sitten. Sie ermuntert die Künste und belebt die Nationalindustrie. Sie vermehrt also auch für die Untertanen die Summe der Güter zu einem frohen und angenehmen Lebensgenusse. Kann also der Regent, ohne die Untertanen mit Abgaben zu drücken, eine prächtige und glänzende Hofstatt unterhalten, so ist er dazu

nicht nur berechtigt, sondern auch in gewissem Maße verpflichtet. Reichen aber die Abgaben der Untertanen, nach gerechtem Maßstabe berechnet, nicht hin, diesen Hofstaat zu unterhalten, so ist es die Pflicht des Regenten, daß er hier zuförderst mit seinen Einschränkungen den Anfang mache und nicht etwa notwendigere Ausgaben zur Erhaltung des Staats und seines inneren und äußeren Ruhestandes der Begierde, zu glänzen und an der Spitze eines prächtigen Hofes zu schimmern, aufopfere. Exempel Friedrichs I. Die Pest von 1708/1709. 200/m Menschen. Aber ebenso gerechten Tadel würde der Fürst verdienen, der, um auf dem großen Schauplatze Europens eine wichtige Rolle zu spielen und die Waage des politischen Gleichgewichts in seine Hände zu bekommen, seinen Militärstand überspannen und sich die Mittel zu dessen Unterhaltung dadurch verschaffen wollte, daß er entweder die Untertanen drückte oder die zur inneren Staatsverwaltung nötigen Anstalten vernachlässigte; z. E. eine respektable stehende Armee ist nach der jetzigen Lage und Verfassung des europäischen Staatssystems eins der sichersten und wirksamsten Mittel, die äußere Sicherheit des Staats zu schützen und die seiner Freiheit und Unabhängigkeit drohenden Gefahren abzuwenden; aber wenn ein Staat von mittlerer Größe, den seine Lage und innere Stärke zu einer Macht des ersten Ranges nicht bestimmt haben, sich dennoch trotz dieser natürlichen Einschränkungen zu einem solchen Range dadurch hinaufschwingen wollte, daß er ebensoviel Truppen als sein Nachbar halten wollte, der ihm an Umfang und Fruchtbarkeit seiner Provinzen, an Volksmenge, | an Einkünften und andern Hilfsquellen drei- und vierfach über- 165R
legen ist, so würde ein solcher Regent nicht nur unweise, sondern auch ungerecht gegen seine Untertanen handeln. Exempel von Sachsen. 30/m Mann und 100/m Mann.

X. Außer diesen allgemeinen Regeln, deren nähere Anwendung der Staats- und Regierungskunst und der eigenen Einsicht und Überlegung des Regenten anheimgestellt bleiben muß, ist hier noch eine Frage des allgemeinen Staatsrechts zu untersuchen,

inwiefern der Regent befugt sei, zur Aufsammlung eines Schatzes Abgaben von den Untertanen zu fordern,

d. h. ob die Anlegung und Vermehrung eines Staatstresors mit in die Klasse der Staatsbedürfnisse zu setzen sei.

Einwendungen dagegen

1. Von seiten der Staatsklugheit, weil dadurch der Zirkulation zu viel entzogen werde. Ist ein bloßer Mißverstand. Die Anlegung eines Tresors in einem Lande oder unter Umständen, wo ein Land die Balance wider sich hat, d. h. wo die Nationalausgabe die Nationaleinnahme übersteigt, wäre Torheit. Aber wenn die Balance für das Land vorteilhaft ist, wenn alljährig mehr Geld ins Land kommt und also die Summe des im Lande zirkulierenden baren Geldes sich alljährig vermehrt, so kann die Staatsklugheit nichts darwider haben, wenn ein Teil dieses Überflusses der Zirkulation entzogen und in dem Schatz niedergelegt wird.

2. Von seiten des Rechts. Der Staat kann nur zu wirklichen Bedürfnissen der bürgerlichen Gesellschaft Abgaben von den Untertanen fordern. Ein künftiger bloß möglicher, noch nicht vorhandener, ja noch nicht einmal bevorstehender Krieg ist kein solches Bedürfnis, zu welchem von den Bürgern des Staats mitten im Frieden Beiträge verlangt werden könnten. Es ist also ungerecht, die Bürger des Staats mit Abgaben zur Vermehrung eines Tresors zu belegen, dessen einzige Hauptbestimmung doch nur sein kann, daß davon die extraordinären Ausgaben eines künftigen Krieges bestritten werden sollen. Nur die Generation, welche das Unglück hat, in einem Zeitpunkte zu leben, wo ein drohender oder schon wirklich vorhandener Krieg außerordentliche Anstrengungen von seiten des Staats notwendig macht, kann verpflichtet sein, sich eine denselben angemessene Erhöhung ihrer Abgaben gefallen zu lassen.

Widerlegung aus folgenden Sätzen.

a) Kriege gehören nicht bloß unter die möglichen, sondern leider unter die wahrscheinlichen Ereignisse. Preußen hat während der 46jährigen Regierung Friedrichs II. viermal Krieg gehabt, ohne der Fälle zu erwähnen, wo der Ausbruch eines drohenden Krieges bloß durch die Furcht für der Stärke Preußens verhütet worden. Es ist also notwendig, daß der Staat sich in Zeiten auf ein solches Ereignis geschickt mache. Alles aber, was zur Erreichung der Zwecke des Staats notwendig ist, gehört in die Klasse der Staatsbedürfnisse.

b) Es ist unmöglich, daß die Ausgaben, welche bei dem Ausbruche eines 166
Krieges durch die dazu erforderlichen Anstalten auf einmal geschehen müssen, durch erhöhte Abgaben der Untertanen so schnell zusammengebracht werden könnten.

c) Die Abgaben würden alsdann auf einen solchen Grad gesteigert werden müssen, daß das gerechte Ebenmaß zwischen dem, was der Staat fordert und was der Untertan geben kann, notwendig verletzt werden müßte.

d) Es würde gegen die zur Zeit eines ausbrechenden Krieges lebende Generation ungerecht sein, wenn man ihr allein die ganze Last der Kosten desselben aufbürden wollte. Ihre Vorfahren hätten alsdann alle Vorteile der bürgerlichen Gesellschaft genossen, ohne die Lasten derselben in ihrem ganzen Umfange zu tragen, und ihnen allein würde ein so schwerer Anteil dieser Lasten aufgebürdet, da sie zur Zeit des Krieges ohnehin schon so vieler Vorteile der bürgerlichen Gesellschaft entbehren müssen.

e) Die Herbeischaffung der Kriegskosten durch Anleihen auf Staatskredit ist gefährlich und unzuverlässig, besonders in einer monarchischen Regierungsform.

f) Sie verbessert die Lage der Untertanen nicht, weil ja doch diese Schulden wieder bezahlt werden müssen und der Fonds dazu immer nur durch erhöhte Beiträge der Untertanen aufgebracht werden kann.

g) Die Lage der Untertanen wird vielmehr verschlimmert, weil von den Staatsschulden Zinsen bezahlt werden und also die Untertanen im Grunde noch mehr, als zu dem eigentlichen Staatsbedürfnis erforderlich war, aufbringen müssen.

Es ist also nicht nur den Regeln der Staatsklugheit, sondern auch der Gerechtigkeit gemäß, daß ein Regent auf die Sammlung eines Schatzes zu künftigen außerordentlichen Staatsbedürfnissen bedacht sein müsse. Nur sind dabei folgende Bestimmungen dieses Rechts zu bemerken:

1. Der Regent muß bei Bestimmung der Summe, die alljährig in dem Schatz niedergelegt werden soll, sich daran erinnern, daß dieses Staatsbedürfnis doch immer nur für außerordentliche und künftige Fälle bestimmt sei. Er würde also ungerecht handeln, wenn er bloß, um seinen Schatz zu vermehren, die Untertanen mit ungewöhnlichen Lasten drücken oder die gewöhnlichen Abgaben dergestalt erhöhen wollte, daß der Anteil, den ein jeder Untertan von seinem Erwerb als eine Belohnung seines Fleißes und seiner Industrie mit Recht fordern kann und den er bisher wirklich genossen hat, dadurch verkümmert würde.
2. Der Schatz ist das Eigentum des Staats selbst, nicht das Privateigentum des Regenten. Seine Bestimmung zu künftigen Staatsbedürfnissen muß also dem Regenten heilig sein. Die Verschwendung des Schatzes ist eine wahre Ungerechtigkeit sowohl gegen diejenigen Untertanen, die ihn aufbringen müssen, als gegen diejenigen, deren Lasten zur Zeit eines entstehenden Krieges übermäßig erschwert werden müssen, weil der Fonds,

aus welchem diese außerordentlichen Ausgaben bestritten werden sollten, verschwendet worden.

XI. Die zweite unter dem Finanz- und Kameralrecht begriffene Hauptbefugnis 166 R
des Regenten besteht darin, daß es ihm allein zukommt, die Mittel zu bestimmen, wie die zur Bestreitung der Staatsbedürfnisse erforderlichen Kosten aufgebracht werden sollen. Diese Kosten können genommen werden entweder aus den Nutzungen des Staatseigentums oder aus den Nutzungen des Vermögens der Untertanen. Zum Staatseigentum rechnet man die Domänen und Regalien. Soweit die Einkünfte von diesen zur Bestreitung der Staatsbedürfnisse nicht hinreichen, wird das Fehlende durch Beiträge von den Untertanen zusammengebracht. Das Recht, dergleichen Beiträge von dem Privatvermögen, den Personen, ihrem Gewerbe, Produkten oder Konsumtion einzufordern, heißt das Besteuerungsrecht. Die Quellen der Staatseinkünfte, woraus die Staatsbedürfnisse bestritten werden sollen, sind also die Nutzungen der Domänen und Regalien und das landesherrliche Besteuerungsrecht. Von beiden soll jetzt so weit gehandelt werden, als es nötig, um die dabei dem Regenten zukommenden Rechte und die ihm obliegenden Pflichten näher zu bestimmen.

XII. *Was Domänen und Regalien sind.*
Geschichte derselben seit Entstehung der bürgerlichen Gesellschaft. Notwendigkeit, für die Kosten der gemeinschaftlichen Bedürfnisse zu sorgen. Dies geschah hauptsächlich dadurch, daß man gewisse Gegenstände von dem Vermögen und Besitze der Privatpersonen ausschloß und sie für das gemeinschaftliche Eigentum des Staats erklärte. Diese Gegenstände waren:

1. Grundstücke, denen in der Folge noch gewisse einzelne Rechte, Gefälle und Nutzungen von andern Grundstücken zugeschlagen wurden. *Domänen.*
2. Gegenstände, die entweder eines Privateigentums gar nicht fähig sind oder die bei Entstehung der bürgerlichen Gesellschaft in einem solchen Eigentume sich noch nicht wirklich befunden haben und die also, ohne irgendein Privatmitglied an seinen wohlerworbenen Rechten zu kränken, vom Privateigentum füglich ausgeschlossen und zum Staatseigentum gezogen werden konnten:

a) Öffentliche Flüsse und Landstraßen.
b) Wilde Tiere.
c) Unterirdische Naturschätze.
d) Bona vacantia.

Aus diesen Quellen fließen die sogenannten Finanzregalien, unter denen das Recht auf die Nutzungen verstanden wird, die aus diesen Gegenständen zur Bestreitung der Staatsausgaben gezogen werden können. *Ad a*) Wilde Fischerei; Zoll, Post- und Mühlenregal. *Ad b*) Jagdregal. *Ad c*) Bergwerks- und Salzregal. *Ad d*) Anfälle herrenloser Güter und erbloser Verlassenschaften.

3. Mit gewissen Rechten des Staats sind Nutzungen verbunden worden, von welchen die Kosten, so die Ausübung des Rechts erfordert, bestritten werden sollen:
   a) Abschoß- und Abzugsrecht.
   b) Fructus iurisdictionis.
   c) Confiscationes und Geldstrafen.
   d) Taxen in Gnadensachen, bei Standeserhöhungen usw.

Diese bloße Angabe der Arten und Quellen des Staatseigentums wird zu dem 167
gegenwärtigen Endzwecke hinreichend sein, teils weil sie bei dem Vortrage der Finanzwissenschaft schon vorgekommen sein müssen, teils weil es von positiven Bestimmungen abhängt, was in diesem oder jenem Lande zu den nutzbaren Regalien des Staats gehöre oder für einen Gegenstand des Privateigentums der Untertanen zu achten sei. Diese positiven Bestimmungen gründen sich teils auf vorhandene besondere Gesetze, teils auf Verträge zwischen Regenten und Untertanen. Sie können also nicht im allgemeinen Staatsrechte vorgetragen werden, sondern gehören in das Zivil- oder bürgerliche Recht, wo sie zu seiner Zeit vorkommen werden.

XIII. Allgemeine Grundsätze von den verschiedenen Arten des Staatseigentums.

1. Domänen sind unveräußerlich. Die bürgerliche Gesellschaft hat dieselben dazu bestimmt, daß von ihren Nutzungen ein Teil der Staatsbedürfnisse bestritten werden soll. Der jedesmalige Regent kann also nicht über ihre Substanz, sondern nur ihre Nutzungen disponieren.
2. Die Art der Benutzung hängt lediglich von dem Regenten ab. Zeitpacht. Erbpacht. Umwandlung in Zinsgüter. An dergleichen Dispositiones ist der Sukzessor gebunden.

3. Wenn der Regent ein Domänenstück gegen ein zur Staatskasse geflossenes Entgelt veräußert hat, so ist zu präsumieren, daß der Staat hinlänglich entschädigt worden; also muß der Sukzessor die Veräußerung gelten lassen.
4. Wenn das Gegenteil ausgemittelt werden kann, so kann der Sukzessor vindizieren.
5. Nutzbare Regalien sind von gleicher Art, und es gilt davon eben das, was von den Domänen [sic!]
6. Doch ist nach positiven Gesetzen und Verträgen ein Unterschied zu machen zwischen dem Rechte selbst und dessen Ausübung an einem gewissen Orte oder über einen gewissen Distrikt; z. E. die Fischerei. Ersteres wird auch nach positiven Gesetzen den Domänen durchgehends gleichgeachtet. In Ansehung des letzteren kann eine Veräußerung eher stattfinden, und es wird weniger zu deren Gültigkeit gefordert als bei Domänen.
7. Dieser Unterschied ist zwar nicht in der Natur der Sache gegründet, weil, was vom Ganzen richtig ist, auch in Ansehung aller seiner Teile gelten muß. Inzwischen gründen sich darauf die Rechte und Besitzungen vieler Particuliers, und es gibt Provinzen, wo gewisse Arten der Finanzregalien sich fast ganz in den Händen der Particuliers befinden, z. E. die Jagd und Fischerei.
8. Aus diesen Betrachtungen könnte sehr natürlich der Gedanke entstehen, daß ein Regent berechtigt sei, sowohl bei Domänen als Regalien, die sich in den Händen der Particuliers befinden, das Recht derselben darauf zur Untersuchung zu ziehen und, wenn sie nicht nachweisen können, daß der Staat dafür hinlänglich entschädigt worden, dergleichen unbefugterweise veräußertes Staatseigentum einzuziehen und wieder herbeizubringen.
9. Allein einem solchen Unternehmen stellen sich verschiedene andere wichtige Betrachtungen entgegen.

   Der Besitz der Privatpersonen, Familien und Kommunen wird durch den 167 R
   Verlauf ganzer Jahrhunderte und die ausdrückliche oder stillschweigende Approbation einer ganzen Folge von Regenten unterstützt.

   Es ist fast unmöglich, jetzt noch bis zur ersten Entstehung dieses Besitzes hinaufzusteigen und zu untersuchen, ob die erste Erwerbung rechtmäßig oder unrechtmäßig gewesen sei.

   Die Untersuchung und Wiedereinziehung würde die Glücks- und Vermögensumstände zahlreicher Familien zerrütten oder wohl gar völlig umstürzen.

   Die aus ihren uralten Besitztümern verdrängten Familien würden mit Haß und Unzufriedenheit gegen die Regierung eingenommen werden; sie würden diese Gesinnungen ihren Verwandten, Freunden und andern in irgend einiger Verbindung mit ihnen stehenden Personen einflößen; ein Regent also, welcher sich zu einem solchen Schritte entschließen wollte, würde die Liebe und das Vertrauen eines großen und ansehnlichen Teils seiner Untertanen verlieren und die Zahl der Mißvergnügten so vermehren, daß ihm in der Folge mehr Gefahr und Nachteil daraus erwachsen könnte, als der Vorteil ist, den er aus der Wiederherbeibringung solcher veräußerten Teile des Staatseigentums erlangen könnte. Exempel von der Reunion der Krongüter unter Karl XI. von Schweden.

10. Diese Betrachtungen rechtfertigen nicht nur die Lehre des positiven Rechts von der Verjährung der Domänen und Regalien, wovon an seinem Orte mehr vorkommen wird, sondern sie sind es auch vermutlich gewesen, welche Friedrich II. bewogen haben, die Verordnungen wegen des anni decretorii ergehen zu lassen.

11. Der Regent also, welcher auf den Gedanken kommt, veräußertes Staatseigentum wieder herbeibringen zu wollen, muß seine Befugnis dazu nicht bloß nach Grundsätzen des allgemeinen Staatsrechts beurteilen, sondern er muß zugleich auf das, was vorhandene positive Gesetze seines Landes und die Verträge mit seinen Untertanen bestimmen, Rücksicht nehmen und wohl überlegen, ob nicht der Nutzen, den er durch eine solche Operation dem Staate verschaffen will, durch den Nachteil, welcher demselben von einer andern Seite her aus der dadurch in den Gemütern der Untertanen erzeugten Abneigung und Mißvergnügen entstehen könnte, überwogen werde.

12. Um inzwischen den noch vorhandenen Rest des Staatseigentums zu konservieren und gegen die Habsucht und Erschleichungen der Particuliers zu sichern, hat die neue preußische Gesetzgebung die Befugnis von Privatpersonen, dergleichen Staatseigentum zu erwerben und zu besitzen, in Ansehung künftiger Fälle genauer bestimmt und mehr eingeschränkt, als sie es nach bisherigen Gesetzen gewesen ist. Im ganzen ist dadurch die Sache auf die ursprünglichen reinen Begriffe des allgemeinen Staatsrechts zurückgeführt worden; die nähere Auseinandersetzung wird zu seiner Zeit bei dem Vortrage des Zivilrechts erfolgen.

13. Der Regent ist nicht berechtigt, neue Regalien zu machen. Regalien sind 168
ihrem Begriffe nach Rechte und Nutzungen, die von dem Eigentum der Privatpersonen ausgeschlossen und dem Staat vorbehalten worden. Gegenwärtig sind alle Gegenstände, die nur irgend des Eigentums und der Benutzung fähig sein können, unter die Einwohner des Staats verteilt und in ihrem Privateigentume befindlich. Wollte nun ein Regent aus diesen Gegen-

ständen welche herausnehmen und sie für Regalien des Staats erklären, so würde er in das Eigentum seiner Untertanen eingreifen und seiner ersten und heiligsten Pflicht, einen jeden bei seinem Eigentum und bei seinen Rechten zu schützen, entgegenhandeln.

14. Von Finanzmonopoliis und Projekten, welche dem Staat neue Einnahmequellen dadurch eröffnen wollen, daß sie gewisse Gegenstände des gemeinen Verkehrs, des Handels und Wandels oder gewisse Arten der Gewerbe dem Staat als ein Regal zueignen und die Untertanen davon ausschließen wollen. Dergleichen Monopolia enthalten eine Einschränkung der natürlichen Freiheit eines jeden Staatsbürgers, vermöge welcher er seine Fähigkeiten und Kräfte zur Beförderung seines Privatwohlstandes nach eignem Gutfinden, soweit es ohne Beleidigung andrer geschehen kann, anzuwenden berechtigt ist. Außerordentliche Umstände können die Einführung eines Finanzmonopolii entschuldigen oder dessen Beibehaltung rechtfertigen. Aber mit gerechtem Mißtrauen wird der weise und gerechte Regent jeden Vorschlag aufnehmen, der auf die Errichtung eines neuen Finanzmonopols abzielt, da er immer Gefahr läuft, bei Genehmigung desselben eine Ungerechtigkeit zu begehen und seine Finanzen, die er verbessern will, zu derangieren.

15. Nutzungen, die dem Regenten bei der Ausübung gewisser Hoheitsrechte beigelegt sind, z. E. Fructus iurisdictionis, Konfiskationen und Geldstrafen, Taxen für die Verleihung des Adels und der Würden, müssen niemals als eigentliche Finanzquellen angesehen werden. Der Regent muß von diesen Rechten niemals bloß um deswillen Gebrauch machen, damit er Einnahmen daraus ziehen möge. Er muß vielmehr den Hauptzweck, wozu ihm diese Rechte beigelegt sind, beständig vor Augen haben und die bei deren Gelegenheit fallenden Revenuen bloß als Entschädigung für die Kosten betrachten, welche die Ausübung des Rechts verursacht. Exempel von den Geldstrafen. Sie sind in den wenigsten Fällen geschickt dazu, den Zweck der Strafen, nämlich Abschreckung und Besserung, zu erreichen. Ein Regent also, welcher, bloß um seine Kassen zu bereichern, die Geldstrafen auf andre Verbrechen, wofür sie sich nicht passen, z. E. auf Mord, Straßenraub, extendieren oder gar die Ausübung seines iuris aggratiandi verkaufen wollte, würde den höheren Zwecken des Straf- und Begnadigungsrechts entgegenhandeln und sich eines Mißbrauchs dieser Rechte schuldig machen. Das Recht, Standeserhöhungen, Würden und Ehrenzeichen zu verleihen, ist dem Regenten beigelegt, damit er ein Mittel mehr haben möge, Verdienste um den Staat zu belohnen, ohne die Finanzen desselben zu sehr | beschweren zu 168R
dürfen. Wollte nun ein Regent, wie kürzlich in Polen geschehen ist, seine

Adelsdiplome, seine Ordenszeichen pp. feilbitten, um seinen Kassen einen Zufluß zu verschaffen, so mißbraucht er das ihm zu ganz andern Zwecken verliehene Recht und beraubt sich der wesentlicheren Vorteile desselben, weil Ehrenzeichen und Distinktionen, die für Geld zu haben sind, gar bald durch die Menge von Unwürdigen, die sich dazu drängen, allen Wert verlieren und aufhören, Belohnung und Auszeichnung von Verdiensten zu sein.

XIV. *Besteuerungsrecht*, als die zweite Hauptquelle der Staatseinkünfte. Entstehung und Geschichte desselben. Bei dem ersten Entstehen der Staaten hatten die Regenten nur die Nutzung des Staatseigentums und außerdem die Befugnis, gewisse persönliche Dienste von den Untertanen zu fordern. Diese Quellen reichten anfänglich hin. Die Staaten waren von geringem Umfang, die Geschäfte des bürgerlichen Lebens äußerst einfach, Kultur und Luxus noch in ihrer Kindheit. Der Fürst, sein Kanzler und ein paar Schreiber reichten hin, die ganze Maschine der inneren Staatsverwaltung zu regieren und im Gange zu erhalten. Jeder waffenfähige Einwohner führte den Krieg zur Verteidigung des Staats auf seine eignen Kosten. Beständig residierende Gesandte an fremden Höfen waren eine fast ganz unbekannte Sache. Aber diese Szene veränderte sich nach und nach sehr. Die Staaten vergrößerten sich, die Volksmenge nahm zu, die Geschäfte des bürgerlichen Lebens wurden immer weitläufiger und verwickelter. Ackerbau und Viehzucht machten nicht mehr die alleinige oder doch die Hauptbeschäftigung der Einwohner aus, sondern Fabriken und Handel kamen empor und erforderten ganz andre Gesetze, ganz andre Leitung, Aufsicht und Anstalten zur Verhütung und Entscheidung über die daraus entstehenden Streitigkeiten und Verbrechen. Dadurch ward die innere Staatsverwaltung viel weitläufiger, komplizierter und mühsamer. Neue bisher unbekannte Verhältnisse mit fremden Mächten traten ein, die Politik ward eine Wissenschaft, deren Studium und Ausübung die ganze Aufmerksamkeit und Anstrengung der Fürsten und ihrer Diener erforderte. Der Krieg konnte nicht mehr das Geschäft aller waffenfähigen Bürger sein, sondern mußte durch besoldete Truppen geführt werden. Die Fortschritte der Kriegskunst, die Erfindung des Pulvers und der Kanonen erforderten ganz andre und weit kostbarere Anstalten zur Führung eines Krieges, zur Anlegung, zum Angriff und zur Verteidigung der Festungen als in älteren Zeiten. Dies vermehrte die Ausgaben des Staats bei der äußeren Staatsverwaltung und der Verteidigung gegen auswärtige Feinde. Überhaupt konnten bei diesen ganz abgeänderten

Verfassungen die gemeinen Dienste dem Staat nicht mehr von allen Bürgern nach der Reihe geleistet werden, sondern sie wurden das Geschäft gewisser Personen, die sich dazu besonders vorbereiten und ausschließend widmen mußten, dafür aber auch ihren Unterhalt vom Staat mit Recht fordern konnten. Diesem allen trat noch hinzu, daß mit der Entwicklung der Kultur und der Verfeinerung der Sitten auch der Luxus überhand nahm und besonders an den Höfen der Fürsten Raum gewann, daß, um die Würde des Staats und das Ansehen desselben bei den Untertanen und Fremden zu unterstützen, ein gewisser Prachtaufwand notwendig wurde, von dem man in älteren Zeiten nichts wußte. Dies alles zusammengenommen wirkte eine große Vermehrung der Staatsausgaben, zu deren Bestreitung die ursprünglich dazu angewiesenen Quellen der Nutzungen des Staatseigentums nicht mehr hinreichen konnten. Dadurch wurden die Regenten genötigt, Beiträge zur Ergänzung dieser Ausfälle von den Untertanen zu fordern. Anfänglich geschah dies gleichsam bittweise durch die Stände. Daher die Namen *Beede* oder Bitte, welche die ersten Auflagen in den alten Urkunden führen. Die | der- 169 R
gleichen Bewilligungen wurden anfänglich nur auf eine gewisse Zeit oder zu gewissen besonderen Veranlassungen[1] gefordert, z. E. wenn ein Krieg ausbrach oder bevorstand, wenn besonders Türkenkriege geführt werden sollten, wenn der Erbprinz eine Reise tun, fremde Höfe besuchen oder wenn er oder eine Prinzessin sich vermählen sollte. Daher die Namen Türkensteuer, Prinzessin- oder Fräuleinsteuer usw. Die Stände behielten sich auch bei solchen Bewilligungen gewöhnlich das Recht vor, die aufzubringende Summe zu repartieren, d. h. zu bestimmen, wie und durch was für Mittel dieselbe herbeigeschafft werden sollte. Aber in der Folge kamen die meisten dieser Staatsbedürfnisse, besonders die, welche der Krieg erforderte, sehr oft wieder und stiegen immer höher; die oben angeführten Ursachen der Vermehrung der Staatsausgaben gingen in beständiger Progression weiter fort, besonders wurde die Unterhaltung stehender Armeen auch in Friedenszeiten ein wahres Staatsbedürfnis. Das Lehnssystem, welches die Rechte der Regenten auf die bloßen Befugnisse eines Lehnsherrn eingeschränkt hatte, konnte bei zunehmender Aufklärung und bei der völlig abgeänderten Art, die Kriege zu führen, nicht länger bestehen; die Regenten lernten ihre Rechte besser kennen, sie bekamen immer mehr Neigung, sie auszudehnen; die Grundsätze, die von den Lehrern und Schriftstellern aus der Philosophie des Staatsrechts und zum Teil auch aus den römischen Gesetzsammlungen ge-

[1] Am Rande: Festungen.

schöpft wurden, begünstigten die Ansprüche der Regenten; verfeinerte Politik und Regierungskunst erleichterten ihnen die Mittel, diese Ansprüche geltend zu machen, und die bloß von ihnen abhängenden stehenden Armeen vereitelten alle Möglichkeit des Widerstandes. Auf diese Art wurden aus den anfänglich bloß freiwilligen und temporellen nach und nach notwendige und fortwährende Abgaben, deren Bestimmung, Verteilung und Einziehung in den souveränen Monarchien die Regenten sich allein vorbehielten und unter dem Namen des Besteuerungsrechts den Hoheits- oder sogenannten Majestätsrechten beizählten.

XV. Resultate aus dieser Geschichte. Das Besteuerungsrecht ist also zwar keine bloße Anmaßung des Regenten, sondern es hat in der Pflicht der Untertanen, zu den gemeinschaftlichen Lasten der bürgerlichen Gesellschaft, deren Vorteile sie genießen, beizutragen, und in der erwiesenen Unmöglichkeit, diese Lasten aus den ursprünglich dazu angewiesenen Quellen zu bestreiten, seinen natürlichen und vollkommen rechtmäßigen Grund. Inzwischen erhellt aus der Geschichte desselben,

a) daß das Besteuerungsrecht nicht aus einem sogenannten Obereigentum des Regenten über die Güter und das Vermögen der Untertanen hergeleitet werden kann. Diese Theorie ist eine grobe Schmeichelei für den Despotismus, die zuerst in den späteren Jahrhunderten der römischen Monarchie zu Gunsten habsüchtiger und verschwenderischer römischer Kaiser erfunden ward und aus den Gesetzbüchern Justinians auch bei uns hat eingeführt werden wollen. Beides, Philosophie und Geschichte, sind dieser Theorie ganz entgegen und leiten den Ursprung des Besteuerungsrechts aus der Pflicht der Untertanen her, den Staat zu seinen Bedürfnissen mit ihren Beiträgen zu unterstützen.

b) Die Abgaben der Untertanen sollen nur diejenigen Staatsbedürfnisse er- 170
gänzen, die aus den Einkünften des Staatseigentums nicht bestritten werden können. Daher ein neuer Grund für die Unveräußerlichkeit des Staatseigentums.

c) Aus der Geschichte des Besteuerungsrechts lassen sich die großen Ungleichheiten erklären, die in den meisten Ländern bei der Verteilung der Abgaben stattfinden, so daß die Lasten des Staats nicht immer nach dem gehörigen Verhältnisse des Vermögens der Beitragenden und des Vorteils, den diese oder jene Klasse der Einwohner vom Staate genießt, getragen werden. Die Abgaben waren Bewilligungen der Stände. Diese behielten sich die Repartition vor. Sie bestanden aus dem Adel und der Geistlichkeit. Also pp.

XVI. Gegenstände, von welchen Abgaben gefordert werden können. Klassifikation derselben:
a) Kontribution, von dem Ertrage der liegenden Gründe.
b) Akzise, von der Konsumtion der Einwohner und ihrem Handel.
c) Vermögenssteuer, von Mobilien und Kapitalien.
d) Gewerbe- und Nahrungssteuer, von der Industrie.
e) Kopfsteuer, von Personen und Vermögen zugleich.
Vorteile und Nachteile einer jeden dieser Abgaben. Regeln wegen deren Auswahl. Verfahrungsart bei der Verteilung und Einziehung. Relative auf die Finanzwissenschaft.

XVII. Die Philosophie des Staatsrechts begründet bloß das Recht des Regenten, Abgaben zu fordern, und seine Pflicht, die Abgaben nur zu wirklichen Staatsbedürfnissen zu verlangen und nicht mehr von den Untertanen zu nehmen, als sie ohne Zerrüttung ihres Privatwohlstands entbehren können. Außerdem muß sie sich mit der einzigen Rechtsregel begnügen,

daß bei Verteilung der Abgaben die möglichste Gleichheit unter den Einwohnern des Staats beobachtet werden müsse.

Der Satz selbst bedarf wohl keines Beweises. Alle Einwohner des Staats genießen die Vorteile der bürgerlichen Gesellschaft; sie sind daher auch alle schuldig, zu den Lasten derselben beizutragen. Schwerer aber wird es, die unter ihnen zu beobachtende Gleichheit richtig zu bestimmen. Sie besteht nämlich nicht darin, daß ein Bürger des Staats eine ebenso große Summe beitrage als der andre; auch nicht darin, daß der eine einen ebenso großen Anteil seiner Einkünfte entrichte als der andre. Diese scheinbare Gleichheit ist, wenn man die Sache näher entwickelt, die größte Ungleichheit und kann ebensosehr auf Bedrückung der niederen als der höheren Klassen der Staatsbürger führen. Ein Exempel wird dieses sogleich ins Licht setzen. Man nehme einen Kapitalisten, der jährlich 10/m Taler Einkünfte hat, und einen Handwerksmann, der jährlich 300 Taler verdient. Soll jeder von beiden dem Staat jährlich 30 Taler geben, so ist die Ungleichheit auffallend. Aber auch dann ist sie noch nicht gehoben, wenn der Staat jedem dieser beiden Kontribuenten z. E. den 10ten Teil seiner Einkünfte abfordert. Die 1000 Taler,

die alsdann der Kapitalist geben muß, setzen ihn noch nicht in das gehörige Verhältnis mit dem Handwerksmanne, dem 30 Taler von seinem Verdienste weggenommen werden. Der Kapitalist behält alsdann noch 9000 Taler und also 9/10 von seinen Einkünften übrig. Der | Professionist hingegen muß 170R
von seinen 300 Talern Einnahme noch erst die Kosten abziehen, welche die Fortsetzung seines Gewerbes, z. E. die Anschaffung der Materialien, die Unterhaltung seines Handwerkszeugs, die Bezahlung seiner Gehilfen erfordern. Nehmen wir nun diese zu 80 Talern an, und muß der Professionist dennoch 30 Taler an den Staat entrichten, so behält er ohngefähr nur 7/10 seiner Einkünfte übrig und ist also offenbar gegen den Kapitalisten prägraviert, der 9/10 behält.

Man muß also, um die möglichste Gleichheit der Abgaben, die als eine Pflicht der Gerechtigkeit vom Staat gefordert werden kann, zu erreichen, die Berechnung folgendergestalt anlegen:

a) Zuerst müssen die Einkünfte eines jeden Bürgers, sie bestehen worin sie wollen, nach gewissen allgemeinen Grundsätzen ausgemittelt werden.

b) Von diesen Einkünften muß man abziehen, was jeder Bürger nach Beschaffenheit seines Standes und Gewerbes nötig hat, um seinen und der Seinigen Unterhalt zu besorgen, die Vorschüsse zur Fortsetzung seines Metiers und zur fernern Herbeischaffung seines Erwerbs zu bestreiten und noch etwas zur Belohnung seiner Industrie und Deckung künftiger Notfälle übrig zu behalten.

c) Wenn solchergestalt die reinen Einkünfte eines jeden Bürgers ausgemittelt sind, so muß alsdann in Bestimmung der Quote, die ein jeder von seinem Überschuß an den Staat abgeben soll, ein billiges Verhältnis beobachtet werden. Erläuterung durch das vorige Exempel. Der Professionist, welcher jährlich 300 Taler erwirbt, braucht davon 120 Taler zum Unterhalt für sich und die Seinigen und 80 Taler zur Bestreitung der Vorschüsse, welche die Fortsetzung seines Gewerbes erfordert; es bleiben ihm also 100 Taler reiner Einkünfte übrig, unter welchen jedoch die Prämie für seine Industrie, die er billigerweise fordern kann, noch mitbegriffen ist. Wenn nun der Staat den 10ten Teil der reinen Einkünfte von jedem Bürger fordert, so wird der Professionist, der nach dem vorigen Exempel 30 Taler entrichten mußte, nur noch 10 Taler zahlen dürfen. Dem Kapitalisten wollen wir, nach Verhältnis seines Standes und Ranges, der mehreren Ausgaben, wozu ihn dieselben Verpflichtungen, der größeren Bedürfnisse, die Geburt, Erziehung, Gewohnheit und Wohlstand ihm nach den heutigen Zeiten und Sitten zur Notwendigkeit gemacht haben, 4000 Taler zu seinem und seiner Familie standes-

mäßigen Unterhalte passieren lassen. Vorschüsse dürfen wir ihm nicht zugute rechnen, weil er kein Gewerbe treibt, welches dergleichen Vorschüsse erforderte. Er behält also von seinen 10/m Talern jährlicher Einnahme noch 6000 Taler reine Revenuen übrig, wovon er dem Staat 600 Taler als das Zehntel entrichten muß. Langen nach dieser Berechnung die Abgaben zur Bestreitung der Staatsbedürfnisse nicht hin, so bleibt ein doppelter Weg übrig, die Pflichten der Gerechtigkeit mit den Erfordernissen der Staatsnotdurft zu vereinigen. Entweder man ändert die Quoten und fordert statt des 10ten z. E. den 5ten Teil. Alsdann entrichtet unserer Professionist 20 und der Kapitalist aber 1200 Taler, und das Verhältnis unter beiden bleibt gleich. Oder man nimmt verschiedene Quoten nach Verschiedenheit der Stände und Gewerbe an und sagt | z. E., daß der, welcher bloß von seiner Industrie lebt, 171
den 10ten Teil, der aber, welcher bloß die Früchte eines nicht durch eigenen Fleiß, sondern durch Erbschaften und Glücksfälle erlangten Vermögens genießt, etwas mehr, z. E. den 6ten Teil seiner reinen Einkünfte entrichten solle. Alsdann bleibt unser Professionist auf seiner Abgabe von 10 Talern jährlich, der Kapitalist aber muß dem Staat 1000 Taler jährlich beitragen. Dieser Grundsatz der möglichsten Gleichheit findet freilich in der Anwendung auf einen ganzen Staat nicht geringe Schwierigkeiten. Sie kennen und überwinden zu lernen, ist ein Hauptgeschäft der Finanzwissenschaft. In dieser wird Eurer Königlichen Hoheit gezeigt worden sein, welche Vorzüge z. E. vermöge eben dieses Grundsatzes der Kontribution und der Akzise vor allen anderen Arten der Abgabe gebührt, weil bei der Kontribution die Einkünfte der Grundstücke und ihr reiner Ertrag sich mit einem hohen Grade von Zuverlässigkeit ausmitteln lassen und also ein billiger Maßstab für die von den Grundstücken zu entrichtenden Abgaben am leichtesten gefunden werden kann und weil die Akzise, welche die Abgaben nach der Verzehrung einrichtet, einem jeden Kontribuenten den Maßstab zu seinem Beitrage gleichsam selbst in die Hände gibt, der um deswillen billig ist, weil in der Regel die größere oder geringere Einnahme auch die mehrere oder mindere Verzehrung bestimmt. Auf diesen Vortrag der Finanzwissenschaft muß ich mich hier notwendig beziehen, da das nähere Detail über diese Materie ganz außerhalb den Grenzen der Philosophie des Staatsrechts liegt, welche nur den Satz etablieren kann,

> daß, wenn bei Verteilung der Abgaben die Regeln der Gerechtigkeit beobachtet werden sollen, diese Verteilung unter den verschiedenen Klassen der Staatsbürger nach einem billigen Verhältnis der *reinen Einnahme*, die einer jeden nach Abzug ihrer Bedürfnisse noch übrig bleibt, angelegt werden müsse.

XVIII. Wenn wir von diesem Grundsatze ausgehen, so stoßen wir sehr bald auf die vielen Exemtionsprivilegia, vermöge deren fast in jedem Staat eine Menge von Einwohnern und sogar ganze Klassen derselben gewisser Befreiungen von den Staatsabgaben sich anmaßen. Dergleichen Exemtionen bestehen entweder darin, daß der Eximierte zu den Lasten des Staats gar nichts beiträgt, oder darin, daß er seine Beiträge in einem minderen und ungleichen Verhältnisse gegen andre Einwohner entrichtet. Befreiungen der ersteren Art sind so häufig nicht, die von der letzteren Art hingegen kommen fast in jedem Staate vor, und selbst in dem preußischen finden wir Provinzen, wo z. E. der Edelmann von einem Gute 50/m Taler 50 Taler entrichtet, während daß der Bauer von einem Gute, das noch nicht 1000 Taler wert ist, fast ebensoviel steuern muß. Hauptsächlich ist das der Adel und die Geistlichkeit, welche sich im Besitz und Genuß solcher Exemtionen von den Staatsabgaben befindet. Hier entsteht nun die wichtige Frage,

> inwiefern diese Exemtionen den Regeln der Gerechtigkeit gemäß sind und der Regent die Befreiten dabei zu lassen verbunden oder die Exemtionsprivilegia aufzuheben berechtigt sei.

Bei dem ersten Anblick und bloß nach allgemeinen Grundsätzen betrachtet, | scheint die Entstehung dieser Frage sehr leicht zu sein. Es scheint offenbar 171 R
widerrechtlich, wenn Bürger des Staats, die alle Vorteile der bürgerlichen Gesellschaft genießen, sich dem Beitrage zu den Lasten derselben entweder ganz entziehen oder doch diese Beiträge nur in einem so ungleichen Verhältnis übernehmen wollen. Dies wird noch auffallender dadurch, daß es just die angesehenste und wohlhabendste Klasse der Staatsbürger, nämlich der Adel, ist, welcher von der bürgerlichen Gesellschaft vermöge seiner ausgebreiteteren Besitztümer und Gerechtsamen mehr Vorteile genießt als die niederen Stände und dem wegen seines größeren Vermögens die Übertragung der Staatslasten leichter und minder beschwerlich sein würde als den gemeinen Bürgern und Landbewohnern. Gegen diese letzteren scheinen dergleichen Exemtiones der höheren Stände die größte Unbilligkeit zu enthalten. Denn da die Staatsbedürfnisse doch einmal aufgebracht werden müssen, so muß durch die Befreiung der höheren Klassen der Druck für die minderen desto schwerer und es muß ihnen desto unmöglicher werden, sich bei der auf ihnen fast ganz allein ruhenden Last der öffentlichen Abgaben zu irgendeinem Grade des Privatwohlstands emporzuschwingen. Gerechtigkeit, Billigkeit und Staatsinteresse scheinen daher einen Regenten aufzufordern, daß er alle diese Exemtionsprivilegia vernichte und den Grundsatz der möglichsten Gleichheit auch unter den verschiedenen Klassen der Staatsbürger wieder herstelle.

So scheinbar aber und in die Augen fallend diese Gründe zu sein scheinen, so werden wir doch bei einer genaueren Untersuchung leicht finden, daß sich ihnen ebenso starke Gegengründe entgegenstellen und ein gerechter Regent die einmal vorhandenen Exemtionsprivilegia nicht anders als im Falle der äußersten Not antasten könne.

1. Was zuvörderst die Befreiung von gewissen Abgaben betrifft, deren sich die mit der Verrichtung des öffentlichen Gottesdienstes und mit der Seelsorge beschäftigte Geistlichkeit zu erfreuen hat, so ist dieselbe schon an und für sich vollkommen rechtmäßig. Lehrer und Prediger, welche das Volk von seinen Pflichten unterrichten, sind notwendige und nützliche Beamte der bürgerlichen Gesellschaft. Sie können so gut wie andre Militär- und Zivilbediente ihren Unterhalt von der Gesellschaft, in deren Diensten sie stehen und der sie ihre Zeit und Kräfte widmen müssen, fordern. Als einen Teil ihrer Besoldung hat man ihnen von alten Zeiten her die Befreiung von gewissen öffentlichen Abgaben beigelegt, in welchen sie von den übrigen Einwohnern übertragen werden. Wollte man ihnen diese Befreiung wiederum entziehen, so würde man ihnen einen Teil der Besoldung nehmen, der ihnen nach den Regeln der Gerechtigkeit auf andre Art wieder ergänzt werden müßte. Die Einziehung der dem Predigerstande beigelegten Exemtionen würde also eine ganz unnütze Operation sein, indem das, was der Staat oder die steuerpflichtigen Klassen seiner Einwohner mit der einen Hand | dabei 172
gewinnen könnten, von ihnen mit der andern Hand den Predigern, die von ihren ohnehin meistens sehr knapp zugeschnittenen Besoldungen, ohne Not und Mangel zu leiden, nichts entbehren können, wieder zurückgegeben werden müßte.

2. Die Exemtiones, die der Adel im Verhältnis gegen seine Untertanen in den meisten Provinzen genießt, sind, wenigstens zum Teil, so unbillig nicht, als es auf den ersten Anblick scheinen möchte. In diesen Provinzen gehört Grund und Boden der Herrschaft, und der Untertan hat bloß ein Recht auf die Nutzungen seiner Stelle. Wenn wir die ältere Geschichte der verschiedenen Staaten der preußischen Monarchie untersuchen, so finden wir, daß die ursprünglichen Eigentümer der Ländereien Adliche waren, die im Gefolge eines Heerführers oder Oberlehnsherrn diese Provinzen unterjocht und die darin befindlichen nutzbaren Grundstücke unter sich verteilt hatten. Um diese Grundstücke desto besser kultivieren zu können, überließen sie einen Teil derselben an andre, die entweder Kolonisten waren oder zu den Überresten des besiegten Volks gehörten. Diese konnten nun alle Nutzungen der ihnen angewiesenen Stellen ziehen und verpflichteten sich dagegen dem Guts-

herrn zu gewissen Diensten und Abgaben. Der Bauer besitzt also, wenn wir auf den ersten Ursprung zurückgehen, einen Teil von dem Eigentume des Edelmanns auf den Grund eines Kontrakts, vermöge dessen er gegen den Genuß dieser Vorteile die Tragung gewisser Lasten übernommen hat. So wie es nun nichts Ungerechtes oder Unbilliges enthält, wenn ein Particulier sein Landgut verpachtet und es dem Pächter zur Bedingung [macht], daß derselbe die öffentlichen Abgaben für ihn auf Rechnung der Pachtzinse entrichten solle, so kann man es auch nicht geradezu für ungerecht oder unbillig ansehen, wenn der Edelmann dem Bauern einen Teil seiner Ländereien zur Nutznießung unter der Kondition eingeräumt hat, daß dieser ihn in der Entrichtung der öffentlichen Abgaben übertragen solle. Die Sache kommt vielmehr darauf hinaus, daß der Bauer vermöge seines Kontrakts, auf dessen Grund er seine Stelle besitzt und genießt, schuldig ist, die Abgaben, welche der Edelmann von seinen eigenen Ländereien dem Staat nach dem Grundsatze der Gleichheit zu zahlen hätte, an dessen Stelle zu entrichten.

3. Die Befreiungen von den Abgaben, in deren Besitz sich der Adel befindet, gründen sich auf Privilegia und ausdrückliche Verträge zwischen ihm und dem Landesherrn. Nun haben wir aber schon mehrmals gesehen und uns überzeugt, daß auch ein souveräner Regent durch Gerechtigkeit und eigenes Interesse verpflichtet werde, die Verträge mit seinen Untertanen getreulich zu erfüllen und sie in ihren dadurch erworbenen Rechten, zu deren Schutze ihm die Obergewalt im Staat durch den bürgerlichen Vertrag anvertraut worden, nicht zu beeinträchtigen.

4. Freilich sind alle übrigen Pflichten eines Souveräns der ersten und höchsten Pflicht desselben, für die Erhaltung des Staats zu sorgen, untergeordnet und müssen derselben bei eintretendem Kollisionsfalle nachstehen. Allein dieser Grundsatz würde den Regenten zur Aufhebung oder Schmälerung der Exemtionen seines Adels nur alsdann berechtigen können, wenn dieser Kollisionsfall wirklich vorhanden wäre. Diesen können wir uns aber nur alsdann gedenken, wenn entweder der Wohlstand des Landes so tief | ge- 172R
sunken oder wenn die Staatsbedürfnisse so gestiegen wären, daß dem Regenten nur die traurige Alternative übrigbliebe, entweder die kontribuablen Klassen der Einwohner mit Abgaben so zu drücken, daß ihnen von ihrem Erwerbe nicht mehr die erforderliche Subsistenz und der nötige Vorschuß zur Fortsetzung ihres Gewerbes übrigbliebe, oder die Staatsausgaben so einzuschränken, daß die innere Staatsverwaltung oder der Defensionsstand von außen darunter leiden müßten. Wehe dem Regenten, dessen Land in einen so tiefen Verfall gerät, daß ihm, um den Staat selbst zu konservieren, kein

andres Mittel übrigbleibt, als die Vorrechte und Privilegia ganzer Klassen seiner Staatsbürger anzutasten. Dies ist der eigentliche Zeitpunkt der Revolutionen, dergleichen wir in Frankreich erlebt haben. In solchen äußersten Fällen, wo es wirklich um die Erhaltung der Existenz des Staats zu tun ist und wo dieser auf andre Art nicht gerettet werden kann, sind allerdings die eximierten Stände schuldig, auf ihre Privilegien Verzicht zu tun und zu den Bedürfnissen des Staats das beizutragen, was der Staat nicht entbehren und von den übrigen kontribuablen Klassen ohne deren gänzliche Unterdrückung nicht aufgebracht werden kann. Inzwischen wird es ein kluger Regent so weit nicht kommen lassen, weil er sich selbst zu sehr exponiert.

5. Solange aber der Fall einer solchen Extremität noch nicht vorhanden ist, so lange würde der Regent eine wirkliche Ungerechtigkeit begehen, wenn er die Privilegia der eximierten Klassen schmälern oder gar aufheben wollte. Selbst der Vorwand, daß solches geschehe, um die kontribuablen Klassen in ihren Abgaben zu erleichtern, würde einen solchen Schritt nicht rechtfertigen können. Da wir voraussetzen, daß diese kontribuablen Klassen bei den Abgaben, womit sie belegt sind, noch bestehen und denjenigen Grad des Wohlstandes, auf welchen jeder Staatsbürger ein Recht hat, erreichen können, so würde der Regent, wenn er ihnen einen Teil dieser Abgaben abnehmen und solche auf die Schultern der eximierten Stände legen wollte, die Glücksumstände jener auf Kosten dieser verbessern, welches nach den Regeln der Gerechtigkeit ebenso unerlaubt ist, als wenn er dem Millionär von seinem Vermögen 10/m Taler mit Gewalt nehmen wollte, um damit den Wohlstand irgendeiner verarmten Familie wiederherzustellen. Beides würden Eingriffe in die Rechte des Eigentums sein, die der Staat schützen soll und die er also nicht selbst beeinträchtigen darf. Nimmt z. E. der Staat dem Bauern 50 Taler von seinen Steuern ab und legt solche dem Edelmann auf, welcher bisher frei war, so ist das Gut des Edelmanns, das bisher 10/m Taler wert gewesen ist, nun nur noch 9000 Taler wert; hingegen ist das Gut des Bauern, das bisher nur zu 500 Talern angeschlagen werden konnte, nunmehr auf einmal im Preise bis zu 1500 Talern gestiegen; es ist daher ebensoviel, als ob der Staat dem Edelmann 1000 Taler genommen und dieselben dem Bauern geschenkt hätte.

XIX. Aus diesen Betrachtungen über die Exemtionsprivilegia können wir folgende Resultate ziehen:

1. Der Regent ist schuldig, die einmal vorhandenen Privilegia und Verträge, 173

wodurch gewisse Klassen der Staatsbürger von den Beiträgen zu den öffentlichen Abgaben ganz oder zum Teil befreit worden, aufrechtzuerhalten. Er kann diese Privilegia alsdann nur einschränken oder zurücknehmen, wenn der äußerste Notfall der Konservation des Staats solches wirklich erfordert und keine andren Mittel, den Staat zu retten, mehr vorhanden sind.

2. Er muß sich aber sorgfältig hüten, diese Exemtionsprivilegia noch mit neuen zu vermehren, weil dieses nicht geschehen kann, ohne die nach den wirklichen Staatsbedürfnissen abgemessenen Einkünfte unzureichend zu machen oder [daß] die übrigen Klassen, welche dergleichen Eximierte übertragen müssen, über die Gebühr belastet werden.

3. Auch an einzelne Mitglieder des Staats muß der Regent keine Exemtionsprivilegia erteilen, selbst wenn solche an sich als eine Belohnung der Verdienste des Eximierten angesehen werden könnten. Diese Art der Belohnung ist nicht schicklich, weil sie den übrigen Mitgliedern der bürgerlichen Gesellschaft auf die ganze Folgezeit hinaus zur Beschwerde gereicht, und dem Staat sind andre Mittel zur Belohnung von Verdiensten, die den künftigen Generationen nicht so drückend werden können, anvertraut.

XX. Die dritte unter dem landesherrlichen Rechte der Finanzen begriffene Hauptbefugnis besteht in dem Rechte des Regenten, die Erhebung und Einziehung, die Verwaltung und Verwendung der Staatseinkünfte anzuordnen. In Ansehung dieses Rechts gelten die allgemeinen Grundsätze,

1. daß mit möglichster Sorgfalt diejenigen Arten der Erhebung und Einziehung gewählt werden müssen, welche unter übrigens gleichen Umständen die nötigen Staatseinkünfte am zuverlässigsten und mit den wenigsten Kosten herbeischaffen. Denn wenn in den Staatseinkünften, die einmal nach der wirklichen Staatsbedürfnis abgemessen sind, Ausfälle sich ereignen, so bleibt immer kein andrer Ausweg übrig, als daß diese Ausfälle wiederum durch neue Beiträge der Untertanen ergänzt werden müssen. Da ferner die Hebungskosten selbst, d. h. die Unterhaltung der zur Einziehung und Erhebung der Staatseinkünfte nötigen Anstalten, die Besoldungen der dazu bestellten Bedienten pp. ebenfalls zu den Staatsbedürfnissen gehören, die von den Untertanen getragen werden müssen, so muß die Last dieser letzteren um so mehr vergrößert werden, je höher die Hebungskosten ansteigen. Es ist also allerdings die Pflicht des Regenten, auf solche Anstalten zu denken, durch welche die Hebung der Staatseinkünfte möglichst gewiß und wohlfeil gemacht werden kann. Inzwischen habe ich oben mit Vorbedacht gesagt, daß unter den ver-

schiedenen Hebungsarten der Staatseinkünfte diejenige, welche die wenigsten Kosten erfordert, nur *unter übrigens gleichen Umständen* den Vorzug verdiene. Denn die Wohlfeilheit der Hebung macht nicht allein, ja nicht einmal hauptsächlich den vorzüglichen Wert dieser oder jener Art, die Staatseinkünfte herbeizuschaffen, aus. Es können andre Gründe vorhanden sein, die einer gewissen Art der Perzeption den Vorzug versichern, wenngleich dieselbe mit etwas mehreren Kosten verbunden ist. So ist z. E. die Akzise eine mit sehr beträchtlichen Hebungskosten verbundene Abgabe. Indes wird man doch bei dem Vortrage der Finanzwissenschaft Eurer Königlichen Hoheit ohne | Zweifel schon die anderweitigen großen Vorteile dieses 173R Modi zur Herbeischaffung der Staatseinkünfte, welche derselben vor so vielen andern Arten der Auflagen einen großen Vorzug geben, schon detailliert haben.[1]

2. Gefährlichkeit der Abänderungen in dem Modo der Auflagen. Österreichische Steuerregulierung.

3. Der Landesherr kann sich bloß als den Verwalter der öffentlichen Einkünfte betrachten, die er bloß nach dem Zwecke derselben, nämlich zur Bestreitung wahrer und wirklicher Staatsbedürfnisse, zu verwenden berechtigt ist. Sein Reich ist kein Landgut, welches sein Eigentümer, so gut er kann und will, zu seiner Bereicherung nutzen mag. Er ist der Vorsteher einer Gesellschaft freier Menschen, die ihn an ihre Spitze gestellt haben, damit sie unter seinem Schutze ihr Eigentum sicher genießen und der natürlichen Freiheit, ihren Privatwohlstand durch alle erlaubten Mittel zu befördern, sich ungestört bedienen können. Der bürgerliche Vertrag verpflichtet die Untertanen bloß, dem Regenten von ihrem Eigentum und Vermögen so viel abzugeben, als nötig ist, die Bedürfnisse des Staats nach seinen verschiedenen Zwecken zu befriedigen. Diese Abgaben sind also kein Privateigentum des Regenten, sondern sie sind das Eigentum der ganzen bürgerlichen Gesellschaft. Dieser ist der Natur der Sache gemäß der Regent von seiner Verwaltung und Verwendung Rechenschaft schuldig, und wenngleich in einem souveränen Staat den Untertanen ein positives Recht, dem Regenten eine solche Rechenschaft abzufordern, nicht eingeräumt werden kann, so wird er doch dadurch von dieser seiner natürlichen Pflicht vor Gott, vor seinem eigenen Gewissen und vor dem unparteiischen Richterstuhl der Geschichte und Nachwelt nicht befreit. Auch merkt es das Volk sehr wohl, ob die Abgaben, die man von ihm fordert, wirklich zum gemeinen Besten erforderlich sind und

[1] Am Rande: Vorzug der Akzise, daß dadurch die Revenuen des Staats mit dem Wohlstande der Untertanen zugleich vermehrt werden.

verwendet werden oder nicht; und diese Bemerkung hat auf seine Willigkeit und Treue in Entrichtung dieser Abgaben den sichersten Einfluß. Man hat im 7jährigen Kriege die Bemerkung gemacht, daß, so sehr das Land durch das Ungemach des Krieges, durch die mancherlei außerordentlichen Kosten und Lasten desselben und zum Teil selbst durch feindliche Verheerungen mitgenommen war, dennoch die Abgaben nie prompter, ordentlicher und akkurater entrichtet worden sind als damals, welches sich wohl daher erklären läßt, weil jeder wußte und fühlte, wie notwendig sein Beitrag war, um den Staat vor dem ihm drohenden Untergang zu retten, und wie treulich jeder Groschen zu wirklichen dringenden Staatsbedürfnissen verwendet wurde. Es sind zwei Klippen, die dem Regenten bei der Ausübung seines Finanzrechts Gefahr drohen und die er nur alsdann vermeiden wird, wenn er feste Grundsätze hat, auf das Ab- und Zunehmen des Wohlstands in seinem Lande eine ununterbrochene Aufmerksamkeit richtet und sein Ohr gegen die Eingebungen seiner Leidenschaften und seines Temperaments ebenso fest als gegen die Ratschläge eigennütziger Schmeichler und Augendiener verstopft. Die eine Klippe ist übertriebene Sparsamkeit, die ihn verleiten kann, die Staatsbedürfnisse zu sehr einzuschränken und statt einer anständigen, der Würde des Staats angemessnen Pracht niedrige Knickerei in seinem Lande einzuführen, das Verdienst unbelohnt zu lassen, den Wissenschaften, den Künsten
(hier brechen die Ausführungen ab)

(Der Fiskus)

Unter dem Namen des Fiskus versteht man alle Arten der Staatseinkünfte, 174
welche aus dem Besteuerungsrechte oder aus dem besonderen Staatseigentume, d. h. aus den Domänen und Finanzregalien fließen. Da dem Staat und der bürgerlichen Gesellschaft ausnehmend viel daran gelegen ist, daß die Staatseinkünfte von den Kontribuenten richtig eingehen und von den Verwaltern derselben treulich vermehrt, ihren Bestimmungen gemäß gehörig verwendet und richtig berechnet werden, so sind den landesherrlichen oder sogenannten fiskalischen Kassen durch positive Gesetze des Staats gewisse besondere Vorrechte beigelegt, die an sich, soweit sie aus diesem Grundsatz des allgemeinen Staatsrechts hergeleitet werden können, der Gerechtigkeit vollkommen gemäß sind. Dahin gehört besonders,

a) daß die Abgaben, welche jeder Einwohner dem Staat zu entrichten verbunden ist, vor allen andern Privatschulden desselben den Vorzug haben. Wenn also jemand dergestalt in Verfall seines Vermögens gerät, daß dieses nicht mehr hinreicht, alle seine Schulden zu bezahlen, so müssen seine Privatgläubiger den Staatskassen nachstehen. Damit aber dieses Privilegium von den Empfängern und Verwaltern der Staatsgefälle nicht gemißbraucht werden möge, den Kontribuenten mit ihren Abgaben allzu lange Nachsicht zu gestatten und entweder die Kasse selbst der Gefahr des Verlustes auszusetzen oder das übrige Publikum, welches mit einem solchen saumseligen Kontribuenten Geschäfte betrieben hat, zu gefährden, so ist das Vorrecht der fiskalischen Kassen in dem Vermögen ihrer Schuldner auf den Rückstand zweier Jahre eingeschränkt worden. Haben die Einnehmer der öffentlichen Gefälle durch ihre Nachlässigkeit in Einziehung und Beitreibung derselben einen längeren Rückstand anschwellen lassen, so sind sie selbst dafür verantwortlich.

b) Ein gleiches Vorrecht vor allen Privatschulden haben die fiskalischen Kassen in den Gütern und dem Vermögen der Einnehmer und Verwalter der öffentlichen Gefälle, der Pächter und Administratoren des Staatseigentums. Wenn also ein Domänenpächter seine Pacht nicht richtig abführt, wenn ein Kassenbedienter die ihm anvertrauten Kassengelder unterschlägt, veruntreut oder sonst durch seine Nachlässigkeit oder Unordnung den Staat daran benachteiligt, so geht der Fiskus in seinem Vermögen allen andern Privatgläubigern vor.

c) Solche Kassen des Landesherrn, die nicht mit wirklichen aus dem Staatseigentum oder aus dem Besteuerungsrecht fließenden Einkünften zu tun haben, sondern zu andern Bestimmungen gewidmet sind, können auf dieses Vorrecht der fiskalischen Kassen keinen Anspruch machen. Die Landesherren haben sich außer den beiden Hauptquellen der Staatseinkünfte, nämlich dem Staatseigentum und dem Besteuerungsrechte, mancherlei andre Quellen der Einnahme zu eröffnen gesucht. Sie haben z. E. Handlungsinstitute errichtet, gewisse Gewerbe dem Betrieb der Privatpersonen entzogen und den Ertrag davon ihren Kassen beigelegt. Anstalten dieser Art betreibt der Regent nicht als Regent, sondern als Particulier. Sein Recht, Einkünfte dieser Art zu ziehen und sich zuzueignen, gehört nicht zu den Majestäts- oder Hoheitsrechten; er kann also die besonderen Vorrechte, welche den eigentlichen Staatskassen beigelegt sind, auf dergleichen Privatentreprisen nicht ausdehnen.

d) Bei der Administration der landesherrlichen Finanzen kommen öfters

Fälle vor, wo die Vorsteher derselben sich mit einzelnen Particuliers in Verträge und andre dergleichen Verhandlungen einlassen müssen, z. E. wenn die Produkte | administrierter Domänengüter verkauft, die Wirtschafts- 174R
bedürfnisse für dieselben angeschafft, Baue geführt, Kriegsbedürfnisse, z. E. Lebensmittel, Montierungsstücke, Pferde usw. angekauft werden sollen. In den Gütern und dem Vermögen dererjenigen, mit welchen dergleichen Verträge geschlossen worden, haben die fiskalischen Kassen ebenfalls ein Vorrecht vor andern Privatgläubigern. Dies Vorrecht ist aber nicht so stark und vorzüglich als dasjenige, welches den Staatskassen in Ansehung der öffentlichen Gefälle beigelegt ist. Ältere Privatgläubiger, welche die gehörige Vorsicht gebraucht haben, sich vor ihre Forderungen gesetzmäßige Sicherheit zu verschaffen, können den Forderungen, welche der Fiskus an ihren Schuldner aus einem bloßen Kontrakt zu machen hat, nicht nachgesetzt werden. Dies hat darin seinen Grund, weil einesteils, wenn man das Gegenteil annehmen wollte, aller Privatkredit der Particuliers, der doch den meisten derselben zum Betriebe ihres Gewerbes unentbehrlich ist, wegfallen würde; denn niemand kann sich mit einem Menschen einlassen und ihm sein Vermögen anvertrauen, von dem er nicht weiß, ob er nicht morgen einen Kontrakt mit dem Fiskus schließen und demselben daraus soviel schuldig werden wird, daß sein ganzes Vermögen zu dessen Bezahlung nicht hinreicht. Andernteils hat bei solchen einzelnen Geschäften und Kontrakten der Fiskus ein solches starkes Vorrecht wie bei den wirklichen Staatsabgaben nicht nötig, weil es die Finanzcollegia dabei immer nur mit einem gewissen bestimmten Subjekt zu tun haben und ihre Maßregeln nehmen können, daß die Kasse bei ihm sicher sei, welches bei den Staatsabgaben nicht angeht. Es ist daher den Grundsätzen des allgemeinen Staatsrechts sowohl als der natürlichen Billigkeit vollkommen gemäß, daß der Fiskus mit seinen Forderungen aus Kontrakten nur solchen Privatgläubigern vorgehe, welche die gesetzmäßigen Mittel, vor ihre Sicherheit zu sorgen, ganz verabsäumt haben.

e) Ein großer Teil der Staatseinkünfte beruht auf den Abgaben, welche die Untertanen von ihrer Konsumtion, von ihrem Handel und von andern Erzeugnissen ihrer Industrie abgeben müssen, d. h. auf Akzise- und Zollgefällen. Hier kommt es darauf an, daß die Gegenstände, von welchen diese Gefälle zu entrichten sind, und die einzelnen Fälle und Ausübungen des Gewerbes, von welchen der Staat die Abgabe zu fordern hat, treulich und richtig angezeigt werden. Dies ist die Pflicht eines jeden Untertanen, der vermöge des bürgerlichen Vertrages den Staat auf die von ihm durch allgemeine Verordnungen bestimmte Art zu seinen Bedürfnissen zu unterstützen verbunden ist. Wer also dem Staat die ihm schuldigen Abgaben zu entziehen und ihn darum zu betrügen sucht, der kränkt die Rechte des Staats und schadet, soviel an ihm ist, dem Wohlstande der bürgerlichen Gesellschaft, welche ohne Abgaben nicht bestehen kann. Hierauf gründet sich das Recht des Staats, die Akzise- und Zolldefraudationen unter angemessenen Strafen zu verbieten und diejenigen, welche sich deren dennoch schuldig machen, mit angemessenen Strafen zu belegen.

Von diesen Strafgesetzen, welche auf die Verhütung der Akzise- und Zoll- 175
unterschleife abzielen, gelten alle die Grundsätze, die wir oben bei der Untersuchung des landesherrlichen Strafrechts überhaupt festgesetzt haben. Die Strafe muß mit dem Verbrechen in gehörigem Verhältnisse stehen. Das Übel, welches der Staat demjenigen zufügt, der ihn um seine Einkünfte betrügen will, muß nicht größer sein, als es notwendig ist, um andre von ähnlichen Vergehungen abzuhalten. Dergleichen Betrügereien werden aus Eigennutz in der Absicht begangen, die dem Staat schuldigen Gefälle zu seinem eigenen Privatvorteil anzuwenden. Die natürlichste Art der Strafen sind also hier die Geldstrafen, weil dadurch der Leidenschaft, welche den Übertreter zu seinen Vergehen verleitet hat, geradezu entgegengearbeitet wird. Körperliche Strafen können nur gegen diejenigen stattfinden, welche durch ihr Unvermögen gegen Geldstrafen gesichert sind. Todesstrafe ist gegen diese Art von Verbrechen niemals zulässig, weil das Leben eines Menschen mit einem bloßen Geldverluste niemals in Verhältnis gesetzt werden kann. Selbst die Geldstrafen sollen bloß ein Abschreckungsmittel zur Sicherung der Staatseinkünfte gegen Unterschleife sein. Der Staat muß sie also niemals als eine eigentliche Quelle von Einkünften betrachten; er muß sie nie so hoch ansetzen, daß der Bestrafte dadurch gänzlich ruiniert und an den Bettelstab gebracht würde. Durch eine solche Übertreibung der Akzise- und Zollstrafen würde der Staat sich selbst am meisten schaden, weil ein Untertan, der nicht mehr imstande ist, sich selbst zu ernähren und sein Gewerbe fortzusetzen, auch dem Staat keine ferneren Beiträge entrichten kann. Geldstrafen haben kein Vorzugsrecht.
Eine der wichtigsten Fragen, die bei dieser Materie noch erörtert werden muß, ist,

> inwiefern ein souveräner Regent nach Grundsätzen des allgemeinen Staatsrechts schuldig sei, die Streitigkeiten zwischen seinem Fiskus und den Untertanen der Entscheidung der Gerichtshöfe zu unterwerfen.

Zur richtigen Beantwortung dieser Frage müssen wir einen Unterschied machen zwischen dem Staatseigentum und dem Besteuerungsrechte. Die Domänen als die erste Art des Staatseigentums bestehen in einzelnen Grundstücken, die von andern Grundstücken nur darin unterschieden sind, daß ihr Eigentum nicht einem Particulier, sondern der ganzen bürgerlichen Gesellschaft zusteht. Es kann also bei Domänengütern Streit entstehen über die Grenzen derselben mit andern Privatgütern, über Gerechtigkeiten, z. E. Hutungs- oder Holzungsrechte, welche das Domänengut auf ein Privatgrundstück oder dieses gegen jenes prätendiert. Domänengüter können verpachtet, sie können zwar nicht in der Regel, aber doch, wie wir gesehen haben, unter gewissen Umständen veräußert werden. Zwischen den Domänenpächtern und der Kammer können über den Kontrakt und dessen Erfüllung Streitigkeiten enstehen; die Gültigkeit einer Veräußerung kann angefochten werden, es kann eine Untersuchung darüber nach rechtlichen Grundsätzen notwendig werden. Ebenso verhält es sich mit den nutzbaren Regalien. Auch diese werden häufig verpachtet, sie werden an Particuliers veräußert werden, über die Gültigkeit dieser Veräußerung, über den Umfang und die Grenzen des einem Particulier verliehenen Regals können Streitigkeiten entstehen. Was das Besteuerungsrecht betrifft, so kann zwar die Befugnis des Regenten zur Ausübung dieses Rechts an sich und im allgemeinen nie der Gegenstand eines Rechtsstreits sein. Auch darüber, welche unter den verschiedenen möglichen Arten der Ausübung der Regent wählen, welche Artikel er mit Abgaben belegen soll, kann kein Prozeß statuiert werden, weil, wie wir oben gesehen haben, nur allein der Regent sich auf dem Standpunkte befindet, von welchem herab er | richtig über- 175 R
sehen und beurteilen kann, was zu den Staatsbedürfnissen notwendig sei und wie diese Bedürfnisse mit Beobachtung der möglichsten Gleichheit auf die zuverlässigste, wohlfeilste und mit dem Privatwohlstand der Untertanen verträglichste Art zusammengebracht werden können, als worüber sich keine gewissen und allgemein geltenden Regeln geben lassen, worüber also auch kein Richterstuhl eine sichere und richtige Entscheidung geben kann. Allein auch hier sind in einzelnen Fällen Streitigkeiten möglich. So haben wir gesehen, daß es Privatpersonen und ganze Klassen von Untertanen gibt, die auf eine Befreiung von gewissen Arten der Staatsabgaben nach Verträgen und positiven Staatsgesetzen Anspruch zu machen haben. Wir haben gesehen, daß den Staatskassen in dem Vermögen der Kontribuenten und der Kassenverwalter gewisse Vorrechte vor andern Privatgläubigern beigelegt, daß aber auch diese Vorrechte in gewisse Schranken eingeschlossen sind. Die zum

Nachteil der Akzise- und Zolleinkünfte begangenen Unterschleife sind nach den Gesetzen mit gewissen Strafen belegt, und es kann gestritten werden, ob der, welcher einer Übertretung solcher Strafgesetze angeklagt wird, sich deren wirklich schuldig gemacht habe oder nicht. Ebenso haben wir bemerkt, daß die Fälle sehr häufig vorkommen, daß der Staat und dessen Finanzbediente bei der Verwaltung der Finanzen sich in Verträge mit Particuliers einlassen, woraus gegenseitige Rechte und Pflichten entstehen und die unter den Kontrahenten ebenso wie bei Privatverträgen zu Streitigkeiten Anlaß geben können. Es fällt in die Augen, daß der Regent, wenn er nicht Despot sein will, alle dergleichen Streitigkeiten nicht nach seiner bloßen Willkür, sondern nach den darüber vorhandenen Gesetzen entscheiden müsse. Wollte er dieser Entscheidung sich selbst anmaßen, so würde er Richter in seiner eigenen Sache werden; und ebendies würde geschehen, wenn er die Entscheidung solcher Streitigkeiten seinen Finanzcollegiis überlassen wollte, da diese bei der Vermehrung und Konservation der Staatseinkünfte ein zu nahes Interesse haben, als daß man von ihnen die nötige Unparteilichkeit in Abwägung der streitigen Befugnisse zwischen der Kasse und den Privatuntertanen erwarten könnte. Wenn also ein Landesherr den Verdacht des Despotismus von sich ablehnen, wenn er sich das Vertrauen seiner Untertanen erhalten, wenn er nicht zu ungleichen Urteilen über seine Denkart und seinen Charakter Anlaß geben will, so muß er die Entscheidung solcher Streitigkeiten, wobei der Fiskus interessiert, der Untersuchung und Entscheidung der ordentlichen Gerichte überlassen. Daher sind in der preußischen Staatsverfassung folgende sehr weise und billige Grundsätze über diese Materie aufgenommen worden.

Das Recht des Landesherrn, Abgaben von den Untertanen zu fordern, zu bestimmen, wieviel zur Bestreitung der Staatsbedürfnisse erforderlich, wie solches aufgebracht und wie die Abgaben unter die dazu Verpflichteten repartiert werden sollen, ist ein Hoheitsrecht und kann in keinem Falle den Gegenstand eines Rechtsstreits zwischen dem Landesherrn und seinen Untertanen ausmachen. Wenn aber Streitigkeiten entstehen

1. über Domänen und Regalien,
2. über Befreiungen von gewissen Arten der Staatsabgaben,
3. über die Anwendbarkeit der den Staatskassen in den Gütern der Kontri- 175
buenten und der Kassenbedienten beigelegten Vorrechte vor andern Privatgläubigern,
4. über die Rechte und Pflichten aus den in einzelnen Fällen über Finanzgeschäfte mit Particuliers geschlossenen Kontrakten,

5. über die Bestrafung derjenigen, welche Finanz- und besonders Akzise- und Zollgesetze übertreten zu haben beschuldigt werden,

so muß die Untersuchung und Entscheidung solcher Streitigkeiten nach den Gesetzen des Staats den ordentlichen Gerichtshöfen überlassen werden, und diese müssen die Freiheit haben, solche Prozesse zwischen dem Souverän und seinen Untertanen mit eben der Unparteilichkeit und gleich weniger Rücksicht auf das Ansehen der Person zu entscheiden wie die Prozesse unter Privatpersonen.

ALLGEMEINE ÜBERSICHT DER LANDESHOHEITSRECHTE UND DEREN VERWALTUNG IN DER PREUSSISCHEN MONARCHIE

I. Recht der Gesetzgebung.

1. Gesetze vorzuschlagen: quilibet ex populo; das Ministerium.
2. Prüfung der Gesetze: Gesetzkommission.
3. Gesetzliche Sanktion: der König.

II. Recht der Gerichtsbarkeit oder die Befugnis, die im Staat entstehenden Streitigkeiten und Prozesse nach den Gesetzen des Staats zu untersuchen und zu entscheiden. Ausübung durch die Gerichte. Die Gerichte sind a) *Untergerichte*, welche die Jurisdiktion über einen gewissen bestimmten Ort oder Distrikt in Ansehung der darin befindlichen Personen und Sachen verwalten; b) *Obergerichte*, welche α) die unmittelbare Jurisdiktion des Landesherrn über den Adel und dessen Güter, über Städte, Kirchen, Klöster, Stifter und deren Güter, über die Staatsbeamten und die Geistlichkeit in einer ganzen Provinz ausüben, β) die Aufsicht über die Untergerichte und die Appellationen [sic!]; c) *besondere Gerichte*, welchen die Jurisdiktion über gewisse Arten von Gegenständen und Angelegenheiten aufgetragen ist; d) *das Justizministerium*, welches über alle Gerichte die Aufsicht führt.

III. Straf- und Kriminalrecht oder die Befugnis, die gegen die Gesetze des Staats begangenen Verbrechen zu untersuchen und zu bestrafen. Ausübung durch die Gerichte. Einteilung in *Ober-* und *Untergerichte*. Obergerichte über die

Exemtos und über die Delicta publica. Aufsicht über die Untergerichte und 2te Instanz. *Das Justizministerium*, an dessen Kriminaldepartement alle Kriminalurteile, wodurch auf langwierige Gefängnis-, auf Zuchthaus-, Festungs- oder Todesstrafe erkannt worden, eingesendet werden müssen.

IV. Recht der Polizei. Begreift unter sich 1. die Handhabung der Gesetze, welche dahin abzielen, Verbrechen zu verhüten, schädliche Naturbegebenheiten abzuwenden, dem Mißbrauche des Eigentums Grenzen zu setzen, Gewerbe und Handel nach dem Zweck des gemeinen Besten zu leiten, für die Nahrung, die Bequemlichkeit und das Vergnügen der Bürger zu sorgen; 2. die Leitung und Direktion der Religions- und Erziehungsanstalten. Letzteres ist mit der Oberaufsicht über die Kirchen- und Religionsanstalten verbunden. Ersteres betrifft Anstalten und Anordnungen, die nur auf einen gewissen Ort eingeschränkt sind — *Stadt- und Dorfpolizei*; oder solche, die über eine ganze Provinz oder Distrikt sich ausdehnen — *Landespolizei.* | Die Polizei wird also 176R
verwaltet:

1. Durch die Magisträte und Gerichtsobrigkeiten: die Stadt- und Dorfpolizei.
2. Durch die Kammern: die Landespolizei.
3. Durch das Generaldirektorium: Aufsicht über sämtliche Polizeianstalten.

V. Das Recht der Oberaufsicht über die im Staat vorhandenen Gesellschaften. Deren Zweck ist:

1. Gemeinschaftlicher Gottesdienst, Religionsübung und Unterricht. Zum Rechte des Staats über die Kirche.
2. Andre Gegenstände. Zur Landespolizei.

VI. Das Recht des Staats über die Kirche entspringt a) aus dem Rechte der Oberaufsicht über alle Religionsgesellschaften; b) übertragene Rechte über innere Einrichtungen protestantischer Kirchen.

1. Das Recht der Oberaufsicht über nichtprotestantische Kirchen, Stifter, Klöster und andre Religionsgesellschaften: *die Regierungen.*
2. Das Recht der Oberaufsicht und die dem Landesherrn übertragenen inneren Rechte über protestantische Kirchen- und Religionsgesellschaften: *Consistoria.*
3. Die Oberaufsicht über sämtliche Kirchen- und Religionssachen: *Geistliches Departement.*

VII. Das Recht, Ämter zu erteilen und Würden zu verleihen.

A. Die Besetzung der verschiedenen im Staat vorhandenen Ämter.

1. Mittelbare:

a) Das Recht, zu wählen und vorzuschlagen. Wahl und Präsentationsrecht.

b) Das Recht zu prüfen: die königlichen Collegia.

c) Das Recht zu bestellen: das kompetente Departement des Ministerii.

2. Unmittelbare:

a) Mitglieder der Landescollegia und andre dergleichen höhere Offizianten.

α) Vorschlag: die Departementschefs.

β) Wirkliche Bestellung: der König.

b) Subaltern- und andre niedrige Bediente.

α) Vorschlag und Prüfung: das Kollegium.

β) Bestellung: der Departementschef.

B. Standeserhöhungen, Titel, Ehrenzeichen: der Landesherr allein, entweder aus eigener Bewegung oder auf den Vorschlag des Departements im Ministerio.

VIII. Das Recht des Krieges, des Friedens und der Bündnisse.

A. Die zu einem Kriege nötigen Anstalten und Vorbereitungen, die Sorge für die Instandhaltung und Verpflegung der Armee, der Bau und die Unterhaltung der Festungen, die Anlegung und Besorgung der Magazine, Zeughäuser pp. *Oberkriegskollegium.*

B. Die Beschließung und wirkliche Führung des Krieges: jene der Landesherr, diese der kommandierende General.

C. Die Unterhandlungen mit auswärtigen Mächten über Frieden, Bündnisse, Handlungs- und andre Verträge: *das Auswärtige Departement;* die Regierung in Ansehung innerer Angelegenheiten, z. E. Grenzsachen.

D. Die wirkliche Errichtung der Friedensschlüsse, Bündnisse und andrer Verträge: der Landesherr.

IX. Das Recht der Finanzen. 177

A. Das Recht, Auflagegesetze zu machen: der Landesherr nach den Vorschlägen und Gutachten des Finanzministerii.

B. Die Verwaltung und Verwendung der Staatseinkünfte. Diese fließen:

1. Aus dem Staatseigentum: die Kammern, das Generaldirektorium. Excipe:
   a) Lehnsherrliche: Regalien: *das Lehnsdepartement* als ein Teil des Justizministeriums.
   b) Forstverwaltung und Forstpolizei: *Forstdepartement.*
   c) Post-, Salz- und Bergwerksregal.
2. Aus dem Besteuerungsrechte:
   a) Akzise und Zoll.
   b) Kontribution und andre Branchen.

C. Die Berechnung der Staatseinkünfte: bei den Collegiis. Oberaufsicht und Kontrolle: *die Oberrechenkammer.*

D. Streitigkeiten über Finanzsachen.
   a) Akzise- und Zollsachen: Regiegerichte.
   b) Andre Finanzsachen: Kammerjustizdeputationes, Berggerichte pp.

Die preußische Staatsverwaltung teilt sich in vier Hauptdepartements.

I. Das Justizdepartement.

A. Zu diesem gehören:
1. Die Vorschläge zur Gebung neuer und Aufhebung oder Erklärung alter Gesetze, die weder Finanz- noch bloße Polizeisachen betreffen: das besondere Departement *des Großkanzlers.*
2. Die Bestellung der niederen und der Vorschlag der höheren von dem Landesherrn selbst zu bestellenden Justizbedienten: *der Großkanzler.*
3. Die Aufsicht über die bürgerliche Rechtspflege und alle zu deren Verwaltung bestellten Ober- und Untergerichte: *Provinzialdepartement.*
4. Die Aufsicht über die Kriminaljustiz, Gerichte und Anstalten; Prüfung der Straferkenntnisse, Bestätigung oder Vortrag an den Landesherrn: *Kriminaldepartement.*
5. Die Aufsicht über die besonderen Gerichte; Finanz- und Akzisegerichte: *der Großkanzler.*

B. Mit dem Justizdepartement sind verbunden:
1. *Das Geistliche Departement:* die Oberaufsicht und die übertragenen Rechte.
2. Das Lehnsdepartement.

C. Dem Justizdepartement sind untergeordnet:

α) In den einzelnen Provinzen:

1. *Die Landesjustizcollegia:* die Ausübung der unmittelbaren Zivil- und Kriminaljurisdiktion des Landesherrn, die Appellationen von den Untergerichten, die Aufsicht über die Untergerichte, die Aufsicht über die nichtprotestantischen Kirchen- und Religionsgesellschaften. Ihnen sind untergeordnet:
   a) Die Justizmagisträte und Stadtgerichte.
   b) Auf dem Lande die Domänenjustizämter und die Adligen oder Patrimonialgerichte.
2. Die besonderen Finanzgerichte, welche zu erkennen haben über Prozesse und Streitigkeiten
   a) in Akzise- und Zollsachen: *die Provinzialregiegerichte*;
   b) in andern Finanzsachen: *die Kammerjustizdeputationes*, *die Berggerichte*.
3. Die Consistoria, welche die landesherrlichen Rechte über die prote- 177R
stantischen Kirchen und Gemeinen verwalten. Unter diesen stehen *die Kirchen- und Schulencollegia*, die Prediger und andre öffentliche Lehrer.

β) In Ansehung aller Provinzen:

1. Das Tribunal.
2. Die Revisionsdeputationes.
3. Das Lutherische Oberkonsistorium und das Reformierte Kirchendirektorium.
4. Das Oberschulenkollegium.

II. Das Finanzdepartement oder Generaldirektorium.

A. Zu diesem gehören:

1. Die Vorschläge zur Gebung neuer oder Aufhebung und Erklärung alter Finanz- und Polizeigesetze.
2. Die Bestellung der niederen, der Vorschlag der höheren Finanz- und Polizeibedienten.
3. Die Aufsicht über die Polizei in Ansehung aller die Religion und den Unterricht nicht betreffenden Anstalten.
4. Die Aufsicht über die Einziehung, Verwaltung und Verwendung der Staatseinkünfte.

B. Mit ihm sind verbunden:

1. Das Akzise- und Zolldepartement.
2. Das Fabriken- und Handlungsdepartement.

3. Das Salzdepartement.
4. Das Bergwerksdepartement.
5. Das Forstdepartement.
6. Das Generalpostamt.

C. Ihm sind untergeordnet:

α) In Ansehung einzelner Provinzen:

1. Die Kammern, welche sämtliche Polizei-, ingleichen diejenigen Finanzgeschäfte besorgen, welche nicht besonderen Finanzcollegiis anvertraut sind. Unter den Kammern stehen:
   a) Die Landräte: die Polizeiangelegenheiten des Kreises.
   b) Die Steuerräte: Aufsicht über die Polizei- und ökonomischen Angelegenheiten der Städte.
   c) Die Magisträte und Polizeidirectoria.
   d) Die Domänenämter.
   e) Die Steuerämter.
   f) Die Forstämter.
   g) Die Provinzialsteuer- und Domänenkassen.
2. Die Akzise- und Zolldirectiones. Unter ihnen die Akzise- und Zollämter.
3. Die Bergämter.

β) In Ansehung aller Provinzen:

1. Die Hauptkassen.
2. Die Oberrechenkammer.
3. Die Generalakzise- und Zolladministration.
4. Die Bergwerks- und Hüttenadministration: der Handel und Verkehr mit Metallen und Mineralien.
5. Das Generalmünzamt.

III. Das Auswärtige Departement. 178

A. Zu diesem gehören:

1. Alle Angelegenheiten des Staats mit fremden Mächten, die Wahrnehmung und Verteidigung der dem Staat gegen andre zukommenden Rechte, die Führung der Unterhandlungen mit fremden Mächten, die Negozierung und Entwerfung der Verträge und Bündnisse.
2. Die Besorgung und Wahrnehmung der dem Hause Brandenburg als Mitstande des Deutschen Reichs zukommenden Gerechtsame, der Reichstags- und Kreisangelegenheiten.

3. Die Mitwirkung bei solchen inneren Landesangelegenheiten, welche zugleich auf ein Verhältnis gegen fremde Mächte Beziehung haben. Grenz- und Abschoßsachen. Retorsionen und Repressaillen.
4. Die Haus- und Familienangelegenheiten.

B. Ihm sind untergeordnet:
1. Die Gesandten und Bevollmächtigten aller Art in fremden Landen und an auswärtigen Höfen. Ambassadeurs, Envoyés, Residents, Chargés d'Affaire, Consuls.
2. Die Regierungen, in Reichs- und Kreissachen und innern Angelegenheiten.
3. Die Geheime Staatskanzlei.

IV. Das Oberkriegskollegium. Angelegenheiten der Armee und Defensionsstand des Landes. Ihm sind untergeordnet die Generalinspekteurs, die Chefs und Kommandeurs der Regimenter. Die Gouvernements, das Generalauditoriat, die Geheime Kriegskanzlei.

V. *Abweichende Verfassung Schlesiens.* Dem dortigen Minister sind beigelegt:
1. Alle Polizei- und Finanzsachen, die sonst zum Ressort des Generaldirectorii gehören. Excipe Akzise- und Zollsachen, Postsachen, Bergwerkssachen, Stempelsachen.
2. Alle Bedienungssachen ohne Unterschied, selbst im Justizfach. Excipe die Landesjustizkollegia.
3. Die katholischen geistlichen Sachen des Bistums, des Domkapitels, der Stifter und Klöster.
4. Die Mitwirkung in Grenz- und Hoheitssachen.

VI. *Vorbehaltene Rechte des Landesherrn.*
1. Die Gesetzgebung nach ihrem ganzen Umfang. Rat der Ministres und Gutachten der Gesetzkommission.
2. Das Recht, den Krieg zu beschließen und wirklich zu führen, Friedens- und andre Verträge und Allianzen mit anderen Staaten zu errichten. Das Auswärtige Departement führt die Unterhandlungen und versieht die Gesandten mit den erforderlichen Instructiones.
3. Das Recht, die höheren Staatsbedienungen zu besetzen, Standeserhöhungen vorzunehmen, Titel und andre Ehrenzeichen zu erteilen.

4. Das Recht, Todes- und andre dem gleichzuachtende Strafurtel zu bestätigen. Todes-, lebenswierige, zehnjährige Festungs- oder Zuchthausstrafe. Bei Festungsstrafen von minderer Dauer.
5. Das Recht der Begnadigung. Ius remittendi et commutandi.

Unter seiner alleinigen Direktion stehen

a) die Ministres,
b) das Kabinett,
c) das Hofmarschallamt,
d) die Hofstaatskasse,
e) der Tresor.

Allgemeines Völkerrecht

(EINLEITUNG) 179

A. *Begriff des Wortes Volk.*

Der Inbegriff mehrerer Menschen, die in einem Lande beieinander leben und eine Gesellschaft ausmachen, welche durch den Zutritt neuer Mitglieder an die Stelle der abgehenden fortwährend unterhalten wird.

Das Band, welches diese mehreren beieinander lebenden Menschen verbindet, kann von mancherlei Art sein. Zuweilen ist es nur ihre Abkunft von einem gemeinschaftlichen Stammvater, zuweilen bloß die Übereinstimmung in Sprache und Sitten. Haben diese mehreren Menschen die gemeinschaftliche Verteidigung ihrer äußeren und inneren Sicherheit zum Zweck ihrer Verbindung gemacht, so heißt ein solches Volk *eine bürgerliche Gesellschaft.* Hat diese Gesellschaft den Gebrauch ihrer vereinigten Kräfte zur Erreichung des gemeinschaftlichen Zwecks einer Obergewalt oder einem Regenten übertragen, so wird sie *ein Staat* genannt. Nicht jedes Volk macht also zugleich einen Staat aus. Es gibt noch jetzt Völker, die in keiner bürgerlichen Gesellschaft leben und kein gemeinschaftliches Oberhaupt erkennen. Aber alle kultivierten und besonders die europäischen Völker sind zugleich Staaten. Und mit diesen hat es das Völkerrecht hauptsächlich zu tun.

Aus dem Begriff eines Volkes ergibt sich,

a) daß das Wesen desselben in der Verbindung mehrerer einzelnen Menschen zu einem gewissen gemeinschaftlichen Zwecke bestehe. Wenn man von den Rechten einer Gesellschaft, z. E. einer Stadtgemeine, redet, so sind damit nicht diejenigen Rechte gemeint, welche den einzelnen Mitgliedern zukommen, sondern die, welche den sämtlichen Mitgliedern zusammengenommen, insoweit sie die Gesellschaft ausmachen, beigelegt sind. Man muß daher immer die Rechte der einzelnen von dem Rechte der ganzen Gesellschaft sorgfältig unterscheiden. Ebenso ist im Völkerrechte nur die Rede von den Rechten, welche der ganzen Volksgesellschaft, und nicht von denen, welche den einzelnen Einwohnern zukommen.

b) Es gehört zum Wesen eines Volks, daß seine Verbindung immerwährend sei, d. h. daß die Stelle der abgehenden Mitglieder stets durch neu hinzutretende ersetzt werde. In diesem Verstande nennt man Völker eine ewige oder unsterbliche Gesellschaft.

Beide Eigenschaften, daß nämlich die großen Völkerschaften ewig oder immerwährend sind und daß ihnen als Gesellschaften gewisse gemeinschaftliche Rechte zukommen, legen ihnen die Qualität *einer moralischen Person* bei; d. h. wenn man von Völkern redet, so betrachtet man sie immer nur als ein einziges Ganzes, ohne auf die einzelnen Mitglieder und deren besondere Rechte Rücksicht zu nehmen.

B. *Quellen und Einteilung des Völkerrechts.*

Die Mitglieder eines Volks, insofern sie eine bürgerliche Gesellschaft oder einen Staat ausmachen, leben zwar unter sich nicht mehr im Stande der natürlichen Freiheit, sondern sie haben einen Teil derselben der Erreichung ihres Zwecks, der Beförderung ihres gemeinschaftlichen Wohls aufgeopfert. Unter mehreren Völkern aber, insofern man sie als moralische Personen betrachtet, existiert von Natur keine solche gesellschaftliche Verbindung, sondern sie befinden sich gegeneinander im Stande der natürlichen Freiheit.
Was also nach dem Rechte der Natur | zwischen Menschen, die in keiner 179 R
bürgerlichen Gesellschaft leben, gilt, das gilt in der Regel auch zwischen Völkern. Nur weil Völker als moralische Personen betrachtet werden, weil die Verbindung der einzelnen, welche das Volk ausmachen, einen bestimmten und immerwährenden Zweck hat und die Rechte eines Volks nach diesem Zwecke beurteilt werden müssen, so werden dadurch die Vorschriften des Naturrechts in der Anwendung auf Völker näher bestimmt.

Die Anwendung der Grundsätze des Naturrechts auf den Begriff und Zweck eines Volks macht *das natürliche Völkerrecht* aus. Insofern gewisse Verhältnisse unter Völkern durch Verträge oder durch allgemeine, von sämtlichen oder doch von den meisten gesitteten Nationen angenommene Gewohnheiten näher bestimmt sind, entsteht ein *positives Völkerrecht*, welches also wiederum in das *Vertrags-* und *Gewohnheitsrecht* eingeteilt wird.

Von beiden sollen jetzt die allgemeinen Grundsätze vorgetragen und diese sodann auf die wichtigsten unter Völkern vorkommenden Angelegenheiten angewendet werden.

ALLGEMEINE GRUNDSÄTZE DES VÖLKERRECHTS

I. Völker leben untereinander im Stande der natürlichen Freiheit und Unabhängigkeit. Es findet also zwischen ihnen von Natur eine völlige Gleichheit der Rechte statt.

II. Glückseligkeit ist nach der Natur die Bestimmung und der letzte Zweck des Daseins einzelner Menschen; sie ist also auch der letzte Zweck aller Völkerverbindungen.

III. Jeder Mensch, also auch jedes Volk, hat von Natur ein vollkommenes Recht, seine Glückseligkeit zu befördern.

IV. Vermöge der natürlichen Freiheit muß jedem Volke die Wahl der Mittel zu seiner Glückseligkeit nach seiner besten Einsicht und Überzeugung gelassen werden. Vermöge der natürlichen Gleichheit darf kein Volk das andere in dem Gebrauche der Mittel hindern oder beeinträchtigen.

V. Kein Volk darf also dem andern seine natürlichen und erworbenen Güter entziehen, kein Volk darf das andre hindern, seine Fähigkeiten und Kräfte zum Zwecke seines Wohls nach eigenem Gutfinden anzuwenden.

VI. Kein Volk darf also das andere beleidigen. Das beleidigte Volk ist so wie der einzelne Mensch im Stande der Natur vollkommen berechtigt, sich gegen den Beleidiger mit Gewalt zu schützen, das ihm Genommene mit Gewalt zurückzunehmen, den Beleidiger zum Ersatze des zugefügten Schadens zu zwingen und sich gegen die Wiederholung solcher Beleidigungen sicherzustellen. *Zwangsrechte und Zwangspflichten.*

VII. Der Mensch kann den Zweck seiner Glückseligkeit für sich allein nicht erreichen; er ist dazu alle Augenblicke des Beistands andrer bedürftig. Diesen kann er sich nicht sicherer verschaffen, als wenn er sich bemüht, bei andern günstige und wohlwollende Gesinnungen gegen sich zu erwecken, und dies kann nur dadurch geschehen, wenn er seinerseits eine stete Bereitwilligkeit zeigt, seine Fähigkeiten und Kräfte zur Beförderung des Wohlseins andrer anzuwenden. Daher die Pflichten des Wohlwollens unter den Menschen, also auch unter den Völkern.

VIII. Die Pflichten des Wohlwollens sind nur Mittel, wodurch ein Volk den Zweck seiner eigenen Glückseligkeit zu erreichen sucht. Da nun jedem Volke die eigene freie Beurteilung, wie es am besten seine Glückseligkeit befördern könne, gelassen werden muß, so kann auch ein Volk von dem andern zu bloßen Pflichten des Wohlwollens niemals gezwungen werden.

IX. Aus gleichem Grunde kann ein Volk dem andern Handlungen des Wohl- 180
wollens niemals aufdringen. Wer die Glückseligkeit eines Volks auf Wegen oder durch Mittel befördern will, die demselben nicht anständig sind, der beleidigt seine natürliche Freiheit des eigenen Urteils. Er gibt also demselben das Recht, den aufgedrungenen Beistand allenfalls mit Gewalt zurückzuweisen.

X. Die Pflichten des Wohlwollens gegen andere Völker sind der Pflicht zur Erhaltung der eignen Glückseligkeit als Mittel zum Zweck untergeordnet. In Fällen also, wo mit hinlänglichem Grunde zu besorgen ist, daß ein Volk durch Ausübung dieser Pflichten seine eigene Glückseligkeit stören oder hindern würde, da ist keine Verbindlichkeit mehr zu einer solchen Pflicht vorhanden.

XI. Die verschiedenen Pflichten des Menschen im Stande der natürlichen Freiheit und also auch die Pflichten der Völker können öfters in Kollision kommen; d. h. der Fall kann eintreten, daß die eine Pflicht nicht erfüllt werden kann, ohne zugleich die andre zu verletzen. Alsdann muß die schwächere Pflicht der stärkeren nachstehen. Dasjenige Recht, vermöge dessen jemand eine Pflicht übertritt, um dadurch eine andre stärkere Pflicht zu erfüllen, heißt *das Notrecht*. Vermöge des Notrechts kann sich also ein Volk Eingriffe in die Freiheit und die Rechte eines andern erlauben, die unter andern Umständen eine unerlaubte Beleidigung sein würden. Es kann ein anderes Volk zu Handlungen des bloßen Wohlwollens zwingen, zu welchen in der Regel und nach dem gewöhnlichen Laufe der Dinge kein Zwang stattfindet. Das Notrecht ist also ein äußerst wichtiger Teil des Natur- sowie des Völkerrechts. Es ist aber auch den gefährlichsten und schädlichsten Mißbräuchen unterworfen, und besonders sind unter Völkern schon oft die größten Ungerechtigkeiten unter dem Prätexte desselben verübt worden. Es ist daher notwendig, die Bedingungen und Grenzen desselben so genau als möglich zu bestimmen. Wenn das Notrecht stattfinden soll, so muß

1. die Pflicht, um derentwillen es ausgeübt werden soll, absolut notwendig und so beschaffen sein, daß man zu deren Erfüllung schlechterdings und ohne alle Einschränkung verbunden ist. Die Pflicht, sich selbst und seine Existenz zu erhalten, ist von dieser Art. Die Pflicht, seine Umstände zu verbessern, das Maß seiner Glückseligkeit zu vermehren, ist nur bedingt, insofern solches nämlich ohne Beleidigung andrer, ohne Störung derselben in dem Besitz und Genuß des Ihrigen geschehen kann. Das Notrecht kann also eigentlich nur dann stattfinden, wenn von einer Pflicht der Selbsterhaltung die Rede ist.

2. Es muß kein anderes Mittel, diese Pflicht zu erfüllen, vorhanden sein als die Verletzung der schwächeren Pflicht. Können beide auf irgendeine Art nebeneinander bestehen, so ist keine Kollision und also auch kein Fall der Ausübung des Notrechts vorhanden.

3. In der Ausübung des Notrechts muß nur so weit gegangen werden, als es schlechterdings notwendig ist, um die höhere Pflicht zu erfüllen. Dieser Satz folgt aus dem vorigen. Denn soweit die Verletzung der schwächeren Pflicht zur Erfüllung der stärkeren nicht erforderlich ist, können beide nebeneinander bestehen und müssen also beide erfüllt werden.

4. Der Schade, welcher durch Ausübung des Notrechts einem andern zugefügt wird, muß demselben, soweit es möglich ist, vergütet werden. Denn jeder Beschädigte hat ein Recht, dergleichen Vergütung von dem, der ihm den Schaden zugefügt hat, zu fordern. Dieses Recht wird dadurch, daß die Beschädigung aus Not geschehen ist, nicht aufgehoben. Wenn es also der Beschädiger in seiner Gewalt hat, die geforderte Vergütung zu leisten, so würde er seiner Pflicht gegen den andern zuwiderhandeln, wenn er dieselbe versagen wollte.

5. Daraus folgt, daß der Schade, welcher durch die Ausübung des Notrechts 180R
verursacht wird, nicht größer sein muß als der, welcher dadurch verhütet werden soll. Denn da der, welcher das Notrecht ausübt, den dadurch ver-

ursachten Schaden zu vergüten schuldig ist, so würde er den Pflichten gegen sich selbst und seinem eigenen Interesse zuwiderhandeln, wenn er sich in den Fall setzen wollte, sich durch diese Vergütung einen größeren Nachteil zuzufügen, als den er durch Ausübung des Notrechts abwenden will. Exempel zu diesen Sätzen von einer Hungersnot und einer Handlungsspekulation mit Getreide. Besetzung einer neutralen Festung zur Verteidigung seiner Grenzen im Kriege und im Frieden. Ein Feldherr, der ein neutrales Dorf verbrennt, um seine Armee oder um einige Bagagewagen fortzubringen. Der Raub der Sabinerinnen. Das Depot von Sachsen im Siebenjährigen Kriege.

XII. Im Stande der Natur gibt es zwar ein Gesetz, aber keinen Richter, der über die Handlungen andrer urteilen und die unter ihnen entstehenden Streitigkeiten entscheiden könnte. Die Festsetzung der Merkmale, an welchen erkannt werden kann, was von den äußerlichen Gütern zu dem Seinigen eines jeden gehöre, die genaue Bestimmung der Fälle, in welchen jemand um der Erfüllung einer höheren Pflicht willen eine schwächere verletzen darf, hängen von positiven Gesetzen und die wirksame Anwendung dieser Gesetze auf die streitig werdenden Fälle hängt von einer geschehenen Übertragung des Richteramts ab. Positive Gesetze und richterliche Macht lassen sich nur in einer | bürgerlichen Gesellschaft denken, deren Mitglieder durch den 181
Grundvertrag übereingekommen sind, daß jeder einzelne seine Einsicht und seinen Willen dem Gesetz als dem Ausdruck des allgemeinen Willens unterwerfen und in seinen Streitigkeiten mit andern die Entscheidungen einer gemeinschaftlichen Obergewalt anerkennen wolle.

XIII. Völker können wie einzelne Menschen durch freiwillige Erklärungen in ihrer natürlichen Freiheit sich einschränken, gewisser Rechte sich begeben, dieselben andern Völkern übertragen, zu gewissen bestimmten Pflichten des Wohlwollens durch ausdrückliches Versprechen sich anheischig machen. Es können also Verträge unter den Völkern stattfinden.

XIV. Eine Sache oder ein Recht, welches durch gültigen Vertrag einem andern überlassen worden, wird dadurch das Eigentum oder ein Teil von dem Seinigen des Erwerbenden. Wer also seinen Vertrag zu erfüllen sich weigert, der kränkt den andern in dem freien Gebrauche und Genusse des Seinigen. Jede solche Kränkung gibt dem Beleidigten ein natürliches Recht, dieselbe mit Gewalt abzuwenden und sich in dem Besitze des Seinigen mit Gewalt zu schützen. Ein Volk ist also berechtigt, das andre zur Erfüllung der mit ihm geschlossenen Verträge mit Gewalt zu zwingen.

XV. Das Recht des Beleidigten gegen den Beleidiger ist unendlich, d. h. es hängt bloß von der eigenen Beurteilung des Beleidigten ab, wie weit er die gegen den Beleidiger zu brauchende Gewalt treiben wolle, um sich gegen wiederholte Kränkungen für die Zukunft zu sichern. Ein Volk also, das durch Brechung seiner gültigen Verträge das andere beleidigt, setzt sich selbst und seine eigene Glückseligkeit der größten Gefahr aus. Ein Volk ist also schon vermöge der Pflichten gegen sich selbst alle Beleidigungen andrer Völker zu vermeiden, folglich auch seine Verträge gegen sie zu erfüllen verbunden.

XVI. Das Wesen eines Volkes besteht darin, 1. daß mehrere einzelne zusammengenommen ein Ganzes, eine zu einem gewissen Zweck verbundene Gesellschaft oder eine moralische Person ausmachen; 2. daß diese Gesellschaft niemandem außer ihr unterworfen, sondern unabhängig ist. Die Erhaltung der Verbindung eines Volkes und seiner Unabhängigkeit ist also für das Volk Pflicht der Selbsterhaltung, die allen übrigen Pflichten gegen andre Völker vorgeht und die Ausübung des Notrechts begründet.

XVII. Völker stehen in keiner bürgerlichen Gesellschaft, sondern befinden sich gegeneinander im Stande der Natur. Die Mängel und Unvollkommenheiten des Naturzustandes, zu deren Vermeidung einzelne Menschen in bürgerliche Gesellschaften getreten, sind also in dem Verhältnisse der Völker gegeneinander noch wirklich vorhanden. Sie existieren aber hier in einem geringeren Grade als bei den einzelnen, weil ein ganzes Volk des anderen weniger bedarf als ein einzelner Mensch des andern, weil die Kollisionsfälle unter Völkern weit seltener vorkommen als unter den einzelnen und weil ganze Völker der Gefahr, nach Leidenschaften und sinnlichen Eindrücken zu handeln, weit weniger ausgesetzt sind als einzelne Menschen. Die Vorteile der natürlichen Freiheit überwiegen also bei Völkern die Nachteile derselben. Wenn mithin gleich der einzelne Mensch durch den Zweck seiner eigenen Glückseligkeit verpflichtet wird, in bürgerliche Gesellschaften zu treten und einen Teil seiner natürlichen Freiheit der Erhaltung des übrigen aufzuopfern, so findet doch eben diese innere Verbindlichkeit in Ansehung ganzer Völker nicht statt. Vielmehr sind diese in der Regel verpflichtet und also auch berechtigt, sich in ihrer natürlichen Unabhängigkeit zu erhalten.

XVIII. Wenn Völker in gewissen Fällen und Angelegenheiten ein gewisses gleichförmiges Verfahren von jeher beobachtet und, sooft der Fall wiedergekommen ist, nach gleichen Grundsätzen dabei gehandelt haben, so kann man mit Grunde erwarten, daß solches auch in künftigen Fällen von eben der Art geschehen werde. Ein Volk ist also berechtigt, nach dieser Erwartung seine Maßregeln zu nehmen, und wenn es darin hintergangen wird, so kann es dergleichen entgegengesetztes Verfahren mit Grunde als eine Beleidigung ansehen. Gewohnheiten unter den Völkern werden also für stillschweigende Verträge angesehen, und es gilt von der Pflicht, sich denselben gemäß zu verhalten, eben das, was von der Erfüllung der Verträge gesagt worden.

XIX. Die Rechte und Pflichten der Völker gegeneinander sind gemeinschaftliche Rechte und Pflichten aller der einzelnen, welche das Volk ausmachen, zusammengenommen. Im Staat haben die einzelnen die Ausübung ihrer gemeinschaftlichen Rechte und die Sorge für die Erfüllung ihrer gemeinschaftlichen Pflichten der Obergewalt im Staat, dem Regenten, übertragen. Völkerrechte können also nur von den Regenten der Völker ausgeübt, die Erfüllung der Völkerpflichten kann nur von ihnen gefordert werden. Sie heißen daher Repräsentanten des Volkes.

XX. Der Regent eines Volks ist schuldig, so wie alle ihm übertragenen gemeinschaftlichen Rechte der bürgerlichen Gesellschaft, also auch die Rechte derselben gegen andere Völker nur nach dem Zwecke der Gesellschaft, d. h. zum Schutz ihrer Ruhe und Sicherheit und zur Beförderung ihrer Glückseligkeit auszuüben. So wie er niemals das Wohl des Ganzen seinen persönlichen Vorteilen oder Leidenschaften aufopfern darf, so muß er auch sein Verhalten gegen fremde Nationen lediglich nach dem Zwecke der Wohlfahrt seines eigenen Volkes einrichten. Handlungen des Fürsten, welche diesem Grundsatze offenbar zuwiderlaufen, können auch für sein Volk nicht verbindlich sein.

XXI. Die philosophische und christliche Moral verpflichtet uns zuweilen, unsere eigenen Vorteile dem Wohl andrer aufzuopfern. Diese Moral kann unter den Regenten der Völker gegeneinander nicht nach ihrem ganzen Umfange ausgeübt werden. Der Regent ist nur Repräsentant seines Volkes, er kann über die Güter und Rechte desselben nur zu dem Zweck, zu dem sie ihm anvertraut wurden, also nicht zum Schaden seiner Untertanen, disponieren. Er ist also nicht berechtigt, durch Handlungen des Wohlwollens gegen andere Völker Pflichten der Gerechtigkeit gegen sein eignes Volk zu verletzen. Karl II. und der Hafen von Dünkirchen. 181 R

XXII. Einzelne Mitglieder eines Volks können Rechte und Pflichten gegen ein anderes Volk oder dessen Mitglieder haben, die noch keine Rechte oder Pflichten des ganzen Volkes sind. Handlungen der einzelnen können ebensowenig für Handlungen des ganzen Volkes angesehen werden. Wenn also einzelne Mitglieder eines Volkes Personen von einer fremden Nation oder gar deren Souverän beleidigen, so kann man noch nicht sagen, daß das ganze Volk, von welchem der Beleidiger ein Mitglied ist, dafür verantwortlich sei. Die Sache der einzelnen wird also nur dann die Sache des ganzen Volkes,

1. wenn die Beleidigungen in einer verdorbenen Staatsverfassung ihren Grund haben, die entweder ein solches Betragen autorisiert oder dem Regenten nicht hinlängliche Macht läßt, seine Untergebenen von solchen Ausschweifungen zurückzuhalten; afrikanische Seeräuber, barbarische Nationen;
2. wenn der Regent des Beleidigers die verübte Kränkung autorisiert, billigt oder die Genugtuung dafür versagt;
3. wenn der, welcher eine rechtmäßige Forderung an einen andern Staat oder dessen Untertanen hat, sich an seinen eigenen Regenten wendet und den Beistand desselben nachsucht, weil er auf den ordentlichen und gewöhnlichen Wegen zu seinem Rechte nicht gelangen kann. Herleitung aus der Pflicht des Regenten, jeden Untertanen bei dem Seinigen zu schützen. Intercessiones. Repressaillen.

XXIII. Jedes Volk ist Eigentümer des von ihm bewohnten Landes, es ist also an sich berechtigt, jedem Fremden, den es nicht aufnehmen will, den Zutritt zu versagen. Inzwischen erfordern es sowohl die Pflichten des Wohlwollens als das eigene Interesse eines jeden Volkes, von diesem Rechte nur dann Gebrauch zu machen, wenn von der Aufnahme eines Fremden ein erheblicher Nachteil für den Staat zu besorgen ist. Wird aber einem Fremden der Zutritt in ein Land gestattet, so geschieht es allemal unter der stillschweigenden Bedingung, daß der Fremde, solange er im Lande sich aufhält, die Gesetze des Landes respektieren müsse. Er wird also auch, wenn er dieselben verletzt, mit allem Rechte nach diesen Gesetzen beurteilt und bestraft. Die Ausnahmen wegen der Gesandten werden unten vorkommen.

Anwendung dieser allgemeinen Grundsätze auf die wichtigsten Materien im Völkerrechte:

I. Vom Eigentume der Nationen und dessen Folgen.
II. Von den Verträgen und Bündnissen unter den Völkern.
III. Vom Kriege unter den Völkern.
IV. Vom Völkerrechte in Ansehung der Gesandten.
V. Von dem Verhalten der Völker gegen die Mitglieder eines andern Volkes.

VOM EIGENTUME DER NATIONEN UND DESSEN FOLGEN 182

I. Es müssen zuvörderst die vornehmsten Lehrsätze des Naturrechts vom Eigentume überhaupt wiederholt werden, um die Anwendung derselben auf das Eigentum der Völker zeigen zu können.

II. *Begriff:* Die Befugnis, über eine gewisse Sache nach eigenem Gutfinden zu disponieren und alle andern von derselben auszuschließen.

III. Zur Erwerbung des Eigentums wird erfordert,

1. daß die Sache eines Eigentums fähig, d. h. daß es möglich sei, andere davon auszuschließen. Die Luft, der Sonnenschein, das Weltmeer.
2. Der Erwerbende muß fähig sein, seinen Willen, daß er die Sache sich zueignen wolle, durch vernünftige und freie Handlungen an den Tag zu legen. Kinder, Rasende pp.
3. Die Sache, die sich jemand zueignen will, muß entweder vakant sein, oder der bisherige Eigentümer muß sich derselben entweder überhaupt oder zum Besten des Erwerbers begeben haben. Fremdes Eigentum wider den Willen des Eigentümers sich zueignen, ist Beleidigung desselben.

4. Der Erwerber muß die Sache in der Absicht, sich dieselbe zuzueignen, in Besitz genommen haben. Er muß sich in den Stand gesetzt haben, über die Sache, die er sich zueignet, wirklich zu verfügen.
5. Die Handlung, wodurch der Besitz ergriffen wird, muß so beschaffen sein, daß daraus der Wille des Erwerbers, die Sache nunmehr für sich selbst zu besitzen, deutlich erhelle und daß es jedem andern unmöglich werde, sich eben dieser Sache anzumaßen, ohne zugleich eine Zwangspflicht gegen den Besitznehmenden zu verletzen. Deutlichere Bestimmungen gehören in die positiven Gesetze.

IV. Was zu den Rechten des Eigentums gehöre.
Das Recht, die Sache zu besitzen, sie zu gebrauchen und allen Nutzen davon zu ziehen, die Früchte derselben zu genießen, alle andern von dem Gebrauch und Genuß der Sache auszuschließen, über die Substanz der Sache zu disponieren, sie zu verlassen und an andere zu übertragen.

V. Heiligkeit der Rechte des Eigentums aus dem Grundsatze des Naturrechts, niemanden zu beleidigen und einem jeden das Seine zu lassen.

VI. Einschränkung des Eigentums:
1. Durch das Notrecht eines andern.
2. Durch das Recht des unschädlichen Gebrauchs. Soweit nämlich jemand von der Sache des andern irgendeinen Gebrauch machen kann, der dem Rechte des Eigentümers nicht den geringsten Eintrag tut, soweit kann ihm der Eigentümer diesen unschädlichen Gebrauch nicht versagen. Denn sein Recht, andre von dem Gebrauche seiner Sache auszuschließen, ist eine bloße Folge des Rechts, sich derselben für sich selbst nach eigenem Gutfinden zu bedienen. Kann mit einer vollständigen und uneingeschränkten Ausübung dieses Rechts der Gebrauch bestehen, den ein andrer von der Sache macht, so kann letzterer nicht für eine Verletzung der Rechte des Eigentümers angesehen werden. Exempel vom Spazierengehen in dem Walde eines andern. Vom Wasserschöpfen aus dem Flusse eines andern. Die Fälle, wo das Recht des unschädlichen Gebrauchs stattfindet, sind inzwischen höchst selten, weil es von dem Eigentümer abhängt, wozu er seine Sache brauchen will, und er diesen seinen Willen alle Augenblicke verändern kann, mithin es im Grunde

lediglich in dem | Wohlgefallen des Eigentümers steht, ob er den Gebrauch, 182R
welchen der andre von seiner Sache machen will, für unschädlich halte. Positive Gesetze haben daher das Recht des unschädlichen Gebrauchs sehr eingeschränkt; im Völkerrechte aber können die Fälle, wo es stattfindet, häufiger vorkommen.

VII. Verlust des Eigentums.

1. Außer dem Falle des Notrechts kann niemand seines Eigentums wider seinen Willen entsetzt werden. Wenn also jemandem der Besitz und Gebrauch seiner Sache wider seinen Willen entzogen worden, so hat er dadurch sein Eigentumsrecht darüber noch nicht verloren. Er kann vielmehr die ihm geraubte Sache von jedem, der sie wider seinen Willen besitzt, und zwar im Naturzustande mit Gewalt, zurückfordern.
2. Der Eigentümer kann seine Sache verlassen und sein Eigentum daran aufgeben. Dies geschieht entweder zugunsten eines gewissen bestimmten andern, und dann erlangt nur dieser das Recht, die aufgegebene Sache nunmehr als die seinige in Besitz zu nehmen; ihm wird das Eigentum derselben *übertragen*; z. E. bei der Schenkung, beim Kauf pp. Oder er äußert überhaupt nur, daß er die Sache nicht mehr haben wolle, ohne jemanden zu bestimmen, dem sie übertragen sein soll. Alsdann wird die Sache herrenlos, und wer sie zuerst in Besitz nimmt, wird rechtmäßiger Eigentümer derselben.
3. Die Äußerung, sich seines Eigentums begeben zu wollen, kann ausdrücklich oder auch stillschweigend, d. h. durch Handlungen geschehen. Die Handlung aber, wodurch eine solche Begebung geschehen sein soll, muß so beschaffen sein, daß die Absicht des Handelnden, sich der Sache gänzlich begeben zu wollen, ganz klar und ungezweifelt daraus erhelle. Im Naturzustande ist niemand schuldig, einen andern als sich selbst zum Richter und Beurteiler seiner Handlungen anzunehmen. Es gilt also hier vornehmlich der Satz, daß ein jeder seiner eigenen Handlungen bester Ausleger sei. Daher sind die Fälle, wo aus bloßen Handlungen die stillschweigende Begebung des Eigentums gefolgert werden kann, äußerst selten.
4. Bloße Unterlassungen können nie für so deutliche Merkmale des Willens, sich seiner Sache zu begeben, angesehen werden, daß der Verlust des Eigentums aus dergleichen Unterlassungen im Zustande der Natur mit hinlänglicher Gewißheit gefolgert werden könnte. Im Naturzustande findet also keine Verjährung statt.

VIII. Anwendung dieser Lehren auf das Völkereigentum. Begriff und Umfang desselben.

Das Eigentum eines Volkes erstreckt sich über den ganzen Umfang des von ihm in Besitz genommenen Landes. Dieser Umfang heißt das Gebiet oder das Territorium desselben. Dies Territorium kann von allen Mitgliedern dieses Volkes gemeinschaftlich besessen und benutzt werden, es kann unter die einzelnen Mitglieder als Privateigentum verteilt sein, es kann sich teils im Privateigentume der einzelnen, teils im gemeinschaftlichen Besitze aller befinden. Ob bei einem Volke diese oder jene Einrichtung getroffen sei, hat auf die Beziehung desselben gegen ein andres Volk gar keinen Einfluß. Selbst solche Stücke Landes in einem Territorio, die noch ganz wüst und ungebraucht liegen, gehören dennoch zum Territorio dieses Volkes und können wider seinen Willen von keinem Fremden in Besitz genommen werden.
Man muß also im Völkerrechte das Territorial- von dem Privateigentum 183
wohl unterscheiden. Jenes begreift alle Stücke des von einem Volke bewohnten Landes unter sich, sie mögen übrigens zugleich im Privateigentum befindlich sein oder nicht. Wer also das Territorium eines Volkes verletzt, es geschehe, in welchem Teile es wolle, der beleidigt das Eigentum des ganzen Volkes, wenn auch der unmittelbare Schade nur einen Privateigentümer träfe. Ferner, so weit das Territorium eines Volkes sich erstreckt, so weit erstreckt sich das ausschließende Recht der regierenden Macht in demselben, die Handlungen aller Einwohner nach dem Zwecke der in dieser Nation subsistierenden bürgerlichen Gesellschaft zu dirigieren. Dieses Recht heißt daher auch die Territorial- oder Landeshoheit. Erklärung des Ausdrucks in territorio und de territorio sein. Vom Hald [?] Großburg.

IX. Von der Okkupation neu entdeckter unbewohnter Länder. Wie dieselbe geschehe; ob es hinreichend sei, wenn das neu entdeckte Land bloß durch gewisse Zeichen in Besitz genommen wird, oder ob solches erst durch Anlegung von Kolonien und Etablissements geschehe. Zur Besitzergreifung ist nicht der bloße Wille, wenn er auch durch ein oder andres Zeichen erklärt worden, hinreichend, sondern die Sache muß dergestalt in die Gewalt des Okkupierenden kommen, daß es jedem andern unmöglich ist, sich dieselbe zuzueignen, ohne zugleich eine Zwangspflicht gegen den Okkupierenden zu verletzen. Wenn die Etablissements wieder aufgegeben werden, so wird das Land für verlassen angesehen. Nootka-Sund.

X. Inwiefern die Europäer berechtigt gewesen sind, die von andern Nationen schon bewohnten Länder zu okkupieren. Unterschied, ob eine solche wilde Nation wirklich im Lande wohne, d. h. ob sie gewisse feste Niederlassungen habe, Häuser oder gar Dörfer und Städte errichtet habe, den Ackerbau treibe und in einer Art von bürgerlichen Verfassungen lebe, *oder* ob ein ganz rohes und wildes Volk in einem Lande nicht wohnt, sondern gleichsam nur herumirrt. *Erster Fall* Mexiko, Peru, Otaheite, die Sozietätsinseln. *Zweiter Fall* die Patagonen in Südamerika, die Bewohner von Neuholland. Größer als Europa. William Penn.

XI. Die in einem Territorio strömenden Flüsse, die Küsten des Meeres, die Häfen, Buchten und Baien sind im Territorialeigentume des Volks, welchem das Land gehört. Kann aber das Meer selbst der Herrschaft und Souveraineté irgendeines Volks unterworfen sein? England die Nordsee — Venedig das Adriatische Meer — Holland die Ostindischen Meere — Spanien das Südmeer —. Responsum negativ,

a) weil es nach der Natur unmöglich ist, daß eine Nation alle andern von dem Gebrauche des Meeres zu allen Zeiten sollte ausschließen können;

b) weil sich kein solcher ausschließender Gebrauch des Meeres gedenken läßt, mit welchem nicht der Mitgebrauch andrer Nationen zur Schiffahrt und zum Fischen sollte bestehen können.

Doch kann

1. eine Nation sich durch Verträge mit einer andern gewisse Rechte auf das Meer erwerben, welche den Gebrauch dieses andern Volks einschränken; z. E. der Traktat zwischen Österreich und den Seemächten wegen der Ostindischen Compagnie, der Traktat zwischen Holland und England von Breda 1667, wodurch die Superiorität Englands anerkannt ist und ihm les honneurs du Pavillon zugestanden sind.

2. Der unmittelbar an die Küsten stoßende Teil des Meeres ist des Eigentums allerdings fähig und wird daher auch im Völkerrechte als ein Teil von dem Territorio desjenigen Volks, dem die Küsten gehören, gerechnet. Denn dieser Teil des Meeres kann a) einen ausschließenden Nutzen gewähren; b) andre können von dem Gebrauche desselben ausgeschlossen werden. Es darf also kein Volk zugeben, daß ein andres auf seinen Reeden fische, daß sich fremde Kriegsschiffe daselbst vor Anker legen. Quaeritur: wieweit erstreckt sich die Reede in das Meer hinein? Responsum: auf einen Kanonenschuß weit von der Küste gerechnet.

3. Von dem Rechte Dänemarks über den Sund. Es gründet sich nicht sowohl auf das natürliche Völkerrecht als auf Verträge und auf Gewohnheitsrecht. Anstalten, welche Dänemark zur Erleichterung und Sicherheit der Schiffahrt in den dasigen Gewässern gemacht hat. 183 R

XII. *Vom Strandrechte* als einer Folge des Eigentums über die Küsten und daranstoßenden Reeden. Unbilligkeit und Widerrechtlichkeit desselben. Abschaffung desselben unter den europäischen Völkern. Überreste davon: *Der Bergelohn, das Strandregal* über die vom Meere ausgeworfenen Waren und Sachen, zu welchen kein Eigentümer sich meldet oder ausgeforscht werden kann.

XIII. *Von Verletzungen des Territorii.* Alles, was ein Volk in dem Territorio eines andern wider dessen Willen vornimmt, wodurch dem Eigentumsrechte desselben, dem Gebrauche, den es von seinem Lande nach eignem Gutfinden machen kann, seiner Sicherheit oder den Hoheitsrechten seines Souveräns Eintrag geschieht. Exempel: Verfolgung der Verbrecher auf fremdes Territorium; Ein- oder Durchführen von Truppen durch dasselbe. Dergleichen Verletzung geschieht

a) von dem fremden Volke selbst; justa causa belli;
b) von einzelnen Mitgliedern desselben; Beziehung auf die allgemeinen Grundsätze.

XIV. *Einschränkung der Territorialrechte eines Volks durch das Notrecht.* Exempel von Besetzung der Festungen eines neutralen Volks. Vom Durchmarsche durch das Land desselben. Gustav Adolph mit Küstrin und Spandau. Besitznehmung von Danzig in einem Kriege mit Rußland. Vorsicht, welche dabei nötig ist.

XV. *Einschränkung des Territorialrechts durch das Recht des unschädlichen Gebrauchs.* Der Gebrauch der Küsten zum Landen, zum Wassereinnehmen, zur Ausbesserung des Schiffs. Die Gestattung des unschädlichen friedlichen Durchgangs durch das Territorium. Aber die Fälle dieses unschädlichen Gebrauchs sind äußerst selten. Oft scheint der Gebrauch unschädlich und ist es nicht, z. E. bei dem Durchmarsch bewaffneter Truppen, wodurch das Volk mit einem Dritten in unangenehme Verwicklungen geraten, wodurch eine Teuerung oder ein Mangel an Lebensmitteln verursacht werden kann. Wenn also ein Volk den vermeintlich unschädlichen Gebrauch, den ein andres von seinem Territorio machen will, sich für nachteilig hält, so muß das andre Volk diese Meinung respektieren, insofern es sich nicht in dem Falle des Notrechts befindet.

XV. *Verjährung unter den Völkern*, zwar nicht vermöge des Natur-, wohl aber vermöge des Gewohnheitsrechts.

Erfordernisse derselben:

1. daß das Volk Gelegenheit gehabt haben müsse, seine vermeinten Ansprüche geltend zu machen;
2. daß es sich dieser Gelegenheiten nicht bedient, sondern vielmehr Handlungen vorgenommen hat, die als Entsagungen dieser Ansprüche angesehen werden können;
3. oder wenn gar ein so langer Zeitraum verstrichen ist, daß der erste Ursprung der formierten und vielleicht nur bloß durch Titel und Wappen konservierten Ansprüche gar nicht mehr erforscht und nachgewiesen werden kann.

Notwendigkeit derselben zur Erhaltung der Ruhe in Europa, besonders in Rücksicht auf die Zeiten des Mittelalters, wo die Revolutiones so häufig waren, die Länder ihre Beherrscher so oft wechselten und die Rechte nicht mit solcher Vorsicht wie gegenwärtig durch Traktaten gesichert wurden.

VON VERTRÄGEN UNTER DEN VÖLKERN 184

I. Verträge unter den Völkern werden geschlossen,

1. um ihre Rechte und Pflichten näher zu bestimmen,
2. um Pflichten des Wohlwollens in Zwangspflichten zu verwandeln,
3. um Eigentum zu erwerben, zu veräußern und an andre zu übertragen,
4. um die unter den Völkern entstandenen Streitigkeiten beizulegen.

II. Grundsätze des Naturrechts über die Verträge.

1. Wenn ein Mensch dem andern etwas von dem Seinigen, es sei eine Sache, eine Handlung oder eine Unterlassung, verspricht und der andre das Ver-

sprechen annimmt, so ist unter ihnen ein Vertrag vorhanden. Versprechen und Annahme machen das Wesen des Vertrags aus.

2. Einteilung der Verträge in gleiche oder lästige und in ungleiche oder wohltätige.
3. Die Verbindlichkeit der Verträge beruht darauf, daß der Versprechende durch seinen Antrag zu erkennen gibt, er wolle der Sache oder dem Rechte, welche der Gegenstand des Vertrages sind, zum Vorteil des andern entsagen, der andre aber durch seine Annahme erklärt, er wolle dieses Recht oder diese Sache nunmehr zu dem Seinigen rechnen. Dadurch wird dieser Gegenstand nunmehr wirklich ein Teil von dem Seinigen des Annehmenden. Wenn nun der Versprechende den Vertrag nicht erfüllen, wenn er die versprochene Sache nicht verabfolgen, das versprochene Recht nicht einräumen oder sich der Ausübung desselben widersetzen wollte, so würde er den anderen in dem Gebrauch und Genuß des Seinigen stören und also der ersten Pflicht des Naturrechts, niemand zu beleidigen und einem jeden das Seine zu lassen, entgegenhandeln.
4. Durch Verträge sollen Sachen und Rechte aus dem Eigentume des Versprechenden in das des Annehmenden mittelst gegenseitiger Einwilligung übergehen. Die den Vertrag schließenden Parteien müssen also a) fähig sein, ihren Willen zu erklären; b) sie müssen befugt sein, über den Gegenstand des Vertrags, so wie geschehen, zu disponieren; c) sie müssen wirklich eingewilligt haben, d. h. ihre Einwilligung muß frei sein.
5. Wer nicht fähig ist, mit Vernunft und Überlegung zu handeln, der hat keinen Willen und kann also auch keinen erklären. Rasende, Wahn- und Blödsinnige, Kinder.
6. Über Gegenstände, die überhaupt nicht in eines Menschen Gewalt stehen oder die zu dem Seinigen des Versprechenden nicht gehören, über Handlungen, durch welche natürliche Zwangspflichten verletzt werden würden, kann der Kontrahierende nicht verfügen. Daher sind Verträge über fremde Sachen und Rechte, über unmögliche oder unerlaubte Dinge und Handlungen nichtig und ungültig.
7. Ein Wille, der nicht frei ist, ist kein Wille. Ein Vertrag, zu welchem jemand mit Gewalt gezwungen worden, ist nach dem Rechte der Natur unverbindlich.
8. Wenn sich aber jemand in den Fall gesetzt hat, daß dem andern ein Recht, ihn zu zwingen, zukommt, und der Beleidiger alsdann, um die unangenehmen Folgen dieses Zwanges von sich abzuwenden, einen Vertrag mit dem Beleidigten schließt, so ist der Vertrag selbst nicht erzwungen und also wegen

des bei der Sache überhaupt mit untergelaufenen Zwanges nicht ungültig. Durch rechtmäßigen Zwang wird also ein geschlossener Vertrag nicht vereitelt. Exempel von Schadenszufügungen.

9. Jeder vernünftige Wille setzt notwendig eine hinreichende Kenntnis des Gegenstandes voraus, über welchen ein Entschluß gefaßt werden soll. Irrtum also in dem Gegenstande, über den jemand seinen Willen erklärt, schließt alle rechtlichen Wirkungen einer solchen Einwilligung aus. Exempel von der Dose. Ein Vertrag also, bei welchem ein wesentlicher Irrtum vorgefallen ist, hat nach dem Naturrechte keine Verbindlichkeit.

10. Noch mehr findet dieses statt, wenn der andre Teil den Irrtum selbst ver- 184R
anlaßt und den Irrenden dazu verleitet hat. Wer einen andern zu einem Irrtum verleitet, um mit dem Schaden desselben seinen Vorteil zu befördern, heißt ein Betrüger. Jeder Vertrag also, bei welchem ein *Betrug* mit untergelaufen, ist nichtig.

11. Nach dem strengen Naturrechte kommt es nicht darauf an, ob der Irrende an seinem Irrtume selbst schuld sei oder nicht. Genug, es fehlt in beiden Fällen an der freien und überlegten Einwilligung, die ein notwendiges Erfordernis eines gültigen Vertrages ist. Aber die Gesellschaft würde nicht bestehen können, wenn es erlaubt sein sollte, unter dem Vorwande eines jeden Irrtums seine Verträge zu widerrufen. Man hat also nicht nur im positiven Privat-, sondern auch im Völkerrechte allgemein angenommen, daß ein durch eigene Schuld und Nachlässigkeit entstandener Irrtum, der nicht durch einen Betrug des andern Teiles veranlaßt worden, der Gültigkeit des Vertrages nichts schade. Exempel von einem brillantenen Ringe.

12. Über die zu einem gültigen Vertrage gehörenden Förmlichkeiten bestimmt das Naturrecht nichts. Sobald von der einen Seite ein an sich gültiges Versprechen geschehen und die Annahme desselben von der andern Seite erfolgt, sogleich ist ein gültiger Vertrag vorhanden, und es kommt weiter nicht darauf an, ob das Versprechen und die Annahme schriftlich oder mündlich, durch Worte oder Zeichen, mit oder ohne Zeugen geschehen sind.

13. Die Erfüllung eines Vertrags kann nur verweigert werden,
   a) wenn es dabei an einem Erfordernisse der ursprünglichen Gültigkeit ermangelt;
   b) wenn der Fall des Notrechts eintritt, d. h. wenn die Umstände so beschaffen sind, daß dem Vertrage kein Genüge geleistet werden kann, ohne dadurch eine höhere und unerläßliche Pflicht zu verletzen. Alsdann kann und muß freilich von dem Vertrage wieder abgegangen werden. Der Abgehende muß aber den andern Teil vollständig entschädigen; z. E. ich

habe versprochen, an einem gewissen Tage eine Quantität Getreide an einen gewissen Ort zu liefern; in der Zwischenzeit aber sind die Wege durch Überschwemmungen so inpraktikabel geworden, daß ich ohne die offenbarste Lebensgefahr nicht hinkommen kann. In diesem Sinne sagt man, daß eine gänzliche Veränderung der Umstände einen gültigen Vertrag aufhebe.

III. Verträge unter Völkern können nur von und mit demjenigen geschlossen werden, dem die Obergewalt im Staat zukommt. Dies richtet sich nach der Beschaffenheit der Regierungsform. Aristokratien, uneingeschränkte Monarchien, eingeschränkte nach Verschiedenheit der Konstitution (England, Frankreich).

IV. So wie unter einzelnen Menschen nur diejenigen Verträge schließen können, welche fähig sind, mit Vernunft und Überlegung zu handeln, und die ein Recht haben, über das Objekt des Vertrages zu disponieren, so werden eben diese Eigenschaften auch bei den Regenten der Völker erfordert. Minderjährige, Blödsinnige, Prinzen, die noch nicht selbst Regenten, sondern nur Successores sind. Traktat mit dem Kurprinzen, nachmaligen Könige Friedrich I. wegen Schwiebus.

V. Auch bei Völkerverträgen ist nach dem natürlichen und allgemeinen Völkerrechte keine gewisse Form vorgeschrieben. Exempel mündlicher Verträge zwischen Sulla und Mithridates. Nach dem Gewohnheitsrechte der Völker ist die schriftliche Abfassung erforderlich.

VI. Verträge unter den Völkern werden entweder unter den Regenten selbst oder durch ihre Bevollmächtigten geschlossen. Letzteres ist das gewöhnlichste. Diese Bevollmächtigten müssen mit einer ausdrücklichen und schriftlichen Vollmacht zu dem Geschäfte, welches unterhandelt werden soll, versehen sein. Daher die Auswechslung der Vollmachten. Diese Vollmachten beziehen sich aber auf die dem Gesandten erteilte Instruktion, und
die Verhandlungen des Gesandten | sind nur so weit gültig und verbind- 185
lich, als sie dieser Instruktion gemäß sind. Ein durch Gesandte geschlossener

Vertrag erlangt also seine vollkommene Gültigkeit erst durch die hinzukommende Genehmigung ihrer Höfe. Diese wird durch die Unterzeichnung des Traktats selbst oder in besondern Urkunden erklärt. Daher die Ratificationes. Auswechslung der Ratificationes. Ehe diese geschehen, ist der Vertrag noch nicht gültig.

VII. Es gibt Fälle, in welchen Beamte oder Abgeordnete des Staats über die ihnen aufgetragenen Geschäfte gültig Verträge schließen können, ohne daß es dazu einer Vollmacht oder Ratifikation bedarf. Der kommandierende General Stillestände oder Kartelle. Der Kommandant Capitulationes. Nur ist die Befugnis solcher Befehlshaber genau auf die Gegenstände eingeschränkt, die in seinem Auftrag enthalten sind. Soweit der Befehlshaber diese ihm vorgeschriebenen Grenzen überschreitet, ist der Vertrag nichtig und unverbindlich. Traktat de 1711 der schwedischen Regierung über die Neutralität der deutschen Reichslande. Traktat der Samniten mit dem Konsul Posthumius in den Caudinischen Defileen.

VIII. Ein Vertrag des Regenten verbindet nicht nur ihn selbst, sondern auch seinen Nachfolger in der Regierung, weil die Regenten nur Repräsentanten des Volks sind und das Volk niemals stirbt.

IX. Die Erfüllung der Verträge unter den Völkern kann sichergestellt werden durch Geiseln, durch Garantien und durch Verpfändungen.

X. Geiseln heißen Personen, welche eine Nation der andern in Verwahrung gibt, damit diese mit ihrer persönlichen Freiheit dafür haften sollen, daß das Volk, zu welchem sie gehören, seiner im Vertrage übernommenen Verbindlichkeit ein Genüge leiste. Warum dazu Personen von Rang und Ansehen genommen werden. Ob die Geiseln nur mit ihrer Freiheit oder auch mit ihrem Leben haften. Geiseln bei Traktaten unter ganzen Völkern waren ehemals gewöhnlicher als jetzt. Letztes Exempel: Franz I., der Karl V. seine Söhne für den Madrider Traktat zu Geiseln gab und sie in der Folge mit 2½ Millionen Talern wieder lösen mußte. Heutzutage sind Geiseln nur gewöhnlich bei einzelnen Verträgen, welche zur Zeit des Krieges von kommandierenden

Offiziers des einen Volks mit Obrigkeiten und Kommunen des andern schließt[1], z. E. bei Brandschatzungen. Diese sind als Kriegsgefangene anzusehen und werden entweder durch Bezahlung oder durch einen Artikel in dem Hauptfriedenstraktat wieder ausgelöst.

XI. *Garantien.* a) Im eigentlichen Verstande, wenn bei einem zwischen zwei Völkern geschlossenen Vertrage ein drittes Volk auf Verlangen der kontrahierenden Teile es übernimmt, denjenigen unter ihnen, welcher den Vertrag brechen würde, zu dessen Erfüllung nötigenfalls mit Gewalt anzuhalten. b) Im uneigentlichen Verstande werden Sukzessionsordnungen, Besitzungen, innere Staatseinrichtungen garantiert. Die Garantie der pragmatischen Sanktion von Karl VI. Dies sind aber eigentlich nicht Garantien, sondern Bündnisse. Aus dem Begriffe der eigentlichen Garantie, welche die Aufrechthaltung eines zwischen zwei Nationen geschlossenen Vertrages zur Absicht hat, folgt die Verbindlichkeit des Garants, den zur Ungebühr sich weigernden Teil zur Erfüllung allenfalls mit gewaffneter Hand anzuhalten. Dabei ist aber zu bemerken,

1. daß der Garant die Aufforderung abwarten muß;
2. der Garant darf der Aufforderung nicht blindlings Genüge leisten, sondern ihm gebührt die Prüfung, ob der andre sich eines widerrechtlichen Bruchs des garantierten Vertrags wirklich schuldig gemacht habe.

XII. Verpfändungen sind gewöhnlich bei Traktaten, nach welchen ein Volk dem andern gewisse Geldzahlungen für erhaltene Darlehen oder aus irgendeinem andern Titel zu leisten hat. Das Elbingsche Territorium an Preußen. Die Grafschaft Bentheim an Hannover. Österreichische und russische Zölle an Holländer und Genueser. Hier hängen die Rechte des Pfandnehmers hauptsächlich von dem Inhalte des Vertrags ab. Soweit in diesem nichts bestimmt ist, so hat der Pfandnehmer nur Besitz und Nutzung. Eigentum und Landeshoheit bleiben dem Verpfänder. Der Pfandinhaber darf mit der Sache selbst keine Veränderungen vornehmen.

[1] Lies: geschlossen werden.

XIII. Verträge unter den Völkern müssen heilig beobachtet werden. Außer den schon oft angeführten allgemeinen Gründen tritt hier noch der besondere ein, daß die Ruhe und Sicherheit nicht etwa dieses oder jenes einzelnen Privati, sondern des ganzen menschlichen Geschlechts darauf beruht, daß freie Völker, die sonst keinen Richter über sich erkennen als Gott und ihr Schwert, ihren einmal geschlossenen Verbindungen mit Treue und Rechtschaffenheit nachkommen. Gleichwohl werden Verträge unter den Völkern so häufig gebrochen. Welches können die rechtmäßigen Gründe dazu sein? 185 R

XIV. Diese Gründe teilen sich in zwei Klassen:

1. Wenn der Vertrag von Anfang an nichtig ist.
2. Wenn ein an und für sich gültiger Vertrag wieder aufgehoben werden soll.

XV. *Erste Klasse.* Gründe, aus welchen ein Vertrag, weil er von Anfang an nichtig ist, aufgehoben werden kann.

1. Wenn er von Personen, die dazu nicht berechtigt waren, geschlossen worden, z. E. von Gesandten ohne Vollmacht oder wider ihre Instruktion, von Befehlshabern über ihre Grenzen.
2. Wenn der Staat sich zu etwas anheischig macht, was unmöglich oder nach den Gesetzen der Natur unerlaubt ist. Offensivbündnisse gegen einen Dritten, der die Kontrahenten nicht beleidigt hat. Die Menschentribute der Sarazenen aus den mittleren Zeiten. Verträge über das Eigentum oder das Recht eines Dritten ohne dessen Einwilligung.
3. Wenn der Traktat einem früher geschlossenen zuwiderläuft. Wußte der spätere Alliierte die Existenz des früheren Vertrages nicht, so kann er Genugtuung und Entschädigung fordern. Defensivbündnisse mit zwei kriegführenden Völkern zugleich.
4. Betrug. Ein Traktat, der durch Bestechungen der Minister und Gesandten erschlichen worden[1]. Dünkirchen und Mardick 1662. 5 Mill. Clarendon. Untersuchung der Frage, ob Friedensschlüsse, die auf einen unglücklich geführten Krieg erfolgen, wegen des dabei vorgefallenen Zwanges aufgehoben werden können?

   a) Nach dem Naturrechte kommt es darauf an, ob die Ursache zum Kriege

[1] Am Rande: 1712; nicht befestigt.

rechtmäßig war. War sie dieses, so war der Zwang, welchen der besiegende Teil anwendete, rechtmäßig, und es hing bloß von seiner Beurteilung ab, wieweit er diese Gewalt treiben wolle, um sich für künftigen Beleidigungen seines Gegners sicherzustellen. War aber der Krieg unrechtmäßig und hat also der Überwinder seinen Sieg bloß dem Kriegsglück zu danken, so ist der Zwang, womit er seinen Feind zu einem nachteiligen Frieden nötigt, widerrechtlich und also der Vertrag selbst unverbindlich.

b) Hiervon aber hat man im Völkerrechte abgehen müssen. Der Krieg ist unter freien Völkern, die keinen Richter über sich erkennen, das letzte Mittel, ihre Streitigkeiten zu entscheiden. Diese Entscheidung hängt, wenn der Krieg einmal angefangen ist, lediglich von dem Glück der Waffen ab. Hat dieses einmal entschieden, so kann von der Rechtmäßigkeit oder Unrechtmäßigkeit des Krieges im Völkerrecht ebensowenig mehr die Frage sein als in der bürgerlichen Gesellschaft, wenn die Rechte der prozessierenden Parteien durch das Erkenntnis des Richters einmal entschieden worden. Das Wohl des ganzen menschlichen Geschlechts, die Erhaltung der Ruhe und Sicherheit des Eigentums unter den Völkern haben die Aufnahme und Beibehaltung dieses Grundsatzes notwendig gemacht. Europa würde ein Schauplatz immerwährenden Krieges und Blutvergießens werden, wenn es erlaubt sein sollte, daß ein Streit unter Völkern, über den das Glück der Waffen einmal entschieden hat und der durch einen mit allen übrigen Erfordernissen der Gültigkeit versehenen Friedensschluß beigelegt worden, aufs neue zur Untersuchung gezogen und der geschlossene Friede unter dem Vorwand, daß er durch unrechtmäßige Gewalt erzwungen worden, wieder aufgehoben werden könnte. Am Ende würde zur Entscheidung dieses neuen Streits doch wiederum kein andrer Weg als der Weg der Waffen übrigbleiben, der neue Krieg müßte doch wiederum durch einen Frieden beigelegt werden, der bei
der ersten Gelegenheit aber|mals als durch unrechtmäßige Gewalt er- 186
zwungen aufgerufen werden könnte, und so würde sich in Ewigkeit der Zeitpunkt nicht denken lassen, da man sagen könnte, daß nun die Sache abgetan und der Streit völlig beigelegt sei. Dies würde das kultivierte gesittete Europa bald in die Zeiten der rohen Barbarei zurückwerfen, da jedes vom Kriegsglück begünstigte Volk sich verpflichtet halten würde, seinen Vorteil aufs äußerste zu treiben und die Waffen nicht eher als mit gänzlicher Unterjochung oder Ausrottung seines Feindes niederzulegen, da es kein Mittel mehr gäbe, sich auf irgendeine Art, selbst nicht durch die heiligsten und feierlichsten Friedensschlüsse, gegen erneuerte Anfälle desselben sicherzustellen. Daher ist der Satz, daß auch ein durch Gewalt der Waffen erzwun-

gener Friede gehalten werden müsse, allgemein angenommen. Freilich, wenn der Sieger sein Glück mißbraucht, die Grenzen der Mäßigung zu sehr überschreitet und seinem Gegner zu harte und schimpfliche Bedingungen auflegt, kann es letzterem nicht verdacht werden, wenn er unter günstigeren Umständen gegen diese Bedingungen sich auflehnt und davon, des geschlossenen Friedenstraktats ohnerachtet, loszumachen sucht. Allein sein Recht dazu fließt nicht daraus, weil der Friede erzwungen worden, sondern aus einem andern Grunde, von welchem bald mehr[1].

XVI. *Zweite Klasse*, wenn ein an und für sich gültiger Vertrag wieder aufgehoben werden soll.

1. Wenn der Vertrag gegenseitige Verpflichtungen enthält und der eine Teil seinem Versprechen zuerst entgegenhandelt oder dasselbe zu erfüllen verweigert, dann hat der andre die Wahl, ob er denselben zur Erfüllung anhalten oder auch seines Orts vom Vertrage wieder abgehen und also den ganzen Vertrag aufheben wolle. Denn jeder Teil hat das in einem solchen Traktat ihm übertragene Recht nur unter der Bedingung erlangt, wenn er die dagegen übernommene Pflicht erfüllen wird. Er kann sich also jenes Rechts nicht mehr anmaßen, sobald er dieser Pflicht zuwiderhandelt. Exempel von einer Defensivallianz, wenn der eine Teil die versprochene Hilfe nicht leistet.
2. Quaeritur aber: Wenn der Traktat aus mehreren Artikeln besteht und nur einer derselben nicht erfüllt wird, kann alsdann der andre Teil auch von allen übrigen Artikeln abgehen? Unterschied zwischen Haupt- und Nebenartikeln. Er kann nur gelten, wenn die kontrahierenden Teile selbst bestimmt haben, welche Verabredungen für Haupt- und welche nur für Nebenartikel angesehen werden sollen. Außerdem fehlt es im Stande der Natur an einem Richter, welcher diese Bestimmung ergänzte. Jeder Teil kann also behaupten, daß er alles, was er sich von dem andern in dem Traktate hat versprechen lassen, als eine Hauptbedingung des Traktats, ohne die er sich darauf gar nicht eingelassen haben würde, betrachtet habe und also, weil diese Bedingung nicht erfüllt worden, von dem ganzen Vertrage abgehen könne.
3. Wenn zwei ganz verschiedene und ganz diverse Gegenstände betreffende Traktaten vorhanden sind, so wird durch die Nichterfüllung des einen der andre nicht aufgehoben. Eine Defensivallianz, späterhin ein Kommerzien-

[1] s. unten S. 165 ff.

traktat. Die Aufhebung des Kommerzientraktats berechtigt nicht zur Aufhebung der Defensivallianz.

XVII. Aufhebung eines Vertrages vermöge *des Notrechts.* Wenn ein Volk einen geschlossenen Vertrag nicht länger erfüllen kann, ohne zugleich einer wesentlichen und unerläßlichen Pflicht gegen sich selbst zuwiderzuhandeln, so ist es zu einer solchen Erfüllung nicht verbunden. Wichtigkeit, aber auch Gefährlichkeit dieser Theorie. Die meisten Traktaten werden unter dem Vorwande des Notrechts gebrochen, welcher in der Sprache der Höfe und ihrer Minister, den Namen Bien public, Raison d'Etat pp. führt. Dies geschieht um so leichter, da im Naturzustande Völker und deren Regenten keinen Richter über sich haben, mithin es in jedem Falle lediglich der eigenen Prüfung und Beurteilung des Regenten überlassen bleiben muß, ob der Fall des Notrechts wirklich vorhanden sei. Reduktion auf folgende Regeln:

XVIII. a) Die Erhaltung der eigenen Existenz ist die erste und stärkste aller Pflichten 186 R
und begründet allemal die Existenz des Notrechts. Zum Wesen eines Volks gehört die Verbindung der einzelnen und die Unabhängigkeit. Die Auflösung dieser Verbindung, der Verlust dieser Unabhängigkeit ist der moralische Tod des Volks. Wenn also der Untergang dieser moralischen und politischen Existenz des Staats aus der Erfüllung eines geschlossenen Vertrags unvermeidlich erfolgen würde, so ist der Staat einen solchen Vertrag zu erfüllen nicht schuldig, vielmehr davon abzugehen verbunden. *Exempel* von einem Vertrag, wodurch einem andern Volke solche Rechte eingeräumt worden, mit welchen die eigene Landeshoheit des Staats und seines Regenten nicht bestehen können. Festungen nach eigenem Gutfinden anzulegen, einen Kommandeur der Truppen, der von dem Souverän ganz unabhängig wäre, zu bestellen, das Recht der Gesetzgebung im Lande auszuüben. *Ferner,* wenn durch die im Vertrage eingeräumten Vorteile die Balance offenbar gefährdet werden würde.

XIX. b) Die Erhaltung aller einzelnen oder doch des größten Teils derselben gehört notwendig zur Erhaltung der Existenz des ganzen Volks. Wenn also die Erhaltung aller oder doch der meisten einzelnen Mitglieder eines Volks mit der Erfüllung eines Vertrages unmöglich bestehen kann, so ist man dazu nicht verbunden. Vertrag über eine Getreidelieferung bei eigenem Mangel. Ein Defensivbündnis, welches bei einer unglücklichen Wendung des Krieges nicht länger fortgesetzt werden kann, ohne das eigene Land durch Werbungen und Auflagen zu ruinieren.

XX. c) Das Glück eines Volks ist sein höchster Zweck, sein erstes und unverbrüchlichstes Gesetz. Unmöglich kann ein Volk oder ein Staat glücklich sein, wenn es dessen Mitgliedern und Untertanen nicht erlaubt sein sollte, ihre Geistesfähigkeiten auszubilden, ihren Verstand aufzuklären und ihre Moralität zu verbessern. Denn es ist und bleibt eine ewige Wahrheit, daß für Menschen als vernünftige Wesen ohne wahre Aufklärung des Verstandes und ohne die von dieser allein abhängenden Tugend keine Glückseligkeit denkbar sei. Wenn also ein Vertrag so beschaffen wäre, daß es dadurch allen oder doch den meisten Mitgliedern eines Volks unmöglich gemacht würde, die Vervollkommnung ihres Geistes und Herzens zu befördern, so würde ein solcher Vertrag für das Volk unverbindlich sein; z. E. Vertrag zur Einführung der Spanischen Inquisition, zur Verfolgung von Meinungen mit Feuer und Schwert, zur Einführung einer durchaus vernunftwidrigen Lehr- und Erziehungsmethode in Kirchen und Schulen.

XXI. Dagegen gibt es andre Pflichten, die zwar ein Volk sich ebenfalls schuldig ist, die aber nur auf Vermehrung und Verbesserung seines äußeren Wohlstandes, seiner Macht und seiner Reichtümer abzielen. Diese Pflichten sind, einzeln genommen, nicht unerläßlich, das Hindernis also, welches in ihrer Erfüllung aus einem geschlossenen Vertrage entstehen könnte, begründet noch kein Notrecht und ist also nicht hinreichend, den Bruch des Vertrages zu rechtfertigen. Es gibt der Wege, auf welchen Völker so wie einzelne Menschen ihren äußeren Wohlstand befördern und vermehren können, viel und mancherlei. Ist einem Volke einer dieser Wege versperrt, so werden ihm stets noch andre offenbleiben, und der Fall wird nie eintreten, daß ein Volk durch den Zweck der bloßen Vermehrung seiner Glückseligkeit genötigt wird, zu diesem einzigen durch Verträge mit andern ihm verschlossenen Wege seine Zuflucht zu nehmen. Durch den Wunsch, seine äußeren Umstände zu verbessern, kann nie ein Mensch und nie ein Volk berechtigt werden, einer Zwangspflicht, dergleichen die Erfüllung der Verträge ist, zuwiderzuhandeln. Karl VI. und die Ostindische Compagnie, die Schließung der Schelde im Münsterschen Frieden, Abtretung von Schlesien an Brandenburg.

XXII. Dies ist es ohngefähr, was das Völkerrecht über diese schwere und verwickelte Frage mit irgendeiniger Bestimmtheit im allgemeinen an die Hand geben kann. Alles kommt darauf an, die Erhaltung des Staats von seiner Vergrößerung, von der Vermehrung seiner Macht und äußeren Wohlstandes sorgfältig zu unterscheiden. Das Gesetz des Völkerrechts ist deutlich und bestimmt. „Kein Vertrag darf erfüllt werden, sobald damit die Erhaltung des Staats nicht bestehen kann". Aber ob nun dieser Fall wirklich vorhanden ist, ob die Umstände wirklich so beschaffen sind, daß die Erhaltung des Staats den Bruch eines Vertrages zur unvermeidlichen Notwendigkeit mache, das muß lediglich der Einsicht und dem Gewissen des Regenten, der am Ruder des Staats sitzt und das Ganze allein übersieht, anheimgestellt bleiben. Wahre Staatskunst, nicht machiavellistische Politik, sorgfältige Verwahrung gegen die Leidenschaften des Ehrgeizes und der Eroberungssucht, fleißiges Studium der Geschichte muß die Schritte des Regenten in diesem Labyrinth leiten, über welches die Fackel der Philosophie nur von fern ein schwaches und ungewisses Licht verbreiten kann. 187

Parallele zwischen Ludwig XIV. und Friedrich Wilhelm M. Ludwig brach Traktate zur Vergrößerung seiner Macht; Friedrich Wilhelm zur Erhaltung seiner selbst und seines Volks. Bündnis mit Polen. Karl Gustav. Bündnis mit ihm. Friede mit Polen. Seine Verhandlungen mit Holland, Frankreich und Österreich. Mémoires de Brandebourg:

„Beide schlossen Verträge und brachen sie, der eine aus unersättlichem Ehrgeiz, der andre aus unwiderstehlicher Notwendigkeit. Die Mächtigen verschmähen es, Sklaven ihrer Worte zu sein, weil man sie dazu nicht zwingen kann. Die Schwachen brechen ihre Verpflichtungen, weil sie durch die Gewalt der Umstände dazu genötigt werden"[1].

Vorrede zu den Oeuvres posthumes S. 11—16.

[1] Mémoires pour servir a l'histoire de la maison dè Brandebourg. Oeuvres de Frédéric le Grand, tom. I, p. 110.

VOM RECHTE DES KRIEGES UNTER DEN VÖLKERN 187 R

I. Unter Völkern können Streitigkeiten entstehen wegen vermeintlich erlittener Beleidigungen, wegen dafür geforderter Indemnisation und Genugtuung, wegen drohender Gefahr für die Sicherheit und Unabhängigkeit, wegen gegenseitiger Ansprüche auf eine Sache oder ein Recht. Wenn dergleichen Streitigkeiten durch gütliches Übereinkommen und Verträge nicht beigelegt werden können, so bleibt kein andres Mittel zur Entscheidung übrig als der Krieg. Der Krieg ist also für jedes freie Volk ein Mittel zum Schutze des Seinigen gegen verübte oder gedrohte Gewalt, zur Erzwingung des für zugefügten Schaden gebührenden Ersatzes und zur Entscheidung streitiger Ansprüche, die auf andre Art nicht beigelegt werden können.

II. Nur der Regent eines Volks ist befugt, einen Krieg anzufangen und wirklich zu führen. Der Particulier, welcher eigenmächtig Feindseligkeiten verübt, ist ein Räuber.

III. Rechtmäßigkeit des Krieges im Sinne des allgemeinen Staatsrechts. Der aus rechtmäßigen Ursachen geführt wird,

1. wenn ein Volk von dem andern feindselig angegriffen oder
2. mit einem solchen Angriffe bedroht wird;
3. wenn ein Volk dem andern gegründete Ansprüche streitig macht oder vorenthält;
4. wenn ein Volk die Ehre des andern oder seines Souveräns vorsätzlich beleidigt und die Genugtuung versagt;
5. wenn ein Volk seine Macht durch auswärtige Eroberungen in einem solchen Übermaße zu vergrößern sucht, daß dadurch die Freiheit und Unabhängigkeit eines andern Volks in wirkliche Gefahr kommt.

Pflichten eines Regenten gegen sein Volk wegen genauer Untersuchung der Rechtmäßigkeit und Notwendigkeit eines anzufangenden Krieges.

IV. *Rechtmäßigkeit des Krieges im Sinne des Völkerrechts.* Dazu wird nur erfordert,

1. daß der, welcher den Krieg führt, an und für sich das Recht des Krieges habe;

2. daß dem Gegenteile der Entschluß, die Waffen gegen denselben zu ergreifen, auf irgendeine Art zu erkennen gegeben worden.

V. Ursachen, warum im Völkerrechte auf die Rechtmäßigkeit der Ursachen des Krieges nicht gesehen werden kann.

Sobald von den Rechten und Pflichten der kriegführenden Völker unter sich und gegen andre oder von der Gültigkeit der durch den Krieg gemachten Eroberungen die Rede ist, so kann auf die innere Recht- oder Unrechtmäßigkeit des Krieges selbst keine Rücksicht genommen werden.

Herleitung dieses Grundsatzes: a) Im Stande der Natur, in welchem unabhängige Völker sich gegeneinander befinden, gibt es keinen Richter, welcher befugt wäre, über die Rechtmäßigkeit oder Unrechtmäßigkeit ihrer Handlungen ein solches entscheidendes und wirksames Urteil zu fällen, daß das unabhängige Volk sich demselben schlechterdings unterwerfen müßte. Hierin unterscheidet sich vornehmlich der Zustand der Natur von dem Stande der bürgerlichen Gesellschaft. Die Stelle der fehlenden richterlichen Gewalt vertritt das Schwert. Wenn also ein freies Volk, dem das Recht des Krieges überhaupt zukommt, durch seinen Regenten, dem es die Ausübung dieses Rechtes übertragen hat, erklärt, daß es rechtmäßige Ursachen zum Kriege gegen eine andre Nation zu haben glaube, wenn diese andre Nation sich nicht verpflichtet hält, die Rechtmäßigkeit dieser Ursachen einzuräumen und denselben auf die verlangte Art abzuhelfen, wenn sie also zu erkennen gibt, daß sie es auf die Entscheidung durch die Waffen ankommen lassen wolle, und wenn nun die Feindseligkeiten wirklich angefangen werden, so muß man annehmen, daß jeder Teil den Krieg in der Überzeugung, daß er das Recht auf seiner Seite habe, | führt. Da es nun keine 3te Macht 188
gibt, die befugt wäre, durch einen für beide entscheidenden Ausspruch zu bestimmen, welche Überzeugung die richtige sei, so bleibt nichts übrig, als anzunehmen, daß, solange der Krieg dauert, die Rechte des Krieges zwischen beiden Teilen sowohl unter sich als in Beziehung auf andre neutrale Völker völlig gleich sind und daß das Glück der Waffen in einem darauf erfolgenden Frieden eine unwiderrufliche Entscheidung des obgewalteten Streits enthalte, bei welcher nun weiter nicht auf die innere Gerechtigkeit der ursprünglichen Ursachen des Kriegs zurückgegangen werden kann. b) Wenn man diesen Grundsatz nicht annehmen wollte, so würden die Kriege ungleich grausamer und blutiger, die Sicherheit des Eigentums unter den Völkern würde noch viel schwankender und ungewisser werden. Denn

aus der entgegengesetzten Theorie würde unmittelbar folgen, daß das unrechtmäßig angegriffene Volk seinem Gegner gar keine Pflichten schuldig, daß es ihn vielmehr als Räuber zu behandeln berechtigt sei. Da nun, wie schon gedacht, jedes kriegführende Volk das Recht auf seiner Seite zu haben behauptet und niemand da ist, welcher hierüber entscheiden könnte, so würden die beiderseitigen Armeen sich nicht mehr als Feinde nach Kriegsrecht, sondern als Räuber behandeln, und es fällt in die Augen, bis zu welchem fürchterlichen Grade dadurch die ohnehin schon so schrecklichen Folgen des Krieges vergrößert werden würden. Nach dem Völkerrecht wird also ein jeder Krieg für rechtmäßig gehalten, den ein unabhängiges Volk und dessen Souverän mit einem andern Volke führt, sobald der eine Teil dem andern seinen Entschluß, den obwaltenden Streit durch die Waffen zu entscheiden, gehörig eröffnet hat. Hingegen ist jede eigenmächtige Gewalt, die ein mit dem Rechte des Krieges nicht versehener Untertan eines Staats an einem andern oder dessen Untertanen verübt, kein Krieg, sondern bloß ein Raub, und der Angreifer kann nicht erwarten, von dem Angegriffenen als ein rechtmäßiger Feind nach den Regeln des Völkerrechts behandelt zu werden, sondern er wird mit vollem Grunde als ein bloßer Räuber bestraft.

VI. Von Kriegserklärungen und Ankündigungen. Ehemalige Gewohnheit der feierlichen Kriegsankündigungen durch Fecialen[1] und Herolde. Zeremoniell dabei. Heutige Gewohnheit. Abbrechung der Unterhandlung. Abrufung der Gesandten. Öffentliche Erklärungen. Die Manifeste und Deduktionen kommen gewöhnlich erst hinterher. Irgendeine Art von vorläufiger Äußerung ist aber heutzutage noch erforderlich. Ein ohngewarnter bewaffneter Überfall würde immer noch für eine Verletzung des Völkerrechts angesehen werden. Joseph II. und Belgrad.

VII. *Rechte der kriegführenden Völker selbst nach dem natürlichen Völkerrechte.*

Ein kriegführendes Volk ist berechtigt, für seine Erhaltung und Sicherheit zu sorgen, sich gegen die feindlichen Anfälle und Beschädigungen zu schützen und seinen Gegner zu denjenigen Pflichten zu zwingen, deren Versagung oder Verletzung des Krieges Ursache war.

[1] Vgl. lat. fetiales, auch frz. droit fécial, ius feciale = Heroldsrecht (18. Jahrhundert).

Es ist zu allem berechtigt, was irgend zur Erreichung dieser Zwecke beitragen kann.
Die Wahl der Mittel ist seiner eigenen Einsicht und Beurteilung überlassen.
Das einzige Gesetz, welches ihm das Naturrecht vorschreibt, ist, die Feindseligkeiten nicht weiterzutreiben, als es die Erreichung jener Zwecke erfordert.
Aber wie weit diese Grenzen sich erstrecken, welche Arten von Feindseligkeiten darüber hinausgehen, hängt wiederum lediglich von seiner Beurteilung ab.
Zu seinen Rechten gehört auch, sich gegen künftige Beleidigungen sicherzustellen und den Beleidiger zu deren Wiederholung außer Stand zu setzen.
Schon vermöge dieses Rechts kann das natürliche Recht des Krieges unendlich 188R
weit ausgedehnt werden, und es wird nicht leicht eine Art von Gewalt gegen den Feind auszudenken sein, wenn sie nur nicht in offenbaren unnützen und henkermäßigen Grausamkeiten besteht, die sich nicht unter gewissen Umständen nach den Grundsätzen des natürlichen Völkerrechts verteidigen oder doch entschuldigen ließe. Daher die große Härte der Kriege unter den alten Völkern. Zerstörung von Carthago.

VIII. *Die natürliche Moral* schreibt zwar schon Pflichten gegen Feinde vor. Sie empfiehlt Menschlichkeit, Großmut und Mäßigung. Sie mißbilligt gewisse Arten, den Krieg zu führen, das Niedermachen entwaffneter Feinde, das Sengen, Brennen und Plündern, das zum-Sklaven-Machen der Gefangenen. Aber die Regeln der Moral sind noch keine Gesetze des Naturrechts. Es hängt sehr von den Umständen ab, wiefern sie befolgt werden können. Es hängt von dem Grade der Einsicht und Kultur ab, inwiefern diese moralischen Regeln mit der natürlichen Pflicht der Selbsterhaltung bestehen können.

IX. *Nach dem Gewohnheitsrechte der europäischen Völker* sind die Grundsätze milder geworden:

a) Gewisse Arten von Feindseligkeiten sind verboten.
b) Die moralischen Gebote der Großmut und Mäßigung sind zu Gesetzen des Völkerrechts erhöht.
c) Die Kriege endigen sich nicht mehr mit dem gänzlichen Untergange des Überwundenen.

X. Ursachen dieser Milderung:
1. Entferntere: Die höhere Stufe von Aufklärung und Kultur; die gemilderten Sitten, der Einfluß der Religion.
2. Nähere: a) Die Art, den Krieg durch regelmäßige stehende Truppen zu führen. b) Das System des Gleichgewichts, welches Mäßigung zur Pflicht macht.

XI. Nähere Anwendung auf einige der wichtigsten Materien und Angelegenheiten, die bei einem Kriege vorkommen können.
1. Von den Personen, gegen welche Feindseligkeiten verübt werden können.
2. Wie weit gegen diese die Feindseligkeiten getrieben werden können.
3. Von der Behandlung der Gefangenen.
4. Von den Rechten des Krieges über feindliche Sachen, Güter und Eigentum.
5. Von den erlaubten Mitteln, dem Feinde Schaden zu tun.
6. Von den während eines Krieges vorkommenden Verträgen.
7. Von den Rechten und Pflichten zwischen den kriegführenden und neutralen Völkern.

XII. *Von den Personen*, gegen welche Feindseligkeiten verübt werden können.
1. Nach dem natürlichen Völkerrechte gegen alle Mitglieder des feindlichen Volks. Denn Kriege werden zwischen Volk und Volk geführt, und Volk ist der Inbegriff aller einzelnen.
2. Nach dem europäischen Völkerrechte nur diejenigen, welche für die Sache des feindlichen Volks die Waffen führen. Rechte gegen Einwohner des feindlichen Landes, die nicht in Waffen sind,
   a) ihnen die etwa in ihren Häusern habenden Waffen abzunehmen;
   b) ihren gewöhnlichen Wohnort nicht zu verlassen, damit sie den Feind nicht verstärken;
   c) wenn das Land geräumt werden muß, die zur Tragung der Waffen fähige Mannschaft mitzunehmen, aber nicht, sie zu verstümmeln oder mit Gewalt unterzustecken.
3. Die Nichtsoldaten müssen sich aber auch aller Feindseligkeiten enthalten. Tun sie das nicht, so kann das Recht des Krieges gegen sie mit doppelter Strenge ausgeübt werden,
   a) weil es heimliche Feinde sind,

b) weil das Wohl des menschlichen Geschlechts erfordert, den Grundsatz zu soutenieren, daß der Krieg nur zwischen den Armeen geführt werde, von welchem Grundsatz die Schonung abhängt, die man den übrigen Einwohnern widerfahren läßt.

4. Tadel der Manifeste, worin alle Untertanen aufgefordert werden, den Feinden Abbruch zu tun.
5. Pflichten der Untertanen im Kriege gegen ihren Souverän,
   a) dem Feinde freiwillig keinen Vorschub zu tun,
   b) den Staat mit den geforderten Abgaben und Lebensmitteln zu unterstützen,
   c) einzelne Aufträge des Staats zur Beförderung der Kriegsunternehmungen zu vollziehen.

XIII. Wie weit können die Feindseligkeiten gegen die Truppen des Feindes getrieben werden? 189

1. *Überhaupt:* So weit, daß der Feind außer Stand gesetzt werde, ferner zu schaden. Kann dies nicht anders als durch Tötung geschehen, so ist die Tötung erlaubt. Legt aber der Feind die Waffen nieder und ergibt sich zum Gefangenen, so hört das Recht zu töten auf.
2. Fälle der Ausnahme, wann ein entwaffneter und gefangener Feind getötet werden kann:
   a) Wenn der Feind sich grober Verbrechen gegen das Natur- und Völkerrecht schuldig gemacht hat. Feinden, die den Krieg auf eine barbarische Weise führen, alles ohne Unterschied niedermachen, ohne Nutzen sengen und brennen und andere Brutalitäten verüben, kann der Pardon versagt werden. Exempel von den Kosaken im 7jährigen Kriege.
   b) Par Repressailles, wenn der Feind zuerst befiehlt, den Pardon zu versagen.
   b) Wenn der entwaffnete und gefangene Feind die Waffen wieder ergreift und neue Feindseligkeiten verübt.
   d) *Nicht*, wenn eine Festung sich zu lange verteidigt.
   e) Quaeritur: Wenn die Menge der Gefangenen so groß wird, daß der Sieger nicht mehr weiß, was er damit anfangen soll, z. E. nach der Leuthner Bataille. Wenn eine Festung, wo eine große Menge Gefangener ist, belagert wird. Wenn die Armee auf ihrem Marsche zu viel Gefangene mit sich führen müsse. Ehemals hielt man es sich für erlaubt, in solchen Fällen die Gefangenen zu töten. Jetzt werden sie gegen das Versprechen, im Kriege nicht mehr zu dienen, entlassen. Karl XII. bei Narwa.

XIV. *Von der Behandlung der Gefangenen und der Dauer ihrer Gefangenschaft.*

1. Nach dem Naturrecht hängt das bloß von der Willkür des Siegers ab. Daher wurden bei den alten Völkern die Gefangenen zu Sklaven gemacht und selbst nach dem Frieden nicht losgelassen. Die Gefangenen wurden ein Eigentum dessen, der sich ihrer bemächtigt hatte; selbst der Staat konnte diesem nicht vorschreiben, ob und unter welchen Bedingungen er sie loslassen sollte. Die Griechen nach ihrer Befreiung durch Quinctius. Das galt noch im 30jährigen Kriege. Das gilt noch unter den orientalischen Nationen.
2. Grundsätze des heutigen europäischen Völkerrechts:
   a) Die Gefangenen gehören nicht mehr den Truppen, sondern dem Staat.
   b) Dieser bewahrt sie auf, damit sie ihm nicht mehr schaden und er sie auswechseln könne.
   c) Unterdessen gibt er ihnen den Unterhalt, so wie sie ihn im Dienste ihres eigenen Staats zu erwarten haben.
   d) Die Auswechslung geschieht entweder noch während des Kriegs durch besondere Konventionen, de quo infra[1], oder die Losgebung der Gefangenen wird ein Artikel des Friedens.

XV. *Von den Rechten des Krieges in Ansehung feindlicher Sachen, Güter und Eigentums.*

Nach strengem Naturrecht.

1. Alle Arten der Beschädigungen des feindlichen Eigentums sind erlaubt, wodurch der Zweck des Krieges erreicht werden kann, i. e. wodurch man den Feind schwächen und ihn zwingen kann, was durch den Krieg erreicht werden soll.
2. Das Volk besteht aus den einzelnen. Was also gegen das Eigentum des Volks überhaupt erlaubt ist, das kann auch gegen das Eigentum der einzelnen ohne Unterschied stattfinden.
3. Daher war bei den Alten alles, was dem feindlichen Volke und dessen Mitgliedern gehörte, ein Gegenstand erlaubter Feindseligkeiten. Verwüstungen der Felder waren gewöhnlich und wurden für erlaubt gehalten. Alles, was sich in einem eroberten Orte oder Gebiete befand, ward das Eigentum des Siegers. Die Beute war ein Modus acquirendi nicht nur für das Volk, sondern auch für die einzelnen.

[1] s. unten S. 179

Nach dem europäischen Völkerrechte unterscheidet man

a) Güter und Sachen, die dem feindlichen Staate gehören, vom Privateigentum;

b) das Privateigentum der die Waffen führenden Truppen von dem der übrigen Einwohner.

A. Von dem Eigentume des feindlichen Staats selbst. 189 R

1. Dessen kann man sich bemächtigen und es sich zueignen,
   a) weil es ein Mittel ist, den Feind zu schwächen und die Fortsetzung des Krieges zu erschweren;
   b) weil es Entschädigung für die streitige Forderung und die Kriegskosten sein kann. Geld, Lebensmittel, Kriegsbedürfnisse.
2. Daß er von den Untertanen des okkupierten Landes eben die Abgaben fordern kann, die sie ihrem eigenen Staat entrichten müssen.
3. Daß man die Sachen des feindlichen Volkes ruinieren und verderben kann. Festungen rasieren, Magazine verbrennen oder ins Wasser werfen pp.
4. Dieser Ruin gründet sich aber nur auf das Recht, den Feind zu schwächen und ihm die Mittel zur Fortsetzung des Krieges möglichst zu benehmen. Öffentliche Gebäude, Werke der Kunst, Meubles und Effekten, die bloß zum Privatgebrauch des Fürsten bestimmt sind. Die Russen im 7jährigen Kriege.

B. Von dem Eigentume der feindlichen Truppen.

1. Güter und Sachen, welche dem in Waffen stehenden Feinde gehören, besonders solche, die er bei sich hat, kann der Sieger sich zueignen. Das Plündern der Gefangenen, das Plündern des Schlachtfeldes, die Beute in einem eroberten Lager, die Habseligkeiten der Garnison einer mit Sturm eroberten Stadt.
2. Das trifft nicht bloß auf die Truppen, sondern auch auf alle, die dem Lager folgen.
3. Einschränkungen dieses Rechts ex moribus. Die Gefangenen dürfen nicht ganz ausgeplündert werden; die Habseligkeiten der Garnison, die nicht eben in der ersten Hitze und Unordnung geraubt worden, werden ihr gelassen pp.

C. Von dem Privateigentum andrer Bewohner des feindlichen Landes.

1. Dies kann den Eigentümern in der Regel unter dem Vorwande des Kriegsrechts nicht genommen noch ruiniert werden. Tadel des Sengens und Brennens, der Verwüstungen des Landes, des Plünderns eroberter Städte, welches der kommandierende General nie autorisieren muß. Laudon in Landeshut. Schweidniz. Die Schweden in Uckermünde (1765).

2. Dagegen hat ein Volk auf das Privatvermögen der feindlichen Untertanen folgende Rechte:
   a) Die freie Verpflegung seiner Truppen zu fordern.
   b) Kontributionen und Brandschatzungen auszuschreiben, die aber nicht so übertrieben sein müssen, daß sie gar nicht oder doch nicht, ohne den Einwohnern ihre notdürftige Subsistenz zu entziehen, aufgebracht werden können.
      α) Lehren der Großmut.
      β) Lehren der Klugheit, wenn man das Land behaupten will.
   c) Alle Rechte, die aus dem Zwecke der Selbstverteidigung folgen, vermöge des Notrechts. Härte, aber Rechtmäßigkeit solcher Verfügungen. Nur muß geprüft werden,
      α) ob der Fall der dringenden und unvermeidlichen Notwendigkeit wirklich da sei;
      β) ob durch ein solches Mittel der Zweck der Selbstverteidigung erreicht werden könne.

   Parallele eines Kommandanten, der die Vorstadt anzündet, und der Verwüstungen der Franzosen in der Pfalz und am Niederrhein de 1674 et 1689. Worms, Speyer, 40 andre Städte, alle Dörfer. Beraubung der Gebäude.

Besondere Bemerkungen.

1. Der Seekrieg unterscheidet sich darin von dem Landkriege,
   a) daß durch Kriegsschiffe und Kapers auch feindliche Kauffahrteischiffe und Waren weggenommen werden;
   b) daß man dies sogar auf Sachen neutraler Völker in feindlichen Schiffen extendiert.
   c) Grund davon, weil die Seemächte zugleich handlungstreibende Völker sind und durch Störung des feindlichen Handels dem Feinde den Nervum rerum gerendum abzuschneiden hoffen.
   d) Unzulänglichkeit dieses Grundes. Sie schwächen sich gegenseitig, und der Ruin so vieler tausend Particuliers wird durch den Vorteil des Staats nicht aufgewogen.
   e) Schritte, die zur Abschaffung dieser Gewohnheit geschehen sind. Die bewaffnete Neutralität. Der Traktat mit Nordamerika.
2. Wie weit das Recht der Eroberung ein gültiges Eigentum gewähre, so daß 190
   auch der, welcher die gemachte Beute von dem Sieger an sich gebracht hat, rechtmäßiger Eigentümer derselben werde.

a) Der Fall muß vorhanden gewesen sein, daß nach den Gesetzen des Krieges das Beutemachen erlaubt gewesen.
b) Bei den Truppen ist dieser Fall immer vorhanden, wenn der Kommandierende das Beutemachen erlaubt. Ob die Erteilung dieser Erlaubnis rechtmäßig sei, steht zu seiner Verantwortung.
c) Die Eroberung muß aber vollendet sein, d. h. das Erbeutete muß so weit in Sicherheit gebracht sein, daß dem vorigen Eigentümer keine wahrscheinliche Hoffnung, sie dem Feinde wieder abzunehmen, mehr übrigbleibt. Wenn sie in das Lager oder in eine Festung, wenn ein erobertes Schiff in einen freundschaftlichen oder neutralen Hafen aufgebracht worden. Wenn die erbeutete Sache dem Eroberer wieder abgenommen wird, ehe sie in Sicherheit hat gebracht werden können, so muß sie ihrem vorigen Eigentümer wiedergegeben werden. Exempel: Wenn einer streitenden Partei die gemachte Beute wieder abgejagt wird; wenn das Lager des Feindes erobert und darin Beute, die im Lande gemacht worden, vorgefunden wird.
d) Die Erwerbung unbeweglicher Sachen, Städte, Provinzen wird erst durch die im Frieden erfolgende Abtretung vollendet. Beziehung auf das, was von der Gültigkeit eines solchen Friedens gesagt worden. Rechte auf ein solches erobertes Land.

XVI. Von den erlaubten Mitteln, dem Feinde Schaden zu tun.

A. Nach strengem Naturrechte ist alles erlaubt, was zu dem Zwecke, die Macht des Feindes zu schwächen, etwas beitragen kann. Alle Arten von Waffen und Kriegslisten sind erlaubt. Einschränkungen:

1. Solche Waffen sind unerlaubt, die dem Feinde ein Übel zufügen, welches zur Erreichung des Zwecks, seine Macht zu schwächen, nichts beitragen kann, oder ihm ein größeres Übel zufügen, als zur Erreichung des Zwecks nötig ist. Denn die Beschädigung des Feindes ist nur so weit erlaubt, als sie nötig ist, den Zweck des Krieges zu erreichen.
2. Kriegslisten müssen mit keiner Treulosigkeit oder Brechung des dem Feinde gegebenen Wortes verbunden sein.

B. Nach dem europäischen Völkerrechte:

1. Der Gebrauch vergifteter Waffen und des Giftes überhaupt,
   a) aus natürlichem Gefühl der Großmut und Ehre;
   b) weil es eine unnötige Grausamkeit ist. Die kleinste Wunde mit ver-

gifteten Waffen ist tödlich. Der Gebrauch des Gifts kann leicht auch andern, die nicht feindlich behandelt werden müssen, tödlich werden.

2. Der Gebrauch der Gläsernen Kugeln und des Glases überhaupt zum Schießen.
3. Die Tötung des Feindes, besonders des feindlichen Generals und Fürsten, durch Verrat und Meuchelmord: Wenn ein gedungener Mörder sich unter irgendeiner Verstellung oder unter einem scheinbaren Vorwande, die gar keine feindliche Absicht bei ihm vermuten lassen, einschleicht und ihn heimlich durch Gift, Dolch pp. aus dem Wege räumt. Solche Verräterei ist schändlich und wider das natürliche Gefühl. Alexander und Darius. Der Arzt des Königs Pyrrhus. Der Alte vom Berge. Wilhelm von Oranien 1581 von Gerard in Delft.

XVII. Von den Verträgen unter den kriegführenden Völkern.

A. Natürliche Verbindlichkeiten zu deren Erfüllung, verstärkt durch die Betrachtung des gemeinen Besten des menschlichen Geschlechts, da durch solche Verträge die Schrecknisse und Grausamkeiten des Krieges sehr gemildert werden.

B. Vornehmste Arten solcher Verträge: Waffenstillstände, Kapitulationen, Kartelle, sicheres Geleit, Salvegarden, Entlassung der Gefangenen auf ihr Ehrenwort.

1. *Waffenstillstände.* 190 R
   a) Wer kann sie schließen? Für alle Gegenden und auf eine nicht ganz kurze Dauer nur der Regent. Für gewisse Orte oder Gegenden und auf kürzere Zeit nur der kommandierende General.
   b) Was kann während einem Waffenstillstande geschehen und nicht geschehen? Alle Arten von Feindseligkeiten müssen unterbleiben, alles muß soviel als möglich in der Lage erhalten werden. Keiner darf etwas vornehmen, wodurch die Lage des andern nach geendigtem Waffenstillstande geschmälert werden würde und woran der andre ihn verhindern könnte und würde, wenn kein Stillstand wäre; z. E. nicht neue Batterien errichten, nicht die Bresche reparieren. Im Innern können Anstalten gemacht werden.
   c) Wie lange dauert er? a) Auf eine unbestimmte Zeit; Aufkündigung 24 Stunden vorher. b) Bestimmte Zeit; auf einen gewissen Zwischenraum von Tagen (vom 15ten—15ten). Beide Tage werden in den Stillstand mit eingerechnet. c) Die Tage berechnet man von Mitternacht zu Mitternacht.

2. *Kapitulationen.* Kriegsrecht über die Kommandanten. Ob eine Kapitulation gebrochen werden könne, weil der Feind eine andre nicht gehalten hat.
   a) Wer kann sie schließen? Der Kommandant.
   b) Worüber? Über die Festung, Garnison, Artillerie, Kriegs- und Mundvorräte.
   c) Der Souverän muß sie anerkennen und sich allenfalls an den Kommandanten halten.
3. *Kartelle* wegen Auswechselung der Gefangenen.
   a) Wer kann sie schließen? Nur der Regent.
   b) Worin bestehen sie? Es wird bestimmt, wie die Gefangenen nach den Ämtern und Graden, die sie im Dienste ihres eigenen Landesherrn bekleiden, gegeneinander ausgetauscht und wieviel für den etwaigen Überschuß bezahlt werden soll.
4. *Sicheres Geleit* für feindliche Personen und Sachen, wodurch dieselben auf solange, als das Geleit dauert, von allen Feindseligkeiten ausgenommen werden.
   a) Wer kann es schließen? Der kommandierende General.
   b) Es ist ganz genau auf die Personen und Gegenstände, denen es gegeben ist, einzuschränken.
   c) Wenn der, welcher es erhalten hat, dasselbe zu einem andern Zwecke oder gar zum Schaden des Gegners braucht, hört es auf. Ein Offizier, der eine Kapitulation schließen soll und Meutereien anrichtet oder spioniert.
5. *Salvegarden,* die bei Besitznehmung feindlicher Plätze oder Bezirke an Privatpersonen gegeben werden, um dieselben gegen Plünderungen und andre Exzesse zu schützen. Der Feind muß sie respektieren, weil sie zum Schutze seiner eigenen Untertanen bestellt sind. Sie werden zurückgeschickt.
6. Entlassung der Gefangenen auf ihr Ehrenwort. Diese sind dann schuldig, solange sie noch nicht ausgewechselt sind, an den Feindseligkeiten keinen Anteil mehr zu nehmen.
   a) Sein Souverän kann ihm nicht zumuten, sein Ehrenwort zu brechen. Er war tempore contractus in der Gewalt des Feindes, gegen den ihn sein eigner Souverän nicht schützen konnte. Er war in den Stand der Natur zurückgesetzt und mußte für sich selbst sorgen, ohne daß ihm die Pflichten gegen seinen Souverän dabei obstieren konnten.
   b) Der Gefangene, der sein Ehrenwort bricht, verliert allen Anspruch auf die milderen Gesetze des Völkerrechts. Wird er mit den Waffen in der Hand wieder gefangen, so wird er nicht als rechtmäßiger Feind, sondern als Verbrecher und Meineidiger behandelt. Solche Wortbrüchige werden gehangen.

Die Ehre einer Nation erfordert es überhaupt, daß sie dergleichen im Kriege mit dem Feinde geschlossene Verträge pünktlich und treulich beobachte, ohne sich dabei Schikanen und sophistische Auslegungen zu erlauben. Die Schwedische Garnison in Stralsund de 1675. Graf v. Estaing im 7jährigen Kriege in Ostindien. Die von Schweden im letzten Kriege eingenommenen Boote.

XVIII. *Von den Rechten und Pflichten zwischen den kriegführenden Völkern und andern Nationen.*

A. Solche, die nur als Bundesgenossen des einen Volks an dem Kriege teilnehmen.

B. Solche, die an dem Kriege gar keinen Teil nehmen. Neutrale.

A. Von Bundesgenossen. Inwiefern ist ein Volk berechtigt, den Bundesgenossen 191
einer Nation, mit der es im Kriege begriffen ist, feindlich zu behandeln? Fälle: Holland im Österreichischen Sukzessionskriege; die Schweizer mit den Franzosen.

1. Beantwortung nach den Regeln des natürlichen Völkerrechts. Ein Volk kann denjenigen, der seinen Feind tätig unterstützt, als Feind betrachten. 2. Nach dem europäischen Völkerrechte. „Wenn der Alliierte vermöge eines vor Entstehung des Krieges geschlossenen Defensivbündnisses zu einem Kriege, bei welchem der Fall des Bündnisses wirklich vorhanden ist, genau nur die im Traktat versprochene Hilfe leistet und sich außerdem aller Teilnehmung an den Feindseligkeiten enthält, so können nur seine Hilfstruppen als Feinde behandelt werden, übrigens aber müssen ihm alle Rechte eines neutralen Volks werden.“ Erfordernisse dieses Grundsatzes:

a) Das Bündnis muß bloß eine Defensivallianz sein.

b) Es muß schon vor dem Ausbruche der Feindseligkeiten bestanden haben. Er erfüllt bloß seinen früheren Vertrag, wozu er verpflichtet war.

c) Der Casus foederis muß vorhanden sein. Ist der Bundesgenosse offenbar Aggressor pp.

d) Der Beistand muß genau in den Grenzen des Versprechens stehen bleiben.

Unter diesen Umständen erfordert es das eigene Interesse, den Alliierten nicht als Feind zu behandeln und sich dadurch nicht seine ganze Macht auf den Hals zu ziehen. Erläuterungen aus der Geschichte des letzten Nordischen Krieges. Dänemark hatte eine Defensivallianz mit Rußland von 1765 ad 69. Als daher Rußland von Schweden i. a. 1788 angegriffen wurde, so setzte Dänemark die traktatenmäßige Hilfe an Mannschaft und Schiffen in Bereitschaft. Die Schiffe vereinigten sich mit der russischen Flotte, die Landtruppen aber zogen sich in Norwegen zusammen, um von dort aus in Schweden einzufallen. Schweden beklagte sich darüber und verlangte wenigstens, daß die Auxiliar-Truppen nur in den russischen Provinzen und Meeren sollten gebraucht werden können. Dänemark hingegen entschuldigte sich, daß nach dem Traktat es lediglich von Rußland dependiere, wo es die Hilfe gebrauchen wolle. Darüber allein ward gestritten; daß Dänemark an sich die stipulierte Hilfe an Rußland geben könne, ohne deswegen einen Krieg mit Schweden anzufangen, ward eingeräumt. Die vermittelnden Höfe achteten auch darauf nicht so sehr als vielmehr auf die Erhaltung der Balance im Norden.

B. Von den eigentlich neutralen Völkern.

1. Pflichten eines neutralen Volks gegen die Kriegführenden. Es muß zwischen den letzteren die genaueste Unparteilichkeit beobachten und nichts vornehmen, wodurch eines derselben verhindert werden könnte, sein Recht gegen das andre durch den Krieg auszuführen und geltend zu machen. Es ist also

α) keine Verletzung der Neutralität, wenn das neutrale Volk einem der Kriegführenden Vorteile zugesteht, die es demselben, auch wenn kein Krieg existierte, nicht versagen würde. Folglich ist es nicht Verletzung der Neutralität,

a) wenn der Neutrale seinen Handel und Verkehr mit einer der kriegführenden Nationen fortsetzt und Kommerzientraktate mit demselben schließt;

b) wenn der Neutrale einer der kriegführenden Nationen verstattet, in seinem Lande freiwillige Werbungen anzustellen, Kriegs- und Mundbedürfnisse aufzukaufen, die vom Feinde erbeuteten Schiffe und Sachen in seine Gebiete zu bringen und daselbst zu verkaufen – Gefangene können nicht in ein neutrales Gebiet gebracht und daselbst gefangengehalten werden –;

c) wenn der neutrale Staat seinen Untertanen erlaubt, dem kriegführenden Volk Kriegs- und Mundbedürfnisse als einen Handlungsartikel in eigenen Schiffen zuzuführen; der andre Teil kann zwar dergleichen Schiffe wegnehmen, aber er kann den neutralen Staat selbst deswegen nicht feindlich behandeln;

d) wenn der Neutrale einem der kriegführenden Völker Geld auf Zinsen leiht; Holland und Genua Frankreich und Spanien zugleich;

e) wenn der Neutrale einem der kriegführenden Völker freien Durchzug verstattet.

Mit einem Worte, alles was ein Volk gegen ein andres tun und demselben gestatten kann, mit dem es im Frieden lebt, das kann es auch tun und gestatten, wenngleich dieses Volk mit einem 3ten in Krieg verwickelt ist. Jenes kann in allen diesen Stücken einem der kriegführenden Völker Vorzüge vor den andern einräumen, weil es ihm nach seiner Unabhängigkeit zusteht zu beurteilen, was es in seinem Eigentum tun oder gestatten und wem es Pflichten des Wohlwollens erweisen wolle oder nicht.

β) Dagegen ist es Verletzung der Neutralität, wenn das angeblich neutrale 191 R
Volk irgendetwas tut oder geschehen läßt, was offenbar dahin abzielt, die Feindseligkeiten des einen der kriegführenden Völker gegen das andre gradezu zu begünstigen, und was außer dem Fall eines Krieges zwischen diesen beiden Völkern nicht würde stattgefunden haben, z. E.

a) wenn es nach schon ausgebrochenem Kriege mit dem einen Teile ein Bündnis schließt und denselben mit Geld oder Truppen unterstützt;
b) wenn es Truppen in sein Land oder Festungen aufnimmt, um von dort aus Feindseligkeiten auszuüben;
c) wenn es geschehen läßt, daß ein Feind den andern auf sein Territorium oder in seinen Hafen verfolge und daselbst feindlich behandle.

2. Pflichten der kriegführenden Völker gegen die neutralen.

a) Sie müssen ihnen gestatten, ihre Neutralität zu behaupten. Keines kann den Neutralen wider seinen Willen mit in den Streit verwickeln; es muß vielmehr alles vermeiden, was zu solchen Verwicklungen Anlaß geben könnte. Er darf auf neutralen Grund und Boden oder unter die Kanonen eines neutralen Hafens nicht verfolgen, keinen Durchzug erzwingen pp. Alles, was ein Volk gegen ein andres, mit dem es in Frieden lebt, nicht tun kann, ohne sich einer Beleidigung desselben schuldig zu machen, das kann auch eine kriegführende Nation sich gegen eine neutrale nicht erlauben, selbst wenn es nur in der Intention geschähe, seinem Gegner Abbruch zu tun. Gefechte der englischen und holländischen Flotten im Hafen von Bergen.

b) Das kriegführende Volk muß den Handel des neutralen, selbst mit seinem Feinde, respektieren, weil der Neutrale dazu ein Recht hat.

c) Excipe, wenn der Neutrale einem der Kriegführenden Waffen oder andre eigentliche Kriegsbedürfnisse zuführt. Der Neutrale ist zwar dazu an sich befugt, aber der Kriegführende hat auch das Recht, seinen Feind an der Erlangung und dem Gebrauche der Mittel, wodurch er ihm schaden kann, mit Gewalt zu hindern. Er bedient sich also nur seines Rechts, wenn er Waffen und Ammunition, die dem Feinde zugeführt werden, wegnimmt. Daher die Contrebande.

Grundsätze der bewaffneten Neutralität de 1780.

1. Neutrale Schiffe können von einem Hafen zum andern und auch an den Küsten der kriegführenden Nationen sicher fahren.
2. Das am Bord neutraler Schiffe befindliche Eigentum der Untertanen kriegführender Mächte und das am Bord eines feindlichen Kauffahrteischiffes befindliche Eigentum neutraler Untertanen ist frei und kann nicht konfisziert werden.
3. Hiervon sind allein ausgenommen contrebande Waren, die einer der kriegführenden Mächte zugeführt werden und die der andre Teil den neutralen Untertanen wegnehmen kann, ohne daß ihr Souverän solches für eine Beleidigung der Neutralität ansehen darf.
4. Contrebande Waren sind:
a) Zu allen Zeiten alle Arten von Waffen und Kriegsbedürfnissen, ingleichen Dinge, die leicht in Kriegsbedürfnisse verwandelt werden können, z. E. Salpeter und Schwefel.
b) Andre Sachen, z. E. Lebensmittel, sind nur alsdann contrebande, wenn sie in einen wirklich belagerten oder blockierten Platz gebracht werden sollen.
c) Ein Hafen ist für blockiert zu achten, wenn derselbe durch Landbatterien oder stationierte Kriegsschiffe gesperrt ist.

VON DEN RECHTEN DER GESANDTEN 192

I. Begriff. Gesandte sind Abgeordnete eines Volks, die an ein andres geschickt werden, um im Namen des ersteren seine Geschäfte bei demselben zu besorgen. Es gehört also wesentlich zum Begriff eines Gesandten,
1. daß er von einem ganzen Volke oder in dessen Namen von seinem Regenten abgeschickt werde,
2. daß er öffentliche Geschäfte des Staats und nicht bloß Privatangelegenheiten zu besorgen habe,

3. daß er dem Volke, an welches er gesendet ist, als ein solcher, der die Geschäfte des Absenders bei ihm besorgen solle, bekannt gemacht werde.

II. Unterschied der Gesandten:

1. von *Agenten*, die entweder Privatangelegenheiten des Landesherrn oder zwar Angelegenheiten des Volks betreiben, aber dafür dem Volke, bei dem sie sich aufhalten, nicht bekannt gemacht sind;
2. von *Konsuls*, die bloß das Handlungsinteresse ihrer Nation besorgen und ihren Kaufleuten assistieren;
3. von *Deputierten*,
   a) die ein Volk oder einzelne Klassen desselben an seinen eigenen Regenten schickt,
   b) die zwar an einen fremden Staat, aber nicht im Namen des Regenten oder des ganzen Volks, sondern nur einer einzelnen Stadt oder Provinz oder einer gewissen Klasse von Einwohnern abgeordnet sind;
4. von *Kommissarien*, die ein Geschäft besorgen, welches hauptsächlich Privatrechte betrifft und woran der Staat nur in gewissem Maße teilnimmt. Grenzregulierungen.

III. Einteilung der Gesandten:

1. in residierende und nichtresidierende,
2. in Ambassadeurs und Gesandte niederen Ranges.
   Der Ambassadeur stellt seinen Herrn selbst in seiner Person und persönlichen Würde auch außer den Geschäften vor, die übrigen Gesandten sind nur in Ansehung der ihnen aufgetragenen Geschäfte als die Stellvertreter ihres Hofes anzusehen.
   Der Ambassadeur hat eben den Rang und eben die Ehrenbezeugungen, als wenn sein Herr in Person da wäre.
   Er hat den Rang vor allen Gesandten niedern Ranges, obgleich die Prinzipale derselben höheren Ranges sind.
   Die vielen Kosten, das Zeremoniell, die Streitigkeiten über die Etikette machen, daß keine Ambassadeurs mehr geschickt werden, höchstens bei einer außerordentlichen Gelegenheit und auf eine kurze Zeit. B. Rheden a. 1788 in Berlin.
3. Die Gesandten niederen Ranges. Envoyés ordinaires et extraordinaires, Ministres plenipotentiaires (wenn der Gesandte an seinem eigenen Hofe eine solche Stelle bekleidet; Roth in Preußen), Residenten, Chargés d'Affaire. Envoyés: Leute von Adel aus einer angesehenen Familie. Residenten, Char-

gés d'Affaire: Leute von bürgerlicher Herkunft. Es ist unter ihnen kein wesentlicher Unterschied, sondern bloß im Zeremoniell und der Hofetikette.

IV. Wer kann Gesandte schicken?
1. Nur freie und souveräne Staaten. Ein Volk, das nicht die eigene volle Souveränität hat, sondern von einem andern Volke abhängt, schickt nicht Gesandte, sondern nur Deputierte; z. E. Danzig.
2. Untertanen können an einen fremden Staat weder Gesandte noch Deputierte schicken; es ist ein Eingriff in die Landeshoheitsrechte. Die finnische Armee im letzten Nordischen Kriege.
3. Die besondere Verfassung eines jeden Staats bestimmt, welcher Macht in demselben das Recht, Gesandte zu schicken, zukommt. In England schickt sie der König. In Polen der Reichstag.
4. Wie, wenn die Souveraineté über ein Land streitig ist? Höfe, die bei einem solchen Streite nicht interessiert sind, richten sich danach, wer im Besitze der Regierung sei, ohne sich um das Recht zu bekümmern. Cromwell in England. Sigismund und Karl IX. in Schweden.

V. Muß ein Volk fremde Gesandte annehmen? Responsum: ja! weil es sonst feindselige oder doch geringschätzige Gesinnungen gegen das andre Volk an den Tag legen würde. Doch ist es nicht schuldig, residierende Gesandte zu leiden; z. E. ehemals Polen.

VI. Der Gesandte erhält seinen Charakter und die damit verbundenen Rechte durch das *Kreditiv.* Dieses ist eine feierliche Erklärung des Staats, welcher ihn absendet, daß er wirklich derjenige sei, der im Namen dieses Staats seine Angelegenheiten bei dem Volke, an welches er geschickt wird, besorgen solle. Distingue die Instruktion.

VII. Rechte der Gesandten nach dem natürlichen Völkerrechte. 192R
1. Ihr gegenseitiges Wohl erfordert es, freundschaftliche Verbindungen miteinander zu unterhalten, welches am füglichsten durch Gesandte geschehen kann.
2. Ein Volk muß dem Gesandten des andern die vollkommenste Sicherheit zur Ausrichtung seines Auftrags gewähren.

3. Was mit einem Gesandten nach seiner Vollmacht beschlossen wird, verpflichtet das Volk.

VIII. Rechte der Gesandten nach dem europäischen Völkerrechte.

1. Die Person des Gesandten ist heilig und unverletzlich. Er steht unter dem besonderen Schutze des Staats, an den er geschickt ist. Daher strengere Strafen. Begnadigungsrecht. Ausforderung.

2. Er ist von der Landeshoheit und Jurisdiktion ausgenommen.

a) Er kann nicht belangt werden, außer in causis realibus.

b) Er kann wegen begangener Verbrechen nicht bestraft werden. Sicherheitsmaßregeln, Arretierung.

3. Diese Exemtion erstreckt sich auch auf die zur Gesandtschaft gehörigen Personen und Domestiken.

a) Sie werden bei dem Gesandten belangt oder in dem foro extraneo des Gesandten.

b) Ihre Bestrafung wegen Verbrechen gehört vor den Gesandten.

c) Wenn Personen niederen Ranges Verbrechen begehen, werden sie arretiert, und der Gesandte pflegt sie zu entlassen.

d) Der Gesandte kann Straferkenntnisse, besonders öffentliche Leibes- oder gar Lebensstrafen, an den in seinen Diensten stehenden Personen in dem Lande, wo er residiert, nicht vollziehen, ohne die Landeshoheit dieses Staats zu verletzen. Er muß entweder requirieren oder den Verbrecher zurückschicken. Selbst Souveräns, die in einem fremden Lande sich aufhalten, können solche Strafen an ihren Leuten nicht vollziehen. Christine und Monaldeschi.

4. Auch die Wohnung des Gesandten genießt besondere Sicherheit und Befreiung. Es können darin ohne Erlaubnis des Gesandten keine Haussuchungen oder andre Handlungen der richterlichen Gewalt vorgenommen werden. Ehemaliger weiter Umfang dieser Freiheit. Der ärgste Verbrecher fand darin ein Asyl. Berühmter Streit wegen der Quartierfreiheit in Rom. Ludwig XIV. Papst Innozenz XI. Der Marquis de Lavendin. Heutzutage wird der Gesandte um die Auslieferung des Verbrechers requiriert. Wenn man sie verweigert, nimmt man ihn weg.

5. Völlige Religionsfreiheit. Daher der Gottesdienst in den Kapellen der Gesandten in Ländern, wo sonst dergleichen Gottesdienst nicht gehalten werden darf.

6. Befreiung von allen Abgaben, die unmittelbar die Person betreffen. Den

Abgaben von Grundstücken ist er unterworfen. Auch den Akzise- und Zollgesetzen. Doch erhält er Freipässe.

7. Diese Rechte genießt der Gesandte von dem Augenblick seines Eintritts ins Land, bis er dasselbe wieder verläßt. Verschiedenheit der Gewohnheiten. In England dauern seine Freiheiten nur so lange, bis er seine Abschiedsaudienz und Rekreditiv erhalten hat. Portugiesischer Gesandter in London initio hujus seculi.

8. Ein ausbrechender Krieg hebt die Rechte der Gesandten nicht auf.

a) Es muß ihm sichre Rückkehr verschafft werden.

b) Während dem Kriege muß ein Gesandter des kriegführenden Volkes angenommen und wie ein andrer behandelt werden.

c) Ein Volk ist nicht schuldig, dem Gesandten des Feindes an ein 3tes Volk den freien Durchgang zu verstatten. Der Marschall Belleisle im Österreichischen Sukzessionskriege im Hannöverschen. Die Gesandten des Philippus an den Hannibal.

9. Die Pflichten eine Volks gegen fremde Gesandte sind dem Notrechte unterworfen. Wenn also ein Gesandter die Sicherheit des Staats, bei welchem er residiert, verletzt, wenn er Verschwörungen gegen denselben oder gegen den Residenten anzettelt, wenn er gar feindselige Handlungen gegen denselben | vornimmt, so können alle seine Vorrechte den Staat nicht 193
hindern, jedes Mittel wider ihn zu ergreifen, wodurch der Staat gegen solche Unternehmungen in Sicherheit gesetzt werden kann. Verschwörung des Fiesco in Venedig und Marquis v. Bedmar. Verschwörung des schottischen Gesandten Rosse gegen die Königin Elisabeth. Konspiration des spanischen Gesandten Bruneau gegen Marseille z. Z. Heinrichs IV. Der russische Gesandte in Schweden. Man versichert sich seiner Person, bis die Gefahr vorüber ist.

10. Wenn der Gesandte sich zwar nicht eigentlicher Staatsverbrechen schuldig gemacht, aber doch sonst durch sein Betragen dem Hofe, an welchem er akkreditiert ist, zu gerechtem Mißfallen Anlaß gegeben hat, so wird um seinen Rappell gebeten. Erfolgt dieser nicht, so wird mit ihm nicht weiter unterhandelt und ihm der Hof verboten. Allenfalls wird er über die Grenze geschafft. Doch ist letzteres sehr bedenklich.

VIII. Von Herolden und Trompetern, die in Kriegszeiten von Generals und kommandierenden Offiziers mit einzelnen Aufträgen an den Feind geschickt werden, z. E. Aufforderung von Festungen, Vorschläge zu Kapitulationen und Waffenstillständen, Nachsuchung von Freipässen, Privatangelegenheiten für Personen von hohem Range.

1. Damit nicht alle Kommunikation unterbrochen werde, muß man solche Abgeordneten auf ein gegebenes Zeichen mit der Trompete annehmen.

2. Es dürfen keine Feindseligkeiten gegen ihn verübt werden, und seine Person ist unverletzlich.

3. Es müssen alle Maßregeln genommen werden, daß er nicht unter dem Prätexte seines Auftrags schaden könne. Das Verbinden der Augen. Das Abschneiden aller Kommunikation.

4. Wenn man ihn nicht annehmen will, so wird er gewarnt, und wenn er sich daran nicht kehrt, wird auf ihn geschossen; z. E. in belagerten Festungen, wenn die Garnison mutlos ist.

VON DEM VERHALTEN EINES VOLKS GEGEN DIE MITGLIEDER EINER FREMDEN NATION

I. Nach natürlichem Völkerrecht steht es bei einem jeden Volke, ob und welchen Fremden es den Zutritt in sein Land gestatten oder versagen wolle.

II. Nach europäischem Völkerrechte darf keinem Fremden, wenn er nicht zu einer feindlichen Nation gehört oder sonst feindseliger schädlicher Absichten verdächtig ist, der Zutritt versagt werden.

III. Fremde, die sich in einem Lande aufhalten, sind entweder bloße Durchreisende oder sie treiben daselbst ein Gewerbe (subditi temporarii) oder besitzen Grundstücke.

IV. Alle ohne Unterschied müssen ihre Handlungen nach den Gesetzen des Landes einrichten und werden wegen begangener Verbrechen nach diesen Gesetzen bestraft (subditi temporarii, auch wenn sie nicht im Lande sind).

V. Der Staat ist jedem Fremden, dem er Zutritt verstattet, eben den Schutz und Sicherheit schuldig wie den eignen Untertanen.

VI. Der Staat hat eine Jurisdiktion über Fremde,

1. wenn sie seine Untertanen bei seinen Gerichten belangen; prorogatio fori;
2. wenn der Prozeß ein Grundstück betrifft, was im Lande liegt;
3. wenn die Handlungen, worüber der Prozeß entsteht, von dem Fremden im Lande vorgenommen worden und er daselbst sich finden läßt; Kontrakte, Schadenszufügungen;
4. wenn der Fremde unter dem Schutze des Staats ein Gewerbe im Lande treibt und die Forderung aus diesem Gewerbe entsteht. Auch wenn er sich nicht im Lande befindet.
5. Arrest.

VII. Den Fremden muß in ihren Rechtsangelegenheiten eben die Gerechtigkeit widerfahren wie den Eingeborenen. *Retorsionsrecht.* Eine bloße Verschiedenheit der Rechte begründet noch keine Retorsion, sondern nur eine wirkliche Ungleichheit. Exempel von Wechseln hier und in Braunschweig oder in Polen. Repressaillen, wenn es wider die Gesetze geschieht.

VIII. Wenn ein Fremder außerhalb Landes delinquiert:

a) gegen einen hiesigen Untertanen, so kann er hier arretiert und gestraft werden, doch nicht strenger als in seinem eigenen Lande;
b) gegen einen Fremden; dann dependiert es von dem Staat, ob er ihn ausliefern oder laufen lassen wolle. Die Auslieferung ist wegen Kapitalverbrechen gewöhnlich.

IX. Der bloße Aufenthalt macht einen Fremden noch nicht zum Mitgliede der 193R
bürgerlichen Gesellschaft, in der er sich befindet, er kann also auch auf Rechte, die an diese Qualität gebunden sind, keinen Anspruch machen. Er kann keine Grundstücke erwerben, zu deren Besitz das Indigenat gehört. Er kann solche Branchen von Handlungen nicht treiben, die den Bürgern reserviert sind, z. E. polnischer Handel in Königsberg.

X. Er ist aber auch den bloß persönlichen Lasten und Abgaben der Mitglieder des Volks nicht unterworfen, z. E. Kopfsteuer, Kriegsdienste, Corvés. Dagegen muß er Abgaben, die auf Sachen und Waren gelegt sind, entrichten, wenn er solche Sachen oder Waren besitzen und brauchen will; z. E. Akzise, Steuer, Gewerbesteuer, Handlungsakzise.

XI. Wenn einem Fremden in einem Lande durch Erbschaft, Vermächtnis, Schenkung pp. Vermögen zufällt, so kann der Staat ihm nicht wehren, dies Vermögen herauszuziehen. Droit d'Aubaine.

XII. Weil aber dadurch das Staatsvermögen geschwächt wird und der Staat die fernern Beiträge verliert, so ist er befugt, einen Teil desselben als Entschädigung zurückzuhalten und sich zuzueignen: *Abschoß*. Wenn ein Untertan das Land verläßt: *Abzug*. Der Abschoß und Abzug ist durch Verträge bestimmt. In der Regel der 10te Teil. Reziproke Abschoßfreiheit. Die Mark und Mecklenburg. Dänemark und die preußischen Staaten. Verschiedenheit der preußischen Provinzen in dieser Rücksicht.

VOM RANGE UND DER PRÄZEDENZ UNTER DEN VÖLKERN

I. Im natürlichen Zustande findet kein Rang unter den Menschen und also auch nicht unter den unabhängigen Völkern statt. Die Republik San Marino und die Republik Holland.

II. Da inzwischen die europäischen Völker in einer Art von großen Gesellschaft miteinander stehen und unter ihnen öftere Verhandlungen vorfallen, so ist es natürlich, daß für die Fälle, wo es nicht vermieden werden kann, daß einer dem andern vorgehe oder sonst eine Präzedenz unter ihnen stattfinde, so muß diese Präzedenz notwendig nach gewissen Grundsätzen bestimmt werden [sic!].

III. Die Gründe dieser Bestimmung liegen teils in ausdrücklichen Verträgen, teils in hergebrachten Gewohnheiten.

IV. Die Gewohnheit hat sich in Bestimmung des Ranges teils nach dem Übergewicht der Macht, teils und vornehmlich nach der Ancienneté gerichtet. Ein Volk, welches früher als ein andres zu einem gewissen Grade von Macht und Selbständigkeit gelangt ist, macht für diesem auf den Vorrang mit Recht Anspruch.

V. Über den Rang der europäischen Völker ist lange nicht alles bestimmt, sondern es finden noch heutzutage viele Rangstreitigkeiten statt. Was man mit einiger Sicherheit für allgemein bestimmt annehmen kann, ist folgendes:

1. Der römisch-deutsche Kaiser behauptet ohne Widerspruch den ersten Rang unter allen europäischen Potentaten. Ursprung desselben durch Karl M., der bei der Teilung Ludwig dem Frommen Deutschland zuwendete und die Kaiserwürde damit verknüpfte.

a) Der Kaiser hat lange Zeit den Titel Majestät allein prätendiert. Erst seit dem Westfälischen Frieden wird selbiger von der kaiserlichen Kanzlei auch andern gekrönten Häuptern beigelegt.

b) Der Kaiser hat sich lange Zeit angemaßt, auch andern Fürsten die königliche Würde beizulegen, z. E. Böhmen, Polen.

c) Der Papst allein hat ihm vormals zu den Zeiten der Gregorius und Hildebrand den Rang streitig gemacht. Bei der jetzigen Schwäche des römischen Hofes wird aber darauf nicht mehr geachtet.

2. Auf den Kaiser folgen die gekrönten Häupter der verschiedenen europäischen Reiche. | In dem Range zwischen diesen ist viel Unbestimmtes und 194
Unentschiedenes. Streit darüber zwischen Frankreich und Spanien. Ausbrüche darüber in London. Erklärung Spaniens, daß sein Gesandter mit dem französischen nicht mehr in Kollision kommen solle. Seit der Zeit unstreitige Präzedenz Frankreichs. Unter den übrigen ist der Rang nicht so genau entschieden, doch gilt der Grundsatz, daß ein Staat, welcher später zur königlichen Würde gelangt ist, denjenigen nachstehen muß, die sich damals schon im Besitz dieser Würde befanden. Daher der niedrige Rang Preußens.

3. Auf die gekrönten Häupter folgen die Kurfürsten. Zwischen diesen und den souveränen Republiken war sonst der Rang zweifelhaft. Er ist aber im Westfälischen Frieden anerkannt. Nur die Kardinäle wollen ihnen den Rang streitig machen aus eben dem Grunde wie die Päpste den Kaisern.

4. Nach den Kurfürsten folgen die souveränen Republiken. Unter diesen ist vollends wegen des Ranges sehr wenig bestimmt. Doch wird auch hier haupt-

sächlich auf den Zeitpunkt Rücksicht genommen, in welchem ein solcher Freistaat eine souveräne Republik geworden ist. Daher wird die Republik Holland der Republik Venedig, ohnerachtet jene weit mächtiger ist, den Rang schwerlich streitig machen können.
5. Den souveränen Republiken folgen alsdann die übrigen souveränen Fürsten in Europa, die weder Könige noch Kurfürsten [sind]. Der Rang unter ihnen bestimmt sich hauptsächlich nach der Ancienneté ihrer Häuser und nach dem Zeitpunkt, wann eines oder das andre zur fürstlichen Würde gelangt ist.

VI. Auf den Rang unter den Fürsten und Nationen hat übrigens die innere Regierungsverfassung einer jeden gar keinen Einfluß. Der eingeschränkteste König behauptet seinen Rang für jedem andern noch souveränen Fürsten und für jedem andern Könige, für dem er die Ancienneté voraus hat, wenn auch derselbe sein Land noch so uneingeschränkt beherrschte. Daher hat der König von Polen, so wenig wahre Souveränitätsrechte er ausüben kann, dennoch den Rang vor dem souveränen Könige von Preußen, und der König von Frankreich hat durch die Revolution an seinem Range nichts verloren. Nur wenn ein bisher unabhängiger Staat in eine Art von Abhängigkeit gegen eine andre Nation gelangen sollte, so daß ihm die Souveränitätsrechte nicht mehr in ihrem vollen Umfange zukämen, würde ihm auch mit Grunde sein bisheriger Rang streitig gemacht werden können.

VII. Die große Unentschiedenheit über den Rang der europäischen Staaten hat ehemals zu vielen Streitigkeiten Anlaß gegeben. Gegenwärtig sucht man denselben durch allerhand Mittel auszuweichen. Einige dieser Mittel werden unten vorkommen. Eins der gewöhnlichsten ist, daß man, wenn man mit einem Staat Verhandlungen vorhat, gegen welchen der Rang nicht klar entschieden ist, zwar so, wie es die Konjunkturen und politischen Konvenienzen mit sich bringen, nachgiebig ist und um eines bloßen Zeremoniells willen wesentlichere Vorteile aufzuopfern sich hütet. Inzwischen geschieht das gewöhnlich sub protestationem de non praejudicando. Ausflucht des Kaisers bei dem Streit zwischen Rußland und Frankreich.

VIII. Wie kann ein Staat aus einem niedrigeren Range zu einem höheren gelangen? Diese Frage kommt hauptsächlich vor, wenn ein Fürst die königliche

Würde, die er bisher nicht gehabt hat, annehmen will. Hier ist ein Unterschied zu machen

1. zwischen dem, was ein Fürst tun kann in seinem eigenen Lande,
2. zwischen dem, was andre Nationen sich von ihm gefallen lassen müssen.

Es hat keinen Zweifel, daß es von einem jeden souveränen Fürsten dependiere, was er in seinem Land für einen Titel und Charakter annehmen, nach welchem Zeremoniell oder Etikette er sich von seinen Untertanen behandeln lassen will. Wenn also heute noch z. E. der Herzog von Mecklenburg sich König von Mecklenburg nennen wollte, so würde zwar ganz Europa darüber lachen. Seine eigenen Untertanen aber würden ihm diesen Titel nicht versagen können.

Ganz anders verhält es sich hingegen in Ansehung andrer Nationen und 194R
Staaten. Diese können wider ihren Willen nicht gezwungen werden, von der bisherigen Gewohnheit abzugehen und einem solchen Fürsten einen höheren Rang zuzugestehen. Sie versagen ihm, wenn sie sich dessen weigern, allenfalls nur eine Pflicht des Wohlwollens, und bloße Versagung solcher Pflichten ist keine Beleidigung[1]. Daher bleibt in solchen Fällen kein andrer Weg, seine Absicht zu erreichen, und ein Anerkenntnis der anzunehmenden höheren Würde übrig als der Weg der Unterhandlungen. Die Geschichte der Art und Weise, wie Preußen zur Königswürde gelangt ist.

1. Das preußisch-brandenburgische Haus war durch die im Westfälischen Frieden gemachten Akquisitionen, durch den Anfall eines großen Teils der oranischen Erbschaft und durch die weisen Anstalten des Großen Kurfürsten zu einem ziemlichen Grade von Macht gelangt.
2. Der Kaiser brauchte Preußens Beistand sehr nötig wegen der Spanischen Sukzession.
3. Man adressierte sich an den Beichtvater.
4. Als man des Kaisers versichert war, an die übrigen Alliierten England, Holland, die deutschen Reichsfürsten.
5. Dann folgte die Deklaration.
6. In allen nachherigen Traktaten, bei welchen Preußen konkurrierte, z. E. im Utrechtischen, im Rastattschen, im Nystaedter Frieden ward das Anerkenntnis zur Bedingung gemacht.
7. Der Papst und Polen haben am längsten widersprochen. Polen hat zuerst und der Papst erst in unsern Tagen nachgegeben (Friedrich der Große figurierte noch im römischen Staatskalender als Markgraf von Brandenburg).

[1] Am Rande: Anmaßung Rußlands.

Deutsches Staatsrecht

(EINLEITUNG) 195

A.

Übergang. Es ist bisher gehandelt worden:
1. Von den Rechten und Pflichten zwischen dem Oberhaupte des Staats und seinen Untertanen im *allgemeinen Staatsrechte.*
2. Von den Rechten und Pflichten des Staats und seines Oberhaupts gegen fremde Völker im *Völkerrechte.*

Ein preußisch-brandenburgischer Regent ist aber nicht nur Oberhaupt seines Staats, sondern er ist auch einer der ersten Fürsten des deutschen Reichs. Es muß also untersucht werden, was für Rechte und Pflichten ihm in diesem Verhältnisse zukommen. Mit dieser Untersuchung beschäftigt sich das deutsche Staatsrecht.

Absicht des Vortrags. Die Wissenschaft soll nicht erschöpft, sondern es soll nur
a) ein allgemeiner historischer Begriff der deutschen Reichsverfassung gegeben,
b) die vornehmsten Grundgesetze angezeigt und ihr Inhalt erklärt,
c) daraus die Verhältnisse eines preußischen Regenten teils als Reichsstand überhaupt, teils als Kurfürst von Brandenburg hergeleitet werden.

B.

Die deutsche Reichsverfassung hat sich in einem Zeitraume von fast tausend Jahren nach und nach gebildet. Einteilung in Perioden:
1. Von Karl M. bis zur Erlöschung der Karolinger von 750 bis 911.
2. Von Erlöschung der Karolinger bis zur Goldenen Bulle von 911 bis 1356.
3. Von der Goldenen Bulle bis zum Westfälischen Frieden von 1356 bis 1648.
4. Von da an bis auf unsere Zeiten.

I. *Erste Periode.* Vor Karl M. gar keine eigentliche Staatsverfassung; Germanien unter viele unabhängige Völker geteilt. Die Franken gehen von Deutschland aus und erobern Gallien. Sie kehren nach Deutschland zurück und erobern verschiedene Provinzen desselben. Karl M. vollendet diese Eroberungen durch Besiegung der Sachsen zwischen der Weser und Elbe in Westfalen und Niedersachsen. Er verläßt die Regierung über Deutschland verbunden mit der Kaiserwürde Ludovico Pio. Monarchische Verfassung Deutschlands. Die Herzöge, Markgrafen und Grafen kaiserliche Statthalter. Ihre Würde weder unabhängig noch erblich. Keine Landeshoheit. Besitz der kaiserlichen Domänen bloß in partem salarii. Bestrebungen der deutschen Fürsten nach mehrerer Macht. Im ganzen blieb doch die Verfassung monarchisch. Die Stände hatten nur votum consultativum.

II. *Zweite Periode.* Ludwig der Dicke, gest. a. 911. Deutschland wird aus der Monarchie eine Aristokratie. Der Kaiser hat nur noch das ius convocandi, die Direktion, einige Domänen. Er muß sogar, wenn er vorher Länder besaß, dieselben an andre abgeben. Ursachen dieser Veränderung:

1. Daß Deutschland ein Wahlreich wurde.
2. Die Kriege der Kaiser in Italien.
3. Die vergrößerte Macht der Klerisei.
4. Streit des Sacerdotii cum imperio, geendigt durch Heinrich V. a. 1122.
5. Nachherige Kriege der Kaiser in Italien.

Veränderungen selbst:

a) Die deutschen Fürsten machen sich erblich. Urkunden de 1220, 1232. Sie unterwerfen sich den Adel. Sie bemächtigen sich der kaiserlichen Domänen. Sie erkennen keinen andern Richter als den Reichstag.

b) Die geistlichen Fürsten maßen sich ähnliche Vorrechte an; ihre Verbindung mit Rom und die Bigotterie begünstigen sie.

c) Alle Reichsangelegenheiten müssen auf dem Reichstage den Ständen vorgetragen und secundum majora entschieden werden.

d) Wahl des Kaisers. Alle deutschen und weltlichen Fürsten, selbst der unmittelbare Adel, haben | teil an der Wahl wie noch jetzt in Polen. Die 195R
Fürsten wählten ein Subjekt und schlugen es dem Adel vor. Der Adel überläßt nach und nach seinen Anteil am Wahlrechte den Fürsten. Unter diesen gewinnen nach und nach sieben der mächtigsten den stärksten Einfluß. Mainz, Köln, Trier, Böhmen, Pfalz, Sachsen, Brandenburg. Diese ziehen allgemach das Wahlrecht allein an sich. Kurfürsten.

Alle diese Verhältnisse beruhten mehr auf Gewohnheiten als auf Verträgen oder Grundgesetzen. Die Goldene Bulle ist das erste Grundgesetz. Karl IV. errichtet sie a. 1356 mit Zuziehung der Kurfürsten und der meisten übrigen Reichsstände. *Namen* von dem angehängten in Gold gearbeiteten Siegel.

Inhalt:

α) Die Rechte der Kurfürsten bei der Wahl.

β) Die Errichtung der Reichsvikariate.

γ) Die Sukzessionsordnung in die kurfürstlichen Würden und Länder.

δ) Andre wichtige Punkte der deutschen Staats- und Landesverfassung.

III. *Dritte Periode.* Besonders merkwürdig ist:

a) Die Errichtung des Kammergerichts und Reichshofrats.

b) Die Einteilung in zehn Kreise und Errichtung der Kreisverfassung.

1. *Errichtung des Kammergerichts* auf dem Reichstage zu Worms von Kaiser Max I. 1495. Abschaffung des Faustrechts. Errichtung des Landfriedens. Der Chef wird vom Kaiser ernannt, die Beisitzer von den Fürsten.
2. *Errichtung des Reichshofrats* 17 Jahre später. Älterer Ursprung desselben. Er wird dem Kammergericht entgegengesetzt.
3. *Kreisverfassung* de 1512. Absicht derselben, die Erkenntnisse der Reichsgerichte in Exekution zu setzen. Errichtung der zehn Kreise. In jedem Kreis zwei Directores oder ausschreibende Fürsten. Festsetzung der Beiträge an Mannschaft und Kosten.
4. *Allgemeines Bild dieser Periode.* Streben der Kaiser zur Wiedererlangung ihrer ehemaligen Prärogativen. Anstrengung der Fürsten, sich in ihrer Freiheit zu behaupten. Weitaussehende Pläne Karls V., Ferdinands II. Vorwand der Religion. 30jähriger Krieg. Westfälischer Friede, durch welchen Deutschland seine gegenwärtige Grundverfassung erhalten hat.

IV. *Vierte Periode.* Merkwürdigkeiten derselben.

1. *Die Zahl der Kurfürsten* wird von 7 bis 9 gesetzt. *Bayern* im Westfälischen Frieden. Acht und Wiederherstellung der Pfalz. *Braunschweig-Hannover* a. 1692. Erst nach 16 Jahren anerkannt. Einschränkung des Kaisers, keine neuen Kurfürsten ohne des Reichs Einwilligung zu machen. Reduktion der Zahl von 9 auf 8 durch den Abgang von Bayern. Streit zwischen Hessen-Kassel und Württemberg.
2. *Wahlkapitulationen.* Verträge, welche die wählenden Kurfürsten im Namen

des ganzen Reichs mit dem Kaiser schließen und darin die Bedingungen festsetzen, welche der neue Kaiser bei Führung seines Reichsregiments beobachten soll. Die erste unter Karl V. Revisiones bei der jedesmaligen Kaiserwahl. Sie werden besonders auf Punkte gerichtet, in denen sich der letzte Kaiser Eingriffe oder Verletzungen schuldig gemacht hat, z. E. die Klauseln der letzten Kapitulation gegen die Eingriffe in die Diözesanrechte der geistlichen Fürsten, gegen die Durchmärsche der kaiserlichen Truppen.

3. *Errichtung des Corporis Evangelicorum.* Im Westfälischen Frieden wird eine völlige Gleichheit der Rechte zwischen Katholiken und Protestanten festgesetzt. Damit letztere nicht überstimmt werden, wird das ius eundi in partes eingeführt. Sie können also besondere Versammlungen und Deliberationen halten. Diese Verbindung heißt das Corpus Evangelicorum. Sachsen hat die Direktion, hat sie auch nach seiner Religionsveränderung behalten, muß aber die Angelegenheiten durch protestantische Minister und Gesandte besorgen.

ALLGEMEINES BILD DER REICHSVERFASSUNG 196

A.

Begriff. Das Deutsche Reich ist eine Konföderation mehrerer Staaten unter einem gemeinschaftlichen Oberhaupte zum Zweck der Erhaltung des Friedens und der Ruhe unter ihnen selbst und der gemeinschaftlichen Verteidigung gegen auswärtige Feinde.

B.

Diese Verfassung beruht auf *Grundgesetzen*, welche sind

a) die Goldene Bulle,
b) der Westfälische Friede,
c) die Wahlkapitulationen,
d) das Reichsherkommen.

C.

Das Deutsche Reich besteht

1. aus dem Oberhaupt, dem Kaiser;

2. aus den Mitgliedern. Diese haben
   a) Sitz und Stimme auf den Reichstagen: *eigentliche Reichsstände.*
      α) Das kurfürstliche Kollegium.
      β) Das fürstliche, zu welchem die wirklichen Reichsgrafen mit vier, die Reichsprälaten mit zwei Stimmen gehören.
      γ) Das reichsstädtische Kollegium.
   b) Sie haben nicht Sitz und Stimme: Die Reichsritter, der Reichsadel, die Reichsdörfer.

D.

Die Reichsverfassung ist wirksam
1. durch den Reichstag,
2. durch die Reichsgerichte,
3. durch die Kreisverfassung.

E.

Rechte des Kaisers

Ehrenrechte. Alle Reichsstände müssen bei einer Veränderung die Belehnung von ihm suchen. Alle Ausfertigungen geschehen in seinem Namen. Reskriptenstil. Berichte. Steifes Zeremoniell und Etikette. Bei Belehnungen, bei der Krönung, bei andern Gelegenheiten.

Hoheitsrechte

1. Er ist darin durch die Landeshoheitsrechte der Stände äußerst eingeschränkt und fast nur auf eine bloße Direktion der gemeinschaftlichen Angelegenheiten reduziert.
2. Er macht aber einen wesentlichen Teil der Reichsverfassung aus, so daß in allen gemeinschaftlichen Angelegenheiten des Reichs ohne ihn nichts geschehen kann.
3. Er und die Stände zusammen können nur Verfügungen treffen, die für das ganze Reich verbindlich sind, z. E. Reichsgesetze machen, allgemeine Polizeieinrichtungen treffen, Kriege im Namen des Reichs führen, Frieden und Bündnisse im Namen des Reichs mit auswärtigen Mächten schließen. Überhaupt allgemein geltende Reichsschlüsse fassen.
4. Seine besonderen Rechte sind:

a) Er bestellt die Kammerrichter und besetzt den Reichshofrat. Einfluß hiervon auf die mindermächtigen Fürsten wegen ihrer Prozesse.
b) Er kann Standeserhöhungen und Würden verleihen. Einschränkungen:
   α) Keine Reichsfürsten oder Grafen mit Sitz und Stimme.
   β) Die mächtigeren Fürsten, die außer ihren Reichslanden noch andre Besitzungen haben, z. E. Brandenburg und Hannover, lassen den von ihm einem ihrer Untertanen erteilten Adel nicht gelten ohne ihre Konfirmation. Exempel von einem Prediger in der Uckermark.

5. Seine Rechte in Ansehung Italiens. Umfang der ehemaligen Rechte Deutschlands über Italien. Krönungen zu Monza. Verfall dieser Rechte, besonders im 14ten Seculo, durch die Sorglosigkeit, den Geiz und die Verschwendung der Kaiser, besonders Karl IV., Wenzel und Sigismund, die sich diese Rechte mit Geld abkaufen ließen. Die italienischen Fürsten erlangen dadurch Landeshoheit. Es gibt aber doch in Italien noch Reichslehen, z. E. Mailand, Mantua, Toskana. Diese kann der Kaiser vergeben, doch muß er bei den größeren Lehen die Reichsstände zuziehen. Vorteile, die das Haus Österreich davon gezogen hat.

Nutzbare Rechte. Ehemalige Importance derselben. Noch im 13ten Seculo 6 Millionen Taler. Jetzt kaum noch 20/m Taler. Keine Domänen. Einige Abgaben der Reichsstädte und Juden. Einige Emolumente von den italienischen Lehen. Die Gebühren bei Belehnungen, die Sporteln bei den Gerichten sind zur Unterhaltung dieser Gerichte gewidmet. Daher muß bei Kaiserwahlen immer auf einen mächtigen Fürsten gesehen werden.

III. *Rechte der Reichsstände*. Gemeinschaftliche. Eines jeden insbesondere. 196R

A.

Gemeinschaftliche Rechte, die allen oder doch mehreren Reichsständen zukommen.

1. Ohne Zutun und Einwilligung der Reichsstände kann in gemeinschaftlichen Angelegenheiten des Reichs nichts beschlossen werden. Gesetze, Polizei, Krieg, Frieden, Bündnisse, Auflagen, Veränderungen in der Reichsverfassung, Ernennung neuer Kurfürsten und Fürsten, Achterklärungen, Verleihungen heimgefallener Lehen. Diese Rechte werden auf dem Reichstage exerziert.

2. Rechte der Kurfürsten.

a) Kaiser- und römische Königswahl. Letztere, wenn der regierende Kaiser durch Alter, Krankheit oder sonst verhindert wird oder „wenn anderweitige hohe Notdurft es erfordert". Die Wahl per majora. Der Wahlort Frankfurt am Main. Krönung dreifach, in Deutschland zu Aachen, in der Lombardei zu Monza, in Rom als Kaiser. Letztere beiden Krönungen sind ex usu. Daher der Titel: *erwählter römischer König*. Die deutsche Krönung geschieht auch zu Frankfurt am Main. An Aachen werden Reverse gegeben. Zeremoniell bei der Krönung.

b) Das Recht, dem Kaiser Kapitulationen vorzuschreiben, neuere Punkte beizufügen, insofern sie den Rechten und Freiheiten der übrigen Stände nicht nachteilig sind.

c) Das Recht, besondere Versammlungen *(Kurfürstentage)* zu halten, vorläufige Beschlüsse abzufassen.

3. *Rechte der Reichsvikarien* aus der Goldenen Bulle, sede vacante, und wenn auch kein römischer König da ist. Einteilung in das Rheinische und Sächsische. Grenzbestimmung de 1750. Das Pfälzische begreift unter sich Franken, Schwaben, Bayern, die Rheinlande. Sie exerzieren die ordinären kaiserlichen Rechte, z. E. statt des Reichshofrats Vikariatsgerichte, Vergebung geringerer Lehen, Standeserhöhungen. Inwiefern sie die wichtigeren Rechte exerzieren können, z. E. die Direktion des Reichstags, die Vergebung der großen Lehen, die Investituren der Prälaten, ist streitig.

B.

Rechte der einzelnen Reichsstände.

Große Verschiedenheit der Verfassungen in den einzelnen deutschen Staaten. Es gibt darin alle möglichen Arten von Regierungsformen; Demokratien in einigen Reichsstädten, Aristokratien in andern; eingeschränkte monarchische Verfassung, Sachsen, Bayern, die geistlichen Fürstentümer; uneingeschränkte Monarchien, z. E. Brandenburg, Kurpfalz, Hessen. Die näheren Auseinandersetzungen darüber gehören in das besondere deutsche Staatsrecht. Allgemeine Sätze über das Verhältnis der deutschen Reichsstände:

1. Jeder Reichsstand hat in seinem Gebiete Landeshoheitsrechte: Gesetze, Polizei, Jurisdiktion, Ius foederum, Truppen werben, Festungen anlegen, Auflagen machen, auswärtige Kriege führen, Frieden schließen.

2. Dabei aber ist ein Stand des deutschen Reiches in der Regel gewissen Einschränkungen unterworfen.

3. Diese Einschränkungen bestehen darin,

a) daß er keine Gesetze und Einrichtungen treffen darf, die den allgemeinen Einrichtungen und Beschlüssen des Reichs zuwider sind;

b) daß er keine Bündnisse schließen darf, die wider den Kaiser als Kaiser oder wider das deutsche Reich gerichtet sind;
c) daß er ohne Einwilligung des Reichs keine fremden Truppen auf deutschen Boden führen darf;
d) daß er bei Streitigkeiten mit andern Ständen sich der Selbsthilfe nicht bedienen darf, sondern es auf das Erkenntnis der Reichsgerichte ankommen lassen muß;
e) daß er auch in Privatstreitigkeiten mit seinen Untertanen oder mit Frem- 197
den es auf das Erkenntnis der Reichsgerichte ankommen lassen muß;
f) daß er dulden muß, daß von seinen Gerichten an die Reichsgerichte appelliert werde.
g) Die Einschränkungen sub e et f schmälern sehr die Souveränitätsrechte. Daher haben die mächtigsten deutschen Fürsten sich davon loszumachen gesucht und sich Privilegia de non appellando erteilen lassen. Das Brandenburgische für die Kurlande de 1586, für die übrigen Reichslande de 1746.

4. Jeder Reichsstand ist schuldig, zur Unterhaltung des Reichskammergerichts beizutragen. Kammerzieler. Matrikel de 1500. Erhöhung der Beiträge.
5. Jeder muß zu Reichskriegen seinen Beistand an Mannschaft liefern. Kontingenter. Reichsarmee. Matrikel de 1681, angelegt auf 40/m Mann. Kann aber dupliert oder tripliert werden.
6. Jeder muß zu andern gemeinschaftlichen Bedürfnissen Beiträge entrichten. Römermonate, von dem sonst üblichen Zuge nach Rom. Besonders bei Reichskriegen außer der Mannschaft. Bau und Reparatur von Reichsfestungen. Andere außerordentliche Bedürfnisse. Matrikel de 1521. Ob bei Bewilligung der Kammerzieler, Kontingenter und Römermonate Majora entscheiden oder jeder Reichsstand für sich bestimmen könne, ist streitig. Kurbrandenburg behauptet das letztere. Neuere Bewilligung Brandenburgs wegen der Kammerzieler.
7. Schlußanmerkung wegen derjenigen deutschen Reichsstände, die außer ihren Reichslanden noch andre unabhängige Staaten und Reiche besitzen. Österreich — Ungarn, Brandenburg — Preußen und Schlesien, Hannover — England, Holstein — Dänemark, Schweden — Vorpommern. Alle Verhältnisse solcher Stände als Reichsstände können sich nur auf ihre Reichslande beziehen. In Ansehung ihrer übrigen Staaten haben sie die vollen Rechte unabhängiger Souveräns. Kollisionen und Irregularitäten, die hieraus entstehen. Kunstgriff Österreichs, seine Hauskriege in Reichskriege zu verwandeln. Reichskrieg de 1757.

IV. *Vom Reichstage*

1. Geschichte der Reichstage. Sie wurden nur zuweilen gehalten. Vom Kaiser konvoziert. Persönlich besucht. Mündliche Verhandlung. Kurze Dauer. Seit dem Westfälischen Frieden nicht mehr persönlich. Der jetzige Reichstag dauert seit 1663.
2. Der Reichstag besteht aus Gesandten des Kaisers und der Reichsstände. Der kaiserliche Prinzipalcommissarius muß ein Fürst sein. Concommissarius. Reichsständische Komitialgesandten. Die Kurfürsten haben ihre eigenen Gesandten. Von den übrigen tragen, um Kosten zu sparen, mehrere ihre Vota einem auf. 120 Stände. 30 Komitialgesandte.
3. Einteilung in drei Collegia — vier Grafen, zwei Prälaten[1] —.
4. Direktion. Der Kurfürst von Mainz, welcher auch die Reichskanzlei unter sich hat und den Reichsvizekanzler bestellt.
5. Stimmrecht. Es haftet auf den Ländern. Der Kaiser kann keine neuen Stimmen kreieren. Wer mehr als ein stimmfähiges Land hat, hat mehr als eine Stimme. Brandenburg vier Stimmen im Fürstenrat wegen Magdeburg, Halberstadt, Minden, Kammin. Warum nicht wegen Kleve?
6. Gang der Geschäfte. Mainz proponiert. In jedem Collegio wird besonders deliberiert. Majora entscheiden in jedem Collegio. Zusammentreten der beiden höhern Kollegien. | Wenn diese einig sind, Rücksprache mit dem 197R städtischen Collegio. Wenn dies beitritt, Reichsgutachten (Bericht oder Votum ad imperatorem). Wenn dieser einig ist, Resolution oder Kommissionsdekret, und dann erst ist ein wirklicher Reichsschluß vorhanden. Auch der Kaiser kann etwas zur Proposition bringen, es muß aber durch Mainz geschehen. Unter den drei Kollegien gelten nicht majora. Wenn sie sich nicht vereinigen können, kann nichts geschehen. Wenn der Kaiser nicht beitritt, ebenfalls nicht. Vereinigung einzelner Stände über Objekte der Gesetzgebung und Polizei (salv. leg. fundament.)
7. Ius eundi in partes, „das sowohl in Religionssachen als allen andern Geschäften; wenn die katholischen und evangelischen Stände in zwei Teile gehen, die zweierlei Meinung behaupten, soll es auf die Mehrheit der Stimmen sämtlicher Reichsstände nicht ankommen, sondern der Streit nur durch gütlichen Vergleich entschieden werden" [sic!].
8. Langsamkeit und Unentschiedenheit der Deliberationen. 1. Kurmainz muß proponieren; 2. in den drei Kollegien muß votiert werden; 3. die drei Kolle-

[1] *Im fürstlichen Kollegium hatten die unmittelbaren Reichsgrafen vier, die unmittelbaren Reichsprälaten zwei Stimmen (d. Hrsg.).*

gien müssen sich vereinigen; 4. es muß kein Ius eundi in partes stattfinden; 5. der Kaiser muß approbieren.

9. Bemerkungen über den gegenwärtigen Reichstag. Er hat vieles abgetan. Zeremoniellstreitigkeiten wegen der Stühle, wegen des Ranges, wegen der Visiten.

10. Von Reichsdeputationen. Ein engerer Ausschuß des Reichstages. Deputierte aus allen drei Collegiis. Nur zu gewissen besonderen und außerordentlichen Geschäften. Visitationen, Friedenskongresse. Streitigkeiten, wie diese Deputationen zu formieren, aus wieviel Membris sie bestehen, welche Stände dazu deputieren sollen.

V. *Von den Reichsgerichten.*

A. *Reichskammergericht.*

1. Sitz in Wetzlar, ehehin in Speyer. Vertrieben im französischen Kriege de 1688.

2. Personal. Der Kammerrichter und 2 Präsidenten, 25 Assessores. Es sollen 50 sein. Kurbrandenburg eine eigene Stelle, Konkurrenz bei den Präsentationen von Niedersachsen und Westfalen.

3. Ressort.

a) Forum 1^mae^ inst. aller Reichsstände und übrigen unmittelbaren Glieder des Reichs.

b) Appellationen von den Landesgerichten der Reichsstände.

4. Einschränkungen dieses Ressorts.

a) Durch die Austregalinstanzen in Ansehung der Fürsten. Diese sind Vertrags- oder gesetzliche Austräge. Wenn ein Fürst mit einem andern in Streit gerät, so sind entweder zwischen ihnen gewillkürte Austräge vorhanden und diese entscheiden sodann ohne Appellation. Sind keine solchen Verträge vorhanden, so treten die gesetzlichen Austräge ein. Schiedsrichter, die der in Anspruch genommene Fürst aus seinen eigenen Justizbedienten wählt und sie ihrer Pflichten entläßt. Ob die Appellationen an die Reichsgerichte gehen, ist zweifelhaft. Die großen Fürsten lassen sie nur an ihre höheren Collegia gehen, wovon sie das Privilegium de non appellando haben. Hingegen sind dem Kammergericht unterworfen

α) in secunda instantia die Fürsten, die kein Privilegium de non appellando haben, per modum appellationis von den Austregalgerichten;

β) in appellatorio die Reichsstädte, Grafen und Ritter.

γ) In Angelegenheiten, welche einen Landfriedensbruch betreffen, behauptet das Kammergericht, die einzige kompetente Instanz ohne Unterschied und Ausnahme zu sein. Bemühungen des Kammergerichts, seine Jurisdiktion zu extendieren.

b) Durch die Privilegia de non appellando.

c) Jurisdiktionsverhältnisse der deutschen Fürsten. 198

α) Fürsten, die das Privilegium de non appellando haben, können nur bei ihrer Austregalinstanz belangt werden. Von den Entscheidungen der Konventionalausträge findet gar keine weitere Berufung statt. Von den Erkenntnissen der gesetzlichen Austräge geht die Appellation nicht an die Reichs-, sondern an eigene dazu ernannte Gerichte. Brandenburg hat seinen Justizkollegien dazu ein für allemal den Auftrag gemacht.

β) Fürsten, die das Privilegium de non appellando nicht haben, in erster Instanz bei den Austrägen. Appellation an das Kammergericht.

γ) Andre Stände und Mitglieder in 1[am] inst. bei den Reichsgerichten.

δ) Streitigkeiten der Fürsten unter sich bei den Reichsgerichten, wenn keine Konventionalausträge vorhanden sind.

ε) Alle Angelegenheiten wegen des Landfriedens — die Reichsgerichte.

5. Revision der Erkenntnisse des Kammergerichts durch Reichsdeputationen, die alle Jahre gehalten und durch die das Kammergericht visitiert und die Revisiones entschieden werden sollen. Diese Deputationen kommen selten zustande, weil über die Ordnung, wie die Stände bei der Ernennung der Deputierten alternieren, wegen der Art und Weise, wie die Ernennung geschehen und wie sie wechseln sollen, beständige Streitigkeiten entstehen. Letzte Visitation de 1776. Jetzt wird wieder daran gearbeitet.

6. Rekurse an den Reichstag. Sie finden statt, wenn sich jemand über Verfügungen beschwert, welche nicht die Entscheidung der Hauptsache betreffen, sondern die Einleitung des Prozesses oder die Exekution. Versagte oder verzögerte Justiz, Übereilung mit der Exekution, Eingriff in die Rechte der Austregalinstanzen. Über solche Rekurse wird wie über andre Objekte bei dem Reichstage deliberiert und konkludiert.

7. Mängel der Justizpflege bei dem Reichskammergericht.

a) Langsamkeit und Verschleppung der Sachen - i. a. 1776 lagen 60/m Prozesse -

α) wegen der schlechten Prozeßordnung,

β) unzureichende Zahl der Beisitzer,

γ) weitläuftige Methode zu referieren, Hang zur Bequemlichkeit, Distinctiones durch gelehrte Arbeiten. Ein Assessor 10 Relationes.

Einteilung in Senate. Streit darüber.

b) Mangel der Exekution wegen der Revisionen und Rekurse.

B. *Reichshofrat.*

Er ist insoweit das älteste von allen deutschen Reichsgerichten, als die Kaiser, da sie noch die richterliche Gewalt über die deutschen Fürsten selbst ausübten, allemal einige geschickte und erfahrene Räte an ihrem Hofe hatten, deren sie sich bei der Untersuchung und Entscheidung solcher Sachen bedienten. Es war aber in dieser Qualität nur ein Gerichtshof des Kaisers und hat die Würde eines deutschen Reichsgerichts erst i. J. 1512 erlangt.

1. Verfassung und Besetzung. Ein Präsident, ein Vizepräsident und 17 Mitglieder, worunter 6 evangelische sein müssen. Die Zahl ist aber stets größer. Einsetzung vom Kaiser. Ihr Amt dauert so lange, als der Kaiser lebt. Aufenthalt da, wo der Kaiser residiert.

2. Ressort.

a) Die dem Kaiser reservierten Gnadensachen, Majorennitätserklärungen, Standeserhöhungen pp.

b) Belehnungen mit den minderen Reichslehen.

c) Italienische Sachen.

d) Prozesse über Reichslehen, Fürstentümer, Herrschaften und Grafschaften. Streit mit dem Kammergericht.

e) Konkurrente Jurisdiktion mit dem Reichskammergericht.

3. Rechtsmittel der Supplikation mittelst Bestellung neuer Referenten. 198 R

4. Visitation durch den Kurfürsten von Mainz. Rekurs an den Reichstag.

5. Mängel der Justizpflege:

a) Langsamkeit, doch nicht so arg wie bei dem Reichskammergericht.

b) Dependenz vom Kaiser, Vota ad imperatorem; Hansinnensche Präbendesache.

c) Daß die Remedia an eben dasselbe Collegio gehen.

VI. *Von der Kreisverfassung.*

1. Einteilung Deutschlands in Kreise. Ursprünglich vier Nationen: Franken, Bayern, Sachsen und Schwaben. In der Folge formierten sich Kreise. Die eigentliche Kreisverfassung wurde erst 1512 reguliert. Es sind *sechs alte* Kreise: Oberrhein, Bayern, Franken, Schwaben, Westfalen, Niedersachsen. *Sechs*[1] *neue*:

[1] Lies: vier

Österreich, Burgund, Kurrhein, Obersachsen. Böhmen gehört nicht dazu.

2. Verfassung der Kreise. Kreisausschreibende Fürsten. Kreiskonvente. Direktorium. Kurbrandenburg ist Kondirektor im westfälischen Kreise wegen Kleve mit Pfalz und Münster, in Niedersachsen wegen Magdeburg mit Bremen und Braunschweig.
3. Objekte der Kreisverfassung.
   a) Ursprünglich die Aufrechthaltung des Landfriedens und die Vollstreckung der Verordnungen und Erkenntnisse der Reichsgerichte. Assistenz der nächstgelegenen Kreise.
   b) Abmachung andrer gemeinschaftlicher Angelegenheiten. Polizeianstalten, Wegebesserungen, Aufgreifung und Vertreibung von Vagabonds, Diebsbanden und andern Landesbeschädigern.
   c) Associationes zur gemeinschaftlichen Verteidigung gegen auswärtige Feinde. Die vorliegenden Kreise, der Ober- und Niederrheinische, der Fränkische und Schwäbische.

VII. *Vom Reichsadel.*

Ein Rest der alten Verfassung, wo der Adel nicht unter den Fürsten, sondern unmittelbar unter Kaiser und Reiche stand.

1. Sie sind nicht Reichsstände.
2. Sie haben auf ihren Gütern Landeshoheitsrechte, selbst wenn sie in reichsständischen Territorien liegen.
3. Sie stehen aber unter einer strengeren Subordination gegen die Reichsgerichte.
4. Sie gehören nicht zur Kreisverfassung und tragen zu den gemeinen Lasten nichts bei, sondern zahlen ein Don gratuit.
5. Einteilung in drei Kreise: Franken, Schwaben, Rhein. Jeder wieder in gewisse Viertel oder Kantons. Ritterhauptmann und Räte. Gemeinschaftliche Angelegenheiten.
6. Streitigkeiten mit den Reichsständen, besonders wegen des Retrakts und der Rittersteuern.

VIII. Schlußanmerkungen.

1. Mindere Reichsstände werden durch die Reichsverfassung in ihrer Unabhängigkeit konserviert, daß es ihnen nicht geht wie den französischen großen Vasallen.

2. Die Mächtigeren haben von der Reichsverfassung keinen Vorteil, sondern mancherlei Unbequemlichkeiten. Sie müssen aber doch für deren Aufrechthaltung sorgen
   a) vermöge ihrer Pflicht als Mitkompaziszenten;
   b) vermöge ihres Interesse, damit nicht der Kaiser durch Unterdrückung der mindermächtigen Reichsstände seine Macht zu sehr vergrößere.

Über das Privatrecht der deutschen Fürsten, besonders aus dem Hause Brandenburg

I. *Übergang.* Es sind erklärt worden die Verhältnisse eines deutschen Fürsten als 199
Regenten seiner Länder und als Mitstand des deutschen Reichs. Nun sind noch übrig seine Verhältnisse als Mitglied oder Oberhaupt einer fürstlichen Familie und die in solchen Angelegenheiten stattfindenden Privatrechte.

II. *Die Quellen* dieser Privatrechte sind:

a) Die in jeder fürstlichen Familie stattfindenden Hausgesetze und Gewohnheiten, die teils auf Verträgen beruhen, welche von sämtlichen Mitgliedern der Familie geschlossen worden, teils auf Verordnungen des Oberhaupts der Familie, auf erhaltenen Lehnbriefen und Privilegiis.

b) Die Reichsgesetze, z. E. die Goldne Bulle, die Kammergerichtsordnung, die Wahlkapitulationen, die Reichsabschiede.

c) Das römische und kanonische Recht.

d) Die Landesgesetze in allen Angelegenheiten, welche nicht die Person und Familienrechte betreffen.

III. Besondre Rechte, welche hiernach bei den Deutschen Fürsten stattfinden *in Ansehung der Sukzession.*

1. Die Sukzession in deutsche Reichslande und deren Zubehör kommt stets denjenigen zu, die von dem ersten Erwerber abstammen, die Ordnung der Sukzession aber richtet sich nach dem nächsten Besitzer. Lehen und Stammgüter.
2. Von dieser Sukzession sind ausgeschlossen
   a) *Personen weiblichen Geschlechts,* entweder ganz oder doch, solange noch männliche Nachkommen des ersten Erwerbers vorhanden sind. Renunciationes filiarum.
3. b) *Geistliche,* welche die höheren Orden angenommen haben. Doch gilt dies nur α) von den weltlichen Kurfürstentümern überhaupt, β) von andern Familien insoweit, als es durch Hausverträge oder besondere Gesetze bestimmt ist, γ) in allen Fällen nur von katholischen Geistlichen.

4. Diejenigen, die wegen *Wahn- oder Blödsinns* die Regierung nicht übernehmen können. Incapacitas superveniens nimmt das Recht nicht, sondern veranlaßt nur eine Administration. Fürst zur Lippe.
5. Diejenigen, welche erzeugt worden a) aus einer *Ehe zur linken Hand*, b) aus einer notorischen *Mißheirat*.
   Ad a) Exempel Landgraf Otho zu Hessen 1311. Herzog Bernhard zu Sachsen-Weimar 1672. Kurfürst Friedrich von der Pfalz. Herzog Rudolph August von Braunschweig-Wolfenbüttel. Eine gewisse Menthin. Landgraf Ernst von Hessen-Rheinfels. *Morganatische Ehen.*
   Ad b) Heinrich v. Meissen und Elisabeth v. Maltitz. Ferdinand v. Österreich-Tyrol mit Philippine Welserin. Ernst von Baden und Ursula von Rosenfels. Leopold von Anhalt-Dessau mit Anne Louise Foesen 1698. Anton Ullrich von Sachsen-Meiningen mit eines hessischen Hauptmanns Tochter Schurmann. Standeserhöhungen des Kaisers. Wahlkapitulation de 1742.
   Was sind unstreitig notorische Mißheiraten? a) Mit einer Person von Bürger- und Bauerstande; b) nicht mit einer Person von Reichsgräflichem Stande; c) ungewiß, ob mit Altadligen.
6. Die *außer der Ehe* erzeugten Kinder.
7. Von der Sukzession mit oder ohne Teilung. Bestimmung durch Hausverträge.
   a) Entweder alle, die mit dem letzten Besitzer gleich nahe verwandt sind, 199 R kommen zugleich zur Sukzession oder nur einer derselben exclusis reliquis.
      Ersteres war die vormals gewöhnlichste Sukzessionsordnung. Die plures successores blieben entweder in der Gemeinschaft, oder sie wechselten ab, oder sie teilten sich. Im letzteren Falle geschah entweder eine Totteilung, wodurch die abgeschiedenen Linien allen ihren Rechten auf die Anteile der übrigen entsagten, oder sie behielten sich die Sukzessionsrechte ausdrücklich vor.
   b) Die Sukzession trifft nur einen:
      α) Den ältesten aus der ganzen Familie ohne Rücksicht auf den Grad der Verwandtschaft: Senioratus.
      β) Den ältesten unter denen, die dem Grade nach gleich nahe sind: Majorat.
      γ) Den nächsten aus der erstgeborenen Linie: Primogenitur. Ist die gewöhnlichste.
8. Abfindung der nachgeborenen Söhne. Apanage ist durch Hausverträge bestimmt. Wenn auch der Apanagierte Ländereien erhält, so besitzt er doch

darin keine Landeshoheit, sondern diese bleibt den regierenden Herren. Sie können Räte, Kanzleien und Domänenkammern bestellen, aber keine Regierungen. Die Apanagen akkreszieren dem regierenden Herrn, wenn nicht besondere Pacta vorhanden sind, nach welchen sie den übrigen Nachgeborenen zufallen. Der Apanagierte behält seine Qualität als Reichsfürst.

9. Auch da, wo Primogenitur stattfindet, kann sie gelten a) nur in Ansehung gewisser Lande, z. E. der Kurlande; b) nur in Ansehung gewisser Linien, z. E. wenn sie nach einer gemachten Teilung erst in einer Linie eingeführt worden, so geht sie nicht auf die übrigen Linien. Exempel von der sächsischen Sukzession. Der Herzog von Weimar sukzediert unstreitig in die Kur und Kurlande.
10. Wenn eine regierende Linie erlischt, so ist entweder noch eine Nebenlinie vorhanden oder nicht. Ist noch eine Nebenlinie vorhanden, so gelangt diese zur Sukzession in die Lehen und Stammgüter, und die Töchter bekommen bloß das Mobiliarvermögen. Erlischt die ganze Familie, so fallen nur die Lehen zurück, und die übrigen Güter gelangen an die Töchter.
11. Bei der Sukzession der weiblichen Linie wird in der Regel nur auf die Nähe des Grades vom letzten Besitzer gesehen. Vom Regredientrecht. Österreichische Sukzession.
12. Wenn auch keine weiblichen Deszendenten mehr vorhanden sind, so fallen die Lehen an den Kaiser und das Reich zurück, die Stammgüter aber an denjenigen, der vermöge einer Erbverbrüderung ein Recht hat. Ist auch keine Erbverbrüderung vorhanden, so kann der letzte Besitzer testieren. Erbverbrüderung zwischen Sachsen, Hessen und Brandenburg de 1614. Wenn Sachsen abgeht, so bekommt Brandenburg ein Drittel und Hessen zwei Drittel. Wenn Hessen abgeht, Sachsen zwei Drittel, Brandenburg ein Drittel. Wenn Brandenburg abgeht, Sachsen und Hessen zu gleichen Teilen. Zwischen Brandenburg und Mecklenburg de 1442 zugunsten Brandenburgs. Eventualbelehnung.

IV. Besondere Rechte der deutschen Fürsten *in Ansehung der Ehe*. Es gelten bei Katholischen die kanonischen Rechte und das tridentinische Konzilium. Bei Evangelischen die Bibel und das protestantische Kirchenrecht wegen der Graduum prohibitorum pp.

1. Von der Morgengabe, welche der Bräutigam der Braut schenkt und worüber sie disponieren kann.

2. Vom Wittum und Leibgedinge. Cessat per subsequens matrimonium.
3. Von der Ausstattung.
4. Von dem Ehegelde oder der Mitgift, welche zurückgefordert werden kann, nisi aliter conventum vel consuetum.
5. Vom Gegenvermächtnis, welches mit der Mitgift gleiche Rechte hat.
6. Von der Verbesserung, welche nach Proportion der Mitgift gegeben wird.

V. Rechte in Ansehung der väterlichen Gewalt. Hier gilt das Ius Romanum.

VI. Von der Majorennität und Vormundschaft. Bei Kurfürsten ex aurea bulla. 200
18 Jahr et tutela legitima. Bei andern Fürsten 25 Jahre, und die Vormundschaft ist durch Hausverträge bestimmt. Gewöhnlich die Mutter und der nächste oder der älteste Anverwandte von väterlicher Seite.

VII. Bei Verträgen und Testamenten gilt das Ius Romanum.

BESONDERE SÄTZE WEGEN DER BRANDENBURGISCHEN HAUSVERFASSUNG

I. Quellen derselben.

1. Reichsgesetze, besonders die Goldene Bulle.
2. Hausverträge.
   a) Testament des Markgrafen Albert Achilles d. a. 1473.
   b) Der Geraische Vertrag d. a. 1603.
3. Das Herkommen oder die Observanz des Hauses.

II. Hausrechte, welche aus diesen Quellen fließen.

1. Das Kurfürstentum ist unteilbar und wird nach der Primogenitur vererbt.
2. Alles, was ein Regent aus dem Kurhause Brandenburg an Land und Leuten

erwirbt, muß unzertrennt dem Nachfolger in der Kur zufallen. Nachgeborene Söhne können nie eine Abfindung von Ländern verlangen, sondern müssen sich mit einer Apanage an Geld oder Einkünften begnügen, so wie solche durch das Herkommen bestimmt ist. Einrichtung König Friedrich Wilhelms I.

3. Wenn ein brandenburgischer Regent Privatgüter durch Erbschaft, Kauf oder andre Erwerbungsarten, die auch unter Privatpersonen stattfinden können, akquiriert hat, so kann er zwar selbst als erster Erwerber Verfügungen darüber treffen. Wenn er aber, ohne dergleichen Verfügungen zu treffen, stirbt, so werden auch solche Privatgüter den Domänen des Hauses inkorporiert. Proskau.
4. Bayreuth und Anspach sollen nach dem Geraischen Vertrage von der Kurlinie so lange getrennt bleiben, als von den Markgrafen Christian und Joachim, denen sie in diesem Vertrage angewiesen wurden, noch Deszendenten vorhanden sind. Wenn aber diese Nebenlinien ganz ausgehen, so fallen die Markgrafschaften an die Kurlinie zurück, und nach dem Teschenschen Frieden können sie mit der Primogenitur vereinigt werden.
5. Streitigkeiten unter Personen des königlichen Hauses sollen nicht vor die Reichsgerichte gebracht, sondern von den Hausausträgen entschieden werden. Was diese Hausausträge sind, ob die ordinären Gerichte oder Commissiones, disputatur. Der Schwedtsche Prozeß.
6. Wenn Prinzen des königlichen Hauses mit andern Personen in Streit geraten, so gehören solche Prozesse vermöge des Austregalrechts vor das Kammergericht, z. E. der Markgraf v. Schwedt.

Privatrecht

[VON DEM PRIVAT- ODER BÜRGERLICHEN RECHTE ÜBERHAUPT]

I. Übergang. Bisher sind erklärt worden: *Im allgemeinen Staatsrechte* die Rechte 201
und Pflichten zwischen Regenten und Untertanen aus den Zwecken der bürgerlichen Gesellschaft und des Gesellschaftsvertrags; *im Völkerrechte* die Rechte und Pflichten zwischen unabhängigen Völkern nach dem Naturrecht und den Sitten der europäischen Völker; *im deutschen Staatsrechte* die Rechte und Pflichten der Stände des Reichs in Beziehung auf das Oberhaupt desselben und unter sich. Jetzt *im Privatrechte* sollen die Rechte und Pflichten der Bürger des Staats in ihren Privatangelegenheiten und Geschäften beurteilt werden.

II. Dieses Recht heißt *das positive bürgerliche Recht*, weil seine Dispositionen nicht unmittelbar bloß vermöge logischer Schlußfolgerungen aus dem Naturrechte fließen, sondern von dem bestimmt ausgedrückten und erklärten Willen eines Gesetzgebers abhängen.

III. Rekapitulation von dem Rechte der Gesetzgebung und von den Regeln, welche die Grenzen und den Umfang dieses Rechts bestimmen.

1. Jeder Mensch ist im Stande der Natur sein eigener Richter; er beurteilt, was ihm für Rechte zukommen; er übt diese Rechte durch sich selbst aus; er zwingt mit eigener Macht den Lädenten.
2. Einschränkung der Kenntnisse, Hang zur Sinnlichkeit, Gewalt der Leidenschaften geben zu Irrtümern Anlaß, welche machen, daß im Stande der Natur beständige Unruhen und Streitigkeiten, Ungewißheit und Unsicherheit des Eigentums und Recht des Stärkeren stattfinden, Kultur und Veredlung der Seelenkräfte zum Zweck der Vollkommenheit und Glückseligkeit nicht gedeihen können.

3. Diesen Übeln auszuweichen, sind die Menschen in den Stand der bürgerlichen Gesellschaft übergetreten, haben sich der eigenen Ausübung ihrer Zwangsrechte begeben und sie dem Staat übertragen.
4. Der Staat soll die Zwangsrechte der einzelnen ausüben; er muß wissen, was zu dem Seinigen oder zu den Rechten und Pflichten eines jeden Staatsbürgers gehöre. Es müssen daher
   a) äußere Kennzeichen und Merkmale bestimmt sein, an welchen erkannt werden könne, ob einer das Recht, was er zu dem Seinigen rechnet, wirklich besitze, ob er die Pflicht, die von ihm gefordert wird, wirklich übernommen habe.
   b) Es müssen Regeln für die Kollisionsfälle vorhanden sein.
   c) Diese Festsetzung der Kennzeichen des Eigentums und der Rechte, die Entscheidungen der Kollisionsfälle müssen auf allgemeinen und festen Bestimmungen beruhen. Denn wenn sie für jeden Fall verschieden angenommen werden könnten, so könnte niemand in seinen Handlungen sich mit Zuverlässigkeit danach richten, und die Willkür des Gesetzgebers würde ebensoviel Ungewißheit und Unsicherheit hervorbringen als der Mangel der Gesetze im Naturzustande.

IV. Die gesetzgebende Macht bestimmt also die allgemeinen Regeln, nach welchen die Zwangsrechte zwischen den Bürgern des Staats von dem Staate beurteilt und ausgeübt werden sollen. Sie kann
1. die Vorschriften des Naturrechts durch deutliche und bestimmte Aussprüche anerkennen und außer Widerspruch setzen.
2. Sie kann an den natürlichen Rechten und Pflichten ändern und sie verschieden bestimmen. Letzteres sind eigentlich positive Gesetze. Exempel von Verträgen überhaupt, von schriftlichen Verträgen insonderheit.

V. In der bürgerlichen Gesellschaft ist also nicht mehr die Frage, was für Befugnisse und Obliegenheiten nach dem Naturrechte stattfinden, sondern was die Gesetze des Staats über die Rechte und Pflichten der Bürger bestimmen.

VI. Inzwischen hat doch der Mensch durch den Übergang in die bürgerliche Gesellschaft seine natürlichen Rechte und Pflichten nicht ganz und für immer verloren. Es gibt noch immer solche Rechte, die jedem Staatsbürger zukommen.

1. Er behält alle seine natürlichen Rechte, die mit dem Begriffe und den Zwecken der bürgerlichen Gesellschaft bestehen können und die ihm durch positive Gesetze nicht genommen sind. Handlungen, die er vermöge dieses seines natürlichen Rechts ausübt, heißen erlaubt. Exempel von der Wahl der Lebensart, die jedem Menschen, dessen Verstand bis zu einem gewissen Grade entwickelt ist, frei steht, insofern
   a) die gewählte Lebensart der bürgerlichen Gesellschaft nicht schädlich ist;
   b) insofern nicht positive Gesetze gewissen Klassen der Staatsbürger, die zu Pflanzschulen für die Armee bestimmt sind, darunter Einschränkungen machen.
2. Er behält alle seine natürlichen Rechte und tritt völlig in den Stand der Natur zurück, wenn der Staat seinem Untertanen den Schutz, welchen er ihm schuldig ist und gegen dessen versprochene Leistung der Untertan dem Rechte der Selbsthilfe entsagt hat, nicht leisten kann. Das sind die Fälle der Notwehr.
3. Der Mensch hat einige Rechte, deren er sich unter keinen Umständen be- 201 R
   geben und denen er auch durch seinen Übergang in die bürgerliche Gesellschaft nicht entsagen kann. Das sind die unveräußerlichen Rechte der Menschen. Mißbrauch dieses Ausdrucks. Wahrer Grund dieser Rechte:
   Da der Mensch von seinem großen Urheber zur Glückseligkeit geschaffen und diese der letzte Zweck seines Daseins ist, so hat ihn auch die Natur mit Kräften, Fähigkeiten und andern Gütern ausgerüstet, die er als Mittel zur Erreichung jenes Zwecks anwenden soll. Unter diesen sind einige so beschaffen, daß ohne sie Glückseligkeit gar nicht möglich ist. Der Mensch würde also gerade gegen seine Bestimmung handeln, wenn er auf diese Güter und auf sein Recht, sich ihrer zu seiner Glückseligkeit zu bedienen, Verzicht tun wollte. Dergleichen Verzicht ist moralisch unmöglich. Sie würde daher, wenn sie auch wirklich geschehen wäre, unverbindlich sein.
   Solche unveräußerlichen Güter sind:
   a) Das Leben, weil dies die Bedingung ist, unter welcher allein der Mensch als ein aus Körper und Geist zusammengesetztes Wesen Glückseligkeit genießen kann. Die Lehren der Religion von der Fortdauer nach dem Tode gehören nicht hierher. Sie müssen der Einsicht und Überzeugung eines jeden überlassen werden.
   b) Das Vermögen, sich in seinen Handlungen nach Gründen der Vernunft

zu bestimmen, i. e. moralische Freiheit. Ohne moralische Freiheit hört der Mensch auf, ein vernünftiges Wesen zu sein; er kann also darauf nicht Verzicht tun. Es ist unmöglich, daß der Mensch sich verpflichten kann, etwas zu wollen, wovon er einsieht, daß es wider die Gesetze der Vernunft und wider den Zweck seiner Glückseligkeit sei. Wenn er etwas dergleichen will, so liegt dabei ein Irrtum des Verstandes zum Grunde.

c) Das Recht, durch Vervollkommnung seiner Fähigkeiten und Kräfte seine Glückseligkeit zu befördern.

α) In Ansehung einzelner Fähigkeiten oder Kräfte muß freilich oft der Mensch auf das Recht, dieselben zu perfektionieren, Verzicht tun. Dies liegt schon in der Natur des Menschen. Wer studiert, schadet dem Körper, der tiefe Denker den unteren Seelenkräften.

β) Aber eine gänzliche Entsagung auf die Kultur aller seiner Fähigkeiten und Kräfte ist unmöglich.

γ) Besonders kann der Mensch der Ausbildung seines Verstandes und seiner Vernunft nicht entsagen. Der Gebrauch der Vernunft zur Erkenntnis der Wahrheit ist ein inalienables Recht. Ohne Vernunft kann jemand als Tier, nicht aber als Mensch glücklich sein.

VII. Hieraus bestimmen sich die Schranken der gesetzgebenden Macht, welche in diese unveräußerlichen Rechte des Menschen keinen Eingriff tun darf außer dem Falle des Notrechts, wenn der Zweck des Staats, die allgemeine Ruhe und Sicherheit unmöglich anders erreicht werden kann. Exempel:

a) Der Staat zwingt die Bürger, die Gesellschaft auch mit Lebensgefahr zu verteidigen.

b) Er zwingt jemanden, etwas zu tun, was er nicht will, weil das Wollen eine Folge vom Erkennen ist. Die Einsichten können unrichtig sein, und dann will der Mensch etwas, das er nicht wollen sollte. Der Staat kann also in Fällen, wo es der Zweck der bürgerlichen Gesellschaft erfordert, seine Einsichten an die Stelle der Einsichten dessen setzen, welcher handeln soll. Er kann ihn zu dieser Handlung gegen seine Überzeugung zwingen, aber er kann ihn nicht zwingen, etwas zu wollen, als was er für gut und vernunftmäßig erkennt. Das Zwangsrecht des Staats kann sich also auch nur auf solche Handlungen erstrecken, die mit den Zwecken des Staats in einer Verbindung stehen, also nicht auf bloße Religionshandlungen.

c) Der Staat kann verbieten, daß ein Mensch diese oder jene seiner Fähigkeiten und Kräfte zu diesem oder jenem Gebrauche nicht anwenden soll.

Aber er kann ihm nicht verbieten, daß er seine Fähigkeiten und Kräfte überhaupt und besonders seine höheren Seelenkräfte ausbilde, daß er nach Wahrheit strebe und dem vom Schöpfer in seine Seele gelegten Triebe nach Erkenntnis das möglichste Genüge leiste.

Solche Gesetze sind unerlaubt und unverbindlich.

VIII. Innerhalb dieser Grenzen aber kann durch positive Gesetze des Staats die natürliche Freiheit der Menschen eingeschränkt, ihre natürlichen Rechte können verschieden bestimmt, sie können geändert, ja sie können ganz aufgehoben werden. Hier hat die gesetzgebende Macht keine andere Regel, die sie bindet, als die Zwecke des Staats:

a) die Erhaltung und Befestigung der allgemeinen Ruhe und Sicherheit;
b) die Erleichterung und Begünstigung der Mittel, deren sich die einzelnen zu ihrer Privatglückseligkeit bedienen;
c) die Aufrechterhaltung der Staatsverbindung selbst als die conditio sine qua non.

Zweckmäßigkeit ist also das höchste Ideal der gesetzgebenden Macht, zu 202
dessen Erreichung alle ihre Vorschriften und Verordnungen abzielen müssen.

IX. Aber die Beurteilung, ob ein Gesetz zweckmäßig sei und also gegeben werden müsse, kommt ihr allein zu, und der Gehorsam gegen das Gesetz hängt gar nicht von dem Urteile ab, welches der, dem es gegeben wird, über die Zweck- oder Unzweckmäßigkeit desselben fällt. Kein Untertan des Staats kann den Gesetzen den Gehorsam versagen, weil er glaubt, daß dasselbe [sic!] dem gemeinen Besten nicht zuträglich sei. Der Staat kann seinen Untertanen nicht wehren, über die Gesetze nachzudenken, sie zu prüfen, allenfalls auch ihr Urteil laut zu sagen, sobald von einem solchen Urteil keine Gefahr für die innere Ruhe und Ordnung zu fürchten ist. Wollte er ihnen diese Freiheit nehmen, so würde er in eines ihrer unveräußerlichen Rechte, in das heilige Recht, ihre Vernunft zu brauchen und der Wahrheit nachzuforschen, Eingriff tun. Aber der Staat kann verlangen, daß die Untertanen das Recht, ihren Einsichten gemäß zu *handeln*, ihrer Pflicht aus dem bürgerlichen Vertrage aufopfern, der unmöglich würde bestehen können, wenn es einem jeden erlaubt sein sollte, nur solchen Gesetzen zu gehorchen, die er nach seiner vielleicht irrigen und mangelhaften Einsicht für gut und heilsam ansieht. Unterschied zwischen Souverän und Despot.

X. Diese Pflicht der Untertanen, den Gesetzen zu gehorchen, auch wenn sie von deren Güte nicht überzeugt sind, dispensiert den Gesetzgeber nicht von seiner Pflicht,

1. alle seine Gesetze sorgfältig nach dem Zwecke des gemeinen Besten abzumessen;
2. nur diesem Zwecke, nicht seinen Launen, Leidenschaften oder Privatinteresse zu folgen;
3. nie die Wohlfahrt der größeren Zahl seiner Untertanen dem Vorteile einiger wenigen aufzuopfern.

Es gibt einen Grad von Verderbnis in der Gesetzgebung, wo das dem gemeinen Menschenverstande sofort in die Augen fällt, daß die Gesetze des Staats offenbar nicht mehr nach dem Zwecke des allgemeinen Wohls bestimmt werden, sondern denselben gerade zuwiderlaufen.

Wenn die Gesetzgebung diese Stufe erreicht hat, wenn der Wille des Gesetzgebers mit den Regeln der Vernunft und des allgemeinen Wohls offenbar streitet, so beruht der Gehorsam gegen die Gesetze nicht mehr auf der Einsicht und Überzeugung derer, welche gehorchen sollen, sondern nur auf den schwachen Stützen äußerer Macht und Gewalt.

Wenn nun dieser Widerspruch zwischen dem, was die allgemeine gesunde Vernunft als nützlich oder schädlich für das Wohl des Ganzen erkennt, und demjenigen, was der Gesetzgeber dafür gehalten wissen will, sich bei Gegenständen äußert, die auf das Privatwohl zahlreicher Klassen von Untertanen einen unmittelbaren und fühlbaren Einfluß haben; wenn die Rechte des Eigentums, zu deren Schutz die Staatsverbindung hauptsächlich geschlossen worden, von dem Gesetzgeber selbst gekränkt werden; wenn den Untertanen die Mittel, ihren Privatwohlstand zu befördern, offenbar ohne Not und ohne überwiegenden Vorteil für das Ganze entzogen werden; wenn der Staat die Untertanen mit Abgaben erschöpft, die er nicht zu Staatsbedürfnissen, sondern zu ehrgeizigen Plänen oder Verschwendungen verwendet, dann ist der Zeitpunkt einer Revolution da, die entweder das Band gänzlich zerreißt oder doch den Regenten schmälert.

Jeden Gesetzgeber verpflichtet also sein eigenes Interesse, seine Untertanen mit weisen, wohltätigen, zweckmäßigen Gesetzen zu beglücken.

Aber die Überzeugung vom Gegenteil berechtigt den Untertanen nicht, den Gesetzen seinen Gehorsam zu verweigern.

XI. Das Feld der Gesetzgebung ist sehr weitläufig, und die Objekte, die durch Gesetze bestimmt und geordnet werden müssen, sind sehr zahlreich.
Je größer die Zahl der Einwohner eines Staats ist,
seine Lage, Boden und andre natürliche Beschaffenheiten,
Einteilung in Klassen und Ordnungen,
mannigfaltige und zusammengesetzte Beschäftigungen, Gewerbe, Nahrungsbetriebe,
Einfluß der politischen Verhältnisse,
desto zahlreicher muß die Menge der Gesetze sein, welche allen diesen Personen, Ständen, Klassen, Geschäften und Verhältnissen die möglichst beste Richtung zum Zwecke des allgemeinen Wohls geben sollen.

XII. Anwendung hiervon auf den preußischen Staat: 202 R
1. 6 Millionen Einwohner.
2. Lage von Rußland bis Holland.
3. Klassen und Stände vom Leibeigenen bis zum ersten Landstande.
4. Gewerbe, Fabriken, Handlungen, Künste, Wissenschaften, Luxus.
5. Zahlreiche Nachbarn, verschiedene Zeitpunkte und Titel der Vereinigung.

Die Gesetze müssen also weitläufig und zahlreich sein.

XIII. Das Detail dieser Gesetze gehört nicht zum gegenwärtigen Vortrage.
a) Die Menge der Gesetze hat das Studium derselben zu einer eigenen Wissenschaft gemacht, die die ganze Zeit und die ungeteilte Aufmerksamkeit eines Menschen erfordert.
b) Die Fürsten haben also die Ausübung des Richteramts andern übertragen müssen, die sich dazu vorbereitet und ihre ganze Zeit dem widmen.
c) Der Regent eines großen Staats muß so viel andre Teile der Maschine übersehen und leiten, er muß seine unmittelbare Aufmerksamkeit auf so viel andre Geschäfte wenden, die weit weniger nach festen Normen und unveränderlichen Regeln behandelt werden können und also seine selbsteigene unmittelbare Mitwirkung notwendiger machen als die Entscheidung der Privatstreitigkeiten seiner Untertanen. Man kann also von ihm keine Kenntnis des Details fordern.
d) Es ist vielmehr ein Fehler, wenn der Regent selbst Richter sein will.
   1. Er entzieht andern Regierungsgeschäften eine Zeit, die für sie notwendig ist.

2. Er setzt sich der Gefahr aus, aus Mangel an Kenntnissen und Fertigkeiten in der richtigen Anwendung wirkliche Ungerechtigkeiten zu begehen.

XIV. Seine Pflichten als Gesetzgeber und Richter äußern sich
1. bei Gebung neuer oder Abschaffung alter Gesetze,
2. in der Auswahl der Personen zum Richteramte,
3. in der Aufsicht über sie,
4. in der strengen Bestrafung der Übertreter.

XV. Übrigens ist es genug,
1. wenn der Regent den Geist der Gesetze seines Landes und die allgemeinen Wahrheiten kennt,
2. wenn er den Umfang der Gesetze und die verschiedenen Klassen der Gegenstände im großen überschaut,
3. wenn er von denjenigen Angelegenheiten und Geschäften, die seine unmittelbarere Mitwirkung erfordern, nähere Kenntnis erlangt.

GESCHICHTE DER GESETZGEBUNG 203

I. *Gesetze der alten Deutschen.* Ihre Geschäfte waren Krieg und Jagd; ihre Güter erlegte Tiere, erbeutete Sachen, Herden; Landeigentum, Künste, Handel, Luxus unbekannt. Ihre Streitigkeiten wurden durch das Schwert oder durch Schiedsrichter abgetan.

II. *Zweite Periode.* Lehnssystem. Hier sind nur zwei Klassen von Menschen, Adel oder Lehnsherren und Leibeigne oder Sklaven. Unter ersteren gab es mancherlei Abstufungen und kombinierte Verhältnisse, aber die letzteren hatten fast gar keine Rechte; sie selbst hatten kein Eigentum und waren nicht fähig, welches zu erwerben. Sie waren vielmehr das Eigentum ihres Lehnsherrn so gut wie seine Haustiere.
1. Es bedurfte also nur Lehnsgesetze.

2. Auch diese konnten sehr kurz sein, weil die Judicia parium aufkamen und die Judicia Dei.

III. *Dritte Periode.* Entstehen der Städte, früher im südlichen, viel später im nördlichen Deutschland. Künste, Handlungen. Hanseatischer Bund. Statuten und Willküren. Diese gingen nur auf die Städte, die so viel kleine für sich bestehende isolierte Republiken ausmachten. Jeder deutsche Fürst, Graf oder Ritter war oder hielt sich doch für souverän in seinem Lande und würde es für eine Schande [angesehen haben], sich einem andern Gesetze als seinem freien Willen oder dem Schwerte zu unterwerfen. Es war also an keine Gesetze von allgemein anerkannter Verbindlichkeit zu denken. Sachsenspiegel. Schwabenspiegel.

IV. *Vierte Periode.* Die höher steigende Kultur, der Verfall des Lehnssystems machten die Notwendigkeit einer bürgerlichen Ordnung und guter Gesetze immer fühlbarer. Eben damals zu Ende des 14ten Seculi wurde mit dem Wiederaufleben der Wissenschaften auch das römische Recht in Deutschland bekannter. Die fähigsten Köpfe studierten in Italien, wo das Ius Romanum schon seit länger als 200 Jahren gelehrt wurde. Sie kamen zurück, bereichert mit Kenntnissen, erfüllt mit Bewunderung. Sie erhielten Stellen unter den Räten der Fürsten und unter den Richtern. Hier fingen sie an, ihre Kenntnisse zur Ausübung zu bringen und die Geschäfte des Lebens nach römischen Leisten zu modeln. Bereitwilligkeit der Kaiser, dieses neue Recht zu begünstigen, weil es ihnen so viel Ansehen gab. Die mächtigen deutschen Fürsten, weil es sie gegen den Adel begünstigte.

V. *Fünfte Periode.* Rezeption des römischen Rechts auf dem Reichstage zu Worms 1495.

1. Dem Reichskammergericht ward es zur Norm vorgeschrieben.
2. Die mächtigeren deutschen Fürsten folgten nach. Joachim I. errichtete das hiesige Kammergericht mit römischem Recht.
3. Das römische Recht sollte nur als ius subsidiare gelten.
4. Die deutschen Fürsten behielten sich vor, das römische Recht zu erklären, zu ergänzen, abzuändern.
5. Aber das römische Recht blieb doch immer die vornehmste Grundlage,

der Landesgesetze waren nur wenige, und die Deutschen leben seit 300 Jahren unter Gesetzen römischer und byzantinischer Despoten.

VI. Es erfolgt die Aufnahme des kanonischen Rechts. Veranstaltet im 12ten Seculo durch die Päpste, die einer weltlichen Macht den Vorrang nicht lassen wollten. Besteht aus Schlüssen der Konzilien, Verordnungen der Päpste. Betrifft die Rechte der Klerisei, die Ehe und andre mit der Religion verwandte Materien. Ward rezipiert vermöge der Ehrfurcht für dem Papst und durch die Bemühungen der Geistlichkeit. Ist die 2te Hauptquelle, ja geht dem römischen Rechte vor.

VII. Römisches und kanonisches Recht sind also noch bis auf heute für das ganze übrige Deutschland und waren noch vor wenigen Monaten für den hiesigen Staat die Hauptquellen aller bürgerlichen Rechte. Die Veränderung in unserer hiesigen Gesetzgebung ist noch so neu, und ein großer Teil der Vorschriften des allgemeinen Gesetzbuchs ist aus jenen Quellen genommen. Also müssen wir jene Gesetzbücher kennenlernen.

VIII. *Erste Periode des römischen Rechts.* In den ersten Zeiten der Republik waren die Geschäfte der Römer Krieg, Ackerbau und die unentbehrlichsten mechanischen Künste. Wenige Gesetze. 4 Secula nach Roms Erbauung XII Tabulae, wozu noch Griechenland beitrug.

IX. *Zweite Periode.* Vollendete Unterjochung Italiens. Krieg und Eroberungen stiften Verbindung mit kultivierteren | Nationen. Die Künste des Friedens, 203 R
die Bequemlichkeiten des geselligen Lebens, die Reize und facticen Bedürfnisse wurden bekannter. Jene 12 Tabulae waren also nicht mehr hinreichend.

X. Aber neue Gesetze zu machen, ist in einer Republik sehr schwer; noch schwerer in der römischen, wo Aristokratie und Demokratie stets kämpften und die Konstitution schwankend war, daher immer nur einzelne Gesetze für den gegenwärtigen Notfall, z. E. wegen der Zinsen. Res mancipi.

Sklaven. Sct*m*. Maced. Sct*a* und Plebiscita. Notbehelf mit den Edictis Praetorum. Jeder Praetor proponierte bei dem Antritt seines Amts ein Edikt. Langte dies nicht hin, so nahm man zu den Responsa prudentium seine Zuflucht, deren Gutachten entschied. Mängel dieser Verfassung:

1. Das Amt eines Praetors dauerte nur ein Jahr und ebensolange nur die Kraft seines Edikts.
2. Verteilung der Rechtsgelehrten in verschiedene Sekten, wo es darauf ankam, zu welcher Sekte der Praetor oder sein Ratgeber gehörte.

XI. Diese mangelhafte Verfassung dauerte fort während der freien Republik und noch unter der Regierung der ersten Kaiser, die mit politischen Geschäften und inneren Unruhen zu viel zu tun hatten, bis auf Kaiser Hadrian zu Anfang des 2ten Seculi, der das Edictum perpetuum machte.

XII. Von ihm bis auf Kaiser Justinian ist wieder nicht viel geschehen, sondern nur einzelne Verordnungen und Konstitutionen erlassen worden. Theodosius der Jüngere und Justinian im 6ten Seculo faßten zuerst den Gedanken, eine vollständige Gesetzsammlung aus den mannigfaltigen Quellen zu veranstalten. In sieben Jahren vollendete er das wichtige Werk, welches seit so vielen Seculis das Orakel aller juristischen und politischen Weisheit gewesen ist. Das Werk besteht

a) aus Gesetzen der alten römischen Könige und der 12 Tafeln,
b) einzelnen Verordnungen des römischen Senats und Volks,
c) Edikten der Praetoren und Responsis prudentum,
d) Reskripten und Konstitutionen der Kaiser von Augusto bis Justinianum.

Diese Materien sind unendlich verschieden in Ansehung des Zeitalters, dem sie abgeborgt worden, und ebenso verschieden ist ihr Wert. Der freie Geist der Republik, die Strenge der Stoa, der Scharfsinn eines im höchsten Grade kultivierten Volks. Die feineren Züge des Despotismus, versteckt hinter republikanischen Formen. Der schwerfällige Geist des groben orientalischen Despotismus. Die Einwirkung der Bigotterie und des Monachismus. Alles das steht durcheinander, ohne System, ohne sichtbare Ordnung.

XIII. Einrichtung des kanonischen Rechts. Besteht aus Conclusis der Konzilien, unter welchen viele erdichtet sind, aus Verordnungen und Entscheidungen der Päpste vom 6ten bis zum 16ten Seculo unter Gregor XIII. Rechte der Geistlichkeit, Rechte und Verhältnisse der Hierarchie. Einige Materien des bürgerlichen Rechts. Überall, wo das Interesse der Klerisei nicht in Kollision kommt, sind die Entscheidungen scharfsinnig und billig.

XIV. Ehemalige übertriebene Verehrung, jetzt ebensosehr zu weit getriebene Verachtung. Das römische Gesetzbuch enthält viel Gutes. Aufgeklärte Philosophie, ein richtiges auf die Verhältnisse einer wohl organisierten bürgerlichen Gesellschaft gut angewendetes Naturrecht, viele Entscheidungen führen offenbar den Charakter der Billigkeit und Zweckmäßigkeit.

Fehler:

a) Es ist für ein Volk gegeben, dessen Sitten, natürlicher Charakter, Erziehung, bürgerliche Verfassung und politische Verhältnisse ganz anders waren.
b) Es ist in einer fremden Sprache abgefaßt.

Folgen dieser Fehler:

1. Man behielt eine große Anhänglichkeit an die alten väterlichen Gewohnheitsrechte. Observanzen.
2. Die Unmöglichkeit der Anwendung in vielen Fällen erzeugte Deklarationen, Kommentare und Interpretationen.
3. Die dunklen und zweideutigen Stellen wurden verschieden erklärt.
4. Wegen Mangels an System und allgemeinen Grundsätzen fanden sich Lücken, die durch einzelne Deklarationen und Konstitutionen der Regenten ergänzt werden sollten.
5. Diese Verordnungen waren nicht nach einem einförmigen festen Plane, sondern in sehr mannigfaltigem Geiste und aus sehr verschiedenen Gesichtspunkten entworfen. Sie wurden daher häufig deklariert, abgeändert, wieder aufgehoben.

Unsere Gesetzgebung wurde also ein Chaos, in welchem römisches Recht, 204
kanonisches Recht, altes deutsches Recht, einzelne landesherrliche Konstitutionen, Statuten, Observanzen, Gerichtsgebräuche, Meinung der Doktoren sich in einem unaufhörlichen Wirbel herumtrieben, aus welchem selbst der Geübteste sich oft nicht herausfinden konnte. Dadurch wurden

a) die Rechte der Bürger des Staats schwankend und unsicher;
b) die Prozesse wurden vermehrt und ihr Ausgang zu einem Hazardspiele;
c) die Schikane konnte die Sachen verdrehen, dem Richter den wahren Gesichtspunkt aus den Augen rücken, die Prozesse verewigen, die Parteien mit Kosten enervieren.

XV. Schritte, die Friedrich II. zur Verbesserung der Gesetzgebung getan hat: Er faßte den großen Gedanken, sein Volk mit einem in ihrer Landessprache abgefaßten, ihren Sitten, Charakter und bürgerlichen Einrichtungen gemäßen, möglichst vollständigen und bestimmten Gesetzbuche zu beglükken und dadurch der Ungewißheit der Rechte, die der bürgerlichen Gesellschaft fast ebenso schädlich ist als ein gänzlicher Mangel an Gesetzen, ein Ende zu machen.

1. Reform der Prozeßordnung de 1748.
2. Projekt des Landrechts de 1749. Verunglückt wegen der zu großen Vorliebe des Cocceji für das römische Recht.
3. Zwischenraum des 7jährigen Krieges, des Retablissements der Länder, der politischen Verwicklungen des bayrischen Sukzessionsstreits. Kabinettsordre vom 14ten April 1780.

XVI. Plan dieser Kabinettsordre.

1. Das römische Recht, welches nun schon seit 300 Jahren rezipiert und mit der bürgerlichen Verfassung innig verwebt ist, an welche der Geist der Nation seit 300 Jahren sich gewöhnt und gebildet hat, worauf so viele Familien- und andere Verhältnisse beruhen, sollte teils deswegen, teils wegen seiner inneren Vorzüge bei der neuen Gesetzgebung zum Grunde gelegt werden. Daraus das Wesentliche, so mit den Naturgesetzen und der heutigen Verfassung übereinstimmt, abstrahiert, das Unnütze weggelassen, das Fehlende ergänzt, die Landesgesetze eingeschaltet werden.
2. Die so sehr verschiedenen Provinzen haben auch in einigen Stücken verschiedene Gesetze. Diese wollte Friedrich nicht abschaffen aus Weisheit und Achtung für die bürgerliche Freiheit seiner Untertanen. Sie sollten vollständig gesammelt, revidiert, verbessert, mit dem System des allgemeinen Gesetzbuchs möglichst in Übereinstimmung gesetzt und in Ordnung gebracht werden.

XVII. Der erste Teil dieses Plans ist ausgeführt. Entwurf. Gesetzkommission, Landescollegia, Prämien, Stände. Revision und Umarbeitung des Entwurfs. Gesetzkommission, Anfrage bei dem König. Arbeit von zehn Jahren.

XVIII. Vorteile der bürgerlichen Verfassung und des Staats überhaupt:

1. Die Entscheidungen der einzelnen Fälle sind auf allgemeine Prinzipien zurückgeführt.

2. Das römische Recht ist aufgenommen, so wie es bisher wirklich gegolten. Die Streitigkeiten super receptione sind kupiert.
3. Die dunklen und streitigen Stellen sind bestimmt.
4. Die Gesetze aus der stoischen Philosophie, aus der römischen Staatsverfassung, die Verordnungen, die mit den Sitten, den Gewohnheiten, der bürgerlichen Verfassung der Nation nicht harmonieren, die in Spitzfindigkeiten und Formalitäten bestehen, sind weggelassen und zweckmäßigere an ihre Stelle gesetzt.
5. Die Landesgesetze sind gehörigen Orts aufgenommen, von Widersprüchen gereinigt, ergänzt, in Ordnung gebracht und auf feste Principia reduziert.
6. Die Rechte des Fiskus, die in Prozessen vorkommen können, sind nach den Grundsätzen der preußischen Staatsverfassung deutlich und vollständig bestimmt.
7. Alle Rechtswahrheiten sind in einer deutlichen und zusammenhängenden Ordnung aufgestellt.
8. Das Gesetzbuch ist in der Landessprache verständlich abgefaßt.

Es ist zu hoffen, daß dadurch der Zweck erreicht worden.

XIX. Der 2te Plan soll noch ausgeführt werden. Es wird daran gearbeitet. Die Konkurrenz der Stände hält ihn auf. Der Schaden ist so groß nicht. Die Provinzialgesetze betreffen nicht den ganzen Umfang des Privatrechts, sondern nur einige Materien. Lehnsverfassung. Herrschaft und Untertanen. Erbfolge des Adels. Erbfolge der Eheleute.

ALLGEMEINE GRUNDSÄTZE DES RECHTS 204R

Verhältnisse zwischen dem Staat und seinen Bürgern

I. Der Zweck des Staats ist, die äußere und innere Ruhe und Sicherheit zu erhalten, einen jeden bei dem Seinigen gegen Gewalt und Störung zu schützen und für Anstalten zu sorgen, wodurch den Einwohnern Mittel und Gelegenheiten verschafft werden, ihre Kräfte und Fähigkeiten auszubilden und dieselben zur Beförderung ihres Privatwohlstands anzuwenden.

II. Das Oberhaupt des Staats hat vermöge des bürgerlichen Vertrages, auf welchem die ganze Staatsverbindung beruht, die Pflicht und also auch das Recht, die äußeren freien Handlungen aller Einwohner des Staats nach den Zwecken desselben zu leiten und zu bestimmen.

Diese Sätze enthalten den Grund und Umfang der Souveränitätsrechte eines preußischen Monarchen. Er ist das Oberhaupt der bürgerlichen Gesellschaft, die sich unter ihm vereinigt hat, an den Zwecken ihrer Verbindung, d. h. an ihrer Ruhe und Sicherheit, an der Beförderung ihres Privatwohlstands mit vereinigten Kräften zu arbeiten. Sie hat den Gebrauch und die Disposition über diese ihre vereinigten Kräfte ihrem Souverän übertragen. Auf seinen Wink muß sich alles in Bewegung setzen, seinen Befehlen ein Genüge zu leisten. Ihm ist niemand an die Seite gesetzt, der ein Recht hätte, ihn bei den Maßregeln, die er nötig findet, bei dem Gebrauch, den er machen will, einzuschränken oder zu kontrollieren. In ihm vereinigen sich also alle Rechte der bürgerlichen Gesellschaft, und dies ist es, was seine Souveränität ausmacht, vermöge deren er alle Handlungen der Bürger des Staats zu den Zwecken der bürgerlichen Gesellschaft nach seinem Gutfinden dirigieren kann.

Aber in eben diesen Zwecken liegen auch die inneren Einschränkungen der Souveränität und ihr Unterschied vom Despotismus. Beide sind einander darin gleich, daß niemand im Staat ist, der ein Recht hätte, sich dem Willen des Regenten mit äußerlicher Gewalt zu widersetzen. Aber der Souverän übt seinen Willen nur darum aus, damit durch selbigen einer oder der andre von den Zwecken des Staats befördert werden möge; der Despot hingegen bedient sich seiner Macht nur zur Beförderung seiner Privatabsichten, seiner Launen und Leidenschaften. Der Despot betrachtet den Staat und seine Untertanen als sein Privateigentum, der Regent betrachtet sie als eine Gesellschaft vernünftiger und freier Menschen, die ihm nur deswegen die Disposition über ihre Handlungen und Kräfte übergeben haben, damit er desto ungehinderter und nachdrücklicher im Stande sein möge, ihre Sicherheit zu schützen und ihren Wohlstand zu befördern. Da nun der Despotismus den Samen seiner Zerstörung selbst bei sich führt und die Macht des Despoten, welche von der Liebe und dem Vertrauen der Untertanen nicht unterstützt wird, bei dem ersten nachdrücklichen Widerstande, den sie von innen oder von außen findet, notwendig früher oder später in sich selbst zerfallen muß, so ist es eine der festesten Stützen der Monarchie, daß der Souverän ausdrücklich erklärt, er wolle seine Macht nur zur Erreichung der Zwecke des Staats, d. h. zum Wohl seiner Untertanen, anwenden.

Dadurch verliert er nichts von seinen Souveränitätsrechten. Er bleibt nach wie vor der einzige, dessen Wille und Entschluß entscheidet, welche Mittel gewählt und wie sie ausgeführt werden sollen. Aber er hat

a) von seinem Lande und von seiner Regierung den Vorwurf des Despotismus gänzlich abgelehnt, den man sonst dem preußischen Staat aus Mangel an Kenntnis zu machen pflegt.
b) Er hat Liebe und Vertrauen in den Herzen seiner Untertanen von neuem befestigt.
c) Er hat sich in Sicherheit gesetzt gegen die Ratschläge eigennütziger und ehrsüchtiger Staatsdiener, welche die gegründete Furcht für künftiger Verantwortung und Strafe wegen verletzter Grundgesetze des Staats abhalten muß, dem Regenten Maßregeln vorzuschlagen, die seinem feierlichen Versprechen, alle seine Rechte nur zum Wohl der bürgerlichen Gesellschaft anzuwenden, entgegenlaufen.

Friedrich II. hat eben diese Grundsätze in seinen Schriften erklärt und in 205
seiner Regierung befolgt pp.

III. Das Oberhaupt des Staats hat also auch nur allein das Recht der Gesetzgebung in weitesten Sinne. Denn Gesetze sind nichts anderes als allgemeine Vorschriften, nach welchen die Untertanen ihre Handlungen einrichten sollen.

Im preußischen Staat gelten also keine andern Gesetze, als die der Souverän gegeben und bestätigt hat.

Durch Gesetze sollen die natürlichen Rechte und Freiheiten der Bürger des Staats nur soweit eingeschränkt werden, als es die Erreichung der Zwecke des Staats erfordert.

1. Das Oberhaupt des Staats hat ausschließend das Recht der Gesetzgebung.
2. Dies Hoheitsrecht begreift alle übrigen Hoheitsrechte unter sich, da jede allgemeine Vorschrift des Landesherrn, wodurch Handlungen der Untertanen geleitet und bestimmt werden sollen, ein Gesetz ist.
3. Einteilung der Gesetze nach ihren Gegenständen. *Zivilgesetze*, welche die Handlungen der Untertanen bestimmen, welche das Mein und Dein derselben, d. h. ihr Vermögen und ihre Privatrechte betreffen. *Kriminalgesetze*, welche die Handlungen verbieten, wodurch die öffentliche Ruhe und Ordnung oder die Sicherheit der Untertanen bei dem Ihrigen gestört werden würde, und die Strafen bestimmen. *Polizeigesetze*, welche vorschreiben, wie jeder seine an sich erlaubten Handlungen einrichten und seine Rechte der-

gestalt ausüben solle, damit weder der Staat noch seine Mitbürger dadurch in Schaden gesetzt oder an der Beförderung ihres Wohlstands gehinder werden. *Auflagegesetze*, welche bestimmen, wie die Staatsbedürfnisse aufgebracht und repartiert werden sollen.

4. Alle diese Gesetze haben folgendes miteinander gemein:

a) Sie betreffen nur äußere Handlungen, nicht Meinungen und Gesinnungen. Innere Handlungen der menschlichen Seele können durch äußeren Zwang nicht bestimmt werden. Es gehört zum Wesen des Menschen, daß er frei ist, d. h. daß sein Wille nur durch die Einsichten seines Verstandes bestimmt wird, daß er nichts für wahr halten kann, was er [als] falsch, nichts wollen kann, was er als böse erkennt. Es kann also auch im preußischen Staat, der seine Untertanen als vernünftige und freie Menschen behandelt, keine Gesetze geben, welche vorschreiben, was jemand glauben oder für wahr halten soll. Nur Äußerungen des Willens, die in wirkliche Handlungen ausbrechen, können ein Gegenstand der Gesetze sein. Gesetze also, welche Denk- und Gewissensfreiheit auf irgendeine Art verbieten oder einschränken wollen, sind keine Gesetze.

b) Alle Gesetze schränken die natürliche Freiheit der äußeren Handlungen ein. Der Mensch kann nicht mehr so wie im Stande der Natur seine eigene Einsicht und Überzeugung pp.

c) Aber diese Einschränkung kann sich nur auf solche Handlungen erstrecken, die mit den Zwecken des Staats in irgendeiniger Verbindung stehen. Handlungen, die darauf keine Beziehung haben, die den Souverän in Ausübung seiner Rechte nicht hindern, kann er durch Gesetze nicht einschränken. Dahin gehört jede Äußerung von Meinungen und Gesinnungen, welche auf die Ruhe des Staats und der bürgerlichen Gesellschaft keinen Einfluß haben kann. Über spekulative Meinungen und Lehren der Religion, über Maßregeln der Regierung, sobald das Urteil mit Bescheidenheit gefällt wird und also nicht Geringschätzung oder Ungehorsam erzeugen kann.

d) Auch in solchen Handlungen soll die natürliche Freiheit nur soweit eingeschränkt werden, als es die Erreichung der Zwecke des Staats erfordert. Sobald das Gesetz weitergeht, sobald es unnütze Einschränkungen der natürlichen Freiheit enthält, sobald fehlt ihm der innere Grund seiner Rechtmäßigkeit; z. E. es ist ein weises Polizeigesetz, daß niemand in Berlin einen Fremden bei sich aufnehmen muß, ohne es bei der Polizei anzuzeigen. Aber es würde eine unnötige Einschränkung sein, wenn jeder Fremde nun auch seine Lebensgeschichte, seine häuslichen und Familienumstände der Polizei entdecken müßte.

5. Nicht alle Gesetze werden von dem Landesherrn unmittelbar gegeben; es sind auch einige, die von ihm nur bestätigt werden. Viele Städte und der Adel in [den] | meisten Provinzen hat das Recht, über gemeinschaftliche 205 R
Angelegenheiten Beratschlagungen anzustellen und Schlüsse abzufassen. *Statuten* über die Fähigkeit zum Bürgerrecht, zu Treibung gewisser Gewerbe. Administration des Stadtvermögens. Erbfolge unter den Eheleuten. *Lehnskonstitutionen* des märkischen Adels, des pommerschen Adels. *Kreditsysteme* in verschiedenen Provinzen. Dergleichen Statuten und Reglements sind von keiner Verbindlichkeit, solange sie der Landesherr nicht bestätigt hat.

VI. Wenn neue Gesetze über die Privatrechte und Pflichten der Untertanen gegeben oder alte Gesetze erklärt, abgeändert oder aufgehoben werden sollen, so muß die Gesetzkommission mit ihrem Gutachten darüber vernommen werden. Die Minister und Chefs der Departements sind verantwortlich dafür, daß dem Landesherrn kein Gesetz vorgelegt werde, welches nicht vorher auf diese Art bei der Gesetzkommission geprüft worden.

1. Durch diese Verordnung wird die gesetzgebende Macht des Monarchen nicht eingeschränkt. Die Gesetzkommission kann keine neuen Gesetze machen, sie kann nicht einmal welche vorschlagen, sie hat bei der Gesetzgebung keine entscheidende Stimme. Sie soll bloß ihr Gutachten abgeben, d. h. sie soll prüfen, ob das neue Gesetz mit dem ganzen System der preußischen Legislation harmoniere, ob es der natürlichen Billigkeit und den Zwecken des Staats gemäß, ob davon für das Wohl der bürgerlichen Gesellschaft Nutzen zu hoffen oder Schaden zu fürchten sei. Sie soll hierüber ihre Meinung freimütig eröffnen, sie soll dieselbe mit Gründen unterstützen, und ihr Gutachten soll dem König mit vorgelegt werden. Diesem bleibt es alsdann lediglich überlassen, inwiefern er das Gutachten der Gesetzkommission und ihre Gründe erheblich finde, ob das neue Gesetz gegeben, wie es abgefaßt und inwiefern dabei auf die Anträge der Gesetzkommission Rücksicht genommen werden soll.
2. Dagegen wird durch diese Einrichtung die Legislation *gegen Übereilungen und Erschleichungen* verwahrt. Die Gesetzgebung ist eine Sache von der äußersten Wichtigkeit, weil der ganze innere Wohlstand des Staats von ihrer besseren oder schlechteren Administration hauptsächlich abhängt. Man kann darin keinen Irrtum begehen, keinen Mißgriff tun, dessen schädliche Folgen sich nicht früher oder später in einem höheren oder geringeren

Grade, durch Zerstörung oder doch durch Verminderung des öffentlichen oder Privatwohlstandes äußern sollten.

Eine bürgerliche Gesellschaft von irgendeinem beträchtlichem Umfange und besonders ein so großer Staat wie der preußische ist eine so zusammengesetzte und in ihren vielfachen Ressorts so sehr verwickelte Maschine, daß jede Veränderung, die man vornehmen will, nicht genau, sorgfältig und kaltblütig genug erwogen werden kann, weil sehr oft dasjenige, was für die eine Klasse der Staatsbürger, für die eine Branche der Administration noch so nützlich und vorteilhaft zu sein scheint, für andre Klassen und in andern Branchen einen jene Vorteile weit überwiegenden Schaden anrichten kann. Jeder einzelne Mensch hat seine gewissen Lieblingsideen und Maximen, die auf seine Entschließungen und Handlungen einen beständigen, oft ihm selbst unmerklichen Einfluß haben. So kann der Souverän, dem die gesetzgebende Macht in ihrem ganzen Umfange beiwohnt, sehr oft in der besten Meinung und in der festen Absicht, für das Wohl seiner Untertanen zu sorgen, Gesetze machen, die ganz seiner Intention zuwider dem Staat und der bürgerlichen Gesellschaft den größten Schaden zufügen. Ein Souverän, der eine natürliche Neigung zum Kriege hat und es überdem weiß, wie sehr die äußere Sicherheit und der Ruhm seiner Regierung von einer zahlreichen Armee abhänge, wird sehr geneigt sein, Gesetze zu geben, welche zur Vervollkommnung dieser Armee beitragen können; er wird aber nicht immer genugsame Rücksicht darauf nehmen, ob nicht eben diese Gesetze auf die Population und auf den Ackerbau, diese beiden Hauptstützen der inneren Stärke eines Staats, den nachteiligsten Einfluß haben. Noch mehr | sind in 206
einem Staate wie der unsrige, wo die Geschäfte nach Verschiedenheit des Gegenstandes in gewisse Departements verteilt sind, die diesen Departements vorgesetzten Chefs und Minister diesem Fehler der Einseitigkeit und dem Hange, die Objekte nur von einer Seite zu betrachten, von der sie auf ihr Departement Einfluß haben, exponiert. Der Finanzminister: Vermehrung der Revenuen ohne Rücksicht auf den daraus entstehenden Druck der Staatsbürger und die Kränkung ihrer Rechte. Der Forstminister: Vermehrung und Verbesserung der Forsten ohne Rücksicht auf Ackerbau und Viehzucht. Der Bergwerksminister: Beförderung des Bergbaus ohne Rücksicht auf andre Fabriken. Der Justizminister: Verhütung und Verkürzung der Prozesse ohne Rücksicht auf Freiheit des Verkehrs und Lebhaftigkeit der Zirkulation. Vor dergleichen Irrtümern, Mißgriffen und Einseitigkeiten ist der preußische Staat durch die Einrichtung der Gesetzkommission gesichert, weil dieses Kollegium aus allen Departements der Staats-

verwaltung zusammengesetzt ist und kein andres Interesse hat noch haben kann, als jedes ihm vorgelegte neue Gesetz von allen Seiten her unparteiisch zu erwägen, den Einfluß, den es auf das Wohl des Staats nach allen seinen verschiedenen Teilen haben kann, gewissenhaft zu untersuchen, und der das Recht beigelegt ist, ihre Bemerkungen darüber dem Souverän oder seinen Ministern ehrerbietig, aber freimütig vorzulegen. Sie ist also der Kanal, durch welchen die Wahrheit ohne Einseitigkeiten und Präokkupationen vor den Thron des Monarchen gebracht werden kann.

3. Durch die Gesetzkommission wird *Festigkeit* und *Einförmigkeit* in den Grundsätzen der Legislation erhalten. Bei der abwechselnden Folge der Regenten in einem souveränen Staat hegt der Nachfolger andre Principia, setzt sich andre Zwecke vor, betrachtet die Dinge aus einem andern Gesichtspunkte als sein Vorfahr. Noch mehr Veränderlichkeit findet bei dem häufigeren Wechsel der Minister und Departementschefs statt. Hier kommt noch hinzu der natürliche Hang eines jeden Ministers, sich durch etwas Neues zu distinguieren, von seiner Gewalt irgendeinen eklatanten Gebrauch zu machen, sich bei dem Souverän oder dem Publico wichtig zu machen. Gleichwohl ist in der Gesetzgebung nichts schädlicher als die Veränderlichkeit in den Prinzipien und die Anhäufung von Gesetzen, deren immer eines das andre aufhebt. Exempel davon in der österreichischen Monarchie und den drei Regierungen Maria Theresias, Josephs und Leopolds. Es bedarf keines Beweises, wie ungewiß und schwankend bei solchen häufigen Abwechslungen die Rechte der Staatsbürger sein und welchen schädlichen Einfluß eine solche Ungewißheit und Verwirrung auf den inneren Wohlstand des Landes und der Untertanen haben müsse. Gegen dieses Übel sichert den preußischen Staat die Einrichtung der Gesetzkommission. In solchem zahlreich besetzten Kollegium findet sich stets eine gewisse Festigkeit und Einförmigkeit der Grundsätze und Maximen, die dem Strome der Zeit und den Abwechslungen der Dinge Widerstand leistet. Die neu hinzutretenden Glieder werden in diesen Grundsätzen eingeweiht und teilen sie hinwiederum denen, die nach ihnen kommen, mit. So entsteht in einem solchen Collegio ein gewisser beständig fortlebender Geist, der das Kollegium in seinen Geschäften leitet und der also auch, wenn dies Geschäft in der Prüfung der zu gebenden Gesetze besteht, dasselbe stets geneigt machen wird, einen festen Plan der Legislation zu befolgen und den Veränderungen, die man darin aus bloßer Willkür und Neuerungssucht vornehmen wollte, seinen Rat und seine Vorstellungen entgegenzusetzen. Und da auf der andern Seite der Gesetzkommission kein entscheidendes Gewicht bei der Legislation beigelegt ist,

so wird der Esprit du Corps seine schädlichen Folgen, wohin besonders Widerstand gegen jede, auch die nützlichste und notwendigste, Veränderung gehört, niemals auf eine dem Wohl des Staats nachteilige Art äußern können.

4. Die Mitwirkung der Gesetzkommission findet jedoch nur bei Zivil-, Kriminal- und Polizeigesetzen statt, nicht aber bei solchen Verordnungen, welche die Finanzen, die Armee oder andre Gegenstände der Staatswirtschaft betreffen, weil man geglaubt hat, daß diese Gegenstände einer solchen Kontrolle weniger bedürfen und der rasche Gang, welcher in diesen Branchen der Staatsverwaltung notwendig ist, sich mit den langsamen und bedächtigen Schritten eines solchen Collegii nicht vertragen würde.

VII. Kein Gesetz kann verpflichten, solange es nicht gehörig publiziert oder be- **206 R**
kannt gemacht worden.

VIII. Daher kann ein Gesetz auf Handlungen oder Begebenheiten, die sich schon vor der Publikation ereignet haben, nicht gezogen werden.

IX. Nur in dem Falle, wenn die Strafen eines Verbrechens durch ein neues Gesetz gemildert worden, kommt diese Milderung auch dem zustatten, an welchem die härtere Strafe zur Zeit der Publikation noch nicht vollzogen ist.

1. Modi publicandi, je nachdem das Gesetz für alle oder nur für gewisse Klassen bestimmt.

2. Facta publicatione kann niemand mit der Unwissenheit sich entschuldigen, weil jeder, der im Lande lebt und Gewerbe treibt, sich um die Gesetze bekümmern muß.

3. Lex non traditur ad casus anteriores. Denn es ist Norm der Handlungen. Nach einer Norm aber, welche noch nicht existiert, kann niemand seine Handlungen einrichten.

4. Exceptio in poenalibus. Wenn der Staat die Strafe eines Verbrechens mindert, so gibt er dadurch zu erkennen, daß die Sicherheit der bürgerlichen Gesellschaft die vorige härtere Strafe nicht mehr erfordere. Es würde also nicht mehr Strafgerechtigkeit, sondern unnütze Härte sein, wenn er die ehemalige strengere Strafe noch jetzt verhängen wollte. Exempel von der verheimlichten Schwangerschaft aus dem Edikt de 1766.

X. Streitige Rechte der Untertanen müssen nach den Gesetzen des Staats durch die Gerichte, welche jedem Untertanen angewiesen sind, untersucht und entschieden werden.

XI. Eine Entscheidung, die in streitigen Fällen ohne gehörige Untersuchung und rechtliches Erkenntnis gegeben wird, heißt ein Machtspruch.

XII. Machtsprüche wirken weder Rechte noch Verbindlichkeiten. Es kann also weder irgendein Minister noch der Souverän selbst Machtsprüche tun.

1. Diese Sätze sind die Schutzwehr der bürgerlichen Freiheit eines preußischen Untertanen. Sie unterscheiden den Bürger der preußischen Monarchie von dem Sklaven eines orientalischen Despoten. Sollte es je so weit kommen, daß diese Grundsätze in der Regierung des Staats nicht mehr respektiert würden, daß der Souverän, in dessen Händen die ganze gesetzgebende Macht des Staats beruht, zugleich auch der unmittelbaren Ausübung des Richteramts sich anmaßte oder daß er seinen Ministern oder Günstlingen gestattete, streitige Rechtsangelegenheiten den Gerichten, welche zu deren Untersuchung und Entscheidung bestellt sind, zu entziehen, sich dieser Entscheidung selbst anzumaßen oder dieselbe andern selbst gewählten Werkzeugen ihres Willens und ihrer Leidenschaft zu übertragen, so würde die größte Verwirrung im ganzen Staat, die äußerste Unzufriedenheit der Nation und zuletzt die Zerrüttung aller bürgerlichen Ordnung die gewisse und unvermeidliche Folge davon sein. Der Richter ist den Gesetzen unterworfen, er ist schuldig, nur sie zur Richtschnur seiner Entscheidung anzunehmen. Nie kann und darf er seine Willkür an die Stelle der Gesetze unterschieben oder seine Erkenntnisse nach seinen Privateinsichten, Neigungen oder eigennützigen Absichten einrichten. Gibt er nur im geringsten zum Verdacht Anlaß, daß er sich in seinen Amtshandlungen von den Vorschriften des Gesetzes entferne, so steht einem jeden der Weg der Beschwerden bei den unmittelbaren Vorgesetzten eines solchen Richters, bei dem Ministerio und zuletzt bei dem Souverän selbst offen. Hier kann er versichert sein, eine unparteiische Untersuchung seiner Beschwerden und, wenn sie gegründet sind, die vollständigste Remedur derselben zu erhalten. Aber bei wem soll sich der beschweren, wo soll der Hilfe suchen, dem durch unmittelbare Entscheidung des Souveräns selbst oder seiner alles vermögenden Günstlinge Gewalt und Unrecht widerfahren ist? Es ist einmal in der Natur des Menschen begrün-

det, daß, je größer der Umfang von Macht ist, die jemand besitzt, je weniger Schranken er dabei hat, je weniger er durch eine sichtbare Obergewalt in seinen Handlungen gezügelt wird, desto stärker der Hang bei ihm werde, sich bei der Anwendung dieser seiner Macht der Willkür und den Eindrücken des Moments zu überlassen. Was kann also einem Souverän, der sich selbst zum Richter in den Streitigkeiten seiner Untertanen macht, leichter begegnen, als daß er seinen Willen an die Stelle des Gesetzes zur Richtschnur der Entscheidung nimmt, daß er nicht mehr auf die Stimme des Rechts und der Wahrheit hört, sondern daß die bessere Einkleidung, die einer oder der andre Teil seiner Sache zu geben weiß, daß die persönliche Zu- oder Abneigung, die er gegen einen oder den andern hegt, daß die künstlichen | Schlingen, 207
die man seinen Privatleidenschaften zu stellen weiß, daß Intrigen und Kabalen mächtiger, angesehener oder verschlagener Parteien seine Entscheidung bestimmen. Und gegen diese Entscheidung gibt es alsdann keine Hilfe mehr. Es gibt keinen Weg, auf welchem eine von dem Souverän selbst begangene Ungerechtigkeit wiedergutgemacht werden könnte, anstatt daß es deren hundert gibt, auf welchen eine Partei sich gegen das Unrecht, das ihr von dem Richter widerfährt, retten kann.

2. Daher ist es ein ebenso weiser als für die Sicherheit des Eigentums und der Freiheit der preußischen Untertanen höchst wohltätiger Grundsatz, daß die Rechtsangelegenheiten derselben nur nach den Gesetzen des Staats von den vom Staat bestellten Gerichten untersucht und entschieden werden, daß Machtsprüche nie eine rechtliche Wirkung haben sollen und daß der Souverän dergleichen weder selbst tun noch es seinen Ministern gestatten wolle. Durch diese Verordnung wird der preußischen Staatsverfassung, so uneingeschränkt monarchisch sie an sich ist, der einzige Vorzug, den man sonst den republikanischen Staatsverfassungen beizulegen pflegt, nämlich die mehrere Sicherheit der bürgerlichen Freiheit gegen willkürliche Gewalt, zugeeignet und einem der vornehmsten Gründe zu Revolutionen, welche den Thron des Monarchen erschüttern könnten, auf immer vorgebeugt. Nächst den Unordnungen in den Finanzen waren es hauptsächlich die berüchtigten lettres de cachet, welche die jetzige Revolution in Frankreich und durch sie den Umsturz der königlichen Gewalt veranlaßt haben. Diese lettres de cachet waren aber nichts anderes als Machtsprüche, wodurch der König oder vielmehr unter Mißbrauchung seines Namens die Minister über die Freiheit, die Rechte und das Eigentum der Untertanen eigenmächtig und ohne gesetzmäßiges Verfahren zu disponieren pflegten.

3. Für dergleichen Mißbräuchen der Souveränitätsrechte sind die preußischen

Untertanen durch diese ausdrücklich erklärten Grundgesetze der Staatsverfassung gesichert, ohne daß dadurch die Rechte des Souveräns selbst im mindesten geschmälert würden. Wenn auch irgend ein Minister oder mächtiger Günstling Mittel finden sollte, in seinen eigenen oder in seiner Freunde und Anhänger Rechtsangelegenheiten einen Machtspruch zu erschleichen, so würden die Gerichte vermöge ihrer Amtspflicht schuldig sein, Gegenvorstellungen darüber zu machen. Wenn aber auch auf diese nicht geachtet werden sollte, so würden zwar Gerichte und Parteien sich vor der Hand dem Willen des Souveräns unterwerfen müssen, weil ihnen nach der Staatsverfassung in keinem Falle ein Recht zum tätigen Widerstande zukommt. Der aber, welcher einen solchen Machtspruch erschlichen hätte, würde dabei niemals sicher sein, sondern stets der Gefahr ausgesetzt bleiben, daß sein Gegenteil, sobald die Umstände sich ändern und wenn nicht eher, doch gewiß unter einer neuen Regierung, gegen den Machtspruch reklamiere, die Aufhebung desselben und die Wiederherstellung seiner gekränkten Rechte erlange und den, welcher sich gegen die Grundgesetze des Staats so gröblich vergangen hat, zur verdienten Bestrafung ziehen lasse.

4. Übrigens sind diese in das Gesetzbuch aufgenommenen Grundsätze an sich nicht neu, sondern aus wiederholten Erklärungen und Verordnungen Friedrichs M. gezogen: Schon i. J. 1748 deklarierte derselbe in einer öffentlich bekanntgemachten Verordnung ausdrücklich,

> „daß er in Rechtssachen, welche vor die ordentlichen Gerichte gehören, keine besonderen Kommissionen anordnen wolle und daß, wenn auch eine Kabinettsordre zur Bestellung einer solchen Kommission ausgebracht würde, dieselbe für erschlichen geachtet und die Kommission nicht verstattet werden solle“[1].

Ferner,

> „daß die Gerichte sich an Reskripte und Ordres aus dem Kabinett, wenn etwas darin wider die Gesetze befohlen oder der Lauf des Rechts gehindert und unterbrochen werden wolle, nicht zu kehren hätten, sondern nach Pflicht und Gewissen in der Sache weiter verfahren sollten“[2].

Er ist auch diesen Grundsätzen im ganzen Laufe seiner Regierung treu geblieben, so sehr sich von Zeit zu Zeit prozeßführende Parteien, die ihm per- 207 R
sönlich bekannt waren, die er sonst seiner vorzüglichen Gnade oder gar seiner persönlichen Zuneigung würdigte, sich bemüht haben, unmittelbare Ent-

[1] Vgl. Project des Codicis Fridericiani Marchici, 1748, 4. Teil, Tit. VI, §§ 3–9.
[2] Vgl. Project des Codicis Fridericiani Marchici, 1748, 1. Teil, Tit. I, § 15.

scheidungen in ihren Rechtsangelegenheiten oder Aufhebung der zu ihrem Nachteil ergangenen richterlichen Erkenntnisse von ihm zu erhalten. Ich selbst habe viele dergleichen Resolutionen gesehen. Ein einziges Mal scheint er sich von diesem Regierungsgrundsatze entfernt zu haben, und dies war i. J. 1779 in einem Prozesse des Müller Arnold gegen den Landrat v. Gersdorff in der Neumark, wo der König zwei Erkenntnisse der Neumärkischen Regierung und des Kammergerichts, welche zugunsten des oben Genannten ergangen waren, durch einen Machtspruch kassierte und die Räte, welche in der Sache gearbeitet hatten, wegen des dem Müller nach seiner Meinung offenbar zugefügten Unrechts auf die Festung bringen ließ. Es vereinigten sich aber auch in diesem Fall eine Menge unglücklicher Umstände, welche das Urteil des Königs in dieser Sache irreleiteten. Er war damals unzufrieden mit der ganzen Justizadministration in seinen Landen, von welcher er glaubte, daß sie den Reichen und Mächtigen zu sehr gegen den Armen und Niedrigen begünstige; er hatte vergeblich von den Gerichten selbst eine bestimmte und deutliche Auskunft von der eigentlichen Beschaffenheit der Sache zu erhalten gesucht, die ihm auf eine ebenso unschickliche als unehrerbietige Weise vorenthalten wurde. Er ließ sie darauf durch einen Offizier untersuchen, der ihm darüber, es sei aus Mangel an Einsicht oder verführt durch seinen Auditeur, welcher ehemals bei der Neumärkischen Regierung als Advokat kassiert worden war, dem Könige einen ganz unrichtigen Rapport abstattete. Er glaubte also gewiß, daß gegen den Müller zum Besten des Edelmanns eine offenbare Unterdrückung begangen worden, und sein brennender Haß gegen alle Ungerechtigkeit verleitete ihn, den raschen Schritt zu tun, den er, nachdem er einmal geschehen war, vermöge seines anderweitigen Grundsatzes, sich niemals ein Dementi zu geben, nicht widerrufen konnte. Er hat aber in der Folge genugsam zu erkennen gegeben, daß er mit dieser starken Abweichung von seinen eigenen Grundsätzen unzufrieden sei, und von diesem Zeitpunkt an hat er noch strenger darüber gehalten und noch öfterer und stärker erklärt, daß er in Justizsachen keine Machtsprüche tun könne noch wolle.

XIII. Der Landesherr allein hat das Recht, Privilegia zu erteilen.

XIV. Durch solche Privilegia müssen aber die wohlerworbenen Rechte eines Dritten nicht gekränkt werden.

XV. Auch schon verliehene Privilegia sind im zweifelhaften Falle so zu verstehen, wie sie am wenigsten zum Nachteil eines Dritten gereichen, jedoch so, daß dadurch die wohltätige Absicht des Gebers nicht verfehlt werde.

1. Verschiedene Bedeutung des Worts Privilegium:
   a) Ausnahmen von Vorschriften allgemeiner Gesetze und Verfassungen zum Besten des Privilegierten; z. E. das privilegium fori des Fiskus, der französischen Kolonie, das Privilegium der Kaufleute und Juden, höhere Zinsen in gewissen Fällen nehmen zu dürfen.
   b) Einschränkungen der allgemeinen natürlichen oder bürgerlichen Freiheit zum Besten einzelner Staatsbürger oder gewisser Klassen derselben, z. E. Zunftprivilegia, Judenprivilegia, Handlungsprivilegia.
   c) Verleihungen gewisser Rechte und Nutzungen, die an sich nur dem Staat und dem Landesherrn zukommen. Zollprivilegia, Jurisdiktionsprivilegia, Abschoßprivilegia.

   In allen drei Bedeutungen ist die Erteilung eines Privilegii eine Handlung der gesetzgebenden Macht, welche von niemandem als dem Landesherrn ausgeübt werden kann.
2. Maximen der Regierungskunst: daß der Souverän nicht zu geneigt sein 208
   müsse, das Ansehen der Gesetze des Staats durch zu häufige Verleihung von Privilegien, welche Ausnahmen von diesen Gesetzen sind, zu schwächen und eine Ungewißheit der Rechte zu verursachen; daß er die natürliche und bürgerliche Freiheit auch durch solche Privilegien nicht ohne Not und überwiegenden Nutzen für den Staat einschränken, der Industrie und Gewerbsamkeit der Untertanen Fesseln anlegen, durch übertriebene Begünstigung einiger wenigen mit ausschließender Beilegung lukrativer Monopolien die übrigen Klassen seiner Untertanen nicht drücken und ihnen die Wege zur Verbesserung ihrer Glücksumstände nicht versperren müsse; daß er die Einkünfte und Ressourcen des Staats durch zu freigebige Verleihung nutzbarer Rechte desselben an Privatpersonen nicht schwächen müsse — das gehört nicht ins Gesetzbuch.
3. Dagegen ist die Einschränkung des Gesetzbuchs, daß durch solche Privilegia wohlerworbene Rechte andrer nicht gekränkt werden sollen, eine natürliche Folge von der Pflicht des Souveräns, einen jeden bei dem Seinigen zu schützen und also nicht selbst Kräfte seiner Untertanen, in deren Besitz sie sich schon befinden, durch neue Privilegien zu beeinträchtigen, z. E. die Erteilung von Monopolien ist zwar an sich nach Grundsätzen der Regierungskunst und Staatswirtschaft einem Regenten fast nie oder doch nur in sehr

seltenen Fällen anzuraten. Wenn inzwischen der Regent über eine Fabrikation, ein Gewerbe oder Verkehr, die bisher in seinen Staaten gar nicht betrieben worden, gewissen Personen oder Gesellschaften ein ausschließendes Privilegium erteilt, so kann dies vielleicht ein Fehler gegen die Regierungskunst sein, aber über eine eigentliche Ungerechtigkeit kann sich niemand beschweren, weil in dem vorausgesetzten Falle noch niemand da ist, der sich schon wirklich im Besitze, dies Gewerbe oder Verkehr zu treiben, befände. Wenn hingegen der Souverän eine im Staat schon gangbare Fabrikation oder eine dergleichen bisher schon von Einwohnern des Landes betriebene Art von Gewerbe in ein Monopol verwandeln wollte, so würde er eine wirkliche Ungerechtigkeit gegen diejenigen begehen, welche dergleichen Geschäfte bisher schon unter dem Schutze und der Genehmigung des Staats betrieben haben und durch das errichtete Monopol die Quelle ihres Unterhalts und Wohlstandes verlieren sollen.

4. Die beigefügte Auslegungsregel, daß pp., ist zwar hauptsächlich für den Richter bestimmt, vor welchem über den Sinn und Umfang eines solchen Privilegii Prozesse entstehen können. Sie ist aber für den Regenten wichtig, weil dieser oft in den Fall kommen kann, daß bei ihm Erklärungen über Privilegien, die von ihm oder seinen Vorfahren erteilt worden, nachgesucht werden. Hier ist der *erste Grundsatz*, daß ein dunkles oder zweifelhaftes Privilegium so zu deuten sei, wie es andern am wenigsten nachteilig ist; z. E. wenn jemandem über eine gewisse Branche von Handel oder Fabrikation ein Privilegium erteilt worden und es ist nach der Fassung desselben nicht deutlich, ob der Privilegierte ein ausschließendes Recht haben solle dergestalt, daß niemand außer ihm einen solchen Handel oder eine solche Fabrikation anlegen und betreiben könne, so muß man im zweifelhaften Falle immer annehmen, daß ihm kein ausschließendes Privilegium beigelegt worden, sondern es dem Staat noch immer frei stehe, auch andern ein gleiches Recht zur Treibung dieses Gewerbes beizulegen. Soweit es aber nicht auf die Rechte oder das Interesse der übrigen Staatsbürger ankommt, *ist ein Privilegium so zu deuten*, daß die wohltätige Absicht des Gebers nicht vereitelt werde. Wenn z. E. in Provinzen, wo das Recht, neue Mühlen anzulegen, unter die landesherrlichen Regalien gerechnet wird, der Souverän jemandem ein Privilegium zur Erbauung einer neuen Mühle verliehen hätte, so ist zwar dadurch dem Staat die Macht nicht benommen, selbst mehrere Mühlen zu errichten oder auch andern ähnliche Privilegia darüber zu verleihen. Wenn aber der Staat dicht neben der Mühle des Privilegierten eine andre bauen und sie so einrichten wollte, daß dadurch | dem Privilegierten das zum Betriebe seines 208R

Mühlenwerks erforderliche Wasser benommen oder alle Mahlgäste, von welchen er bisher seine Nahrung gehabt, von seiner Mühle abgezogen würden, so wäre dies gegen den Grundsatz, daß durch eine bloße Auslegung des Privilegii dem Privilegierten der Vorteil, den er aus der Gnade des Verleihenden hat genießen sollen, nicht vereitelt werden müsse.

XVI. Privilegia gehen verloren, wenn der Begünstigte eines großen Mißbrauchs derselben zum Schaden des Staats oder seiner Mitbürger schuldig befunden wird.

XVII. Außerdem können Privilegia nur alsdann wieder aufgehoben werden, wenn überwiegende Gründe des gemeinen Wohls solches erfordern. Doch muß der Staat alsdann den Privilegierten hinlänglich entschädigen.

1. Die Macht, eigentliche Gesetze aufzuheben, kommt dem Souverän ohne Einschränkungen zu. Er hat dabei keine andre Regel zu befolgen als seine Weisheit und seine Vorsorge für das Beste des Staats. Denn die Aufhebung solcher Gesetze wirkt nur auf künftige Fälle, die früheren werden immer nach den Gesetzen beurteilt, welche zu der Zeit vorhanden waren, da der Fall sich ereignete. Also wird durch Aufhebung allgemeiner Gesetze niemand in einem schon wirklich erworbenen Rechte gekränkt.
2. Hingegen können Privilegia, die einzelnen Untertanen oder gewissen Klassen derselben verliehen sind, nicht mit gleicher Willkür wieder aufgehoben werden. Die Vorrechte, welche dem Privilegierten beigelegt waren, die Vorteile, die er aus dem Genusse seines Privilegii zog, machen einen wirklichen Teil des Seinigen oder seines Eigentums aus, welches ihm der Staat so wenig wie ein andres Eigentum nach Gutfinden nehmen kann.
3. Daher können Privilegia nur aufgehoben werden,

   a) wenn der Privilegierte sich eines groben Mißbrauchs desselben schuldig gemacht hat, z. E. wenn der Privatinhaber eines Zollrechts den ihm vom Staat vorgeschriebenen Tarif überschreitet, Erpressungen gegen die Reisenden ausübt, wenn der Edelmann, dem die Jurisdiktion auf seinen Gütern verliehen worden, dieselbe zu groben Ungerechtigkeiten und Unterdrückungen seiner Untertanen mißbraucht, wenn er nicht für eine gehörige, den Landesgesetzen gemäße Besetzung seiner Gerichte sorgt, wenn er das Vermögen der Unmündigen, welches seiner Aufsicht und Verwahrung anvertraut ist, angreift oder die Sorge für selbiges gröblich vernachlässigt.

b) Außerdem können Privilegia nur alsdann aufgehoben werden, wenn überwiegende Gründe des gemeinen Wohls solches erfordern. Denn die Erhaltung des Staats, das gemeinschaftliche Beste der ganzen bürgerlichen Gesellschaft muß im Kollisionsfalle stets den Vorteilen der einzelnen vorgezogen werden. Wenn also z. E. der Staat finden sollte, daß die Menge von Privatzöllen, die in älteren Zeiten innerhalb Landes angelegt worden, dem Publiço gar zu lästig falle, daß der Betrieb des Handels und Verkehrs seiner Untertanen dadurch zu sehr geniert und gedrückt werde, daß zu besorgen sei, gewisse Branchen der Industrie, die zum Wohl des Ganzen notwendig sind, würden bei einer längeren Fortdauer dieses Zwanges nicht emporkommen können, so würde er allerdings berechtigt sein, alle dergleichen Privatzölle innerhalb Landes aufzuheben. Aber er wäre alsdann auch verbunden, die Privilegierten für den dadurch an ihren Einkünften erleidenden Verlust zu entschädigen, weil, wie bei der allgemeinen Entwicklung der Theorie des Notrechts schon vorgekommen ist und unten noch näher entwikkelt werden wird, die bürgerliche Gesellschaft, mithin auch ihr Repräsentant, der Souverän, schuldig ist, die einzelnen Mitglieder, die ihr Eigentum und ihre Rechte dem Wohl des Ganzen aufopfern müssen, für diese Aufopferung schadlos zu halten.

XVIII. Jeder Einwohner des Staats ist den Schutz des Staats für seine Person und sein Vermögen zu fordern berechtigt. 209

XIX. Dagegen ist niemand befugt, sich durch eigene Gewalt Recht zu verschaffen.

XX. Die eigenmächtige Selbsthilfe kann nur in dem Falle entschuldigt werden, wenn die Hilfe des Staats zur Abwendung eines unwiederbringlichen Schadens zu spät kommen würde.

1. Diese Sätze bedürfen an sich keiner Erläuterung. Sie fließen unmittelbar aus dem Grundvertrage, auf welchem die bürgerliche Gesellschaft beruht. Nach diesem haben die einzelnen sich der eigenen Ausübung ihrer Zwangsrechte begeben und dieselben dem Oberhaupte der Gesellschaft übertragen. Wenn also ein Bürger des Staats sich in dem Falle zu befinden glaubt, wo er im Stande der Natur Zwang gebrauchen könnte, um sich gegen unbefugte Störungen in dem Besitze und Genusse des Seinigen zu schützen und andre zur Erfül-

lung ihrer Pflichten gegen ihn zu nötigen, so muß er diesen Zwang nicht durch sich selbst ausüben, er muß sich nicht durch eigenmächtige Gewalt Recht schaffen wollen, sondern er muß den Schutz der Obrigkeit anrufen und von dieser erwarten, daß sie ihm zu dem Seinigen nach den Gesetzen des Staats verhelfe. Eigenmächtige Selbsthilfe ist also ein strafbarer Eingriff in die Rechte der bürgerlichen Gesellschaft, deren erstes und heiligstes Grundgesetz dadurch verletzt wird.

2. Auch die beigefügte Ausnahme, daß die eigenmächtige Selbsthilfe nur dann entschuldigt werden könne, wenn die Hilfe des Staats zur Abwendung eines unwiederbringlichen Schadens zu spät kommen würde, ist schon oben unter den Rechten der natürlichen Freiheit, die dem Menschen auch nach seinem Eintritt in die bürgerliche Gesellschaft noch übrig bleiben, erwähnt worden. Da aber die Selbsthilfe eine für die Ruhe und Ordnung im Staat so sehr gefährliche Sache und der Mensch von Natur so geneigt ist, ein ihm vermeintlich widerfahrenes Unrecht mit eigener Gewalt zu ahnden, so hat der Gesetzgeber für nötig gefunden, die Fälle, wo die Selbsthilfe wegen eines bevorstehenden unwiederbringlichen Schadens erlaubt sein kann, noch genauer zu bestimmen und dadurch allem zu besorgenden Mißbrauche möglichst vorzubeugen.
3. Die eigenmächtige Selbsthilfe oder, wie man es im gemeinen Leben nennt, die Notwehr, findet zuförderst nur gegen die eigenmächtige Gewalt eines andern statt. Den Verfügungen der Obrigkeit und seiner Vorgesetzten, noch vielmehr also den Verordnungen seines Souveräns, kann sich niemand in irgendeinem Falle unter dem Vorwande der Notwehr widersetzen.
4. Sie findet nur dann statt, wenn die Hilfe der Obrigkeit die Beleidigung weder abwenden noch dem Beleidigten zum Ersatze des zugefügten Schadens verhelfen kann. Wenn ein Unbekannter im Begriff ist, mir mein Haus über dem Kopfe anzuzünden, so kann ich ihn mit Gewalt abtreiben. Wenn mein Nachbar mir aus einem unter uns streitigen Walde Holz wegnimmt, so kann ich es nicht mit Gewalt wiederholen, weil mir die Obrigkeit zum Ersatze meines Schadens schon verhelfen wird.
5. Die Selbsthilfe darf nie weiter getrieben werden, als es notwendig ist, um den drohenden Schaden abzuwenden. Denn geht sie über diese Grenze hinaus, so hört sie auf, Notwehr zu sein. Wenn ich dem Diebe, der mir mein Schnupftuch aus der Tasche stehlen will, dasselbe nicht nur wegreiße, sondern ihn noch überdem mißhandle, so überschreite ich die Grenzen der Notwehr und maße mich des Rechts an, den Dieb zu strafen, welches Recht doch nur dem Staate zukommt.

6. Bis zur Beschädigung des Lebens oder der Gesundheit des Angreifenden kann die Notwehr nur dann getrieben werden, wenn die Person des Angegriffenen mit einer Gefahr bedroht wird, die nicht anders abgewendet werden kann.
7. Zur Verteidigung des Vermögens sind dergleichen Beschädigungen nur erlaubt, wenn sonst der Schade unersetzlich sein würde. Wer von Dieben oder Räubern mit tödlichem Gewehr angegriffen wird pp.; wem sein Feind mit dem bloßen Degen in der Hand zu Leibe geht. Bei Angriffen, die bloß auf das Vermögen gerichtet sind, ist die|Bestimmung schwerer, ob alsdann 209 R
die Verteidigung bis zur Tötung des Angreifers getrieben werden dürfe. Der englische Räuber und der reiche Lord. Der arme Reisende, dem sein ganzes Vermögen von einem Räuber im Walde abgenommen wird. Hier kommt alles auf die individuellen Umstände des Falles an, ob der, welcher im Stande der Notwehr seinen Gegner tötete, wirklich von einem solchen Schaden bedroht wurde, der für ihn unersetzlich gewesen sein würde.
8. Wenn der Angegriffene sich ohne seine eigene Gefahr dem Angriffe des andern entziehen kann, so ist er zu dessen lebensgefährlicher Beschädigung nicht berechtigt; z. E. ich werde in einer Stadt auf der Straße angefallen; ich werde im Walde von einem unbewaffneten Räuber angefallen; der Räuber hat Pistolen.
9. Wer zwar im Stande der Notwehr, aber mit Überschreitung der vorgeschriebenen Grenzen einen andern beschädigt, der wird nach Verhältnis dieses seines Exzesses bestraft, aber nie so wie außer dem Stande der Notwehr, weil die Grenzen so leicht zu überschreiten [sind].

XXI. Der Schutz des Staats und seiner Einwohner gegen auswärtige Feinde ist lediglich den Anordnungen des Landesherrn nach Beschaffenheit der jedesmaligen Umstände vorbehalten.
In diesem Satze liegt das unumschränkte Recht des Souveräns, die Verteidigung des Staats gegen auswärtige Feinde zu besorgen, zu dem Ende Truppen zu halten, Festungen anzulegen, Krieg zu führen und Bündnisse zu errichten. Alle diese Gegenstände sind keiner Bestimmung durch allgemeine Gesetze fähig. Die Pflichten aber, welche in Rücksicht derselben einem Souverän obliegen, und die Grundsätze, die er dabei zu befolgen hat, sind im allgemeinen Staatsrechte vorgetragen worden.

Bisher, gnädiger Herr, sind die allgemeinen Grundsätze vorgetragen worden, auf welchen die Forderungen beruhen, die der Staatsbürger an seinen

Souverän machen kann. Er ist berechtigt, von ihm zu erwarten, daß er durch weise Gesetze die Zwecke des Staats erfülle und befördere, daß er nur nach diesen Gesetzen über ihn herrsche, daß er ihn bei diesen Rechten durch die geordneten Obrigkeiten schütze und sie nicht selbst durch Machtsprüche beeinträchtige, daß er für die innere Ruhe und Sicherheit sorge, daß er den Staat gegen auswärtige Feinde verteidige. Jetzt folgen die Grundsätze, auf welchen die Rechte des Souveräns gegen seine Bürger beruhen.

XXII. Die Gesetze des Staats verbinden alle Mitglieder desselben ohne Unterschied des Standes, Ranges und Geschlechts.

Dem Gehorsam gegen die Gesetze kann also kein Einwohner desselben, er sei von noch so hohem Range, sich entziehen. In dieser Rücksicht sind daher alle Untertanen in den Augen des Souveräns völlig gleich, und der Fürst, der unmittelbar an seinem Throne steht, ist seinen Gesetzen ebensosehr unterworfen als der niedrigste Landbewohner oder Tagelöhner.

XXIII. Jeder Einwohner des Staats ist schuldig, die Sicherheit und Wohlfahrt des gemeinen Wesens nach Verhältnis seines Standes und Vermögens zu unterstützen.

Dieser Satz folgt unmittelbar aus dem Grundvertrage der bürgerlichen Gesellschaft, von dem es eine wesentliche Bedingung ist, daß jedes Mitglied der Gesellschaft zur Erreichung ihrer Zwecke einen Beitrag von seinen Kräften und seinem Vermögen übernehmen muß. Er enthält den Grund von dem Rechte des Souveräns, von den Einwohnern des Staats nicht nur persönliche Kriegs- und andre Dienste, sondern auch Geldbeiträge oder Abgaben zu fordern.

XXIV. Kein Bürger des Staats darf seine Person und sein Vermögen diesen Beiträgen zum allgemeinen Besten entziehen; es darf also auch keiner ohne Vorwissen des Souveräns die bürgerliche Gesellschaft verlassen und aus dem Lande gehen.

Der Begriff einer jeden Gesellschaft, die sich zur Erreichung irgendeines 210
fortwährenden gemeinschaftlichen Zwecks vereinigt hat, bringt es schon mit sich, daß keiner die Gesellschaft verlassen dürfe, ohne vorher dieses sein Vorhaben seinen Mitgesellschaftern anzuzeigen. So in Handlungs-

gesellschaften, so in der häuslichen Gesellschaft. Noch mehr muß dieses von der großen bürgerlichen Gesellschaft gelten, der es nicht gleichgültig sein kann, wenn ihre Mitglieder durch Verlassung des Landes ihre persönlichen und Geldbeiträge dem Staat vielleicht zu einer Zeit, wo er derselben am dringendsten bedarf, entziehen wollen. Dagegen ist die Frage bedenklicher, inwiefern der Staat berechtigt sei, einem seiner Einwohner, welcher auswandern will und diesen seinen Vorsatz gehörig anzeigt, die Erlaubnis dazu zu versagen und ihn wider seinen Willen zurückzuhalten. In dem Begriff einer Gesellschaft liegt es an sich nicht, daß irgend ein Mitglied derselben verbunden sein sollte, länger darin zu verharren, als es entweder ein ausdrücklich eingegangener Vertrag oder seine eigene Konvenienz erfordert. Indem der Mensch in eine bürgerliche Gesellschaft tritt, verpflichtet er sich freilich, einen Teil seiner Kräfte oder seines Vermögens zur Erreichung der Zwecke des Staats beizutragen. Aber in diesen Zwecken sucht er nichts andres als Mittel zur Beförderung seiner eigenen Wohlfahrt. Wenn er nun findet, daß er diese seine Glückseligkeit in der Gesellschaft, deren Mitglied er bisher war, nicht erreichen kann oder daß er in irgendeiner andern Verbindung sein Wohl als den letzten natürlichen Zweck seiner Handlungen leichter oder in einem höheren Grade würde erreichen können, so hindert ihn der bürgerliche Vertrag nicht, seinen bisherigen Verbindungen zu entsagen und, indem er auf den ferneren Genuß aller Vorteile derselben Verzicht tut, sich nun auch den ferneren Beiträgen und Lasten zu entziehen. Nach den Regeln des natürlichen und bürgerlichen Rechts ist also der Staat im allgemeinen genommen nicht berechtigt, einen seiner Bürger, der die Gesellschaft verlassen und aus dem Lande gehen will, wider seinen Willen und mit Gewalt zurückzuhalten. Selbst die Politik und eine weise Regierungskunst müssen einen Souverän abhalten, durch ein allgemeines und uneingeschränktes Verbot aller Auswanderung, so wie Kaiser Joseph II. getan hat, aus seinem Lande gleichsam ein großes Gefängnis zu machen. Die mit einem solchen Verbot untrennbar verbundene Idee einer knechtischen Sklaverei, eines widernatürlichen Zwanges verscheucht von den Grenzen eines solchen Landes alle nützlichen Fremden, die sonst vielleicht geneigt sein würden, sich daselbst niederzulassen, und die jetzt ihre Kenntnisse, ihre Industrie, ihre Reichtümer andern Staaten zuwenden, weil sie mit Recht Anstand nehmen, Mitglieder einer bürgerlichen Gesellschaft zu werden, die ihnen und ihren Nachkommen auf alle Generationen hinaus die natürliche Freiheit, wieder herauszutreten, auf ewig versperrt. Dagegen erhält sich der Staat durch einen solchen Zwang nur mißvergnügte und unzufriedene Unter-

tanen, von denen er keine andre als mit Gewalt erzwungene und also besonders in Fällen der Not höchst unzuverlässige Dienste sich versprechen darf. Wenn der Staat nur dafür sorgt, daß in seinem Lande Recht und Gerechtigkeit gehandhabt, ein jeder bei dem Seinigen mit Nachdruck geschützt, niemandem die Mittel und Wege, seinen Privatwohlstand zu befördern, versperrt, Fleiß und Industrie durch übermäßige oder unrichtig verteilte Abgaben nicht unterdrückt, Glaubens-, Gewissens- und Denkfreiheit|respek- 210R
tiert und, mit einem Worte, jedem erlaubt werde, seinen Wohlstand und sein Vergnügen nach seiner eigenen Einsicht und Überzeugung zu befördern, soweit dies nur irgend geschehen kann, ohne die Rechte andrer zu kränken—solange hat der Staat gar nicht Ursache zu fürchten, daß seine innere Stärke durch zu häufige Auswanderung geschwächt werden möchte, und wenn dann doch einer oder andrer durch persönliche Ursachen und Verhältnisse oder in einem Anfalle von Laune oder Eigensinn bewogen werden möchte, den Staat zu verlassen, so wird dieser Verlust durch das Einwandern von Fremden zehnfach ersetzt werden, die sich unter einer Regierung, welche so, wie ich sie beschrieben habe, für das Wohl ihrer Untertanen sorgt und ihre natürlichen Rechte und Freiheiten respektiert, mit Eifer zudrängen werden.

XXV. Inzwischen kann es allerdings Umstände und Fälle geben, wo entweder besondre zwischen dem Staat und gewissen Klassen seiner Untertanen bestehende Verträge oder die Notwendigkeit, für die Erhaltung des Staats zu sorgen, als das höchste Gesetz der bürgerlichen Gesellschaft den Souverän berechtigen und verpflichten können, der an sich als Regel geltenden Auswanderungsfreiheit gewisse Grenzen zu setzen. Es kann ferner mit den Grundsätzen der Billigkeit vollkommen bestehen, daß ein Bürger, der bisher unter dem Schutze des Staats gelebt, durch die Vorteile, welche ihm die bürgerliche Gesellschaft darbietet, sein Glück gemacht, Vermögen erworben und Reichtümer gesammelt hat und der nun den Staat verlassen und sich allen ferneren Beiträgen zu den Bedürfnissen desselben entziehen will, angehalten werde, dem Staat dafür eine gewisse Entschädigung zu leisten. Auf dieser Theorie beruhen die Vorschriften der hiesigen Landesgesetze in Ansehung des Auswanderns. Sie sind für den Regenten sehr wichtig, da es so leicht ist, hier die rechtmäßigen Grenzen zu überschreiten. Die Vorschriften selbst lassen sich auf folgende kurze Sätze zurückführen.

1. Wer dem Kanton unterworfen ist, darf ohne ausdrückliche Erlaubnis des

Staats und der von selbigem dazu geordneten Militär- und Kammerbehörden nicht aus dem Lande gehen. Diese Einrichtung war notwendig, weil die Erhaltung des Staats nach der gegenwärtigen Lage der Dinge ohne eine zahlreiche Armee nicht bestehen, eine solche Armee aber nicht unterhalten werden kann, wenn nicht dafür gesorgt ist, daß die junge Mannschaft, aus welcher das Kriegsheer rekrutiert werden muß, im Lande bleibe und, sobald es die Umstände erfordern, zu wirklichen Kriegsdiensten angestellt werden könne.

2. Adlige Vasallen dürfen ohne die besondere Erlaubnis des Staats nicht auswandern und am wenigsten in fremde Dienste treten. Denn dergleichen Vasallen haben außer der allgemeinen Verbindlichkeit eines jeden Staatsbürgers auch noch die besondere Verpflichtung der Lehnstreue auf sich, vermöge welcher sie dem Souverän als ihrem Lehnsherrn zu Kriegsdiensten besonders verpflichtet sind. Unter dieser Bedingung sind ihnen und ihren Vorfahren ihre Lehngüter ursprünglich vom Staat verliehen worden, und sie können von diesem Vertrage einseitig und ohne die Einwilligung des Staats nicht wieder zurücktreten.

3. Wenn Mitglieder dieser beiden Klassen den Staat ohne dessen Erlaubnis verlassen und auch, nachdem sie dazu ausdrücklich aufgefordert, nicht wieder zurückkehren, so werden sie dafür mit dem Verlust und der Konfiskation ihres im Lande zurückgelassenen oder ihnen daselbst nachher durch Erbschaften oder sonst zufallenden Vermögens bestraft.

4. Den übrigen Klassen der Untertanen steht es zwar frei, das Land zu ver- 211
lassen; sie müssen aber dieses ihr Vorhaben dem Staat und der Obrigkeit zuvörderst anzeigen.

5. Wer mit Vorwissen oder Erlaubnis des Staats das Land verläßt und sein Vermögen mit wegnimmt, muß von letzterem gewisse Prozente, in der Regel den zehnten Teil, als Abzugsgeld an den Staat entrichten. Daß diese Befugnis, Abzugsgeld zu fordern, durch Verträge mit benachbarten Staaten eingeschränkt oder aufgehoben sein könne und daß zwischen dem hiesigen Staat und einigen seiner Nachbarn dergleichen Verträge wirklich subsistieren, ist schon im Völkerrechte angeführt worden.

Übrigens muß ich noch bemerken, daß obige Sätze für unsern Staat nur als Regeln gelten, daß es aber einige Provinzen gibt, wo die Auswanderungsfreiheit aus politischen Ursachen noch mehr eingeschränkt worden, wohin z. E. Schlesien gehört, dessen Einwohner bei der Okkupation de 1740 zum Teil noch vermöge der langen Gewohnheit, vermöge des bigotten Katholizismus und vermöge der in den benachbarten österreichischen Staaten habenden Familien und andern Verbindungen zum Auswandern zu sehr gereizt werden konnten. Daher ist in dieser Provinz die Auswanderungsfreiheit durch besondere Gesetze mehr als in den alten Provinzen eingeschränkt. Der Grund dieser besonderen Einschränkung subsistiert jetzt freilich nicht mehr. Inzwischen sind die Gesetze selbst bisher noch immer beibehalten worden.

XXVI. Der Staat hat das Recht, zur Bestreitung der allgemeinen Bedürfnisse das Privatvermögen, die Personen, das Gewerbe, die Produkte und die Konsumtion seiner Untertanen mit Abgaben zu belegen.

Diesem Besteurungsrecht des Staats sind alle diejenigen unterworfen, die für ihre Personen, Vermögen oder Gewerbe den Schutz des Staats genießen. Diese Grundsätze enthalten das Fundament des Besteurungsrechts als eines der wichtigsten Hoheitsrechte eines preußischen Souveräns. Aus ihnen fließt die Verbindlichkeit der Untertanen, dem Staat Kontribution, Akzise, Nahrungsgeld, Stempelgebühren und alle die Auflagen zu entrichten, welche unter so mannigfachen Namen und Gestalten in unserem Finanzsystem vorkommen. Dies Besteurungsrecht des Staats erstreckt sich aber nicht nur auf die im Lande wohnenden Untertanen, sondern auch auf Auswärtige, insofern sie im Lande Vermögen besitzen oder Gewerbe daselbst treiben oder sonst von den Einrichtungen des Staats Vorteil ziehen. Denn es ist ebenso natürlich als billig, daß der, welcher die Vorteile einer besonderen Einrichtung genießen will, auch zu den Lasten derselben beitrage. Hierauf beruht also das Recht des Staats, von einem Gewerbe, von einer Handlung, die in den hiesigen Landen getrieben wird, Abgaben zu fordern, wenngleich der Eigentümer außerhalb des Landes wohnt. Darauf gründet sich das Recht, von fremden Waren Durchgangszölle und Transit-Imposten zu fordern, weil der, welcher sich der Passage durch das Land zum Betrieb seines Handels bedienen und von den zur Sicherheit und Bequemlichkeit der Wege, der Straßen, der Strom- und Seeschiffahrt gemachten Anstalten profitieren will, zu den Unterhaltungskosten dieser Anstalten billig mit beitragen muß.

XXVII. Der Staat macht die Verteilung dieser Abgaben nach seinem Gutfinden, und die Untertanen müssen sich denselben ohne Widerrede unterwerfen.

XXVIII. Wenn aber gewisse Klassen oder einzelne Landeseinwohner auf den Grund besonderer Gesetze oder mit dem Landesherrn geschlossener Verträge eine Befreiung von dieser oder jener Art der Staatsabgaben prätendieren, so müssen sie darüber rechtlich gehört werden.

1. Es gehört zu den wesentlichen Rechten der Souveränität, daß der Souverän allein bestimme, was als Staatsbedürfnis anzusehen sei, wieviel zur Bestreitung dieser Staatsbedürfnisse erfordert werde, wie die dazu notwendigen Gelder aufgebracht und auf welche Art sie unter die Einwohner des Staats repartiert werden sollen. Dies Recht ist also auch einem preußischen Souverän im Gesetzbuche nach seinem ganzen Umfange beigelegt, und es ist keine dritte Macht im Staat vorhanden, welche so wie in eingeschränkten Monarchien, z. E. in England oder in Schweden, berechtigt wäre, sich einer Mitwirkung bei der Bestimmung und Verteilung der Auflagen anzumaßen. 211 R
2. Allerdings hat auch dieses Recht eines Souveräns so wie jedes andre seine natürlichen in dem Grundvertrage der bürgerlichen Gesellschaft bestimmten Schranken. Der Souverän kann nur solche Ausgaben als Staatsbedürfnisse ansehen, die wirklich zur Erreichung eines oder des andern Zwecks der bürgerlichen Gesellschaft erforderlich sind. Seine persönlichen Verschwendungen, die Geschenke, mit welchen er Favoriten und Maitressen überhäuft, gehören offenbar nicht in die Klasse der Staatsbedürfnisse. Er ist ferner schuldig, die Staatsbedürfnisse so zu bestimmen, daß die zu deren Bestreitung nötigen Abgaben die Untertanen nicht erschöpfen noch außer Stand setzen, sich und ihre Familien zu ernähren, den Vorschuß zur Fortsetzung ihres Gewerbes herbeizuschaffen und in einer billigen Verbesserung ihrer Glücksumstände eine aufmunternde Belohnung ihrer Arbeitsamkeit und Industrie zu finden. Er muß eher die nicht schlechterdings unentbehrlichen Staatsbedürfnisse einschränken, als daß er durch übermäßige Auflagen den Privatwohlstand seiner Bürger, der doch am Ende der letzte Zweck der ganzen Staatsverbindung ist, zu Grunde richten sollte. Er muß ferner bei Verteilung der Auflagen die möglichste Gleichheit beobachten und jede unbillige Prägravation einer Klasse der Untertanen zur Begünstigung einer andern soviel als möglich zu vermeiden suchen. Diese Grundsätze des allgemeinen Staatsrechts und die daraus fließenden Pflichten eines Souveräns bei der Ausübung seines Besteurungsrechts habe ich ehemals Euer Königlichen Hoheit umständlich vorgetragen. Weil sich aber hierüber keine gewisse Regeln geben [lassen], die zu allen Zeiten und unter allen Umständen gleiche Anwendung finden könnten, weil die Staatsbedürfnisse nach Zeit und Um-

ständen verschieden sein können, weil äußere Abwechslungen der Konjunkturen, welche sich nie im voraus übersehen und bestimmen lassen, hier zu starken Einfluß haben können, so war es kein Gegenstand des Gesetzbuchs, irgend etwas hierüber zu bestimmen, sondern die ganze Sache muß der Weisheit des Souveräns, seinem Gewissen und seiner innigen Überzeugung von den Pflichten, die er auch hier seinen Untertanen schuldig ist, überlassen bleiben.

3. Nur eine Bestimmung hat das Gesetzbuch dem Besteurungsrechte des Souveräns auf den Grund der bisherigen Verfassung beigefügt. Eure Königliche Hoheit werden sich desjenigen zu erinnern geruhen, was ich im allgemeinen Staatsrechte von den Exemtionen gesagt habe, welche zwei Klassen der Staatsbürger, nämlich dem Adel und der Geistlichkeit, von gewissen Arten der Abgaben zustatten kommen und vermöge deren z. E. der Adel in verschiedenen Provinzen von seinen Grundstücken, von den Produkten und Erzeugnissen diejenigen Abgaben, zu welchen andre Grundbesitzer verpflichtet sind, entweder gar nicht oder doch in einer weit minderen Proportion entrichtet. Ich habe damals aus der Geschichte des Besteuerungsrechts den Ursprung dieser Exemtionen entwickelt und gezeigt, daß dieselben freilich als Abweichung von der allgemeinen Regel der Gleichheit zu den Unvollvollkommenheiten unserer Staatsverfassung gehören, daß aber diese Unvollkommenheit geduldet werden müsse, weil sonst, und wenn der Souverän diese Exemtionen mit Gewalt und durch Machtspruch aufheben wollte, ein noch größeres Übel in der bürgerlichen Gesellschaft entstehen würde, nämlich eine gewaltsame Brechung der ausdrücklichen Verträge, auf welche | jene Befreiungen gegründet sind, und ein Eingriff in die ge- 212
heiligten Rechte des Eigentums, zu welchem die privilegierten Stände ihre Befreiung von solchen Abgaben mit Grunde rechnen. Daher hat das Gesetzbuch keinen Anstand nehmen dürfen zu verordnen, daß derjenige, der aus einem wirklich rechtmäßigen Grunde eine Befreiung von gewissen Staatsabgaben zu genießen hat, dabei auch in Zukunft geschützt werden solle.

4. Da aber die hieraus erwachsende Ungleichheit in den Abgaben der Staatsbürger immer ein Mangel ist, der, wenn er auch nicht ganz abgestellt werden kann, doch wenigstens nicht weiter verbreitet werden muß, so ist diesem Gesetz sogleich die Verordnung beigefügt,

> daß Klassen von Untertanen oder auch von einzelnen Personen, welche bisher zu den Staatsabgaben beigetragen haben, davon in Zukunft durch Verträge oder Privilegia nicht befreit werden sollen, sobald dadurch die Last der übrigen Kontribuenten erschwert wird.

Durch dieses Grundgesetz, welches die brandenburgischen Regenten seit Friedrich Wilhelm I. sorgfältig beobachtet haben, wird dem Zudringen der mächtigeren und angeseheneren Stände im Staat, die nur allzu geneigt sind, ihre Bürden auf die Schultern der ärmeren und niedrigeren Stände abzuwälzen, ein unüberwindlicher Damm entgegengesetzt. Ebenso wird dadurch der Staat gegen die Begehrlichkeit eigennütziger Favoriten gesichert, die, wenn sie sich nicht mehr getrauen, von dem Regenten geradezu Geschenke an Geld oder Gütern zu erbetteln, sehr oft den Schleichweg wählen, sich dergleichen Privilegia und Befreiungen auszubitten, die ihnen von einem allzu gutmütigen Regenten um so leichter zugestanden werden, da der Schade, welcher dadurch dem Ganzen geschieht, nicht so sichtbar und augenblicklich auffällt, ob er gleich im Grunde ebenso groß, ja vielleicht noch größer ist. Künftig wird also ein eigennütziger und habsüchtiger Günstling, der die Gnade seines Souveräns zur Erschleichung solcher Befreiungen mißbrauchen und die Beiträge, die er selbst oder seine Familie zu den Bedürfnissen des Staats zu leisten verpflichtet wäre, seinen Mitbürgern aufbürden wollte, bei einer solchen erschlichenen Gnade niemals sicher sein können, weil er dabei einem Grundgesetze des Staats zuwider gehandelt hat.

XXIX. Wenn der Staat wegen seiner Domänen und nutzbaren Rechte, wegen geschlossener Verträge oder sonst vorgefallener einzelner Geschäfte mit Privatpersonen in Streit verwickelt wird, so muß ein solcher Streit bei den ordentlichen Gerichten nach den Vorschriften der Landesgesetze erörtert und entschieden werden.

In diesem Grundsatz, nach welchem so lange, als der preußische Staat eine regelmäßige Form erhalten hat, stets verfahren worden, liegt abermals ein wichtiger Unterschied zwischen einer souveränen Regierungsform und dem bloßen Despotismus. Allerdings können die eigentlichen Hoheitsrechte, z. E. das Recht der Gesetzgebung, des Krieges und Friedens, der Bündnisse, das Besteuerungsrecht an sich in einem souveränen Staat ihrer Natur nach unmöglich ein Gegenstand von Prozessen sein oder richterlichen Entscheidungen unterworfen werden. Gar wohl aber kann dies ohne den geringsten Nachteil der Souveränität geschehen, wenn nur einzelne Teile des Staatseigentums, einzelne Domänen oder Regalien den Gegenstand des Streits ausmachen. Hier gewinnt der Souverän weit mehr, wenn er die Entscheidung solcher Streitigkeiten den Erkenntnissen der Gerichte überläßt und dadurch seine Untertanen gegen alle Besorgnisse despotischer Willkür von seiten seiner Minister und Finanzbedienten sichert, als er jemals durch den nachteiligen Ausschlag eines solchen Prozesses verlieren kann. Daher hat es auch Friedrich der Große schon i. J. 1748 | als ein Grundgesetz des 212R Staats aufgestellt, daß, wenn der Fiskus, d. h. die Kammern und alle andern Finanzbehörden mit Particuliers wegen der Regalien und Domänengüter, ingleichen wegen der Grenzen und anderer die königlichen Ämter angehenden Gerechtigkeiten in Streit verwickelt werden sollten, dergleichen Prozesse sowie alle übrigen bei den Justizcollegiis geführt und nach den Landesgesetzen entschieden werden sollten[1]. Ja, er ist noch weiter gegangen und hat in einer gewissen Grenzsache eine Kabinettsordre erlassen, in welcher er ausdrücklich sagt, „daß er lieber etwas verlieren, als seine getreuen Untertanen mit fiskalischen Ansprüchen belästigen wolle, weil seinem Interesse, wenn er verlöre, nur ein weniges abgehe, dahingegen seine Untertanen, die ihm ohnedem mit Gut und Blut unter die Arme griffen, durch dergleichen Prozesse oft ganz ruiniert würden". Bei solchen Gesinnungen und Regierungsgrundsätzen läßt es sich erklären, wie in den Gemütern aller preußischen Untertanen eine solche, ich möchte fast sagen, enthusiastische Liebe und Anhänglichkeit gegen ihren König entstehen konnte, die gewiß nicht wenig dazu beitrugen, daß Friedrich im 7jährigen Kriege der wider ihn vereinigten Macht von beinahe ganz Europa einen so wundervollen Widerstand leisten und diesen fürchterlichen Krieg, der ihm den völligen Untergang drohte, so glorreich endigen konnte. Nach diesem solchergestalt in das Gesetzbuch aufgenommenen Grundgesetze der preußischen Staatsverfassung ist also der Regent schuldig, in seinen eigenen Angelegenheiten bei seinen eigenen Justizkollegien Prozesse zu führen und sich die nach den Landesgesetzen erteilten Entscheidungen derselben gefallen zu lassen,

a) wenn die Rede ist von einzelnen Domänen und Regalien, von Grenzen, von Gerechtigkeiten, die entweder ein Particulier auf ein Domänenamt zu haben behauptet oder die der Fiskus an einem Privatgute prätendiert;
b) wenn die Kammer oder irgendeine andre Finanzstelle mit einem Particulier Kontrakte geschlossen hat, z. E. wegen Lieferungen, wegen Leistungen gewisser Arbeiten und Dienste, über die Verpachtungen von Domänen oder Regalien und andre dergleichen einzelne Gegenstände, sobald aus einem solchen Kontrakte wegen Erfüllung desselben, wegen Schadloshaltung oder sonst Streitigkeiten entstehen, die, wenn sie unter bloßen Particuliers vorfielen, der richterlichen Entscheidung unterworfen sein würden;

[1] Vgl. Reglement vom 19. Juni 1749, C. C. M., Cont. IV, Sp. 163 ff.

c) wenn sonst Fälle zwischen dem Fiskus und einem Particulier sich ereignen, die, wenn sie zwischen bloßen Particuliers vorgefallen wären, zu einer richterlichen Entscheidung sich qualifizieren würden, z. E. wenn durch irgendeine Veranstaltung des Staats einem Particulier ein Schade zugefügt worden, dessen Ersatz er, wenn der Beschädiger eine Privatperson wäre, von demselben im Wege Rechtens fordern könnte.

In allen diesen Fällen sind die Gerichte schuldig, den Streit gehörig zu untersuchen und bei dessen Entscheidung nach den Landesgesetzen mit eben der Unparteilichkeit zu verfahren, die ihnen überhaupt bei ihrer Amtsführung zur Pflicht gemacht ist. Wenn der Souverän eine solche Angelegenheit der Erörterung und Entscheidung der Gerichte entziehen wollte, so würde dies ein Machtspruch sein, der noch despotischer und schädlicher als jeder andre wäre, weil sich der Regent dadurch zugleich zum Richter in seiner eigenen Sache aufwerfen würde.

XXX. Einzelne Rechte und Vorteile der Mitglieder des Staats müssen den Rechten und Pflichten zur Beförderung des gemeinschaftlichen Wohls, wenn zwischen beiden eine wirkliche Kollision eintritt, nachstehen. 213

XXXI. Dagegen ist der Staat denjenigen, welcher seine Rechte und Vorteile dem Wohl des gemeinen Wesen aufopfern muß, zu entschädigen verbunden.

Diese Sätze fließen aus der Theorie vom Notrechte, die ich schon bei einer andern Gelegenheit entwickelt habe. Sobald der Fall eintritt, daß zwei Pflichten zu gleicher Zeit unmöglich erfüllt werden können, sondern, wenn der einen ein Genüge geschehen soll, die Verletzung der andern unvermeidlich ist, so muß die stärkere Pflicht der schwächeren vorgezogen und selbst mit Verletzung derselben dennoch erfüllt werden. Wendet man diesen Grundsatz auf den Staat und die bürgerliche Gesellschaft an, so fällt in die Augen, daß, wenn wirklich die Erhaltung desselben und das Wohl der ganzen bürgerlichen Gesellschaft es fordert, daß einem einzelnen gewisse ihm zukommende Vorteile versagt oder gewisse Rechte eingeschränkt oder gar entzogen werden, der Regent, welcher unstreitig stärker und unerläßlicher für das Wohl des Ganzen als für die einzelnen zu sorgen verpflichtet ist, sich nicht bedenken müsse, die Rechte und Vorteile der einzelnen dem Wohl des Ganzen aufzuopfern. Dies wichtigste, aber traurigste aller Souveränitätsrechte kann unter gewissen Umständen den Souverän zu Handlungen berechtigen, die unter andern Umständen Ausbrüche des verhaßtesten Despotismus sein würden. Er kann in einem solchen Kollisionsfall über das Eigentum und Vermögen, ja selbst über das Leben seiner Untertanen so disponieren, wie es die Notwendigkeit des Falles erfordert, ohne sich an das zu kehren, was die Gesetze als Regel für die gewöhnlichen Fälle vorschreiben. Dies ist der einzige wahre und richtige Sinn der Behauptung, mit welcher man den Ohren der Souveräne so gerne schmeichelt, daß der Fürst über die Gesetze sei. Da aber dieser an sich richtige Grundsatz zu den ärgsten Mißbräuchen und Tyranneien führen kann, wenn nicht alle Bestimmungen desselben bei der Anwendung auf das sorgfältigste beobachtet werden, so wage ich es, diese Bestimmungen hier nochmals in Erinnerung zu bringen.

1. Es muß ein wirkliches Wohl des Staats sein, was durch Aufopferung der Rechte und Vorteile der einzelnen erreicht werden soll. Der Regent kann hier bloß als Oberhaupt, als Vorsteher der bürgerlichen Gesellschaft handeln. Sein Privatinteresse, seine Privatneigungen, die Befriedigung irgendeines Wunsches seiner Ehrsucht, seiner Wollust oder seines Eigennutzes können ihn nie berechtigen, auch den geringsten seiner Bürger in dem kleinsten Teile seiner Befugnisse zu beeinträchtigen. Noch weniger kann er sich dergleichen bloß zugunsten andrer einzelner Untertanen erlauben, sie mögen noch so vornehm, noch so angesehen, seiner persönlichen Zuneigung in einem noch so hohen Grade gewürdigt sein. Der Zweck, welcher durch die Ausübung dieses Notrechts erreicht werden soll, muß wirklich Zweck des Staats sein. Es muß entweder auf die Erhaltung des Staats oder doch auf die Beförderung des Wohlstands aller Mitglieder der bürgerlichen Gesellschaft oder wenigstens des größten und bei weitem überwiegenden Teils derselben ankommen.

2. Der Fall der Kollision muß wirklich vorhanden sein, d. h. es muß klar und aus|gemacht sein, daß unter den vorwaltenden Umständen der auf das Wohl 213R
des Ganzen gerichtete Zweck unmöglich erreicht werden könne, wenn nicht der einzelne einen Teil seiner Rechte oder seiner Vorteile aufopfert. Gibt es noch Mittel und Wege, ohne dergleichen Aufopferung zum Zwecke zu kommen, so ist noch keine Kollision vorhanden, und es kann also auch das Notrecht nicht eintreten, z. E. wenn eine dem Lande offenbar vorteilhafte Fabrik nicht anders angelegt werden könnte, als wenn ein Particulier seine Grundstücke dazu hergäbe, so würde der Staat allerdings berechtigt sein, ihn dazu anzuhalten. Wenn aber die Fabrik auch an einem andern Platze etabliert werden kann, so kann jener Particulier, der seine Grundstücke behalten will, zu deren Überlassung an den Staat nicht gezwungen werden.

3. Die Aufopferung, welche der Staat von dem einzelnen verlangt, muß nicht weiter gehen, als es unumgänglich notwendig ist, um den Zweck des Staats zu erreichen. Dieser Satz fließt unmittelbar aus dem vorigen. Denn soweit die Aufopferung nicht notwendig ist, so weit ist keine Kollision, folglich auch kein Fall zur Ausübung des Notrechts vorhanden.
4. Das Gut, welches der einzelne aufopfern will, muß mit dem Gute, welches dadurch für das Ganze erreicht werden soll, in gehörigem Verhältnisse stehen. Dies bezieht sich vorzüglich auf die oben erklärten unveräußerlichen Rechte der Menschheit. Diese können nur der Erhaltung des Staats, nie der bloßen Beförderung seines Wohlstands aufgeopfert werden. Daher kann der Staat seine Untertanen allerdings zwingen, ihn auch auf Kosten ihres Lebens gegen auswärtige Feinde zu verteidigen, sich in offenbare Lebensgefahr zu stürzen, wenn es darauf ankommt, den Staat vor dem ihm drohenden Untergange zu retten. Aber der Staat kann keinen seiner Untertanen zwingen, daß er nach England oder Marseille gehe, um dort Handlungs- oder Fabrikengeheimnisse mit Gefahr, gehangen zu werden, auszuforschen. Güter von minderem Werte, besonders solche, die sich nur auf Eigentum und Vermögen beziehen, kann der Untertan auch schon dann aufzuopfern gezwungen werden, wenn es nur darauf ankommt, den Flor und Wohlstand des Staats und der bürgerlichen Gesellschaft zu einem erheblichen Grade zu befördern. Wenn z. E., wie schon oben angeführt worden, der Flor des Handels und die Beförderung der Industrie es wirklich erfordern sollten, daß alle inländischen Privatzölle aufgehoben würden, so würde der Staat dieses Opfer von den Privatzollberechtigten ohne Bedenken fordern können. Nur würde alsdann
5. seine Verbindlichkeit eintreten, die ihre Rechte und Vorteile dem Wohl des Ganzen aufopfern müssen, zu entschädigen.
Eure Königliche Hoheit geruhen hieraus zu ermessen, welche genaue und sorgfältige Prüfung von seiten des Souveräns nötig ist, ehe er zur Ausübung dieses seines Souveränitätsrechtes schreitet und in die Privatrechte seiner Untertanen Eingriffe tut, damit er nicht unter dem Scheine des Notrechts zu wirklichen Ungerechtigkeiten verleitet werde.

Über die Rechte und Pflichten der Bürger des Staates untereinander 214

(GRUNDSÄTZE)

I. Rechte und Pflichten der Staatsbürger sind entweder *allgemeine*, die einem jeden derselben schon daher zukommen, weil er Mensch und Staatsbürger ist; oder *besondere*, die nicht allen, sondern nur einigen beigelegt werden können und also aus andern Quellen als der bloßen Eigenschaft eines Menschen und Mitgliedes der bürgerlichen Gesellschaft fließen.

II. Das allgemeine Recht eines jeden Menschen und Mitgliedes der bürgerlichen Gesellschaft besteht darin, daß ein jeder befugt ist, sein eigenes Wohl, soweit es ohne Kränkung der Rechte eines andern geschehen kann, zu suchen und zu befördern. Aus diesem Rechte fließt die ebenso allgemeine Pflicht, daß keiner den andern in dem Gebrauche seines Rechts hindern darf und daß, wer solches tut, ihm für allen daraus erwachsenen Schaden und Nachteil verantwortlich werde.

III. Diese Grundsätze sind schon natürlichen Rechtens und gehören zu denjenigen, denen die positiven Gesetze durch ausdrückliche Erklärung des Willens des Gesetzgebers nur noch mehrere Gewißheit und Festigkeit gegeben haben. Auf dies Recht der natürlichen Freiheit gründet sich die Befugnis eines jeden Mitglieds der bürgerlichen Gesellschaft, jede Handlung vorzunehmen, die weder durch natürliche noch durch besondre positive Gesetze verboten ist. Wer einen andern in dieser seiner natürlichen Freiheit zu handeln einschränken will, muß ein besonderes Recht dazu nachweisen, und wenn er dies nicht kann, so macht er sich durch die unternommene Einschränkung einer Beleidigung des andern schuldig, gegen welche die Obrigkeit den Beleidigten schützen und ihm Genugtuung von dem Beleidiger verschaffen muß. So hat z. E. jeder Mensch in der bürgerlichen Gesellschaft, der das zum Kinderzeugen tüchtige Alter erreicht hat, die Freiheit, ob er heiraten will oder nicht, und wenn er sich zu ersterem entschließt, so hängt die Wahl seiner Gattin bloß von ihm ab. Wenn er mit der gewählten Gattin einig ist, so darf ihn niemand an der Vollziehung seiner Heirat hindern, als wer ein besondres Recht dazu nachweisen kann.

Dies besondere Recht beruht entweder auf Staatsgesetzen, welche z. E. bei

Kindern, die noch unter väterlicher Gewalt sind, die Einwilligung des Vaters, bei Minderjährigen den Konsens des Vormunds, bei Soldaten die Erlaubnis des Vorgesetzten, bei Offiziers die Permission des Königs erfordern. Ist aber kein solches Staatsgesetz vorhanden, welches der Heirat dieses Menschen entgegenstände, so kann nur eine solche Person sich derselben widersetzen, der er selbst durch einen früheren Vertrag, d. h. durch ein früheres gültiges Eheversprechen ein Recht dazu eingeräumt hat. Jeder andre, der seiner Heirat Hindernisse in den Weg legt, macht sich einer Beleidigung gegen ihn schuldig, gegen die ihn die Obrigkeit schützen und den Beleidiger, wenn er seinen Widerspruch bis zur Gewalt getrieben hätte, dafür strafen muß. Auf dies allgemeine Recht der | natürlichen und bürgerlichen Freiheit, 214 R
alles zu tun, was weder durch natürliche oder positive Gesetze verboten ist noch zur Kränkung der Rechte eines andern gereicht, gründen sich tausend Handlungen, die wir täglich vornehmen und worin kein andrer uns hindern darf.

IV. Selbst darin, daß die Handlung, die jemand vornehmen will, ihm selbst schädlich sein würde, liegt für einen Dritten noch kein Recht, ihn mit Gewalt zu deren Unterlassung zu zwingen. Nach dem Recht der Natur urteilt jeder Mensch für sich selbst, was ihm nützlich oder schädlich sei, und diese Befugnis bleibt ihm auch in der bürgerlichen Gesellschaft, insofern er nicht durch besondre Gesetze darin eingeschränkt ist. Wenn ich heute für gut fände, chapeau bas und im leichten Sommerrocke nach dem Tiergarten spazieren zu gehen, so würde niemand berechtigt sein, mich bloß aus dem Grunde, weil ich mich erkälten und meiner Gesundheit schaden möchte, mit Gewalt daran zu verhindern. Die Befugnis, jemand zur Unterlassung einer Handlung bloß darum, weil er sich dadurch selbst schaden würde, zu zwingen, kommt nur denjenigen zu, denen die Gesetze ein besonderes Recht, die Handlungen desselben zu dirigieren, beigelegt haben.

V. Es gibt jedoch gewisse Pflichten gegen uns selbst, welche durch Staatsgesetze des gemeinen Besten wegen ausdrücklich vorgeschrieben sind. Zur Unterlassung einer Handlung, wodurch eine solche Pflicht verletzt werden würde, kann uns der Staat zwingen, und wenn die Umstände so beschaffen sind, daß die Zwischenkunft des Staats nicht schnell genug erfolgen könnte, um die schädliche Handlung zu verhüten, so ist jeder Mitbürger berechtigt, den andern davon mit Gewalt abzuhalten, z. E. Selbstmord, Verstümmelung eines Kantonisten.

VI. Die besonderen Rechte und Pflichten der Mitglieder der bürgerlichen Gesellschaft entspringen aus einer dreifachen Quelle. Sie kommen ihnen nämlich zu

1. vermöge ihrer Geburt;
2. vermöge des Standes in der bürgerlichen Gesellschaft, zu welchem er gehört;
3. vermöge gewisser einzelner Handlungen oder Begebenheiten, mit welchen die Gesetze das Entstehen von Rechten oder Pflichten verbunden haben.

VII. Schon vermöge der Geburt kann eine Verschiedenheit der Rechte unter den Menschen stattfinden. Der Hauptunterschied dabei beruht darauf,

1. ob jemand aus einer rechtmäßigen Ehe oder ob er außer der Ehe erzeugt worden;
2. ob er das Kind eines freien Menschen oder eines einer Gutsherrschaft unterworfenen Untertanen sei.

VIII. Ein ehelich geborenes Kind kann von dem Vater standesmäßigen Unterhalt und Erziehung fordern. Der Vater ist schuldig, wenn der Sohn das Alter und die Fähigkeiten dazu erreicht hat, ihn bei seinem Etablissement zu unterstützen; er kann ihm sein Vermögen auch nach seinem Tode nicht ganz entziehen, sondern muß ihm wenigstens einen gewissen in den Gesetzen bestimmten Teil desselben, welchen man den Pflichtteil nennt, hinterlassen. Das aus einer rechtmäßigen Ehe gezeugte Kind tritt in den Stand des Vaters und in die väterliche Familie ein und erlangt schon dadurch verschiedene Familienrechte, z. E. Ansprüche auf Lehen oder Fideikommißgüter, zu welchen die Familie des Vaters berechtigt ist, Erbrechte in den Nachlaß der Mitglieder der väterlichen Familie, die ohne Testament versterben. Dagegen überkommt auch das eheliche Kind eine Menge von Pflichten gegen den Vater. Es steht unter seiner väterlichen Gewalt, es ist demselben Folgsamkeit und Gehorsam schuldig, es kann sich ohne seine Einwilligung nicht verheiraten,
es muß ihm, | solange es der väterlichen Gewalt nicht auf eine gesetzmäßige 215

Art entlassen worden, die Administration und den Genuß seines Vermögens überlassen, insofern nicht der, von welchem das Vermögen herrührt, das Gegenteil ausdrücklich verordnet hat. Es muß, wenn es vor dem Vater verstirbt, demselben ebenfalls wenigstens einen Pflichtteil hinterlassen usw.

Das uneheliche Kind hingegen kann von seinem Vater nicht standesmäßige, sondern bloß notdürftige Erziehung und Versorgung fordern, es hat kein Erbrecht in seinen Nachlaß, es gehört gar nicht zu seiner Familie, sondern bloß zur Familie der Mutter. Dagegen steht es auch nicht unter der Gewalt des Vaters, und der Vater hat auf seine Person und sein Vermögen keine väterlichen Rechte, sondern diese sind insgesamt der Mutter übertragen.

IX. Der zweite Hauptunterschied, welchen die Geburt macht, besteht darin, ob jemand das Kind eines freien Menschen oder eines Gutsuntertanen sei. Das Kind eines Gutsuntertanen ist vermöge seiner Geburt ebenfalls ein Untertan der Gutsherrschaft. Es dependiert weder von ihm noch von seinen Eltern, zu welcher Lebensart es sich bestimmen wolle, sondern es muß sich notwendig dem Landbau widmen, insofern nicht der Gutsherr in die Wahl einer andern Lebensart willigt oder sein Konsens in gewissen durch die Gesetze bestimmten Fällen durch den Richter ergänzt wird. Es kann sein Glück und sein Etablissement nicht suchen, wo es will, sondern es muß, wenn der Gutsherr es verlangt, eine Stelle auf dem Gute übernehmen, zu welchem es untertänig ist. Und so finden noch mehrere Unterschiede zwischen einem untertänigen und einem freien Menschen statt, die bloß in dem Unterschiede in der Geburt ihren letzten Grund haben.

X. Auch darin liegt ein Unterschied der Rechte, ob jemand von adligen oder nicht adligen Eltern geboren worden. Da aber dieser Unterschied vorzüglich in der Verschiedenheit der Standesrechte besteht, so wird davon unten mehr vorkommen.

XI. Der Unterschied der Rechte und Pflichten, welcher aus der Geburt entsteht, gründet sich nicht im Naturrechte, welches den Unterschied zwischen ehelichen und unehelichen, freien und untertänigen, adligen und unadligen Kindern nicht kennt, sondern er beruht auf positiven Gesetzen des Staats. Es muß also jeder, welcher sich bloß vermöge seiner Geburt gewisser

Rechte anmaßen will, ein Gesetz nachweisen, welches ihm dieselben ausdrücklich beilegt.

XII. Die zweite Quelle des Unterschieds der Rechte ist der Unterschied der Stände in der bürgerlichen Gesellschaft. Die Einwohner des Staats sind nämlich nach Verschiedenheit der Geschäfte, zu welchen ein jeder nach den in der bürgerlichen Gesellschaft bestehenden Einrichtungen hauptsächlich bestimmt ist, in verschiedene Klassen eingeteilt. Die Mitglieder einer solchen Klasse zusammengenommen machen einen Stand aus. Dergleichen Stände gibt es im preußischen Staat eigentlich drei. Den Bauerstand, dessen Mitglieder hauptsächlich zu den Arbeiten des Landbaues bestimmt sind; den Bürgerstand, welcher sich mit Handwerken, Künsten, bürgerlichen Gewerben oder mit dem Handel beschäftigt; und den Adelstand, der durch gewisse äußere Vorzüge, die ihm die Staatsverfassung beilegt, vor den übrigen Ständen ausgezeichnet ist. Aus diesen drei Hauptständen formieren sich nach der bestehenden Staatseinrichtung noch zwei Nebenklassen, nämlich der Geistliche Stand, welcher dem Unterrichte in der Religion und gewissen gottesdienstlichen Verrichtungen gewidmet ist, und der Stand der Staatsbeamten, deren sich der Staat zur Besorgung öffentlicher Angelegenheiten und Geschäfte, es sei im Militär- oder Zivilfache, bedient.

XIII. Jedem dieser Stände sind durch Gesetze des Staats gewisse besondre Rechte 215R
und Pflichten beigelegt, die also einem jeden Mitgliede dieses Standes schon dadurch, daß er ein Mitglied desselben ist, zukommen. Die Bestimmungen dieser Standesrechte machen einen beträchtlichen Teil des bürgerlichen Gesetzbuches aus; die Aufzählung derselben würde mich in ein Detail führen, welches hier ganz zweckwidrig wäre. So ist es z. E. ein Standesrecht des Adels, daß auf ihn bei Besetzung der Offiziersstellen in der Armee vorzügliche Rücksicht genommen wird; daß er zum Besitz adliger Güter berechtigt ist, wozu Mitglieder andrer Stände einer besonderen Erlaubnis des Landesherrn bedürfen; daß er allein die Aufnahme in Dom- und andre dergleichen Stifter fordern kann. Es gehört zu den Standesrechten der Bürgerlichen, daß sie jedes Gewerbe treiben können, wovon sie nicht durch besondere Staatsgesetze ausgeschlossen sind, daß gewisse Gewerbe nur von ihnen ausschließend betrieben werden können, deren sich die übrigen Stände nicht anmaßen dürfen. Exemtionsrechte der Offizianten, der Geistlichkeit.

XIV. Alle diese Standesrechte haben das miteinander gemein,
1. daß sie nur auf positiven Gesetzen des Staats beruhen, da die Natur keinen Unterschied der Stände kennt;
2. daß sie an den Stand gebunden sind und so, wie sie jeder erlangt, der auf eine gesetzmäßige Weise in den Stand tritt, also auch wieder verloren gehen, sobald jemand den Stand verläßt oder desselben auf gesetzmäßige Weise entsetzt wird.

XV. Die 3te Hauptquelle der verschiedenen besonderen Rechte sind einzelne Handlungen oder Begebenheiten, mit welchen die Gesetze das Entstehen von Rechten oder Pflichten verbunden haben. Zu diesen Handlungen und Begebenheiten gehören vorzüglich:
1. Besitz,
2. Willenserklärungen,
3. Schadenszufügungen.

VOM BESITZ

I. Schon im Naturstande entstehen viele, ja die meisten Rechte aus dem Besitz. Das gewisseste und sichtbarste Kennzeichen, daß jemand eine Sache zu dem Seinigen rechne, ist, daß er dieselbe in seinem Besitz und Gewahrsam hat. Daraus folgt schon im Naturzustande sein Recht, sich in diesem Besitze gegen jeden, der ihn darin ohne ein besonderes Recht stören will, mit Gewalt zu verteidigen und den ihm wider seinen Willen entnommenen Besitz mit Zwang zurückzufordern.

II. Diese natürlichen Rechte des Besitzes haben die positiven Gesetze beibehalten; sie haben aber dieselben näher bestimmt und hin und wieder eingeschränkt.

III. Zuvörderst unterscheiden die bürgerlichen Gesetze den bloßen Inhaber von dem eigentlichen Besitzer. Jeder, der das physische Vermögen hat, über eine Sache mit Ausschließung andrer zu verfügen, wird Inhaber der Sache

genannt. Kann er über die Sache nicht für sich selbst, sondern nur nach dem Willen eines andern verfügen, so ist er bloßer Inhaber. Kann er aber mit der Sache für sich selbst disponieren, so heißt er Besitzer. Der eigentliche Besitzer hat die Sache in seiner Gewahrsam als seine eigne oder als eine fremde Sache, über die er nur auf eine gewisse bestimmte und eingeschränkte Art für sich selbst und zu seinem Vorteile disponieren kann. Im ersteren Falle heißt er vollständiger, im letzteren unvollständiger Besitzer. Der vollständige Besitzer steht entweder in der Meinung, daß die Sache wirklich sein eigen sei, und dann nennt man ihn einen redlichen | Besitzer. Unredlich 216
aber ist er, wenn er weiß oder doch wissen konnte und sollte, daß die Sache, die er als seine eigene besitzt, nicht ihm, sondern einem andern gehöre.

Exempel: Ein Pferd. Der Stallknecht, der es im Stalle verwahrt. Der Freund, dem ich es leihe. Ich selbst. Ich habe es auf dem Pferdemarkt gekauft. Ich weiß, daß es dem Major gehöre.

IV. Aus diesen verschiedenen Arten des Besitzes entstehen verschiedene Rechte.

1. Der allgemeine Grundsatz ist, daß jeder Inhaber und Besitzer einer Sache gegen eigenmächtige Gewalt geschützt werden muß. Dieser Grundsatz ist wesentlich notwendig zur Erhaltung der innerlichen Ruhe und Ordnung im Staat. Vermöge desselben kann niemand, wenn er auch ein noch so begründetes Recht auf eine Sache zu haben glaubt, dieselbe ihrem Besitzer mit Gewalt entreißen, sondern er muß sich an den Richter wenden, demselben seinen Anspruch vorlegen und erwarten, daß dieser vermöge der vom Staat ihm anvertrauten Gewalt den andern zwinge, ihm die Sache herauszugeben. Hieraus folgt unmittelbar,
2. daß, wenn jemand von einem andern seines Besitzes mit Gewalt entsetzt worden, ihm dieser Besitz vor allen Dingen restituiert werden müsse, ohne darauf zu sehen, ob derjenige, welcher sich der Gewalt schuldig gemacht, wirklich ein besseres Recht an die Sache habe oder nicht. Der Richter muß in einem solchen Falle dem Beraubten erst wieder zum Besitze verhelfen, und alsdann untersucht er erst die Rechtmäßigkeit oder Unrechtmäßigkeit des an die Sache gemachten Anspruchs.
3. Eben das, was von einem mit Gewalt entnommenen Besitze verordnet ist, gilt auch in dem Falle, wenn jemand seines Besitzes heimlich oder durch List entsetzt worden. Der inneren Ruhe und Sicherheit im Staat ist zu viel daran gelegen, daß sich niemand anmaße, seine vermeintlichen Rechte gegen einen andern, welche dieser nicht anerkennt, durch eigenmächtige Handlungen

geltend zu machen. Die Gesetze schützen daher den Besitzer nicht nur gegen offenbare Gewalt, sondern auch gegen heimliche List und Betrug. In diesem wie in jenem Falle muß der, welchem sein Besitz wider seinen Willen heimlicher- und listigerweise entzogen worden, für allen Dingen wieder darin eingesetzt werden, ehe er schuldig ist, sich auf die Ansprüche seines Gegners vor dem Richter einzulassen; z. E. ich besteche den Stallknecht meines Nachbars, das Pferd heimlich in meinen Stall zu ziehen.

4. Jeder vollständige Besitzer, d. h. jeder, der die Sache als seine eigene besitzt, hat die Vermutung für sich, daß er rechtmäßig besitze. Der Besitz ist nach dem Naturrechte das sichtbarste Kennzeichen, daß eine Sache wirklich zu dem Seinigen des Besitzers gehöre. Die positiven Gesetze respektieren diese Vorschrift des Naturrechts und rechnen eine Sache so lange zu dem rechtmäßigen Eigentume des Besitzers, als nicht ein andrer nachgewiesen hat, daß ihm ein besseres Recht darauf zustehe.
5. Daher darf auch in der Regel niemand angeben oder beweisen, wie er zum Besitz der Sache gekommen sei, sondern derjenige, der ein besseres Recht zu haben behauptet, muß dasselbe dem Richter nachweisen.
6. Hiervon ist allein der Fall ausgenommen, wenn der, welcher die Sache in Anspruch nimmt, nachweist, daß er sie vorhin besessen habe und daß er ihres Besitzes mit Gewalt oder durch List wider seinen Willen beraubt worden. Alsdann muß der gegenwärtige Besitzer nachweisen, wie er zum Besitz der Sache gekommen sei und daß er denselben nicht auf eine gesetzwidrige Weise erlangt habe; z. E. ich habe ein Pferd; der Herr Major nimmt es als das Seinige in Anspruch; er weist nach, daß es ihm gestohlen worden.
7. Der Besitzer muß aber die Sache dem herausgeben, der wirklich ein besseres 216 R
Recht dazu nachweisen kann.
8. Ist er unredlicher Besitzer gewesen, d. h. hat er gewußt, daß die Sache nicht ihm, sondern dem andern wirklich gehöre, so muß er nicht nur die Sache herausgeben, sondern auch alle Früchte oder Nutzungen, die er während seines Besitzes davon gezogen hat, und er muß allen aus der Vorenthaltung des Besitzes entstandenen Schaden ersetzen.
9. War er aber redlicher Besitzer, so ist es genug, wenn er die Sache in dem Zustande, in welchem sie sich alsdann befindet, herausgibt. Hat er sie verbessert, so müssen ihm die Kosten dafür erstattet werden. Von den während seines redlichen Besitzes gezogenen Nutzungen darf er nichts restituieren.
10. Der redliche Besitzer einer Sache hat auch noch das Recht, daß er die Sache nur gegen Erstattung desjenigen, was sie ihm selbst gekostet hat, herausgeben darf, sobald er die Sache von einer unverdächtigen Person gekauft hat.

Verdächtig aber heißen diejenigen, welche mit Sachen derselben Art nicht zu handeln oder dergleichen nach ihrem Stande und Lebensart nicht zu besitzen pflegen. Wenn ich also z. E. von einem Manne von Stande eine goldene Tabatiere kaufe, so muß ich zwar, wenn sich in der Folge findet, daß diese Tabatiere dem Verkäufer nicht gehöre, daß er sie entwendet habe, daß sie ihm nur in Verwahrung gegeben war, dieselbe dem rechten Eigentümer auf sein Verlangen zurückgeben. Dieser aber muß mir das Kaufgeld bezahlen und sich deswegen an den Verkäufer halten. Ich kaufe einem Domestiken oder andrem gemeinen Menschen die Tabatiere ab.

11. Der Grund dieses Gesetzes, welches an sich die Rechte des Eigentümers zu schmälern scheint, liegt in der Notwendigkeit, den freien und lebhaften Gang im Handel und Wandel aufrechtzuerhalten, als woran besonders in einem kommerzierenden Staat so viel gelegen ist. Es würde eine große Stockung im Verkehr und in der Zirkulation verursachen, wenn jeder, der in einem Kaufmannsladen oder sonst von einer unverdächtigen Person kaufen will, sich erst sorgfältig erkundigen müßte, ob und wie sein Verkäufer auf eine rechtmäßige Weise zum Besitz der Ware gekommen sei.

12. Übrigens findet dieses Vorrecht jenes redlichen Besitzers hauptsächlich nur bei beweglichen Sachen Anwendung. Bei unbeweglichen, besonders bei Häusern und Grundstücken, sind durch die Gesetze solche Anstalten getroffen, daß nicht leicht jemand in den Fall kommen kann, ein solches Grundstück von jemandem, der nicht rechtmäßiger Besitzer und gleichwohl eine unverdächtige Person ist, zu kaufen, ohne daß er durch seine eigene Unvorsichtigkeit an dem Irrtume schuld wäre. Wenn mir z. E. jemand ein Haus zum Kauf anbietet, so darf ich mir nur das Hypothekenbuch aufschlagen lassen; unterlasse ich diese Vorsicht, so kann ich auf die Rechte eines redlichen Besitzers keinen Anspruch machen.

13. Es gibt gewisse Sachen, bei welchen der redliche Besitz allein die Stelle des Eigentums vertritt, so daß der, welcher sie redlicherweise erworben hat, dieselben auch dem wahren Eigentümer nicht herausgeben darf. Dahin gehören besonders Sachen, die in öffentlichen Kramläden gekauft worden, bares kursie|rendes Geld und alle Lettres au porteur, die vom Staat oder 217
einer öffentlichen Anstalt ausgefertigt worden und nicht auf den Namen eines gewissen Inhabers lauten, z. E. Banknoten, Seehandlungsaktien, Pfandbriefe. Da vorzüglich bei solchen Papieren eine lebhafte und ungehinderte Zirkulation zu ihrer Bestimmung wesentlich gehören, so ist ein jeder, welcher dergleichen Lettres au porteur im Handel und Wandel redlicherweise an sich bringt, bei dem Besitze derselben vollkommen sicher, und der, welcher den

Besitz derselben wider seinen Willen verloren hat, kann sich nur an den halten, von welchem sie ihm unrechtmäßigerweise entzogen worden.

14. Außer diesen zuletzt erwähnten Fällen wird durch die Besitznehmung allein das Eigentum nur alsdann erworben, wenn die Sache vorher in niemands Besitz gewesen und kein Gesetz vorhanden ist, welches dem Besitznehmenden untersagt, sich einer solchen Sache anzumaßen. Diese Art, Eigentum zu erwerben, heißt die ursprüngliche Besitzergreifung. Sie erfordert verschiedene nähere Bestimmungen, die ich hier umsomehr übergehen kann, als der Fall einer solchen Erwerbung des Eigentums durch ursprüngliche Besitznehmung in der bürgerlichen Gesellschaft nur sehr selten vorkommen kann, indem das Recht, Sachen, die noch niemand gehören, sich zuzueignen, mehrenteils zu den Regalien des Staats gerechnet wird, z. E. Bergwerksregal, Jagdregal usw. Die Art, Eigentum durch bloße Besitznehmung zu erwerben, findet unter Privatpersonen hauptsächlich nur noch in zwei Fällen statt:
   1. wenn jemand eine verlorene Sache gefunden hat und der Verlierer nicht ausgemittelt werden kann;
   2. wenn jemand in seinem Eigentum einen Schatz entdeckt, dessen Eigentümer unbekannt ist.

V. Außer diesen zur Ausnahme gehörigen Fällen ist der Besitz allein und dessen Redlichkeit nicht hinreichend, jemandem die Rechte eines wirklichen Eigentümers beizulegen. Die Gesetze erfordern zur Erwerbung des Eigentums in der Regel dreierlei:
   1. Der Erwerber muß die Sache mit Einwilligung des bisherigen Besitzers in Besitz genommen haben.
   2. Die Besitznehmung muß auf einem solchen Rechtsgrunde geschehen sein, dem die Gesetze die Kraft beilegen, daß mittelst desselben Eigentum übertragen werden könne.
   3. Derjenige, welcher dem Erwerber die Sache als sein Eigentum übertragen hat, muß die Befugnis gehabt haben, solchergestalt darüber zu disponieren, d. h. er muß selbst Eigentümer gewesen sein.

Fehlt es an einem von diesen drei Erfordernissen, so hat der Besitzer bei aller seiner Redlichkeit doch kein Eigentum erworben.

VI. Ein Exempel wird die Sache am besten erklären. Ich besitze ein Haus, das mir mein Oncle in seinem Testamente vermacht hat. Er selbst hatte dieses

Haus von seinem guten Freunde geerbt. Ich bin redlicher Besitzer. Ich besitze aus einem Rechtsgrunde, aus welchem an sich Eigentum erworben werden kann. Aber das Testament meines Oncle ist falsch und untergeschoben. Es ist niemals sein Wille gewesen, mir das Haus zu verlassen. Noch mehr: Mit dem Testamente meines Oncle hat es zwar seine Richtigkeit; aber er selbst hatte das Testament, wodurch ihm der vorige Besitzer das Haus vermachte, von ihm mit Gewalt mit der Pistole auf der Brust erzwungen. Er selbst war also nie rechtmäßiger Eigentümer geworden, er hat also auch kein Eigentum auf mich übertragen können. Ich bin also nicht Eigentümer geworden, sondern muß das Haus dem rechtmäßigen Erben des ersten Besitzers herausgeben.

VII. Aus diesen gesetzlichen Vorschriften, so sehr sie an sich der Billigkeit und 217 R
dem Rechte der Natur gemäß sind, entsteht gleichwohl eine große Ungewißheit und Unsicherheit des Eigentums, die notwendig zu vielen Verwirrungen und Streitigkeiten in der bürgerlichen Gesellschaft Anlaß geben muß. Ein Mensch kann solchergestalt bei einer Sache, die er mit größter Zuverlässigkeit auf die rechtmäßigste Weise erworben zu haben glaubt und die er noch so lange ruhig besessen hat, doch nicht sicher sein, weil sich am Ende gleichwohl finden kann, daß es an irgendeinem der gesetzmäßigen Erfordernisse fehle. Ein Gut befindet sich vielleicht seit Jahrhunderten bei einer Familie, und zuletzt ergibt sich doch, daß in der ganzen Reihe der vorigen Besitzer irgendeiner war, welcher den Besitz nicht rechtmäßig erlangt hatte und also auch auf seinen Nachfolger kein Eigentum übertragen konnte. Es war daher notwendig, daß, um Gewißheit und Sicherheit des Eigentums als einen Hauptzweck der bürgerlichen Gesellschaft zu erhalten, der Gesetzgeber ins Mittel treten und gewisse Grenzen bestimmen mußte, wie lange denn das Recht des wirklichen Eigentümers den Vorzug vor dem Rechte des redlichen Besitzers haben solle.

VIII. Dies ist der Grund des durch die Gesetze eingeführten Rechts der Verjährung, vermöge dessen ein langwieriger redlicher Besitz die Ansprüche des Eigentümers ausschließt und alle Rechte des Eigentümers dem redlichen Besitzer beilegt. Es wird aber zur Verjährung nachstehendes erfordert.

1. Der, welcher sich darauf gründen will, muß ein redlicher Besitzer sein. Weiß er den besseren Anspruch eines andern, so kann er nie die Verjährung an-

fangen; z. E. wer selbst durch Betrug, Gewalt, Diebstahl pp. etwas an sich gebracht hat.

2. Er muß die Sache in der wirklichen Meinung, daß sie sein eigen sei, besitzen; d. h. er muß vollständiger Besitzer sein, nicht Pächter, Administrator pp.
3. Er muß den redlicherweise erworbenen Besitz ruhig und ungestört fortgesetzt haben. Hat sich der Eigentümer gemeldet, seinen Anspruch dem Richter angezeigt und den Besitzer bekannt gemacht, so ist die Verjährung unterbrochen, wenngleich der Ansprechende durch Umstände verhindert worden, den Prozeß fortzusetzen.
4. Es muß dem wahren Eigentümer möglich gewesen sein, seinen Anspruch vor dem Ablaufe der Frist geltend zu machen. Ist der wahre Eigentümer ohne alles sein Verschulden daran verhindert worden, so kann er unter einem solchen widrigen Zufalle nicht leiden, und es ist billig, daß in einem solchen Kollisionsfalle das Gesetz ihm, dessen Recht an sich stärker ist als das Recht des Eigentümers[1], vorzüglich vor diesem zu Hilfe komme.
5. Die in den Gesetzen bestimmte Frist muß verlaufen sein. Diese Frist ist nach den Umständen verschieden bestimmt.
   a) Wenn der Besitzer einen an sich zur Übertragung des Eigentums fähigen Rechtsgrund nachweisen kann, z. E. einen Kaufbrief, ein Testament — 10 inter praesentes, 20 inter absentes.
   b) Wenn er dergleichen Rechtstitel nicht nachweisen kann — 30.
   c) Wenn der rechtmäßige Eigentümer der landesherrliche Fiskus, eine Kirche oder andre besonders privilegierte Korporation ist — 44 Jahre.

Unter diesen Erfordernissen entsteht also mittelst der Verjährung aus dem langwierigen Besitze ein wirkliches Eigentum.

IX. So wie durch die Verjährung Eigentum und Rechte erworben werden können, so können sie auch durch | die langwierig unterlassene Ausübung verloren gehen. 218
So kann z. E. eine Schuldforderung, die in einer langen Zeit gar nicht eingefordert worden, durch Verjährung erlöschen. Dies nennt man in der Kunstsprache: die Verjährung durch Nichtgebrauch. Außer dem schon oben angeführten allgemeinen Grunde, daß nämlich die Gesetze für die Gewißheit der Rechte sorgen müssen, tritt hier auch noch der hinzu, daß entweder in einem so langen Zeitraume etwas vorgefallen sein muß, wodurch das Recht aufgehoben worden und was der gewesene Schuldner jetzt

[1] Gemeint ist „Besitzers“.

eben wegen des langen Zeitverlaufs nicht mehr beweisen kann; z. E. er hat die Schuld schon vor 20 Jahren bezahlt und nur die Quittung verloren, oder die Zeugen, in deren Gegenwart die Zahlung geschah, sind gestorben. Oder wenigstens hat der, welcher durch so lange Jahre von seinem Rechte gar keinen Gebrauch gemacht, sich die Schuld seiner eignen Nachlässigkeit beizumessen, die der Staat mit dem Verluste des Rechtes ganz billig bestraft, weil er nicht zugeben kann, daß durch solche grobe Vernachlässigung Ungewißheiten in den Verhältnissen seiner Bürger entstehen und zu weitläuftigen verworrenen Prozessen Anlaß gegeben werde.
Übrigens wird bei dieser Art der Verjährung erfordert, daß von dem Rechte innerhalb 30 Jahren gar kein Gebrauch gemacht worden und daß es dem Berechtigten möglich gewesen wäre, binnen dieser Frist sein Recht geltend zu machen. Auch entsteht alsdann zugunsten des bisherigen Schuldners nur eine Vermutung, daß die Sache in der Zwischenzeit auf eine oder die andre Art abgetan worden. Wenn also der Berechtigte nachweisen kann, daß dies wirklich nicht geschehen sei, vielmehr sein Schuldner gar wohl wisse, daß seine Verbindlichkeit noch bestehe, so kann letzterer von dieser Art der Verjährung keinen Gebrauch machen.

VON VERTRÄGEN 218R

I. Der größte Teil der Sachen und Rechte, die jemand in der bürgerlichen Gesellschaft erwirbt, befindet sich schon im Besitz eines andern und kann also nur mit Einwilligung dieses bisherigen Besitzers erworben werden. Willenserklärungen sind also eine der Hauptquellen, aus welchen bürgerliche Rechte und Verbindlichkeiten entspringen.

II. Der bisherige Besitzer einer Sache oder eines Rechts erklärt seinen Willen, dieselben an einen andern zu übertragen, entweder unter Lebendigen oder von Todes wegen. Daher werden die Willenserklärungen, durch welche Rechte erworben und an andre übertragen werden können, in Verträge und Testamente eingeteilt.

III. Wenn jemand einem andern etwas von dem Seinigen, es sei eine Sache oder eine Recht, eine Handlung oder eine Unterlassung, verspricht und der andre das Versprechen annimmt, so ist unter ihnen ein Vertrag vorhanden. Versprechen und Annahme machen also das Wesen eines Vertrages aus.

IV. Die Grundsätze des Naturrechts von Verträgen sind Eurer Königlichen Hoheit sowohl in dieser Wissenschaft selbst schon bekannt gemacht, als von mir bei der Materie von Verträgen unter den Völkern anderweit in Erinnerung gebracht worden. Ich kann daher dieselben als bekannt voraussetzen und werde hier nur bemerken, was die bürgerlichen Gesetze davon beibehalten, was sie hinzugesetzt oder daran geändert haben.

V. Vorher muß ich aber auch noch an den Unterschied zwischen lästigen und wohltätigen Verträgen erinnern, da derselbe von manchen praktischen Folgen ist. Lästige Verträge heißen diejenigen, in welchen beide Teile gegenseitige Verbindlichkeiten übernehmen. Wenn nur ein Teil verpflichtet wird, etwas zugunsten des andern zu geben, zu leisten, zu dulden oder zu unterlassen, so heißt der Vertrag wohltätig.

VI. Ein gültiger Vertrag, durch den wirkliche Rechte erworben oder übertragen werden sollen, erfordert,

1. daß die kontrahierenden Parteien nach den Gesetzen fähig sind, einen solchen Vertrag zu schließen;
2. daß über den Gegenstand solchergestalt kontrahiert werden könne;
3. daß von beiden Seiten ein freier, ernstlicher und gewisser Wille, das Recht zu erwerben, zu übertragen oder zu veräußern, vorhanden sei;
4. daß der Vertrag in der durch die Gesetze bestimmten Form errichtet sei.

VII. In Beziehung der persönlichen Fähigkeit, Verträge zu schließen, gibt es verschiedene Personen, die gar keine Verträge schließen können, *andere*, die nicht für sich allein, sondern nur mit Zuziehung und Beitritt anderer Verträge zu schließen fähig sind, endlich *einige*, welche von den Gesetzen nur zur Errichtung gewisser Arten von Verträgen für unfähig erklärt werden.

VIII. Ganz unfähig, Verträge zu schließen, sind 1. Kinder unter sieben Jahren, 2. Rasende und Wahnsinnige, 3. diejenigen, die durch den Trunk des Gebrauchs ihres Verstandes beraubt worden, solange dieser Grad der Trunkenheit dauert, 4. diejenigen, welche durch Furcht, Zorn oder andre heftige Leidenschaften in einen solchen Zustand gesetzt worden, wo sie ihrer Vernunft nicht mächtig gewesen sind. Wer aber in einem solchen Zustand der Trunkenheit oder heftigen Leidenschaft einen Vertrag geschlossen hat, muß, sobald er wieder zu sich selbst kommt, spätestens binnen acht Tagen sich bei dem Richter melden und den Vertrag widerrufen, damit nicht unter dem Vorwande der Trunkenheit und heftigen Leidenschaft gültige Verträge angefochten und zu Schikanen Anlaß gegeben wird.

IX. Zu den Personen, welche nicht für sich allein, sondern nur mit Zuziehung anderer Verträge schließen können, gehören:[1]

1. Alle Unmündigen und Minderjährigen, d. h. die noch nicht das 24te Jahr ihres Alters zurückgelegt haben oder nicht etwa vom Staat für majorenn erklärt worden | sind. Diese können ohne Zuziehung und Beitritt ihrer Vor- 219
münder weder Sachen noch Rechte veräußern noch irgendeine Verbindlichkeit übernehmen.

2. Blödsinnige.

3. Verschwender, d. h. diejenigen, welche durch unbesonnene und unnütze Ausgaben oder durch mutwillige Vernachlässigung ihr Vermögen beträchtlich vermindern oder sich in Schulden stecken. Dergleichen Leute werden gerichtlich für unfähig erklärt, ihren Sachen selbst vorzustehen, und sobald dies geschehen ist, können sie ohne Zuziehung ihrer Vormünder keine gültigen Verträge schließen.

4. Kinder, die noch unter väterlicher Gewalt sind, können ohne Genehmigung des Vaters durch Verträge nicht verpflichtet werden.

5. Verheiratete Frauen bedürfen der Einwilligung des Mannes zu Verträgen, wodurch entweder ihre Person oder ihr Vermögen einem andern verpflichtet werden soll.

6. Königliche und andre öffentliche Kassen können nur durch Verträge, welche unter Genehmigung des vorgesetzten Departements geschlossen worden, verpflichtet werden.

Von diesen Personen, die nicht für sich allein, sondern unter dem Beitritt andrer gültige Verträge schließen können, ist überhaupt zu bemerken,

[1] Nachträglich eingefügt: Für Kind, Rasende und Wahnsinnige kontrahieren ihre Vormünder.

a) daß, wenn sie aus einem an sich ungültigen Vertrage wirklichen Vorteil gezogen haben, sie ihrem Mitkontrahenten insoweit, als dadurch ihr Nutzen wirklich befördert worden, gerecht werden müssen;

b) daß es Fälle der Ausnahme gibt, wo dergleichen Personen auch für sich allein gültige Verträge schließen können. Diese sind:

α) Wenn sie mit Einwilligung dererjenigen, denen die Gesetze das Recht, ihre Handlungen zu dirigieren, beilegen, sich zu gewissen Geschäften oder zu einer Bestimmung gewidmet haben, so können sie solche Verträge schließen, welche zur Besorgung dieses Geschäfts oder zur Erfüllung dieser Bestimmung unmittelbar gehören; z. E. der Minderjährige, dem nach zurückgelegtem 21ten Jahre die eigene Verwaltung seines Vermögens überlassen ist, der mit Einwilligung des Vormundes eine Pachtung übernommen hat; der Minderjährige oder der unter väterlicher Gewalt stehende Sohn, der auf der Universität ist; die Frau, die mit Einwilligung des Mannes ein besonderes Gewerbe treibt.

β) Wenn Kinder, die sub patria potestate sind, oder verheiratete Frauen ein Vermögen besitzen, welches durch Gesetze oder gültige Willenserklärung der Aufsicht und Verwaltung der Männer oder Väter entzogen ist. Receptitia. Peculium castrense, quasi castrense et adventitium extraordinarium.

X. Endlich gibt es Personen, welche die Gesetze nur zu gewissen Arten der Verträge für unfähig erklären.

1. Offiziers sind bei der Fähigkeit, Schulden zu machen, durch Gesetze eingeschränkt.

a) Subaltern-Offiziers können ohne schriftliche Einwilligung des Chefs oder Kommandeurs gar keine Schulden machen, und ihre Darlehensverträge sind, solange sie in Militärdiensten stehen, ganz unverbindlich.

b) Wirkliche Inhaber von Kompanien oder Escadrons, ingleichen Stabsoffiziers bedürfen zwar zu ihren Darlehensverträgen keiner Einwilligung des Chefs oder Kommandeurs. Wenn sich aber der Gläubiger damit nicht versehen hat, so kann er sich weder an ihre Person | noch an ihre Besoldung oder andre Diensteinkünfte noch an ihre Equipage, oder was sonst zum Kriegsdienst gehört, halten, sondern er muß zusehen, ob und wie er aus dem anderweitigen Vermögen derselben bezahlt werden kann. 219 R

c) Chefs und Kommandeurs von Regimentern und andern Korps, ingleichen von Bataillonen, die entweder zu keinem Regimente gehören oder im Kriege von dem Regiment getrennt und bei einem andern Korps oder bei Garnisonen in Festungen besonders angestellt sind, bedürfen keines Konsenses.

d) Ebendas gilt von Offiziers, die nicht dem Chef oder Kommandeur eines Regiments, Bataillons oder eines Korps subordiniert sind, sondern zur Suite oder zur Adjutantur gehören.

2. Unteroffiziere, gemeine Soldaten und deren Weiber können ohne schriftliche Einwilligung des Kompanie- oder Garnisonschefs kein gültiges Darlehen aufnehmen, wenn sie nicht mit Einwilligung des Chefs ein besonderes bürgerliches Gewerbe treiben.

3. Personen, die bei der Oper und Kapelle angesetzt sind, können, solange sie in Diensten stehen, wegen ihrer Schulden nicht belangt werden.

4. Alle Privatschulden der Studenten auf Akademien sind ungültig. Nur auf kleine Summen und kurze Zeit kann ihnen zu ihren Bedürfnissen Kredit gegeben werden.

5. Nur Kaufleute, adlige Gutsbesitzer und königliche Generalpächter können Wechsel ausstellen. Alle übrigen Einwohner müssen, wenn sie Wechselgeschäfte treiben wollen, dazu eine besondere Erlaubnis vom Staat nachsuchen.

6. Gegen Personen des königlichen Hauses sollen keine Klagen wegen Darlehen oder andrer Schulden bei hiesigen Gerichten angenommen werden.

XI. So, wie es Personen gibt, die entweder gar nicht oder nur mit Beitritt und Genehmigung andrer Verträge schließen können, so gibt es auch Sachen und Handlungen, über welche die Schließung gültiger Verträge nicht stattfindet. Dahin gehören:

1. Handlungen, welche die Gesetze verbieten oder die Ehrbarkeit beleidigen; z. E. Contrebande einzubringen, jemanden zu betrügen, jemanden auszuprügeln oder gar zu töten, bei hellem Tage nackend über die Straße zu gehen.

2. Verträge, die zur Verheimlichung eines Verbrechens oder zur Entschädigung oder Belohnung des Verbrechers abzielen, z. E. Versicherungen über Contrebande.

3. Verträge, wodurch jemand auf seine Gewissensfreiheit Verzicht tut.

4. Verträge, wodurch jemand sich zur Sklaverei oder Privatgefangenschaft verpflichtet.

5. Verträge, wodurch sich jemand auf beständig zum ehelosen Leben verpflichtet.

6. Verträge, wodurch jemand eine unmögliche oder völlig unnütze Handlung übernommen hat; z. E. ich verspreche einem andern, alle Tage Schlag 7 Uhr eine Prise Tabak zu nehmen.
7. Verträge über unbestimmte Dinge oder Handlungen; z. E. ich verspreche, jemandem Geld zu geben, Holz zu verkaufen, Dienste zu leisten.
8. Verträge über Sachen, die durch Natur, Gesetz oder rechtsgültige Verfügung eines Dritten dem Verkehr entzogen sind: Luft, Regalien, Lehen oder Fideikommisse. Die Privatverfügung bindet jedoch einen Dritten nur alsdann, wenn er sie gewußt hat oder doch hätte wissen können und sollen.
9. Verträge über fremde Sachen, die ohne Einwilligung des Eigentümers geschlossen werden. Wenn jemand eine fremde Sache als seine eigene verkauft, so ist zwar dieser Vertrag insoweit ungültig, aber der Verkäufer muß dem Käufer, gegen welchen er den Kontrakt nicht erfüllen kann, schadlos halten.

XII. Das 3te Erfordernis eines gültigen Vertrages ist, daß von beiden Seiten ein feierlicher, ernster und gewisser Wille, die Sache oder das Recht einem andern zu übertragen und solche zu erwerben, vorhanden sei.
Zur Gültigkeit eines Vertrages wird also erfordert: 220

A. Freiheit des Willens. Daher sind Verträge ungültig,
1. welche mit physischer Gewalt, Entziehung der Nahrung und Heilmittel oder körperliche Schrecken erzwungen worden; ich führe einem die Hand; ich versage einem Kranken Arznei; ich prügle einen;
2. die durch gefährliche Bedrohung erpreßt worden. Dazu wird erfordert,
a) daß die Gewalt, mit welcher gedroht wird, unrechtmäßig sei; z. E. es droht mir jemand, mich zu verklagen, wenn ich ihm mein Haus nicht verkaufe;
b) daß es in der Gewalt des Drohenden stehe, seine Drohung auszuführen; z. E. es droht mir jemand, mich behexen zu wollen, wenn ich ihm nicht 1000 Taler verschreibe.
c) Die Drohung muß von der Art sein, daß sie nach der Beschaffenheit des Bedrohten einen solchen Eindruck auf ihn hat machen können, daß er sich wirklich wider seinen Willen zur Eingehung des Vertrages entschlossen hat. Wenn Leben, Gesundheit, Freiheit oder Ehre unmittelbar bedroht werden, so ist allemal anzunehmen, daß die Drohung den Vertrag veranlaßt habe. Bei andern Drohungen kommt es immer auf die Um-

stände und auf die individuelle Beschaffenheit des Bedrohten an; z. E. es droht jemand einem Mädchen, ihm das neue Stopfzeug zu verderben, wenn sie sich nicht mit ihm verloben würde. Es droht jemand, einem andern die Fenster einzuwerfen, wenn er ihm nicht 1000 Taler verschreibt.

B. Der Wille muß ernstlich sein. Ein offenbar aus Scherz oder nur zum Schein geschlossener Vertrag ist also unverbindlich. Doch wird niemals vermutet, daß sich jemand bloß aus Scherz oder nur zum Schein in Verträge eingelassen habe, sondern dies muß aus den Umständen deutlich erhellen; z. E. in der Komödie wird auf dem Theater eine feierliche Verlobung zwischen einem Akteur und einer Aktrice geschlossen.

C. Der Wille muß gewiß sein, d. h. die Absicht des Kontrahenten, ein Recht erwerben, übertragen oder veräußern zu wollen, muß durch Worte oder Zeichen deutlich ausgedrückt sein. Eine bloß durch Zeichen erklärte Einwilligung heißt eine stillschweigende. Das Zeichen muß aber so beschaffen sein, daß daraus die Absicht des Handelnden mit Zuverlässigkeit geschlossen werden kann; z. E. ich komme zu einem stummen Kaufmann, biete ihm eine gewisse Summe Geld für ein Stück Ware. Er nickt. Ich zahle das Geld hin. Er gibt mir die Ware. Das bloße Stillschweigen wirkt allein keine Einwilligung außer in Fällen, wenn der Schweigende sich erklären konnte und nach den Gesetzen dazu verbunden war; z. E. es verlangt jemand meine Pistolen zum Duell; er sieht sie hängen, nimmt sie mit, ich schweige.

D. Wegen Mangels der Freiheit und Gewißheit des Willens sind Verträge ungültig, wenn dabei ein wesentlicher Irrtum oder ein Betrug vorgefallen ist.

1. Irrtum macht einen Vertrag ungültig, wenn er vorgefallen ist:

a) Im Wesentlichen des Geschäfts oder im Hauptgegenstande; z. E. ich kaufe einem Kaufmann eine Kiste mit baumwollenen Zeugen ab, und bei Eröffnung der Kiste findet es sich, daß es seidene Zeuge sind.

b) In der Person desjenigen, für welchen daraus ein Recht entstehen soll. Ich verlobe mich mit der Tochter meines Freundes, die ich nicht kenne. Man bringt mir eine andre Person und traut sie mir an.

c) In den ausdrücklich vorausgesetzten Eigenschaften der Person oder Sache; z. E. ich verlobe mich durch Briefe mit der *Jungfer*, Tochter eines abwesenden Freundes, und es findet sich, daß sie Witwe ist. Ich kaufe ein Pferd unter der ausdrücklichen Bedingung, daß es ein Engländer sei, und es ist es nicht.

d) In solchen Eigenschaften der Person oder Sache, die dabei gewöhnlich vorausgesetzt werden. Doch ist in diesem Falle zu unterscheiden,

α) ob beide Teile sich geirrt haben oder ob nur ein Teil in Irrtum gewesen sei. 220 R

β) Haben beide Teile sich geirrt, so besteht der Vertrag, nur kann der eine aus dem Irrtum des andern keinen Vorteil ziehn; z. E. ich kaufe einem guten Freunde eine Tabatiere ab, die wir beide für eine goldene halten; sie ist aber nur vergoldet.

γ) Hat nur ein Teil sich geirrt, so kommt es wiederum darauf an, ob der andre den Irrtum veranlaßt habe oder nicht.

δ) Hat der andre den Irrtum nicht veranlaßt und ich hätte den Irrtum durch Anwendung der gewöhnlichen Vorsicht, die jeder vernünftige Mann in solchen Geschäften anwendet, vermeiden können, so kann ich unter dem Vorwande eines solchen Irrtums von dem Vertrage nicht abgehen; z. E. mit den Rittergütern in der Mark ist gewöhnlich die Patrimonialjurisdiktion verbunden; ich kaufe ein hiesiges Rittergut in der Meinung, daß ich auch die Jurisdiktion damit erhalten werde; dies Gut hat aber die Jurisdiktion nicht; dies hätte ich leicht erfahren können; mein Verkäufer hat nichts getan, was mich in meiner irrigen Meinung bestärken könnte.

ε) Hat aber der andre Teil, welcher aus dem Kontrakt ein Recht erwerben will, den Irrtum selbst wissentlich und vorsätzlich veranlaßt, so hat er sich eines Betrugs schuldig gemacht, und dann gehört die Sache zum folgenden Artikel.

2. Jede Handlung, wodurch jemand einen andern wissentlich und vorsätzlich zu einem ihm schädlichen Irrtume verleitet, heißt ein Betrug.

Durch Betrug kann niemand jemals ein Recht erlangen, und alle Vorschriften der Gesetze zielen dahin ab zu verhüten, daß der Betrüger aus seinen betrüglichen Handlungen niemals den geringsten Vorteil ziehen könne, sondern den Betrogenen stets schadlos halten müsse. Wenn daher

a) jemand von einem andern zur Schließung eines Vertrages betrüglicherweise verleitet worden, so ist der ganze Kontrakt null und nichtig, z. E. ein Kaufmann überredet den andern, daß die Einfuhr des Kaffees ganz verboten werden wird, und veranlaßt denselben dadurch, ihm eine große Partie zu hohen Preisen abzukaufen.

b) Wenn zwar nicht der ganze Kontrakt durch den Betrug veranlaßt, aber doch der andre Teil zu einem Irrtum dabei über die Person, den Hauptgegenstand, über ausdrücklich vorausgesetzte Eigenschaften oder über dergleichen Eigenschaften, die man bei einer solchen Sache gewöhnlich vorauszusetzen pflegt, verleitet worden, so ist der Betrogene ebenfalls an den Kontrakt nicht gebunden, z. E. ich verkaufe jemandem ein Pferd, das auf einem Auge blind ist, und weiß ihm diesen Fehler künstlich zu verbergen.

c) In beiden Fällen hat jedoch der Betrogene die Wahl, ob er bei dem Vertrage stehenbleiben und von dem Betrüger Entschädigung fordern wolle; z. E. es hat mir jemand eine Sorte Franzwein betrüglicherweise für Champagner verkauft; so kann ich den Wein behalten, der Verkäufer muß mir aber die Differenz des Preises zwischen Franzwein und Champagner zurückgeben.

d) Wenn der Betrug nur in Nebenumständen vorgefallen ist, so besteht zwar der Hauptvertrag, der Betrüger aber muß den Betrogenen vollständig entschädigen, z. E. ich miete ein Quartier, in welchem einige Zimmer mit Seide tapeziert sind; der Wirt macht mir weis, daß die Tapeten zum Quartier gehören; es findet sich aber, daß sie dem bisherigen Bewohner des Quartiers zustehen; alsdann kann ich zwar den Kontrakt nicht aufheben, aber der Wirt muß mir andre Tapeten verschaffen oder die Miete erniedrigen.

e) Wer sich eines Betruges im Kontrakt schuldig macht, leidet außer der satisfactio privata eine Strafe.

XIII. Das 4te Erfordernis eines gültigen Vertrages ist, daß derselbe in der durch 221
die Gesetze vorgeschriebenen Form geschlossen worden.

Die Gesetze haben nämlich für nötig gefunden, den Verträgen eine gewisse Form vorzuschreiben, d. h. eine gewisse äußerliche Gestalt zu bestimmen, die ein Vertrag notwendig haben muß, wenn daraus ein gültiges Recht, die Erfüllung desselben zu fordern, entspringen soll. Die Gründe, welche den Gesetzgeber vermocht haben, die Gültigkeit der Verträge solchergestalt an eine äußere Form zu binden, sind,

a) damit aller Zweifel über die Gewißheit und Ernstlichkeit des Willens wegfallen,
b) damit Übereilungen und Unbedachtsamkeiten vermieden werden,
c) damit über den Inhalt des Vertrags und die von den Parteien verabredeten Bedingungen keine Streitigkeiten und Prozesse entstehen mögen.

Die in den Gesetzen bestimmte Form der Verträge besteht darin,

1. daß in der Regel alle Verträge schriftlich,

2. daß einige Arten derselben sogar gerichtlich geschlossen werden müssen.

Ad 1. Schriftlich müssen alle Verträge geschlossen werden, sobald das Objekt den Wert von 50 Talern übersteigt. Davon sind allein ausgenommen

a) die Mieten des Gesindes;
b) wenn jemandem eine Sache in Verwahrung gegeben worden; z. E. Gastwirte, Fuhrleute, Schiffer;
c) wenn ein Kontrakt über bewegliche Sachen von beiden Teilen sogleich erfüllt worden; z. E. ich kaufe ein Pferd, bezahle es sogleich und reite damit weg.
d) Bei Kaufleuten vertreten die Handlungsbücher derselben die Stelle eines schriftlichen Vertrages.

Es gibt noch einige Ausnahmen, die aber minder wichtig sind. *nb :* unter Abwesenden durch Briefe.

Ad 2. Gerichtlich müssen Verträge geschlossen werden, bei welchen eine besondre Besorgnis der Übereilung oder Übervorteilung oder ein besonders wichtiger Gegenstand ist.

a) Verträge der Blinden, der Taubstummen, derer, die nicht schreiben und lesen können oder die Sprache, in der das Instrument abgefaßt ist, nicht verstehen.
b) Ehegelöbnisse, solange das Aufgebot mit beider Teile Bewilligung nicht erfolgt ist.
c) Verträge zwischen Mann und Frau, wodurch der Frau irgendeiniger Nachteil entsteht.
d) Bürgschaften der Frauenspersonen.
e) Schenkungsverträge, wenn sie nicht sogleich durch Übergabe erfüllt worden.
f) Beständige Familienfideikommisse.
g) Erbverträge.
h) Verträge und Vergleiche über das Eigentum von Grundstücken.
i) Verschiedene andre besondre Arten von Verträgen, wobei ein besonderes Risiko für einen oder den andern Teil obwaltet. Der Ertrag der nächsten Ernte, der Ertrag der Plantage in Surinam, eine künftige Erbschaft.

Rechtliche Folgen, wenn die gesetzmäßige Form nicht beobachtet worden: Ein Vertrag, welcher schriftlich hätte geschlossen werden sollen und nur mündlich geschlossen worden, ist ungültig. Es kann daraus keine Klage angestellt werden. Hat aber ein Teil die Erfüllung bereits angenommen, so muß er entweder auch seines Orts den Vertrag erfüllen oder das Erhaltene zurückgeben; z. E. ich kaufe eine Partie Waren und bezahle sie.

Ein Vertrag, der gerichtlich hätte geschlossen werden sollen und nur außergerichtlich geschlossen worden, ist ebenfalls ungültig. Excipe Kaufverträge um Grundstücke. Wenn diese schriftlich geschlossen sind, so kann ich den Käufer anhalten, daß er den Kontrakt gerichtlich vollziehe.

XIV. Ein in aller Absicht gültig geschlossener Vertrag muß erfüllt werden. Was zur Erfüllung eines Vertrages gehöre:

1. Daß sie nach dem ganzen Inhalt des Vertrages, zu rechter Zeit und am rechten Orte geschehe. Es muß also z. E. dem Käufer dieselbe Sache, die ihm verkauft worden, abgeliefert und es kann ihm keine andre dafür aufgedrungen werden. Vor der bestimmten Zeit darf niemand die Erfüllung wider seinen Willen leisten noch annehmen. Wer mit der Erfüllung über die bestimmte Zeit säumig ist, muß dem andern allen durch den Verzug entstehenden Schaden ersetzen. Wer nicht am rechten Orte erfüllt, muß den Zufall und die Kosten tragen.

   Er soll mir die Pferde auf Michaelis liefern, weil ich dann erst einen Stall fertig habe. Er soll mir in Berlin zahlen und zahlt in Potsdam.

2. Die Sache muß in dem Zustande überliefert werden, wie sie versprochen worden, und so, daß der Übernehmer sich derselben nach der Natur des Vertrages und nach seinem Inhalte bedienen könne. Die Pflicht des einen Kontrahenten, dem andern hievor zu stehen, heißt die Gewährsleistung. Die Gewähr muß dafür geleistet werden, 221 R
   a) daß die Sache die ausdrücklich vorbedungenen Eigenschaften habe;
   b) daß sie die gewöhnlich vorausgesetzten Eigenschaften besitze, wenn der Fehler nicht in die Augen fällt;
   c) daß sie nicht mit Lasten behaftet sei, die entweder bei Sachen dieser Art nicht gewöhnlich sind oder wovon die Freiheit ausdrücklich vorbedungen worden; ich kaufe ein adliges Gut in der Mark, und es findet sich, daß davon Vorspann gegeben werden muß; ich kaufe ein Haus und bedinge mir ausdrücklich die Freiheit von Einquartierung vor;
   d) daß nicht ein Dritter vorhanden sei, der ein besseres Recht an die Sache habe und sie von mir ganz oder zum Teil zurückfordern könne; z. E. ein fremdes Pferd.

3. Folgen der nicht gehörig geleisteten Erfüllung, sobald dabei ein Versehen obwaltet:
   a) Entweder der Fehler ist so beschaffen, daß er den ganzen Kontrakt aufhebt.

b) Wenn aber auch dadurch der ganze Kontrakt nicht aufgehoben wird, so muß doch derjenige, welcher nicht gehörig erfüllt hat, dem andern allen daraus entstehenden Schaden ersetzen.
   α) Hat er vorsätzlich oder aus grober Unvorsichtigkeit seinem Versprechen kein Genüge geleistet, so muß er nicht nur den wirklichen Schaden, sondern auch das Lucrum cessans erstatten; z. E. er soll Holz liefern und bekümmert sich gar nicht darum. Unterdessen fallen die Preise.
   β) Hat er nur die gewöhnliche Vorsicht verabsäumt, so haftet er für den wirklichen Schaden.
   γ) Kunstverständige müssen auch für ein geringes Versehen haften.

4. Wer die Erfüllung eines Vertrages fordert, muß sie zuerst selbst leisten oder zeigen, daß er dazu noch nicht vermögend.

XV. Fälle, wo ein an sich gültiger Vertrag wieder aufgehoben werden kann.

1. Wegen Unmöglichkeit der Erfüllung. Ist dieselbe entstanden *durch Zufall*, so gibt ein Teil dem andern nur zurück, was ihm in Erwartung der gegenseitigen Erfüllung gegeben oder geleistet worden. Ich miete ein Quartier. Das Haus brennt ab, ehe ich das Logis beziehen kann. Ich habe Miete praenumeriert. Ist die Unmöglichkeit *durch die Schuld* des einen Teils entstanden, so muß dieser dem andern den aus der Rückgängigwerdung entstehenden Nachteil ersetzen. Nach Verhältnis des Grades seiner Verschuldung. Ich habe die Sache einem andern verkauft.
2. Wegen veränderter Umstände kann ein Vertrag nur alsdann aufgehoben werden, wenn dadurch die Erreichung des ausdrücklich erklärten oder aus der Natur des Geschäftes sich ergebenden Zweckes ganz vereitelt wird; z. E. ich habe Getreide gehandelt ausdrücklich zur Lieferung für die Armee, und es wird schnell Friede.

   Wenn die Veränderung bloß in der Person des einen Teils sich ereignet oder wenn der eine Teil dieselbe durch seine eigene freie Handlung veranlaßt, so muß derselbe den andern Teil entschädigen; z. E. ich miete ein Quartier auf 3 Jahre und werde auf meinen eigenen Antrag nach Königsberg versetzt.
3. Wegen der ohne rechtmäßigen Grund verweigerten Erfüllung des Kontrakts von der einen Seite kann der andre, wenn er will, ebenfalls vom Vertrage abgehen; z. E. ich habe mein Gut verkauft; ich bin bereit, dasselbe zu übergeben, der Käufer aber weigert sich unter Vorschützung allerhand nichtiger

Einwendungen, das Kaufgeld zu bezahlen; so kann ich entweder ihn zur Zahlung gerichtlich anhalten oder bei dem Richter darauf antragen, daß auch mir erlaubt werde, von dem Kontrakt wieder abzugehen.

4. Durch wechselseitige Einwilligung. Wenn sie noch von keiner Seite erfüllt sind. Wenn sie schon ganz oder doch von einer Seite erfüllt sind.
5. Durch den Tod eines Kontrahenten werden Verträge in der Regel nicht aufgehoben, sondern die Verbindlichkeit zur Erfüllung geht auf die Erben über. Excipe, wenn der Gegenstand des Vertrags eine Handlung ist, welche besondere persönliche Eigenschaften oder Verhältnisse voraussetzt; z. E. ich habe mir Gemälde bei Roden bestellt. Er stirbt. Dann sind seine Erben weder befugt noch schuldig zu erfüllen.

XVI. Sehr oft werden Verträge unter *Bedingungen* geschlossen, d. h. es wird 222
ein künftiges Ereignis festgesetzt, von welchem, je nachdem es eintreffen oder nicht eintreffen wird, das Bestehen oder die Aufhebung des Vertrages abhängen soll; z. E. ich verspreche jemandem 100 Taler unter der Bedingung, daß die Franzosen diesen Winter in Deutschland nicht einfallen werden. Geschieht der Einfall, so bin ich frei. Vergeht der Winter ohne Einfall, so muß ich bezahlen.

Die Bedingungen werden eingeteilt:

1. In aufschiebende und auflösende. Im ersteren Fall entsteht das Recht erst, wenn entschieden ist, ob die Bedingung eintreffen werde oder nicht. Im 2ten Falle entsteht das Recht sogleich. Es hört aber wieder auf, wenn die Bedingung existiert.
2. In mögliche und unmögliche. Unmögliche Bedingungen, wenn die Unmöglichkeit beiden Teilen bekannt ist, entkräften den Vertrag.
3. In erlaubte und unerlaubte. Was selbst kein Gegenstand eines Vertrages sein kann, kann auch dabei nicht zur Bedingung gesetzt werden. Unerlaubte Bedingungen entkräften den Vertrag.

XVII. Von Korrentverträgen. Wenn sich mehrere zu ein und eben derselben Verbindlichkeit in einem Vertrage gemeinschaftlich verpflichten, so heißen sie Mitschuldner. Der Berechtigte kann sich alsdann, wenn nicht ein andres ausdrücklich verabredet ist, an jeden Mitschuldner für das Ganze halten, welcher sich alsdann an seinen übrigen Mitverpflichteten, und zwar in der Regel zu gleichen Teilen, regressieren kann; z. E. ihrer drei stellen eine Schuldverschreibung über 300 Taler gemeinschaftlich aus. Dann kann ich an den unter ihnen, an welchen ich will, für das Ganze mich halten. Dieser regressiert sich an jeden der beiden übrigen auf 100 Taler.

VON TESTAMENTEN

I. Die Befugnis eines Menschen, über sein Eigentum und seine Rechte zu disponieren, ist nach der Natur der Sache nur auf die Zeit seines Lebens eingeschränkt. Mit seinem Tode geht diese Befugnis von selbst verloren.

II. Die Gesetze haben also verordnet, wie es nach dem Tode eines Menschen mit seinem hinterlassenen Vermögen gehalten werden solle.

III. Der Verstorbene hat entweder seinen Willen, wer nach seinem Tode in den Besitz seines Nachlasses ganz oder zum Teil treten solle, auf eine rechtsgültige Weise erklärt, oder er hat dieses nicht getan. Im letzteren Falle ist die gesetzliche oder Intestaterbfolge vorhanden, im ersteren Falle tritt die testamentarische Erbfolge ein.

IV. Erbe heißt derjenige, der in den ganzen Inbegriff der Rechte und Verbindlichkeiten eines Verstorbenen tritt. Wem nur eine gewisse bestimmte Sache oder Summe aus dem Nachlaß des Verstorbenen zufällt, heißt Legatarius, und die ihm zugewendete Sache oder Summe führt den Namen eines Legats oder Vermächtnisses.

V. Die gesetzliche oder Intestaterbfolge beruht auf der Vermutung, daß jemand, welcher verstorben ist, ohne über seinen Nachlaß durch ein Testament disponiert zu haben, diesen Nachlaß denjenigen, mit welchen er durch Bande des Bluts und der Verwandtschaft verknüpft ist, und unter diesen denjenigen, die in einer nähern Verbindung mit ihm stehen, vorzüglich vor den entfernteren habe hinterlassen wollen.

VI. Daher haben die Gesetze die Intestaterbfolge nachstehendermaßen bestimmt.

A. Zuerst sukzedieren einem Verstorbenen, der kein Testament verlassen hat,
1. seine aus einer rechtmäßigen Ehe erzeugten Kinder. Sind dieselben mit
Hinterlassung ehelicher Nachkommen vor dem Vater verstorben, so treten
diese ihre Nachkommen an deren Stelle und erhalten von dem Nachlasse
so viel, | als ihr Vater, wenn er noch lebte, bekommen würde; z. E. es hinter- 222R
läßt jemand eine Tochter und zwei Kinder von einem vorher verstorbenen
Sohn; es hinterläßt jemand nur Enkel von vorher verstorbenen Kindern,
zwei von dem einen, drei von dem andern.

2. Stirbt jemand, ohne eheliche Nachkommen zu hinterlassen, so sukzedieren ihm seine leiblichen Eltern zu gleichen Teilen. Ist von diesen nur noch eins am Leben, so erhält dasselbe den ganzen Nachlaß.

3. Hat jemand auch keine Eltern hinterlassen, so sukzedieren ihm seine vollbürtigen Geschwister und deren Abkömmlinge. Was vollbürtige Geschwister sind. Hier findet eben das wie bei den Deszendenten statt, daß nämlich die Kinder der vor dem Erblasser verstorbenen Geschwister an die Stelle ihrer Eltern treten und aus dem Nachlasse soviel bekommen, als die Eltern erhalten haben würden, wenn sie den Tod des Erblassers erlebt hätten; z. E. es stirbt jemand und hinterläßt weder Nachkommen noch leibliche Eltern, sondern einen vollbürtigen Bruder und drei Kinder von einer vorher verstorbenen vollbürtigen Schwester; so erbt von seinem Nachlasse der Bruder die eine Hälfte, und die Kinder der vorher verstorbenen Schwester bekommen die andre.

4. Stirbt jemand, auch ohne vollbürtige Geschwister oder deren Kinder zu hinterlassen, so sukzedieren ihm seine Halbgeschwister und deren Abkömmlinge zugleich mit seinen Großeltern; z. E. es verläßt jemand einen Großvater und einen Halbbruder, so erhält von seinem Nachlasse der Großvater die eine und der Halbbruder die andre Hälfte. Sind keine Großeltern vorhanden, so sukzedieren die Halbgeschwister und deren Kinder allein. Auch unter den Kindern der Halbgeschwister findet das Repräsentationsrecht statt.

5. Stirbt endlich jemand, ohne Nachkommen, ohne Eltern oder andre Verwandte in aufsteigender Linie, ohne Geschwister oder Geschwisterkinder zu hinterlassen, so sukzedieren ihm seine Seitenverwandten. Unter diesen kommt es lediglich auf die Nähe des Grades[1] an, so daß der nähere Verwandte den entfernteren ausschließt und diejenigen, die gleich nahe sind, zu gleichen

[1] Am Rande: Was Grade sind.

Teilen erben. Ein Repräsentationsrecht wie unter Kindern und Geschwisterkindern findet hier nicht statt. So z. E. erbt der Bruder des Vaters allein und schließt die Kinder eines vorher verstorbenen Vatersbruders aus, weil diese um einen Grad entfernter sind. Hingegen wenn jemand eine Vatersschwester und einen Mutterbruder verläßt, so erben beide zu gleichen Teilen, weil sie beide gleich nahe sind.

B. Wenn jemand einen Ehegatten hinterläßt, so nimmt derselbe an seiner Sukzession zugleich mit seinen Verwandten teil. Wie groß sein Anteil sei, reguliert sich nach der Nähe der Verbindung, in welcher der Erblasser mit den übrigen Verwandten, die er hinterläßt, gestanden hat.

1. Verläßt jemand einen Ehegatten und Kinder, so bekommt der Ehegatte den 4ten Teil. Sind mehr als drei Kinder vorhanden, so bekommt der Ehegatte nur Kindesteil.

2. Verläßt jemand nur Eltern oder Geschwister und Geschwisterkinder, so bekommt der Ehegatte den 3ten.

3. Verläßt jemand auch keine Eltern oder Geschwister und Geschwisterkinder, sondern nur entferntere Verwandten, so bekommt der überlebende Ehegatte die Hälfte.

4. Sind die Verwandten sehr entfernt, d. h. sind sie weiter als im 6ten Grade mit dem Erblasser verwandt, so erbt der überlebende Ehegatte das Ganze und schließt die entfernteren Verwandten aus; z. E. wenn jemand eine Witwe und Urenkel von seines Urgroßvaters Bruder hinterläßt.

C. Wenn jemand verstirbt, ohne ein Testament, einen Ehegatten und Verwandten hinterlassen zu haben, so fällt eine dergleichen erblose Verlassenschaft dem Staat anheim.

Bei dieser Sukzessionsordnung finden noch folgende allgemeine Bemerkun- 223
gen statt.

1. Die Geburt aus einer vollgültigen Ehe, aus einer Ehe zur linken Hand und außer der Ehe macht hierbei, wie schon anderwärts bemerkt worden, einen beträchtlichen Unterschied.

a) Alles, was von der Sukzession der Kinder und Eltern überhaupt gesagt worden, gilt eigentlich nur alsdann, wenn die Kinder aus einer gleichen Ehe erzeugt sind.

b) Kinder, die aus einer ungleichen Ehe oder aus einer Ehe zur linken Hand erzeugt worden, treten bloß in die Familie der Mutter; zwischen ihnen und dem Vater oder dessen Verwandten findet keine Sukzession statt. So erbt z. E. ein aus der Ehe zur linken Hand erzeugtes Kind zwar dem mütterlichen, aber nicht dem väterlichen Großelter.

c) Kinder, die außer der Ehe erzeugt worden, sukzedieren nur der Mutter, nicht aber dem Vater und weder den väterlichen noch mütterlichen Verwandten.

2. Die verschiedenen Arten des Vermögens, die jemand verläßt, können auch eine verschiedene Sukzession in seinen Nachlaß hervorbringen. So sukzedieren z. E., wenn jemand Lehen oder Fideikommißgüter und freies Vermögen hinterläßt, in letztere alle seine Kinder ohne Unterschied des Geschlechts. In die Lehen oder Fideikommisse aber nur die Söhne mit Ausschließung der Töchter.

3. Die vorgetragene Sukzessionsordnung ist nur die, welche das allgemeine Gesetzbuch bestimmt. Es finden aber davon in vielen Provinzen Abweichungen statt, welche sich auf besondere Provinzialgesetze gründen; z. E. in Schlesien die Mobiliarsukzession des Mannes und der Schoßfall, in Preußen die Coellmische Sukzession ex communione bonorum, in der Mark die Joachimica. Wenn man also beurteilen will, wie in den Nachlaß eines Verstorbenen sukzediert werde, so muß man sich allemal erst erkundigen, in welcher Provinz er gewohnt habe und ob in dieser Provinz durch besondre Gesetze eine gewisse Sukzessionsordnung vorgeschrieben sei.

4. Diese Verschiedenheit der Gesetze über die Erbfolge geht soweit, daß ein und eben demselben Erblasser anders in seine hinterlassenen Güter und Grundstücke und anders in sein bewegliches Vermögen, wozu auch seine Kapitalien gehören, sukzediert werden kann. Denn das Erbrecht in Ansehung der Güter und Grundstücke wird nach den Gesetzen des Orts, wo sie liegen, beurteilt, in Ansehung des übrigen Vermögens hingegen nach den Gesetzen des Orts, wo der Erblasser zur Zeit seines Ablebens gewohnt hat; z. E. es stirbt jemand mit Hinterlassung eines Vaters und eines Bruders; er hat hier gewohnt, aber ein Gut in Schlesien besessen; alsdann sukzedieren hier sein Vater und sein Bruder zu gleichen Teilen, hingegen das Gut in Schlesien fällt dem Vater allein zu.

5. Diese Verschiedenheit der Sukzessionsrechte nach den besondern Gesetzen der verschiedenen Provinzen gibt zu vielen Weitläufigkeiten und Verwirrungen, auch oft zu kostbaren und langwierigen Prozessen Anlaß, zumalen die meisten der Provinzialgesetze sich aus älteren Zeiten herschreiben und es ihnen daher oft an Deutlichkeit und Bestimmtheit ermangelt. Es wäre sehr zu wünschen, daß hierunter eine Gleichförmigkeit in den Gesetzen aller Provinzen getroffen werden könnte. An sich würde auch solches mit keinen reellen Schwierigkeiten verbunden sein, weil ja ein jeder, dem die durch die Gesetze bestimmte Sukzessionsordnung nicht gefällt, es, wie wir bald hören

werden, in seiner Gewalt hat, dieselbe durch letztwillige Disposition abzuändern. Da aber [die Gesetze] den Ständen der verschiedenen Provinzen die Befugnis beigelegt haben, selbst zu bestimmen, welche von ihren bisherigen Provinzialgesetzen sie beibehalten oder abschaffen wollen, so ist nicht zu erwarten, daß jemals eine völlige Gleichförmigkeit der Sukzessionsgesetze erreicht werden wird.

VII. Die gesetzliche Sukzessionsordnung kann abgeändert werden teils durch Verträge, teils durch letztwillige Verordnungen. Diese letztere Art ist die gewöhnliche. Also von Testamenten.

VIII. Durch Testament versteht man eine einseitige Willenserklärung, wodurch 223R
jemand zum Erben einer Verlassenschaft berufen wird. Hat der Erblasser nicht über das Erbrecht selbst, sondern nur über gewisse bestimmte Sachen oder Summen aus seinem Nachlasse disponiert, so heißt eine solche Willenserklärung ein Kodizill.

IX. Zur Gültigkeit eines Testaments oder Kodizills wird so wie zur Gültigkeit eines Vertrages erfordert,

1. daß der, welcher das Testament oder Kodizill macht, fähig sei, seinen Willen solchergestalt zu erklären;
2. daß er befugt sei, über den Gegenstand, worüber er disponiert, so, wie geschehen ist, zu verfügen;
3. daß seine Willenserklärung frei, ernst und gewiß sei;
4. daß dieselbe in der durch die Gesetze vorgeschriebenen Form abgefaßt worden.

X. In Absicht der persönlichen Fähigkeit, letztwillig zu disponieren, finden weit weniger Einschränkungen statt als bei den Verträgen. Durch eine letztwillige Disposition übernimmt der Disponent gar keine Verbindlichkeiten, die ihm lästig werden könnten. Die ganze Disposition äußert ihren Effekt erst nach seinem Tode. Daher können viele Personen, die sich nicht ohne Beitritt andrer durch Vertrag verpflichten können, ohne dergleichen Assistenz gültigerweise letztwillig verordnen. So können z. E. Kinder, die unter väterlicher Gewalt sind, verheiratete Frauenspersonen und Minderjährige ohne Zuziehung ihres Vaters, Ehemanns oder Vormunds keinen gültigen Vertrag schließen, wohl aber können sie auch ohne deren Genehmigung ein Testament errichten. Die Personen, welchen die Gesetze die Befugnis, letztwillig zu disponieren, versagt haben, sind nur folgende:

1. Diejenigen, welche wegen gänzlicher Abwesenheit der Vernunft gar keinen Willen erklären können. Dahin gehören Rasende und Wahnsinnige, Kinder unter sieben Jahren, diejenigen, die durch Trunk oder heftige Leidenschaft des Gebrauchs ihrer Vernunft in dem Augenblick, wo sie disponieren, nicht mächtig sind. Taubstumme.

2. Diesen haben die Gesetze Unmündige, die das 14te Jahr ihres Alters noch nicht zurückgelegt haben, und Blödsinnige gleichgesetzt, weil man denselben zwar die Vernunft nicht ganz absprechen kann, dieselbe aber doch so schwach und so wenig entwickelt ist, daß es gefährlich sein würde, ihnen die Befugnis auch nur zu einer letztwilligen Disposition einzuräumen.

3. Verschwender, d. h. Leute, die durch unbesonnene und unnütze Ausgaben oder durch mutwillige Vernachlässigung ihr Vermögen beträchtlich vermindern oder sich in Schulden stecken und denen daher die Disposition über ihr Vermögen durch gerichtliche Erklärung genommen ist, können zwar ein Testament machen, sie können aber darin ihren Verwandten, die ihnen nach der gesetzlichen Erbfolge sukzedieren würden, ihr Vermögen nicht ganz entziehen, sondern müssen denselben wenigstens die Hälfte davon verlassen.

4. Personen, die durch ein Verbrechen, z. E. durch Hochverrat, durch Landesverräterei oder durch Desertion ihr Vermögen verwirkt haben, können kein gültiges Testament machen. Selbst solche letztwilligen Verordnungen, die sie vor der Begehung ihres Verbrechens errichtet hatten, verlieren dadurch ihre Kraft. Wenn er aber begnadigt wird, z. E. wenn der Deserteur Pardon erhält, so gelangt auch sein Testament wieder zur Gültigkeit.

5. Personen, die miteinander in Ehebruch oder Blutschande gelebt haben, können einander durch letztwillige Verordnungen nichts zuwenden.

XI. In Ansehung der Personen, welchen etwas durch eine letztwillige Disposition hinterlassen werden kann, gilt der Grundsatz, daß ein jeder, welcher nach den Gesetzen des Staats fähig ist, Vermögen zu erwerben, auch mit Erbschaften oder Vermächtnissen bedacht werden könne. Vermöge dieses

Grundsatzes sind in der Fähigkeit, Erbschaften und Legate zu erwerben, nur eingeschränkt:

1. Verbrecher, die durch die oben genannten Verbrechen ihr Vermögen verwirkt haben.
2. Mönche und Ordensnonnen, weil sie für bürgerlich tot geachtet werden.
3. An Kirchen und Klöster kann durch Testamente und Kodizille nicht mehr 224
verlassen werden als höchstens 500 Taler. Grund dieses Gesetzes: Damit die Geistlichkeit ihre Macht über das aufwachende Gewissen eines Sterbenden nicht brauchen möge, um das Vermögen desselben an sich zu ziehen. Damit das Vermögen nicht ad manus mortuas komme und der Zirkulation entzogen werde.
4. An auswärtige Universitäten, Schulen und Erziehungsanstalten kann auch nicht mehr vermacht werden als 500 Taler, damit solche Vermächtnisse mehr an inländische Anstalten dieser Art gelangen mögen.

XII. In Ansehung der Gegenstände, über welche letztwillig disponiert werden kann, gilt der Grundsatz, daß alles, worüber Verträge gültig geschlossen werden können, auch ein erlaubter Gegenstand letztwilliger Verordnungen sei. Soweit aber jemand über eine Sache oder ein Recht durch Vertrag nicht verfügen kann, soweit ist auch eine letztwillige Disposition, deren er sich darüber anmaßen wollte, ungültig. So wie jemand seine Lehn- oder Fideikommißgüter durch Verträge unter Lebenden nicht nach Willkür verkaufen oder sonst veräußern kann, so ist er auch nicht berechtigt, durch Testament darüber zu verfügen, sondern er muß es bei der Sukzessionsordnung lassen, welche das Gesetz oder der Wille des ersten Stifters und Erwerbers bestimmt haben. Alles dasjenige hingegen, wobei weder ein besonderes Gesetz noch eine gültige Privat-Verfügung eines Dritten der freien Disposition entgegenstehen, darüber kann durch letztwillige Verordnung gültig verfügt werden.

XIII. Die Willenserklärung bei Testamenten und Kodizillen muß ebenso wie bei Verträgen frei, ernst und gewiß sein. Von diesen zur Gültigkeit einer Willenserklärung nötigen Eigenschaften gilt alles das, was bei den Verträgen angeführt worden, auch bei Testamenten. Besonders muß aller Zwang durch Gewalt oder Drohungen wegfallen, wenn ein Testament gültig sein soll. Wer jemanden zwingt, ein Testament zu machen, verliert nicht nur alle darin ihm bestimmten Vorteile, sondern auch diejenigen, die ihm zugefallen sein würden, wenn der Erblasser ohne Testament verstorben wäre; z. E. es hat jemand zwei Brüder; der eine zwingt ihn, ein Testament zu seinem Besten zu machen.

XIV. Vornehmlich aber muß ein Testament, wenn es gültig sein soll, in der durch die Gesetze bestimmten Form abgefaßt sein.

1. Dergleichen gesetzmäßige Form ist bei Testamenten zur Gewißheit des Willens noch notwendiger als bei Verträgen, weil dort weit leichter als hier Verfälschungen und Betrügereien möglich sind. Wenn jemand aus einem Kontrakte belangt wird, den er wirklich nicht geschlossen hat, so kann er den dabei vorgefallenen Betrug leicht entdecken, er kann nachweisen, daß die Unterschrift nicht seine Hand sei, daß er sich damals nicht an dem Orte, wo er den Wechsel ausgestellt hat, sondern weit davon befunden habe. Er kann eine Menge Umstände anführen und dartun, woraus der vorgefallene Betrug leicht entdeckt werden kann. Hingegen ist mit der Entdeckung eines bei einer letztwilligen Disposition vorgefallenen Betrugs viel mehr Schwierigkeit verbunden, weil der angebliche Testator nicht mehr sprechen, sich nicht mehr selbst über die Richtigkeit seiner Hand und Unterschrift erklären, nicht mehr die Data angeben kann, durch welche sonst vielleicht ein vorgefallener Betrug ans Licht gebracht werden könnte. Gleichwohl ist die Errichtung eines Testaments, wodurch jemand über seinen ganzen Nachlaß disponiert, eine Handlung von der äußersten Wichtigkeit, und der ganzen bürgerlichen Gesellschaft ist daran gelegen, daß bei einer solchen Handlung der wahre Wille des Erblassers bis zum höchstmöglichen Grade der Gewißheit ausgemittelt und über alle Zweifel und Widersprüche hinweggesetzt sei.
2. Daher haben von jeher die Gesetze zu einem gültigen Testamente mehr Feierlichkeiten und äußere Merkmale der Gültigkeit erfordert als zu einem bloßen Vertrage. Die solennitates externae de iure Romano.
3. Die großen Schwierigkeiten, welche mit dieser Art, Testamente zu machen, 224 R
verbunden waren, und die Gefahr, daß bei Verabsäumung irgendeiner noch so unbedeutend scheinenden Kleinigkeit in dem dabei vorgeschriebenen Zeremoniell die ganze Disposition ungültig werden möchte, gab Gelegenheit, daß die meisten Testatores sich entschlossen, ihre Testamente gerichtlich aufnehmen zu lassen. Die Art, gerichtlich zu testieren, ist in den hiesigen Landen allgemein eingeführt, und nach unsern Gesetzen sind in der Regel nur gerichtliche Testamente gültig.

4. Gerichtliche Testamente können auf eine doppelte Art errichtet werden.
   a) Wenn der Testator selbst zu den Gerichten geht oder dieselben zu sich einladet und ihnen mündlich erklärt, wie er es mit seinem Nachlasse nach seinem Tode gehalten wissen wolle, worüber sodann ein Protokoll abgefaßt, dasselbe versiegelt und in gerichtlicher Verwahrung niedergelegt wird.
   b) Wenn der Testator seinen Willen, wie es nach seinem Tode gehalten werden solle, auch den Gerichten nicht bekannt werden lassen will, so kann er seinen letzten Willen selbst zu Papier bringen, versiegeln und solchergestalt versiegelt den Gerichten übergeben. Alsdann wird nur darüber, daß der Testator diese versiegelte Disposition den Gerichten mit der ausdrücklichen Erklärung, daß selbige seinen letzten Willen enthalte, übergeben und deren Aufbewahrung verlangt habe, ein Protokoll aufgenommen und dieses Protokoll nebst der versiegelten Disposition in gerichtliche Verwahrung genommen.

   In beiden Fällen ist jedoch zur Gültigkeit des Testaments notwendig, daß die Gerichte und der Testator persönlich zusammenkommen, damit es außer allem Zweifel bleibe, daß die Disposition wirklich von demjenigen herrühre, welcher darin als Testator genannt ist. Es kann also niemand bloß durch Boten, durch Bevollmächtigte oder durch Briefe den Gerichten seinen letzten Willen eröffnen. Ferner muß das Testament bis zum Ableben des Testators in gerichtlicher Verwahrung geblieben sein. Denn wenn er es zurückgenommen hat, so verliert dasselbe dadurch alle Kraft und Wirksamkeit.
5. Von der Regel, daß Testamente nur gerichtlich gemacht werden können, finden folgende Exzeptionen statt.

   a) Eltern können unter ihren Kindern auch durch einen außergerichtlichen Privataufsatz gültig disponieren, sobald nur eine solche Disposition von ihnen eigenhändig geschrieben und unterschrieben ist. Doch können sie durch ein solches Privattestament den Kindern ihr Erbrecht nicht ganz nehmen, sondern bloß einem mehr, dem andern weniger zuwenden.

   b) Kleine Vermächtnisse an Domestiken, gute Freunde und Bekannte, die nicht den 20ten Teil des Nachlasses übersteigen, ingleichen Anordnungen, wie es mit dem Begräbnisse gehalten werden, wer Vormund der hinterlassenen minorennen Kinder sein soll, und andre dergleichen das Vermögen nicht betreffende Punkte können auch in Privatkodizillen gültig verordnet werden. Nur müssen auch solche Kodizille von dem Testator eigenhändig geschrieben und unterschrieben und es muß ihnen das Datum beigefügt sein.

c) Wenn der Landesherr selbst das Testament eines Particuliers aus seinen Händen annimmt und bei sich aufbewahrt, so ist dies allein zur äußeren Gültigkeit des Testaments hinreichend, ohne daß es weiterer Förmlichkeiten dabei bedarf.

d) Wenn Personen des königlichen Hauses ihr Testament dem Landesherrn als Chef der Familie auch nur schriftlich zusenden und dieser dasselbe im Aktenkabinett niederlegt oder irgendeinem Gerichte zur Verwahrung übergibt, so ist ein solches Testament seiner äußeren Form nach vollkommen gültig.

e) Militärpersonen sind zwar in Friedenszeiten, und solange sie in ihren gewöhnlichen Standquartieren sich befinden, in Ansehung der Form der Testamente ebenso den Gesetzen wie andre Einwohner des Staats unterworfen. Wenn aber die Truppen wegen eines entstehenden Krieges ihre Standquartiere
verlassen müssen, so | sind Offiziers und Soldaten von den sonst vorgeschrie- 225
benen Förmlichkeiten bei Errichtung ihrer letztwilligen Dispositionen befreit.

α) Wenn eine solche Militärperson während der Kampagne stirbt und in ihrem Feldnachlaß eine von ihr eigenhändig geschriebene und unterschriebene Disposition sich findet, so ist dieselbe gültig, ohne daß auf die äußere Form derselben weiter etwas ankommt. Wenn z. E. ein Offizier seinen letzten Willen auch nur mit Bleistift in seine Schreibtafel geschrieben hätte, so würde die Disposition gelten, sobald nur seine Handschrift nicht bezweifelt werden kann.

β) Wenn eine Militärperson während eines Treffens, Sturms oder andern Gefechts oder unmittelbar vorher ihren letzten Willen auch nur mündlich in Gegenwart zweier Zeugen, welche ihre Aussage eidlich bestärken können, erklärt hat, so ist die Disposition gültig, insofern der Testator bei dieser Gelegenheit sein Leben wirklich verloren hat.

γ) Außer diesem Falle einer wirklich vorhandenen Kriegsgefahr muß derjenige, welcher militärisch testieren will, seinen Willen vor seinem kommandierenden Offizier oder vor dem Auditeur in Gegenwart zweier Zeugen erklären, es muß darüber ein schriftlicher Vermerk aufgenommen und von dem Auditeur und den Zeugen unterschrieben werden.

δ) Ebenso muß derjenige, welcher sein Testament nicht selbst schreiben kann, sondern es bloß unterzeichnet hat, dasselbe seinem kommandierenden Offizier oder dem Auditeur in Gegenwart zweier Zeugen übergeben; die Zeit, wann die Übergabe geschehen ist, muß alsdann auf dem Testamente bemerkt und dieser Vermerk von dem Offizier oder dem Auditeur und den Zeugen unterschrieben werden.

f) Übrigens ist von allen dergleichen militärischen Testamenten noch zu bemerken, daß dieselben nur insofern gelten, als der Testator während des Krieges oder innerhalb eines Jahres nach wiederhergestelltem Frieden gestorben ist. Hat er diesen letzten Zeitpunkt um länger als ein Jahr überlebt, so verliert das militärische Testament seine Gültigkeit, indem er alsdann Zeit genug gehabt, seine letzte Disposition in der durch allgemeine Gesetze des Staats bestimmten Form zu errichten.
Das Privilegium, militärisch zu testieren, kommt auch andern Personen zustatten, wenn denselben durch ansteckende Krankheiten und eine dadurch veranlaßte Sperre oder durch gegenwärtige Kriegsgefahr aller Zutritt zu den Gerichten abgeschlossen ist.

XV. Soviel von den Erfordernissen eines gültigen Testaments. In einem solchen Testamente nun kann der Testator über seinen freien Nachlaß nach Gutfinden verfügen. Besonders kann er die Sukzessionsordnung, welche die Gesetze in Ermangelung einer letztwilligen Disposition festsetzen, nach seinem Belieben abändern. Er kann seine Intestaterben ganz oder zum Teil ausschließen und sein Vermögen, wem er will, hinterlassen. Diese seine Freiheit, über seinen Nachlaß zu disponieren, ist durch die Gesetze bloß zugunsten derjenigen Personen eingeschränkt, welchen der Testator einen gewissen Teil seines Vermögens notwendig hinterlassen muß und ihnen also denselben auch durch ein Testament nicht entziehen kann.
Einen Pflichtteil haben nach den Gesetzen zu fordern:
1. Kinder. Wenn jemand nur ein oder zwei Kinder hinterläßt, so ist der Pflichtteil $1/3$ ihrer Erbportion, die sie erhalten haben würden, wenn der Vater ohne Testament gestorben wäre; z. E. es verläßt jemand ein Vermögen von 6000 Gulden und zwei Kinder, so würde die Erbportion jedes Kindes, wenn kein Testament vorhanden wäre, in 3000 Gulden bestehen. Davon ist $1/3$ und also 1000 Gulden der Pflichtteil. Sind drei oder vier Kinder vorhanden, so ist der Pflichtteil die Hälfte ihrer Erbportion, also in dem gegebenen Falle, wenn drei Kinder vorhanden wären, so würde jedes 2000 Gulden erhalten, und also ist der Pflichtteil 1000 Gulden. Wenn mehr als vier Kinder vorhanden sind, so macht der Pflichtteil $2/3$ aus, also in casu dato bei sechs Kindern 1000 Gulden.
2. Eltern haben auch einen Pflichtteil zu fordern, welcher allemal die Hälfte 225R
des ihnen nach der gesetzlichen Erbfolge zukommenden Anteils beträgt.
3. Auch dem überlebenden Ehegatten gebührt nach gemeinem Rechte ein

Pflichtteil, welcher ebenfalls in der Hälfte ihrer Erbportion, die sie nach der gesetzlichen Sukzessionsordnung erhalten würden, besteht.

XVI. Der Grund, warum die Gesetze diesen Personen einen Pflichtteil ausgesetzt haben, besteht darin, weil dieselben mit dem Erblasser durch solche gemeine Bande vereinigt sind, daß dieser sich einer groben Verletzung seiner moralischen Pflichten gegen sie schuldig machen würde, wenn er ihnen von seinem Vermögen nicht wenigstens etwas nach seinem Tode gönnen wollte. Wenn daher jemand dergleichen Personen, denen er einen Pflichtteil schuldig ist, in seinem Testament ganz übergeht oder sie ausdrücklich von seiner Erbschaft ausschließt oder ihnen weniger aussetzt, als der Pflichtteil beträgt, so müssen ihnen dennoch diese letzteren aus dem Nachlaß verabfolgt werden, und nur der Überrest verbleibt den eingesetzten Erben.

XVII. Es gibt jedoch einige Ursachen, aus welchen denjenigen, die nach den Gesetzen einen Pflichtteil zu fordern hätten, derselbe im Testament genommen werden kann. Diese Ursachen sind in den Gesetzen nach Verschiedenheit der Klassen genau bestimmt, reduzieren sich aber auf den Grundsatz, daß derjenige seines Rechts zum Pflichtteil verlustig werde, der sich grober Verbrechen gegen den Staat oder grober Beleidigungen des Erblassers schuldig gemacht.

XVIII. Die Wirkungen eines mit den gehörigen Erfordernissen versehenen Testaments sind folgende:

1. Solange der Testator noch am Leben ist, hat dasselbe gar keine verbindliche Kraft, sondern es dependiert bis auf den letzten Augenblick seines Lebens von ihm, das bei den Gerichten niedergelegte Testament zurückzunehmen oder sonst zu widerrufen.
2. Wenn aber der Testator verstorben ist, so muß der Richter, welcher das Testament in seiner Verwahrung hat, für dessen Publikation von Amts wegen sorgen und demjenigen, welcher darin zum Erben ernannt ist, wenn er nicht selbst bei der Publikation gegenwärtig war, davon Nachricht geben. Es gehört zu den Pflichten des Staats gegen seine Bürger, dafür zu sorgen, daß ihren letztwilligen Verordnungen ein Genüge geschehe und dieselben nicht durch den Eigennutz, die Kunstgriffe und Betrügereien der Überlebenden

vereitelt werden. Dieser Pflicht geschah nach bisherigen Gesetzen gar kein hinlängliches Genüge. Der Richter, der ein Testament in seine Verwahrung genommen hatte, bekümmerte sich nicht weiter darum, als bis sich jemand meldete und auf die Publikation antrug. Daher sind eine Menge von Testamenten und letztwilligen Dispositionen ganz wider die Intention ihrer Verfasser vereitelt worden und ohne Wirkung geblieben. Die Verwandten eines Verstorbenen, wenn sie auch in seinem Nachlasse Spuren finden, daß er ein Testament gemacht und irgendwo gerichtlich niedergelegt habe, können leicht vermuten, daß ihnen dies Testament nicht vorteilhaft sein werde, weil es sonst der Testator bei der Intestaterbfolge gelassen haben würde. Derjenige, der im Testamente bedacht worden, weiß davon vielleicht nichts und hat also auch keinen Grund, die Publikation nachzusuchen. Und so bleibt das Testament in Ewigkeit bei den Gerichten liegen, die Verwandten bemächtigen sich der Erbschaft, und der eingesetzte Erbe sowie die Legatarien kommen um den ganzen Vorteil, den ihnen der Erblasser zugedacht hatte. In der Tat liegen bei den Gerichten noch heute eine Menge von Testamenten, deren Verfasser längst gestorben sind und um deren Publikation sich niemand bekümmert. Um diesem Mißbrauche vorzubeugen und für die Aufrechthaltung des letzten Willens der Verstorbenen zu sorgen, ist im neuen Gesetzbuche verordnet, daß von nun an die Gerichte, sobald sie auf eine glaubwürdige Art von dem Ableben des Erblassers Nachricht erhalten, sofort, und ohne erst ein | Ansuchen darum abzuwarten, mit der Pu- 226
blikation seines Testaments verfahren und denjenigen, denen er darin Erbteile oder Vermächtnisse bestimmt hat, davon Nachricht geben sollen, damit dieselben zum wirklichen Genusse der ihnen zugedachten Vorteile gelangen mögen.

3. Wenn das Testament publiziert worden, so kommt es auf die Erklärung des eingesetzten Erben an, ob er die Erbschaft annehmen oder ausschlagen wolle. Schlägt er die Erbschaft aus, so fällt der Nachlaß an die Intestaterben, welche jedoch den Willen des Testators wegen der darin vermachten Legate so wie der eingesetzte Erbe erfüllen müssen.
Nimmt der Testamentserbe die Erbschaft an, so tritt er in alle Rechte des Erblassers, über welche derselbe durch sein Testament hat disponieren können und die nicht etwa bloß an die Person oder an den Stand des Erblassers gebunden waren.
Er tritt aber auch in alle Verbindlichkeiten des Erblassers und muß sowohl seine Schulden bezahlen als die im Testament vorgeschriebenen Vermächtnisse entrichten.

Inzwischen kann er doch zur Bezahlung der Schulden und Vermächtnisse nicht weiter angehalten werden, als der Nachlaß hinreicht, den er von dem Erblasser überkommen hat.
Wenn dieser unzureichend ist, so fallen die Legate weg, und die Schulden werden, soweit der Nachlaß reicht, nach der in den Gesetzen vorgeschriebenen Ordnung bezahlt. Will jedoch ein Erbe einem Gläubiger oder Legatario aus dem Grunde, daß der Nachlaß auf ihn nicht hinreiche, so muß er ein vollständiges Verzeichnis des gesamten Nachlasses vorlegen und dadurch die Unzulänglichkeit desselben nachweisen. Ein solches Verzeichnis heißt Inventar, und der Erbe kann dasselbe gerichtlich aufnehmen lassen. Hat er aber nur ein Privatverzeichnis angelegt, so muß er die Richtigkeit desselben eidlich bestärken.

XIX. Was hier von dem Testamentserben gesagt ist,

daß er in alle Rechte und Verbindlichkeiten des Erblassers trete, daß er die Schulden desselben bezahlen müsse, daß aber diese seine Verbindlichkeit sich nicht weiter erstrecke, als der Nachlaß hinreicht, und daß ein solcher Erbe ein richtiges und vollständiges Inventar des gesamten Nachlasses vorlegen müsse,

das gilt auch von demjenigen, dem eine Erbschaft ohne Testament nach der gesetzlichen Sukzessionsordnung zugefallen ist.
Wenn im Testament mehrere Personen zu Erben eingesetzt sind und der Testator hat nicht bestimmt, wieviel jeder von ihnen haben solle, so erben sie zu gleichen Teilen. Wenn einer von mehreren Erben nicht Erbe sein kann oder will, so fällt sein Anteil den übrigen Miterben zu. Die Intestaterben gelangen also nicht eher zur Sukzession, als wenn keiner von den Testamentserben mehr übrig ist, welcher die Erbschaft annehmen kann oder will.
Der Erblasser kann aber auch in seinem Testament außer dem ersten Erben einen zweiten ernennen, welcher in einem gewissen bestimmten Fall an die Stelle des ersten treten solle. Eine solche Verordnung heißt eine Substitution.
Wenn der Testator verordnet, wer an die Stelle des ersten Erben treten solle, im Falle dieser die Erbschaft nicht annehmen könnte oder nicht wollte, so heißt solches die gemeine Substitution; z. E.

wenn er disponiert, daß der Erbe die wirklich überkommene Erbschaft in einem gewissen Falle oder unter gewissen eintretenden Umständen einem andern herausgeben solle, so ist [es] eine fideikommissarische Substitution.

Die fideikommissarische Substitution kann zwar auf mehrere Grade extendiert werden. Es müssen aber alsdann die besonderen Erfordernisse vorhanden sein, welche die Gesetze bei einem Familienfideikommiß verlangen und die in der Folge vorkommen werden. Mangelt es an diesen Erfordernissen, so gilt die Substitution nur in Ansehung des ersten und zweiten Substituten.

XXI. Es ist schon bemerkt worden, daß in einem Testament außer der Ernennung 226 R
eines Erben auch Legate verordnet werden können. Legate heißen bestimmte Sachen oder Summen, die jemandem aus der Erbschaft eines Verstorbenen zufallen. Diese muß der Erbe dem Legatar prästieren, soweit der Nachlaß dazu hinreicht.

1. Der Legatar geht also dem Erben vor, und letzterer kann unter dem Vorwande, daß ihm sonst nichts zu erben übrigbleiben würde, an den Legaten keine Abzüge machen.
2. Vor allen Dingen aber müssen aus der Erbschaft die Schulden bezahlt werden, und wenn der Nachlaß zu diesen und zu den Legaten zugleich nicht hinreicht, so müssen zuerst diejenigen Legatarii, denen Geldsummen angewiesen sind, sich deren zur Bezahlung der Schulden begeben; wenn aber auch damit die Schulden nicht abgestoßen werden könnten, so müssen auch diejenigen, denen bestimmte Sachen oder Stücke vermacht worden, darauf Verzicht tun.
3. Die Legate können von mancherlei Art sein; z. E. vermachtes Geld, vermachte Schuld, vermachte Forderung, vermachter Gebrauch. In allen Fällen muß der Wille des Testators, soweit es irgend möglich ist, erfüllt werden. Exempel von dem Legato rei alienae; z. E. es vermacht mir jemand das Pferd des Herrn Majors.

XXII. So wie bei Verträgen Bedingungen hinzugefügt werden können, so kann eben dieses auch in Testamenten sowohl bei Erbeseinsetzungen als auch bei Vermächtnissen geschehen.

1. Der Unterschied zwischen aufschiebenden und auflösenden Bedingungen findet auch hier statt. Wenn z. E. jemandem etwas vermacht worden unter der Bedingung, wenn in diesem Jahre eine Contrerevolution in Frankreich erfolgen sollte, so kann der Legatarius die Verabfolgung des Vermächtnisses von dem Erben nicht eher fordern, als bis die Contrerevolution wirklich erfolgt. Vermacht aber jemand einem andern etwas unter der Bedingung,

daß er von Berlin nicht wegziehe, so muß ihm das Legat sogleich verabfolgt werden; er muß aber dasselbe dem Erben zurückgeben, wenn er Berlin wirklich verläßt.

2. Wenn einer Erbeseinsetzung oder einem Vermächtnisse eine unmögliche oder unerlaubte Bedingung beigefügt worden, so wird dieselbe für nicht beigefügt geachtet. Der Erbe oder Legatar erhält also den ihm zugedachten Vorteil, ohne daß er schuldig wäre, die Bedingung zu erfüllen. Die Gesetze nehmen nämlich an, daß es dem Testator mit der Beifügung einer solchen Kondition, von der er weiß, daß sie wegen ihrer natürlichen oder moralischen Unmöglichkeit nicht erfüllt werden könne, nicht ernst gewesen sei und er danach dem Erben oder Legatar den ihm zugedachten Vorteil nicht habe entziehen wollen.

VON BESCHÄDIGUNGEN 227

I. Die dritte Hauptquelle, woraus besondre Rechte und Verbindlichkeiten für die Mitglieder der bürgerlichen Gesellschaft entspringen können, sind Handlungen, wodurch einer dem andern Schaden zufügt. Dadurch erlangt der Beschädigte das Recht, den Ersatz des zugefügten Schadens zu fordern, und der Beschädiger wird verpflichtet, diesen Ersatz zu leisten.

II. Um die aus dieser Quelle fließenden Rechte und Pflichten richtig einzusehen, müssen einige allgemeine Begriffe vorausgeschickt werden.

III. Das Wort *Schade* hat einen sehr weitläufigen Sinn. Jede Verschlimmerung des Zustands eines Menschen, jeder Nachteil, der ihm an seiner Person, seiner Freiheit, seiner Ehre oder seinem Vermögen zugefügt worden, ist darunter begriffen. Ein solcher Nachteil entsteht nicht bloß aus Handlungen, sondern er kann auch durch Unterlassung solcher Pflichten, die jemand zu leisten schuldig ist, zugefügt werden. Der Kutscher, der den Pferden das Futter zu geben unterläßt, der sie durch unvernünftige Behandlung zu Grunde richtet.

IV. Man unterscheidet den wirklichen Schaden von dem entgangenen Gewinn. Auf entgangenen Gewinn nehmen die Gesetze nur alsdann Rücksicht, wenn von Vorteilen die Rede ist, welche jemand nach dem gewöhnlichen Laufe der Dinge und Geschäfte oder vermöge gewisser schon getroffener Anstalten und Vorkehrungen vernünftigerweise erwarten konnte, z. E. die Geschichte vom Pot au lait; die Geschichte von dem Kaufmann, dem ein andrer sein Schiff in Grund segelt.

V. Bei dem wirklichen Schaden unterscheiden die Gesetze hinwiederum den unmittelbaren Schaden, der aus der Handlung zunächst und unmittelbar entsteht, den mittelbaren, der zwar auch aus der Handlung folgt, aber doch so, daß zwischen der Handlung und dem daraus entstandenen Schaden noch etwas vorgefallen ist, ohne welches der Schade nicht erfolgt sein würde, und den bloß zufälligen Schaden, dessen Entstehen aus der Handlung nicht vorausgesehen werden konnte. Exempel: Aus Unvorsichtigkeit füge ich jemand eine Wunde zu. Die Schmerzen, das Unvermögen, seine Berufsgeschäfte abzuwarten, die Kur- und Verpflegungskosten sind *der unmittelbare Schade.* Er fällt in die Hände eines schlechten Wundarztes und stirbt: *mittelbar.* Ich bringe ihn in meine Wohnung; die Decke des Zimmers stürzt ein; *zufälliger Schade.*

VI. Man unterscheidet ferner in den Gesetzen einen Schaden, der aus Vorsatz oder grober Unvorsichtigkeit zugefügt worden, von demjenigen, bei welchem bloß ein mäßiges oder nur ein geringes Versehen zum Grunde liegt. Ein grobes Versehen nennt man dasjenige, was jeder Mensch ohne alle Anstrengung seiner Aufmerksamkeit leicht vermeiden konnte, ein mäßiges Versehen, welches man bei einem ganz gewöhnlichen Grade von Aufmerksamkeit hätte vermeiden können. Ein mäßiges Versehen heißt dasjenige, zu dessen Vermeidung vorzügliche Fähigkeiten, besondere Kenntnisse oder ein ungewöhnlicher Grad von Aufmerksamkeit erfordert wurde. Exempel: Ich schieße mitten auf der Straße, die voll von Menschen ist, mein Gewehr los und töte oder verwunde jemand. Ich habe auf der Reise eine Flinte im Wagen. Ich habe vergessen, den Hahn in Ruhe zu setzen. Ich habe die geladene Flinte in meinem Zimmer hängen; in meiner Abwesenheit kommt ein Kind hinein und beschädigt sich damit.

VII. Die Grundsätze über den Schadensersatz, welche die Gesetze vorschreiben, sind folgende:

1. Nur ein solcher Schade, den jemand ohne Recht einem andern zufügt, muß ersetzt werden. Wer sich seines Rechts innerhalb der gehörigen Schranken bedient, ist zum Ersatze eines daraus für einen andern entstandenen Schadens nicht verpflichtet; z. E. ich bin berechtigt, das Wasser, welches bei einem starken Platzregen oder Wolkenbruch auf meine Grundstücke zudringt, so gut ich kann, abzuwehren oder fortzuschaffen. Wenn durch die Anstalten, die ich dazu vorkehre, die Grundstücke meines Nachbars überschwemmt | werden, so bin ich für den daraus entstehenden Schaden gar nicht verant- 227 R wortlich.
2. Hiervon findet die einzige Ausnahme statt, wenn jemand unter mehreren zugleich möglichen Arten der Ausübung seines Rechts diejenige, welche dem andern nachteilig wird, in der Absicht, denselben zu beschädigen, gewählt hat; z. E. ich habe zwei Wege, das Wasser abzuleiten; auf eine Wiese meines Nachbars, von welcher es sogleich in den Fluß fällt, oder in den Blumengarten desselben. Ich wähle das letztere.
3. Wer einen andern ohne Recht aus Vorsatz oder grobem Versehen beschädigt, muß den gesamten Schaden und den entgangenen Gewinn ersetzen; z. E. wenn jemand das Schiff eines andern vorsätzlich oder mutwillig in Grund segelt.
4. Wer einen andern nur aus mäßigem Versehen beschädigt, haftet nur für den wirklichen Schaden, nicht aber für den entgangenen Gewinn. Wenn ich z. E. durch mein Versehen schuld daran bin, daß eine gewisse Quantität Holz, die einem andern gehört, vom Wasser weggeschwemmt wird, so muß ich ihm zwar den wahren Wert des Holzes ersetzen. War ich aber nur eines mäßigen Versehens schuldig, so darf ich dem andern nicht für den Gewinn haften, den er hätte erhalten können, wenn das Holz nach Stettin gebracht und dort noch einmal so hoch, als es an Ort und Stelle wert war, hätte verkauft werden können.
5. Für den Schaden, der aus einem geringen Versehen entsteht, haftet nur derjenige, den die Gesetze besonders verpflichten, vorzügliche Fähigkeiten oder Kenntnisse oder eine mehr als gewöhnliche Aufmerksamkeit bei einer Handlung anzuwenden. Dahin gehören besonders Sachverständige, die sich dafür ausgeben, daß sie sich in irgendeiner Kunst oder Wissenschaft besondere Kenntnisse erworben haben.
6. Aber auch diese haften bei einem nur geringen Versehen bloß für den unmittelbar aus ihrer Handlung entstehenden Schaden; z. E. ein Baumeister muß für jedes Versehen haften, was er bei einem geführten Baue gegen die Regeln seiner Kunst begangen hat. Gesetzt, er hat bei der Anlegung eines

Gewölbes ein dergleichen Versehen begangen und das Gewölbe stürzt ein. Alle Kosten, welche der Wiederaufbau verursacht, der Ruin der Sachen, die im Zimmer befindlich waren und durch den Einsturz der Decke zertrümmert wurden, sind unmittelbare Folgen seines Versehens. Aber durch den Schreck über den Einsturz der Decke stößt dem Eigentümer eine Krankheit zu. Vorausgesetzt, daß das Versehen des Baumeisters unter die Klasse der geringen gehörte, so kann er zum Ersatz des durch diese Krankheit dem Eigentümer verursachten Schadens nicht angehalten werden.

7. Ein bloß zufälliger Schade darf in der Regel nicht ersetzt werden.
8. Ein jeder aber muß einen Schaden, der aus seiner Handlung auch nur durch ein geringes Versehen, ja selbst nur zufälligerweise entstanden ist, vergüten, wenn die Handlung selbst wider ein Verbotsgesetz ist oder wenn er sich durch ein gesetzwidriges Verhalten in die Umstände, unter welchen er zu der Handlung veranlaßt worden, selbst gesetzt hat. Exempel: Ich habe geladenes Gewehr in meiner Stube, gehe aus, vergesse abzuschließen. Ein Kind gerät über das Gewehr. Hier ist nur ein geringes Versehen. Aber es ist ausdrücklich verboten, geladenes Gewehr im Hause zu haben. Ich will eilfertig die Treppe heruntergehen, falle und zertrümmere einen Korb mit Porzellan, der unten steht. Jemand wird bei der Frau eines andern ertappt und fällt in den Korb.

VIII. Es gibt Fälle, wo der, welcher die Handlung vorgenommen hat, als der, welchem der Schade widerfahren ist, an der Entstehung des Schadens gemeinschaftlich Schuld tragen. | In solchen Fällen gelten folgende Grundsätze: 228

1. Wenn mehrere, die eine unerlaubte Handlung gemeinschaftlich vornehmen, einander dabei beschädigen, so muß jeder seinen eigenen Schaden tragen; z. E. ein paar Diebe wollen einbrechen. Einer hält die Leiter, der andre steigt hinauf. Er fällt herunter, schlägt sich ein Loch in den Kopf und dem andern den Arm entzwei. Jeder trägt seinen Schaden.
2. Wenn außerdem zwei oder mehrere einander wechselseitig beschädigen, so haftet jeder dem andern für den verursachten Schaden nach Maßgabe der ihm zur Last fallenden Verschuldung; z. E. es begegnen zwei Wagen einander, beide weichen einander nicht gehörig aus. Durch den Schock wird der eine Wagen umgeworfen, der andre verliert nur eine Achse. Beide sind in gleicher Verschuldung und jeder muß dem andern den zugefügten Schaden ersetzen.
3. Wenn jemand einen andern aus Vorsatz oder grober Nachlässigkeit beschädigt, so kann er sich dem Ersatze des dadurch unmittelbar verursachten

Schadens unter dem Vorwande nicht entziehen, daß der andre sich ebenfalls eines Versehens bei dem Vorfalle schuldig gemacht habe; z. E. es sprengt jemand in vollem Galopp durch eine mit Menschen angefüllte Straße und reitet einen übern Haufen. Hier kann er sich nicht damit entschuldigen, daß der andre hätte ausweichen können.

4. Wenn aber der Beschädigte bei der Abwendung des mittelbaren Schadens, der aus der Handlung entstanden ist, selbst ein grobes Versehen begangen hat, so muß er diesen mittelbaren Schaden selbst tragen und kann auch vor den entgangenen Gewinn keinen Ersatz fordern; z. E. ich habe jemandem die Fenster eingeworfen; er vernachlässigt, dieselben durch Zuschließung der Laden zu verwahren; es steigen Diebe ein.
5. Wenn der Schaden nur aus einem mäßigen oder geringen Versehen entstanden ist, der Beschädigte aber sich dabei eines groben Versehens schuldig gemacht hat, so kann er gar keinen Ersatz fordern; z. E. ich reite auf offener Landstraße scharf zu und habe mein Pferd nicht genügsam in meiner Gewalt; ich reite einen Menschen nieder; aber dieser Mensch läuft mir in dem Augenblick, da er mich in voller Karriere ankommen sieht, quer über die Straße; dann ist er durch seine grobe Unvorsichtigkeit selbst schuld.

IX. Wenn zwei oder mehrere gemeinschaftlich einen dritten beschädigen, so geschieht dies entweder aus Vorsatz oder grober Unvorsichtigkeit oder nur aus einem mäßigen oder geringen Versehen. Wenn mehrere vorsätzlich oder aus grober Unvorsichtigkeit einen andern beschädigen, so haftet jeder von ihnen für den ganzen Schaden, und der Beschädigte hat die Wahl, ob er sich an alle halten oder welchen von ihnen er in Anspruch nehmen wolle; z. E. ein ganzer Schwarm von Studenten hat jemandem die Fenster eingeworfen. Wenn der Schade von mehreren nur aus einem mäßigen oder geringen Versehen zugefügt worden, so haftet jeder nur für sein eignes Versehen, doch haften auch in diesem Falle die Beschädiger für einander, wenn nicht ausgemittelt werden kann, welchen Teil des Schadens jeder verursacht hat; z. E. Ein . . .[1]

X. Der Regel nach haftet jeder nur für den Schaden, den er selbst angerichtet hat. Es gibt aber auch Fälle, da jemand für einen durch andre verursachten Schaden verantwortlich ist. Diese Fälle sind folgende:

[1] Das folgende fehlt.

1. Wenn jemand die unwillkürliche Handlung eines andern, die einem dritten schädlich geworden ist, selbst, es sei aus Vorsatz oder Versehen, veranlaßt hat; z. E. es stößt jemand den andern, daß er fällt und einen Spiegel zerbricht. Alsdann haftet der Stoßende für den ganzen Schaden.
2. Wenn Kinder unter sieben Jahren oder Wahn- und Blödsinnige einen Schaden angerichtet haben, so haften diejenigen vorzüglich, welche die Aufsicht über dieselben vernachlässigt haben. Wenn inzwischen diese den Schaden zu ersetzen unvermögend sind oder wenn ihnen keine Verantwortung zur Last fällt, so muß der unmittelbare Schaden aus dem Vermögen desjenigen, der ihn verursacht hat, ersetzt werden; z. E. ein Wahnsinniger gerät in mein Zimmer und schlägt mir Spiegel, Vasen, Meubles in Stücken.
3. Wer eine unerlaubte Handlung befiehlt oder Auftrag dazu erteilt, haftet für 228 R
allen daraus entstandenen Schaden, wenngleich die Grenzen seines Auftrags überschritten worden; z. E. es trägt jemand einem andern auf oder befiehlt einem andern, den Dritten auf der Straße abzuprügeln, und sie schlagen ihm Arme und Beine entzwei.
4. Wer auf Befehl eines Vorgesetzten eine in den Gesetzen ausdrücklich verbotene Handlung vornimmt, wird durch diesen Befehl von der Verantwortung des angerichteten Schadens nicht frei. Er ist vielmehr als ein Mitschuldiger anzusehen, und der Beschädigte hat die Wahl, ob er sich an ihn oder an denjenigen, welcher den Befehl erteilt hat, halten wolle. Ich befehle meinem Bedienten, einem Dritten sein Haus anzuzünden.
5. Wer unter einer so strengen Subordination steht, daß er die Befehle seiner Vorgesetzten ohne Einschränkung befolgen muß, der wird nicht verantwortlich, wenn er in Dienstsachen einen auch an sich unerlaubten Befehl seines Vorgesetzten befolgt; z. E. der kommandierende Offizier im Kriege befiehlt seinen Soldaten, ein Dorf in Brand zu stecken. Dies erstreckt sich aber nur auf Dienstsachen.
6. Wer wissentlich etwas geschehen läßt, welches zu verhindern er schuldig und vermögend war, haftet für den dadurch verursachten Schaden. Väter, Vormünder, Lehrherren, Dienstherrschaften.
7. Wer aus Vorsatz, grobem oder mäßigem Versehen einen untüchtigen Bevollmächtigten zur Ausrichtung eines Geschäftes wählt, haftet für den von selbigem bei Ausrichtung verursachten Schaden; z. E. die Inhaber eines Schiffs bestellen einen unfähigen und unerfahrenen Schiffskapitän.
8. Wer wissentlich Leute in seine Dienste nimmt oder darin behält, die durch überwiegenden Hang zu groben Lastern, z. E. zum Diebstahl oder Trunk, durch einen hohen Grad von Schwermut oder Blödsinn, durch ansteckende

Krankheiten oder durch unvorsichtigen Gebrauch des Feuers andern schädlich werden können.

9. Wer wissentlich Mietsleute duldet, die mit Feuer und Licht, beim Auswerfen oder Ausgreifen oder in Verschließung des Hauses unvorsichtig und nachlässig zu verfahren gewohnt sind.
10. Wer ohne obrigkeitliche Erlaubnis Tiere hält, die vermöge ihrer Natur den Menschen oder nützlichen Tieren schädlich sind; z. E. zahme Wölfe, Füchse.
11. Wer bei andern Tieren die gehörigen Maßregeln zur Abwendung des von ihnen zu befürchtenden Schadens verabsäumt; z. E. wer einen bissigen Hund ungeknüppelt herumlaufen läßt.
12. Wer ein Tier reizt oder sonst durch Unvorsichtigkeit zu Beschädigungen durch dasselbe Anlaß gibt; z. E. wer einen Hund hetzt.

XI. Grundsätze, nach welchen der Schadensersatz bestimmt wird.

1. Wer einen andern tötet, muß in allen Fällen den Hinterlassenen Kur-, Begräbnis- und Trauerkosten erstatten.
   a) Vorsatz und grobes Versehen: Standesmäßiger Unterhalt der Witwe und Kinder; Erziehung und Ausstattung der Kinder ohne Rücksicht auf das hinterlassene Vermögen (Eltern).
   b) Mäßiges Versehen: Eben das, wenn der Verstorbene kein hinreichendes Vermögen verlassen hat.
2. Körperliche Verletzung: In allen Fällen Kur- und Heilungskosten.
   a) Vorsatz oder grobes Versehen: Schmerzensgeld; Vergütung aller Vorteile, welche der Beschädigte nach dem natürlichen und gewöhnlichen Laufe der Dinge durch Fortsetzung seines Amts oder Gewerbes hätte erlangen können; z. E. ein Mensch, der Kopist ist und dem die Hand abgehauen wird; ein Offizier, der zum Dienst untauglich gemacht wird. | Wer eine unverheiratete Frauensperson verunstaltet, muß ihr eine hin- 229
   reichende Ausstattung geben, daß sie die Hoffnung erhalte, ihrem Stande gemäß heiraten, und unterdessen von den Zinsen leben zu können.
   b) Mäßiges Versehen: Vergütung der Vorteile, in deren Besitz der Beschädigte sich wirklich befindet und deren er durch die Beschädigung verlustig geworden; z. E. dem Kopisten das, was er heute verdient; der Verunstalteten gesetzmäßige Ausstattung.
3. Ehrenkränkungen:
   a) Vorsätzlich: Öffentlicher gerichtlicher Verweis und Ehrenerklärung für den Beleidigten; Pasquille.

b) Der Vorsatz ist nicht ausgemittelt: Ehrenerklärung von seiten des Beleidigers
   α) öffentlich vor Gericht, wenn der Vorfall öffentlich war oder Niedere gegen Höhere;
   β) mündlich in Gegenwart von Zeugen unter Personen gleichen Standes;
   γ) schriftlich, Höhere gegen Geringere.

4. Beraubung der Freiheit:
   a) Ersatz des Schadens und entgangenen Gewinns.
   b) Kosten der Befreiung.
   c) Wenn die Befreiung nicht erfolgen kann, Verpflegung und Erziehung und Ausstattung.
5. Beschädigung von Vermögen:
   a) Wenn die Sache ganz verloren oder unbrauchbar ist:
      α) Vorsatz oder grobes Versehen: Ersatz des höchsten Werts, bei Vorsatz des pretii affecti.
      β) Mäßiges Versehen: Ersatz des gemeinen Werts.
   b) Wenn die Sache nicht ganz verloren worden:
      Ersatz der Verminderung am Wert; doch kann der Beschädigte die Sache gegen Ersatz des ganzen Werts dem Beschädiger überlassen; z. E. ein Pferd, das mir einer steif geritten hat.

Dies, gnädiger Herr, sind die Hauptquellen aller Rechte und Verbindlichkeiten, welche unter den Einwohnern des Staats durch die bürgerlichen Gesetze bestimmt werden: Allgemeines Menschen- und Naturrecht, die Freiheit, alles zu tun, was man will, sobald nicht Rechte des Staats oder eines andern dadurch gekränkt werden; Geburt, Stand, Besitz, Verträge, letztwillige Verordnungen, Schadenszufügungen. Überall werden Eure Königliche Hoheit bemerkt haben, daß der Geist dieser Gesetze dahin gehe:

1. Jedem muß erlaubt sein, über seine Person, über seine Fähigkeiten und Kräfte, über sein Eigentum und Vermögen nach seiner eignen Einsicht und Überzeugung zu disponieren, solange nur Rechte des Staats oder Rechte seiner Mitbürger nicht gekränkt werden.
2. Nur Leute, die [wegen] Krankheit oder Geistesschwäche nicht fähig sind, für ihr eigenes Wohl zu sorgen, werden durch die Gesetze in dieser freien Disposition zu ihrem eigenen Besten eingeschränkt und der Direktion anderer, welche für sie sorgen müssen, unterworfen.
3. Gesetze verlangen aber von einem jeden, daß er bei seinen Handlungen die gehörige Aufmerksamkeit anwende, seine Pflichten gegen andre zu erfüllen

und keinen seiner Mitbürger in seinen Rechten zu kränken oder zu beschädigen. Die Vernachlässigung dieser schuldigen Aufmerksamkeit zieht stets die Verbindlichkeit bei sich, den Nachteil, welcher daraus für andre entstanden ist, zu vergüten.

4. Die Gesetze gestatten es nicht, daß jemand seinen Vorteil mit dem Schaden 229 R
eines andern befördere und unter irgendeinem Vorwand etwas von dem Seinigen des andern wider dessen Willen und mit seinem Nachteil sich zueigne.

5. Besonders verlangen die Gesetze in allen Handlungen des bürgerlichen Lebens Redlichkeit und Treue. Sie verabscheuen allen Betrug und erlauben es nie, daß der Betrüger Rechte dadurch erwerben oder Vorteile sich zueignen könne.

6. Übrigens ist möglichste Gewißheit und Sicherheit des Eigentums und der Rechte das Hauptaugenmerk der Gesetze. Nur insofern, als die Erreichung dieses wichtigen Zwecks es notwendig erfordert, werden die Handlungen des bürgerlichen Lebens an gewisse äußere Formen gebunden. Förmlichkeiten, die dazu nicht notwendig sind oder die zur Erreichung dieses Zwecks nichts beitragen können, sind widerrechtliche Einschränkungen der natürlichen und bürgerlichen Freiheit.

7. Da die Gesetze vermöge ihrer Natur, und um die schädlichen Willkürlichkeiten des Despotismus zu vermeiden, nur *allgemeine* Vorschriften sein können, so beruhigt sich der wohldenkende und gutmütige Bürger, wenn auch hier und da in einzelnen Fällen einige Unbequemlichkeiten oder gar Härten für ihn übrigbleiben.

Diese allgemeinen Grundsätze werden hinreichend sein, Euer Königlichen Hoheit den Geist unsrer Gesetze darzustellen. Ich werde nunmehr nur noch eine allgemeine Darstellung des Inhalts derselben in ihrem Zusammenhange versuchen und alsdann diejenigen einzelnen Materien ausheben, von welchen Eure Hoheit als künftiger Souverän wegen der Ihnen dabei zukommenden unmittelbaren Mitwirkung eine nähere Kenntnis haben müssen.

INHALT DER LANDESGESETZE 230

Die Rechte und Verbindlichkeiten der Bürger des Staats sind entweder solche, die ihnen als Mitglieder der bürgerlichen Gesellschaft überhaupt zukommen und hauptsächlich ihr Vermögen betreffen: *Sachenrechte.*

Oder solche, die ihnen als Mitglieder einer von den verschiedenen kleineren Gesellschaften, welche in der großen bürgerlichen Gesellschaft vorhanden sind, beigelegt werden und hauptsächlich ihre *Person* oder ihren *Stand* angehen: *Personenrechte.*
Einige Verhältnisse zwischen dem Staat und seinen Bürgern können nach der Staatsverfassung der Gegenstand richterlicher Entscheidungen sein. Auch diese sind in den Landesgesetzen bestimmt.

Sachenrechte

Hauptzweck der Gesetze des Sachenrechts ist Sicherheit und ruhiger Genuß des Eigentums.
Alles, was ein Mensch zu dem Seinigen rechnen und darüber als über das Seinige verfügen kann, gehört zu dem Eigentum dieses Menschen.
Eigentum erstreckt sich also nicht bloß auf körperliche Sachen, welche in die Sinne fallen, sondern auch auf Rechte, die bloß durch die Ausübung merkbar werden.

I. Was ist Eigentum und was gehören dazu für Befugnisse? Das Recht, die Sache zu besitzen, allen Nutzen davon zu ziehen, über die Sache selbst zu disponieren nach eignem Willen.

II. Wie wird Eigentum erworben?
Zur Erwerbung des Eigentums gehört Besitznehmung.
Der Gegenstand ist schon das Eigentum eines andern oder nicht. Ist er noch in keines andern Eigentum, so wird das Eigentum durch die bloße Besitznehmung von einem jeden, welchem die Gesetze dazu ein Recht beilegen, erworben: *Unmittelbare.*
Ist die Sache schon in eines andern Eigentum, so muß zur Besitznehmung die Einwilligung des andern hinzukommen: *Mittelbare.*
Unmittelbar werden erworben:

1. Sachen, die noch nie einen Eigentümer gehabt haben; ursprüngliche Besitznehmung;
2. wilde, in der natürlichen Freiheit lebende Tiere; Tierfang, Jagd, Fischerei;

3. verlorene Sachen;
4. Schätze;
5. preisgegebene Sachen;
6. Beute;
7. Sachen, die durch Natur oder Kunst mit eigenen Sachen untrennbar verbunden werden; An- und Zuwüchse; Alluvion; Inseln; zugelandete Flußbette; untrennbare Vermengung oder Vermischung eigener mit fremden Sachen; z. E. Verarbeitung fremder Materialien pp;
8. der Nachlaß eines Verstorbenen, zu dessen Erwerbung das Gesetz jemandem ein Recht gibt; Erbschaften;
9. Sachen, die seit so langer Zeit sich im Besitz eines Menschen befunden haben pp.; Verjährung.

Mittelbare Erwerbung:

A. Unter Lebendigen: Verträge. Dadurch wird übertragen:

1. Eigentum einer körperlichen Sache gegen Geld: *Kauf.*
2. Eigentum einer körperlichen Sache gegen Überlassung einer andern: *Tausch.*
3. Eigentum von Rechten gegen Geld oder andre Vorteile: *Zession.*
4. Eigentum eines Inbegriffs von körperlichen Sachen und Rechten gegen Geld: *Erbschaftskauf.*
5. Eigentum einer schon vorhandenen Sache gegen die Hoffnung eines künftigen noch ungewissen Vorteils: Gewagte Geschäfte, Lotterie, Leibrente, Tontine.
6. Eigentum einer Geldsumme gegen versprochene Wiedererstattung: 230 R *Darlehen.*
7. Eigentum von Sachen und Rechten ohne Entgelt aus bloßer Freigebigkeit.
8. Die Disposition über die Handlungen, Fähigkeiten und Kräfte eines andern gegen versprochene Belohnung: Handarbeiter und Tagelöhner, Handwerker und Künstler, verdungene Werke und Baue, Lieferungsvertrag, Bücherverlag.
9. Insonderheit die Disposition über die Fähigkeiten und Kräfte eines andern zum Behuf eines cum tertio zu verhandelnden Geschäftes: Vollmachtsauftrag.

B. Von Todes wegen: Testamente, Kodizille, Erbverträge.

III. Wie werden Eigentum und Rechte erhalten?

1. In der Regel durch den Schutz des Staats.

2. Es gibt aber Mittel, wie der Eigentümer sich im Besitz des Seinigen auch durch eigne Handlungen sichern kann.
3. Pfändungen. Eine Gattung des Notrechts.
4. Protestationen.
5. Kautionen und Bürgschaften.
6. Verwahrungsvertrag.
7. Verwaltungsvertrag.

IV. Wie kann der verlorene Besitz des Eigentums wiedererlangt werden? Vindikation.

V. Wie werden Eigentum und Rechte aufgehoben?
1. Das Eigentum hört auf durch den *Untergang* der Sache.
2. Rechte hören auf durch gänzliche *Erfüllung* der Pflicht, die vermöge des Rechts gefordert werden konnte. Zahlung. Gerichtliche Niederlegung. Angabe an Zahlungsstatt. Assignation.
3. Durch *Kompensation* gegenseitiger Forderungen vergleichbarer Art und gleicher Beträge.
4. Durch *Entsagung* auf ein bisher besessenes Recht.
5. Durch *Vergleich* über ein streitig gewesenes Recht.
6. Durch *Verwandlung* eines Rechts in ein andres.
7. Durch *Vereinigung* der Rechte und Pflichten in einer Person.

VI. Das Eigentum einer Sache oder Rechts gehört entweder nur einer Person, oder es ist mehreren gemein.
Im letzteren Falle sind entweder die sämtlichen unter dem Eigentum begriffenen Rechte mehreren gemein: *Miteigentümer.*
Oder die unter dem Eigentum begriffenen Rechte sind unter mehrere Personen verteilt dergestalt, daß das Recht, die Sache zu besitzen und allen Nutzen davon zu ziehen, nur einem zukommt, hingegen das Recht, über die Substanz der Sache zu disponieren, ihm mit einem andern gemein ist: *Geteiltes Eigentum.*

VII. Welches sind die Rechte des Miteigentums? Je nachdem es entsteht
1. durch Vertrag;

2. durch Teilnehmung an einer Erbschaft;
3. unmittelbar aus dem Gesetz; z. E. zwei finden zugleich eine Sache.
4. Das Miteigentum kann aufgehoben werden
   a) durch Teilung überhaupt;
   b) durch Absonderung vermischt liegender Grundstücke; Gemeinheitsteilungen;
   c) durch Berichtigung vermengter und verdunkelter Grenzen; Grenzscheidung.

VIII. Welches sind bei geteiltem Eigentum die Rechte der Teilnehmer?
1. Bei Lehen.
2. Bei Erbzinsgütern.

IX. Das Recht, frei über das Seinige zu verfügen, ist ein wesentliches unter dem Eigentum begriffenes Recht.

Der Eigentümer kann aber in dieser Disposition auf mannigfaltige Art eingeschränkt sein.

Einige dieser Einschränkungen beruhen auf allgemeinen gesetzlichen Vor- 231
schriften.

Andre gründen sich auf Rechte, die jemandem auf fremde Sachen vermöge gewisser besondrer Gesetze oder durch den Willen des Eigentümers eingeräumt worden.

X. Welches sind die gesetzlichen Einschränkungen des Eigentums? Grundsätze:
1. Der Staat verbietet jeden Mißbrauch zur Kränkung und Beschädigung andrer. Mißbrauch heißt ein solcher Gebrauch des Eigentums, welcher vermöge seiner Natur nur die Kränkung eines andern zur Absicht haben kann.
2. Der Staat verbietet jeden Gebrauch des Eigentums, der, wenn er auch kein vorsätzlicher Mißbrauch ist, dennoch Schaden und Gefahr für die bürgerliche Gesellschaft überhaupt oder für deren einzelne Mitglieder offenbar bei sich führt.
3. Der Staat zwingt den Eigentümer zu solchen Dispositionen über sein Eigentum, ohne welche die bürgerliche Gesellschaft nicht würde bestehen können. Den Acker zu bauen, Getreide zu verkaufen, Forsten wirtschaftlich zu benutzen.

4. Der Staat schränkt das Eigentum soweit ein, als es notwendig ist, damit anderen das Ihrige nicht ganz unbrauchbar werde. Servitutes necessariae.
5. Der Staat nötigt den Eigentümer, einem andern einen solchen Gebrauch seines Eigentums zu verstatten, der ihm selbst ganz unschädlich ist oder wo der Vorteil des Staats oder des andern den Nachteil des Eigentümers beträchtlich überwiegt.
6. In den Fällen sub 4 et 5 muß der Eigentümer vollständig entschädigt werden.

XI. Welches sind die Rechte auf fremdes Eigentum, die durch Einwilligung des Eigentümers entstehen? Sie betreffen:

A. Die Sache selbst und deren Substanz. Dergleichen Sachenrechte werden dem Berechtigten eingeräumt,

1. damit er sich an die Sache zu seiner Sicherheit halte; Pfandrecht; Pfandhypothek;
2. damit er in einem bestimmten Falle das Eigentum der Sache vorzüglich vor andern erwerben könne; Vorkaufsrecht; Näherrecht; Rückkaufsrecht.

B. Den Gebrauch und die Nutzung der Sache. Dergleichen Recht wird eingeräumt:

1. Gewissen bestimmten Personen.
   a) Der Berechtigte hat allen Gebrauch, den die Sache salva substantia gewähren kann: Nießbrauch, Erbpacht.
   b) Er hat nur eine gewisse Art des Gebrauchs oder der Nutzung:
      α) den bloßen Gebrauch einer beweglichen Sache: Leihvertrag;
      β) den bloßen Gebrauch einer unbeweglichen Sache: Mietvertrag;
      γ) den Genuß der gewöhnlichen Früchte und Nutzungen: Pachtkontrakt.
2. Jedem Eigentümer eines bestimmten Grundstücks in Ansehung eines andern Grundstücks: Iter, Actus, Via, Ius pascendi, lignandi, Schäfereigerechtigkeit.

C. Das Recht, die Freiheit eines andern in seinen Handlungen zu eigenem Vorteile einzuschränken: Zwanggerechtigkeiten, Mühlenzwang, Bau- und Schankgerechtigkeiten.

Personenrechte

231 R

Die Bürger des Staats haben Rechte und Pflichten als Mitglieder einer oder der andern von den im Staat vorhandenen Gesellschaften und als Mitglieder einer der verschiedenen Klassen oder Stände, in welche die Einwohner des Staats eingeteilt werden. Diese Rechte heißen Personen- und Standesrechte. Sie beziehen sich auf die häuslichen und Familiengesellschaften, auf die im Staat vorhandenen größeren Gesellschaften, auf die im Staat eingeführten Stände.

I. Rechte der häuslichen und Familiengesellschaften. Zu diesen gehören:

1. Die eheliche Gesellschaft. Erfordernisse einer gültigen Ehe. Rechte der Eheleute in Ansehung der Person und des Vermögens. Trennung der Ehe durch den Tod und Erbfolge. Trennung der Ehe durch richterliches Erkenntnis. Ungleiche Ehen. Unehelicher Beischlaf.
2. Verbindung zwischen Eltern und Kindern. Rechte und Pflichten zwischen Eltern und Kindern in Ansehung der Person und des Vermögens, je nachdem die Kinder aus einer gleichen, aus einer ungleichen oder außer der Ehe erzeugt sind. Erbfolge. Legitimation. Adoption.
3. Verbindung zwischen den übrigen Familienmitgliedern. Gemeinschaftliche Familienrechte. Erbfolge. Familienstiftungen, Fideikommisse.
4. Verbindungen zwischen Herrschaft und Gesinde.

II. Rechte der größeren Gesellschaften im Staat, welche der Staat als solche, die zu einem gemeinnützigen Zwecke errichtet worden und beständig fortdauern sollen, ausdrücklich bestätigt hat. Rechte der Korporationen.
Unter diesen verdienen eine vorzügliche Aufmerksamkeit diejenigen, welche die Religion und den Unterricht in nützlichen Kenntnissen zur Absicht haben. Daher:

A. Von Religionsgesellschaften, die sich mit der Feier des Gottesdienstes und der Belehrung des Volks über die Wahrheiten der Religion oder mit andern geistlichen Übungen beschäftigen. Kirchengesellschaften. Geistliche Gesellschaften.

B. Öffentliche Unterrichtsanstalten.

III. Die Mitglieder des Staats sind nach Verschiedenheit der Geschäfte, zu welchem ein jeder nach den bestehenden Staatseinrichtungen hauptsächlich bestimmt ist, in verschiedene Stände oder Klassen eingeteilt.

1. Die Arbeiten des Landbaues beschäftigen hauptsächlich den Bauerstand.
2. Der Betrieb der Handwerke, Manufakturen, Gewerbe, Künste und des Handels den Bürgerstand.
3. Zum Adelstande gehören diejenigen, die durch Geburt oder Verleihung des Staats mit gewissen äußeren Vorrechten vor den übrigen Ständen versehen sind.
4. Personen aus allen drei Ständen, die sich unmittelbar dem Dienste des Staats gewidmet haben. Stand der Beamten. Militär-, Zivilbeamte.
5. Wer zu einem dieser Stände gehört, hat schon von daher, weil er ein Mitglied desselben ist, gewisse Rechte und Pflichten.
6. Auch die Gewerbe, welche von den Mitgliedern eines solchen Standes betrieben werden, sind gesetzlichen Bestimmungen unterworfen.
7. Die Gesetze bestimmen also bei einem jeden dieser Stände
   a) die Standesrechte der einzelnen,
   b) die Rechte, welche dem Stande im Ganzen oder den Unterabteilungen und Klassen, worin er eingeteilt ist, zukommen,
   c) die Rechte der verschiedenen Gewerbe, welche von diesen Ständen betrieben werden.

IV. Unter den Rechten und Pflichten des Bauerstandes werden also erklärt: 232

1. Die Rechte und Pflichten der Mitglieder desselben überhaupt.
2. Die Rechte und Pflichten der Dorfgemeinen.
3. Die Verhältnisse, in welchen die einer Gutsherrschaft untertänigen Dorfbewohner gegen die Herrschaft stehen.

V. Unter den Rechten und Pflichten des Bürgerstandes wird gehandelt:

1. Von den Rechten und Pflichten der Mitglieder dieses Standes überhaupt.
2. Von Städten und Stadtgemeinen.
3. Von den verschiedenen Arten der bürgerlichen Gewerbe und den dabei stattfindenden besonderen Gewerben.
   a) Von Handwerkern, deren Zünften und Innungen.
   b) Von Fabrikanten und Künstlern.
   c) Von andern bürgerlichen Gewerben, Gastwirten, Apothekern, Fuhrleuten.

d) Von Kaufleuten. Von den verschiedenen Arten der Kaufmannsgeschäfte.
   a) Von Wechseln.
   b) Von der Schiffsreederei.
   c) Von der Frachtschiffahrt.
   d) Von Haverei und Assekuranzen.

VI. Unter den Rechten des Adelstandes wird von der Bestimmung desselben, von den besondern Pflichten, die er dem Staat schuldig ist, von den Praerogativen, die er genießt, und von den Einschränkungen, denen er unterworfen ist, gehandelt.

VII. Zuletzt wird von dem Stande der Staatsbeamten gehandelt. Es werden die Rechte und Pflichten bestimmt, die einem jeden Mitgliede dieses Standes teils in Beziehung auf sein Amt, teils in den Geschäften des bürgerlichen Lebens zukommen. Auch die Verhältnisse und Verfassungen der Kollegien, in welche Staatsbeamte zur Bearbeitung gemeinschaftlicher Staatsangelegenheiten zusammengezogen sind, werden bestimmt.

Verhältnisse zwischen dem Staat und seinen Bürgern

Die Verhältnisse zwischen dem Oberhaupte des Staats und den Untertanen desselben sind an sich kein Gegenstand des Privatrechts.
Im preußischen Staat sind aber einige dieser Verhältnisse durch positive Gesetze bestimmt,
  weil der Staat die Ausübung einiger seiner Hoheitsrechte den von ihm bestellten Gerichten übertragen und diesen bestimmte Regeln wegen ihres Verhaltens dabei vorgeschrieben hat;
  weil der Staat gewisse nutzbare Rechte an Privatpersonen zu verleihen pflegt und das, was diesen vermöge einer solchen Verleihung zukommt, durch Gesetze bestimmt sein muß;
  weil der Staat die Entscheidung der Streitigkeiten, welche über dergleichen nutzbare Rechte, ihren Umfang und Grenzen zwischen ihm selbst und seinen Untertanen entstehen können, seinen eigenen Gerichten

aufgetragen hat, also Gesetze vorhanden sein müssen, welche diese bei der Entscheidung solcher Streitigkeiten zum Grunde legen können.

I. Der Staat sorgt für die Ruhe und Sicherheit seiner Bürger und ihres Eigentums

1. dadurch, daß er die unter ihnen entstehenden Streitigkeiten nach den Gesetzen untersuchen, entscheiden und diese Entscheidung vollstrecken läßt; *Gerichtsbarkeit*;
2. dadurch, daß er für die Verhütung und Bestrafung der Verbrechen sorgt; *Kriminalrecht*.

II. Der Staat sorgt für die Erhaltung und Wohlfahrt gewisser Klassen seiner Bürger näher und unmittelbarer, und zwar

1. derjenigen, die wegen Schwäche des Alters oder des Geistes oder aus andern Ursachen ihr eigenes Wohl nicht besorgen können; Rechte der Vormundschaften;
2. derer, die aus Mangel an Vermögen und Kräften ihren Unterhalt nicht selbst besorgen können; Medizinalanstalten.

III. Der Staat besitzt zur Bestreitung der öffentlichen Bedürfnisse gewisse Güter, 232R
Einkünfte und nutzbare Rechte: *Staatsvermögen*. Dazu werden gerechnet:

1. Güter und Gefälle, deren Eigentum dem Staat gehört und wovon die Nutzungen zu den Staatsbedürfnissen bestimmt sind: *Domänen*.
2. Nutzbare Rechte, die von dem Privateigentum abgesondert und dem Staat zur ausschließenden Benutzung beigelegt worden: *Nutzbare Regalien*. Diese bestehen
   a) in der Benutzung solcher Dinge, die ihrer Natur nach kein Gegenstand des Privateigentums sein können; Landstraßen, Ströme, Häfen und Meeresufer;
      α) durch das Zollregal;
      β) durch das Postregal;
   b) in dem Rechte, sich gewisse Dinge, die zwar an sich Gegenstand des Privateigentums sein können, aber nicht wirklich in dominio privatorum sind, mit Ausschließung aller andern dem Staat zuzueignen; dergleichen Dinge sind

α) unbewegliche Güter, die keinen Eigentümer haben; herrenlose Güter;
β) Erbschaften, zu welchen kein rechtmäßiger Erbe vorhanden ist; erblose Verlassenschaften;
γ) Güter und Sachen, die durch Verbrechen verwirkt worden; Konfiskationen;
δ) jagdbare Tiere; Jagdregal;
ε) in der Erde verborgene Naturschätze; Salze, Metalle, Mineralien.

c) In dem Abzugs- und Abschoßrechte.

Dies ist, gnädiger Herr, die kurze Darstellung der mannigfaltigen Objekte, welche die Gesetzgebung beschäftigen. Ich werde nunmehr aus diesem reichen Vorrat nur noch einige wenige Materien ausheben, die entweder wegen ihrer vorzüglichen Wichtigkeit oder wegen der dabei erforderlichen unmittelbaren Mitwirkung des Souveräns Eurer Königlichen Hoheit nähere Aufmerksamkeit verdienen. Diese sind:

1. Die Ehe und die daraus entspringenden Rechte,
2. die Verhältnisse zwischen Eltern und Kindern,
3. die Rechte der Kirchen- und Geistlichen Gesellschaften,
4. die Lehen, Erbzinsgüter und Familienfideikommisse,
5. die Regeln bei Ausübung der Jurisdiktion oder die Grundsätze des bürgerlichen Prozesses,
6. die vornehmsten Grundsätze und Vorschriften des Kriminalrechts.

(DARSTELLUNG EINIGER BESONDERS WICHTIGER MATERIEN) 233

Über die Ehe

I. Die Ehe ist ein Kontrakt, durch welchen zwei Personen verschiedenen Geschlechts sich verbinden, vereinigt zu leben, Kinder miteinander zu erzeugen und zu erziehen und sich in ihren Bedürfnissen gegenseitig Hilfe und Unterstützung zu leisten.

II. Da die Ehe ein Kontrakt ist, so wird zu ihrer Gültigkeit alles erfordert, was die Gesetze zu einem gültigen Vertrage überhaupt verlangen.

III. Sie ist aber auch ein für die ganze bürgerliche Gesellschaft äußerst wichtiger Vertrag. Das Glück und der innere Wohlstand der Familien, die Bevölkerung und darauf gegründete Macht des Staats hängt davon wesentlich mit ab. Daher haben die Gesetze bei diesem Vertrage die Fähigkeiten und Erfordernisse der Personen, die ihn schließen können, die Form, wie er geschlossen werden muß, noch genauer als bei andern Verträgen bestimmt. Sie erschweren den Rücktritt von diesem Vertrage noch mehr als bei andern Kontrakten und setzen nur gewisse Fälle fest, in welchen die Trennung einer einmal gültig geschlossenen Ehe zulässig sein soll.

IV. Zu den persönlichen Eigenschaften dererjenigen, welche fähig sein sollen, eine gültige Ehe zu schließen, gehört vornehmlich,

1. daß unter ihnen keine zu nahe Verwandtschaft und
2. keine zu große Ungleichheit des Standes obwalte;
3. die Polygamie;
4. daß diejenigen, deren Direktion einer oder der andre Teil in seinen Handlungen unterworfen ist, in die Schließung der Ehe willigen.

V. Die Gründe, warum Ehen unter nahen Verwandten verboten werden, sind teils physische, teils moralische. Die physischen gründen sich auf Erfahrungen, die man bei allen Arten der Tiere gemacht hat, daß aus der Vermischung zu nahe verwandten Blutes Rassen entstehen, die, wenn besonders die Vermischung durch mehrere Generationen fortgesetzt wird, durch Schwäche, Dummheit und Verdorbenheit sich sehr nachteilig auszeichnen. Die weit stärkeren moralischen Gründe sind,

a) daß, wenn nahe verwandte Personen, die besonders in einem Hause leben, die Erlaubnis hätten, einander zu heiraten, die Aussicht hierzu und die gemeine Vertraulichkeit, die ohnehin unter solchen Personen stattfindet, die Ausschweifungen der Wollust zu sehr reizen und Sittsamkeit und Scham, welche besonders bei Personen weiblichen Geschlechts für den Staat sehr wichtige Tugenden sind, aus den Familien verbannen würden;
b) daß, wenn die Familien untereinander heiraten dürften, daraus ein moralischer Egoismus und eine dem Staat höchst nachteilige Absonderung der Familien voneinander entstehen würde, anstatt daß nach der entgegengesetzten Einrichtung die Familien sich durch Heiraten miteinan-

der verbinden müssen und so am Ende der Staat eine einzige große Familie wird.

VI. Aus diesen Gründen hat schon das mosaische Gesetz die Ehen unter zu nahen Verwandten verboten, und zu einem solchen Verbote waren bei dem damaligen jüdischen Volke umsomehr Gründe vorhanden, da dieselben damals als Nomaden unter Zelten lebten, so eine ganze Familie nur ein und eben dasselbe Zelt hatte, mithin die Glieder derselben nicht so wie bei uns wenigstens in der Nacht und im Schlafe durch abgesonderte Zimmer von einander getrennt waren, folglich der aus einem zu vertraulichen Umgange zu besorgenden Scham- und Sittenlosigkeit von dem Gesetzgeber noch stärker entgegengearbeitet werden muß. Ein asiatisches Volk unter einem wilden Himmelsstriche.

VII. Ohnerachtet das mosaische Gesetz sowie andre von gleicher Art, z. E. wegen 233 R
der vorgeschriebenen Reinigungen, wegen der verbotenen Speisen, ein bloßes Polizeigesetz war, so haben dennoch die folgenden Gesetzgeber ihm die Kraft eines göttlichen Gesetzes beigelegt. Besonders hat das Ius Romanum nicht nur die mosaischen Eheverbote aufgenommen, sondern denenselben auch noch neue hinzugefügt. Noch viel weiter aber ist das kanonische Recht, welches in hac materia sonst in ganz Deutschland rezipiert war, gegangen. Es hat nämlich festgesetzt, daß Personen, die auch nur im vierten Grade der kanonischen Berechnung miteinander verwandt wären, sich nicht heiraten dürften. Nach diesem Gesetz können also ein paar Personen sich nicht verehelichen, wenn sie auch nur einen gemeinschaftlichen Ureltervater gehabt haben. Zugleich aber hat dies kanonische Recht der Geistlichkeit die Macht vorbehalten, zu solchen an sich verbotenen Ehen die Erlaubnis oder Dispens zu erteilen, wobei eine ordentliche Taxe von der Römischen Kurie festgesetzt worden. Politische Absichten dabei: a) Geld zu schneiden; b) die Vornehmen und Fürsten in ihrer Dependenz zu erhalten.

VIII. Seit der Reformation ist dies Eheverbot auf den 3ten Grad der kanonischen Berechnung unter den Protestanten eingeschränkt worden, doch haben auch hier noch die Consistoria sich die Befugnis zu dispensieren vorbehalten. Friedrich der Große hat im hiesigen Staat die Sache schon auf die ersten

Bestimmungen des mosaischen Gesetzes zurückgeführt, und das neue Gesetzbuch hat dieselben noch mehr simplifiziert.

IX. Nach dem Gesetzbuch sind gänzlich verboten:

1. Ehen zwischen Eltern und Kindern und überhaupt zwischen Verwandten in aufsteigender Linie.
2. Ehen zwischen Geschwistern.
3. Ehen zwischen Stief- oder Schwiegereltern und Stief- oder Schwiegerkindern (hier ist die Ehe Blutschande).

In allen übrigen Graden der Verwandtschaft und Schwägerschaft ist die Ehe erlaubt und bedarf es dazu keiner Dispensation.

X. Nur ein einziger Fall ist noch übrig, wo die Ehe in der Regel nicht, sondern nur per modum dispensationis stattfinden kann, nämlich wenn eine Mannsperson seine Tante, d. h. seines Vaters oder seiner Mutter Schwester, die an Jahren älter ist, heiraten will. Der Grund des Verbots ist der, weil nach unsern Sitten die Tante für den Neffen eine Person ist, der er Respekt schuldig ist, mithin, da nach unsern Gesetzen eine Frau ihrem Manne Folgsamkeit und Gehorsam leisten soll, bei der Heirat solcher Personen eine Verwirrung der Verhältnisse entstehen würde, die den öffentlichen Anstand beleidigen und den Familienfrieden stören könnte. Daher ist auch das Verbot nur auf Tante und Neffen eingeschränkt. Oncle und Niece aber können einander unbedenklich heiraten. Da übrigens das Verbot selbst keinen natürlichen, sondern bloß einen äußeren politischen Grund hat und leicht Umstände vorkommen können, wo eine solche Ehe den dabei interessierenden Personen sehr vorteilhaft sein kann, so hat der Staat erlaubt, daß von dem Verbotsgesetze dispensiert werden könne. Er hat aber die Dispensation sich selbst vorbehalten und sie nicht, wie sonst Mode war, der Geistlichkeit überlassen, welche in der Tat die Sache nichts angeht.

XI. Die Abschaffung der Dispensation in den übrigen Fällen ist eine Wohltat für die Nation, da sie eins der vornehmsten Ehehindernisse aus dem Wege räumt und die Untertanen von den Dispensationstaxen entbindet, die besonders den niederen Volksklassen oft sehr lästig waren.

XII. Ferner ist nach den Landesgesetzen die Polygamie verboten, daß nämlich ein Mann nicht zu gleicher Zeit zwei Frauen und eine Frau nicht zu gleicher Zeit zwei Männer haben solle. Dies Verbot gründet sich weder auf ein Natur- noch auf ein göttliches Gesetz. In der Natur liegt es nicht, daß einem Manne, der hinlängliches Vermögen hat, mehr als eine Frau zu ernähren, und dem die Natur eine Konstitution gegeben hat, die es ihm möglich macht, mit mehreren zugleich die Zwecke des Ehestandes zu erfüllen, die Polygamie nicht erlaubt sein sollte. Unter den Juden im alten Testament war sie es. Es ist aber ein sehr weises und wichtiges Staatsgesetz. 234

1. Es ist Affaire de Calcul, wie M. sagt. In unserem Klima werden mit einem geringen Unterschied fast immer gleichviel Kinder männlichen und weiblichen Geschlechts geboren. Dieses gleiche Verhältnis dauert auch in der Folge fort. Wenn nun die Gesetze bei uns den Reichen und Vornehmen erlauben wollten, mehrere Frauen zu gleicher Zeit zu heiraten, so würde es den Mannspersonen aus den niedern Klassen gar bald an Weibern fehlen, und Entvölkerung der niederen Klassen würde davon die Folge sein.
2. Nach unsern Sitten könnten Ruhe und Eintracht in den Familien unmöglich bestehen, wenn zwei oder gar noch mehrere Frauen zu gleicher Zeit in einem Hause existieren sollten. Beständige Jalousie, Intrigen und Zänkereien würden dergleichen Familien beunruhigen, und ein Mann, der mehr Weiber hätte, würde der öfteren und abwechselnden Befriedigung seiner sinnlichen Begierden allen Anspruch auf das häusliche Glück opfern müssen. Dem Wohl des Ganzen aber ist an der Erhaltung der inneren Ruhe in den Familien alles gelegen.

Daher geht die Polygamie bei den Orientalen leichter an, weil dort die Proportion bei den Geburten anders ist und die Frauen als Sklavinnen gehalten werden.

Inzwischen ist das Polygamieverbot wie gesagt ein bloßes Staatsgesetz. Es ist also keinem Zweifel unterworfen, daß in außerordentlichen Fällen der Landesherr davon dispensieren könnte.

XIII. Ferner ist bei uns dem Adel die Verheiratung mit Personen aus dem Bauer- oder geringen Bürgerstande verboten. Unter dem geringen Bürgerstande versteht das Gesetz Handwerker, Professionisten, Tagelöhner und alle diejenigen, die einen noch niedrigeren Rang als diese in der bürgerlichen Gesellschaft einnehmen. Der Grund dieses Verbotsgesetzes ist wiederum bloß politisch. Es ist einem militärischen Staat wie der preußische ausnehmend viel daran gelegen, daß unter seinem Adel wirklich edle, großmütige und ehrliebende Gesinnungen und Gefühle soviel als möglich erhalten und fortgepflanzt werden. Solche Gesinnungen und Empfindungen darf man [aber] von Kindern nicht erwarten, die von einer Mutter herstammen und von einer Mutter die erste Bildung erhalten, welche zu den niedrigen Volksklassen oder gar zum Pöbel gehört, die selbst eine schlechte Erziehung gehabt hat und von der man also auch nichts weniger als edle und großmütige Gesinnungen und Grundsätze vermuten kann. Aber eben weil dieș Verbotsgesetz ein bloßes Staatsgesetz ist, so kann davon dispensiert und in gewissen Fällen die Erlaubnis zu solchen ungleichen Ehen erteilt werden. Es ist möglich, und die Fälle sind so gar selten nicht, daß auch eine Person von niedriger Herkunft sich durch die Eigenschaften ihres Geistes und Herzens über ihre Geburt erhebe, daß ihr besondere Glücksfälle eine feinere und gebildetere Erziehung über ihren Stand haben zuteil werden lassen, daß sie Vermögen besitzt, mit welchem einer würdigen um den Staat verdienten Familie, die durch Unglück in Verfall geraten ist, wieder aufgeholfen werden kann. Daher erlauben die Gesetze eine solche in der Regel nicht zugelassene Ehe,

1. wenn die drei nächsten Verwandten des Adligen dareinwilligen, weil als- 234 R
dann, und wenn solche Personen, denen am meisten an der Erhaltung des Glanzes und der Reinheit ihrer Familie gelegen ist, in die Ehe willigen, man mit Sicherheit annehmen kann, daß wirklich Umstände vorhanden sind, welche die Ausnahme von der Regel begünstigen;
2. wenn aber auch die nächsten Verwandten aus Eigensinn oder leerem Ahnenstolze ihren Konsens versagen sollten, so kann der Adlige sich an den Landesherrn wenden und darauf antragen, daß derselbe die Umstände des Falles näher untersuchen lasse. Findet sich dabei, daß aus der gewünschten ungleichen Ehe wirklich kein Nachteil für den Staat oder die Familie vorhanden ist, so kann der Landesherr dispensieren.

XIV. Unteroffiziere, gemeine Soldaten und alle, welche gleich diesen zur Fahne geschworen haben, können ohne Einwilligung ihres Chefs oder Kommandeurs und Oberoffiziers können ohne unmittelbare königliche Erlaubnis nicht heiraten. Alle dergleichen ohne Konsens geschlossene Ehen sind null und nichtig. Der Prediger, welcher das Aufgebot oder die Trauung vollzogen hat, wird kassiert, und wenn auch in der Folge die Erlaubnis wirklich erteilt wird, so muß doch die Trauung wiederholt werden.

XV. Das 4te Erfordernis einer gültigen Ehe ist, daß, wenn eine Person sich verheiratet, die über sich selbst und ihre Handlungen nicht frei disponieren kann, sondern der Direktion irgendeines andern dabei unterworfen ist, der Konsens des letzteren hinzukomme. Dahin gehören besonders Kinder, die ohne Konsens des Vaters, und vaterlose Waisen, die ohne Konsens der Mutter und des Vormunds keine gültige Ehe schließen können. Von dergleichen Personen, deren Verstand noch nicht entwickelt oder doch durch Überlegung und Erfahrung noch nicht ausgebildet ist, kann ein so wichtiger Schritt als die Ehe, von welchem das künftige Glück oder Unglück ihres Lebens abhängt, die nötige Vorsicht und Überlegung in dem Alter der Leidenschaft schwerlich erwartet werden. Es ist also eine weise Vorsorge der Gesetze, daß solche Personen, ehe sie diesen wichtigen Schritt tun, sich zuvor um die Einwilligung dererjenigen bewerben müssen, denen die Gesetze der Natur oder des Staats die Sorge für ihre Wohlfahrt anvertraut haben. Damit jedoch diese Personen die ihnen anvertraute Gewalt nicht mißbrauchen und aus bloßem Eigensinn, Stolz oder andern unerheblichen Nebenrücksichten die Neigungen ihrer Kinder oder Pflegebefohlenen nicht tyrannisieren mögen, haben die Gesetze verordnet, daß sie ihren Konsens nicht ohne erhebliche Gründe verweigern sollen, und als erhebliche Gründe gelten bloß solche Umstände, die mit einem hohen Grade von moralischer Gewißheit voraussehen lassen, daß das zu schließende Ehebündnis unglücklich oder mißvergnügt sein werde. Wenn der Vater oder Vormund dergleichen Gründe nicht angeben und nachweisen kann, so wird die von ihm versagte Einwilligung durch den Richter ergänzt.

XVI. Zur Form einer gültigen Ehe wird zweierlei erfordert. Aufgebot und Proklamation. Proklamation. Deren Zweck. Dispensation a trina, a bina proclamatione. Strafe. Trauung durch den Pfarrer der Braut.

XVII. Rechte und Pflichten unter den Eheleuten in Ansehung ihrer Person.

1. Mutuum adjutorium.

2. Consortium vitae.
3. Praestatio debiti conjugalis.
4. Fides conjugalis.
5. Der Mann ist caput familiae.
6. Er muß die Frau standesmäßig ernähren.
7. Er muß ihre Person, ihre Ehre und Vermögen in und außer Gerichten verteidigen.
8. Die Frau überkommt den Namen, Stand und Rang ihres Mannes.
9. Sie muß dem Hauswesen des Mannes vorstehen.
10. Sie kann über ihre Person ohne Konsens des Mannes nicht disponieren.

XVIII. Rechte und Pflichten zwischen Eheleuten in Ansehung des Vermögens. 235

1. Der Mann hat die Administration des Vermögens der Frau.
2. Er hat die Rechte des Nießbrauchs.
3. Sie kann also keine Verträge schließen ohne den Mann.
4. Excipe bona receptitia.
5. Wenn sie mit dem Manne kontrahiert, muß es gerichtlich geschehen.

XIX. Trennung der Ehe durch den Tod. Sukzession der Eheleute. Trennung der Ehe durch richterlichen Ausspruch.

1. Die Ehe ist zwar an sich ein Kontrakt und würde daher wie jeder andre durch gegenseitige Einwilligung beider Teile wieder aufgehoben werden können.
2. Aber dieser Kontrakt ist für den Staat zu wichtig, als daß derselbe die Trennung desselben der bloßen Willkür der kontrahierenden Teile überlassen könnte. Die Moralität und die gute Ordnung in der bürgerlichen Gesellschaft würden zu sehr darunter leiden, wenn es, besonders in den niederen Volksklassen, den Eheleuten erlaubt sein sollte, bei jeder unter ihnen entstehenden Mißhelligkeit oder Gezänke in der ersten Hitze sogleich auseinander zu laufen und leichtsinniger übereilter Weise in einem Anfall von Verdruß oder übler Laune ein Band aufzuheben, welches das heiligste und festeste ist, das nur irgend Menschen miteinander verknüpfen kann.
3. Diesem tritt noch ein wichtiger Grund hinzu, welcher in dem Wohl der Kinder aus einer solchen Ehe zu suchen ist. Kinder aus einer geschiedenen Ehe haben gewöhnlich ein sehr trauriges Los. Ihre Pflichten, die sie beiden Eltern in gleichem Grade schuldig sind, kommen, wenn jene sich getrennt

haben, häufig miteinander in Kollision. Sie werden in einer widernatürlichen Abneigung gegen den einen oder den andern Teil erzogen, die ihrer Moralität höchst nachteilig ist. Ihre Erziehung wird gemeiniglich vernachlässigt, und der Haß, den eins der Eltern gegen das andre hegt, erstreckt sich nur allzu leicht auf die Kinder. Wenn besonders die geschiedenen Eltern sich mit andern verheiraten und aus dieser 2ten Ehe Kinder kommen, so werden die Kinder aus der geschiedenen Ehe gemeiniglich zurückgesetzt und sowohl in ihrer Erziehung als in ihren Vermögensumständen gefährdet.

4. Daher haben die Gesetze mit vollem Grunde die willkürliche Aufhebung der Ehen verboten und festgesetzt, daß keine Ehe ohne vorhergehende richterliche Unterstützung geschieden werden solle. Zugleich haben sie die
5. Ursachen bestimmt, aus welchen eine solche Scheidung nur zugelassen werden soll. Diese beziehen sich
   a) entweder darauf, daß der eine Teil die Pflichten des Ehevertrages vorsätzlich und gröblich verletzt habe; adulterium, malitiosa desertio, infidiae pp;
   b) oder daß Umstände obwalten, wegen welcher keiner von den Zwecken der Ehe unter den verbundenen Personen ferner erreicht werden kann; impotentia, morbus, captivitas ob delicta.
   c) Gegenseitige Einwilligung ist nur dann hinreichend, wenn keine Kinder vorhanden sind und nicht bloßer Leichtsinn der Übereilung zu besorgen ist.
6. Poenae divortii pro parte innocente und vor die Kinder.

XX. Ehen zur linken Hand.

1. Die Ehefrau tritt in den Stand und Rang ihres Mannes. Der Mann ist schuldig, sie standesmäßig zu unterhalten. Die mit ihr erzeugten Kinder müssen dem Stande des Vaters gemäß unterhalten und erzogen werden.
2. Der immer höher steigende Luxus, den der Staat nicht verhindern kann, auch nicht verhindern darf, wenn er sich nicht selbst die reichlichsten Quellen seiner Einkünfte, welche aus Fabriken und Handlung fließen, verstopfen will, erschwert | in unseren Tagen die Unterhaltung eines Hauswesens weit 235 R
mehr als in den Tagen unserer Voreltern. Heutzutage lebt der angesehene Handwerker mit mehrerem Aufwande als noch im vorigen Seculo der Edelmann, und dieser braucht mehr zur Bestreitung der Ökonomie als in jenen Zeiten mancher Fürst und regierende Herr.
3. Diese Lage der Dinge ist ein sehr großes Hindernis der Ehen, weil die

standesmäßige Unterhaltung einer Frau, eines Hauswesens, die standesmäßige Erziehung der Kinder den Aufwand des Mannes gewiß um drei- oder viermal gegen das, was er als einzeln lebender Mann nötig haben würde [übersteigt].

4. Dies trifft besonders bei den höhern Beamten des Staats zu, denen der Staat nicht soviel gibt noch geben kann, daß sie Frau und Kinder davon standesmäßig ernähren können.
5. Bei dem Adel tritt noch der Umstand hinzu, daß es bei demselben ein natürlicher und in vieler andern Rücksicht dem Staat sehr vorteilhafter Hang ist, den Glanz der Familie zu erhalten. Dieser kann heutzutage ohne Geld und Vermögen nicht erhalten werden. Wenn aber in einer Familie zuviel Kinder, besonders weiblichen Geschlechts, vorhanden sind und das Vermögen in zuviel kleine Teile zerfällt, so wird es den Kindern fast unmöglich, eine ihrem Stande gemäße Lebensart zu führen.
6. Es ist daher kein Wunder, daß besonders in der letzten Hälfte des Jahrhunderts die dem Staat so schädliche Ehelosigkeit unter diesen Klassen der Einwohner so sehr überhand genommen hat und daß diejenigen, denen die Gabe der Enthaltsamkeit nicht verliehen ist, ihren Beitrag zur Population entweder an gemeine Huren und liederliche Dirnen verschwenden oder den Frieden andrer Ehen stören oder sich höchstens mit Maitressen behelfen. Wie wenig Verbindungen dieser letzteren Art geschickt sind, dem Staate den aus der Ehelosigkeit entstehenden Schaden zu ersetzen, lehrt die Erfahrung. Die gemeine Meinung des Volks kennt keinen Unterschied unter Maitressen und Huren. Die Verbindung mit einer Maitresse hat keine Festigkeit, sie kann nach Gutfinden des Mannes jeden Augenblick wieder aufgehoben werden. Beiderlei Umstände veranlassen es, daß eine Frauensperson, die noch irgendeiniges Gefühl für Ehre und guten Namen hat, sich gewiß nicht in den Stand einer Maitresse erniedrigen wird. Nur Personen von dem niedrigsten und schamlosen Charakter werden sich dazu gebrauchen lassen. Was kann von solchen Personen für Neigung oder Fähigkeit zur Erfüllung der Pflichten einer guten Hausfrau und sorgfältigen Mutter erwartet werden? Wie traurig ist nicht überdem das Los der aus einer solchen Verbindung erzeugten Kinder. Sie haben gar keinen Stand in der bürgerlichen Gesellschaft, ja nicht einmal einen Namen, zu dessen Führung sie durch die Gesetze berechtigt würden. Der Vater, in dessen Herzen nie eine wahre Achtung für die Person, welche sich zur Befriedigung seiner sinnlichen Begierden für Geld dingen ließ, hat Wurzeln fassen können, betrachtet solche Kinder mit Kaltsinn und Sorglosigkeit in Absicht auf ihre Erziehung und moralische Bil-

dung. Das Gesetz, welches diese Kinder von denen, die mit einer gemeinen Hure erzeugt worden, kaum unterscheidet, gibt ihnen fast gar keinen Anspruch auf die Vorsorge und das Vermögen des Vaters, und so verderben die Kinder entweder schon in der Blüte ihrer Jahre oder sie werden unbrauchbare, ja wohl gar schädliche Mitglieder der bürgerlichen Gesellschaft.

7. Diesem Übel abzuhelfen, haben die Gesetze eine Art der Ehen wieder eingeführt, die schon bei den Römern unter dem Namen des Konkubinats und bei unsern deutschen Vorfahren unter dem Namen der morganatischen Ehen schon bekannt war.

8. Solche Ehen heißen Ehen zur linken Hand, weil, wenn die Ehe durch Kopulation vollzogen wird, die Trauung an die linke Hand vollzogen wird.

9. Die Personen, welche sie schließen können, sind adlige und königliche Be- 236
amten höheren Ranges, welche entweder kein hinlängliches Vermögen oder aus einer früheren Ehe Kinder am Leben haben.

10. Diese Ehe kann nur mit Personen niederen Standes geschlossen werden. Unter Personen gleichen Standes findet sie nicht statt. Ein Adliger kann also kein Fräulein, sondern nur eine Bürgerliche zur linken Hand heiraten.

11. Die Schließung einer solchen Ehe setzt voraus die Konzession des Landesjustizcollegii, welchem der, der sie schließen will, erst nachweisen muß, daß er sich in dem Falle, wo die Gesetze eine solche Ehe erlauben, befinde. Sie setzt ferner einen unter den Eheleuten gerichtlich geschlossenen Ehevertrag voraus. Die Trauung ist dazu nicht notwendig.

12. Eine Frau zur linken Hand führt den Namen Hausfrau. Zwischen ihr und dem Manne finden im wesentlichen alle persönlichen Rechte und Pflichten statt wie unter andern Eheleuten. In der Verbindung selbst und im Inneren des Hauswesens solcher Eheleute ist gar kein Unterschied zwischen dieser und einer andern gewöhnlichen Ehe. Das Band der Vereinigung ist ebenso fest und heilig, als es die Natur des ehelichen Bandes überhaupt erfordert.

13. Aber die Hausfrau tritt nicht so wie die Ehefrau in den Stand und Rang des Mannes. Sie behält vielmehr den Namen und Stand, den sie vor ihrer Verheiratung hatte, und nur diesem Stande gemäß hat sie von dem Manne Unterhalt zu fordern. In allen äußeren Verhältnissen des bürgerlichen Lebens also kann eine solche Hausfrau auf den Rang, den Glanz und den Aufwand nicht Anspruch machen, wozu eine Ehefrau nach den Gesetzen und der allgemein angenommenen Gewohnheit berechtigt ist und wodurch die Einkünfte des Mannes erschöpft werden könnten. Sowie mithin auf der einen Seite die Sanktion und Festigkeit, welche die Gesetze ihrer Verbindung beilegen, ihren Stand im bürgerlichen Leben, ihre Renommée und die bürgerliche

Achtung, die ihr nicht verweigert werden kann, sichern, mithin sie von der verworfenen Klasse bloßer Buhlerinnen hinlänglich auszeichnen, so sichern auf der andern Seite eben diese Gesetze auch den Mann gegen einen seine Kräfte übersteigenden Aufwand. Sie verschaffen ihm alle wesentlichen Vorteile der ehelichen Verbindung und erleichtern ihm die sonst gewöhnlichen Lasten derselben, die er unter den vorausgesetzten Umständen ohne seinen Ruin nicht würde ertragen können.

14. Die Kinder aus einer solchen Ehe zur linken Hand gehören nicht zum Stande des Vaters, sondern zu dem der Mutter, deren Familiennamen sie zu führen berechtigt sind. Der Vater ist schuldig, für ihren Unterhalt und für ihre Erziehung zu sorgen, aber nicht nach seinem Stande, sondern nur nach dem Stande der Mutter. Wenn also ein Edelmann zur linken Hand geheiratet hat, so werden seine Kinder nicht adlig. Sie treten gar nicht in seine Familie, sondern bloß in die mütterliche. Der Vater muß sie erziehen lassen, aber nur so, wie es der Stand der Mutter mit sich bringt. Nach eben diesem Principio wird auch der Beitrag eingerichtet, den ein solches Kind zu seinem Etablissement von dem Vater zu fordern hat. Kein Erbrecht, solange Kinder aus einer vollgültigen Ehe vorhanden sind. Wenn diese nicht existieren, so erhalten diese Kinder resp. Tertium, Dimidium, das Totum, je nachdem andre nähere oder entferntere Verwandte des Vaters existieren.

XXI. Rechtliche Folgen des unehelichen Beischlafs.

1. Im allgemeinen: Entbindungs-, Tauf- und Wochenkosten.
2. Wenn die Geschwängerte eine Person ist, die sich der Wollust für Geld preisgegeben hat, keine Entschädigung. 236 R
3. Wenn die Geschwächte von dem Schwängerer verführt worden,
   a) wenn die Schwängerung unter dem Versprechen der Ehe geschehen ist[1].

Über die Verhältnisse zwischen Eltern und Kindern.

I. Die Kinder entspringen entweder aus einer vollen oder aus einer ungleichen Ehe oder aus unehelichem Beischlaf.

[1] Das folgende fehlt.

II. Von allen Kindern, die eine Ehefrau während der Ehe geboren hat, gilt die rechtliche Vermutung, daß dieselben von dem Ehemann erzeugt sind, und solche Kinder müssen daher auch von ihm notwendig als die seinigen anerkannt werden.

III. Diese Vermutung kann durch das eigene Zeugnis der Mutter, daß sie mit einem andern zu tun habe und das Kind von diesem sei, nicht aufgehoben werden. Denn die Gesetze wollen den Stand des Kindes als eines ehelichen, wovon ein so wesentlicher Teil seines künftigen Wohlstands und Fortkommens in der Welt abhängt, dem Zeugnis einer Person nicht überlassen, die eben dadurch, daß sie einen von ihr begangenen Ehebruch eingesteht, ihren Charakter äußerst verdächtig macht und also für eine glaubwürdige Zeugin nicht angenommen werden kann.

IV. Daher wird jedes während einer rechtmäßigen Ehe geborne Kind für das Kind des Ehemanns angesehen, wenn nicht Umstände nachgewiesen werden können, aus welchen eine physische Unmöglichkeit, daß er der Vater sein kann, erhellt; z. E. Impotenz, langwierige Abwesenheit.

V. Diese Vermutung geht so weit, daß auch ein Kind, welches erst im 10ten Monate, nachdem die Ehe durch den Tod des Mannes oder durch Scheidung getrennt worden, geboren ist, für ein aus dieser Ehe erzeugtes Kind geachtet wird. Denn obgleich der 9te Monat nach der Zeugung der gewöhnliche Termin der Geburt ist, so sind doch die Fälle nicht selten, wo dieser Termin durch besondre Umstände, die in der Konstitution der Mutter und des Kindes liegen können, noch verlängert wird. Solange daher noch eine Möglichkeit übrigbleibt, daß das Kind aus der getrennten Ehe sein könne, solange nehmen die Gesetze dies zum Vorteil des Kindes an, um demselben seinen Stand zu sichern und es nicht in einem Zeitpunkt, wo es selbst noch nicht für sich sorgen und seine Rechte nicht verteidigen kann, den Interessen habsüchtiger Verwandten preiszugeben. Auch hier müssen also, wenn dem Kinde seine eheliche Geburt streitig gemacht werden soll, Umstände nachgewiesen werden, aus welchen klar erhellt, daß das Kind nicht von dem verstorbenen oder geschiedenen Vater sein könne.

VI. Wenn hingegen soviel ausgemittelt ist, daß ein Kind aus einem unehelichen Beischlaf erzeugt sei, so wird derjenige für den Vater geachtet, welcher überführt werden kann, daß er in dem Zeitraum zwischen dem 7ten und 9ten Monate der Geburt mit der Mutter zu tun gehabt habe. Denn die Fälle, daß ein Kind schon 7 Monate nach der Zeugung geboren werden kann, sind häufig, und die Gesetze sind also vollkommen berechtigt, denjenigen für den Vater des unehelichen Kindes zu halten, der in diesem Zeitraum die Handlung, durch welche das Kind nach den Gesetzen der Natur seine Existenz erhalten konnte, mit der Mutter vorgenommen hat.

VII. Zwischen Eltern und den aus einer rechtmäßigen gleichen Ehe erzeugten 237
Kindern finden persönliche Rechte und Pflichten statt. Diese beruhen teils auf natürlichen, teils auf Dispositionen positiver Gesetze.

1. Kinder sind ihren Eltern Ehrfurcht und Gehorsam schuldig.
2. Die Eltern und besonders der Vater müssen für standesmäßigen Unterhalt und Erziehung sorgen.
3. Sie müssen dem Kinde den nötigen Unterricht in der Religion und nützlichen Kenntnissen verschaffen.
4. Sie sind berechtigt, zur Bildung der Kinder alle der Gesundheit derselben unschädlichen Zwangsmittel zu gebrauchen. Doch müssen sie dabei die Grenzen bloßer mäßiger Züchtigungen nicht überschreiten, widrigenfalls der Staat sich ins Mittel schlägt und die Kinder gegen übertriebene Mißhandlungen grausamer Eltern in Schutz nimmt.
5. Auch bei der Wahl einer Lebensart für die Kinder sowie bei einer Verheiratung derselben gebührt den Eltern die Direktion und ein wichtiger Einfluß.
6. Doch können die Eltern ihre Kinder weder zu einem Religionsbekenntnis, das gegen ihre Überzeugung ist, noch zu einer Lebensart oder Heirat, die ihren Neigungen gänzlich zuwider ist, auf irgendeine Weise zwingen, und wenn sie dazu die ihnen anvertraute Gewalt mißbrauchen wollen, so ist die Obrigkeit auf das Anrufen der Kinder befugt und schuldig, die Sache zu untersuchen und einen solchen Mißbrauch der elterlichen Gewalt in die gesetzmäßigen Grenzen einzuschränken.
7. Kinder sind schuldig, solange sie in ihrer Eltern Hause leben, denselben in ihrer Wirtschaft und Gewerbe nach ihren Kräften hilfreiche Hand zu leisten.
8. Sie müssen, wenn die Eltern durch Alter oder Unglücksfälle außer Stand kommen, sich selbst zu ernähren, für den Unterhalt derselben sorgen.

VIII. Rechte und Pflichten zwischen Eltern und Kindern in Ansehung ihres Vermögens.

1. Der Vater hat in der Regel die Verwaltung des Vermögens seiner Kinder.
2. Er genießt die Einkünfte und Nutzungen davon als einen Beitrag zur Bestreitung der Kosten ihres Unterhalts und ihrer Erziehung.
3. Kinder können daher ohne Einwilligung des Vaters keine gültigen Verträge schließen.
4. Von diesen Einschränkungen sind sie jedoch in Ansehung derjenigen Vermögensarten entbunden, welche die Gesetze freies Vermögen nennen.
5. Zum freien Vermögen der Kinder gehört: a) alles, was sie in Kriegs- oder Zivildiensten oder sonst durch ihren Fleiß und Geschicklichkeit oder auch als Belohnung geleisteter Dienste und erwiesener Gefälligkeit erwerben und für sich bringen; b) alles, was sie von demjenigen ersparen, das ihnen die Eltern zu ihrem Unterhalt, als Taschengeld oder sonst zu ihren Aufgaben angewiesen haben; c) alles, was ihnen von einem Dritten unter der ausdrücklichen Bedingung, daß der Vater es zur Verwaltung oder zum Nießbrauch nicht erhalten solle, geschenkt oder vermacht worden.
6. In Ansehung dieses freien Vermögens haben Kinder alle die Rechte, welche die Gesetze des Staats jedem freien Bürger, der nicht der Aufsicht und Direktion eines andern unterworfen ist, beilegen. Sind sie noch minderjährig und können daher wegen Mangel des Alters über ihr Vermögen noch nicht selbst disponieren, so wird zwar dasselbe von dem Vater verwaltet, der aber hier nur als Vormund anzusehen ist und also die Revenuen nicht selbst genießt, sondern dieselben für die Kinder aufbewahren und ihnen, wenn sie majorenn werden, de gesta administratione Rechenschaft geben muß.

IX. Einige dieser Verhältnisse zwischen Eltern und Kindern dauern fort, solange der Tod des einen die Verbindung nicht ganz aufgehoben hat. Andre hingegen hören früher auf, wenn das Kind aus der väterlichen Gewalt herausgeht.

1. Wenn der Vater ein Kind seiner Gewalt ausdrücklich entläßt.
2. Wenn ein großjähriger Sohn ein eignes Gewerbe treibt, ein öffentliches Amt bekleidet oder sonst eine abgesonderte Wirtschaft einrichtet. Solange der Sohn noch minderjährig ist, kann weder Amt noch abgesonderte Wirtschaft für eine Aufhebung der väterlichen Gewalt gelten, sondern es muß eine ausdrückliche Erklärung des Vaters hinzukommen. | Eine Tochter wird der 237R
väterlichen Gewalt entlassen, sobald sie sich mit Einwilligung des Vaters verheiratet, weil sie alsdann in die Gewalt des Mannes übergeht. Außerdem gibt

es noch einige Fälle, wo die väterliche Gewalt aufhört, weil bei dem Vater ein gänzliches Unvermögen, ihre Rechte auszuführen und ihre Pflichten zu erfüllen, eintritt, z. E. wenn er wegen seiner Verbrechen zu lang- oder gar lebenswieriger Gefängnisstrafe verurteilt wird, wenn er gegen die Gesetze des Staats das Land heimlich verläßt, wenn er vorsätzlicherweise die Kinder hilflos und ohne Aufsicht verlassen hat, wenn er wegen seiner liederlichen Aufführung für einen Verschwender gerichtlich erklärt worden ist, wenn er in unheilbaren Wahn- oder Blödsinn verfallen ist.

X. Wenn die väterliche Gewalt auf eine der vorstehenden Arten aufgehoben worden, so bleiben von allen Rechten der Eltern über ihre Kinder übrig:

1. Die kindliche Ehrerbietung, welche Kinder ihren Eltern in allen Zeitpunkten und unter allen Umständen des Lebens schuldig sind.
2. Die Pflicht, bei ihren Heiraten den Konsens ihrer Eltern nachzusuchen, dessen Mangel jedoch in diesem Falle keine Nichtigkeit der Ehe bewirkt.
3. Die Pflicht, verarmte und unvermögend gewordene Eltern zu ernähren und zu verpflegen.

In allen übrigen Stücken, welche die Person und das Vermögen der aus der väterlichen Gewalt entlassenen Kinder betreffen, sind sie von den Eltern gar nicht weiter abhängig.

XI. Die gegenseitigen Sukzessionsrechte zwischen Eltern und Kindern und ihre Verbindlichkeit, einander den Pflichtteil zu hinterlassen, sind schon oben vorgekommen.

XII. Alle bisher erzählten Verhältnisse zwischen Eltern und ehelichen Kindern entstehen eigentlich nur durch die Geburt aus einer rechtmäßigen wirklichen Ehe. Sie können aber auch hervorgebracht werden

1. durch Legitimation,
2. durch Adoption.

XIII. Durch Legitimation erhalten unehelich geborene Kinder die Rechte der ehelichen. Es gibt aber eine dreifache Art derselben, und jede dieser Arten wirkt verschiedene Rechte.

1. Wenn der Vater die Person, mit welcher er ein uneheliches Kind erzeugt hat, in der Folge wirklich heiratet, so erlangt das Kind eben dadurch alle Rechte eines ehelichen.
2. Wenn unter den Eltern keine Ehe stattfindet, so kann der Vater bei dem Landesherrn auf die Legitimation der Kinder antragen. Durch dergleichen ausdrückliche Erklärung des Landesherrn erhält das Kind den Namen und Stand des Vaters und in Ansehung seiner alle Rechte und Pflichten eines ehelichen. Es tritt aber nicht in die Familie des Vaters und kann ohne besondere Einwilligung der Mitglieder der Familie keine Familienrechte erlangen. Wenn also z. E. ein Adliger seine unehelichen Kinder durch den Landesherrn legitimieren läßt, so erlangen dieselben zwar den adligen Stand und eben die Sukzessionsrechte in das Vermögen des Vaters, als wenn sie aus einer rechtmäßigen Ehe geboren wären. Aber sie treten nicht in die Rechte dieser adligen Familie. Sie sind also nicht sukzessionsfähig in Lehen und Fideikommisse, welche die Familie besitzt. Sie haben kein Erbrecht in dem Nachlaß ihrer väterlichen Großeltern oder Seitenverwandten. Mit einem Worte, der Staat verleiht ihnen durch die Legitimation alle Rechte, über welche er selbst und der Vater, der die Legitimation nachsuchte, disponieren können, aber keine solchen, die der freien Disposition des Staats und des Vaters nicht unterworfen, sondern durch allgemeine Gesetze den Familien vorbehalten und gesichert sind.
3. Endlich gibt es noch eine 3te Art von Legitimation, die einem unehelichen Kinde bloß zu seinem besseren Fortkommen in der Welt erteilt wird. Die Gesetze legen zwar in den Geschäften des bürgerlichen Lebens den unehelich geborenen völlig gleiche Rechte mit andern bei, und ein solcher Mangel der Geburt soll dem Kinde, welches daran ganz unschuldig ist, in keiner Art von Gewerben und auf keinem | der sonst zulässigen und gesetzmäßigen Wege 238
zu seinem Fortkommen hinderlich sein. Aber noch immer streitet die gemeine Meinung des Volks, welches den Flecken der Geburt solchen unehelichen Kindern unbilligerweise nachträgt, gegen das auf Vernunft und Billigkeit gegründete Ansehen der Gesetze. Besonders finden sich immer große Schwierigkeiten, wenn ein solches Kind in eine Zunft oder Innung aufgenommen werden soll, weil viele Zunftartikel, die noch aus ältern unaufgeklärten und mit Vorurteilen behafteten Zeiten herrühren, dergleichen Kinder ausschließen. Diese Schwierigkeit ist umso schwerer zu überwinden, da die Zünfte in den verschiedenen Provinzen und Staaten des Deutschen Reichs noch immer in einer gewissen Verbindung stehen und es Länder gibt, wo die Legislation jenes Volksvorurteil noch unterstützt und wo also

hiesige Landeseinwohner, wenn sie als Handwerksgesellen dahin wandern sollten, bei den dortigen Zünften keine Aufnahme und Unterstützung finden würden. Daher haben unsere Landesgesetze, um diese Schwierigkeit aus dem Wege zu räumen, eine 3te Art der Legitimation erfunden, welche bloß in einer obrigkeitlichen Erklärung besteht, daß dem Kinde im gemeinen Leben und in allen Geschäften desselben die Rechte eines ehelichen nicht versagt werden sollen. Diese Art der Legitimation wirkt übrigens gar keine Familienverhältnisse, nicht einmal mit den unmittelbaren Eltern, sondern das Kind wird in Rücksicht auf diese nach wie vor als ein uneheliches angesehen.

XIV. Auch durch Adoption können jemandem, der mit dem Adoptierenden in gar keiner Verwandtschaft steht, die Rechte eines ehelichen Kindes beigelegt werden. Die Gesetze haben diese Art Annahme an Kindesstatt zu dem Ende erfunden, damit Personen, die entweder mit Kindern nicht gesegnet sind oder die das Unglück erlebt haben, alle ihre Kinder und Nachkommen vor sich wegsterben zu sehen, durch dieses Mittel sich den Trost und die Unterstützung, welche das heilige Band zwischen Eltern und Kindern den Eltern besonders in ihrem höheren kraftlosen Alter gewährt, wenigstens in einigem Grade sollten verschaffen können. Aus diesem Grunde des Gesetzes erklärt es sich, wenn verordnet ist,

1. daß nur Personen, die keine ehelichen Nachkommen am Leben haben, adoptieren können;
2. daß nur Personen von höheren Jahren oder solche, die nach ihrem körperlichen oder Gesundheitszustande keine Kinder mehr zu hoffen haben, sich diesen Trost der Kindesliebe verschaffen dürfen;
3. daß der Adoptierende den Jahren nach älter sein muß als der, welcher an Kindes Statt angenommen wird.

Die Adoption selbst geschieht durch einen förmlichen Kontrakt, welcher von dem Landesjustizcollegio der Provinz konfirmiert werden muß. In Fällen, wo Personen, die das in den Gesetzen vorgeschriebene höhere Alter noch nicht erreicht haben, einen andern an Kindesstatt annehmen wollen, kann es nur mit ausdrücklicher und unmittelbarer Erlaubnis des Landesherrn geschehen. Durch die Adoption entstehen zwischen dem Adoptante et Adoptato alle Rechte und Pflichten wie zwischen leiblichen Eltern und ihren ehelich erzeugten Kindern. Nur treten auch hier die Adoptierten nicht in die Familie des Adoptantis, weil letzterer über Rechte, die nicht von seinem freien Willen abhängen, sondern welche die Gesetze bloß an die durch wirkliche

Heirat und Geburt entstandenen Verbindungen geknüpft haben, durch bloße einseitige Willenerklärungen nicht verändert werden können.

XV. Daß Kinder aus einer Ehe zur linken Hand gar nicht zur Familie des Vaters gehören und nicht zu seinem, sondern zu dem Stande der Mutter gerechnet werden, ist schon oben vorgekommen. Über solche Kinder hat daher auch der Vater nur die natürlichen Rechte der väterlichen Gewalt, nicht aber diejenigen, welche positive Gesetze des Staates ihm über die aus einer gewöhnlichen gleichen Ehe erzeugten Kinder beilegen. Er ist also schuldig, für ihre Erziehung und, solange sie sich noch nicht selbst forthelfen können, für ihren Unterhalt zu sorgen. Er muß ihnen zu einem Etablissement, welches dem Stande der Mutter gemäß ist, verhelfen und sie dabei unterstützen. Er muß z. E. den Sohn, den er mit einer Handwerkstochter zur linken Hand erzeugt hat, | ein Handwerk lernen lassen. Er muß das Lehrgeld für ihn be- 238R
zahlen, er muß die Kosten des Meisterwerdens für ihn bestreiten. Er kann von einem solchen Kinde Ehrerbietung und kindliche Folgsamkeit fordern. Er kann, solange das Kind noch minderjährig ist, die Administration seines Vermögens führen. Aber die positiven Rechte der väterlichen Gewalt kommen ihm über ein solches Kind nicht zu. Seine Einwilligung ist zur Heirat eines solchen Kindes nicht absolut notwendig. Er kann keinen Nießbrauch von dem Vermögen desselben prätendieren, und sobald das Kind majorenn wird, muß er ihm die eigne Administration desselben überlassen. Was die Erbfolge betrifft, so ist schon erinnert, daß, wenn der Vater Kinder aus einer Ehe zur rechten Hand hinterläßt, die aus der Ehe zur linken Hand gar kein Erbrecht haben, daß sie aber, wenn sie nur mit andern Verwandten konkurieren, je nachdem diese näher oder entfernter sind, einen größeren oder geringeren Teil und nur dann, wenn gar keine Verwandte innerhalb des 6ten Grades vorhanden sind, den ganzen Nachlaß erhalten. Hingegen in Ansehung der Mutter und der mütterlichen Verwandten findet wegen der Sukzession gar kein Unterschied statt, ob die Kinder aus einer Ehe zur rechten oder zur linken Hand erzeugt worden.

XVI. Uneheliche Kinder haben von ihrem Vater bloß Erziehung und Unterhalt bis nach zurückgelegtem 14ten Jahre schuldig[1]. Nur dann, wenn das Kind auch in diesem Alter noch wegen körperlicher oder Geistesgebrechen sich

[1] Lies: zu fordern

selbst nicht forthelfen kann, muß der uneheliche Vater für dessen ferneren notdürftigen Unterhalt sorgen. Die Unterhaltungs- und Erziehungskosten werden nur so bestimmt, was Leute vom Bauer- oder gemeinsten Bürgerstande die Erziehung eines ehelichen Kindes kosten würde. Erb- und Familienrechte finden zwischen einem Vater und seinem unehelichen Kinde gar nicht statt. Nur in Ermangelung ehelicher Abkömmlinge und einer letztwilligen Disposition können sie den 6ten Teil des väterlichen Nachlasses fordern. Aber auch diesen können sie nicht fordern, wenn die Mutter eine feile Weibsperson war, die um die Zeit ihrer Erzeugung mit mehreren Mannspersonen zugehalten hat. Der Mutter erben sie zwar gleich den ehelichen Kindern. Aber auch in Ansehung ihrer Verwandten finden keine gegenseitigen Sukzessionsrechte statt.

Von Familienrechten und Fideikommissen.

I. Außer den Verhältnissen zwischen Eheleuten und zwischen Eltern und Kindern gibt es auch noch gewisse Rechte und Pflichten zwischen den übrigen Mitgliedern einer Familie.

II. Zu einer Familie gehören diejenigen, welche gemeinschaftliche Stammeltern haben und also durch Blutsfreundschaft miteinander verwandt sind. Durch Heirat tritt eine Frau nur für ihre Person in die Familie des Mannes. Ihre eigenen Anverwandten aber werden zu dieser Familie nicht gerechnet. Inwiefern übrigens Familienrechte durch Erzeugung aus einer Ehe zur linken Hand oder aus unehelichem Beischlaf, durch Legitimation und Adoption erworben werden können oder nicht, ist soeben vorgekommen.

III. Die nächste Familienverbindung ist die, welche zwischen Geschwistern stattfindet. Einteilung in Geschwister voller und halber Geburt. Zwischen diesen findet die wechselseitige Pflicht statt, einander im Unvermögensfalle zu ernähren. Von ihren Sukzessionsrechten ist oben gehandelt worden.

IV. Entferntere Familienmitglieder haben in der Regel keine besonderen, durch Gesetze bestimmte Pflichten gegeneinander. Daß und in welcher Ordnung

Verwandte in Ermangelung eines Testaments ein gesetzliches Erbrecht haben, ist oben vorgekommen.

V. Es gibt aber gewisse gemeinschaftliche Rechte, die einer Familie entweder vom Staat oder von einem gemeinschaftlichen Stammvater beigelegt sind. Dies findet sich besonders bei adligen Familien. So hat z. E. die Gräflich Schwerinische Familie die Erbkämmererwürde in der Mark, an welcher jedes Mitglied der Familie in seiner Ordnung, die im Verleihungsbriefe bestimmt ist, teilnehmen kann. Es gibt Familienstipendien, | auf welche alle 239
Mitglieder einer Familie zu ihrer Unterstützung beim Studieren Anspruch machen können.

VI. Das wichtigste und am häufigsten vorkommende Familienrecht aber ist dasjenige, welches den Mitgliedern einer Familie auf die in der Familie vorhandenen Fideikommisse zukommt.

VII. Die Fideikommisse haben in der Tat ihr Entstehen eben dem rastlosen Triebe zu danken, welcher den Menschen zu so vielen kühnen und mühsamen Unternehmungen reizt, wodurch sein Name bei der Nachwelt verewigt werden soll. Der Held sucht diesen Trieb durch seine Taten im Felde der Ehre, der Gelehrte durch die Produkte seines Geistes, der große Künstler durch dauerhafte Monumente seiner Geschicklichkeit zu befriedigen. Der, welchen die Vorsehung mit Gütern und Vermögen gesegnet hat, wünscht seinen Namen dadurch im gesegneten Andenken bei seinen Nachkommen zu erhalten, daß er Verfügungen trifft, wodurch sein erworbenes und gesammeltes Vermögen bei seiner Familie konserviert werden soll.

VIII. Wenn jemand verordnet, daß eine gewisse bestimmte Sache oder Summe nach seinem Tode stets bei seiner Familie bleiben, immer nur von Mitgliedern derselben besessen und benutzt und aus der Familie niemals veräußert werden solle, so errichtet er dadurch ein Familienfideikommiß.

IX. Der Staat hat eben keine Ursache, die Errichtung der Familienfideikommisse zu begünstigen. Eine möglichst gleiche Verteilung des Vermögens im Staat, soweit dieselbe ohne Verletzung der Rechte des Eigentums bewirkt werden kann, und eine möglichst lebhafte Zirkulation dieses Vermögens sind dem Flor eines Staates sehr zuträglich. Beiden steht die Errichtung der Familienfideikommisse entgegen. Das zu einem solchen Fideikommiß gewidmete Vermögen ist unveräußerlich und also für die Zirkulation ganz tot. Da solche Fideikommisse gemeiniglich nur nach dem Rechte der Erstgeburt vererbt werden, so bleibt das damit belegte Vermögen stets beieinander, wird immer mehr angehäuft, und der älteste Sohn wird vermöge der Fideikommißstiftung Besitzer eines großen Vermögens, anstatt daß die nachgeborenen Brüder oft im Mangel darben und sich ihr Brot mühselig erwerben müssen. Weil überdem der Fideikommißbesitzer nicht die freie Disposition über solche Güter hat, sondern sie, wenn er selbst keine sukzessionsfähigen Kinder hat, notwendig einem vielleicht entfernten, ihm ganz fremden Verwandten hinterlassen muß, so werden auf die Konservation derselben und auf ihre Verbesserung niemals diejenige Industrie, die Sorgfalt und der Fleiß angewendet, der dem Menschen in der Erhaltung und Verbesserung seines freien Eigentums so natürlich ist. Kommen dergleichen Güter durch Unglücksfälle oder schlechte Wirtschaft in Verfall, so wird es äußerst schwer, sie wieder herzustellen, weil es alsdann dem Besitzer, der sie notwendig behalten muß und nicht veräußern darf, gemeiniglich an Kräften und auch an gutem Willen fehlt, ein kostbares Retablissement derselben zu übernehmen. Überdem entstehen wegen solcher Fideikommisse sehr häufig schwere und verwickelte Prozesse, besonders, wenn der, welcher dem letzten Besitzer in das Fideikommiß sukzediert, ein andrer ist als der, welcher den übrigen Nachlaß erbt, da alsdann die Auseinandersetzung zwischen beiden in den meisten Fällen vielen Weitläufigkeiten unterworfen ist.

X. Aus diesen Gründen hat Kaiser Joseph II. alle Fideikommisse in seinen Landen abschaffen wollen und sogar den jetzigen Besitzern erlaubt, dieselben zu verkaufen und das gelöste Kaufgeld in Staatsobligationen niederzulegen.

XI. Der hiesige Staat hat billig Anstand genommen, eine solche Reform, die mit Verletzung der heiligsten Rechte des Familieneigentums verbunden ist, nachzuahmen. Er hat gefunden, daß Fideikommisse, wenn sie nur nicht allzu häufig sind, doch auch einen Vorteil gewähren, der besonders für einen

militärischen Staat von großer Wichtigkeit sein kann. Einem Staat ist nämlich daran gelegen, seinen Adel beständig so zu konservieren, daß es einesteils demselben im ganzen genommen nicht an hinlänglichem Vermögen fehle, um seine Pflichten als erster Stand des Staates zu unterstützen, und daß andernteils der größeren Anzahl seiner Mitglieder Motive genug übrigbleiben, den Mangel eines großen angeerbten Vermögens durch Fleiß und Geschicklichkeit in den Diensten des Staats zu ersetzen. Hierzu sind die Fideikommisse sehr | behilflich. Indem der ältere Bruder, der als Fideikommiß- 239 R
sukzessor ansehnliche Revenuen besitzt, dadurch in den Stand gesetzt wird, mit einem gewissen Glanze zu leben, in Hofchargen und bei auswärtigen Gesandtschaften die Würde des Staats zu soutenieren, werden die jüngeren Brüder durch ihre Lage genötigt, sich den Militär- oder Zivildiensten zu widmen. Sie finden dazu bei ihren Vätern oder älteren Brüdern die nötige Unterstützung, die ihnen aber nur so weit zustatten kommt, als es nötig ist, sie in die Karriere zu ihrem Glück einzuführen. Ihr ferner Fortgang in dieser Laufbahn aber hängt lediglich von ihren Kenntnissen, persönlichen Eigenschaften und gutem Benehmen ab. Sie werden also zu Anstrengungen genötigt, welche dem Staat nicht anders als vorteilhaft sein können und die vielleicht unterblieben wären, wenn ein angeerbtes großes Vermögen sie der Mühe, ihre Fortune selbst zu machen, überhoben hätte.

XII. Aus diesen Gründen hat die preußische Gesetzgebung die Fideikommisse zwar beibehalten, zugleich aber Maßregeln festgesetzt, durch welche den oben erzählten nachteiligen Folgen soviel als möglich vorgebeugt werden soll.

XIII. Was kann Fideikommiß werden?

1. Nur Landgüter und Kapitalien. Andre Objekte, z. E. Häuser oder gar bewegliche Sachen, sind ihrer Natur nach nicht geschickt dazu, auf Jahrhunderte hinaus bei einer Familie konserviert zu werden.
2. Die Güter, die zu Fideikommissen gemacht werden sollen, müssen von beträchtlichem Werte sein, damit einesteils der Fideikommisse nicht zuviel werden, andernteils der Zweck, den Glanz einer Familie zu erhalten, durch die ansehnlichen Revenuen, welche dergleichen Güter gewähren, desto gewisser erreicht werden möge und damit es möglich sei, sie bei der Familie zu konservieren, weil große Güter durch Unglücksfälle nicht so leicht einen

totalen Ruin erleiden können als kleine und ein Retablissement aus ansehnlichen Einkünften eher als aus geringen zu bewirken ist. Die Gesetze haben daher angenommen, daß ein Gut wenigstens 1250 Taler reinen Ertrag gewähren müsse, wenn es zum Fideikommiß gemacht werden soll. Sie haben aber auch einen Satz bestimmt, der nicht überstiegen werden darf, nämlich einen reinen Ertrag von 10/m Taler, damit die gar zu große Anhäufung des Vermögens in einer Familie vermieden werde.

XIV. Die Stiftung der Familienfideikommisse muß durch schriftliche Urkunden geschehen, und diese müssen dem Richter vorgelegt werden, damit einesteils beurteilt werden könne, ob der Stifter die gesetzlichen Vorschriften dabei gehörig beobachtet habe, und damit andernteils der Richter darauf gehen könne, daß der Stiftungsbrief überall deutlich und bestimmt genug abgefaßt sei und die Prozesse über den eigentlichen Willen des Stifters, über den Sinn und die Bedeutung seiner Verordnung für die Zukunft möglichst vermieden werden.

XV. Rechte des Fideikommißbesitzers.

1. Er zieht alle Arten von Einkünften und Nutzungen, die das Fideikommiß nur irgend gewähren kann, ohne daß die Substanz der Sache darunter leidet.
2. Er muß dasselbe in gutem Stande erhalten und haftet, wenn er solches vernachlässigt oder gar die Substanz durch schlechte Wirtschaft, z. E. durch übertriebenen Holzschlag, deteriorіert hat, für den dadurch verursachten Schaden aus seinem eigenen Vermögen.
3. Er darf das Fideikommiß nicht verkaufen noch sonst veräußern noch dasselbe mit Schulden belasten.
4. Nur allein, wenn das Gut durch Krieg, Brand, Überschwemmungen oder andre Hauptunglücksfälle einen Hauptschaden, der mehr als den 4ten Teil der Revenuen beträgt, erlitten hat, ist der Fideikommißbesitzer berechtigt, ein Darlehen zum Retablissement desselben auf das Fideikommiß aufzunehmen.
5. Die Aufnehmung des Darlehens muß aber gerichtlich mit Zuziehung der nächsten zwei Verwandten geschehen, und ein solches Darlehen muß aus den Revenuen nach und nach in gewissen bestimmten Terminen wieder getilgt werden.

XVI. Die Art, wie in Fideikommisse sukzediert werden soll, hängt hauptsächlich von der Bestimmung des Stifters ab. Die allgemeine Regel ist, daß Personen weiblichen Geschlechts und die nur durch diese von der Familie abstammen, niemals zur Sukzession in das Fideikommiß gelangen, wenn es der Testator nicht ausdrücklich verordnet hat. Gewöhnlich wird in das Fideikommiß nach Ordnung der Primogenitur sukzediert, so daß unter den von dem Stifter herstammenden Linien die erstgeborene und, wenn diese gänzlich ausgegangen ist, die zunächst auf sie folgende stets die jüngeren Linien ausschließt und daß in jeder Linie der Erstgeborene so wie bei dessen Abgang der, welcher sich der Erstgeburt am nächsten sieht, den jüngeren Brüdern in der Sukzession vorgeht. Wenn zuletzt alle diejenigen, die nach der Bestimmung des Stifters zur Sukzession berufen sind, aussterben und der Stifter auch auf diesen Fall nichts besonderes verordnet hat, so wird das Fideikommiß in den Händen des letzten Besitzers freies Allodium, über welches derselbe nach eigenem Gutfinden disponieren kann. 240

Über Lehen und Erbzinsgüter 241

(VON LEHEN)

I. Das Lehnrecht macht einen eigenen Teil der Rechtswissenschaft aus, und einige Kenntnis desselben ist einem künftigen Regenten um deswillen notwendig, weil in den preußischen Staaten noch viele Lehen existieren, deren Allodifikation bei ihm nachgesucht wird oder auf die er, wenn sie ihm anheimfallen, Anwartschaften und Expektanzen erteilen kann.

II. Ursprung und Geschichte der Lehen. Da die deutschen Nationen in der Periode der großen Völkerwanderungen die Provinzen der römischen Monarchie unterjochten und sich darin niederließen, so führten sie daselbst eine Verfassung ein, die ihrer ganz militärischen Konstitution völlig angemessen war. Der Feldherr, unter dessen Anführung die Eroberungen gemacht worden, behielt einen Teil derselben gleichsam als seine Domäne für sich und verteilte den Überrest unter die Anführer der einzelnen Haufen oder Brigaden, die unter seiner Fahne gefochten hatten. Diese verpflichteten sich dagegen, ihn und seine Nachkommen als ihren Oberherrn anzuerkennen, ihm jederzeit eine unverbrüchliche Treue zu leisten und ihm bei entstehendem Kriege auf ihre Kosten Hilfe zu leisten. Der Anführer einer jeden solchen Brigade machte es mit dem auf seinen Anteil gefallenen Distrikte ebenso; er behielt nämlich einen Teil desselben für sich und verteilte die übrigen Ländereien unter die Anführer der Truppen, die unter seinem näheren Kommando gestanden hatten, von welchen er sich ein gleiches Anerkenntnis der Oberherrschaft, eine gleiche Versicherung besonderer Treue und das Angelöbnis, ihm auf Erfordern Kriegsdienste zu leisten, eidlich erteilen ließ. So entstanden die Lehen, welches Güter sind, die jemand von einem andern unter der Bedingung besonderer Treue und zu leistender Kriegsdienste verliehen worden.

III. Derjenige, welcher ein Gut oder irgendeine andre Sache unter diesen Bedingungen besitzt, heißt der Vasall, und derjenige, von dem oder dessen Vorfahren ihm oder seinen Vorfahren das Lehen verliehen worden, wird der Lehnsherr genannt.

IV. Das Eigentum des Lehens ist zwischen dem Vasallen und dem Lehnsherrn geteilt. Ersterer hat den Besitz und alle Nutzungen des Lehens. Über die Sache selbst aber kann nur von beiden gemeinschaftlich disponiert werden.

V. Die Lehen sind aber nicht bloß dem ersten Erwerber, sondern auch seiner gesamten männlichen Nachkommenschaft verliehen worden. Alle, die von dem ersten Erwerber abstammen, haben also ein Recht auf das Lehen. Sie heißen Agnaten oder Lehnsvettern.

VI. Die Rechte zwischen dem Lehnsherrn und Vasallen sind folgende:

1. Der Vasall besitzt das Lehen und ist berechtigt, alle Nutzungen davon zu ziehen, welche die Sache ohne ihre Vernichtung oder Beschädigung gewähren kann.
2. Er ist verbunden, den Lehnsherrn in dieser Qualität feierlich anzuerkennen und die Belehnung bei ihm nachzusuchen.
3. Dies muß geschehen, sooft sich eine Veränderung in den Personen ereignet und durch den Abgang des Lehnsherrn oder des Vasallen ein anderer

zur Sukzession in die lehnsherrlichen Rechte oder in das Lehngut selbst gelangt.

4. Der Vasall ist dem Lehnsherrn zur besonderen Treue verpflichtet. Er macht sich durch den Lehnseid oder das Vasallagium anheischig, den Nutzen desselben zu befördern, Schaden und Nachteil aber abzuwenden, auch die im Lehnsvertrage übernommnen oder durch die Lehnsgesetze vorgeschriebenen Dienste und Obliegenheiten treulich zu verrichten.
5. Die Verletzung dieser Treue wird Felonie genannt und zieht, wenn sie vor- 241 R
sätzlich begangen worden, den Verlust des Lehens nach sich.
6. Die Dienste, welche der Vasall dem Lehnsherrn zu leisten hat, sind in der Regel Kriegsdienste, die er auf seine Kosten verrichten muß.
7. Der Vasall ist nicht berechtigt, über das Lehen selbst und dessen Substanz zu disponieren; er kann dasselbe ohne die Einwilligung des Lehnsherrn nicht verkaufen, veräußern oder sonst an andre übertragen. Eine Veräußerung des Lehens ohne Konsens des Lehnsherrn ist eine Felonie.
8. Der Vasall muß das Lehen im guten Stande erhalten, und wenn er dasselbe durch schlechte oder nachlässige Wirtschaft ruiniert hat, so muß er den Schaden aus seinem übrigen Vermögen ersetzen.
9. Der Vasall kann ohne Einwilligung des Lehnsherrn keine Schulden auf das Lehen machen. Nur solche Ausgaben, die er zur wirklichen Vermehrung oder Verbesserung des Lehens oder zu seiner oder seiner Söhne Ausrüstung zum Kriege hat machen müssen, und einige wenige andre privilegierte Posten müssen aus dem Lehen auch ohne besonderen Konsens des Lehnsherrn bezahlt werden.
10. Dem Vasallen steht es frei, sein Lehen oder einen Teil desselben einem andern zu Lehen zu geben. Dergleichen Lehen heißen Afterlehen, dergleichen es z. E. in Pommern noch viele gibt. Der Aftervasall steht alsdann in eben dem Verhältnis gegen den Obervasallen wie dieser gegen den Oberlehnsherren.
11. Der Lehnsherr ist schuldig, den Vasallen zu schützen. Wenn er ihn ohne gegebene Ursache feindselig behandelt, so begeht er ebenfalls eine Felonie, welche den Verlust der oberlehnsherrlichen Rechte nach sich zieht.

VII. Der Vasall steht aber auch in Verhältnissen gegen seine Agnaten oder Lehnsvettern, welche sich darauf gründen, daß das Lehen ursprünglich nicht bloß dem ersten Erwerber, sondern zugleich seiner ganzen Familie verliehen worden.

1. Der Vasall muß also das Lehen auch für seine Agnaten konservieren. Sein Vermögen haftet ihnen, sobald sie zur Sukzession gelangen, für alle von ihm verursachten Beschädigungen.
2. Er kann das Lehen ohne die Einwilligung der Agnaten selbst mit Konsens des Lehnsherrn nicht veräußern noch mit Schulden belasten. Ist es gleichwohl geschehen, so kann jeder Agnat, sobald die Ordnung zur Sukzession an ihn kommt, das veräußerte Lehen von dem unrechtmäßigen Besitzer zurückfordern und ist nicht schuldig, die ohne seinen Konsens darauf gemachten Schulden zu bezahlen.
3. Nur allein die Söhne sind verbunden, die väterlichen Schulden aus dem Lehen zu bezahlen, wenn das übrige Vermögen dazu nicht hinreicht.
4. Die Agnaten sind dem Lehnsherrn so wie der Vasall selbst zur Lehnstreue verpflichtet und müssen ihm Kriegsdienste leisten. Wenn sie diesen ihren Pflichten vorsätzlich zuwiderhandeln, so begehen auch sie eine Felonie und werden ihrer Rechte auf das Lehen dadurch verlustig.

VIII. Sukzession in das Lehen.

1. In der Regel können nur Mannspersonen, die durch Mannspersonen von dem ersten Erwerber des Lehens abstammen, zur Sukzession gelangen.
2. Die Sukzessionsordnung selbst ist sehr verschieden, indem fast jedes Land, wo Lehen sind, darunter verschiedene Rechte hat. Darin stimmen aber alle Lehnrechte überein, daß die Söhne des letzten Vasallen dessen Brüder, wenn keine Söhne vorhanden sind, die Brüder die übrigen Seitenverwandten
und un|ter diesen die näheren die entfernteren ausschließen, die gleichnahen 242
aber zugleich sukzedieren.
3. Weiber und diejenigen, die nur durch Weiber von dem ersten Erwerber des Lehens abstammen, gelangen in der Regel bei Lehen so wenig als bei Fideikommissen zur Sukzession. Es gibt jedoch Weiberlehen, in welchen die weiblichen Nachkommen des ersten Erwerbers sukzedieren, wenn alle seine männlichen Nachkommen abgegangen sind. *Kunkellehen.* Dergleichen gibt es in hiesigen Landen verschiedene, besonders in den westfälischen Provinzen. Übrigens herrscht in der weiblichen Lehnsfolge fast noch größere Verschiedenheit als bei den Mannlehen. Die Regel aber ist, daß, wenn der letzte männliche Nachkomme des ersten Erwerbers Töchter hinterläßt, dieselben mit Ausschließung aller übrigen Anverwandten von weiblicher Seite zum Lehen gelangen und dasselbe hinwiederum nur auf ihre männlichen Nachkommen vererben.

4. Bei Mannlehen aber fällt, wenn keine männlichen Deszendenten des ersten Erwerbers mehr vorhanden sind, das Lehen an den Lehnsherrn zurück, welcher damit in der Regel disponieren kann, wie er will, und es entweder für sich behält oder einem andern wiederum zum Lehen gibt.
5. Aus diesem Rückfallsrechte, welchem die Lehen bei Erlöschung der beliehenen Familie unterworfen sind, sind die Anwartschaften und Eventualbelehnungen entstanden. Wenn nämlich der Fall, daß eine beliehene Familie aussterben könnte, wahrscheinlich ist, so melden sich Leute, die entweder um den Staat Verdienste haben oder sich mit der persönlichen Gnade des Lehnsherrn schmeicheln können, und bitten denselben, ihnen dieses Lehen, im Fall es wirklich vakant werden sollte, zu verleihen. Erhalten die darüber ein bloßes schriftliches Versprechen, so heißt solches eine Anwartschaft; wird ihnen aber ein förmlicher Lehnbrief im voraus ausgefertigt, so nennt man solches eine Eventualbelehnung. Dadurch erlangt der Anwärter ein Recht, wenn das Lehen sich an den Lehnsherrn erledigt, die wirkliche Einräumung desselben von ihm zu verlangen.

IX. Eine sehr gewöhnliche Methode, die Eigenschaft des Lehens zu verändern, ist die Bestellung eines Lehnsstammes. Weil nämlich die Lehnsbesitzer durch die Notwendigkeit, wenn sie das Lehen verschulden wollen, den Konsens des Lehnsherrn und aller Agnaten darüber einzuholen, sehr geniert sind und daher oft nützliche Verbesserungen und Retablissements der Lehngüter unterbleiben müssen, so haben mehrere Familien unter Einwilligung des Lehnsherrn Verträge geschlossen, vermöge deren nur ein gewisser Teil von dem Werte des Lehnguts die Lehneigenschaft behalten, in Ansehung des Überrests hingegen dem Besitzer die freie Disposition gelassen werden solle. Das festgesetzte Quantum, welches die Lehnseigenschaft behält, heißt der Lehnsstamm; z. E. ein Lehen von 20000 Talern, ein Lehnstamm von 10 m Talern. Doch kann auch ein solcher Lehnsbesitzer das Lehen selbst nicht veräußern noch in einem Testamente darüber disponieren, sondern er erhält durch die Bestellung des Lehnsstamms eigentlich nur das Recht, den übrigen Wert des Lehens zu verschulden. Ist bei der Konstituierung des Lehnsstamms verabredet worden, daß über das Gut selbst mit Vorbehalt des festgesetzten Quanti solle disponiert werden können, so verliert das Gut die Eigenschaft eines Lehens. Der Lehnsstamm tritt in jeder Rücksicht an seine Stelle, und es wird darin ebenso sukzediert, wie in das Lehngut selbst geschehen sein würde.

X. Die gewöhnlichste Art, wie die Lehnsverbindung zwischen Vasallen und Lehnsherrn aufgehoben wird, ist die Allodifikation. Wenn nämlich der Lehnsherr erklärt, daß er auf seine Rechte Verzicht tue und seinen Anteil an dem Eigentum desselben dem Vasallen überlasse, und wenn der Vasall diese Erklärung annimmt, so sagt man, das Lehen sei allodifiziert oder die Sache sei aus dem Lehen ins Erbe versetzt. 242R

XI. Durch dergleichen Allodifikation kann sich aber der Lehnsherr natürlicherweise nur seiner eigenen Rechte begeben. Er kann aber den Agnaten oder Mitbelehnten des Vasallen ihre Rechte, die sie vermöge der ersten Investitur auf das Lehen hatten, nicht entziehen. Ein Lehen kann also in Beziehung auf den Lehnsherrn aufgehört sein und dennoch in Beziehung auf die Agnaten oder Mitbelehnten die Eigenschaft nach wie vor behalten.

XII. In den preußischen Staaten sind die meisten Lehen allodifiziert. In den älteren Zeiten und bei der damaligen Methode, den Krieg zu führen, waren die Lehnsdienste, welche die Vasallen von ihren Lehngütern dem Landes- und Lehnsherrn leisten mußten, von großer Wichtigkeit. Wenn der Staat mit einem feindlichen Anfalle bedroht wurde oder wenn es darauf ankam, Rechte des Staats zu verteidigen, Beleidigungen, die ihm zugefügt worden, zu rächen, so wurden alle Vasallen zu Leistung der schuldigen Kriegsdienste aufgefordert, und ein solches Aufgebot hieß der Heerbann. Der Vasall mußte alsdann nicht nur sich selbst, mit Pferd und vollständiger Rüstung versehen, bei dem Heere einfinden, sondern auch die nach der Lehnsmatrikel bestimmte Anzahl von Untervasallen und Untertanen oder Knechten mitbringen; er mußte während des ganzen Feldzugs für seine und der Seinigen Unterhaltung auf eigene Kosten sorgen. Damals war also die Pflicht der Vasallen, ihrem Lehnsherrn Kriegsdienste zu leisten, das einzige Mittel, wodurch dieser instand gesetzt werden konnte, eine Armee ins Feld zu stellen und darin zu unterhalten. Seitdem aber die Methode, den Krieg zu führen, sich so sehr verändert, seitdem die Taktik eine ganz neue Gestalt genommen hat, seitdem in allen größeren europäischen Staaten die stehenden Armeen eingeführt worden sind, seitdem nicht mehr persönliche Stärke und regelloser persönlicher Mut, nicht mehr der heftige Schock einer schweren, vom Kopf bis auf die Füße gewaffneten Reiterei das Glück der Schlachten entscheidet, sondern [es] weit mehr auf Ordnung und Disziplin, auf regelmäßige Bewegungen, auf geschickte Manoeuvres, auf ein wohlunterhaltenes Infanterie- und Artilleriefeuer dabei ankommt — seit dieser Zeit ist die Lehnsmiliz völlig unbrauchbar geworden. Denn es fällt in die Augen, wie wenig mit einem zusammengerafften, in denen Waffen größtenteils ungeübten, an keine Ordnung und Kriegszucht gewöhnten Haufen von Menschen gegen eine unsrer heutigen regelmäßigen und disziplinierten Armeen auszurichten sein würde. Daher sind in den meisten europäischen Staaten die Lehns- und Landesherren schon längst bewogen worden, die in ihren Landen noch vorhandenen Lehen zu allodifizieren und sich dafür eine Abgabe an Geld zur Unterhaltung der an die Stelle der Lehnsmiliz tretenden stehenden Truppen vorzubedingen. In Schlesien unter kaiserlichem Regiment, in der Mark, Magdeburg und Halberstadt und in Ostpreußen durch Friedrich Wilhelm I., in Pommern durch Friedrich II. In Westpreußen gibt es keine unmittelbaren königlichen Lehen, in den westfälischen Provinzen sind ebenfalls von Anfang an nur wenig Lehen vorhanden gewesen, und diese sind nur Kunkellehen.

XIII. Durch diese Allodifikationen ist also die Lehnsverbindung zwischen Lehnsherrn und Vasallen in ihren wesentlichsten Stücken aufgehoben worden. Der Lehnsherr kann keine Lehnsdienste | mehr von dem Vasallen fordern, 243
der Vasall bedarf nicht mehr der Einwilligung des Lehnsherrn zur Veräußerung oder Verschuldung des Lehens. Das Lehen fällt nach dem Aussterben der beliehenen Familie nicht mehr an den Lehnsherrn zurück, sondern der letzte Besitzer kann darüber wie über sein freies Eigentum disponieren.

XIV. Inzwischen sind doch noch verschiedene Wirkungen der ehemaligen Lehnsverbindungen übriggeblieben. Nicht nur ist wie bei allen Allodifikationen das Recht der Agnaten und Mitbelehnten ungeändert geblieben, also daß in die allodifizierten Lehen unter den Familien selbst noch heutzutage lehnsmäßig sukzediert wird, sondern es sind auch noch verschiedene wichtige Folgen der alten lehnsherrlichen Rechte vorhanden. Dahin gehört,

1. daß zwischen dem Vasallen und Lehnsherren das Band der Lehnstreue noch subsistiert, welches den Vasallen noch enger und genauer als einen andern Untertanen an seinen Landes- und Lehnsherrn verbindet. Der Vasall, welcher an seinem Lehnsherrn treulos handelt, begeht noch jetzt eine Felonie, welche außer andern Strafen auch mit der Einziehung des Lehens geahndet wird; z. E. wegen der Emigrationen.

2. An die Stelle der Lehnsdienste ist der Kanon oder das Lehnpferdegeld getreten. Einrichtung desselben in der Mark. Reflexionen über den niedrigen Anschlag.
3. Bei den Allodifikationen haben sich die Lehnsherrn das Rückfallsrecht in Ansehung derjenigen Lehen vorbehalten, welche damals entweder auf dem Fall stunden oder auf welche sie bereits Anwartschaften erteilt hatten. Man sagt, ein Lehen steht auf dem Fall, wenn entweder nur noch der gegenwärtige Besitzer allein oder außer ihm nur noch eine Person vorhanden ist, die auf das Lehen aus der ersten Investitur ein Sukzessionsrecht hat.
4. Vermöge dieses Vorbehalts kommen noch heutzutage Lehen vor, die schon zur Zeit der Allodifikation auf dem Falle standen und die jetzt, wenn die beliehene Familie ganz ausstirbt, von dem Landesherrn eingezogen werden können.
5. Gemeiniglich aber werden auch solche Lehen an Leute, die sich im Militär- oder Zivilfache um den Staat verdient gemacht haben oder denen sonst der Landesherr eine Gnade erweisen will, Anwartschaften von ihm erteilt. Dergleichen Anwartschaften gelten jedoch nur auf die Lebenszeit desjenigen Regenten, welcher sie erteilt hat, und kommen dem Anwärter nur dann zustatten, wenn während des Verleihers [Leben] der Rückfall des Lehens wirklich erfolgt. Jeder Nachfolger in der Regierung ist berechtigt, die von seinem Vorfahren erteilten und noch nicht realisierten Anwartschaften wieder aufzuheben. Doch pflegen gewöhnlich diejenigen, die nicht aus bloßer Gnade, sondern als Belohnungen wirklicher Dienste erteilt worden, von dem Nachfolger erneuert zu werden.

XV. Die noch übrigen lehnsherrlichen Rechte des Königs werden von dem Lehnsdepartement besorgt, welches einen Teil des Justizministerii ausmacht und an dessen Spitze sich gegenwärtig der Minister von R. befindet.

XVI. Wenn ich oben gesagt habe, daß die meisten Lehen in den preußischen Staaten allodifiziert wären, so gilt dies nur von denjenigen, die unmittelbar von dem Landesherrn abhängen. Es gibt aber in den hiesigen Landen noch viele Privatpersonen, die lehnsherrliche Rechte über die von ihnen beliehenen Vasallen haben. Der Bischof von Breslau, der Herzog von Sagan, der Bischof von Ermland. Verschiedene adlige Familien in den westfälischen Provinzen. Die Rechte dieser Privatlehnsherrn sind durch die Allodifikation der Staatslehen nicht verändert worden. Solche Güter werden vielmehr noch heutzutage lehnsmäßig behandelt, und nur die davon nach der ursprünglichen Verfassung zu leistenden Kriegsdienste fallen weg, weil nach heutigen Grundsätzen das Recht des Krieges allein dem Souverän zukommt und also ein Privatlehnsherr, der keine Truppen halten darf, von den Diensten seiner Vasallen keinen Gebrauch machen kann.

VON ERBZINSGÜTERN 243R

I. Die Erbzinsgüter haben mit den Lehen viel ähnliches, sind aber doch in wesentlichen Stücken von denselben verschieden.

II. Ursprung derselben durch die Einrichtung der Geistlichkeit, welche die meisten Ländereien in Kultur gab.

III. Wenn jemandem das nutzbare Eigentum eines Guts unter der Bedingung für sich und seine Erben eingeräumt wird, daß er das Gut in beständiger guter Kultur erhalten und eine gewisse Abgabe davon an den Verleiher zur Anerkenntnis seines Obereigentums entrichten solle, so heißt dieses Gut ein Erbzinsgut, der Besitzer heißt Erbzinsmann und der Obereigentümer Erbzinsherr.

IV. Bei Erbzinsgütern ist das Eigentum geteilt wie bei Lehen.

V. Die Rechte und Pflichten des Erbzinsherrn und Erbzinsmanns aber sind von den Rechten und Pflichten des Lehnsherrn und Vasallen sehr verschieden.

1. Der Erbzinsmann hat das nutzbare Eigentum des Guts. Er kann allen Vorteil daraus ziehen, den die Sache salva substantia zu gewähren vermag.
2. Er kann das Gut andern verkaufen, veräußern und verschulden. Doch muß er bei einer Veräußerung dem Erbzinsherrn einen solchen Besitzer präsentieren, welcher tüchtig ist, der Wirtschaft gehörig vorzustehen. Schulden, die er ohne Konsens des Erbzinsherrn gemacht hat, darf dieser nicht aner-

kennen, wenn sich auf eine der bald näher zu bestimmenden Arten das Gut an ihn erledigt.

3. Die Verwandten des Erbzinsmanns haben auf das Gut nicht so wie die Agnaten bei Lehen ein Recht. Er bedarf also zu seinen Dispositionen darüber keiner Einwilligung von ihnen, und bei seinem Absterben wird nicht lehnsmäßig, sondern modo ordinario sukzediert.
4. Der Erbzinsmann ist schuldig, den in seinem Verleihungsbriefe bestimmten Erbzins oder Kanon dem Obereigentümer prompt und akkurat zu entrichten. Dieser Kanon steht mit dem Nutzungsvertrage in keinem Verhältnisse und wird in recognitione dominii gegeben.
5. Wenn er 3 Jahre hintereinander die Entrichtung des Zinses vernachlässigt, so wird er dadurch seines Rechts verlustig, und das Erbzinsgut kann von dem Eigentümer eingezogen werden.
6. Von der Bezahlung des Zinses kann er sich auch unter dem Vorwande, daß das Gut durch Unglücksfälle gelitten habe, nicht dispensieren noch deshalb eine Remission an Zinsen verlangen. Eben weil der Kanon nur in recognitione dominii gegeben wird. Nur wenn er sein nutzbares Eigentum gar nicht hat ausüben können, wird er für diese Zeit von der Entrichtung des Kanons frei.
7. Sooft die Person des Erbzinsbesitzers sich verändert, es sei durch Verkauf, Erbgangrecht oder auf andre Art, so muß dem Erbzinsherrn für die Zulassung des neuen Besitzers eine gewisse Abgabe bezahlt werden. Diese Abgabe heißt Laudomium und ist in der Erbzinsverschreibung bestimmt. Gewöhnlich besteht sie in 2 Prozent von dem Werte des Erbzinsguts.

VI. Verwandlung der kleinen Lehen in Erbzinsgüter.

VII. Unterschied zwischen Erbzinsgütern und Erbpachtgütern. Erfindung der letzteren, um Güter zu veräußern, die eigentlich nicht veräußert werden sollten.

1. Der Erbpächter hat keinen Anteil am Eigentum.
2. Die Erbpacht steht in Proportion mit den Nutzungen, und es finden dabei Remissionen statt.
3. Durch die unterlassene Zahlung wird das Recht nicht verloren.
4. Das Laudomium ist bei Erbverpachtungen nicht üblich. Dafür ist ein Einstandsgeld bezahlt.

VIII. Unterschied zwischen den Erbzinsen und ordinären Zinsen. 244

1. Census reservativi. Wenn Güter in Kultur gegeben worden gegen einen solchen Zins.
2. Census constitutivi. Wenn Zinsen gekauft worden.

Die Limburgschen Lehen hat das Kurhaus Brandenburg unterm 19ten Ok- 245
tober 1728 von Kaiser Karl VI. zu Lehen erhalten.
Sie sind i. a. 1742 auf den Grund einer besonderen Konvention (die sich aber in den Lehnsakten nicht findet) den Markgrafen zu Anspach zum Aftermannlehen verliehen worden.
Durch Verträge mit den Gräflich-Limburgschen Allodialerben d. d. 15ten August 1746 sind die Lehnsstücke näher bestimmt.
Sie bestehen größtenteils in Subfeudis, Zöllen, Gebieten, Zehenten, Jurisdiktionen und andern Abgaben, und es befindet sich davon bei den Akten eine komplette Spezifikation.
Bei jeder Lehnserneuerung müssen 500...[1] an die Krone und 70...[1] an die Lehnskanzlei entrichtet werden.

Über Kirchen- und Geistliche Gesellschaften 246

VON KIRCHENGESELLSCHAFTEN

I. Mehrere Menschen, die unter Genehmigung des Staats zu Religionsübungen sich verbunden haben, machen eine Religionsgesellschaft aus. Ist der Zweck ihrer Verbindung die öffentliche Feier des Gottesdienstes, so heißen sie Kirchengesellschaften. Geistliche Gesellschaften haben sich zu gewissen andern besonderen Religionsübungen vereinigt.

II. Rechte des Staats über die Kirche sind schon im Allgemeinen Staatsrechte vorgetragen und entwickelt worden. Ich wage es, Eure Königliche Hoheit nur an die vornehmlichsten derselben, die auch in unserem Staat die ausdrückliche gesetzliche Sanktion erhalten haben, zu erinnern und denselben zugleich die näheren positiven Bestimmungen, die für unsern Staat durch Reichs- und Landesgesetze vorgeschrieben sind, beizufügen.

1. Nach den Grundsätzen des Allgemeinen Staatsrechts muß der Staat jedem seiner Bürger eine völlige Religions- und Gewissensfreiheit lassen. Es muß

[1] Geldsorte unleserlich

also auch einem jeden freistehen, zu welcher Religionspartei er sich bekennen und halten wolle. Natürlich setzt diese Freiheit einen Menschen voraus, dessen Vernunft und Fähigkeiten soweit entwickelt sind, daß er vermögend ist, über Religionslehren nachzudenken und ein eigenes Urteil zu fällen. Da nun solche Fähigkeit von einem Menschen vor Erreichung gewisser reiferer Jahre nicht zu erwarten ist, so haben die positiven Gesetze verordnet, daß Kinder bis nach zurückgelegtem 14ten Jahre in der Religion ihrer Eltern erzogen werden sollen. Wenn die Eltern verschiedener Religion sind, so richtet sich die Erziehung der Kinder in Ansehung der Religion nach ihrem Geschlecht. Vor dem 14ten Jahre kann kein Kind zur Annahme und feierlichen Bekenntnisse einer anderen Religion, als wozu dasselbe nach diesen gesetzlichen Bestimmungen gehört, gelassen werden. Nach dem 14ten Jahre aber steht einem Kinde so wie jedem andern Bürger des Staats die freie Wahl zu.

2. Nach den Grundsätzen des Allgemeinen Staatsrechts muß der Staat jede Religionspartei, deren moralische Lehren der öffentlichen Ruhe und Sicherheit nicht zuwider sind, dulden und ihr die freie Übung ihres Gottesdienstes gestatten; es hängt aber lediglich vom Staat ab, inwiefern er einer solchen Religionspartei nur die Privat- oder auch die öffentliche Religionsübung zugestehen wolle. Dieser Satz wird in Ansehung der königlichen Lande durch den Westfälischen Frieden und andre öffentliche Verträge näher bestimmt:

a) In Ansehung der Reichslande, wozu alle königlichen Provinzen excipe Schlesien, Ost- und Westpreußen gehören, ist im Westfälischen Frieden festgesetzt, daß in Ansehung der drei im Deutschen Reiche aufgenommenen Religionsparteien der Reformierten, Lutheraner und Katholiken und ihrer Religionsübung das Jahr 1624 zur Norm dienen solle, dergestalt, daß, insofern damals eine dieser Religionsparteien in einem Lande die öffentliche oder Privatreligionsübung wirklich gehabt hat, sie auch ferner dabei gelassen werden und also in Zukunft ebenfalls entweder die öffentliche Religionsübung genießen oder mit einem bloßen Privatgottesdienste sich begnügen solle.

b) In Ansehung Schlesiens ist durch den Wiener und Dresdner Frieden verabredet, daß die katholische Religion in statu quo bleiben solle.

c) In Ansehung Ostpreußens ist durch Verträge mit den Landständen bestimmt, | daß in Religionssachen keine Veränderungen gegen diejenige Ver- 246 R
fassung, in welcher das Land von dem Kurhause Brandenburg übernommen worden, gemacht werden solle.

d) In Ansehung Westpreußens ist die Erhaltung der katholischen Religion in dem Stande, in welchem sie sich zur Zeit der Reokkupation befunden hat, durch die Abtretungsakten und Konventionen mit der Republik Polen stipuliert worden.

Nach diesen Bestimmungen kann also der Landesherr einer Religionspartei die öffentliche Religionsübung, in deren Besitze sie sich in den bestimmten Zeitpunkten befand, nicht entziehen. Wohl aber kann er einer Religionspartei die öffentliche Religion, die sie damals nicht hatte, verleihen. So in Berlin durch Erbauung des katholischen, so in Halle durch Einrichtung des reformierten Gottesdienstes.

3. Nach dem Allgemeinen Staatsrechte sind alle Religionsgesellschaften der Oberaufsicht des Staats unterworfen; die von ihnen zu bestellenden Lehrer und Vorsteher müssen dem Staat angezeigt werden; er ist berechtigt, diejenigen zu verwerfen, die ihm zum Mißtrauen gegen ihre praktischen Grundsätze oder in ihre Gesinnungen gegen den Staat Anlaß geben. Jede Religionsgesellschaft muß ihre äußeren Rechte nur nach den Gesetzen des Staats ausüben und seine Gerichtsbarkeit dabei anerkennen. Bei diesen allgemeinen Grundsätzen treten einige nähere Bestimmungen ein, die sich besonders auf die katholische Religion in den preußischen Staaten beziehen.

a) Kein Bischof oder andrer katholischer geistlicher Oberer darf in Religions- und Kirchenangelegenheiten ohne Erlaubnis des Staats neue Verordnungen machen oder dergleichen von fremden geistlichen Oberen annehmen.

b) Jede päpstliche Bulle oder Breve und alle Verordnungen auswärtiger Oberen der Geistlichen müssen vor ihrer Publikation und Vollstreckung dem Staat zur Prüfung und Genehmigung vorgelegt werden.

c) Bei der Wahl der Bischöfe, Prälaten und andrer katholischer geistlicher Oberen konkurriert der Landesherr durch seine Commissarii, und keiner derselben kann eher die Konfirmation des Papstes oder andern geistlichen Vorgesetzten nachsuchen, als bis er von dem Landesherrn approbiert worden.

d) Nach den Grundsätzen der katholischen Hierarchie ist die ganze christliche Welt in gewisse Distrikte eingeteilt und jedem dieser Distrikte ein Bischof vorgesetzt, deren mehrere hinwiederum unter einem Erzbischof oder Metropoliten stehen, zuletzt aber alle dem Papst unterworfen sind. Der Bischof exerziert innerhalb seines Distrikts oder seiner Diözes gewisse geistliche Rechte, welche den Namen der Diözesanrechte führen und hauptsächlich in der Befugnis, die priesterliche Würde, geistliche Ämter zu verleihen, die Aufsicht über Amtsführung, Lehre und Wandel der Geistlichen zu führen, die Kirchenzucht über sie auszuüben und für die Konservation des Vermögens der Kirchen zu sorgen, bestehen. Die Ausübung dieser Diözesanrechte wird den katholischen Bischöfen auch in den hiesigen Landen gestattet. Doch sind ihnen darin durch die Landesgesetze Schranken gesetzt:

α) Daß sie die Kirchenzucht über die Geistlichen nur durch geistliche Strafmittel, allenfalls durch Entsetzung und Suspension von ihren Ämtern ausüben, nicht aber mit Geld- oder Gefängnisstrafen gegen sie verfahren dürfen. Nur 20 Taler Geld und 4 Wochen Gefängnis.

β) Daß sie sich in die weltlichen Angelegenheiten ihrer Klerisei nicht mischen, folglich die Prozesse und Streitigkeiten derselben, die Regulierung ihrer Verlassenschaften und die Bestrafung der von ihnen außerhalb ihrer Amtsführung begangenen Verbrechen den weltlichen Gerichten des Staats überlassen müssen.

γ) Daß zwar, um allen Gewissenszwang zu vermeiden, den Katholiken, wenn sie in einem Grade sich verheiraten wollen, der nach dem Kanon verboten ist, freigelassen wird, die Dispensation bei dem Bischof nachzusuchen, daß aber der Staat, wenn auch diese Dispensation nicht gesucht oder nicht erteilt worden, die Ehe dennoch für gültig erklärt, sobald nur der Grad der Verwandtschaft nicht zu denen gehört, die in den Landesgesetzen verboten sind.

δ) Die Einteilung der geistlichen Diözesen stimmt nicht immer mit der 247
geographischen und politischen Ländereinteilung überein. Daher kommt es, daß manche Distrikte im preußischen Staat, ja sogar ganze Provinzen zur Diözese eines Bischofs gehören, der außerhalb Landes seinen Sitz hat; z. E. der Erzbischof von Prag, der Bischof von Ollmütz haben Diözesen in Schlesien; der Bischof von Krakau, der von Gnesen in Westpreußen, der Erzbischof von Köln in Kleve und Marck, der Bischof von Ruremonde in Geldern. Um nun den Einfluß solcher auswärtigen Bischöfe soviel als möglich unschädlich zu machen, ist die Einrichtung getroffen, daß sie zur Verwaltung ihrer Diözesanrechte innerhalb Landes einen vom Staat genehmigten Vicarium bestellen müssen, welcher dem Staat dafür stehen muß, daß die gesetzmäßigen Grenzen der Diözesanrechte nicht überschritten werden.

4. Nach den Grundsätzen des Allgemeinen Staatsrechts ist auch das Vermögen der Kirchengesellschaften der Oberaufsicht des Staats unterworfen, welcher sowohl darauf, daß es konserviert und zweckmäßig verwaltet, als darauf, daß es nicht auf eine gemeinschädliche Art vermehrt und vergrößert werde,

zu sehen hat. Aus diesem Grundsatz folgen nachstehende nähere Bestimmungen unserer positiven Gesetze:

a) Unbewegliche Kirchengüter können ohne ausdrückliche Genehmigung des Staats nicht veräußert werden.
b) Kirchen- und geistliche Gesellschaften können ohne dergleichen ausdrückliche Erlaubnis des Staats keine Güter und Grundstücke an sich bringen.
c) An Kirchen- und geistliche Gesellschaften kann nicht mehr als 500 Taler ohne besondere Erlaubnis des Staats geschenkt oder vermacht werden.

III. Im Allgemeinen Staatsrechte ist bemerkt worden, daß ein protestantischer Souverän außer den Rechten über alle Kirchen- und Religionsgesellschaften, welche aus dem allgemeinen Rechte der Oberaufsicht fließen, auch Befugnisse über gewisse Religionsgesellschaften haben könne, die ihm von diesen Gesellschaften übertragen worden. Dies sind sie eigentlichen bischöflichen Diözesanrechte, welche die protestantischen Kirchengemeinen, nachdem sie sich von der Unterwürfigkeit der römischen Klerisei und des Papstes losgemacht hatten, ihren Landesherren übertragen haben. Dahin gehört besonders das Recht, die protestantischen Prediger zu bestellen oder doch zu prüfen und zu konfirmieren, die Aufsicht über die Amtsverwaltung, die Lehre und den Wandel derselben zu führen, sie wegen der in ihrem Amte begangenen Vergehungen zur Verantwortung und Strafe zu ziehen, die Liturgie, d. h. die Ordnung und Feierlichkeiten bei der Begehung des öffentlichen Gottesdienstes, einzurichten, die zwischen Lehrern und Zuhörern in einer Kirchengemeine entstehenden Streitigkeiten über Religionsangelegenheiten zu schlichten und zu entscheiden. Alle diese Rechte kommen einem preußischen Souverän auch in allen seinen Landen zu und werden durch Collegia, die er dazu bestellt hat, exerziert. Man unterscheidet nach unserer Staatsverfassung:

1. Das geistliche Departement, von welchem eigentlich die Rechte des Staats, welche aus dem Rechte der Oberaufsicht fließen und über alle im Lande aufgenommenen und geduldeten Religionsparteien sich erstrecken, wahrgenommen werden.
2. Das Kirchendirektorium, welches die dem Landesherrn zukommenden übertragenen oder bischöflichen Rechte in Ansehung der reformierten Kirchengemeinen ausübt und dem in den Provinzen die Presbyteria subordiniert sind.

3. Das Oberkonsistorium, welchem die Ausübung der landesherrlichen besonderen Rechte über die lutherischen Kirchengemeinen übertragen ist und unter welchem die Consistoria in den Provinzen stehen.

IV. Ich komme nunmehr auf die Privatrechte der Kirchen und Kirchengemeinen.

1. Zur Ausübung des öffentlichen Gottesdienstes derselben sind die Kirchen bestimmt, welchen die Gesetze eine Befreiung von allen öffentlichen Lasten und Abgaben bewilligt haben.
2. Zur Feier der kirchlichen Gebräuche, zum Unterrichte des Volks in der Religion sind die Prediger bestimmt, welchen zu den dabei vorkommenden mechanischen Funktionen Unterbediente, z. E. Küster pp., zugeordnet werden. Pfarrer und Prediger der im Staat öffentlich aufgenommenen Religionsparteien sind von den öffentlichen Lasten und Pflichten der gemeinen Bürger frei und genießen das Vorrecht, in Ansehung der Gerichtsangelegenheiten nur den unmittelbaren königlichen Gerichten unterworfen zu sein.
3. Zur Unterhaltung der kirchlichen Gebäude, zu den Ausgaben, welche bei 247 R den öffentlichen Gottesdiensten vorkommen, besonders aber zur Ernährung der Prediger und Kirchenbedienten, sind Kosten erforderlich. Diese müssen von den Mitgliedern der Gemeine durch Beiträge zusammengebracht werden, in sofern nicht die Kirche vermöge ihrer ursprünglichen Stiftung oder nachher erhaltenen Zuwendungen eigene Güter und Vermögen besitzt, aus dessen Revenuen dergleichen Kosten bestritten werden können.
4. Das Vermögen der Kirchen ist zwar der Regel nach eben den Lasten und Abgaben wie alles andre im Staat befindliche Privatvermögen gleicher Art unterworfen. Doch genießt dasselbe in den meisten Provinzen gleiche Befreiungen mit den Gütern des Adels. Verwalter der Kirchengüter, Vorsteher.
5. Die Beiträge zur Unterhaltung der Kirchenanstalten, der Prediger und Kirchenbedienten werden von den Mitgliedern der Kirchengemeinen auf verschiedene Art aufgebracht. Die gewöhnlichste Methode ist indessen die, daß gewisse kirchliche Handlungen, besonders Taufen, Trauungen und Begräbnisse, mit einer Abgabe belegt sind, welche von denen, die sie vornehmen, der Kirche und dem Prediger entrichtet werden müssen.
6. Diese Abgaben sind unter dem Namen der Stolgebühren bekannt; sie werden nach einer Taxe erhoben, die vom Staat vorgeschrieben, welche die Geistlichen und Kirchenvorsteher bei einer bestimmten nachdrücklichen Strafe nicht überschreiten dürfen.

7. Diese Art, die zum Unterhalt der Kirchenanstalten nötigen Beiträge [aufzubringen], führt viel Unbequemlichkeiten bei sich. Besonders die Gebühren von Trauungen und Taufen. Vom Beingelde. Inzwischen ist diese Einrichtung einmal vorhanden, und da doch einmal Kirchen und Kirchenanstalten unterhalten werden müssen, so würde man, wenn diese Gebühren wegfallen sollten, genötigt sein, ihnen eine andre Art von Auflage auf die Mitglieder der Kirchengemeinen zu substituieren, welches mit den größten Schwierigkeiten verbunden sein würde. Der Staat kann also weiter nichts tun, als daß er die Taxe so billig als möglich bestimmt und über deren genaue Beobachtung wacht.

V. Damit in allen Gegenden des Landes, wo Bekenner dieser oder jener im Staat aufgenommenen Religion in größerer Anzahl existieren, Gelegenheiten für dieselben zur Feier ihres Gottesdienstes und zum Religionsunterricht sein mögen und damit auf der andern Seite die Unterhaltung der Kirchenanstalten durch ihre gar zu große Vermehrung den Untertanen des Staats nicht zu lästig werden mögen, so ist das Land in gewisse Distrikte eingeteilt, welche Parochien heißen, und den Einwohnern eines solchen Distrikts ist eine Kirche angewiesen, zu welcher sie sich halten sollen. Diese Kirche heißt die Parochialkirche, und der dabei bestellte Geistliche wird Parochus oder Pfarrer genannt. Die Mitglieder heißen Eingepfarrte.

1. Zu einer solchen Parochie werden jedoch nur diejenigen Einwohner des Distrikts gerechnet, welche sich zu derjenigen Religion bekennen, zu welcher die Kirche gehört. Ehemalige Einrichtung. Aufhebung des Nexus Paroch. durch Friedrich II.
2. Die königlichen Bedienten sind von den Parochien ausgenommen und können sich halten, zu welcher Kirche sie wollen.
3. Die Personen des Militärstandes haben ihre eigenen Parochien; die zu einem Regiment gehören, bei dem Feldprediger, die übrigen bei dem Garnisonsprediger.
4. Die eigentlich Eingepfarrten werden zwar nicht gezwungen, den Gottesdienst notwendig in der Kirche, zu der sie geschlagen sind, abzuwarten, sondern es steht einem jeden frei, wie und wo er sich nach seiner Einsicht und Geschmack durch das Anhören von Predigten und andern Religionsvorträgen und durch andre gottesdienstliche Handlungen erbauen wolle.
5. Aber solche kirchlichen Handlungen, von welchen eine gewisse Abgabe zur Unterhaltung der Kirchenanstalten und Prediger entrichtet werden muß,

nämlich die Taufen, Trauungen und Begräbnisse, darf kein Eingepfarrter der Kirche, zu der er gehört, entziehen, sondern er muß, wenn er sie in einer andern Kirche vornehmen will, sich bei dem gehörigen Pfarrer melden, die Gebühren entrichten und sich einen Erlaubnisschein erteilen lassen.

6. Wegen der Trauungen ist besonders zu bemerken, daß, wenn der Bräuti- 248
gam und die Braut nicht zu einer Parochie gehören, die Trauung in der Regel vor den Pfarrer der Braut gehöre. Hiervon sind jedoch Militärpersonen ausgenommen, die, wenn sie auch eine Person vom Zivilstande heiraten, dennoch von dem Feld- oder Garnisonprediger getraut werden.

7. Außer den Stolgebühren und den übrigen Abgaben, welche die Eingepfarrten zur Unterhaltung der kirchlichen Anstalten bei ihrer Pfarrkirche beitragen müssen, sind sie auch schuldig, für die Unterhaltung der Kirchen- und Pfarrgebäude und die dabei vorkommenden Reparaturen zu sorgen, insofern die Kosten dazu aus andern Fonds nicht bestritten werden können.

8. Diese letztere Einschränkung gründet sich darauf, daß die Verfassungen über diesen Punkt in allen königlichen Provinzen und sogar in den diversen Gegenden ein und eben derselben Provinz so ausnehmend verschieden sind, daß man an jedem Orte erst nachfragen muß, ob und was daselbst für besondre Gewohnheiten und Einrichtungen über die Verbindlichkeit der Eingepfarrten zur Unterhaltung der Kirchen- und Pfarrgebäude existieren. Erst alsdann, wenn sich keine bestimmte Verfassung des Orts oder der Provinz findet, gilt die Regel, daß die baren Ausgaben eines solchen Baues aus dem Kirchenvermögen, die dazu nötigen Fuhren und Dienste hingegen von den Eingepfarrten genommen werden und daß diese, wenn die Kirche kein hinlängliches Vermögen hat, auch die baren Kosten unter sich aufbringen müssen.

VI. Die meisten Kirchen in hiesigen Landen sind ursprünglich von angesehenen adligen Familien gebaut und mit Fonds zu ihrer Unterhaltung versehen worden. Diese Stifter führen den Namen der Kirchenpatronen, und es sind ihnen zum Dank für ihre Wohltaten gewisse Vorrechte in Rücksicht der von ihnen fundierten Anstalt unter dem Namen der Patronatsrechte eingeräumt worden.

Die Patronatsrechte kamen ursprünglich nur der Person der Stifter und ihrer Nachkommen zu. In der Folge aber, als die Familien ausstarben oder ihre Güter, wo die Kirche gebaut war, in andre Hände kamen, hat man angefangen, das Patronatsrecht als ein Zubehör- oder Pertinenzstück derjenigen adligen Güter anzusehen, deren ehemaliger Besitzer die Kirche gestiftet hatte. Wer also heutzutage ein Gut kauft, mit welchem das Patronatsrecht über eine Kirche verbunden ist, der wird zugleich Patron dieser Kirche, und kommt es dabei auf den Unterschied der Religion nicht an.

Das Patronatsrecht besteht größtenteils nur in gewissen äußern Vorzügen oder Ehrenrechten; z. E. daß er einen besonders ausgezeichneten Platz in der Kirche hat, daß seiner im Kirchengebete ausdrücklich gedacht werden muß, daß bei seinem Tode geläutet und die Kirchentrauer angelegt werden muß pp. Die wesentlichen Rechte aber sind,

a) daß die Wahl und Bestellung des Pfarrer hauptsächlich von ihm abhängt;
b) daß das Kirchenvermögen unter seiner unmittelbaren Aufsicht steht und darüber von dem Verwalter desselben Rechnung abgelegt werden muß;
c) daß er aber auch schuldig ist, bei Ermangelung hinlänglichen Kirchenvermögens gewisse Beiträge zur Unterhaltung der Kirchenanstalten zu leisten, die ebenso wie die Beiträge der Eingepfarrten nach Verschiedenheit der Provinz und Örter sehr verschieden sind.

Die ehemaligen Regenten der preußisch-brandenburgischen Staaten haben selbst eine beträchtliche Anzahl von Kirchen gestiftet, und zu ihren Domänen gehört eine große Menge Güter, mit welchen das Patronatsrecht verbunden ist. Daher kommt es, daß der König Patron sehr vieler Kirchen in allen seinen Landen ist. Dies ist eine 3te Quelle von Rechten eines preußischen Regenten über die Religionsgesellschaften und Kirchengemeinen in seinen Landen, welche sich nicht auf das Recht der Oberaufsicht, auch nicht auf die von den protestantischen Gemeinen ihm übertragenen Diözesanrechte, sondern bloß darauf gründen, daß er ein Gut besitzt, mit welchem das Patronatsrecht verbunden ist. In dieser Rücksicht hat er mit andern Patronen gleiche Rechte und Pflichten, welche mit denjenigen, die ihm als Souverän und als Bischof in seinen Staaten zukommen, nicht verwechselt werden dürfen.

VII. Die Wahl und Ansetzung der Pfarrer und Prediger hat eine Menge gesetzlicher Bestimmungen nötig gemacht, weil darüber von jeher viele Streitig- **248R**
keiten obgewaltet haben. Nach der Natur der Sache sollte man glauben, daß die Ernennung desjenigen, von welchem die Gläubigen einer Kirchengemeine in der wichtigsten Angelegenheit ihres Lebens Unterricht und Belehrung, Anweisung und Aufmunterung zur treuen Erfüllung ihrer Pflichten und Trost und Rat in Kummer und Unglücksfällen selbst bei der

Annäherung ihres Todes erwarten sollen, der freien Auswahl dieser Menschen überlassen sein müsse. In der ersten christlichen Kirche war es so. Das Papsttum machte Änderungen, weil man es für unanständig hielt, daß die hohe Würde eines katholischen Priesters, die man für so unendlich erhaben über alle weltlichen Ämter und Würden hielt, von bloßen unwissenden Laien sollte verliehen werden können. Der Papst und die Bischöfe reservierten sich also die Bestellung der Pfarrer und Geistlichen. Mit Mühe entschlossen sie sich, um den Laien doch einige Motive mehr zur fleißigen Erbauung und Begebung von Kirchen zu lassen, den Kirchenpatronen eine Mitwirkung bei der Pfarrwahl zu lassen. Die Reformation hat den protestantischen Gemeinen einen Teil ihrer ursprünglichen Rechte wiedergegeben, doch lange noch nicht alle, sondern verschiedene derselben sind ihnen erst durch Verfügung des hochseligen Königs wieder eingeräumt worden. Die heutige Verfassung in Ansehung der Pfarrwahlen ist folgende:

1. Wenn die Kirche einen Patron hat, so kommt diesem in der Regel das Recht zu, den neuen Prediger zu ernennen.
   a) Der Gemeine kann jedoch kein Subjekt, gegen welches die Gemeine erhebliche Einwendungen wegen seines Charakters und seiner Sitten hat oder gegen welchen sie kein Zutrauen fassen kann, aufgedrungen werden. Die Gemeine hat also bei der Wahl eine verneinende Stimme.
   b) Wenn der Patron zu einer andern Religion als die Gemeine gehört, so muß er der Gemeine drei Subjekte vorschlagen und unter diesen denjenigen wählen, zu welchem sie das meiste Vertrauen bezeugt.
2. Hat die Kirche keinen Patron und ist es eine katholische Kirche, so wird der Pfarrer ohne weitere Rückfrage vom Bischof der Diözese gesetzt.
3. Ist es aber eine protestantische Kirche, so hat die Gemeine das Wahlrecht, und an diesem nehmen sämtliche zur Gemeine gehörigen Hausväter teil.
4. Der von einem Patron ernannte oder von einer Gemeine gewählte Prediger muß den geistlichen Oberen, d. h. bei Katholiken dem Bischof und bei Protestanten dem Consistorio oder Kirchendirectorio zur Prüfung und Konfirmation präsentiert werden.
5. Wenn er bei der Prüfung tauglich befunden wird, so erhält er die Ordination, d. h. die Befugnis, geistliche Amtsverrichtungen vorzunehmen und insonderheit die Sakramente zu administrieren.
6. Darauf folgt die Einweisung oder Introduktion, da der neue Pfarrer der Gemeine vorgestellt und in sein Amt wirklich eingesetzt wird.
7. Feld- und Garnisonsprediger werden von dem Regimentschef oder Gou-

verneur bestellt, welcher sie jedoch dem Kirchenconsistorio zur Prüfung, Konfirmation und Ordination präsentieren muß.

VIII. Den Pfarrern sind zu ihrem Unterhalt außer den Stolgebühren und etwaigen Besoldungen gewisse Grundstücke angewiesen, die den Namen Wiedmuth oder Widdum führen. Von diesen Grundstücken haben sie, solange sie im Amte stehen, den Nießbrauch, d. h. sie können daraus alle Nutzungen ziehen, die ein solches Grundstück ohne Schaden und Veränderung seiner Substanz gewähren kann. Sie können sie selbst administrieren und kultivieren oder sie verpachten. Sie haben aber darüber kein Eigentumsrecht und können sich also auch keiner Disposition über die Substanz anmaßen. Ihr Nutzungsrecht dauert, wie gesagt, nur solange, als sie im Amte stehen. Bei ihrem Abgange müssen sie oder ihre Erben die Wiedmuth an den Nachfolger in gutem wirtschaftlichen Stande überliefern, und wenn sie durch schlechte oder nachlässige Wirtschaft Schaden angerichtet haben, muß derselbe der Pfarre aus ihrem Vermögen ersetzt werden.

IX. Außerdem kommt im geistlichen Rechte eine Menge kleiner Abgaben an Gelde 249
und vornehmlich Naturalien vor, welche die Mitglieder einer Kirchengemeine ihrem Pfarrer als Beiträge zu seinem Unterhalt entrichten müssen. Dahin gehört z. E. in Preußen die Kalende, in hiesigen Landen das Meßkorn, die Prämie, Ostereier pp. Die wichtigste unter diesen Abgaben ist aber der *Zehente.*

1. Dieser besteht in dem 10ten Teile der Produkte entweder von Grund und Boden oder auch von gewissen Arten des Viehes, die dem Pfarrer von den Mitgliedern seiner Parochie entrichtet werden müssen.
2. Ursprung der Dezime aus dem mosaischen Rechte; große Erweiterung nach dem kanonischen Rechte.
3. Viele dieser Zehenten sind successa temporis durch Kauf und andre Arten in die Hände weltlicher Besitzer gekommen. Auch hat diese Erfindung der Klerisei, die den Zehentherr zum müßigen Teilnehmer an der Industrie des Zehentpflichtigen macht, viele Gutsbesitzer zur Nachahmung gereizt, daß sie entweder wüste und zu weit entlegene Grundstücke unter der Bedingung, daß ihnen von den Erzeugnissen derselben der Zehente entrichtet werden solle, an Cultivateurs ausgesetzt oder auch das Zehentrecht von den Besitzern der Grundstücke durch Kauf an sich gebracht haben.

4. Der Zehente wird in der Regel nur von Feldfrüchten entrichtet, die der Halm trägt, d. h. von allen Arten des Getreides. Doch gibt es auch Örter, wo derselbe von andern Produkten des Pflanzenreichs, die unter der Erde oder an Bäumen wachsen, z. E. Kartoffeln, Obst pp., gegeben werden muß. Seltener findet man den Fleischzehenten, der von gewissen Arten des Viehes, z. E. Schafen, Schweinen, Kälbern, entrichtet werden muß.
5. An manchen Orten ist der Zehente auf ein gewisses Quantum von Getreide gesetzt, welches alle Jahre gleichförmig entrichtet wird ohne Rücksicht, ob die Ernte des Jahres eingeschlagen oder mißraten sei. Diese Art des Zehenten nennt man den Sackzehenten. Hin und wieder haben sich auch die Interessenten auf ein gewisses jährlich zu entrichtendes Geldquantum vereinigt.
6. Die Bestimmungen, von welchen Arten der Produkte ein Zehent zu entrichten sei, zu welcher Zeit er genommen werden könne und wie bei der Ausmittlung und Einziehung desselben zu verfahren, sind teils durch Verträge bestimmt, teils, und wo Verträge nicht entscheiden, gibt es für jede Provinz Zehentordnungen, welche diese näheren Bestimmungen, die fast in allen Provinzen verschieden sind, enthalten.
7. Die Abgabe des Zehenten hat freilich insoweit viel Billigkeit für sich, weil sie in einer Tantième besteht und sich also jedesmal nach dem Ertrage des belasteten Grundstücks richtet. Ist dieser reichlich gewesen, so kann der Zehentpflichtige ohne seinen Schaden dem Zehentherrn seinen reichlichen Anteil daran wohl gönnen. Ist die Ernte mißraten, so muß der Zehentherr sich auch mit einem geringen Anteile begnügen. Dagegen ist diese Abgabe eine sehr drückende Fessel für die Industrie und Verbesserung des Feldbaues. Denn der Zehentpflichtige kann seinen Acker nicht bestellen, wie er will, sondern er muß notwendig diejenige Art von Früchten bauen, von welchen ein andrer den Zehenten hat. Er ist geniert in der Einteilung seiner Felder, in der Benutzung der Brache, in Anlegung künstlicher Wiesen und in hundert andern ökonomischen Einrichtungen, wenn solche auch zur Verbesserung seiner Grundstücke und Beförderung der Landeskultur im ganzen noch so zuträglich wären, weil der Zehentherr beständig besorgt, daß er an seinem Zehenten dadurch einen Abbruch leiden möchte, und also stets darauf besteht, daß alles im alten bleiben muß. Daher ist's sehr gut, daß in den meisten Provinzen die Naturalzehenten in Sack- oder Geldzehenten verwandelt sind, und das Interesse des Staats erfordert es, diese Operation, soweit es ohne Eingriff in die Rechte des Eigentums geschehen kann, zu begünstigen.

VON GEISTLICHEN GESELLSCHAFTEN 249R

I. Geistliche Gesellschaften, die sich zu andern Religionsübungen, als die Begehung des öffentlichen Gottesdienstes ist, vereinigt haben, sind eigentlich eine Erfindung der katholischen Kirche. Man kann sie einteilen in Stifter, Klöster und geistliche Ritterorden.

1. Ich habe schon oben bemerkt, daß zur Begründung des Systems der päpstlichen Hierarchie die ganze christliche Welt in Diözesen eingeteilt und jeder solcher Diözese ein Bischof vorgesetzt wurde. Diesem war die Aufsicht über alle in seiner Diözese existierenden Kirchen und Gemeinen aufgetragen; zugleich aber sollte er Lehrer an derjenigen Kirche vorstellen, die an dem Orte gestiftet worden, wo er seinen bischöflichen Sitz hatte. Als in der Folge die Anzahl der christlichen Gemeinen und Kirchen in den Diözesen beträchtlich anwuchs, so war der Bischof allein der doppelten Arbeit, die ihm als Pfarrer der Kathedralkirche und als geistlichem Vorsteher der ganzen Diözese oblag, nicht mehr gewachsen; es wurden ihm also mehrere Geistliche zu Hilfe gegeben, die ihm in seinen geistlichen Funktionen zu Hilfe kommen und bei der Führung seines geistlichen Regiments über die Diözese mit ihrem Rat an die Hand gehen sollten. Dies ist der Ursprung der Dom- oder Kathedralstifter, welche folglich aus der dem Bischof zur Hilfe gegebenen Geistlichkeit entstanden sind. Diese Stifter haben in der Folge, da sich die Macht und die Reichtümer der Klerisei immer mehr vergrößerten, immer mehr Ansehen, Auktorität und Reichtümer an sich gezogen. Sie haben sich des Rechts, den Bischof zu wählen, angemaßt; sie haben Landgüter und andre Revenuen erworben, wovon ihren Mitgliedern teils Pensionen an Gelde und Naturalien, teils Nutzungsrechte von Grundstücken beigelegt worden, welche den Namen der Präbenden führen. Sie formieren eigene Collegia unter dem Namen der Kapitel, welche unter einem besondern Vorgesetzten, welcher gemeiniglich der Dechant heißt, über ihre gemeinschaftlichen Angelegenheiten deliberieren und Conclusa abfassen, ohne daß der Bischof daran teilnimmt, in Angelegenheiten aber, welche die Kirchen der Diözese überhaupt oder das Bistum insonderheit betreffen, mit dem Bischof zusammentreten und gemeinschaftlich mit ihm die vorkommenden Geschäfte besorgen. In den großen katholischen Stiftern, die zugleich unmittelbare Reichsstände sind, maßen die Domkapitel sich zwar auch einer Teilnahme an der Führung des weltlichen Regiments an, die ihnen aber mit Grunde streitig gemacht wird. Von der Verfassung der Domstifter kann man also folgende allgemeine Sätze merken:

a) Die Domkapitel sind dazu bestimmt, dem Bischof in der geistlichen Regierung der Diözese zu assistieren, und sind insoweit dem Bischof subordiniert.
b) Sie machen aber auch unter sich ein besonderes Kollegium oder Kapitel aus, welches seine eigenen Angelegenheiten unter sich selbst mit Ausschließung des Bischofs besorgt.
c) In dieser Rücksicht stehen sie nicht unter der Direktion des Bischofs, 250
sondern eines aus ihnen selbst gewählten und bestellten Dechants.
d) Die Domkapitel haben das Recht, bei entstehender Vakanz den neuen Bischof zu wählen.
e) Die Mitglieder derselben heißen Domherren. Sie müssen in der Regel von altem Adel sein, studiert haben und gleich andern katholischen Geistlichen das Gelübde der Keuschheit ablegen.
f) Sie sind ad horas canonicas verbunden.
g) Sie genießen teils einen gewissen Anteil an den dem ganzen Kapitel zukommenden Einkünften, teils ihre Präbenden, welche bald in Landgütern, bald in Zinsen und Abgaben an Geld und Naturalien, welche von Einwohnern und Gutsbesitzern in der Diözese entrichtet werden müssen, bestehen.

2. Zur Nachahmung der Domstifter sind die sogenannten Kollegiatstifter errichtet worden. Man hat nämlich bei andern großen und reichen Kirchen, wenn es auch nicht just bischöfliche Kirchen waren, mehrere Geistliche angesetzt, die zwar mit der Regierung der kirchlichen Angelegenheiten in der Diözese nichts zu tun haben, auch nicht so wie die Pfarrer den öffentlichen Gottesdienst für die Gemeine besorgen, aber doch gewisse geistliche Functiones gleich den Domherren verrichten müssen. Die Mitglieder solcher Kollegiatstifter heißen Canonici, welche für ihre geistlichen Geschäfte ebenfalls gewisse Nutzungen oder sogenannte Präbenden genießen. Auch die meisten dieser Kollegiatstifter sind adlig, doch gibt es einige, bei welchen auch Leute von bürgerlicher Herkunft zugelassen werden können. An Rang, Ansehen und Ergiebigkeit der Präbenden werden die Kollegiatstifter von den Domstiftern unendlich überwogen.
3. Zu der Errichtung der Dom- und Kollegiatstifter läßt sich doch noch ein vernünftiger Grund und eine auf das Wohl der Kirche gerichtete Absicht angeben. Aber die Mönchsorden sind nach dem eigenen Anerkenntnis vernünftiger Katholiken eine Erfindung, auf welche der menschliche Geist nur durch den höchsten Grad des Aberglaubens und auch da nur unter einem solch brennenden Klima, als das von Bengalen ist, geleitet werden konnte.

Hier bildete wirklich zuerst der heilige Antonius in den dieses Land umgebenden Wüsten die ersten Mönche. Aus dem Orient wurde dieses Institut einige Jahrhunderte später durch den heiligen Benedikt nach dem Abendlande verpflanzt und fand besonders mächtige Unterstützung bei den Päpsten, die in den zahllosen Heeren von Mönchen, mit welchen die ganze christliche Welt überschwemmt wurde, die treuesten und tätigsten Werkzeuge zur Vergrößerung ihrer Macht fanden. Leute, die sich zu einem blinden und unbedingten Gehorsam gegen ihre geistlichen Oberen verpflichten, die sich von jedem Bande, welches den Menschen an die bürgerliche Gesellschaft fesselt, losmachen, die sogar die regsten Naturtriebe mit Gewalt unterdrücken und auszurotten streben, sind recht dazu geschaffen, dem zügellosen Ehrgeize eines päpstlichen Despoten zu dienen, kein andres Interesse als das Interesse des Ansehens und der Macht der Klerisei zu fühlen und der Beförderung dieses Interesse jede andre Rücksicht aufzuopfern. Diese Mönche oder Ordensleute unterscheiden sich übrigens von der andern katholischen Klerisei hauptsächlich dadurch,

a) daß sie nicht einzeln, sondern in Klöstern vereinigt beieinander leben,
b) daß sie mit der Seelsorge oder der Feier des öffentlichen Gottesdienstes nichts zu tun haben, sondern nur verschiedenen andern geistlichen Übungen, z. E. dem Messehören und -lesen, der Verrichtung gewisser Gebete, mancherlei Arten von Fasten und andern Kasteiungen obliegen und im übrigen sich einem bloß beschaulichen Leben gewidmet haben,
c) daß sie bei ihrem Eintritt in das Kloster das dreifache Gelübde der Keusch- 250 R
heit, der Armut und des unbedingten Gehorsams übernehmen, anstatt dessen die katholischen Weltgeistlichen nur zu dem ersten dieser Gelübde verpflichtet sind.

Ihre innere Einrichtung ist nach Verschiedenheit der Orden bald demokratisch, bald monarchisch, ja sogar despotisch. In den älteren Orden werden die gemeinschaftlichen Angelegenheiten von den Vorgesetzten des Klosters, welcher Abt, Prior, Guardian oder Superior heißt, mit Zuziehung der übrigen Mitglieder, welche einen Konvent ausmachen, besorgt. In den neueren Orden gebührt dem Vorgesetzten des Klosters die alleinige und unumschränkte Direktion der gemeinschaftlichen Angelegenheiten. Besonders hat sich der Jesuitenorden durch den höchsten Grad des Despotismus, welchen in selbigem die Oberen über ihre Untergebenen ausübten, ausgezeichnet. Der General des Ordens. Die Provinziale.

4. Eine Nachahmung des Instituts der Mönche sind die Nonnenklöster, die fast zu gleicher Zeit mit den Mönchen aus eben dem irrigen Grundsatze ent-

standen ist, als ob der Gottheit damit ein Dienst geschehen könnte, wenn sich jemand allen Pflichten des bürgerlichen, geselligen und häuslichen Lebens entzieht, seine ganze Zeit dem Hersagen unverständlicher Gebete oder dem Absingen ebenso unverständlicher Lieder und Litaneien widmet und die Bestimmung, wozu ihn Gott in die Welt gesetzt, nicht nur ganz verabsäumt, sondern sie sogar für Sünde und Verbrechen ansieht. Übrigens legen die Nonnen ebensolche Gelübde ab wie die Mönche, sie werden in noch strengerer Eingezogenheit als diese gehalten und stehen unter der Direktion ihrer Äbtissinnen, denen gewöhnlich ein Konvent aus den übrigen Klosterschwestern zugeordnet ist.

5. Die geistlichen Ritterorden endlich sind im 11ten und 12ten Jahrhundert entstanden, als die Wut der Kreuzzüge Millionen von Menschen aus allen Ländern des Okzidents nach Asien trieb, um das heilige Land und besonders das heilige Grab den Sarazenen, welche es von dem römisch-griechischen Reiche erobert hatten, wieder abzunehmen. Als alle diese Bemühungen fruchtlos waren, als Jerusalem nach einer kurzen und ungewissen Regierung christlicher Könige wiederum unter die Gewalt der Sarazenen und in der Folge der Türken geriet, mußten auch diese Orden ihr Geburtsland räumen und haben sich hiernächst über ganz Europa verbreitet. Die merkwürdigsten unter ihnen sind der Orden der Tempelherren, der Johanniter- oder Malteserritter und der Deutsche Orden.
   a) Tempelherren. Bestimmt zur Bewachung des Tempels zu Jerusalem. Ausgebreitete Besitzungen und Reichtümer derselben. Greuel, die man ihnen vorwarf. Aufhebung des Ordens durch Clemens V. und Philippus Pulcher.
   b) Johanniterorden. Verpflegung der Kranken. Dann Militia sacra cum infidelibus. Etablissements in Cypern, Rhodus und Malta. Gelübde beständiger Kriege mit den Ungläubigen. Besitzungen in andern Ländern. Herrenmeistertum zu Sonnenburg de quo infra.
   c) Der Deutsche Orden. Erobert Preußen a. 1237. Erblichkeit des letzten Hochmeisters Albrechts von Brandenburg a. 1525. Ausgebreitete Besitzungen desselben in Deutschland. Hat einige Kommenden in den hiesigen Landen, in specie in Schlesien.

II. Es war notwendig, Eurer Königlichen Hoheit dies kurze Tableau von dem 251
Entstehen und von der heutigen Verfassung der verschiedenen geistlichen Gesellschaften vorzulegen, um das, was ich von den Rechten und Pflichten derselben noch kurz zu sagen habe, verständlich zu machen.

III. In Ansehung der Dom- und Kollegiatstifter müssen wir folgendes bemerken:

1. Dieselben sind teils katholisch, teils protestantisch, teils vermischt. Es kommt nämlich darauf an, zu welcher der im Deutschen Reich aufgenommenen Religionsparteien ein Kapitel oder auch diese oder jene Stelle in demselben z. Z. des Entscheidungsjahres gehört habe. Besonders ist hierauf in den königlichen Reichslanden vorzügliche Rücksicht zu nehmen. Nach der Reformatio Lutheri nahmen verschiedene Bischöfe in Deutschland, besonders aus regierenden Häusern, die protestantische Religion an, noch mehrere Bistümer aber wurden von den Landesherren, die sich zu dieser Religion bekannten, bei entstehenden Vakanzen eingezogen und die Güter derselben teils zu den Domänen geschlagen, teils zu milden Stiftungen verwendet. Die zu solchen aufgehobenen Bistümern gehörenden Domkapitel aber ließ man in ihren Würden so wie die Domherren und Canonici im Besitz ihrer Präbenden, weil diese mehrenteils mit Adligen aus den ersten, damals sehr mächtigen Familien des Landes besetzt waren und die Fürsten bei ihren Reformationen immer viele Mäßigung brauchen mußten, um darin nicht durch den Widerspruch ihrer Stände gehindert zu werden. Daher kommt es, daß in den Städten der königlichen Reichslande, wo ehemals Bistümer existierten, die bischöflichen Güter dem Landesherrn gehören, die Kapitel aber noch existieren und sich noch im Besitz sowohl ihrer gemeinschaftlichen Güter als der besonderen Präbenden befinden. Sowohl im Religions- und Westfälischen Frieden als durch nachherige mit den Landständen errichtete Rezesse und durch die bei den Huldigungen erteilten Versicherungen sind diese Stifter und Kapitel in ihren Rechten und Verfassungen mainteniert worden. Die meisten dieser Stifter sind protestantisch, es gibt aber auch einige gemischte, d. h. solche, wo einige Kanonikate allemal mit Katholiken und andre mit Protestanten besetzt werden müssen, welches davon abhängt, ob d. 1ten Januar 1624 als dem im Westfälischen Frieden angenommenen Entscheidungsjahr ein Katholik oder ein Protestant sich im Besitz dieses Kanonikats befunden hat. Dagegen sind in den nicht zum Deutschen Reich gehörigen Landen keine protestantischen noch gemischten, sondern nur noch katholische Domkapitel und Kollegiatstifter vorhanden; z. E. Breslau, Ermland, Kulm.
2. Zu den Kollegiatstiftern, die in hiesigen Landen noch existieren, gehören auch noch verschiedene weltgeistliche Frauenstifter, die ursprünglich mit den Kollegiatstiftern gleiche Rechte hatten und von den Nonnenklöstern darin

abgehen, daß die Mitglieder derselben zwar so wie die Klosterschwestern gemeinschaftlich beieinander leben, aber durch keine Ordensgelübde gebunden sind, sondern das Stift, sobald sie wollen, wieder verlassen können. Auch dergleichen Frauenstifter sind in den königlichen Reichslanden teils katholisch, teils protestantisch, teils gemischt.

3. Die innere Verfassung dieser Stifter muß hauptsächlich nach ihren Statuten beurteilt werden. Diese bestehen teils aus den Fundationsbriefen, durch die ein solches Stift errichtet worden und worin gemeiniglich bestimmt ist, wieviel Stellen dabei sein, was für geistliche Functiones und was für Revenues zu einer jeden gehören, was zur Erlangung einer solchen Stelle für Requisita erforderlich sein, wie die Stellen vergeben werden und in welcher Ordnung die Mitglieder des Kapitels von einer Stelle zur andern hinaufrücken sollen. Ferner gehören zu den Statuten Beschlüsse und Verabredungen, welche die Mitglieder eines Stifts untereinander über gemeinschaftliche Angelegenheiten getroffen | und darüber die landesherrliche Konfirmation 251 R
erhalten haben. In Fällen, wo die geschriebenen Statuten nichts entscheiden, wird auf das Herkommen oder die Observanz in Stiftern gesehen; zuletzt aber, und wenn auch dieses keine hinreichende Auskunft und Entscheidung geben sollte, wird auf das kanonische oder päpstliche Recht zurückgegangen, wobei jedoch in Ansehung der protestantischen Stifter und Mitglieder diejenigen Vorschriften, welche bloß auf Grundsätze der katholischen Religion oder auf Verhältnisse gegen Bischof und Papst sich beziehen, keine Anwendung finden können.

4. Die Kapitel und Stifter sowie deren Vermögen sind so wie die Kirchengesellschaften der Oberaufsicht des Staats unterworfen. Es finden dabei in Ansehung der Erwerbung und Veräußerung unbeweglicher Güter sowie in Ansehung der Schenkungen und Vermächtnisse alle oben erwähnten Einschränkungen Anwendung.

5. Bei Besetzung der Stellen in den Stiftern und Vergebung der Kanonikate hat der Landesherr verschiedene besondere Rechte. Dahin gehört:
a) Das Recht, gewisse Stellen unmittelbar zu besetzen. Es hatten sich nämlich die Päpste angemaßt, die Stellen in den Stiftern nach Willkür zu besetzen und dadurch das den Kapiteln ursprünglich zukommende Wahlrecht zu kränken. Dies gab zu häufigen Beschwerden der deutschen Fürsten und Stifter Anlaß, worüber zuletzt das sogenannte Konkordat zwischen dem Papste Nikolaus und Kaiser Friedrich III. i. J. 1448 geschlossen wurde. Vermöge dieses Konkordats wurde dem Papste das Recht gelassen, die Stellen in den mittelbaren Stiftern abwechselnd mit den Stiftern zu besetzen. Die

Abwechselung geschah nach den Monaten, in welchen eine Präbende erledigt wurde, so daß eine Präbende, die im Januar erledigt wird, von dem Papste, eine im Februar erledigte von dem Kapitel usw. vergeben werden sollte. Dieses päpstliche Vergebungsrecht der Präbenden ist in Ansehung der protestantischen Stifter durch den Westfälischen Frieden aufgehoben und den Landesherren anheimgefallen. Der König vergibt also bei den protestantischen Stiftern alle Kanonikate und Präbenden, welche in den sogenannten Papstmonaten vakant werden. Mit einigen Stiftern ist ein Abkommen getroffen, nach welchem gewisse Stellen ein für allemal zur Vergebung des Landesherrn und andre zur Vergebung des Kapitels bestimmt sind.

b) Obiges versteht sich von den ordinären Präbenden. Die sogenannten Dignitates, d. h. diejenigen Stellen im Kapitel, die mit einer geistlichen Jurisdiktion versehen sind, z. E. die Stelle eines Dechants, eines Propstes pp., sind dem Landesherrn reserviert.

Außer dieser ordinären Kollation hat der Landesherr das Recht der ersten Bitte bei allen Stiftern und Kapiteln in seinen Landen ohne Unterschied der Religion. Dies Recht gründet sich auf eine alte Observanz, die aber nachher, besonders im Westfälischen Frieden, ausdrücklich anerkannt und bestätigt worden. Vermöge desselben kann ein Landesherr, welcher zur Regierung gelangt, zu einer Stelle bei jedem Stifte ein taugliches Subjectum ernennen, welchem die erste Präbende, die sich zur Besetzung des Kapitels erledigt, von diesem konferiert werden muß. Ein solcher Prezist behält sein Recht, wenn auch der Regent, der ihn ernannt hat, verstirbt, ehe er noch durch eine entstandene Vakanz zum Besitz einer Präbende gelangt.

c) Der Landesherr kann auf Präbenden, die sich künftig zu seiner Besetzung erledigen werden, Anwartschaften erteilen. Von diesen Anwartschaften gilt alles, was von Lehnsanwartschaften gesagt worden. Wenn der Fall der Erledigung der Präbende noch während der Lebenszeit des Verleihers existiert, so muß die Anwartschaft realisiert werden. Der Successor in regno aber ist an die von seinen Vorfahren erteilten Expektanzen nicht gebunden.

d) Die Mitglieder der Dom- und Kollegiatstifter sind nach dem kanonischen Rechte und den Statuten verpflichtet, sich einen gewissen Teil des Jahres an dem Orte, wo das Kapitel seinen Sitz hat, aufzuhalten, und dieser Aufenthalt wird die Resi|denz genannt. An die Erfüllung dieser Verbindlichkeit sind 252
gewisse Revenuen und Vorteile gebunden, deren diejenigen, welche die Residenz nicht halten, entbehren müssen. Da nun sehr oft Präbenden besonders in protestantischen Stiftern an Leute konferiert werden, deren

Amts- und Berufsgeschäfte oder Familien- und häusliche Umstände ihnen nicht gestatten, beständig am Stifte zu leben oder alljährig Reisen dahin zu unternehmen, so kann der Landesherr solchen Personen entweder das Beneficium a latere erteilen oder auch sie von der Residenz dispensieren. Das Beneficium a latere wird denjenigen verliehen, die in Zivil- oder Militärdiensten des Staats sich befinden und also im Stil des kanonischen Rechts an der Seite des Fürsten stehen. Dies Beneficium sowie die Dispensation von der Residenz wirken soviel, daß der damit Begnadigte an den Revenuen und Einkünften des Kapitels, seiner Abwesenheit ohnerachtet, gleich den Gegenwärtigen oder Residierenden Anteil nimmt. Doch gibt es bei einigen Stiftern gewisse Vorteile an Naturalien, die schlechterdings nur den Residierenden zugute kommen.

e) Eine Präbende wird in der Regel nur durch den Tod des Präbendaten erledigt. Es kann aber auch ein Kanonikus seine Stelle an einen andern tüchtigen Mann abtreten oder resignieren. Eine solche Resignation muß jedoch mit ausdrücklicher Genehmigung desjenigen geschehen, von welchem der Resignierende die Präbende erhalten hat. Unter diesem Namen der Resignation wird der besonders mit Präbenden in protestantischen Stiftern sehr gewöhnliche Handel und Trafik versteckt. Wenn nämlich der Landesherr jemandem eine Präbende verliehen hat und dieser wegen seiner Jahre oder Kränklichkeit nicht lange im Besitze derselben zu bleiben hofft oder ihm sonst daran gelegen ist, ein Stück Geld mit einem Male in die Hände zu bekommen, so sucht er jemanden aus, der gern eine solche Präbende zu haben wünscht, einigt sich mit demselben über eine gewisse Summe, resigniert die Präbende an ihn und erbittet sich dazu den Konsens des Landesherrn als Verleihers. Es ist daher sehr gewöhnlich, daß Präbenden sogleich mit dem Beneficio resignandi verliehen werden, wodurch der Landesherr im voraus in die Resignation willigt.

f) Allgemeine Betrachtungen über die Verfassung der Stifter, besonders der protestantischen. Sie haben ihre ursprüngliche Bestimmung ganz verloren. Die Präbenden sind bloße Pensionen, die ein Mensch genießt, ohne dafür dem Staat, der Kirche oder der bürgerlichen Gesellschaft die geringsten Dienste zu leisten. Es ist kein Zweifel, daß die ansehnlichen Güter und Revenuen solcher Stifter zu weit nützlicheren Ausgaben für den Staat und das gemeine Wesen verwendet werden könnten. Nichtsdestoweniger kann der Regent in dieser Verfassung nichts ändern. Es sind ihm darunter teils durch Reichsgrundgesetze, teils durch Verträge mit seinen Ständen, unter welchen die Domkapitel gewöhnlich den ersten Platz einnehmen, die Hände

gebunden. Dadurch hat der Adel ein wirkliches Recht erhalten, in diesen Präbenden, besonders für nachgeborene Söhne, einen Fonds zum Unterhalte und zur Unterstützung zu finden. Ein Landesherr, welcher hierunter etwas ändern wollte, würde sich den allgemeinen Haß seines Adels zuziehen und sich einer Brechung der heiligsten Verträge schuldig machen. Es ist also besser, es hierin bei der einmal bestehenden Verfassung zu lassen, die Gelegenheiten, welche die landesherrlichen Rechte bei Verleihungen von Würden und Kanonikaten darbieten, als Mittel zu benutzen, wie um den Staat verdiente Männer ohne Belästigung der Staatskassen benutzt werden können.
g) Die Rechte der Mitglieder von Stiftern und Kapiteln auf ihre Präbenden sind vollständige Nutzungsrechte; sie haben aber kein Eigentum.
Für ihre Personen genießen sie die allgemeinen Rechte der Geistlichkeit, d. h. die Exemtion von den persönlichen Lasten und Pflichten gemeiner Bürger und das Privilegium fori. Übrigens werden sie in ihren Privatangelegenheiten nach eben den Gesetzen wie andre Bürger des Staats beurteilt. Katholische Canonici sind in Ansehung ihres Standes an die Vorschriften des kanonischen Rechts gebunden und daher auch sowie alle katholischen Geistlichen zum Zölibat verpflichtet. Protestantische Canonici sind von allen diesen Fesseln frei, und es findet sich zwischen ihnen | und 252R
andern Staatsbürgern gar kein reeller Unterschied. Die protestantischen Stiftsdamen und Chanoinessen sind insoweit noch an die Regeln des kanonischen Rechts gebunden, daß, wenn sie sich verheiraten, der Verlust ihrer Präbende folgt.

IV. Von Mönchs- und Nonnenklöstern.

1. Diese geistlichen Gesellschaften sind der strengsten Oberaufsicht des Staats mit noch mehrerem Grunde als die weltgeistlichen Stifter unterworfen. Sie entziehen dem Staat und der bürgerlichen Gesellschaft nützliche Subjekte, die durch Arbeit und Kinderzeugen zur Vermehrung des öffentlichen Wohlstandes hätten beitragen können. Die meisten Orden sind Bettelorden, die durch ihr beständiges Betteln der gutherzigen und abergläubischen Armut sehr zur Last fallen. Sie stehen in einer weit stärkeren und engeren Abhängigkeit von einem auswärtigen Souverän, nämlich dem Papste, als die Weltgeistlichen.
2. Diese Gründe haben in neuern Zeiten verschiedene Regenten, besonders den Kaiser Joseph vermocht, viele Klöster aufzuheben und die Revenuen derselben einzuziehen. Die Regenten des Hauses Brandenburg haben bisher

nicht für gut gefunden, diesem Beispiele nachzuahmen. Daß ihnen dazu das Recht ebenso gut als den katholischen Fürsten zustehe, leidet keinen Zweifel. Die Gegengründe, welche Politik und Regierungsweisheit an die Hand geben, zu erörtern, ist nicht hujus loci.

3. Dagegen haben sie nicht nur diejenigen Klöster, die beträchtliches Vermögen und Einkünfte besitzen, dadurch für den Staat einigermaßen nützlich zu machen gesucht, daß sie ihnen die Anlegung und Unterhaltung von allerhand Fabriken und Manufakturen zur Pflicht gemacht haben, sondern sie haben auch dieselben in Ansehung der Fähigkeit, Vermögen zu erwerben, noch mehr als andre geistliche Gesellschaften eingeschränkt. Ein Kloster kann also ohne Erlaubnis des Landesherrn keine unbeweglichen Güter und Grundstücke an sich bringen, es kann ihnen nicht mehr als 500 Taler vom Werte geschenkt und vermacht werden. Außerdem ist auch verordnet, daß, wenn jemand in ein Kloster geht, er demselben nur die Revenuen von seinem Vermögen à 4 Prozent auf seine Lebenszeit zuwenden könne und nach seinem Tode die Substanz desselben seinen rechtmäßigen Erben anheimfallen muß. Nur die Summe von 500 Talern Kapital kann jemand, der ins Kloster tritt, demselben unter dem Namen eines Geschenks eines geistlichen Brautschatzes mitbringen, und nur eben soviel kann er für die Kosten seiner geistlichen Hochzeit, d. h. für den Aufwand, den seine Aufnahme ins Kloster verursacht, dem Kloster zuwenden. Von diesen Einschränkungen sind allein die Bernhardiner und Elisabethanerinnen befreit, weil diese sich mit der Krankenpflege beschäftigen.

4. Auch in Ansehung der Personen, die in Klöster aufgenommen werden können, hat der Staat Vorsorge getragen, daß die Klöster weder zu stark bevölkert noch junge und unerfahrene Leute beiderlei [Geschlechts] zu übereilter Ableistung von Klostergelübden verleitet noch selbst solche Untertanen des Staats, die sich aller dieser Präventionen ungeachtet dennoch in die Klöster lebendig begraben, der Aufsicht und dem Schutze des Staats nicht ganz entzogen werden. Daher ist verordnet,
a) daß kein königlicher Untertan männlichen oder weiblichen Geschlechts ohne Vorwissen und besondere Erlaubnis des Staats in ein Kloster aufgenommen werden darf; wenn eine solche Erlaubnis nachgesucht wird, so wird der Beruf geprüft; wenn das Kloster zu stark wird, so wird die Erlaubnis abgeschlagen;
b) daß keine Mannsperson vor zurückgelegtem 25ten und keine Weibsperson vor dem 21ten Jahre zur Ablegung des Klostergelübdes zugelassen werden darf; damit Überlegung und reifes Nachdenken pp.

c) Die Oberen der Klöster dürfen keine hiesigen Untertanen ohne Vorwissen des Staats in auswärtige Klöster versetzen noch auswärtige Ordensleute in hiesige Klöster aufnehmen.

d) Die Klosterzucht ist in die Grenzen der Kirchenzucht eingeschränkt. Außer geistlichen Bußübungen kann ein Klosteroberer gegen einen Mönch oder eine Nonne, die sich eines Vergehens wider die Ordensregeln schuldig gemacht hat, höchstens nur vierwöchentliche Gefängnisstrafe verfügen. Geht er weiter, | so wird er als einer, der sich eines unerlaubten Eingriffs in die 253
Rechte des Staats angemaßt hat, nach den Kriminalgesetzen bestraft.

e) Sehr oft tritt der Fall ein, daß Leute, die in Klöster getreten sind, den Entschluß bereuen und um die Auflösung ihres Gelübdes bitten. In der Regel gehören dergleichen Gesuche vor den Bischof der Diözese. Der Staat aber mischt sich in die Sache *entweder*, wenn der Mönch oder die Nonne Gründe anführt, daß das Gelübde von Anfang an nichtig gewesen sei, z. E. daß es erzwungen oder durch Betrug erpreßt worden, *oder* wenn eine solche Ordensperson aus wirklicher Überzeugung ihre Religion ändern und zu der protestantischen übertreten will. In beiden Fällen kann, wenn der Bischof die Erlaubnis zur Verlassung des Klosters versagt, der Staat ins Mittel treten und, wenn bei der angestellten Untersuchung die Gründe richtig und erheblich gefunden werden, einen solchen Menschen von den Fesseln des Klosterlebens befreien.

5. Die Aufsicht über die Klöster ist in Schlesien den Kammern, in den übrigen Provinzen aber den Regierungen übertragen.
6. Übrigens wird ein Mensch, welcher das Klostergelübde abgelegt hat, in Ansehung aller weltlichen Geschäfte als bürgerlich tot angesehen. Er kann kein Eigentum oder andre Rechte erwerben, besitzen oder darüber verfügen. Sein Vermögen, das er zur Zeit der Ablegung besitzt, fällt insoweit, als er nicht vorhin auf eine gesetzmäßige Weise darüber disponiert hat, seinen natürlichen Erben zu. Sie können von andern Bürgern des Staats nichts erben, sondern, wenn sich ein gesetzlicher Erbanfall an sie ereignet und der Anfall gelangt an diejenigen, die nach ihnen die nächsten sind [sic!]. Mit einem Worte, ein Mönch und eine Nonne sterben nach abgelegtem Klostergelübde nicht nur im Verstande des gemeinen Sprachgebrauchs, sondern auch im rechtlichen Sinne der Welt gänzlich ab und werden in allen Angelegenheiten des bürgerlichen Lebens als nicht mehr existierend angesehen.

V. Die geistlichen Ritterorden.

1. Die Mitglieder der geistlichen Ritterorden haben mehr Ähnlichkeit mit den weltgeistlichen Canonicis als mit den Mönchen und Ordensleuten. Denn ob sie gleich auch Gelübde tun, so werden sie doch dadurch von der übrigen Welt nicht so wie die Mönche ganz abgeschnitten, sie leben nicht in Klöstern eingeschlossen, und es ist ihnen nicht verboten, an den Geschäften des bürgerlichen Lebens teilzunehmen. Auf ihre Kommenden haben sie eben die Rechte wie die Canonici in Ansehung ihrer Präbenden. Übrigens wird durch ihren Eintritt in den Ritterorden an ihren persönlichen Rechten und Pflichten weder gegen den Staat noch gegen die übrigen Einwohner desselben irgend etwas geändert. Auch kann kein Untertan des Staats ohne Erlaubnis desselben in einen auswärtigen Ritterorden treten noch dadurch Verbindlichkeiten, die den Gesetzen des Staats zuwider sind, übernehmen. Daß übrigens zur Aufnahme in einen Ritterorden der Ausweis eines alten Geschlechtsadels erforderlich sei, ist bekannt.
2. Von der Verfassung des Deutschen Ordens brauche ich wenig zu sagen. Das Oberhaupt desselben ist der Hoch- und Deutschmeister, welcher in Mergentheim residiert und Sitz und Stimme unter den Reichsfürsten hat. Bekanntermaßen bekleidet jetzt des Kaisers Bruder, der Kurfürst von Köln, diese wichtige Würde. In hiesigen Landen hat der Orden nur einige Kommenden, deren Vergebung an diejenigen, die sich zum Orden gehörig qualifiziert haben, hauptsächlich vom Landesherrn abhängt.
3. Der Johanniter- oder Malteserorden ist für die hiesigen Lande wichtiger, weil zu demselben das Herrenmeistertum zu Sonnenburg gehört. Der Orden steht nämlich zwar unter dem Großmeister in Malta, seine auswärtigen Besitzungen sind aber in acht Provinzen oder sogenannte Zungen eingeteilt. Jeder Zunge ist ein Prior vorgesetzt, | und so hat auch die deutsche Zunge oder 253 R
Provinz, welcher den Titel Johannitermeister führt und seine Residenz zu Heitersheim im Breisgau. Jedes Priorat ist wiederum in Balleien eingeteilt, und so gehörte nach der ursprünglichen Verfassung die Ballei Sonnenburg zur deutschen Zunge, hatte aber schon damals besondere Vorzüge, wie denn der Baillif den Namen des Herrenmeisters führte. Diese Ballei wurde zur Zeit der Reformation gleich anderen geistlichen Stiftern von Protestanten in Besitz genommen, und da durch den Westfälischen Frieden aller Nexus der säkularisierten Bistümer und andern Stiftungen mit dem Papst und den katholischen geistlichen Oberen aufgehoben worden, so macht auch nunmehr die Ballei Brandenburg eine für sich bestehende Korporation aus, die

von einem Herrenmeister regiert wird, welcher ein Ordenskapitel zur Seite hat. Dieses Herrenmeistertum ist unmittelbar dem Landesherrn subordiniert und wird von ihm besetzt, daher es auch immer als eine Apanage der Prinzen des königlichen Hauses angesehen worden. Seine Verbindung mit dem deutschen Priorat zu Heitersheim subsistiert kaum noch dem Namen nach und besteht in gewissen Komplimenten und Zeremonien, die man noch gegen den Johannitermeister beobachtet. Zu der Ballei gehören verschiedene Kommenden, zu welchen die Ritter in der Regel nach ihrer Ancienneté gelangen. Übrigens ist es bekannt, daß sie nicht so wie die Malteserritter an irgendein Gelübde gebunden sind; vielmehr werden sie in allen und jeden Geschäften des bürgerlichen Lebens den protestantischen Domherren und Canonicis völlig gleichgeachtet.

Über das Kriminalrecht 254

Eurer Königlichen Hoheit habe ich nunmehr die allgemeinen Grundsätze unseres Privatrechts, welche die Verhältnisse zwischen dem Staat und seinen Bürgern und der letzteren unter sich bestimmen, vorgetragen; ich habe Höchstdenenselben ein allgemeines Tableau von den Gegenständen unserer Privatgesetze vorgelegt; ich habe aus diesen Gegenständen einige der wichtigsten herausgehoben, deren nähere Kenntnis einem künftigen Regenten nützlich ist, weil dabei Fälle vorkommen, die seine unmittelbare Mitwirkung erfordern. In der Erwartung, ob Eure Königliche Hoheit vielleicht noch über einige andre Gegenstände nähere Erläuterungen befehlen werden, wende ich mich jetzt zu dem Kriminalrechte, dessen Grundsätze und wesentlichsten Vorschriften einem Fürsten notwendig bekannt sein müssen, dem das wichtigste aller Rechte, das Recht über Leben und Tod seiner Untertanen, anvertraut ist und ohne dessen unmittelbare Mitwirkung keine Todes- oder andre harte Leibesstrafe in seinen gesamten Landen vollzogen werden kann.

Die wesentlichsten Grundsätze des Kriminalrechts sind schon im allgemeinen Staatsrechte vorgekommen, wo ich von dem Strafrechte als einem Hoheitsrechte des Staats gehandelt habe. Eure Hoheit erlauben, daß ich diejenigen dieser Grundsätze, welche gleichsam den Geist unserer positiven Kriminalgesetzgebung enthalten, wiederholen dürfe.

A. ALLGEMEINE GRUNDSÄTZE

I. Der Staat übt das Strafrecht aus, um sich selbst und seine Bürger gegen widerrechtliche Beleidigungen und Beschädigungen sicherzustellen.

II. Der Zweck der Strafe ist also, nicht nur den Verbrecher selbst von der Wiederholung ähnlicher Vergehen zurückzuhalten, sondern auch andre außer ihm von Verbrechen abzuschrecken. Besserung des Verbrechers ist ein Nebenzweck der Strafe, welcher mit jenem Hauptzweck, soweit es möglich ist, verbunden werden muß.

III. Hierin unterscheiden sich Strafen von bloßen Züchtigungen, wo die Besserung des Gezüchtigten den Hauptzweck ausmacht und die also nur insoweit stattfinden, als dadurch der Zweck der Besserung vernünftigerweise erreicht werden kann. Sehr viele Militärstrafen gehören in die Klasse der bloßen Züchtigungen, wenn sie bloß wegen begangener Unordnungen und Nachlässigkeiten im Dienste verhängt werden.

IV. Der Staat kann als Verbrechen nur strafen:

1. Nur äußere Handlungen, nicht bloße Gedanken, ja nicht einmal den Vorsatz, solange derselbe noch in gar keine äußere Handlungen ausgebrochen ist. | Sobald hingegen schon irgendeine äußere Handlung vorgenommen 254 R worden, die auf ein zu begehendes Verbrechen Bezug hat, so finden schon Strafen statt, die jedoch sehr verschieden sind, je nachdem das Verbrechen bloß unternommen oder wirklich angefangen oder gänzlich vollendet worden.

2. Nur freie Handlungen, d. h. solche, deren Unterlassung in der Gewalt des Verbrechers gestanden hat. Daher können nicht gestraft werden:

a) Handlungen, wozu jemand durch physische Gewalt, der er nicht widerstehen konnte, gezwungen worden.

b) Beschädigungen, die im Stande der Notwehr und mit Beobachtung der Grenzen derselben zugefügt worden.

c) Handlungen solcher Personen, denen von Natur das Vermögen, mit Vernunft und Überlegung zu handeln, gänzlich ermangelt, d. h. der Kinder unter sieben Jahren, der Wahn- und Blödsinnigen. Diese können bloß gezüchtigt werden, um durch sinnliche Eindrücke den Grad der Aufmerksamkeit, welcher zur Vermeidung solcher schädlichen Handlungen für die Folge erforderlich ist, bei ihnen rege zu machen.

d) Wer sich aber freiwillig in einen temporellen Zustand des Unvermögens, mit Vernunft und Überlegung zu handeln, versetzt hat, z. E. Trunk, heftiger Zorn pp., der wird dadurch der sonst nach den Gesetzen verwirkten Strafe nicht entzogen. Doch fällt diese Strafe in dem Maße gelinder aus, in welchem der Verbrecher mehr oder weniger Schuld daran hat, daß ihm das Vermögen pp. benommen worden.

3. Nur Handlungen, wodurch Zwangspflichten gegen den Staat oder einzelne Mitglieder desselben verletzt werden. Also nicht:

a) Verletzung bloßer Pflichten des Wohlwollens, z. E. Geiz, Undankbarkeit.

b) Sogenannte Beleidigungen der Gottheit.

c) Beschädigungen, welche jemand sich selbst zufügt.

Wenn Handlungen dieser Art bestraft werden, so geschieht es bloß darum, weil der Verbrecher, indem er die der Gottheit schuldige Ehrfurcht öffentlich verletzt, zugleich die innere Ruhe und gute Ordnung im Staat beeinträchtigt oder, wenn er gewaltsame Versuche auf sein Leben oder die Gesundheit seines Körpers wagt, zugleich gewissen Zwangspflichten, die er dem Staat und der bürgerlichen Gesellschaft schuldig ist, zuwiderhandelt.

V. Die Strafen müssen mit dem Verbrechen im gehörigen Verhältnisse stehen. Dies Verhältnis ist doppelt. Es kommt nämlich teils auf die Größe und Beschaffenheit des Schadens an, der durch ein Verbrechen angerichtet, teils auf den Grad der Moralität und Freiheit bei dem Handelnden.

1. Im ersten Verhältnisse richtet sich die Strafe nach dem Werte des Guts, dessen Beraubung oder Beschädigung die Wirkung der verbotenen Handlung ist, und nach der Größe des Schadens, den die Handlung wirklich angerichtet hat. Ein Verbrechen, welches das Band der bürgerlichen Gesellschaft auflösen und den Staat in Verderben und Untergang stürzen würde, muß notwendig härter bestraft werden als ein andres, welches z. E. dem Staat einen Teile seiner Revenuen entzieht. Wer einen Menschen wirklich tötet, verdient schwerere Strafe, als der ihn nur verstümmelt oder sonst verwundet.

2. Im zweiten Verhältnisse richtet sich die Strafe danach, ob die unerlaubte 255
Handlung vorsätzlich oder doch absichtlich oder ob sie nur aus Versehen und Fahrlässigkeit begangen worden. Absichtlich, wenn der Verbrecher gewollt hat, daß die schädliche Folge aus seiner Handlung entstehen solle,

die daraus wirklich entstanden ist. Vorsätzlich, wenn der Verbrecher zwar der Absicht nicht überführt werden kann, aber doch eine Handlung unternommen hat, woraus nach dem ihm bekannten natürlichen Laufe der Dinge die schädliche Folge notwendig entstehen mußte. Aus Fahrlässigkeit, wenn gar keine Intention, irgendetwas Unerlaubtes zu tun, vorhanden ist, aber der Handelnde es an der nötigen Aufmerksamkeit auf die schädlichen Folgen seiner Handlung hat fehlen lassen. Die menschliche Gesetzgebung, welche nicht so wie die Gottheit die Herzen der Menschen und die innern Handlungen ihrer Seele vor sich aufgedeckt sieht, kann nur selten Absicht und Vorsatz voneinander unterscheiden. Sie kann bloß aus den vorhergehenden, die Handlung begleitenden und ihr nachfolgenden Umständen Schlüsse bilden, ob das Verbrechen vorsätzlich oder nur aus Fahrlässigkeit begangen worden, und hiernach mißt sie in diesem Verhältnis die Strafen ab, welche natürlich bei einer und eben derselben unerlaubten Handlung, wenn sie aus Vorsatz begangen worden, strenger sein müssen, als wenn eine bloße Fahrlässigkeit vorhanden war.

VI. Die Strafe, welche das Gesetz auf ein Verbrechen bestimmt, heißt die ordentliche. Wenn sie stattfinden soll, so wird vorausgesetzt,

1. daß die unerlaubte Handlung absichtlich oder doch vorsätzlich begangen worden;
2. daß sie nicht bloß unternommen oder angefangen, sondern wirklich ausgeführt worden;
3. daß der Schaden daraus erfolgt sei.

Wenn es an einem dieser drei Erfordernisse fehlt, so kann nicht die ordentliche Strafe des Gesetzes, sondern nur eine außerordentliche, welche stets gelinder ist, stattfinden. Exempel vom Totschlage.

Übrigens nimmt bei Bestimmung der außerordentlichen Strafe das Gesetz mehr auf die innere Moralität der Handlung, d. h. auf den Grad des Vorsatzes oder der Schuld, Rücksicht als auf den Erfolg. Derjenige, der in der Absicht, einen Menschen zu töten, die Pistole auf ihn losbrannte, wird, wenn auch das Gewehr versagt und dem andern gar kein Schaden geschehen ist, doch weit strenger bestraft als der, welcher einen Menschen wirklich getötet hat.

VII. Das Gesetz straft nicht nur den unmittelbaren Vollzieher der unerlaubten Handlung, sondern auch diejenigen, welche daran teilgenommen haben. Die

Teilnehmung aber hat verschiedene Grade, wonach sich auch die Strafen richten.

1. Wenn mehrere gemeinschaftlich ein Verbrechen ausüben, so heißen sie Miturheber des Verbrechens, und es macht keinen Unterschied, an welchen zu der Ausführung des Verbrechens gehörenden Handlungen ein jeder teilgenommen hat. Derjenige, in dessen Seele zuerst die Idee des Verbrechens entstand und der die andern aufforderte und anreizte, sich zur Aus|führung 255 R desselben mit ihm zu verbinden, heißt der Rädelsführer. Die Miturheber eines Verbrechens werden allemal gleich und nur der Rädelsführer wird schärfer als die übrigen bestraft. Der Dieb, welcher Wache steht, die Leiter hält, wirklich einsteigt. Der unter ihnen, der zuerst den Anschlag faßte.
2. Wenn sich jemand eines andern zur Ausführung eines Verbrechens bedient, so wird er als Miturheber angesehen und dem Täter gleich bestraft, wenn er auch bei der Ausführung selbst nicht im mindesten Hand angelegt hätte. War derjenige, dessen er sich bediente, eine Person, die unter seinem Befehl oder Kommando stand, so wird er als Rädelsführer angesehen und bestraft. Der aber, welcher nach dem Auftrag oder Befehl eines andern ein Verbrechen begangen hat, wird dadurch von der Strafe nicht frei. Nur in dem einzigen Falle, wenn jemand in einer so strengen Subordination steht, daß er den Befehlen seiner Vorgesetzten blindlings gehorchen muß, kann ihm der Befehl dieses Vorgesetzten, sobald er wirklich in Dienstangelegenheiten erteilt worden, zu einiger Entschuldigung und zur Milderung der Strafe gereichen.
3. Der 2te Grad der Teilnehmung an dem Verbrechen andrer ist, wenn jemand an der Ausübung der unerlaubten Handlung selbst unmittelbar nicht partizipiert, aber doch dazu Hilfe und Beistand geleistet hat. War diese Hilfsleistung so beschaffen, daß ohne sie das Verbrechen gar nicht ausgeführt werden konnte, so wird der Beistandleistende ebenso wie der Täter selbst bestraft. War die Hilfe zur Ausführung eines Verbrechens, das ohne sie wahrscheinlich auch begangen worden wäre, bloß beförderlich, so wird der Teilnehmer gelinder als der eigentliche Täter bestraft, und die Strafe richtet sich nach dem Verhältnisse, wie der Beistand zur Ausführung der unerlaubten Handlung mehr oder weniger beigetragen hat. Der Bediente, welcher des Nachts den Mördern das Haus und die Schlafkammer seines Mörders[1] öffnet. Der, welcher bloß die Gelegenheit des Hauses auskundschaftet und den Mördern die Gelegenheit anzeigt, wie sie am leichtesten und unbemerktesten eindringen können.
4. Wer einen andern durch Trunk oder sonst mit Vorsatz in Umstände setzt,

[1] Lies: Herrn

wo er nicht mit Vernunft und Überlegung handeln kann, macht sich einer Teilnahme an den von dem andern in diesem Zustande verübten Verbrechen schuldig. Seine Strafe richtet sich nach der Absicht, die er hatte, als er diesen Menschen solchergestalt seiner Vernunft beraubte, und hiernach wird er entweder als ein Verbrecher aus Vorsatz oder aus Fahrlässigkeit angesehen.

5. Wer an den Vorteilen eines Verbrechens nach dessen Ausführung teilnimmt, wird auch als Teilnehmer des Verbrechens angesehen. Gründet sich diese Teilnahme auf eine vorhergegangene Verabredung, so wird er als Miturheber bestraft. Außerdem fällt seine Strafe gelinder aus.
6. Gleiche Bewandtnis hat es mit demjenigen, der den Verbrecher und dessen 256
unrechtmäßigen Gewinn verheimlicht. Gründet sich diese Verheimlichung auf eine vorhergegangene Abrede, so findet eben die Strafe wie auf das Verbrechen selbst statt, und in diesem Sinne sagt man, der Hehler sei so gut wie der Stehler. Ist keine solche Abrede vorhanden, so kann der Hehler nur gelinder gestraft werden.
7. Der entfernteste Grad der Teilnehmung ist endlich, wenn jemand ein vorzunehmendes Verbrechen gewußt und es nicht verhindert hat, ohnerachtet solches in seiner Macht gestanden hätte. Es ist nämlich allgemeine Bürgerpflicht, daß ein jeder, welcher Kenntnis erlangt, es hindere, der Obrigkeit anzeige oder den Bedrohten warne. Hat er das nicht getan, so ist er strafbar, doch kann er nur weit gelinder als der Täter, dessen Handlung er weiter gar nicht unterstützt oder begünstigt hat, bestraft werden. Nota jedoch:
   a) daß, wenn jemand vermöge seines Amts oder Berufs eine besondere Pflicht gehabt hat, gewisse Verbrechen zu verhindern, z. E. der Akzisebediente, der Contrebande nicht entdeckt; [sic!]
   b) es gibt gewisse Arten der Verbrechen, wo besondere Gesetze einen jeden auffordern, die ihm zukommende Nachricht davon vor der Ausführung zu entdecken. Hochverrat, Desertion.

VIII. Wiederholte Verbrechen werden schärfer bestraft, als wenn ein Verbrechen derselben Art nur einmal begangen worden. Die Gefahr ist größer, die Moralität verdorbener. Ein gemeiner Dieb. Ein Dieb, der aus dem Stehlen ein Gewerbe macht.

IX. Die Kriminalgesetze kennen zwar ebensowenig als die Zivilgesetze ein Ansehen der Person, sobald die Frage davon ist, ob diese oder jene Handlung ein Verbrechen sei und also an dem Täter gestraft werden müsse. Aber bei Bestimmung der Art der Strafe muß doch allemal darauf Rücksicht genommen werden, zu welcher Klasse oder zu welchem Stande im Staat der Verbrecher gehöre. Dieser Unterschied ist keineswegs Parteilichkeit, sondern er liegt in der Natur der Sache und der Strafe selbst. Man kann ihn nicht übersehen, ohne gegen den Hauptgrundsatz, daß Verbrechen und Strafe im Verhältnis stehen müssen, zu verstoßen. Eben dasselbe Übel, was für den einen Menschen nur von geringem Gewicht ist, kann für einen andern sehr schwer, ja ganz unerträglich sein. Wenn ein Mensch aus dem Pöbel, welcher gestohlen hat, am Pranger der öffentlichen Beschimpfung ausgestellt wird oder in Fesseln die Straße fegen muß, so fühlt er davon gewiß weit weniger, als der unglückliche Szekeli fühlte, den Kaiser Joseph, weil durch seine Schuld eine öffentliche Kasse veruntreut worden war, auf die Schandbühne stellen ließ. Wenn der Bauer oder Tagelöhner, der wegen seiner begangenen Verbrechen zu Festungsstrafe verurteilt worden, daselbst an der Karre arbeiten muß, so ist seine Strafe nicht härter als die Strafe des Edelmanns, der nur Festungsarrest leidet und in der gänzlichen Beraubung seiner Freiheit die Folgen seiner unerlaubten Handlung weit schwerer fühlt als jener, dem Erziehung und Gewohnheit die schwereren Handarbeiten schon vorher geläufig gemacht haben.

B. ALLGEMEINES TABLEAU DER LEHRE VON VERBRECHEN UND STRAFEN 256R

Nachdem ich in der letzten Stunde die allgemeinen Grundsätze des Strafrechts, welche gleichsam den Geist unserer Kriminalgesetzgebung ausmachen, Eurer Königlichen Hoheit wieder in Erinnerung gebracht habe, so werde ich heute Höchstdenenselben die allgemeine Übersicht der Lehre von Verbrechen und Strafen, welche aus der näheren Anwendung jener allgemeinen Grundsätze entspringt, vorlegen.

Es ist oben bemerkt worden, daß einer der Hauptgesichtspunkte, aus welchem das Verhältnis zwischen Verbrechen und Strafen bestimmt werden muß, sich auf den verschiedenen Wert und die Wichtigkeit des Guts beziehe, zu dessen Beraubung oder Beschädigung ein Verbrechen abzielt, also daß, je größer und wichtiger dieses Gut ist, desto schwerer die daran verübten Kränkungen und Beleidigungen geahndet werden müssen. Diese Bemerkung enthält zugleich das Fundament der Einteilung und Klassifizierung der Verbrechen, indes der 2te Gesichtspunkt, aus welchem das Maß der Strafe nach dem verschiedenen Grade der Moralität bei dem Verbrecher bestimmt wird, die Unterabteilungen in jeder dieser verschiedenen Klassen von Verbrechen begründet.

Jedes Verbrechen beleidigt zwar in gewissem Maße den Staat, da es in einer Übertretung seiner Gesetze besteht und die öffentliche Ruhe und Ordnung stört. Inzwischen gibt es doch gewisse Verbrechen, welche geradezu und unmittelbarer den Staat beleidigen, dahingegen andre zunächst nur gegen einzelne Mitglieder der bürgerlichen Gesellschaft gerichtet sind. Hierauf gründet sich die Haupteinteilung in Staats- und Privatverbrechen.

Unter den Staatsverbrechen nimmt dasjenige den ersten Rang ein und erfordert die härtesten Strafen, welches unmittelbar gegen die Existenz des Staats gerichtet ist und dahin abzielt, die Bande, welche Regenten und Untertanen miteinander verknüpfen, zu zerreißen und die gesetzmäßige Verfassung mit Gewalt umzustürzen. Dies ist das fürchterliche Verbrechen, welches man mit dem Namen des *Hochverrats* brandmarkt.

Dem Hochverrat kommt in Rücksicht auf Gefahr und Schädlichkeit am nächsten die *Landesverräterei*, unter welchem Namen man alle Verbrechen begreift, wodurch die äußere Sicherheit des Staats gegen fremde, besonders feindliche Mächte in Gefahr gesetzt wird.

Den nächsten Rang nach diesem behaupten diejenigen Verbrechen, wodurch 257
die innere Ruhe und Sicherheit des Staats gestört wird. In dieser Klasse von Verbrechen ist das wichtigste und strafbarste der *Aufruhr*, wenn Untertanen des Staats sich zusammenrotten, um sich der Ausführung landesherrlicher Verfügungen mit Gewalt zu widersetzen oder etwas von der Obrigkeit zu erzwingen.

Die Ehre und das Ansehen des Staats ist ein sehr wichtiges Gut für die ganze bürgerliche Gesellschaft, weil von dem Grade der Achtung und des Respekts, in welchem ein Staat bei den Landeseinwohnern und bei Fremden steht, seine äußere und innere Sicherheit sehr wesentlich mit abhängt. In einem monarchischen Staat repräsentiert der Souverän den Staat selbst, und seine Familie nimmt an seiner Würde untrennbaren Anteil. Verbrechen also, wodurch die Ehrfurcht gegen den Staat, gegen den Souverän desselben und gegen die Mitglieder der königlichen Familie beleidigt wird, sind in einem sehr hohen Grade strafbar. Sie werden unter dem Namen des *Lasters der beleidigten Majestät* begriffen.

Ich habe mich bei diesen vier Hauptklassen der Staatsverbrechen, nämlich Hochverrat, Landesverräterei, Aufruhr und Laster der beleidigten Majestät, bei der gegenwärtigen allgemeinen Darstellung um deswillen nur kurz aufgehalten, weil ich darüber, da sie die Rechte des Souveräns so ganz nahe und unmittelbar betreffen, Eurer Königlichen Hoheit noch eine nähere Erörterung noch besonders vorlegen werde.

Die Beleidigungen der Religionsgesellschaften gehören mit in die Klasse der Staatsverbrechen. Es ist schon sonst bemerkt worden, daß sogenannte Beleidigungen der Gottheit vernünftigerweise kein Gegenstand der Kriminalgesetze sein können, teils weil es nicht in der Gewalt irgendeines Menschen steht, die Gottheit zu beleidigen, teils weil Gott selbst erklärt hat, die Rächung solcher vermeinten Beleidigungen sich selbst vorbehalten zu wollen. Aber die im Staat öffentlich aufgenommenen und seines unmittelbaren Schutzes gewürdigten Religionsgesellschaften können nicht beleidigt werden, ohne daß dadurch zugleich die innere Ruhe und Ordnung im Staat gestört wird. Auch ist die Religion eine Sache, welche das Herz, ja selbst die Leidenschaften besonders der zahlreicheren Volksklassen so unmittelbar und so lebhaft interessiert, daß, wie die Geschichte bezeugt, die meisten inneren Unruhen und selbst Bürgerkriege bloß aus Religionsstreitigkeiten und aus Beleidigungen, welche sich eine Religionspartei gegen die andre erlaubt hat, entstanden sind. Mit Recht sind daher in unseren Kriminalgesetzen alle Störungen des öffentlichen Gottesdienstes, alle Lästerungen und Schmähungen der im Staat aufgenommenen Religionsgesellschaften, alles, wodurch Haß und Erbitterung unter den verschiedenen Religionsparteien erregt wird, alle Stiftung von Sekten, welche Grundsätze lehren, wodurch die Ehrfurcht gegen die Gottheit, der Gehorsam gegen die Gesetze und die Treue gegen den Staat angegriffen | oder das Volk zu Lastern verleitet wird, 257 R
endlich der Mißbrauch von Religionshandlungen und zum Gottesdienst gewidmeten Sachen zu vermeintlichen Zaubereien, Geisterzitationen, Schatzgräbereien und andern dergleichen Gaukelspielen unter nachdrücklichen Strafen, welche nach Bewandtnis der Umstände bis auf mehrjährige Festungs- oder Zuchthausarbeit erstreckt werden können, untersagt worden.

Die nächste Klasse der Staatsverbrechen sind diejenigen, durch welche der Staat in seinem Eigentum und vorbehaltenen Rechten beeinträchtigt wird. So zahlreich die Objekte sind, welche zum Staatseigentum und zu den vorbehaltenen Rechten des Staats gehören, so zahlreich sind die Arten der Verbrechen, welche zu dieser Klasse gerechnet werden. Es würde von keinem Nutzen sein, Eure Königliche Hoheit mit der langen Liste dieser Verbrechen und der dagegen verordneten Strafen zu behelligen. Ich bemerke also nur, daß das wichtigste unter diesen Verbrechen die Verfertigung *falscher Münzen* unter dem Stempel des Staats sei so wie die häufigsten und leider gewöhnlichsten die *Contrebande- und Akziseverbrechen* sind, wodurch der Staat um die zur Bestreitung der Staatsbedürfnisse erforderlichen Einkünfte betrogen wird. Von beiderlei Arten der Verbrechen werde ich gleichfalls ein etwas näheres Detail geben müssen.

Die letzte Klasse der Staatsverbrechen enthält diejenigen, wodurch *Beamte des Staats* ihre dem Staat und dem Publico schuldigen Pflichten verletzen. Diese Klasse von Verbrechen ist ebenfalls sehr zahlreich, je mannigfaltiger die Klassen der Staatsbeamten und je mehr oder weniger wichtig für den Staat die Pflichten sind, welche von ihnen verletzt worden. Am strengsten werden bestraft Militärpersonen, welche durch Desertion ihren dem Staat zur Fahne geleisteten Eid brechen, parteiische und bestochene Richter, welche aus Eigennutz oder andrer Leidenschaft das Recht beugen, und Kassenbediente, welche die ihrer Verwaltung anvertrauten öffentlichen Gelder unterschlagen und in ihrem Nutzen verwenden. Die Strafen der Desertion sind in den Kriegsartikeln bestimmt. Richter, die aus Eigennutz, Animosität, Privatleidenschaften oder andern unerlaubten Nebenabsichten eine Ungerechtigkeit begehen, werden kassiert und mit mehrjähriger Festungsstrafe belegt. Diese Strafe kann bis zum lebenwierigen Arrest, ja selbst bis zur Todesstrafe extendiert werden, wenn ein Richter in Kriminalsachen sich einer Ungerechtigkeit, wodurch ein Unschuldiger an Leben, Gesundheit oder Ehre gefährdet worden, schuldig gemacht hat. Kassenbediente, welche die ihnen anvertrauten öffentlichen Gelder veruntreuen, werden außer der Kassation nach der Größe des gemachten Defekts und nach den zu dessen Versteckung angewendeten Kunstgriffen und Betrügereien mit Festungsstrafe von zwei bis sechs Jahren belegt. Haben sie aber gar mit der Kasse davongehen wollen, so findet Staupenschlag und lebenswierige Festungsstrafe wider sie statt.

Privatverbrechen, durch welche nicht unmittelbar der Staat und die ganze bürgerliche Gesellschaft, sondern einzelne Mitglieder derselben beschädigt werden, sind entweder gegen die Gesundheit und das Leben oder gegen die persönliche Freiheit oder gegen die Ehre oder das Vermögen der Einwohner des Staats gerichtet. 258

Zu den Verbrechen, wodurch andre an ihrem Körper, an ihrer Gesundheit oder an ihrem Leben beschädigt werden, gehört eine lange Reihe unerlaubter Handlungen, von Beschädigungen an, die aus bloßer Unvorsichtigkeit zugefügt worden, bis zum vorsätzlichen Totschlage oder Morde und den verschiedenen Stufen dieses schrecklichen Verbrechens, von denen ich, weil dagegen Todesstrafe und in höheren Graden geschärfte Todesstrafe stattfindet, in der Folge besonders werde handeln müssen.

Zu der Klasse von Verbrechen gegen die *persönliche Freiheit* gehört hauptsächlich der Menschenraub, der aus mancherlei Absichten begangen werden kann. Bald werden Kinder ihren Eltern entführt aus einem fanatischen Religionseifer, um sie in einem andern Glaubensbekenntnisse erziehen zu lassen. Bald sucht jemand einen andern beiseitezuschaffen, der ihm in gewissen Desseins, z. E. in der Bewerbung um eine reiche Partie, entgegensteht. Besonders gehören hierher gewaltsame Werber, welche Untertanen des Staats zu fremden Kriegsdiensten heimlich, mit List oder gar mit Gewalt engagieren wollen. Bei Bestimmung der Strafe dieses Verbrechens nehmen die Gesetze teils auf die Absicht, in welcher dasselbe verübt worden, teils auf den Schaden, welcher dem Geraubten dadurch widerfahren ist, vornehmlich aber darauf Rücksicht, ob und wie bald demselben seine Freiheit wieder verschafft werden kann. Hiernach kann die Strafe nach Beschaffenheit der Fälle von einjähriger bis zu lebenswieriger Festungsstrafe sich extendieren.

Zu den Verbrechen, welche gegen die Person eines andern begangen werden, rechnen die Gesetze auch die sogenannten *fleischlichen Verbrechen*. Das Laster der Unzucht ist zwar, wie schon anderwärts bemerkt worden, an und für sich kein Gegenstand der Kriminalgesetzgebung, weil, wenn die daran teilnehmenden Personen es freiwillig verüben, dadurch niemand im Besitz und Genusse des Seinigen gestört, folglich keine Zwangspflicht, deren Beobachtung allein [durch] Kriminalgesetze gesichert werden soll, verletzt wird. Aber es werden, um dieses Laster zu befriedigen, | häufig andre Verbrechen began- 258 R
gen, denen das Gesetz besondere Strafen hat entgegenstellen müssen. Dahin

gehören besonders das infame Metier der *Kuppler und Kupplerinnen*, dieser Pest des Staats, welche junge Personen beiderlei Geschlechts, besonders verheiratete[?] zu dem Laster der Unzucht verführen, hauptsächlich aber Eltern und Erzieher, die ihre eigenen oder die ihrer Aufsicht anvertrauten Kinder um Geldes und Gewinnes willen der Wollust preisgeben. Gegen solche Verbrecher bestimmen die Gesetze Gefängnis-, Zuchthaus- und Festungsstrafe von sechs Monaten bis zu vier Jahren. Ferner gehört in diese Klasse die *Blutschande*, wenn nahe Verwandte, die nach den Gesetzen des Staats einander nicht heiraten dürfen, Unzucht zusammen treiben. *Bigamie.* Ferner die *Notzüchtigung*, wenn jemand eine Frauensperson durch Arglist und betrügliche Kunstgriffe, durch berauschende Getränke oder andre die Sinne beraubende Arzneien, durch gefährliche Bedrohungen des Lebens oder der Gesundheit oder gar mit unwiderstehlicher physischer Gewalt wider ihren Willen zur Befriedigung seiner Wollust mißbraucht. Dergleichen grobes Verbrechen, wodurch nicht allein die persönliche Freiheit, sondern auch die Gesundheit der gemißbrauchten Person verletzt und gefährdet worden, werden nach den verschiedenen Graden der Moralität und des angerichteten Schadens mit Festungs- oder Zuchthausstrafe von einem bis zwölf Jahren geahndet.

Auf die Beleidigungen der Person folgen in der Reihe der Privatverbrechen die Beleidigungen der Ehre oder die sogenannten Injurien. So gewiß es ist, daß die Ehre unter allen irdischen Gütern des Menschen das schätzbarste ist und besonders bei Personen der höheren Volksklassen selbst dem Leben vorgezogen zu werden verdiene, so hat doch auf der andern Seite dieses Gut das Eigentümliche, daß es weit weniger in der Macht andrer Menschen steht, uns desselben zu berauben. Die Ehre eines Mannes hängt hauptsächlich von seinem eigenen Betragen ab, und seine Handlungen sind es eigentlich, nach welchen das Urteil des Publici von seinem inneren Werte und von der Achtung, die er verdient, bestimmt wird. So wenig die beredtesten Lobsprüche gedungener Schmeichler einem schlechten Subjekt den Beifall der Vernünftigen, deren Achtung doch allein etwas wert ist, auf die Dauer verschaffen können, so wenig kann einem wirklich großen und edlen Charakter seine Würde durch die aufgebrachtesten und anzüglichsten Schmähungen geraubt werden. Auch die sogenannte bürgerliche Ehre, d. h. die äußeren Vorzüge und Achtungsbezeugungen, die jemand vermöge seines Standes, seines Amts oder sonstigen Berufs in der bürgerlichen Gesellschaft zukommt, dependiert nur von den Gesetzen und von den Anordnungen des Staats;

sie kann also auch im eigentlichen Verstande durch Injurien und Verleumdungen nicht gekränkt oder geraubt werden. Daher kommt es, daß die Strafen der Injurien im Verhältnis gegen andre Verbrechen weit weniger streng haben bestimmt werden können, weil es hier eines geringeren Grades von Abschreckungsmitteln bedurfte, um die Bürger des Staats bei dem Besitz des Guts der Ehre zu sichern. Bei der |Bestrafung der Injurien kommt es 259
darauf an: a) einesteils, auf was für Art sie verübt worden; ob nur in Worten und Schriften oder durch beschimpfende Tätlichkeiten, ob die zugefügte Ehrenkränkung von dem Täter nur in Gegenwart weniger Personen oder öffentlich verübt oder gar z. E. durch Pasquille allgemein verbreitet worden; b) ferner wird darauf gesehen, ob es der Vorsatz des Beleidigers gewesen sei, die Ehre des andern zu kränken, oder ob seine beschimpfende Äußerung ohne wirkliche böse Absicht nur aus Übereilung, Unbesonnenheit oder Irrtum und Versehen entstanden sei. Auch wird c) auf die Person des Beleidigten und den Rang, welchen er in der bürgerlichen Gesellschaft behauptet, da es natürlich ist, daß eine Injurie, gegen einen Sackführer oder Karrenschieber verübt, demselben weit weniger Schaden und Nachteil verursache und also auch nur eine weit geringere Strafe nach sich ziehen könne, als wenn die Ehre eines Edelmanns oder Offiziers angegriffen wird. Nach diesen verschiedenen Rücksichten sind die Strafen der Injurien von der leichtesten Art derselben an, wenn bloße Schimpfreden zwischen Leuten ganz gemeinen Standes, bis zu dem schwersten Grade, wenn ein Edelmann den andern mit Stock- oder Peitschenschlägen oder andern ähnlichen Mißhandlungen beschimpft, in verschiedenen Abstufungen von 24 Stunden Gefängnis bis zu zehnjährigem Festungsarreste bestimmt.
Übrigens gehört zu den Verbrechen, welche aus vermeintlichen Beleidigungen der Ehre entspringen, auch noch der Zweikampf oder das *Duell*, den ich aber seiner Wichtigkeit halber zu einem besonderen Vortrage aussetzen muß.

Auf die Beleidigungen der Ehre folgen in der Reihe die *Beschädigungen des Vermögens* und Eigentums eines andern, deren Name, wie man mit Recht sagen kann, *Legion* heißt. So verschieden die Arten von Gütern und Eigentum sind, an welchen jemandem Schaden zugefügt werden kann, so verschieden die Absicht ist, die bei der Beschädigung zum Grunde liegt, so verschieden die Mittel sind, die zur Ausführung derselben gebraucht werden, so verschieden sind auch die in diese Klasse gehörenden Verbrechen und deren Strafen. Hauptsächlich unterscheiden die Gesetze diejenigen Verbrechen,

wodurch jemandem sein bewegliches Eigentum wider seinen Willen heimlich, durch List oder mit Gewalt entzogen wird, von denjenigen, wodurch der Verbrecher andre betrüglicherweise verleitet, zur Beförderung seines Privatnutzens mit ihrem eigenen Schaden beizutragen. Verbrechen der ersten Art oder sogenannte Entwendungen greifen die Sicherheit des Eigentums geradezu an und werden um deswillen in der Regel härter bestraft als der bloße Eigennutz und Betrug. Die Verbrechen der Entwendungen steigen in mannigfaltigen Graden von dem bloßen gemeinen Diebstahl, der ohne alle Gewalt oder besondere Gefahr verübt wird, zum gewaltsamen Diebstahl,
der mit Einsteigen | oder Erbrechen verschlossener Behältnisse verbunden 259 R
ist, bis zum Raube, wo zur Ausführung des Diebstahls Gewalt an der Person oder an dem Leben eines Menschen verübt, und bis zum Straßenraube, wo zugleich die Sicherheit der öffentlichen Wege und Straßen durch die räuberische Gewalttätigkeit verletzt worden. In jeder dieser Klassen finden nach Verhältnis des Betrages und Werts der entwendeten Sachen und nach der größeren oder geringeren Gefahr, welcher das Publikum durch Wiederholung solcher Verbrechen ausgesetzt ist, und nach der inneren Moralität der unerlaubten Handlung selbst verschiedene Abstufungen der Strafen statt. Der bloße Diebstahl, bei welchem keine Gewalt an Personen gebraucht worden, wird nie mit dem Tode bestraft, sondern nur mit Gefängnis-, Festungs- und Zuchthausstrafe, deren Dauer sich nach Unterschied der soeben angeführten Verhältnisse von vier Wochen bis zu zehn Jahren erstrecken kann. Hingegen wird ein Diebstahl, der mit Gewalttätigkeiten gegen die Person des Beschädigten verbunden ist, weit strenger geahndet. Schon der gemeine Räuber wird mit zehnjähriger Festungsstrafe belegt. Hat aber der Beraubte durch die zugefügten Gewalttaten an seiner Gesundheit oder an seinen Gliedmaßen erheblichen Schaden erlitten, so findet schon darin die ordinäre Todesstrafe des Schwertes statt, welche abermals in verschiedenen Abstufungen der schmerzhafteren Todesarten ansteigt und zuletzt bei der Strafe des Räderns von unten herauf als der schrecklichsten von allen stehen bleibt, wenn der Räuber den Beraubten vorsätzlich gemordet hat, um sich durch den Tod desselben den unrechtmäßigen Gewinn zu verschaffen oder zu versichern.

Zur zweiten Hauptart der Verbrechen, welche auf die Beschädigung eines andern an seinem Eigentum und seinem Vermögen abzielen, gehören alle die zahllosen Erfindungen, durch welche jemand die Schwäche und Einfalt oder die Redlichkeit und das Vertrauen oder auch die Leidenschaften andrer mißbraucht, um mit dem Schaden derselben seinen eigenen unrecht-

mäßigen Vorteil zu befördern. Besonders rechnet man darunter das unerlaubte und das falsche Spiel, den Wucher, wenn jemand für ein gegebenes Darlehen sich übertriebene und das gesetzliche Maß übersteigende Zinsen und andre Vorteile zueignet, das Schmieden falscher Urkunden, den Meineid, die Verfälschung von Waren, Maß und Gewicht und den Bankerutt, wenn ein Schuldner a) durch unbesonnene, mit fremdem Gelde gewagte Unternehmungen, b) durch Kontrahierung von Schulden, von denen er weiß, daß sie sein Vermögen übersteigen, c) durch liederlichen Aufwand und Verschwendung seine Gläubiger um das Ihrige bringt oder gar sein Vermögen auf die Seite schafft und dadurch seinen Gläubigern die Mittel zu ihrer Befriedigung entzieht. Die angemessensten Strafen für diese Verbrechen des Eigennutzes und Betrugs sind Geldstrafen, die auch wirklich in den meisten und gewöhnlichsten Fällen stattfinden. Nur in den höheren Stufen dieser Verbrechen tritt Zuchthaus- oder Festungsarbeit ein, die | in manchen Fällen bis zur lebenswierigen Dauer ausgedehnt werden 260
kann, besonders bei dem betrüglichen Bankerutt eines Kaufmanns, der mehrere seiner Mitbürger um das Ihrige gebracht und zugleich dem Kredit des inländischen Handels einen schädlichen Stoß gegeben hat.

Diese lange fürchterliche Reihe von Verbrechen schließen endlich diejenigen, welche man Beschädigungen mit gemeiner Gefahr nennt, d. h. solche, wo die unerlaubte Handlung nicht bloß demjenigen, gegen den sie eigentlich gerichtet ist, sondern zugleich mehreren andern Gefahr bringt. In diese Klasse gehören diejenigen, welche Dämme, Teiche, Schleusen oder andre Wasserbaue dergestalt ruinieren, daß dadurch das umliegende Land den Überschwemmungen und Verwüstungen der Fluten ausgesetzt wird. Vornehmlich aber gehören hierher die Brandstifter, welche durch angelegtes Feuer ganze Städte, Flecken, Dörfer oder sonst nebeneinander liegende Wohngebäude, ja selbst das Leben der Menschen in Gefahr setzen.
Die Strafen dieses Verbrechens sind sehr strenge. Ein Mordbrenner, d. h. ein Verbrecher, der das Feuer in der Absicht angelegt hat, um unter Begünstigung desselben zu stehlen, zu rauben oder zu morden, wird verbrannt. Kann gleich diese Absicht nicht ausgemittelt werden, es sind aber durch die erregte Feuersbrunst Menschen in ihrem Leben oder Gesundheit gefährdet worden, so findet die ordinäre Todesstrafe statt, welche nur dann in mehrjährige bis lebenswierige Festungsstrafe verwandelt wird, wenn das Feuer unter Umständen angelegt worden, wo kein erheblicher Schaden daraus hat entstehen können, z. E. wenn die Anlegung des Feuers am Tage gesche-

hen ist, wo sofort Hilfe herbeigeschafft werden konnte, wenn leerstehende unbewohnte Gebäude, Holzvorräte, Früchte usw. dergestalt angezündet worden, daß die Flammen nach dem natürlichen Laufe der Dinge bewohnte Gegenden nicht haben erreichen können.

Ich fürchte, daß dieses schwarze Register von den Ausbrüchen der menschlichen Bosheit Eure Königliche Hoheit bald ermüdet und sehr unangenehme Eindrücke von dem Grade der Verdorbenheit, deren das menschliche Herz fähig ist, bei Ihnen zurückgelassen haben. Destomehr eile ich, das Widrige dieser Eindrücke durch die Bemerkung zu mildern, wie sehr selten die schwereren Arten der Verbrechen, deren ich erwähnt habe, in den preußischen Landen vorfallen. Im ganzen vorigen Jahre sind nur vorgekommen: 36 Tötungen — 5; 17 Brandstiftungen — 1; 7 Räubereien — 2.
Ursachen: 1. Die innere Güte des Charakters der Nation. 2. Die Sorge für Religion und Moralität. 3. Die Aufmunterung des Fleißes und der Industrie. 4. Die guten Polizeianstalten.
Die übrigen Verbrechen gehören nur unter die leichteren Arten, besonders in die Klasse der Diebstähle und Verf[ehlungen (?)].

Über den Hochverrat 260R

Der Hochverrat wird alsdann begangen, wenn jemand in der Verfassung des Staats eine gewaltsame Veränderung bewirken will oder wenn er in dieser Absicht gegen das Leben oder die Freiheit des Souveräns gefährliche Anschläge macht.
Nicht jede Empörung ist also Hochverrat, sondern es gehört zum Wesen dieses Verbrechens, daß die Absicht einer gewaltsamen Revolution oder ein vorsätzliches Unternehmen gegen die Freiheit oder das Leben des Regenten, wodurch die Existenz des ganzen Staats gefährdet wird, dabei zum Grunde liege. So war Fiesco ein Hochverräter, als er die Regierungsform seines Vaterlandes mit Gewalt ändern wollte; so waren es die Englischen Lords, welche 1744 das durch den Schluß der Nation zum englischen Throne berufene Haus Braunschweig - Hannover davon mit Gewalt verdrängen und den Nachkommen Jacobs II. oder den sogenannten Praetendenten auf den Thron setzen wollten. So war es Warkotsch, der im 7jährigen Kriege den verruchten Plan gemacht hatte, den König in die österreichische Gefangenschaft zu liefern. So muß die unparteiische Gerech-

tigkeit, die weder durch glänzende Sophismen geblendet noch durch Volksgeschrei betäubt wird, die Urheber der jetzigen französischen Revolution, die Mirabeau, die Barnave, die Lameth Hochverräter nennen, da sie eigenmächtigerweise sich unterfangen haben, die ganze französische Staatsverfassung umzustürzen, den König seiner wesentlichsten Rechte zu berauben und statt bloßer Reformen eingeschlichener Mißbräuche, wozu sie von dem Könige berufen und von der Nation bevollmächtigt waren, die ganze Staatsverfassung von Grund und Boden aus umzukehren.

Da der Hochverrat das größte und gefährlichste aller Verbrechen ist, so muß auch die Strafe desselben unter allen die härteste sein. Ein solcher Verbrecher wird nicht nur seines Adels oder andern bürgerlichen Ehre und seines ganzen Vermögens verlustig, sondern er wird auch geviertelt, und die zerstückten Teile seines Körpers werden auf Schandpfähle öffentlich aufgesteckt.

Dieses Verbrechen hat übrigens noch das besondere,

1. daß hier nicht so wie bei andern Verbrechen die gänzliche Vollendung desselben erfordert wird, wenn die ordentliche Strafe stattfinden soll, sondern daß schon das bloße Unternehmen, sobald es nur irgend in äußere Handlungen ausgebrochen ist, diese Strafe nach sich zieht;
2. daß jeder, der auch nur auf entferntere Art an dem Verbrechen teilgenommen hat, wenn es auch nur durch Aufmunterung oder Ratschläge geschehen wäre, das Leben verwirkt hat;
3. daß sogar die bloße Mitwissenschaft von einer gegen den Staat oder den
   Re|genten angesponnenen Verschwörung, selbst wenn sie mit keiner 261
   Teilnahme verbunden war, zehnjährige bis lebenswierige Festungsstrafe nach sich ziehe;
4. daß selbst Eltern, Kinder und Ehegatten verpflichtet sind, wenn ihnen ein solches vorhabendes Verbrechen bekannt ist und sie die Ausführung desselben auf andre Art nicht verhindern können, dasselbe dem Staat zu entdecken.

Alle diese sonst ungewöhnliche und von den allgemeinen Grundsätzen des Kriminalrechts abweichende Strenge wird durch die Notwendigkeit, den Staat gegen ein solches Verbrechen, das seiner Existenz unmittelbar den Untergang droht, sicherzustellen, hinlänglich gerechtfertigt. Aber eine sehr große Härte liegt darin, daß nach unseren Gesetzen auch die Kinder des Hochverräters, wenn sie auch an dem Verbrechen ganz unschuldig sind, daran nicht den geringsten und entferntesten Anteil genommen, nicht einmal die geringste Wissenschaft davon gehabt haben, dennoch unter den

Folgen des von ihrem Vater begangenen Verbrechens mit leiden müssen. Es ist nicht genug, daß sie durch die Konfiskation des gesamten Vermögens ihres Vaters in Armut und Elend versetzt werden, daß sie den Adel verlieren, sondern die Gesetze verdammen sie auch zur Landesverweisung oder zur lebenswierigen Gefangenschaft. Der Grund des Gesetzes ist,

a) diesem Verbrechen durch die Furcht für das Unglück der Kinder desto stärkere Motive entgegenzusetzen;
b) den Staat gegen die Rache der Kinder sicherzustellen.

Das Ius aggratiandi ist hier am besten angewendet.

Von der Landesverräterei

Landesverräterei heißt dasjenige Verbrechen, durch welches die Sicherheit des Staats gegen fremde, besonders feindliche Mächte in Gefahr gesetzt wird.

Die Landesverräterei hat drei Grade:

1. Wenn jemand ganze Länder, Kriegsheere oder Hauptfestungen den Feinden des Staats verrät und in ihre Gewalt zu bringen unternimmt. Patkul.
2. Wenn jemand durch Unternehmungen von minderer Wichtigkeit die Feinde des Staats zum Nachteile desselben begünstigt.
3. Wenn jemand fremde, nicht feindliche Mächte zum Nachteil der Gerechtsame und des Interesse seines eigenen Staats begünstigt oder den Staat mit solchen fremden Mächten in Unvernehmen und Zwietracht zu verwickeln sucht.

Die erste Klasse der Landesverräterei, wodurch ganze Provinzen, Armeen oder Hauptfestungen der Gewalt des Feindes überliefert werden sollen, grenzt ihrer Gefährlichkeit und Schädlichkeit nach unmittelbar an den Hochverrat. Die Strafe derselben ist also auch beinahe die gleiche und unterscheidet sich von der Strafe des Hochverrats nur darin,

1. daß der Landesverräter, wenn er auch sein Verbrechen ausgeführt hat, **261 R** nicht gevierteilt, sondern von unten herauf gerädert und sein Körper aufs Rad geflochten wird;
2. daß, wenn das strafbare Unternehmen nicht ausgeführt, sondern die Ausführung desselben noch verhindert worden, die Strafe des Schwerts an die Stelle des Rades tritt;
3. daß in eben diesem Falle die Teilnehmer, die beim Hochverrat allemal

das Leben verlieren, bei der Landesverräterei nur mit lebenswierigem Gefängnis bestraft werden.

Zur 2ten Klasse der Landesverräterei gehört jedes Unternehmen, wodurch offenbare Feinde des Staats in ihren Anschlägen begünstigt oder den Truppen desselben in ihren Operationen vorsätzlich Hindernisse in den Weg gelegt werden. Dahin z. E. diejenigen, welche Meutereien unter den Truppen erregen, Magazine oder andre Kriegsvorräte in Brand stecken oder sonst ruinieren, den Feind mit Lebensmitteln und Kriegsbedürfnissen freiwillig unterstützen oder sich von ihm als Spione und Kundschafter brauchen lassen. Auch diese Verbrechen werden mit dem Tode, und zwar nach Unterschied der Fälle mit dem Rade, dem Schwert oder dem Strange bestraft. Selbst das Unternehmen eines solchen Verbrechens, wenn auch dem Staat dadurch noch kein Schaden widerfahren ist, zieht zehnjährige Festungsstrafe nach sich, die auch eine Folge selbst der entferntesten Teilnehmung ist. Übrigens finden während eines Krieges viele Präkautionen statt, die auf die Verhütung solcher Verrätereien abzielen. So darf z. E. niemand, auch in seinen Privatangelegenheiten, Reisen in feindliche Länder oder Lager ohne besondere Erlaubnis vornehmen. Niemand darf in feindliche Länder anders als durch den Weg der öffentlichen Posten, auch weder in Ziffern noch andern geheimen Zeichen korrespondieren. Wer diesen Vorschriften zuwiderhandelt, macht sich einer intendierten Verräterei verdächtig, und wenn er sich auch dagegen rechtfertigen kann, so wird er dennoch wegen seines Ungehorsams mit Geld- oder Gefängnisstrafe belegt. Auch ist allen Obrigkeiten und Staatsbeamten die genaueste Aufmerksamkeit auf Unternehmungen, die in Kriegszeiten dem Staat gefährlich oder schädlich werden könnten, zur Pflicht gemacht, und wenn diese ihre Pflicht vernachlässigen, so finden wider sie nach Maßgabe des dem Staate daraus wirklich entstandenen Schadens Gefängnis- oder Festungsstrafe statt.

Zur 3ten Klasse der Verbrechen, wodurch die auswärtige Sicherheit des Staats gefährdet wird, rechnet man diejenigen, welche fremde Mächte, die mit dem Staat in keinen wirklichen Krieg verwickelt sind, zum Nachteil des Staats begünstigen oder den Staat mit solchen fremden Mächten in Unvernehmen und Zwistigkeiten verwickeln. Dahin gehören alle Beleidigungen des Völkerrechts, die vorsätzlich zum Nachteil des Staats unternommene Verrückung oder Verd[unklung (?)] der Landesgrenzen, Offenbarung von Staatsgeheimnissen, Mitteilung von Urkunden, Festungsrissen, Operationsplänen und andern dergleichen Nachrichten, Entwendung oder Vernichtung von Urkunden, worauf Rechte des Staats gegen andre Mächte beruhen, Verrat

von Fabri|ken- oder Handlungsgeheimnissen, Debauchierung nützlicher 262
Fabrikanten und andrer Ouvriers und überhaupt jedes Unternehmen, wodurch die Stärke, der Wohlstand oder die Rechte des Staats zugunsten andrer Nationen geschwächt oder sonst beeinträchtigt werden. Da diese Klasse von Verbrechen für den Staat weniger gefährlich und schädlich ist als diejenigen, die zur Begünstigung wirklicher Feinde unternommen werden, so werden sie in der Regel nur mit Zuchthaus- oder Festungsstrafe geahndet, die jedoch besonders in den höheren Graden bis zur lebenswierigen Dauer extendiert werden kann.

Vom Aufruhr

Die 3te Gattung der Staatsverbrechen enthält diejenigen, welche die innere Ruhe und Sicherheit des Staats verletzen. In gewisser Weise ist dies zwar die Folge eines jeden Verbrechens, bei welchem eigenmächtige Gewalt angewendet wird, und daher ist auch jede eigenmächtige Selbsthilfe außer dem Falle der Notwehr eine durchaus unerlaubte und strafbare Handlung. Aber die Gesetze zählen zu den Staatsverbrechen nur diejenigen Unternehmungen, wodurch der Gehorsam, den die Untertanen ihrem Souverän, seinen Gesetzen und Anordnungen und den von ihm bestellten Obrigkeiten schuldig sind, geradezu verletzt wird. Wenn dies bloß von einzelnen geschieht, so wird ein solcher Widerstand nur mit Gefängnis-, Zuchthaus- oder Festungsstrafe von einigen Monaten bis zwei Jahren geahndet, weil ein solcher einzelner Widerstand niemals gefährlich werden kann, sondern leicht gebändigt ist. Wenn aber mehrere sich zusammenrotten, um den Anordnungen des Staats und der Obrigkeit gewaltsamen Widerstand mit vereinigten Kräften zu leisten, so ist das Verbrechen des Aufruhrs vorhanden.

1. Unterschied dieses Verbrechens vom Hochverrat.
2. Gefährlichkeit desselben. Es ist oft die Vorbereitung und das Vorspiel von Revolutionen.
3. Strafe des Aufruhrs, auch wenn gar keine Gewalt verübt worden. Bis vier Jahre Festung für den Rädelsführer.
4. Die Strafe jedes anderen bei einem Aufruhr begangenen Verbrechens wird geschärft.
5. Der Erreger des Aufruhrs wird für jedes dergleichen Verbrechen responsabel gemacht.

Verfügungen der Gesetze zur Verhütung von Aufruhr und Empörungen:

a) Auf der einen Seite Pflicht aller obrigkeitlichen und richterlichen Personen, einen jeden, welcher Beschwerden anzubringen hat, damit zu hören, die Beschwerden zu untersuchen und denselben abzuhelfen.

b) Auf der anderen Seite die Aufsicht der Polizei über alle Volksversammlungen; die Pflicht eines jeden, der öffentliche Lustbarkeiten anstellt, sich bei der Polizei zu melden.

c) Das Verbot geheimer Gesellschaften ohne Vorwissen des Staats.

Das Recht des Staats pp., die Erscheinung und Verbreitung aufrührerischer 262R
Schriften zu verhüten und zu bestrafen.

Diese Materie ist jetzt sehr interessant.

Vorschrift des Gesetzes[1]:

> Wer durch frechen unehrerbietigen Tadel oder Verspottung der Landesgesetze und Anordnungen im Staat Mißvergnügen und Unzufriedenheit der Bürger gegen die Regierung veranlaßt, der hat Gefängnis- oder Festungsstrafe auf sechs Monate bis zwei Jahre verwirkt.

Strafe der Drucker, Verleger, Ausbreiter und Verteiler solcher Schriften.

Kommentar

1. Nicht jeder Tadel der Gesetze und Anordnungen im Staat ist verboten.
2. Ein dergleichen allgemeines Verbot kann nicht stattfinden.

a) Das Recht der Meinungen und deren Äußerung gehört zu den natürlichen Rechten, denen der Mensch bei seinem Übertritt in die bürgerliche Gesellschaft nicht hat entsagen können.

b) Solange dergleichen Äußerungen die Ruhe und Sicherheit des Staats nicht verletzen und niemanden in dem ruhigen Besitz und Genuß des Seinigen kränken, solange können sie also nicht verboten werden.

c) Die Unterdrückung aller öffentlichen Urteile über die Handlungen und Verfügungen der Staatsbeamten würde der Regierung den Vorwurf des Despotismus zuziehen.

d) Die Publizität ist einer der wenigen Wege, wodurch die Wahrheit Zutritt zum Throne finden kann.

e) Sie ist ein Mittel, die Staatsbeamten im Zaume zu halten, daß sie ihre Gewalt und das Vertrauen ihres Souveräns nicht mißbrauchen.

[1] § 151 II 20 AGB

f) Sie ist das Mittel, die Regierungen auf veraltete Vorurteile und Mißbräuche aufmerksam zu machen. Die Tortur. Das Verbrennen der Hexen.

g) Grundsätze Friedrichs II. Edikt de 1772[1]. Was nicht wider die Ruhe und bürgerliche Ordnung im Staat und wider die guten Sitten ist. Schriften über die Regie, die Tabakadministration.

3. Dagegen ist der Staat allerdings berechtigt, einen frechen und unehrbietigen Tadel seiner Anordnungen, wodurch seine Untertanen zur Verachtung seiner Gesetze und zum Ungehorsam gegen dieselben gereizt werden, zu strafen, weil ein Tadel von dieser Art der Ruhe der bürgerlichen Gesellschaft gefährlich ist und also durch Strafgesetze verhütet werden muß.
4. Da aber die Druckereien ein Mittel sind, dergleichen aufrührerische Schriften schnell und allgemein zu verbreiten, und es äußerst schwer, ja fast unmöglich ist, ein einmal existierendes Buch wieder zu vertilgen, so hat dies die Regenten der Staaten auf die Gedanken gebracht, das Entstehen und die Verbreitung solcher Schriften durch Zensurgesetze zu verhindern.
6. Jede Schrift, die in hiesigen Landen gedruckt wird, muß im Manuskript dem bestellten Zensor vorgelegt werden, welcher beurteilen muß, ob sie etwas enthalte,

   was wider die allgemeinen Grundsätze der Religion, wider den Staat und sowohl moralischer als bürgerlicher Ordnung zuwider ist oder zur Kränkung der persönlichen Ehre und des guten Namens andrer abzielt.

7. Wer eine Schrift ohne Zensur druckt oder verlegt, wird um Geld und im 263
Wiederholungsfall mit dem Verlust seines Gewerbes bestraft.
8. Wenn der Inhalt der Schrift selbst strafbar ist, so wird der Verleger und Drucker, welcher die Zensur übergangen hat, als Teilnehmer an dem Verbrechen des Verfassers angesehen, und so, wie dieser Gefängnis- oder Festungsstrafe von sechs Monaten bis zwei Jahren leiden muß, so werden Verleger und Drucker mit einer verhältnismäßigen Strafe belegt.
9. Über die Notwendigkeit und Nützlichkeit der Zensur läßt sich pro und contra disputieren. Soviel aber ist gewiß, daß sie nicht füglich weiter extendiert werden könne, als sie der preußische Staat bisher vorgenommen und sich dabei sehr wohl befunden hat, ohne daß die geringste Unruhe oder Empörung entstanden wäre.

[1] N.C.C., Bd. V, 1772 Nr. 35, Sp. 175 ff., insbes. Sp. 180, Abs. X; vgl. auch Censur-Edict v. 11. Mai 1749, C.C.M., Cont. IV, Sp. 149 ff.

De crimine laesae majestatis

1. Begriff. Eine Beleidigung der Person des Regenten in seiner Würde als Oberhaupt des Staats und der zur königlichen Familie gehörenden Personen.
2. Unterschied vom Hochverrat und der Landesverräterei: in der Absicht.
3. Geschichte dieser Lehre. Unter den römischen Kaisern. Bald exzessiv strenge, bald gar nicht. Streng Tiberius, Nero, Vitellius, Domitian. Exempel: Wenn jemand seine Statue höher setzen ließ als die des Kaisers; wenn jemand mit Geldmünzen oder Ringen, auf welchen das Bild des Landesherrn war, in ein liederliches Haus ging oder ein unsauberes Geschäft vornahm; wenn jemand Statuen oder Bilder des Fürsten in einer Auktion verkaufte; wenn er über schwere Zeiten klagte; wenn er Purpur trug. Andre Kaiser gestatteten darüber gar keine Untersuchung und Bestrafung. Titus, Trajan. Das römische Recht und die Reichsgesetze reservieren dem Landesherrn selbst die Kognition darüber. Friedrich II.; die Kaiserin von Rußland.
4. Unsere Landesgesetze betrachten dieses Verbrechen als eine Injurie, die aber strenger als eine andre Injurie bestraft werden muß
   a) wegen der hohen Würde des Beleidigten,
   b) wegen des nachteiligen Einflusses auf die Ruhe und das Ansehen des Staats.
5. Tätliche Beleidigungen des Regenten werden mit dem Tode und, wenn mildernde Umstände sind, mit sechs- bis zehnjähriger Festungsstrafe geahndet.
6. Wörtliche Beleidigungen in Worten, Schriften und andern sinnlichen Darstellungen ein- bis vierjährige Gefängnisstrafe.
7. Tätliche Beleidigungen der Personen der königlichen Familie vierjährige bis lebenswierige.
8. Wörtliche ein- bis zweijährige.

Von Beleidigungen der vorbehaltenen Rechte des Staats, in specie von Münzverbrechen

1. Man teilt die vorbehaltenen Rechte des Staats in Hoheits- und nutzbare Rechte. Hoheitsrechte sind diejenigen, welche unmittelbar aus dem Begriffe der Souveraineté fließen und auf die Führung des bürgerlichen Regiments unmittelbare Beziehung haben. Nutzbare Rechte sind die, welche dem Staat bloß als Quellen zu Einkünften, womit die Staatsbedürfnisse bestritten werden sollen, vorbehalten sind.

2. Eingriffe in die Hoheitsrechte des Staats geschehen aus Irrtum und Mißverständnis oder vorsätzlich. *Ersterenfalls:* Zurechtweisung und Androhung von Strafen auf den Wiederholungsfall. *Vorsätzlich*, so liegt dabei entweder eine Absicht zum Grunde, die Staatsverfassung umzustürzen oder sonst den Staat einer Gefahr von seiten andrer Mächte preiszugeben. Dann treten die Strafen des Hochverrats oder der Landesverräterei ein. 263 R
3. Wenn aber jemand dieser Absicht nicht überführt werden kann, so findet dennoch gegen wissentliche Verletzungen der Hoheitsrechte Geldstrafe von 300 bis 3000 Talern oder ein bis drei Jahre Festung statt.
4. Die Beeinträchtigung nutzbarer Rechte des Staats ist nicht so gefährlich und tut dem Staat nicht so vielen Schaden. Daher ist die Strafe gelinder. 50 bis 1000 Taler, vier Wochen Gefängnis bis ein Jahr Festung.
5. Unter die für den Staat und die bürgerliche Gesellschaft schädlichsten Verbrechen dieser Art gehören die *Münzverbrechen.* Das Münzrecht gehört unter die Hoheitsrechte des Staats, da niemand als der Staat befugt sein kann, den Maßstab anzugeben, welcher bei dem gemeinen Verkehr im bürgerlichen Leben den Wert der Sachen bestimmen soll.
   a) Schon der also, welcher sich überhaupt nur anmaßen wollte, Geld zu prägen, würde sich schon eines Eingriffs in ein Hoheitsrecht des Staats schuldig machen.
   b) Dieser Grad des Verbrechens kann inzwischen nicht vorkommen, weil doch ein Particulier seiner Münze keinen Kurs geben kann. Es ist also bei diesem Verbrechen allemal zugleich der eigenmächtige Gebrauch des landesherrlichen Stempels verbunden. Also nicht nur Beeinträchtigung eines Hoheitsrechts, sondern auch eine Verfälschung.
   c) Wenn nun vollends der innere Gehalt der Münze verfälscht wird, d. h. wenn die Münze nicht so viel Gold oder Silber enthält, als sie nach dem Stempel enthalten soll, so tritt noch das Verbrechen einer Betrügerei gegen das ganze Publikum hinzu.
   d) Die Münzverbrechen sind umso strafbarer, da durch selbige nicht allein einzelne Particuliers verkürzt und hintergangen werden, sondern auch die Zirkulation in eine dem Wohl des Staats sehr schädliche Stockung gerät und die Landesmünze bei Ausländern zum großen Nachteil des Handels dekreditiert werden kann.
6. Bei Bestimmung der Strafen wird darauf Rücksicht genommen,
   a) ob beide Grade, nämlich der Mißbrauch des landesherrlichen Stempels und die Verfälschung des inneren Gehalts, vorhanden sind;

b) ob das Verbrechen vollendet, d. h. ob die geprägte falsche Münze ins Publikum wirklich verbreitet worden;
c) auf die Quantität des verbreiteten Geldes und den für den Handel und Kredit der Einwohner entstandenen Schaden.

Nach diesen Verhältnissen kann die Strafe von zweijähriger bis lebenswieriger Festung steigen. Ehemals Lebensstrafe. Feuer oder Schwert.

7. Wer unter dem Stempel eines fremden Landesherrn eigenmächtig richtige oder falsche Münzen prägt, ein bis sechs Jahre.
8. Wer geprägt hat und wer die Münze ins Publikum gebracht hat, werden gleich gestraft.
9. Kipper und Wipper zwei- bis vierjährige. 264
10. Fabrizierung falscher Banknoten oder solcher Papiere, die statt baren Geldes unter Auktorität des Staats öffentlichen Kurs haben, wie falsche Münzer.

Über Akzise- und Zollverbrechen

Unter die Verbrechen, wodurch nutzbare Rechte des Staats beeinträchtigt werden, gehört vornehmlich die Contrebande und die Akzise- und Zolldefraudationen.

Wer Waren oder Sachen, deren Ein- oder Ausfuhr der Staat verboten hat, diesem Verbot zuwider ins Land bringt oder herauszuschaffen unternimmt, der begeht das Verbrechen der Contrebande.

Wer bei der Ein- oder Ausfuhr an sich erlaubter Waren die dem Staat davon zukommenden Gefälle und Abgaben demselben zu entziehen sucht, der macht sich einer Defraudation schuldig.

Der Staat muß notwendig Einkünfte haben, wovon er die allgemeinen Bedürfnisse bestreiten soll, und nach der einmal vorhandenen Finanzeinrichtung muß ein sehr wichtiger Teil dieser Einkünfte aus den Akzise- und Zollgefällen fließen. Wer dem Staat diese Gefälle, soviel an ihm ist, entzieht, fügt der ganzen bürgerlichen Gesellschaft Schaden zu und macht sich also eines Staatsverbrechens schuldig.

Auf der andern Seite ist ein sehr starker Reiz zur Begehung dieses Verbrechens vorhanden, weil nicht zu leugnen ist, daß die Preise der Waren und Denrées durch die darauf gelegten Gefälle sehr erhöht werden und also der, welcher sie sich verschaffen kann, ohne die Gefälle entrichten zu dürfen, dabei einen ansehnlichen Vorteil gewinnt.

Dieses Verbrechen hat überdem das Eigentümliche, daß es leichter zu begehen und schwerer zu entdecken ist als die meisten anderen Verbrechen.

Was die Contrebande anbetrifft, so wird dadurch der Staat zwar an seinen Einkünften nicht beeinträchtigt, aber der innere Wohlstand des Landes wird dadurch fast noch mehr als durch bloße Defraudationen gefährdet. Wenn der Staat Einfuhr verbietet, so geschieht es zur Begünstigung und Unterstützung der Landesfabriken und andrer Zweige der Nationalindustrie. Wenn er Ausfuhr verbietet, so will er den Landesfabriken und der Nationalindustrie den ersten Ruf ihrer Industrie erhalten. Wer also Contrebande begeht, schadet, soviel an ihm ist, den zur Beförderung des allgemeinen Wohlstandes gereichenden Anstalten.
Übrigens hat die Contrebande mit der Defraudation das gemein, daß der hohe | Wert, den die Lüsternheit und das Vorurteil eines großen Teils des 264R
Publici auf dergleichen verbotene Waren setzt, dem Contrebandier ansehnliche Vorteile darbietet und daß das Verbrechen ebenso leicht zu begehen als schwer zu entdecken ist.

Diese Bemerkungen sind es, welche bei Bestimmung der Strafgesetze gegen die Contrebande und Defraudation zum Grunde gelegen haben. Der Verlust und die Konfiskation der Waren und Sachen, an welchen das Verbrechen begangen worden, ist die unmittelbare Folge desselben. Außerdem aber wird der Verbrecher noch mit einer verhältnismäßigen Geld- oder Leibesstrafe belegt. Das Maß und die Grade dieser Strafen sind in den Akzisegesetzen genau bestimmt und erstrecken sich von dem dreifachen Betrage der defraudierten Gefälle bis zur mehrjährigen Festungs- oder Zuchthausstrafe, je nachdem das Verbrechen nur zum ersten Male begangen oder mehrmals wiederholt worden, je nachdem die Summe der durch Contrebande eingebrachten Sachen oder der defraudierten Gefälle mehr oder weniger beträchtlich ist und je nachdem die an sich verwirkte Geldstrafe von dem Verbrecher erlegt werden kann oder nicht.
Die größte Schwierigkeit, welche die Gesetzgebung bei diesem Gegenstande vorgefunden hat, besteht in einem vielleicht unvermeidlichen Fehler der Finanzeinrichtungen. Die Menge der Objekte nämlich, deren Ein- oder Ausfuhr verboten oder mit sehr hohen Gefällen belegt worden, ist so groß, daß die Kenntnis derselben ein eigenes Studium erfordert (die Abänderungen) und man es unmöglich einem jeden Untertanen des Staats zumuten kann, sich eine vollständige Kenntnis derselben zu erwerben. Es hat vor etwa

acht Jahren der Geh. R. Dannieres ein alphabetisches Register darüber herausgegeben, welches einen ziemlich starken Oktavband ausmacht, und es würde sich schon jetzt ein artiger Nachtrag dazu liefern lassen. Gleichwohl erlauben es die Grundsätze der wesentlichen Gerechtigkeit nicht, jemand für die Übertretung eines Gesetzes zu strafen, welches ihm nicht hat bekannt sein können. Man hat also angenommen,

1. daß Kaufleute, Juden und andre, die ein gewisses Gewerbe treiben, sich diejenigen Akzise- und Zollgesetze, welche dies ihr Gewerbe betreffen, notwendig bekannt machen müssen und daß ihnen also, wenn sie diesen Gesetzen zuwiderhandeln, der Vorwand des Irrtums oder der Unwissenheit nicht zustatten kommen;
2. daß andre Privatpersonen schuldig sind, sich den Visitationen der Akzise- und Zollbedienten zu unterwerfen und denselben von den bei sich habenden Sachen nichts zu verheimlichen. Tun sie dies, so können sie nie als Contrebandiers oder Defraudanten angesehen und bestraft werden. Sobald sie aber irgendetwas tun, um sich der Visitation zu entziehen oder derselben etwas zu verheimlichen, so haben sie die Vermutung wider sich, daß ihnen das Verbotsgesetz bekannt gewesen und sie demselben vorsätzlich haben entgegenhandeln wollen.

Die gefährlichste Art der Akziseverbrechen sind diejenigen, welche mit ge- 265
waffneter Hand verübt werden.
Wer bei Verübung einer Contrebande oder Defraudation Gewehr von irgendeiner Art zum Widerstande gegen den Beamten des Staats bei sich führt, der hat schon dadurch, und, wenn er auch keinen wirklichen Widerstand geleistet hätte, mit Festungsstrafe belegt [sic!].
Er hat sich des Gewehrs zum Widerstande wirklich bedient, aber noch keinen Schaden damit angerichtet: zehn Jahre.
Er hat einen Beamten des Staats verwundet oder sonst erheblich beschädigt: lebenswierige Festung.
Er hat ihn getötet: Strafe des Mordes.

ÜBER EINIGE PRIVATVERBRECHEN

Vom Totschlag und Morde

Unter den Privatverbrechen, welche zunächst gegen einzelne Mitglieder der bürgerlichen Gesellschaft gerichtet sind, nimmt ohne Zweifel dasjenige den ersten Platz ein, wodurch Menschen ihres Lebens widerrechtlicherweise beraubt werden. Das Leben ist das erste aller irdischen Güter, weil es die Bedingung ist, unter welcher allein die übrigen Güter genossen werden können; sein Verlust ist unwiederbringlich. In beiderlei Rücksicht also muß der Staat das Leben seiner Bürger gegen alle auf dessen Beraubung abzielende Handlungen durch strenge Strafen solcher Unternehmungen möglichst sicherstellen.

Eben dieselbe Handlung, wodurch ein Mensch dem andern das Leben raubt, hat nach dem dabei vorwaltenden Grade der Moralität in den Augen des Gesetzes ganz verschiedene rechtliche Folgen:

1. Wenn jemand widerrechtlicherweise einem andern Beschädigungen zufügt in der vorher überlegten Absicht, ihn zu töten, und ihn damit wirklich tötet, so begeht er einen Mord.
2. Wenn jemand der überlegten Absicht, den andern zu töten, zwar nicht überführt werden kann, dennoch aber aus feindseligen Gesinnungen wider ihn solche Handlungen vornimmt, welche nach dem gewöhnlichen und bekannten Laufe der Dinge den Tod des Beschädigten zur Folge haben mußten und wirklich gehabt haben, der begeht einen vorsätzlichen Totschlag.
3. Wer ohne alle Absicht, jemand zu beschädigen, aus bloßer Unvorsichtigkeit eine Handlung vornimmt, durch die ein andrer seines Lebens beraubt wird, der ist ein fahrlässiger Totschläger.
4. Wer durch eine an sich erlaubte oder durch eine nicht freie Handlung des andern Tod|verursacht, begeht bloß einen zufälligen Totschlag. 265R

Exempel:

1. Jemand schießt im Walde, wo er zu jagen berechtigt ist, nach einem Wilde, und die Kugel trifft einen Menschen, den er nicht sah noch sehen konnte.
2. Jemand reitet auf der Gasse oder sonst in einer bewohnten Gegend in voller Karriere, überreitet ein Kind und beschädigt es tödlich.
3. Jemand schlägt im Gezänke mit einem andern denselben mit der in der Hand habenden Holzaxt vor den Kopf.
4. Jemand lauert dem andern, an dem er sich rächen will, auf und schießt ihm eine Pistolenkugel ins Herz.

Daß ein bloß zufälliger Totschlag, da jemand ohne alle sein Schuld durch eine an sich erlaubte oder nicht freie Handlung einen andern des Lebens beraubt, kein Gegenstand eines Strafgesetzes sein könne, ergibt sich aus den allgemeinen Grundsätzen. Nach diesen paßt der Begriff eines Verbrechens gar nicht auf Handlungen, die nicht frei waren, d. h. auf solche, deren Unterlassung nicht in der Macht des Handelnden stand. Er paßt also nicht auf Handlungen, zu welchen jemand durch unwiderstehliche physische Gewalt von außen her gezwungen wurde, z. E. wenn jemand mit Gewalt die Treppe heruntergeworfen wird und im Fallen durch das Gewicht seines Körpers einen andern totschlägt. Er paßt nicht auf Handlungen, die an sich erlaubt sind und deren für einen andern tödliche Folgen der Handelnde nicht voraussehen konnte, z. E. das Schießen im Walde. Er paßt endlich nicht auf Handlungen, zu welchen jemand vollkommen berechtigt war. Dahin gehören alle Handlungen der Notwehr, wodurch jemand sich selbst gegen widerrechtliche gewaltsame Angriffe eines andern, die er durch den Schutz der Obrigkeit nicht abwenden kann, verteidigen muß. Nur derjenige, welcher die schon anderswo erklärten Grenzen der Notwehr überschreitet, wer z. E. seinen schon zurückweichenden Gegner verfolgt, wer demselben, nachdem er ihn schon außer Stand, ferner zu schaden, versetzt hat, noch mehrere Verwundungen zufügt, wird zwar nicht als ein Totschläger, aber doch wegen seines Exzesses mit mehr- und bis vierjähriger Festungsstrafe belegt.

Ein Totschlag aus Fahrlässigkeit zieht allemal Strafe nach sich. Das Leben eines Menschen ist für den Staat zu wichtig, als daß nicht jede Handlung, die den Verlust desselben zur Folge hat, sobald die Vermeidung derselben nur irgend in der Gewalt des Handelnden stand, die Ahndung des Staats nicht nach sich ziehen sollte. Die Schwere der Strafe eines fahrlässigen Totschlags wird danach bestimmt,

1. wie die Handlung selbst, die den Tod des Getöteten nach sich zog, erlaubt oder mehr oder weniger unerlaubt war;
2. wie bei einer an sich erlaubten Handlung die Unvorsichtigkeit des Handelnden größer oder geringer war.

Nach diesen Verhältnissen wird die Strafe des fahrlässigen Totschlags auf 266
Gefängnis oder Festung von drei Monaten bis zu zwei Jahren bestimmt; z. E. das unvorsichtige Schießen in bewohnten Gegenden, wo leicht Menschen dadurch beschädigt werden können, ist ausdrücklich verboten und unerlaubt; wenn nun jemand [durch] dergleichen unvorsichtigen Gebrauch des Schießgewehrs einen Menschen wirklich tötet, so würde er zu ein- bis

zweijähriger Festungsstrafe verurteilt werden müssen. Auf Reisen geladenes Gewehr bei sich zu führen, ist erlaubt. Wer aber unterwegs mit dem Gewehr so unvorsichtig umgeth, daß dasselbe auch nur durch einen Zufall, z. E. durch einen Stoß des Wagens, losgebrannt und von dem Schusse jemand getötet würde, den würde Gefängnis- oder Festungsstrafe wenigstens auf mehrere Monate treffen.

Der vorsätzliche Totschlag wird mit der Todesstrafe des Schwerts belegt. Soll jedoch diese ordentliche Strafe des Totschlags stattfinden, so muß ein dreifaches Erfordernis vorhanden sein:

1. daß bei der zugefügten Beschädigung eine feindselige Absicht zum Grunde gelegen habe;
2. daß die Beschädigung an sich tödlich gewesen sei;
3. daß der Tod des Beschädigten wirklich erfolgt sei.

Wenn es an einem dieser Erfordernisse fehlt, kann die Strafe des Schwerts nicht stattfinden, sondern es tritt eine außerordentliche Strafe ein, die nach Bewandtnis der Umstände in mehrjähriger bis lebenswieriger Zuchthaus- oder Festungsstrafe besteht.

Ob der Beschädigung eine feindselige Absicht zum Grunde gelegen, ergibt sich aus der Natur der Handlung selbst und aus den dabei vorgefallenen Umständen. Es gibt aber Handlungen, bei welchen die Gesetze die Absicht, den andern feindselig zu behandeln, niemals vermuten und also auch die Lebensstrafe niemals stattfinden lassen. Dahin gehören besonders Handlungen, welche von jemandem, der das Recht zu züchtigen hat, z. E. von Eltern gegen Kinder, von Erziehern gegen ihre Zöglinge, von Handwerksmeistern gegen ihre Lehrburschen, ausgeübt werden. Hier nehmen die Gesetze allemal an, daß der Züchtigende nur den Zweck der Besserung des Gezüchtigten vor Augen gehabt habe, und wenn durch Unvernunft und Übertreibung in der Art oder dem Maße der Züchtigung das Leben des Gezüchtigten gefährdet worden, so bestrafen sie bloß diesen Exzeß mit Festungs- oder Zuchthausstrafe von sechs bis zehn Jahren.

Wenn jedoch aus der Beschaffenheit der zugefügten Mißhandlungen oder aus den Umständen des Vorfalls klar erhellt, daß die Besserung des Gezüchtigten ein bloßer Vorwand der Mißhandlung gewesen sei und dabei eine feindselige oder gehässige Absicht zum Grunde gelegen habe, so kann die Strafe bis zur lebenswierigen Gefängnishaft, ja bei hinzutretenden besonders erschwerenden Umständen bis zum Tode extendiert werden. Der Reibnizsche Fall.

Ob die Beschädigung an sich tödlich gewesen sei, wird entweder nach dem unmittelbaren Erfolge oder, wenn dieser nicht entscheidet, nach den Grundsätzen der Arznei- und Wundarzneikunst beurteilt. Wenn jemand nach einer erhaltenen Verwundung sogleich tot niederfällt, so ist kein Zweifel, daß die Wunde die | Ursache seines Todes gewesen sei, und es müßte ganz klar und 266 R unwidersprechlich erhellen, daß der Entleibte an dieser Wunde nicht gestorben sein könne, wenn man dieselbe nicht für die Ursache des Todes annehmen sollte. Wenn hingegen der Tod nicht unmittelbar auf die Beschädigung erfolgt ist, so muß der entseelte Körper geöffnet und von Sachverständigen nach den Regeln ihrer Kunst beurteilt werden, ob die Beschädigung an sich tödlich gewesen sei. Erklären die Sachverständigen, daß die Beschädigung an sich nicht tödlich gewesen, so kann gegen den Beschädiger die ordentliche Strafe des Todes nicht stattfinden, wenngleich wegen besonderer Umstände und Zwischenfälle die zugefügte Verletzung die mittelbare Ursache des Todes geworden ist; z. E. wenn dem Entleibten nur eine leichte Wunde beigebracht worden, die an sich nach dem Urteil der Sachverständigen den Tod nicht verursacht haben würde, so findet die Todesstrafe gegen den Beschädiger nicht statt, wenngleich durch vernachlässigte oder ungeschickte Kur der Tod des Verletzten auf die Verwundung erfolgt ist. Alsdann findet gegen den Beschädiger nur sechs- bis zehnjährige Festungsstrafe statt. Nur in dem einzigen Falle, wenn jemand einen Menschen, den er verwundet oder sonst beschädigt hat, hilflos liegen läßt und sich gar keine Mühe gibt, demselben den zu seiner Rettung nötigen Beistand zu verschaffen, wird er als die Ursache seines Todes angesehen, selbst alsdann, wenn die Wunde an sich nicht tödlich war, sondern nur durch den Mangel des nötigen Beistands, z. E. durch den starken Blutverlust, durch den hinzugekommenen Brand, die Ursache des Todes geworden ist.

Endlich wird, wenn die ordinäre Todesstrafe gegen einen Beschädiger erkannt werden soll, dazu auch noch erfordert, daß der Tod des Beschädigten wirklich erfolgt sei. Es gibt Fälle, wo ein an sich tödlich Verwundeter dennoch durch die Stärke seiner Konstitution oder durch irgendeinen andern glücklichen Zufall wider aller Erwartung gerettet wird. Ein Stoß durch die Lungen ist nach der einmütigen Meinung der Ärzte an sich tödlich; gleichwohl hat man Fälle, daß auch solche Verwundungen kuriert worden. Die Gesetze, welche überhaupt das Leben der Menschen sehr respektieren und die ordinäre Strafe eines Verbrechens nur dann stattfinden lassen, wenn dasselbe ganz ausgeführt worden, rechnen auch einen solchen Zufall dem Beschädiger zugute. Der Schaden ist einmal nicht wirklich geschehen. Der Staat hat den Bürger, den man ihm entreißen wollte, nicht wirklich verloren. Daher wird der Beschädiger nicht am Leben gestraft, sondern nur zu zehnjährigem bis lebenswierigem Gefängnisse verurteilt.

Übrigens sind bei dem Verbrechen des Totschlags noch die besonderen Umstände zu merken,

1. daß auch der, welcher einen Menschen vorsätzlich um seinen Verstand bringt, also daß zu dessen Wiederherstellung keine Hoffnung mehr vorhanden ist, als ein Totschläger angesehen und gestraft wird; er hat den Menschen getötet, wenngleich die tierische Maschine ihre animalischen Funktionen noch fortsetzt;
2. daß derjenige, welcher vorsätzlich einen Menschen verstümmelt und um 267
den Gebrauch seiner Gliedmaßen bringt, mit Zuchthaus- oder Festungsstrafe auf drei, sechs bis zehn Jahre belegt;
3. daß ein Mensch, der sich selbst verstümmelt und dadurch zu gewissen Pflichten, die er dem Staat schuldig ist, z. E. der Kantonist zu Militärdiensten, untauglich macht, mit ein bis drei Jahren Festungsarbeit bestraft wird;
4. daß eine eigentliche Strafe des Selbstmords nach unseren Landesgesetzen nicht stattfindet, weil nach den allgemeinen Grundsätzen es nur Zwangspflichten gegen andre sind, deren Beobachtung durch Kriminalstrafen gesichert werden soll, warum man sich nur damit begnügt, dergleichen verunglückte Menschen in aller Stille und ohne Aufsehen unter die Erde zu bringen.

Der Mord unterscheidet sich von dem vorsätzlichen Totschlage nur dadurch, daß dabei ein höherer Grad von Moralität, nämlich ein vorher überlegter Vorsatz, den andern zu töten, obwaltet. Ein Mensch von sonst gutem moralischen Charakter kann allenfalls wohl durch Zorn, beleidigtes Ehrgefühl oder irgendeine andre heftige und stürmische Leidenschaft dahin gebracht werden, daß er in augenblicklicher Hitze und Wut todbringende Handlungen wider seinen Gegner vornimmt, zu denen er bei kaltem Blute und ruhiger Überlegung nicht fähig gewesen wäre. Die strenge Gerechtigkeit muß zwar auch einen solchen Unglücklichen dem Henkersschwert überliefern, weil die Sicherheit der bürgerlichen Gesellschaft ein solches Opfer notwendig erfordert. Aber sie tut es ungern und wider Willen; sie wird gewiß alles hervorsuchen, was sein Leben, ohne die Heiligkeit der Gesetze zu verletzen, retten kann; und wenn ihr der unerbittliche Spruch des Gesetzes sein Opfer wirklich abdringt, so wird sie nur mit Tränen im Auge den Stab über ihn brechen. Aber welcher hohe Grad von Bosheit muß nicht in der Seele eines

Menschen herrschen, welcher fähig ist, den Vorsatz, einem andern das Leben zu nehmen, tage-, wochen- und jahrelang mit sich herumzutragen, die Gelegenheiten zur Ausführung dieses Vorsatzes kaltblütig auszuspähen und zuletzt, wenn er sich des Erfolges genugsam versichert glaubt, den tödlichen Streich wirklich auszuführen? Dieser Unterschied in der Moralität bei dem bloßen Totschläger und dem wirklichen Mörder bewirkt auch einen beträchtlichen Unterschied in der Art und dem Grade der Strafe.

1. In allen Fällen, wo gegen den bloßen Totschläger die Strafe des Schwerts stattfindet, wird der vorsätzliche Mörder mit der Strafe des Rades von oben herab belegt.
2. Wenn zu dem überlegten Vorsatze zu morden noch andre Umstände hinzukommen, welche den Grad der Moralität und Bosheit bei dem Verbrecher noch vergrößern, so wird die Strafe des Rades von oben durch allerhand Zusätze, z. E. durch Schleifen des Verbrechers zum Richtplatz, durch Flechtung des Körpers aufs Rad pp. geschärft oder statt dessen die noch schmerzhaftere Strafe des Rades von unten verhängt. Dahin gehört z. E. Vergiftung, wenn jemand mit der Verübung des Mordes zugleich grausame Mißhandlungen des Ermordeten vor oder nach der Tat verbunden hat, wenn jemand, um seine schwarze Tat desto zuverlässiger auszuführen, mit anderen zur Ermordung eines Dritten konspiriert hat, wenn jemand sich für Geld dingen läßt, einen andern, der ihn niemals beleidigt hat, zu ermorden, wenn | ein Straßenräuber, um zu seinem Raube zu gelangen oder sich densel- 267 R
ben zu versichern, den Beraubten ermordet, wenn jemand durch unmenschliche Bosheit alle natürlichen Gefühle dergestalt erstickt hat, daß er sich sogar an dem Leben seiner Eltern, Kinder oder nahen Verwandten vergreift.
3. In den meisten Fällen, wenn wegen Mangels eines oder des andern gesetzlichen Erfordernisses der Totschläger mit der Strafe des Todes verschont und nur mit zeitiger oder lebenswieriger Festungsstrafe belegt wird, findet gegen den vorsätzlichen Mörder die Todesstrafe statt. So wird z. E., wenn die Verletzung an sich nicht tödlich war, sondern nur durch den Beitritt andrer Umstände, z. E. durch vernachlässigte Kur und Pflege tödlich wurde, der bloße Totschläger nicht am Leben gestraft; den vorsätzlichen Mörder aber kann dieser Umstand von der Todesstrafe nicht befreien. Ebenso kommt die Ungewißheit, ob der erfolgte Tod eine Wirkung der zugefügten Beschädigung gewesen sei, welche den bloßen Totschläger gegen die Lebensstrafe schützt, dem vorsätzlichen Mörder nicht zustatten. Nur in dem einzigen Falle, wenn das Leben des Gemordeten noch gerettet worden und also der beabsichtigte Schade nicht wirklich entstanden ist, wird die Todesstrafe des Mörders in lebenwierige Festungs- oder Zuchthausstrafe verwandelt.

Vom Kindermorde

Eins der unnatürlichsten und abscheulichsten Verbrechen ist der Mord, welcher an neugeborenen Kindern von ihren Müttern verübt wird. Man sollte es, wenn nicht die traurige Erfahrung das Gegenteil lehrte, für unmöglich halten, daß die Stimme der Natur, welche selbst den Tieren die zärtlichste Neigung für ihre Jungen einflößt, in dem Herzen eines menschlichen Geschöpfes so weit unterdrückt werden könnte, um mit eigener Hand die Existenz der unschuldigen Frucht einer unregelmäßigen Leidenschaft entweder noch im Mutterleibe oder doch unmittelbar nach der Geburt zu vernichten. Gleichwohl beweisen es unsere Kriminaltabellen, daß dies unnatürliche Verbrechen leider nur noch allzu häufig verübt werde, und man kann sicher annehmen, daß unter drei Totschlägen oder Ermordungen, welche zur gerichtlichen Untersuchung gelangen, immer zwei Kindermorde befindlich sein werden.

Dieses abscheuliche Phänomen hat schon längst die Regierungen Deutschlands und besonders auch die preußische aufmerksam gemacht. Man hat sich Mühe gegeben, den Quellen nachzuspüren, aus welchen ein so unnatürliches Verbrechen entspringen kann, und durch Verstopfung dieser Quellen die Menschheit von einem sie so sehr entehrenden Flecken zu reinigen. Man hat gefunden, daß es hauptsächlich zwei Motive sind, welche die außer Ehe geschwängerten Personen zu einem solchen Verbrechen antreiben können:

1. Furcht für Mangel am künftigen Unterhalt sowohl für sich selbst als für das Kind;
2. Furcht der Schande, womit die gemeine Meinung eine außer der Ehe geschwängerte und niedergekommene Weibsperson brandmarkt.

In der Tat ist das Schicksal einer Frauensperson aus den niederen Volksklassen, die von Vermögen entblößt ist und sich ihr Brot mit ihrer Hände Arbeit verdienen muß, äußerst traurig, wenn sie sich mit einem unehelichen Kinde belastet sieht. Nicht nur in dem Zeitraume, wo|sie durch ihre Wochen, 268
durch die Säugung des Kindes außer Stand gesetzt wird, ihre gewöhnlichen Geschäfte, die ihr bisher den Lebensunterhalt verschafften, zu besorgen, ist sie dem drückendsten Mangel ausgesetzt, sondern auch nachher reicht alles, was sie sich mit ihrer Arbeit verdienen kann, nicht hin, um sich selbst und ihr Kind zugleich nur notdürftig zu ernähren. Fast noch drängender aber ist die Furcht der Schande. Eine Person, die außer der Ehe geboren hat, verliert in den Augen des Publici und besonders ihrer Standesgenossen alle Ehre und guten Namen. Sie mag tausendmal eine unschuldig Verführte sein, die

nur durch unbewachte Leidenschaft, durch die Kunstgriffe und Schwüre eines ausgelernten Wollüstlings zu einem übereilten Schritte verleitet worden, die gemeine Meinung verwechselt sie doch mit einer Hure, die aus Stillung der Wollust für Geld ein Gewerbe macht. Dieser Verlust des guten Namens kränkt nicht nur ein solches Gemüt desto tiefer, je mehr noch Spuren einer feineren und nicht ganz niederträchtigen Denkart zurückgeblieben sind, sondern er benimmt ihr auch jede Hoffnung zu einer Verheiratung und erschwert ihr jeden andern Weg ihres künftigen Fortkommens. Beide Motive, Furcht des Mangels und Furcht der Schande, vereinigen sich also, eine solche Person zu vermögen, daß sie zuvörderst ihre Schwangerschaft so lange als möglich zu verbergen sucht und ebenso, wenn es ihr damit gelungen ist, heimlich gebiert, wo dann entweder das Kind aus Mangel der nötigen Hilfe bei und nach der Geburt verwahrlost wird oder wo gar mit der Heftigkeit der Geburtsschmerzen, die ohnehin ihren Verstand umnebeln, die fürchterlichen Bilder künftiger Schande und Elends sich der unglücklichen Gebärerin mit verstärkter Lebhaftigkeit aufdringen und sie zu dem unglücklichen Entschluß bringen, durch Fortschaffung des Kindes von dem Zeugen ihrer Schande und dem Veranlasser ihres Elends sich zu befreien.

Die Gesetzgebung hat sich daher alle Mühe gegeben, diese beiden Quellen des Kindermordes zu verstopfen.

Um die Geschwängerte gegen die Furcht des künftigen Mangels zu schützen, ist es dem Schwängerer zur Pflicht gemacht worden, nicht nur für die Kosten der Niederkunft und der Wochen zu sorgen, sondern auch das Kind ohne allen Zuschuß so lange zu ernähren und zu erziehen, bis es sich selbst in der Welt helfen kann.

Diese Pflicht liegt dem Schwängerer ob ohne Rücksicht auf die Schuld oder Unschuld der Mutter. Sie ist die unvermeidliche und unabwendbare Folge seiner unregelmäßigen Handlung, durch welche das Kind sein Dasein hat. Jeder, welcher sich mit der Mutter zu einer solchen Zeit fleischlich vermischt hat, daß das Kind auch nur möglicherweise aus diesem Beischlaf entstanden sein kann, muß diese Last übernehmen, wenn er auch tausendmal leugnet, daß er der Vater des Kindes gewesen, oder beweisen will, daß die Mutter außer ihm noch mit andern sich abgegeben habe.

Können die Kosten der Ernährung des Kindes von dem Schwängerer nicht 268R
aufgebracht werden, so müssen sie von den Eltern desselben, insofern sie des Vermögens dazu sind, übernommen werden.

Kann der Schwängerer nicht ausgemittelt werden oder ist er unvermögend, die Kosten der Niederkunft und der Wochen aufzubringen, und können auch seine Eltern die Ernährung und Erziehung des Kindes nicht übernehmen, so hat der Staat für Anstalten gesorgt, wo die Geschwängerte bei ihrer Entbindung die nötige Hilfe und Pflege unentgeltlich erhält, und das Kind muß auf Kosten der jeden Orts bestehenden Armenanstalten verpflegt und erzogen werden.

Auf diese Art ist hinlänglich dafür gesorgt, daß eine außer der Ehe geschwängerte Person durch ihre eigene Armut nicht verhindert werden kann, sich und ihrem Kinde die nötige Hilfe und Pflege zu verschaffen, und daß auch die Besorgnis, das Kind in der Folge nicht ernähren zu können, sie zu einer unnatürlichen Tat nicht verleiten darf.

Schwerer ist es der Gesetzgebung geworden, dem zweiten Motive zum Kindesmord, der Furcht der Schande, entgegenzuarbeiten. Zwar geschah hierzu ein wichtiger Schritt dadurch, daß man die alten Strafen des unehelichen Beischlafs schon vor einigen zwanzig Jahren abschaffte. Vormals nämlich mußte eine Person, die von einem unehelichen Kinde entbunden worden, nicht nur die sogenannte Kirchenbuße tun, d. h. sich einer schimpflichen Zeremonie in der Kirche vor der versammelten Gemeine unterwerfen, sondern es wurden ihr auch, wenn sie sich in der Folge wirklich verheiratete, der Kranz und andre Ehrenzeichen, welche die Sitte des Volks einer Braut an ihrem Hochzeitstage widerfahren läßt, versagt. Es ist erwiesen, daß solche öffentliche Beschimpfungen eine Menge von Kinderabtreibungen und Kindermorden veranlaßt haben. Daher war es der erste Schritt, den die Gesetzgebung tun mußte, solche entehrenden Strafen abzuschaffen. Aber damit war die Verachtung, mit welcher eine unehelich Geschwängerte von dem Volke und hauptsächlich von ihren Standesgenossen belegt wird, noch nicht gehoben. Es mußte sogar bedenklich scheinen, dieser Volksmeinung geradezu entgegenzuarbeiten, da dieselbe von der andern Seite Achtung für Tugend, reine Sitten und untadelhaftes Verhalten sehr begünstigt. Man hat also einen Unterschied gemacht zwischen Weibspersonen, die wirklich unschuldig waren und nur durch die Kunstgriffe eines listigen Verführers unter dem Versprechen der Ehe zum Beischlaf verleitet wurden, und zwischen solchen, die es wußten, daß zwischen ihnen und ihrem Zuhälter keine Ehe stattfinden könne, und sich dennoch demselben preisgaben. Von letzteren ist nicht leicht zu besorgen, daß sie aus Furcht der Schande sich an ihrer Leibesfrucht vergreifen werden. Denn die Moralität einer solchen Person muß schon ziemlich tief gesunken sein, wenn sie mit sehenden Augen einem Menschen ihre Ehre aufopfert, von dem sie weiß, daß es nicht in seiner Macht stehe, ihr die einzige Vergütung dafür, welche die Welt als hinreichend

anerkennt, zu leisten. Wenn also z. E. ein Mädchen mit einem Offizier sich abgibt, von dem sie wissen muß, daß er ohne königlichen Konsens nicht heiraten dürfe, so kann sie selbst unter dem Vorwande | eines geschehenen 269
Eheversprechens auf seine Hand keinen Anspruch machen. Wenn aber eine wirklich unschuldige Person von einem Menschen verführt wird, der über seine Person frei disponieren [konnte] und von dem sie berechtigt war zu erwarten, daß er sein ihr gegebenes Eheversprechen wirklich erfüllen werde, so befiehlt das Gesetz, den Verführer anzuhalten, daß er sie wirklich heiraten, ihr dadurch die in den Augen der Welt verlorene Ehre wiedergeben und ihr einen gewissen Stand in der bürgerlichen Gesellschaft, der sie gegen Verachtung und Schande sichert, verschaffen müsse. Kann wegen Verschiedenheit des Standes zwischen dem Verführer und der Geschwängerten eine vollständige und gleiche Ehe nicht stattfinden, so muß er ihr wenigstens die Rechte und den Stand einer Ehefrau zur linken Hand verschaffen. Findet er bei sich eine unüberwindliche Abneigung, die Geschwächte als seine Ehegattin zu behandeln, so kann er sich zwar, da das Gesetz erzwungene Ehe nicht haben will, von ihr scheiden lassen. Sie behält aber alsdann den Stand und Rang einer geschiedenen Frau, wodurch sie gegen Schande und Verachtung gesichert wird, und der Verführer muß sie auf eben die Art abfinden, wie bei andern Scheidungen die unschuldige Frau von dem schuldigen Manne entschädigt werden muß.

Bitte um Verzeihung, daß man sich hierbei aufgehalten, da das Gesetzbuch beschuldigt worden, als ob es durch diese Vorschriften Unordnungen in den Familien und gar Derangement bei der Armee anrichten werde, da doch aus Vorstehendem erhellt, daß die ganze Disposition die Armee gar nichts angehe und daß sie bloß dahin abziele, unschuldig verführten Personen gegen den Verführer diejenige Genugtuung zu verschaffen, zu welcher derselbe nach allen Regeln des Rechts und der Billigkeit verpflichtet und die allein hinreichend ist, dem aus Furcht der Schande entstehenden Kindesmord vorzubeugen.

Nachdem solchergestalt das Gesetz dafür gesorgt hat, daß eine Geschwängerte weder durch Furcht des Mangels noch der Schande mehr abgehalten werden kann, ihre Schwangerschaft zu entdecken und für die Konservation des Kindes zu sorgen, so konnten und mußten nunmehr diejenigen,

1. die ihre Schwangerschaft oder Niederkunft verheimlichen und dadurch zur Verwahrlosung des Kindes den geringsten Anlaß geben,
2. diejenigen, welche das aus unehelichem Beischlaf empfangene Kind im Mutterleibe töten oder abtreiben,

3. diejenigen, welche für ihr neugeborenes Kind die nötige Sorge zu tragen unterlassen,
4. diejenigen, welche an ein solches Kind gar gewaltsame Hand anlegen,

mit den nachdrücklichsten Strafen belegt werden.

Diese Strafen steigen von einer dreimonatlichen Zuchthausarbeit als dem 269 R
niedrigsten Grade, wenn der Geschwängerten außer einer gesetzwidrigen Verheimlichung ihrer Schwangerschaft weiter nichts zu Last fällt, in verschiedenen Abstufungen bis zur Strafe des Schwerts, mit welcher eine unnatürliche Mutter belegt wird, die ihr neugeborenes Kind vor oder nach der Geburt wirklich getötet hat. Der Schwängerer, welcher um die Verheimlichung der Schwangerschaft gewußt und sie weder der Obrigkeit angezeigt noch sonst dafür gesorgt hat, daß das Leben des Kindes erhalten werde, wird als Teilnehmer an dem Verbrechen der Mutter angesehen und muß eine Strafe leiden, welche mit derjenigen, die gegen die Mutter selbst verhängt werden muß, im Verhältnis steht.

Über Duelle 270

Unter den Verbrechen welche die Aufmerksamkeit der Gesetzgebung vorzüglich beschäftigt und dennoch bisher die Bemühungen derselben, sie durch Strafgesetze zu verhüten, fast ganz vereitelt haben, behaupten die Duelle den ersten Platz.

Daß der Zweikampf ein wirkliches Verbrechen sei, kann bei dem geringsten Nachdenken nicht in Zweifel gezogen werden. Leute, die einander mit tödlichem Gewehr angreifen, um die vermeintlich beleidigte Ehre eines oder des andern von ihnen wiederherzustellen, bedienen sich

1. einer unerlaubten Selbsthilfe und verletzen dadurch das erste Grundgesetz der bürgerlichen Gesellschaft, vermöge dessen die Mitglieder derselben schuldig sind, ihre Streitigkeiten nicht durch eigenmächtige Privatgewalt, sondern nach den Gesetzen des Staats durch die von ihm geordneten Richter entscheiden zu lassen. So gut es ein Verbrechen und eine strafbare Selbsthilfe wäre, wenn jemand ein Haus, ein Stück Land oder sonst etwas, wovon er glaubt, daß es ihm der andre widerrechtlicherweise entzogen habe oder vorenthalte, mit Gewalt entreißen wollte, so gewiß ist es ein strafbares Verbrechen, wenn jemand die Genugtuung für vermeintlich beleidigte Ehre mit gewaffneter Hand und auf Kosten des Lebens oder der Gesundheit von dem Beleidiger fordert.

2. Überdem ist der Zweikampf ein offenbarer Eingriff in die vorbehaltenen Rechte des Landesherrn. Unter diese gehört vornehmlich das Recht über Leben und Tod, und kein Gericht im Lande darf sich unterfangen, den verruchtesten und überführtesten Bösewicht ohne Vorwissen und ausdrückliche Bestätigung des Souveräns seines Lebens zu berauben. Im Zweikampf aber unterfängt sich der Duellant, nicht nur über sein eignes, sondern auch über das Leben seines Gegners eigenmächtigerweise zu disponieren; er unterfängt sich, eine oft nur geringe, oft nur eingebildete Beleidigung seiner Ehre mit dem Tode oder Verstümmelung seines Feindes rächen zu wollen. So unerlaubt und strafbar von dieser Seite her das Duell ist, so ungereimt und widersinnig ist es, wenn man den Zweikampf als ein Mittel betrachtet, die beleidigte Ehre wiederherzustellen. Ein Mensch, der von dem andern an seiner Ehre gekränkt zu sein glaubt, soll Genugtuung dafür dadurch erhalten, daß er es in die Macht seines Gegners stellt, ihm eine neue Beleidigung an Gesundheit oder Leben zuzufügen! Überlegenheit an körperlicher Stärke und Fertigkeit, ein schärferes Auge, eine festere Hand, ein bloßer Zufall vielleicht sollen über Recht und Unrecht, über Beleidigung und Genugtuung das Endurteil fällen!

Geht man in die Geschichte des Duells zurück, so findet man darin ebenso- 270R
wenig Empfehlendes für dasselbe. Die edelsten und kultiviertesten Völker des Altertums, die Römer und Griechen, wußten nichts von Duellen. Wenn es darauf ankam, Mut, Tapferkeit und Verachtung des Lebens zu zeigen, so legten sie die Proben davon im Kriege gegen die Feinde des Staats ab, und man hat Fälle, wo zwei Männer einer Nation, zwei Offiziers aus einem Heere, die untereinander um den Vorzug an Stärke, Mut und Waffengeschicklichkeit wetteiferten, den edlen Streit dadurch entschieden, daß sie ein schweres und gefährliches Unternehmen gegen den Feind gemeinschaftlich wagten und es der Entscheidung ihrer Vorgesetzten überließen, welcher von ihnen dabei die größten Beweise jener rühmlichen Eigenschaften abgelegt habe. Zweikämpfe unter Männern aus entgegengesetzen Heeren waren allerdings in jenen Zeiten sehr gewöhnlich; sie wurden oft zum Mittel gebraucht, Streitigkeiten unter feindlichen Völkern statt einer Schlacht zu entscheiden, wie Eure Hoheit sich aus der Geschichte des Zweikampfs unter den Horatiern und Kuriatiern zu erinnern geruhen werden. Aber von Privatzweikämpfen unter Mitgliedern ein und eben derselben Nation, unter Bürgern ein und eben desselben Staats wegen bloßer Privatstreitigkeiten und Beleidigungen hatten jene edlen Völker, denen man doch gewiß den Ruhm der Tapferkeit nicht wird absprechen können, gar keinen Begriff.

Themistokles. Der Ursprung der Privatduelle verliert sich in die finsteren Zeiten der Barbarei, da das menschliche Geschlecht unter den abendländischen Völkern noch auf der untersten Stufe der Kultur stand, da nur noch schwache Anfänge oder Überreste von gesetzlicher Verfassung und bürgerlicher Ordnung vorhanden waren, da körperliche Stärke und wilder Mut die einzigen Eigenschaften waren, die man an einem Manne zu schätzen wußte, und da der Adel entweder aus Mangel an Gesetzen oder an Männern, die sie richtig zu erkennen und anzuwenden wußten, oder aus Mangel an Achtung und Respekt für die Gesetze die Entscheidung aller seiner Streitigkeiten auf das Schwert ankommen ließ. So wie die Völker nach und nach zu einer höheren Stufe der Kultur sich emporarbeiteten, sah man das ungereimte und zweckwidrige dieser Entscheidungsart ein. Selbst der Adel unterwarf seine Streitigkeiten über Rechte und Eigentum den Urteilssprüchen der Gesetze und des Staats. Nur die Ehre schien man sich als das einzige Gut vorzubehalten, dessen Beschützung oder Wiedererlangung man nicht vom Staat und seinen Gesetzen erwarten, sondern sich selbst vorbehalten wollte. Die Duelle sind also ein Überbleibsel aus den Zeiten der rohesten Barbarei, aus den Jahrhunderten des Faust- und Kolbenrechts, und es ist unbegreiflich, wie ein Jahrhundert, das sich selbst den Namen des aufgeklärten, des philosophischen, des gebildeten gibt, wo man sich schmeichelt, eine höhere Stufe von Kultur als selbst die alten Griechen und Römer erreicht zu haben, doch nicht dafür erröte, sich in der Beibehaltung der Duelle den Goten und Vandalen und den rohesten Völkern der Vorzeit an die Seite zu stellen.

Die Wut der Duelle ist aber auch ein für den Staat sehr schädliches Übel. 271
Man hat errechnet, daß unter den Regierungen Heinrichs IV. und Ludwigs XIII. in Frankreich 45/m Edelleute im Duell geblieben sind, eine Zahl, welche diejenige weit übertrifft, die ihr Leben mit den Waffen in der Hand gegen die Feinde des Vaterlandes verloren haben. Damals schlugen sich nicht bloß die Hauptparteien, sondern auch die Sekundanten, deren oft mehrere waren. In unseren Tagen sind zwar die Duelle nicht mehr so häufig und mörderisch. Die Macht der gesunden Vernunft und noch mehr die Milderung der Sitten und des Charakters durch Kultur und Aufklärung haben die blutigen und wütenden Zweikämpfe, wobei es auf das Leben abgesehen ist, seltener gemacht. Doch ist es nicht zu leugnen, daß auch jetzt noch wenig Jahre vergehen, wo nicht das Leben oder doch die Gesundheit und Brauchbarkeit mehrerer Staatsbürger das Opfer solcher Zweikämpfe, besonders in der Armee, wird und der Staat dadurch Bürger verliert, welche, wenn

sie ihrem Mute, ihrer Geschicklichkeit und vermeintlichen Ehrliebe die gehörige Richtung gegeben, die ersprießlichsten Dienste hätten leisten können. Ein großer Teil dieser Zweikämpfe bleibt mitsamt der unglücklichen Folgen vor den Augen des Publici verborgen, und der Tod oder die Verstümmelung, die durch ein Duell verursacht worden, wird sehr oft hinter dem Namen der Krankheit, Schlagfluß und andern Unglücksfällen verborgen.
Es ist daher kein Wunder, daß die Gesetzgeber aller Länder soviel Aufmerksamkeit angewendet haben, diesem Verbrechen strenge Strafgesetze entgegenzustellen. Ludwig XIV. verbot die Duelle durch ein Edikt, welches jedem, der es übertreten werde, eine schimpfliche Todesstrafe ankündigte, und verpflichtete sich selbst mit dem feierlichsten Eide, keinen solchen Verbrecher jemals zu begnadigen. Verbotsgesetze und besonders das Duellmandat von 1688 verurteilen beide Duellanten, wenn keiner geblieben ist, zur Infamie und Landesverweisung; wenn aber einer das Leben verloren hat, so soll er auf dem Schindanger begraben und der Täter als ein vorsätzlicher Mörder bestraft werden. Das Duelledikt König Friedrich Wilhelms I. v. J. 1713[1] bestraft den Aufforderer und Aufgeforderten, wenn das Duell nicht zustande gekommen ist, mit dem Verlust seiner Ämter und Bedienungen und mit drei- bis sechsjähriger Festungsstrafe. Haben sie sich wirklich geschlagen, und es ist keiner getötet worden, so sollen beide zu zehnjähriger Festungsstrafe und Konfiskation ihres Vermögens während der Strafzeit bestraft werden. Hat einer bei dem Duell das Leben verloren, so soll sein Körper an einem unehrlichen Orte vom Schinder eingescharrt, sein Gegner aber mit dem Schwerte gerichtet, auch seinem Körper ebenfalls das ehrliche Begräbnis versagt werden. Der König verpflichtet sich am Schlusse des Edikts nach dem Beispiel Ludwigs XIV. gleichergestalt auf das feierlichste, die Verbrecher gegen dieses Gesetz niemals zu pardonnieren, und untersagt alle Interzession und Vorbitten für selbige mit den nachdrücklichsten Strafen.
Gleichwohl haben alle diese strengen Gesetze wenig oder gar keine Wirkung 271 R
getan. Ihr Effekt ist meist nur der gewesen, daß die Zweikämpfe noch mehr verheimlicht und, wenn sie nicht ganz kaschiert werden können, hinter dem Namen von bloßen Rencontres, welche die Gesetze für weniger strafbar erklären, versteckt werden. Auch haben die Regenten, aller ihrer Versicherungen ohnerachtet, sich nicht entbrechen können, in Fällen dieser Art sehr oft Begnadigungen widerfahren zu lassen. Was seit dem Edikt von 1713 die Duelle an ihrer Gewöhnlichkeit und Schädlichkeit verloren haben, das ist nicht dem Gesetz, sondern, wie schon gedacht, den veränderten und ver-

[1] Mandat vom 28. Juni 1713, C. C. M. II, III. Abt., No. XXVII, Sp. 41 ff.

feinerten Sitten zuzuschreiben. Kontrast der Gesetzgebung mit den Sitten. Der Offizier, der sich schlägt, wird kassiert. Der sich nicht schlägt, wird auch kassiert.

Dieser geringe Erfolg ist einer von den vielen Beweisen, wie schwer und fruchtlos es sei, gewissen allgemein angenommenen, in der Denkungsart und dem Charakter einer Nation oder gewisser Klassen derselben einmal tief eingewurzelten Vorurteilen, weiter nichts als Verbots- und Strafgesetze entgegenstellen zu wollen. Die Gesetzgebung würde so wie in vielen andern Fällen ihren Endzweck gewisser und vollständiger erreichen, wenn sie die Quelle des Übels aufgesucht und hier demselben entgegenzuarbeiten sich bemüht hätte. Dies war die Absicht bei dem Ehrengerichte, welches in dem ersten Entwurfe des Gesetzbuchs als ein Mittel gegen die Duelle vorgeschlagen war.

Bei diesem Vorschlage lag folgendes Räsonnement zum Grunde. Das Vorurteil, daß ein Edelmann oder Offizier, welcher an seiner Ehre beleidigt worden, die Genugtuung dafür nicht so wie bei andern Beleidigungen bei dem Richter suchen und von den Gesetzen des Staats erwarten, sondern sich dieselbe mit den Waffen in der Hand eigenmächtig verschaffen müsse, gründet sich darauf, weil Injurien, die einem solchen Manne widerfahren, widrige Begriffe von seinem Mute und persönlichen Charakter hervorbringen und ihn in den Augen des Publikums, besonders seiner Standesgenossen, der Verachtung aussetzen. Zur Auslöschung dieser nachteiligen Begriffe sei eine Genugtuung nicht hinreichend, welche das kalte, nach allgemeinen Vernunftgründen räsonierende Gesetz bestimmt hat und die ein Richter zuerkennt, dem man entweder das feine Gefühl zur gehörigen Würdigung der Ehre eines Edelmanns oder Offiziers nicht zutraut oder der, an das Gesetz gebunden, diesem Gefühl nicht gemäß handeln darf. Vielmehr sei dazu eine Handlung notwendig, wodurch der Beleidigte öffentlich zu erkennen gebe, daß ihm die Ehre lieber als sein Leben sei und daß er Mut genug habe, jeden Flecken an seiner Ehre selbst mit Gefahr des Lebens wieder auszulöschen. Dieser allgemein angenommenen Meinung mußte entgegengearbeitet und auf ein Mittel gedacht werden, welches in den Augen des Beleidigten und seiner Standesgenossen hinreichen könnte, den widrigen Eindruck der erlittenen Beschimpfung auszulöschen.

Dieses Mittel glaubte man in dem vorgeschlagenen Ehrengericht gefunden 272
zu haben. Alle Ehrensachen unter Offizieren und Edelleuten sollten den gewöhnlichen Gerichten entzogen und an dieses Gericht gewiesen werden, welches für jeden vorkommenden Fall aus Standesgenossen der Parteien,

aus Stabsoffiziers, aus Edelleuten, die in ansehnlichen Bedienungen oder sonst in vorzüglichem Ansehen stehen, zusammengesetzt sein sollte. Diese Männer sollten den Vorfall untersuchen, sie sollten beurteilen, ob eine Beleidigung vorhanden, inwiefern die von dem Beleidiger etwa freiwillig angebotene Genugtuung hinreichend sei, welche Art der gesetzmäßigen Genugtuung stattfinden solle. Sie sollten die Feierlichkeiten bestimmen, unter welchen diese Genugtuung geleistet werden solle. Sie sollten das Recht haben, in außerordentlichen Fällen, wenn sie die gewöhnlichen Arten der Genugtuung für unzureichend achteten, bei dem Landesherrn unmittelbar um die Erlaubnis für die Parteien, sich schlagen zu dürfen, anzutragen.
Durch dies Mittel hoffte man den Grund des Vorurteils, welches den Offizier und Edelmann zum Duellieren antreibt und nötigt, aus dem Wege zu räumen. Wenn die Behandlung solcher Ehrensachen pp. pag. 311.
Der Vorschlag hat aber in Ansehung der Offiziers bei dem Oberkriegscollegio, mit welchem darüber comm. wurde, keinen Beifall gefunden und ist auch in Ansehung der Adligen vom Zivilstande von Seiner Königlichen Majestät nicht genehmigt worden. Deshalb ist es aus dem Gesetzbuch ganz weggeblieben, und dieses hat sich also nur auf den gewöhnlichen Weg, Verbrechen durch gedrohte Strafen zu verhüten, beschränken müssen. Man hat es also in Ansehung der Offiziers bei den ihretwegen ergangenen besonderen Reglements lediglich gelassen und in Ansehung des Zivilstandes sich damit begnügt, das Edikt von 1713 seinem wesentlichen Inhalte nach mit einigen näheren Bestimmungen in das Gesetzbuch aufzunehmen. Unter diese Bestimmungen gehört vornehmlich, daß, da einmal Offiziers, welche sich duellieren, weit gelinder, als das Edikt von 1713 mit sich bringt, bestraft werden, eine Person des Zivilstandes, die von einem Offizier zum Duell genötigt worden, nur nach Verhältnis der den Offizier treffenden Ahndung bestraft werden soll.
Die Strafen des Duells sind übrigens nach dem Gesetzbuch folgende:
1. Die bloße Ausforderung wird, wenn auch das Duell nicht für sich geht, an dem Ausforderer nach Verhältnis des dazu erhaltenen größeren oder geringeren Reizes mit drei bis sechsjähriger Festung und an dem Ausgeforderten mit einem bis drei Jahren geahndet.
2. Wenn das Duell vor sich geht und niemand getötet worden, so werden 272R
beide Teile des Adels und ihrer Ehrenstellen verlustig und müssen überdem zehn[jährige bis] lebenswierige Festungsstrafe leiden.
3. Ist ein Teil getötet worden, so wird der Überlebende nach Beschaffenheit seines Vorsatzes als Totschläger oder als Mörder bestraft.

4. Wer sich der verwirkten Strafe durch die Flucht entzieht, dem wird sein Vermögen, solange er lebt, konfisziert und sein Bildnis an einen Schandpfahl geschlagen.
5. Anstifter eines Zweikampfs, Kartellträger und Sekundanten leiden zehnjährige Festungsstrafe, wenn jemand getötet worden, und fünfjährige, wenn niemand das Leben verloren hat.
6. Wirkliche bloße Rencontres werden, wenn jemand dabei getötet oder beschädigt worden, nach den Gesetzen von körperlichen Verletzungen und Tötungen, wenn aber kein Schaden geschehen ist, mit Festungsarrest von sechs Monaten bis zu einem Jahre bestraft.
7. Wer irgendetwas tut, wodurch andre gereizt werden, ihre Ehrenstreitigkeiten mit Duell auszumachen, wird mit ein- bis fünfjähriger Festungsstrafe belegt.
8. Jede Äußerung eines Edelmanns oder Offiziers, einen andern schimpflich behandeln zu wollen, zieht schon Festungsstrafe von ein bis zwei Jahren nach sich.
9. Geringere Tätlichkeiten, z. E. Stoßen, Werfen pp. sechs Monate bis zwei Jahre.
10. Schläge und andre grobe tätliche Beschimpfungen zwei bis vier Jahre.
11. Wer einem andern aufpaßt oder ihm aufpassen läßt und ihn mit Stock- oder Peitschenschlägen oder ähnlichen Mißhandlungen beschimpft, wird durch die Tat selbst aller Standesrechte und Würden verlustig und muß Festungsstrafe von acht bis zehn Jahren leiden.

a) Wörtliche Injurien drei bis sechs Monate.
b) Die bloße Äußerung, einen andern schimpflich behandeln zu wollen, ein bis zwei Jahre.
c) Geringere Tätlichkeiten (9.) sechs Monate bis zwei Jahre.
d) Schläge zwei bis vier Jahre.
e) Aufpassen acht bis zehn Jahre (n. 11.).
f) Ausforderung Pcant. drei bis sechs Jahre; Pcat. ein bis drei Jahre.
g) Duell ohne Tötung zehn Jahre.
h) Duell mit Tötung. Totschlag oder Mord.
i) Strafe der Entwichenen: Konfiskation und Befestigung am Schandpfahle.
k) Anstifter pp. fünf bis zehn Jahre.
l) Wer reizt nach beigelegter Sache, ein bis fünf Jahre.
m) Rencontres sechs Monate bis ein Jahr.

Die Strafe der Injurien tritt der Strafe des Duells hinzu.

Da die Reglements die Militärpersonen gelinder bestrafen, so soll die Zivil-

person, welche von einem Offizier zum Duell genötigt worden, nur mit einer Strafe, welche mit der Strafe ihres Gegners im Verhältnis steht, belegt werden.
Bei Duellen findet hauptsächlich das Ius aggratiandi des Landesherrn statt. Es ist also nicht ratsam, darauf, wie in dem Edikt geschehen, Verzicht zu tun. Doch muß das Begnadigungsrecht mit großer Behutsamkeit und nur zum Besten desjenigen ausgeübt werden, der nicht Urheber des Streits war, sondern nur durch die Macht des Vorurteils zu der gesetzwidrigen Handlung genötigt wurde.

GRUNDSÄTZE DES KRIMINALPROZESSES

Es würde vergeblich sein, Eure Königliche Hoheit mit einer weiteren Auf- 273
zählung der verschiedenen Arten von Privatverbrechen und der darauf verordneten Strafen ferner aufhalten zu wollen. Das, was ich darüber in der allgemeinen Darstellung unsres positiven Kriminalrechts gesagt habe, wird für Eure Königliche Hoheit und zu dem Zwecke meines gegenwärtigen Vortrages vollkommen hinreichend sein. Ich will daher den Überrest der heutigen Stunde lieber dazu anwenden, die allgemeinen Regeln des richterlichen Verfahrens bei Untersuchung und Bestrafung der Verbrechen oder des Kriminalprozesses vorzutragen und den Gang, den ein solcher Prozeß vom ersten Anfang an bis zur Bestätigung des Urteils durch den Landesherrn nehmen muß, nach seinen Grundlinien zu bezeichnen.

Der Richter ist schuldig, jedes Verbrechen, welches, es sei durch die Anzeige des Beleidigten, durch den öffentlichen Ruf oder auf irgendeine andre Weise, zu seiner Kenntnis gelangt, zu untersuchen. Unterschied vom Zivilprozeß. Folge, daß auch eine Abfindung, ein Vergleich mit dem Damnifizierten die Untersuchung und öffentliche Bestrafung nicht ausschließe.

Bei der Untersuchung hat der Richter hauptsächlich drei Fragen zu erörtern:
1. Ist ein Verbrechen begangen worden?
2. Wer hat es begangen?
3. Unter welchen Umständen, welche die Moralität der Handlungen und die Gründe derselben bestimmen, ist es begangen worden?

Die Beantwortung der ersten Frage, nämlich die Ausmittlung von der Existenz eines wirklich vorgefallenen Verbrechens, nennt man in der

Sprache der Schule die Festsetzung des Corpus delicti. Es folgt nämlich z. E. nicht: Man hat einen Menschen auf der Straße tot gefunden; ergo ist er erschlagen worden; es ist ein Haus abgebrannt; ergo ist das Feuer angelegt worden. Vielmehr muß, wenn eine Kriminaluntersuchung stattfinden soll, zuerst ausgemittelt sein, daß die Beschädigung, die dem Staat oder einem seiner Bürger widerfahren ist, die Folge von irgendjemandes unerlaubter Handlung sei. Diese Festsetzung des Corpus delicti geschieht auf verschiedene Art, je nachdem die Verbrechen verschieden sind. Einige derselben hinterlassen sichtbare Spuren, z. E. der Mord, das Einbrechen und andre Arten von Gewalttätigkeiten. Alsdann muß die Festsetzung der Existenz des Verbrechens durch Einziehung des Augenscheins, durch Besichtigung des getöteten Körpers und in Fällen, wo zur richtigen Beurteilung eine besondre Sach- oder Kunstkenntnis erforderlich ist, mit Zuziehung vereidigter Sachverständiger geschehen. Andre Verbrechen lassen keine solchen sichtbaren Spuren hinter sich, z. E. der gemeine ohne Gewalt verübte Diebstahl, die meisten Arten des Betrugs pp. In solchen Fällen muß durch andre Arten von Beweismitteln, wovon sogleich ein mehreres Vorkommen wird, die Existenz eines vorgefallenen Verbrechens ins Licht gesetzt werden.

Der 2te Gegenstand der Kriminaluntersuchung betrifft die Frage, wer das 273R
Verbrechen begangen habe.

Hier muß der Richter bloße Anzeigen und Vermutungen von wirklichen Beweisen sorgfältig unterscheiden. Der Vermutungen, daß jemand eine unerlaubte Handlung begangen habe, können viel und mancherlei sein, deren einige eine nähere, andre nur eine entferntere Anzeige begründen. Zu den entfernteren Anzeigen rechnet man den üblen Ruf, in welchem jemand wegen seines Lebenswandels steht, die plötzliche Entfernung von dem Orte, wo das Verbrechen begangen worden, daß der Beschädigte in der Gegend, wo das Verbrechen vorgefallen, zu der Zeit, da es begangen worden, sich aufgehalten hat und darüber keine genugtuende Auskunft geben kann, daß er mit dem Getöteten oder sonst Beschädigten in großer und heftiger Feindschaft gelebt, daß er ihm gedroht hat pp. Zu den näheren Anzeigen rechnet man die Aussagen eines unverdächtigen Zeugen, daß etwas von seinen Sachen, z. E. sein Degen, bei der Stelle, wo der entleibte Körper lag, gefunden worden, daß er sich als den Täter des begangenen Verbrechens in Privatunterredungen mit andern bekannt oder sich des Verbrechens gerühmt hat, wenn bei Verbrechen, die nur von mehreren zugleich haben verübt werden können, ein Mitschuldiger den andern als seinen Gehilfen dabei angibt.

Solange nur noch bloße Anzeigen vorhanden sind, kann zwar der Richter den Verdächtigen zur Sicherheit in Verhaft nehmen lassen, damit er weder entfliehe noch den ferneren Bemühungen zur Ausmittlung der Wahrheit Hindernisse in den Weg lege. Wenn aber diese Vermutungen im Verfolg der Untersuchung nicht durch wirkliche Beweise bestätigt werden, so kann die ordentliche Strafe des Verbrechens gegen den Verdächtigen niemals verhängt werden. Besonders gilt dies bei den schwereren Verbrechen, auf welche in den Gesetzen die Todes- oder eine derselben nahekommende Festungs- oder Zuchthausstrafe verordnet ist. Das Leben, die Ehre, die Freiheit eines Menschen sind für den Staat von zu großer Wichtigkeit, als daß er einen seiner Bürger dieser Güter auf den Grund bloßer Vermutungen berauben sollte, zumalen die Fälle so sehr häufig sind, wo ein Mensch mit den dringendsten Anzeigen eines Verbrechens belastet ist und zuletzt sich doch findet, daß er daran unschuldig war. Die Geschichte des Langlade, der i. J. 1688 wegen eines angeblich begangenen Diebstahls zu den Galeeren verurteilt ward. Zwei Jahre darauf fand sich der wahre Dieb.

Der Richter muß sich also in einer Kriminaluntersuchung niemals bei bloßen Anzeigen beruhigen, sondern die Wahrheit durch Beweis auszumitteln suchen. Der Beweis, daß jemand ein Verbrechen begangen habe, kann nur entweder durch Zeugen oder durch das eigene Geständnis des Beschuldigten geführt werden. Wenn wenigstens zwei Zeugen, die an sich unbescholtene Männer und über allen Verdacht hinweggesetzt sind, gerichtlich und eidlich aussagen, daß jemand das Verbrechen, welches untersucht wird, wirklich begangen habe, wenn sie hinlängliche Gründe ihrer Wissenschaft, z. E. daß sie es selbst gesehen haben, anführen und wenn sie in allen wesentlichen Um|ständen ihrer Aussage übereinstimmen, so wird ein solcher Be- 274
weis für hinreichend angenommen. Leugnet der Beschuldigte dennoch die Tat, so wird er mit den Zeugen zusammengestellt oder konfrontiert. Diese müssen ihm die Umstände, welche sie gegen ihn bezeugt hatten, ins Gesicht sagen, und der Richter gibt bei der Konfrontation sorgfältig acht, ob etwa durch die Vorhalten der Zeugen der Beschuldigte zum Geständnis oder durch die Vorstellungen des Beschuldigten die Zeugen zu einer Änderung ihrer Aussagen vermocht werden können. Geschieht keines von beiden, so wird der Beschuldigte, seines beharrlichen Leugnens ohnerachtet, für den Täter des vorgefallenen Verbrechens angenommen.

Da aber das Laster gewöhnlich im Finsteren schleicht, so sind die Fälle nur selten, wo ein Verbrecher durch Zeugen überführt werden kann, und mehrenteils kann der eigentliche Beweis nur durch sein Geständnis erreicht werden. Sobald aber dies vorhanden ist, wird der Beweis in der Regel für hinreichend angenommen. Doch muß das Geständnis, wenn es diese Wirkung haben soll, wahrscheinlich sein und mit den übrigen Umständen und Anzeigen übereinstimmen. Das bloße Geständnis allein, wenn es nicht durch die Umstände unterstützt wird, reicht nicht hin, einen Menschen zur Todes- oder auch nur zu einer andern harten Leibesstrafe zu verurteilen. Die Fälle sind nicht selten, da Leute aus Melancholie, aus Überdruß des Lebens, ja selbst aus Einfalt oder aus andern dergleichen Gründen sich selbst eines Verbrechens angeklagt und schuldig bekannt haben, das sie unmöglich begangen haben konnten. Noch vor wenig Jahren ward in Ostpreußen ein Mensch wegen begangenen Mordes zur Inquisition gezogen. Er gestand denselben mit allen Umständen. Aber bei der näheren Untersuchung ward durch die Aussagen von zehn Zeugen ausgemittelt, daß dieser sich zu der Zeit, als der Mord vorgefallen, an einem vier Meilen davon entfernten Orte befunden hatte. Als man ihm diese Umstände vorhielt, widerrief er sein Geständnis und führte zur Ursache an, es habe ihm jemand gesagt, sein Leugnen helfe ihm doch nicht und er würde dadurch seinen Arrest nur verlängern. Dieser Fall, dergleichen es noch viel mehrere gibt, dient zum Beweise, wie notwendig es sei, nur ein solches Geständnis, welches wahrscheinlich ist und mit den Umständen harmoniert, für hinreichend zur Überführung eines Angeklagten anzunehmen.

Wenn nun aber ein Beschuldigter die Tat weder gesteht noch deren durch Zeugen überführt werden kann, gleichwohl aber starke und dringende Vermutungen wider ihn vorhanden sind, nahm alsdann in vorigen Zeiten und nimmt noch heute in vielen Ländern der Richter seine Zuflucht zu einem sehr sonderbaren Mittel, die Wahrheit herauszubringen, nämlich zur Tortur, da der Beschuldigte durch Martern oder körperliche Schmerzen zum Geständnisse gebracht werden soll. Die älteren Kriminalgesetze haben über diese barbarische Methode, die Wahrheit zu finden, eine eigne sehr umständliche Theorie festgesetzt. Sie haben die Grade der Tortur und die Zeit, wie lange jede Art der Marter fortgesetzt werden könne, genau bestimmt. Der niedrigste Grad ist, | daß dem Beschuldigten die Daumen mit Schrauben 274 R
dergestalt zusammengepreßt werden, daß das Blut herausspringt. Diesem folgen die spanischen Stiefeln, die in einer gleichen Zusammenpressung der Schienbeine bestehen. Bald werden dem Inquisit mit einem Instrument, welches der Kloben heißt, alle Glieder auseinandergerenkt, bald wird ihm Wasser von einer großen Höhe her auf den kahlen Kopf, bald Pech oder Siegellack auf den bloßen Leib geträufelt, und wie alle die schönen Erfindun-

gen weiter heißen, mit welchen der barbarische Witz der alten Gesetzgeber und Juristen das Kriminalrecht bereichert hat. Wenn nun der Inquisit unter diesen Martern die Tat, deren er beschuldigt wird, gesteht, so wird er derselben für hinlänglich überführt angesehen. Läßt er sich beifallen, sein Geständnis hinterdrein zu widerrufen, so fängt man die Tortur von vorn an und kontinuiert damit so lange, bis entweder der Gemarterte bei dem Geständnis auch in der Folge beharrt oder bis es ihm vermöge eines festen Körpers und starker Nerven gelingt, die festgesetzte Dauer der Marter ohne Geständnis auszuhalten.

Eure Königliche Hoheit wissen bereits, daß es eine der ersten Regierungshandlungen Friedrichs M. war, die Tortur abzuschaffen und dadurch unsre Kriminaljustiz von einem solchen Schandfleck der Menschheit zu reinigen. In der Tat ist es unbegreiflich, wie man einem durch die schrecklichsten Martern erpreßten Geständnisse die Kraft eines vollständigen Beweises beilegen könne, wie man körperliche Schmerzen, von welchen der starke, robuste und abgehärtete Bösewicht den höchsten Grad aushält, ohne zu gestehen, und wovon schon der niedrigste Grad dem Unschuldigen von schwacher Konstitution und empfindlichem Nervensystem ein falsches Geständnis abdringt, für ein schickliches Mittel, die Wahrheit zu finden, habe ansehen können. Gesunde Vernunft und menschliche Empfindung vereinigen ihre Stimmen, ein Mittel zu verwerfen, das an sich so unzuverlässig und gegen einen wirklichen Unschuldigen so äußerst barbarisch ist.

Der einzige scheinbare Grund, den die Verteidiger der Tortur anführen können, ist, daß es doch auch bedenklich sei, einen Menschen, der die dringendsten Vermutungen eines begangenen schweren Verbrechens wider sich hat, bloß darum, daß er hartnäckig und verschmitzt genug ist, jedem Geständnis auszuweichen, wieder auf freien Fuß zu stellen und dadurch die Sicherheit der bürgerlichen Gesellschaft in neue Gefahr zu setzen. Aber unsre Gesetzgebung hat dieser Besorgnis auf andre Weise abzuhelfen gewußt. Man hat nämlich dafür gesorgt, daß nur Männer von vorzüglicher Geschicklichkeit, Erfahrung und Menschenkenntnis zur Untersuchung besonders bei groben Verbrechen gebraucht werden. Durch eine gehörige und sorgfältige Anwendung dieser Eigenschaften ist es möglicher, als man glaubt, auch einen verstockten und listigen Inquisiten zum Geständnis zu bringen. Man legt ihm z. E. die wider ihn streitenden Vermutungen vor, man läßt sich von ihm umständlich angeben, womit er dieselben widerlegen wolle. Ist er | der Tat wirklich schuldig, so wird er über diese Umstände 275
eine erdichtete Geschichte erzählen, bei der es nicht schwer sein wird, ihn

auf Lügen zu ertappen. Plötzlich überrascht man ihn mit dem Beweise, daß er gelogen habe, und verwickelt ihn zuletzt so in das eigne Gewebe seiner Erdichtungen, daß er weder aus noch ein mehr weiß und in dieser Verwirrung zuletzt doch der inneren Stimme des Gewissens Gehör gibt, die selbst in dem Herzen des verruchtesten Bösewichts nie ganz erstickt wird und ihn endlich zum Geständnis antreibt. Eine Erfahrung von 50 Jahren hat gelehrt, daß dergleichen aus dem Studium des menschlichen Herzens und aus dem Schatze der Erfahrung geschöpften Mittel noch immer hingereicht haben, hartnäckige und verschmitzte Bösewichter ohne Tortur zum Geständnisse zu vermögen.

Und gesetzt, es entginge irgend einmal ein Verbrecher durch hartnäckiges und unüberwindliches Leugnen der an sich verdienten Strafe, so kann ja doch dieses, wie schon bemerkt worden, auch bei der Tortur der Fall sein, und am Ende ist es doch wohl besser, daß irgendeinmal ein Schuldiger ungestraft bleibe, als daß man hundert Unschuldige der Gefahr aussetze, durch ein unter Martern erpreßtes falsches Geständnis sich selbst das unverdiente Todesurteil zu sprechen.

Wenn übrigens ein Mensch, der schon mehrerer, obwohl kleinerer, Verbrechen überführt ist, dringende Vermutungen eines begangenen groben und gefährlichen Verbrechens wider sich hat, wenn er zwar nicht zum Geständnis gebracht werden, aber auch zur Widerlegung der gegen ihn streitenden Anzeigen nichts beibringen kann, so hat der Staat sich das Recht reserviert, ein solches verdächtiges Subjekt so lange im Gefängnis zu behalten, bis entweder mit der Zeit die Sache sich näher für oder wider ihn aufklärt oder bis er in seinem Gefängnis solche Beweise einer wirklichen Verbesserung seines moralischen Charakters gegeben hat, daß man ihn nunmehr ohne Gefahr für andre wieder auf freien Fuß stellen kann.

Die Hauptfrage, die der Richter bei einer jeden Kriminaluntersuchung aufzulösen hat, ist die, unter welchen die Moralität der Handlung und deren Grad bestimmenden Umständen die Tat begangen worden. Es ist nämlich nicht genug, wenn man z. E. weiß, daß ein Mensch durch einen Schlag auf den Kopf das Leben verloren und daß der Angeklagte ihm diesen Schlag beigebracht habe, sondern es muß auch ins Licht gesetzt werden, ob dieser Schlag z. E. nur zufälligerweise oder aus Unvorsichtigkeit oder ob er aus feindseligen Gesinnungen vorsätzlich oder aber gar in der Absicht, den Entleibten zu töten, gegeben worden, da hierauf bei Bestimmung der Art und des Grades der Strafe so viel ankommt. Es müssen daher alle Umstände eines

solchen Vorfalls, die auf die Bestimmung des Grades der Moralität Einfluß haben können, so genau und vollständig als möglich ins Licht gesetzt werden. Der Richter muß dabei sowohl auf das, was zur Entschuldigung des Angeklagten gereicht, als auf das, was seine Bosheit und Gefährlichkeit in ihrer ganzen Größe darstellen kann, mit gleicher | Sorgfalt Rücksicht neh- 275R
men. Übrigens gelten von der Ausmittlung dieser Umstände und der Herbeischaffung des Beweises darüber eben die Regeln wie bei der Untersuchung der zweiten Frage, welche die Erforschung des Täters zum Gegenstande hat. Die Geschichte des Schimanidzeck, der seine Frau erschlug.

Bei dieser ganzen Untersuchung befindet sich der Angeklagte in der Gewalt des Richters, und sein Schicksal, ja sein Leben und Tod hängen von der Sorgfalt, der Akkuratesse und der gewissenhaften Treue ab, womit dieser die Pflichten seines Amts erfüllt. Das Gericht, welches über den Angeklagten das Erkenntnis abzufassen hat, kann seine Schuld oder Unschuld nicht anders als nach den Akten beurteilen, welche bei der Untersuchung aufgenommen worden. Ein solcher Kriminalrichter könnte seine Gewalt zum Nachteil und zur Unterdrückung der Unschuld auf eine fürchterliche Art mißbrauchen, und es war daher höchst notwendig, daß die Gesetze für Mittel sorgten, wodurch einem solchen gefährlichen Mißbrauche hinlänglich vorgebeugt werde. Dahin zielen folgende Anordnungen ab:

1. Die Führung einer Kriminalinquisition wird niemals nur einer Person anvertraut, sondern es müssen dabei wenigstens zwei, in der Regel aber drei vereidete Gerichtspersonen zugezogen werden. Diese müssen bei allen Verhören gegenwärtig sein und genau darauf sehen, daß der Richter die Angaben und Geständnisse des Inquisiten sowie die Aussagen der Zeugen genau so, wie sie geschehen sind, niederschreibe und nichts davon weglasse oder hinzusetze.

2. Der Richter muß die Angaben des Inquisiten und der Zeugen soviel als möglich mit ihren eigenen Worten niederschreiben, damit nicht durch Verwechselung eines Ausdrucks mit dem andern ein Sinn herauskomme, welcher der eigentlichen Meinung nicht gemäß ist.

3. Jedes Protokoll muß dem Inquisiten in Gegenwart dieser Beisitzer laut und vernehmlich vorgelesen werden. Es steht ihm frei, bei dieser Gelegenheit das zu erinnern oder zu ergänzen, was der Richter etwa unrichtig verstanden, übersehen oder übergangen hat. Die Beisitzer müssen das Protokoll mit unterzeichnen, und wenn der Inquisit schreiben kann, so muß es ihm selbst zur Unterzeichnung vorgelegt werden.

4. Wenn der Richter die Untersuchung geendigt hat, so wird dem In-

quisiten ein Defensor oder Verteidiger bestellt, der ein Rechtsverständiger sein und mit dem inquirierenden Richter in keiner Verbindung stehen muß. Diesen wählt er sich entweder selbst, oder er wird ihm auf Kosten des Staats zugeordnet.

5. Dem Defensor werden die Akten vorgelegt; er geht sie genau durch und informiert sich von dem Inhalt derselben. Sodann unterredet er sich mit dem Inquisiten über die Gründe, welche dieser etwa zu seiner Rechtfertigung oder Entschuldigung anzuführen hat, und erforscht bei dieser Gelegenheit genau, ob etwa von dem Richter bei Führung der Inquisition ein Fehler zum Nachteil des Inquisiten begangen oder etwas, so zum Vorteil desselben gereichen könnte, übersehen oder nicht in das gehörige Licht gesetzt worden.

6. Alsdann entwirft der Defensor eine Verteidigungsschrift, in welcher | er 276
alle Gründe, die nach den Akten oder Gesetzen zur Verteidigung des Inquisiten gereichen könnten, umständlich aufnimmt und auseinandersetzt.

7. Mit dieser Defension werden die Akten dem erkennenden Richter vorgelegt, welcher unter anderm auch das Verfahren des inquirierenden Richters sorgfältig prüfen und, wo er irgendeinen Mangel dabei findet, dessen Verbesserung oder Ergänzung veranlassen muß.

8. Zur Abfassung des Erkenntnisses werden zwei Mitglieder des Gerichts bestellt, davon jeder für sich die Akten mit der möglichsten Aufmerksamkeit durchliest und dem Collegio durch eine schriftlich abgefaßte Relation den Inhalt der Akten vorträgt, seine Meinung, ob und wie der Inquisit zu bestrafen sei, eröffnet und dieselbe mit Gründen, die aus den entwickelten Tatsachen und Gesetzen hergeleitet sind, unterstützt.

9. Sodann wird im versammelten Gericht über die Sache deliberiert, jedes Mitglied muß seine Meinung, mit Gründen unterstützt, abgeben, und die Mehrheit der Stimmen entscheidet, ob und was für eine Strafe zu erkennen sei.

10. Findet der Inquisit dies Urteil zu hart oder glaubt, neue Gründe zu seiner Rechtfertigung oder Entschuldigung zu haben, die bisher noch nicht vorgekommen sind, so steht ihm noch das Rechtsmittel der weiteren Verteidigung oder die zweite Instanz offen.

11. Hier wird er nochmals über alles und jedes, was er zu seiner Verteidigung anführen zu können vermeint, umständlich vernommen, alle neuen Umstände, die er darüber anführt, werden ebenso sorgfältig wie in der ersten Instanz untersucht, und es steht ihm frei, eine nochmalige schriftliche Verteidigung für sich einreichen zu lassen.

12. Wenn dies geschehen, so werden die Akten einem andern Gericht, wel-

ches von dem verschieden ist, welches in der ersten Instanz erkannt hat, vorgelegt, und daselbst wird die Sache ebenso umständlich wie in der ersten Instanz vorgetragen und in Erwägung gezogen.
13. Der Richter der zweiten Instanz kann die Strafe des Inquisiten, wenn er sie unverdient oder zu hart findet, aufheben oder mildern. Aber eine härtere Strafe, als das erste Erkenntnis mit sich brachte, kann er niemals festsetzen.
14. Wenn der zweite Richter der Meinung des ersteren beitritt oder eine andre, obgleich geringere, Strafe erkennt, so steht dem Inquisiten noch die Zuflucht zur Gnade des Landesherrn offen, welcher sich über die angeführten Begnadigungsgründe von seinem Ministerio Vortrag tun läßt und alsdann bestimmt, ob und inwiefern er den Verbrecher gänzlich pardonnieren oder die Strafe mildern wolle.
Hieraus werden Eure Königliche Hoheit ersehen, daß, wenn unsere Gesetze auf der einen Seite dem Richter volle Macht und Gewalt geben müssen, um ein begangenes Verbrechen, den Täter und die Umstände desselben ans Licht zu bringen, auch auf der andern Seite mit größter Vorsicht dafür gesorgt sei, daß der Richter seine Gewalt nicht mißbrauchen könne und nichts, was zur Rechtfertigung eines Unschuldigen oder auch nur zur Milderung der Strafe eines wirklichen Verbrechers gereichen kann, unterdrückt werden oder unbekannt bleiben möge.

Um nun Eurer Hoheit noch einen Begriff vom Gange des Kriminalver- 276R
fahrens zu geben und denselben so anschauend als möglich zu machen, will ich den Fall setzen, daß ein Bürger von Potsdam ein Verbrechen begangen hätte.
Alsdann führt der Magistrat zu Potsdam die Untersuchung und schickt die Akten an das Kammergericht. Von dem Kammergericht werden die Akten der Kriminaldeputation, welche ein Ausschuß dieses Collegii ist, vorgelegt.
Wenn die Kriminaldeputation der Meinung ist, daß der Angeklagte loszusprechen sei oder doch nur eine geringere Strafe als zwei Jahre Festung oder Zuchthaus verwirkt habe, so wird das Erkenntnis danach abgefaßt und dem Magistrat zu Potsdam zur Publikation zugeschickt.
Ist aber auf eine härtere Strafe zu erkennen, so müssen die Akten mit dem entworfenen Urtel an das Justizdepartement eingeschickt werden.
Der Chef des Kriminaldepartements, jetzt der Minister v. Goldbeck, trägt entweder selbst im versammelten Staatsrate vor, oder dies geschieht durch einen der Räte seines Departements.
Das Justizministerium deliberiert alsdann, inwiefern der Antrag des Kam-

mergerichts den Akten und den Gesetzen gemäß sei oder dabei eine Abänderung stattfinden müsse.
Findet das Justizdepartement bei dem Antrage des Kammergerichts nichts zu erinnern und ist die Strafe, welche erkannt werden soll, geringer als zehn Jahre Zuchthaus oder Festung, so werden die Akten mit einer Konfirmation des Urtels an das Kammergericht zurückgeschickt.
Ist aber die Strafe, worauf es erkannt, zehnjährige oder noch längere Festungs- oder Zuchthausstrafe oder ist es gar Todesstrafe, so wird das Urteil der Königlichen Majestät zur Konfirmation vorgelegt. Ein gleiches muß geschehen, sooft über die Entleibung eines Menschen zu erkennen ist, selbst wenn die Strafe des Inquisiten gelinder oder . . .[1].
Dies geschieht durch einen Bericht des Justizdepartements, welchem ein kurzer Auszug des wesentlichsten Inhalts der Akten mit Anführung der Gründe, warum nach den Gesetzen die vorgeschlagene Strafe zu erkennen sei, beigefügt wird.
Hat der Landesherr das ihm vorgelegte Urtel durch seine Unterschrift bestätigt oder hat es wegen des geringeren Grades der Strafe nur einer Konfirmation von dem Justizdepartement bedurft, so schickt das Kammergericht das Urtel an den Magistrat zu Potsdam zur Bekanntmachung an den Inquisiten. Bedient sich dieser des ihm offenstehenden Rechtsmittels der weiteren Verteidigung, so werden die Akten zum Erkenntnis einem andern Collegio, nämlich dem Appellationssenat des Kammergerichts, vorgelegt. Tritt dieser der Meinung des vorigen Richters bei, so bedarf es keiner weiteren Konfirmation, sondern das Urtel wird nunmehr wirklich vollstreckt. Will aber der Appellationssenat das vorige Erkenntnis mildern, so müssen die Akten abermals an das Justizdepartement zur nochmaligen Prüfung und zur Entscheidung zwischen den widereinanderlaufenden Meinungen beider Collegiorum eingesendet werden.
Eben dies ist der Gang der Sachen, wenn das Verbrechen in einer andern Provinz begangen und zur Untersuchung gezogen worden. Nur mit dem Unterschied, daß alsdann die Provinzialregierung und deren Kriminalkollegium an die Stelle des Kammergerichts und seiner Justizdepartements tritt.
Bei dieser Marche der Kriminalsachen habe ich nur noch eine doppelte Bemerkung beizufügen:
1. Da auf der einen Seite keinem Inquisiten die Berufung auf die zweite Instanz versagt werden kann, auf der andern Seite es aber unschicklich sein würde,

[1] Die fehlenden zwei Worte sind nicht zu entziffern.

wenn ein vom Könige bereits bestätigtes Urtel in zweiter Instanz geändert werden sollte, so | ist die Einrichtung getroffen, daß Urtel, welche zur könig- 277
lichen Vollziehung gehen müssen, seiner Majestät erst dann vorgelegt werden, wenn akquiesziert oder konfirmiert worden.
2. Daß, da nach unsrer Militärverfassung kein Arrestant ohne eine von des Königs Majestät vollzogene Ordre auf einer Festung angenommen werden kann, alle dergleichen Ordres auch in Kriminalsachen dem Könige vorgelegt werden müssen, wenn auch die Strafe an sich der landesherrlichen Konfirmation nicht bedürfte.

Ich habe schon mehrmals des dem Landesherrn zukommenden Begnadigungsrechts erwähnt. Zu dessen Ausübung hat er sowohl dann Gelegenheit, wenn ihm die Erkenntnisse von Justizdepartement zur Konfirmation vorgelegt werden, als außerdem, wenn der Verbrecher sich unmittelbar an ihn wendet, welches keinem gewehrt werden darf. Er ist bei der Ausübung dieses herrlichen Vorrechts an kein Gesetz gebunden, sondern kann den Eingebungen seines edlen Herzens und seiner Regierungsweisheit freien Lauf lassen. Letztere wird ihm jedoch immer anraten, das Ansehen der Gesetze durch zu häufige Ausübung dieses seines Vorrechts nicht zu schwächen oder durch Begnadigungen grober und boshafter Verbrecher seine Untertanen und den Staat neuen Gefahren auszusetzen.

Dagegen ist es von jeher ein Grundgesetz unserer Justizverfassung gewesen, daß es dem Landesherrn nicht gebühre, die Strafe eines Verbrechers zu schärfen, d. h. ihn zu einer härteren Strafe zu verurteilen als diejenige, welche die Gerichte nach den Gesetzen wider ihn erkannt haben. Der Landesherr kann versichert sein, daß eine Kriminalsache, die ihm zur Bestätigung vorgelegt wird, wenigstens von zwei aus sachverständigen zuverlässigen Männern bestehenden Collegiis, nämlich dem Landesjustizcollegio und dem Justizdepartement, auf das sorgfältigste geprüft worden und daß die vorgeschlagene Strafe den Gesetzen gemäß sei. Er kann diese Strafe, wenn er sie zu hart findet, mildern, weil er von den Gesetzen zum Vorteil seiner Untertanen, soweit es ohne Kränkung andrer geschieht, dispensieren kann. Aber er kann nicht eine härtere Strafe festsetzen, weil er dadurch von den Gesetzen zum Nachteil des Inquisiten abweichen würde. Findet er das bisherige Gesetz zu gelinde, so kann er für die Zukunft ein strengeres geben; aber der gegenwärtige Inquisit kann nicht nach einem Gesetz bestraft werden, welches damals, als er sündigte, noch nicht vorhanden war. Ein Regent, welcher

Kriminalstrafen in den Urteln verschärfen wollte, würde sich ebenso wie bei Machtsprüchen in Zivilsachen der Gefahr aussetzen, bei dem besten Willen und dem reinsten Gerechtigkeitseifer dennoch eine Ungerechtigkeit zu begehen. Der ruhige bedächtliche Gang des Richters, den das strenge Gesetz und die langwierige Erfahrung von allen leidenschaftlichen Übereilungen zurückhalten, kann das Verbrechen und den Verbrecher von allen Seiten betrachten und von den Gesetzen bezügelt einen sicheren Gang nehmen. Friedrich II. ist dieser Maxime, daß der Monarch die Strafen nicht schärfen müsse, treu geblieben bis auf zwei Fälle, die sich in seinem letzten Lebensjahre ereigneten, wo vielleicht die Leiden einer langwierigen schmerzhaften Krankheit auf seinen Geist mehr als gewöhnlichen Einfluß hatten. Einer dieser Fälle ist sehr merkwürdig:

> Eine Schlägerei unter den Landleuten wegen eines streitigen Ackerstücks. Der Anfänger der Händel ward mit Schlägen übel zugerichtet, blieb auf dem Acker liegen und starb denselben Abend.
>
> Kammergericht. Mehrjährige Festungsstrafe (3 J.) a) weil gar keine Spur eines Vorsatzes zu töten vorhanden, b) weil die Schläge nicht | mit einem 277 R
> tödlichen Werkzeuge, sondern nur mit einem Weidenstock von mittlerer Dicke, wie die Landleute gewöhnlich führen, zugefügt worden, c) weil der Tod nicht unmittelbar durch die Schläge entstanden, sondern das Blut in der Brust ausgetreten war und den Toten erstickt hatte; d) weil der Entleibte selbst den Zank angefangen und die ersten Tätlichkeiten verübt hatte.
>
> Friedrich II. das Schwert. Ulterior defensio. Tod des Königs. Abänderung auf drei Jahre Festung.
>
> nb: eineinhalb hatte er schon gesessen.

Euer Königlichen Hoheit wird ihr eigenes Gefühl der Billigkeit sagen, daß hier der Tod wirklich eine zu harte, dem Verbrechen nicht angemessene Strafe gewesen wäre. Dieser Fall beweist also, wie gefährlich es sei, wenn der Monarch Straferkenntnisse schärfen will.

REFLEXIONES ÜBER GEFÄNGNIS-, STRAF- UND BESSERUNGSANSTALTEN

Gefängnisse sollen a) einen Verdächtigen an Flucht und Entweichung und an aller Kommunikation von außen, wodurch die Untersuchung vereitelt werden könnte, hindern. Sie sollen aber b), da der Verdächtige doch wohl

unschuldig sein kann, seinem Leben und seiner Gesundheit nicht gefährlich sein. Des ersten Zwecks halber müssen Gefängnisse sehr fest gebaut und alle Öffnungen wohl verwahrt sein. Leute, die grober und gefährlicher Verbrechen wegen sehr verdächtig sind, werden noch außerdem gefesselt, damit sie aus ihrem Kerker desto weniger entrinnen können. Vermöge des letzten Zwecks müssen die Gefängnisse möglichst gesund, nicht mit Feuchtigkeiten und schädlichen Dünsten angefüllt und allem Zugange einer reinen freien Luft versperrt sein. In der ersten Rücksicht dürfte sich gegen unsere Gefängnisse wenig erinnern lassen. Desto mehr aber war bisher gegen die ungesunde Beschaffenheit unserer Gefängnisse einzuwenden. Finstere unterirdische Löcher ohne Luft und Sonne, voll von Feuchtigkeit und Ungeziefer. Seit einigen Jahren ist viel zur Verbesserung der Gefängnisse geschehen. Howard. Calandshoff.
Ferner ist es sehr nötig, daß die Gefangenen, besonders die aus den gemeinen Volksklassen, während ihres Arrests zur Arbeit angehalten werden. a) Sie gewöhnen sich nicht so an Faulheit und Müßiggang; b) ihre Gesundheit wird besser konserviert; c) ihre Arbeit ist Gewinn für den Staat (dem Publico); d) sie lernen vielleicht was, womit sie sich nach ausgestandenem Arrest ihren ehrlichen Unterhalt verdienen können. Man hat daher seit einiger Zeit angefangen, an großen Orten, wo gewöhnlich zu gleicher Zeit mehrere Arrestanten sich befinden, mit den Gefängnissen Arbeitsanstalten zu verbinden, in welchen die Gefangenen mit Wollespinnen und andern Fabrikarbeiten beschäftigt werden.

Unsere Strafanstalten sind Festungen und Zuchthäuser. Auch sie müssen nach ihrem Zweck beurteilt werden. Dieser ist kein andrer als der Zweck aller Strafen: hauptsächlich Abschreckung des Verbrechers und andrer außer ihm von ähnlichen Verbrechen, nebenher auch Besserung des Verbrechers. In der ersten Rücksicht dürfte gegen unsere Strafanstalten nicht viel zu erinnern sein. Das Leben, welches ein Delinquent auf der Festung führen muß, wo er den größten Teil seiner Zeit in unterirdischen Löchern und den Überrest an der Karre mit schweren Arbeiten bei bloßem Brot und Wasser zubringt, ist schrecklich genug. Auch die Einrichtung unserer Zuchthäuser entspricht dem Zwecke der Abschreckung hinlänglich. Zwar ist die Arbeit hier meist leichter und die Beköstigung etwas besser als auf den Festungen. Aber beide sind doch, verbunden mit den strengen Züchtigungen, welche die geringste Unordnung oder Lässigkeit im Arbeiten nach sich zieht, abschrekkend genug, um in einem Gemüte, das noch irgendeines auch nur sinn-

lichen Eindrucks fähig ist, durch die Furcht für einer solchen Strafe von Verbrechen zurückzuhalten. Sehr oft wird auch | die Strafe des Zuchthauses 278
durch Schläge geschärft, die der Inquisit bei seiner Aufnahme und Entlassung erhält und die daher den sehr unpassenden Namen: Willkommen und Abschied führen.

Aber der Zweck der Besserung wird in diesen Anstalten noch sehr wenig erreicht, sondern vielmehr ganz verfehlt. Das einzige abgerechnet, daß, besonders in den Zuchthäusern, die Züchtlinge zur Arbeit und nützlichen Tätigkeit gewöhnt werden, wird im übrigen ihre Moralität gänzlich vernachlässigt, und der beständige Umgang mit lauter solchen Personen, die ähnlicher Verbrechen wegen zu gleicher Strafe verurteilt sind, verbunden mit dem Mangel an gehöriger Aufsicht über eine solche Menge von Verbrechern, kann gewiß nicht anders als den wenigen Überrest von moralischem Gefühl, den ein solcher Mensch etwa noch in das Zuchthaus mit hineinbringt, vollends ersticken. Besserung ist zwar nicht Haupt-, aber doch Nebenzweck bei jeder Strafe. Hier ist also für die Gesetzgebung und den Staat noch sehr viel zu tun übrig, wozu teils durch Schriften, teils durch Beispiele unserer Nachbarn, besonders in Sachsen und Hannover, schon manches vorgearbeitet ist.

Noch ist ein frommer Wunsch übrig für Anstalten, die in unserem Staat noch fehlen und die doch so notwendig sind, wenn der große Zweck, die Moralität unter dem gemeinen Volke zu verbessern, erreicht werden soll. Dies sind Anstalten, wo Leute, die sonst keine Gelegenheit haben, ihren Unterhalt zu verdienen, diese Gelegenheit finden und in den Stand gesetzt werden, Müßiggang und Mangel, diese Hauptquellen der Verbrechen, abzuwehren. Wenn jetzt ein Verbrecher nach ausgestandenem Arreste von dem Zuchthause oder der Festung entlassen wird, so ist er von dem Augenblicke an allen Arten des schrecklichsten Elends preisgegeben. Vermögen hat er nicht, und an Verwandten fehlt es ihm gemeiniglich auch, die geneigt und vermögend wären, sich seiner anzunehmen. Die Gelegenheiten, sich sein Brot mit Dienen oder Tagearbeit zu erwerben, sind ihm auch abgeschnitten. Denn wer nimmt wohl einen Menschen in seine Dienste, der unmittelbar vom Zuchthause kommt und vielleicht die Zeichen seiner ausgestandenen Strafe noch an sich trägt. Einem solchen Menschen, dem auch das Betteln verboten ist, bleibt, wenn er nicht verhungern will, beinahe kein andrer Weg übrig, als von neuem zu stehlen. Exempel des Potsdamschen Diebes.

Die Gerechtigkeit mußte diesen Menschen als ein notwendiges Opfer der bürgerlichen Sicherheit freilich nochmals verurteilen. Aber sie konnte sich des Gedankens doch nicht erwehren, daß dieser Mensch höchstwahrscheinlich nie in sein voriges Verbrechen zurückgefallen sein würde, wenn er irgendein Mittel hätte finden können, auf eine andere erlaubte Art seinen notdürftigen Unterhalt zu erwerben.

Dieser und ähnliche in den Akten sehr häufig anzutreffende Vorfälle haben 278R
die Notwendigkeit gezeigt, für Anstalten zu sorgen, wo ein jeder ohne Unterschied, der keinen andern Ausweg weiß, Gelegenheit findet, sich durch Arbeit wenigstens so viel zu verdienen, als zur Fortfristung seines Lebens erforderlich ist. Man hat Pläne zu solchen Anstalten entworfen und auch mit deren Ausführung einen schwachen Anfang gemacht. Aber freilich gehört dazu nachdrückliche Unterstützung des Staats, indem dergleichen Anstalten bei ihrer ersten Errichtung einen beträchtlichen Vorschuß erfordern, wenn sie sich gleich in der Folge, sobald sie nur einmal im Gange sind, ohne weiteren Zuschuß selbst unterhalten können.

Über den Zivilprozeß 279

Es ist ein Grundsatz der bürgerlichen Gesellschaft, daß alle Streitigkeiten ihrer Mitglieder, die einen Gegenstand des Privateigentums ausmachen können, nicht durch Privatgewalt, sondern von dem Richter nach den Gesetzen des Staats entschieden werden müssen.

Die gerichtliche Verhandlung, durch welche der Richter in den Stand gesetzt werden soll, über eine Streitigkeit nach den Gesetzen zu entscheiden, wird Prozeß genannt.

Jeder Prozeß setzt eine Handlung oder eine Begebenheit voraus, aus welcher die streitige Befugnis oder Obliegenheit entspringen oder worauf sie sich gründen soll. Darlehn — Numeratio valutae. Erbschaftsklage — Testament oder Verwandtschaft. Injurienklage — zugefügte Beschimpfung.

Der Streit unter den Parteien betrifft entweder die Richtigkeit der Tatsache oder die Herleitung der daraus nach den Gesetzen fließenden Folge oder beides zugleich. Wenn jemand ein Pferd als sein Eigentum in Anspruch nimmt, so leugnet der Besitzer des Pferdes entweder, daß dasselbe jemals das Eigentum des Klägers gewesen sei, oder er behauptet, daß er das Pferd in einer öffentlichen Auktion gekauft habe und also nach den Gesetzen dasselbe herauszugeben nicht schuldig sei.

In jedem Prozeß muß daher vor allen Dingen untersucht werden, was für Tatsachen dabei zum Grunde liegen und wie sich dieselben nach der Wahrheit verhalten.

Der Richter soll den Streit durch richtige Anwendung der Gesetze auf die dabei zum Grunde liegenden Tatsachen entscheiden. Er hat daher die nächste Pflicht und also auch das nächste Recht, sich von der wahren und eigentlichen Bewandtnis dieser Tatsachen zu versichern.

Der Richter muß also in jedem Prozesse die Wahrheit oder Falschheit der von den Parteien angegebenen Tatsachen unmittelbar untersuchen und, soweit es zur richterlichen Anwendung des Gesetzes notwendig ist, ins Licht setzen.

Die Aufnehmung und Untersuchung der in einem Prozesse vorkommenden und zu dessen Entscheidung gestellten Tatsachen wird die Instruktion des Prozesses genannt.

Das Wohl des Staats und der bürgerlichen Gesellschaft erfordert es, daß die Prozesse, soweit es ohne Nachteil des Rechts der Parteien geschehen kann, abgekürzt und die Kosten dabei möglichst gespart werden.

Die Pflichten des Richters bei der Instruktion eines Prozesses beruhen also auf dem wesentlichen Grundsatze, daß er sich bemühen müsse, die wahre Bewandtnis der dabei zum Grunde liegenden erheblichen Tatsachen auf dem sichersten und zugleich nächsten Wege zu erforschen und auszumitteln.

Gewöhnlich sind die Parteien selbst am besten imstande, dem Richter über ihre Angelegenheit Auskunft zu erteilen. Sie sind also in allen Fällen, wo nicht das Gesetz in besondern Fällen Ausnahmen zuläßt, die Instruktion ihres Prozesses persönlich abzuwarten verbunden.

Durch unerlaubte Handlungen darf niemand seinen Vorteil befördern. Die Parteien sind also schul|dig, dem Richter die Wahrheit zu sagen. Vor- 279 R
sätzliche Verstellung oder Verschweigung derselben wird vom Gesetz mit nachdrücklichen Strafen geahndet.

Wenn eine erhebliche Tatsache geleugnet wird, so muß die Partei, welche die Wahrheit derselben behauptet, dem Richter die Mittel an die Hand geben, die Sache gehörig ins Licht zu setzen. Diese Beweisstücke sind entweder schriftliche Urkunden oder Zeugen oder der Eid, zu welchem der Gegenteil aufgefordert wird und wodurch er das Gegenteil der von ihm geleugneten Tatsachen unter Anrufung der Gottheit zum Zeugen und Richter beteuern soll.

Der Richter ist jedoch bei seinen Bemühungen zur Erforschung der Wahrheit an die Angaben der Parteien nicht gebunden, sondern er hat das Recht und

die Pflicht, auch andere Mittel, die sich ihm dazu aus dem Vortrage der Parteien und aus ihren Verhandlungen darbieten, anzuwenden.
Die allgemeine Bürgerpflicht verbindet einen jeden, wenn er auch in den Prozeß nicht mit verwickelt, auf Erfordern des Richters seine Wissenschaft von den darin streitig gewordenen Tatsachen getreulich anzugeben und die in seinen Händen befindlichen Mittel zur Aufklärung der Wahrheit vorzulegen.
Der Richter muß die Instruktion des Prozesses so lange fortsetzen, bis die wahre Bewandtnis aller dabei vorkommenden erheblichen Tatsachen hinlänglich aufgeklärt oder doch alle dazu vorhandenen Mittel erschöpft worden.
Die Anwendung der Gesetze auf die ausgemittelten Tatsachen und die Herleitung der daraus fließenden rechtlichen Folgen gehört zu dem Amt des erkennenden Richters.
Auch bei der zweckmäßigsten Behandlung bleiben Prozesse wegen des nachteiligen Einflusses, welchen sie nicht nur auf die Glücksumstände, sondern auch auf den sittlichen Charakter der Parteien haben können, allemal ein Übel in der bürgerlichen Gesellschaft, welches möglichst vermieden werden muß. Der Richter muß daher alle Mühe anwenden, die unter den Einwohnern des Staats entstehenden Streitigkeiten durch gütliches Übereinkommen beizulegen.
Doch muß er nicht eher Vergleichsvorschläge machen, als bis er durch hinlängliche Vernehmung der Parteien sich in den Stand gesetzt hat, über das Gewicht der gegenseitigen Gründe und über den vermutlichen Erfolg des Prozesses mit Wahrscheinlichkeit urteilen zu können. Es muß also im Vergleich keinem Teile die Aufopferung klarer und ihm unstreitig zukommender Rechte angemutet werden.

Dies, gnädigster Herr, sind die wenigen und einfachen Grundsätze, auf welchen unsere ganze Prozeßordnung beruht. Ebenso simpel und natürlich ist der Gang, welcher dem gerichtlichen Verfahren nach diesen Grundsätzen angewiesen wird.

Wenn jemand eine Klage anstellen will und sich bei dem Richter meldet, so muß ihm dieser über seinen Anspruch, über die Tatsachen, worauf er sich gründet, und über die Mittel, die Wahrheit dieser Tatsachen, wenn sie geleugnet würden, nachzuweisen, umständlich vernehmen.
Alsdann muß er dafür sorgen, daß der Beklagte von dem Anspruche des Klägers und dessen Gründen | hinlänglich unterrichtet und zur Erklärung 280

darüber gehörig aufgefordert werde. Die Verordnung des Richters, wodurch dies geschieht, heißt die Zitation.
Widerspricht der Beklagte der Forderung des Klägers, so muß er von dem Richter über dasjenige, was er zu den Behauptungen des Klägers zugestehe oder leugne, über die Einwendungen, welche er denselben entgegenzusetzen habe, über die Tatsachen, auf welchen diese Einwendungen beruhen, und über die Mittel, diese Tatsachen im Leugnungsfalle nachzuweisen, ebenso genau und ausführlich wie der Kläger vernommen werden.
Alsdann muß der Richter die Parteien zusammenbringen und durch ihre Zusammenstellung teils noch näher in den wahren Zusammenhang der Sache einzudringen, teils sie über die streitigen Tatsachen zu vereinigen bemüht sein.
Wenn dies geschehen ist, so muß der Richter aus den bisherigen Verhandlungen eine zusammenhängende Geschichtserzählung über die bei dem Prozesse zum Grunde liegenden Tatsachen, soweit die Parteien darüber einig sind, aufnehmen, die noch streitig gebliebenen Umstände besonders bemerken und die erheblichen, welche noch durch Beweis näher ins Licht zu setzen sind, von den unerheblichen absondern. Diese Operation heißt die Regulierung des status controversiae oder die Festsetzung des Streitpunkts.
Wenn der Richter solchergestalt den Zusammenhang der Sache, und worauf es dabei eigentlich ankomme, näher zu übersehen in Stand gesetzt worden, so muß er vorzüglich alsdann den Prozeß durch Vergleich beizulegen suchen.
Sind diese Bemühungen fruchtlos, so müssen die vorhandenen Beweismittel über die streitig gebliebenen erheblichen Tatsachen aufgenommen werden.
Wenn dies geschehen ist und alle vorhandenen Mittel zur Erforschung der Wahrheit erschöpft sind, so muß der instruierende Richter die Instruktion schließen, und alle bisherigen Verhandlungen müssen dem erkennenden Richter vollständig vorgelegt werden.
Dieser muß die Instruktion sorgfältig prüfen, und wenn er findet, daß erhebliche Tatsachen als unerheblich übergangen oder daß von wirklich noch vorhandenen Mitteln zur Erforschung der Wahrheit kein Gebrauch gemacht worden, so muß er die Ergänzung der fehlerhaften Instruktion verfügen.
Findet sich aber bei der Instruktion nichts mehr zu erinnern, so muß ein Erkenntnis abgefaßt und dadurch der Prozeß entschieden werden.

Aus diesem Gange des gerichtlichen Verfahrens erhellt, daß die Leitung desselben sich nur in den Händen des Richters befinde und daß diesem durch die Gesetze volle Macht beigelegt sei, alles anzuwenden und alle an sich erlaubten Mittel zu brauchen, um die wahre und eigentliche Bewandtnis der Tatsachen, auf welche die Vorschriften der Gesetze angewendet werden sollen, ins Licht zu setzen.

Aber der Richter kann leicht seine Pflicht vernachlässigen; er kann die ihm 280 R
anvertraute Gewalt mißbrauchen. Der Staat muß also dafür sorgen, daß die Rechte seiner Bürger weder durch bloße Willkür und parteiische Einstellungen noch durch Irrtum, Leichtsinn oder Übereilung des Richters gefährdet werden.

Die gerichtliche Verfahrungsart muß daher so eingerichtet sein, daß der Richter bei allen zur Instruktion gehörenden Verhandlungen unter beständiger Aufsicht und Beobachtung stehe und keinen seiner Schritte einer nach den Vorschriften der Gesetze anzustellenden Prüfung entziehen könne. Auf diesen Zweck zielen nachstehende Verordnungen:

Der instruierende Richter muß alle Verhandlungen bei der Instruktion in ein darüber zu haltendes Protokoll treulich und vollständig niederschreiben.

Wenn der Gegenstand des Prozesses über 50 Taler beträgt, so muß außer dem Richter, welcher die Instruktion besorgt, noch eine zweite vereidete Gerichtsperson zur Führung des Protokolls zugezogen werden.

Jede Partei hat das Recht zu verlangen, daß der Richter ihre Angaben und Anführungen, auch wenn sie ihm unerheblich und zur Sache nicht zu gehören scheinen, dennoch in das Protokoll aufnehme.

Jede Partei muß durch Vorlesung des Protokolls, durch Vorlegung desselben zum eigenen Durchlesen oder auf andre hinreichende Art in den Stand gesetzt werden, sich zu überzeugen, daß darin die Verhandlungen bei der Instruktion, so wie sie in ihrer Gegenwart wirklich vorgefallen sind, treulich niedergeschrieben worden, und sie muß zum Beweise dessen das Protokoll, wenn sie schreiben kann, selbst mit unterzeichnen.

Jede Partei hat das Recht, sich bei der Instruktion ihres Prozesses eines der Rechte kundigen Beistands zu bedienen. Diesen Beistand kann sie sich entweder selbst aus der Zahl der Justizkommissarien wählen, welche vom Staat nach vorhergegangener Prüfung für tüchtig erklärt und ausdrücklich dazu bestellt worden, den Parteien in Prozessen mit ihrem Rat und mit ihrer Rechtskenntnis an die Hand zu gehen. Will aber eine Partei eine solche Wahl nicht selbst anstellen, so ist der Richter schuldig, ihr auf ihr Verlangen einen solchen rechtskundigen Beistand zuzuordnen.

Parteien, welche die persönliche Abwartung der Instruktion ihres Prozesses aus gesetzmäßigen Gründen ablehnen, sind befugt, sich auf gleiche Art durch rechtskundige Bevollmächtigte vertreten zu lassen.

Der instruierende Richter muß diese Beistände oder Bevollmächtigte bei allen die Instruktion des Prozesses betreffenden Verhandlungen zuziehen.
Diese müssen alle seine Schritte beobachten und sind berechtigt, ihn zu erinnern und zu warnen, wenn er die Schranken der ihm anvertrauten Gewalt überschreiten, bei der Untersuchung leichtsinnig oder nachlässig zu Werke gehen oder sonst auf irgendeine Art die Rechte der Parteien gefährden wollte.
Sobald Parteien oder deren Beistände etwas dergleichen wahrzunehmen 281
glauben, sind sie berechtigt, dem ganzen Gericht oder auch der vorgesetzten Behörde desselben davon Anzeige zu machen.
Diese müssen dergleichen Anbringen sorgfältig prüfen und, wenn sie finden, daß es nicht ohne Grund sei, den instruierenden Richter zurechtweisen.
Nach geschlossener Instruktion steht es den Parteien frei, über die in der Instruktion ausgemittelten Tatsachen und ihre daraus entspringenden Ansprüche oder Einwendungen schriftliche Ausführungen entweder selbst oder durch ihre rechtlichen Beistände anzufertigen und zu den Akten zu geben.
Alsdann werden die Akten zur Abfassung des Erkenntnisses vorgelegt. Es werden, je nach Beschaffenheit und Wichtigkeit der Sache, einer oder zwei Mitglieder des Gerichts als Referenten bestellt, welche aus den sorgfältig nachgelesenen Akten dem Collegio schriftlichen Vortrag tun und ihre Meinung über die Entscheidung des Streits, mit Gründen unterstützt, eröffnen. Darüber werden hiernach die Stimmen gesammelt, und nach der Mehrheit derselben wird das Erkenntnis abgefaßt.
Damit das Schicksal eines Prozesses nicht von der Beurteilung und Entscheidung eines einzigen, menschlichen Irrtümern und Fehlern unterworfenen Gerichts abhängen möge, so steht in allen Sachen, die nicht ganz unbedeutende Kleinigkeiten von zehn Talern oder weniger importieren, den Parteien die Appellation an einen höheren Richter offen.
Die Gesetze bestimmen aber zur Ergreifung dieses Rechtsmittels eine Frist von zehn Tagen, welche von dem Zeitpunkte, da das erste Urteil den Parteien bekannt geworden, gerechnet wird.
In der Appellationsinstanz kann die Partei alle ihre Beschwerden, welche sie gegen das Verfahren des vorigen Richters zu haben glaubt, anbringen; sie kann neue Tatsachen, die von ihr in der vorigen Instanz vergessen oder von dem Richter übersehen worden, anbringen; sie kann neue Beweismittel über schon vorgekommene, aber noch nicht hinlänglich aufgeklärte Tatsachen vorschlagen.

Mit der Untersuchung der neuen Tatsachen, mit der Aufnehmung der neuen Beweismittel wird eben wie in erster Instanz verfahren. Hat der vorige Richter bei der ersten Instruktion so leger oder ordnungswidrig verfahren, daß dadurch eine neue Instruktion in der zweiten Instanz notwendig geworden ist, so muß er die Kosten dieser neuen Instruktion tragen.

Die Instruktion der zweiten Instanz geschieht in der Regel bei einem andern Gericht als dem, welches in der ersten Instanz erkannt hat. Allemal aber muß derjenige Richter, der in der zweiten Instanz erkennen soll, von dem Richter der ersten Instanz ganz verschieden und von ihm unabhängig sein.

Auch gegen das Appellationsurteil steht in allen wichtigen Sachen die dritte oder Revisionsinstanz an das Tribunal offen.

Auch noch in dieser Instanz kann eine Partei alle ihre Gründe nochmals um- 281 R
ständlich vortragen und selbst neue erhebliche Tatsachen oder Beweismittel, die sie in den vorigen Instanzen nicht hat anbringen können, anzeigen, und der Revisionsrichter beurteilt, inwiefern dergleichen Angaben ihrer Erheblichkeit wegen zur näheren Untersuchung verwiesen werden sollen.

In dieser dritten und letzten Instanz bei dem Tribunal werden allemal besondere Referenten ernannt, und da hier lauter Sachen von großer Wichtigkeit vorkommen, so wird hier bei Abfassung der Erkenntnisse mit ganz vorzüglicher Sorgfalt und Akkuratesse verfahren.

Nach diesem gesetzmäßigen Gange des Prozesses, vermöge dessen die Parteien mit ihren Gründen und Gegengründen durch drei Instanzen umständlich gehört werden, da sie in jeder dieser Instanz volle Freiheit und Gelegenheit haben, alles, was etwa in den vorigen Instanzen von ihnen selbst vergessen oder von dem Richter übersehen oder vernachlässigt worden, nachzubringen, da der Richter sich selbst von Amts wegen alle ersehliche Mühe geben muß, den wahren Zusammenhang einer jeden Streitsache ans Licht zu bringen, da er in allen seinen Operationen von den Parteien und ihren Assistenten beobachtet und kontrolliert wird, da derjenige, welcher die Sache instruiert, allemal eine ganz andere Person ist als der, welcher das Erkenntnis abfaßt, da über jede nur irgend wichtige Sache drei mit sachverständigen Männern besetzte, von einander ganz unabhängige Collegia zu erkennen haben, da es also ganz unmöglich ist, daß Vorurteil oder Präokkupation, Parteilichkeit, Nebenabsichten oder gar Bestechungen auf eine so große Anzahl von Männern, die der Staat nur nach sorgfältiger Prüfung zum Richteramte bestellt und dazu verpflichtet hat, sollten wirken und dadurch alle drei Instanzen eine wider die Gerechtigkeit und Gesetze laufende Entschei-

dung zu Wege bringen können, so kann der Staat so weit, als es in irgendeiner menschlichen Angelegenheit möglich ist, gewiß sein, daß der Prozeß wirklich so, wie es der Wahrheit und den Gesetzen gemäß ist, entschieden worden.
Der Richter muß daher dem im Prozesse obsiegenden Teile zu demjenigen, was ihm zuerkannt ist, nötigenfalls durch den Zwang der Exekution in der dazu vorgeschriebenen Ordnung verhelfen.
Die Ruhe und Ordnung in der bürgerlichen Gesellschaft gestatten es nicht, daß die Prozesse verewigt und die von dem Richter nach gesetzmäßiger Untersuchung anerkannten und festgestellten Rechte der Parteien unter irgendeinem Vorwande weiter angefochten werden.
Ein unter den gesetzmäßigen Erfordernissen gefälltes rechtskräftiges Urteil sichert also den, der es erstritten hat, für immer wider alle ferneren Anfechtungen seines Gegners und derer, die an dessen Stelle treten.
Nur wenn bei der Instruktion, auf die ein solches Erkenntnis gegründet ist, wesentliche Fehler gegen die Vorschriften der Gesetze begangen worden, kann ein dergleichen Urteil als nichtig angefochten werden.
Um nun Eurer Königlichen Hoheit von dem Gange eines Prozesses nach 282
diesen Regeln einen anschauenden Begriff zu geben, will ich einen doppelten Fall annehmen:

I.

Ein Jude hat von einem kurmärkischen Edelmann einen Schuldschein auf 1000 Taler in Händen und klagt auf die Bezahlung desselben.
Diese Klage muß er bei dem Kammergericht anmelden. Der Dezernent trägt die Anmeldung vor.

Faktum

Der Schuldschein lautet über 1000 Taler, der Kläger behauptet, die 1000 Taler dem Beklagten wirklich vorgeschossen zu haben. Es sind drei Zeugen unterschrieben.
Beklagter: Er habe nur 800 Taler bar erhalten und der Kläger habe die übrigen 200 Taler zurückgenommen.
Der Kläger leugnet diese Angabe und beharrt bei seiner Klage.
Der status controv. wird reguliert. Die Zeugen werden abgehört. Der Jude hat zwei Zeugen, welche aussagen, daß in ihrer Gegenwart die 1000 Taler dem Kläger bar bezahlt worden. Der Beklagte hat auch Zeugen, die aber nur de auditu deponieren.

In erster Instanz wird bei dem Instruktionssenat des Kammergerichts erkannt und der Beklagte kondemniert.
Dieser appelliert und zeigt an, daß der dritte Zeuge, welcher bei der Schließung des Handels zugegen gewesen und dessen Aufenthalt er bis dato nicht [habe] ausforschen können, sich jetzt in Berlin befinde und als Zeuge abgehört werden könne. Er zeigt ferner an, wie er in Erfahrung gebracht, daß der Jude die beiden Zeugen, die in erster Instanz zu seinem Vorteil deponiert, der eine Mäkler bei dem ganzen Geschäft gewesen sei und der andre Geld von dem Juden für das Zeugnis genommen habe.
Ein neuer Deputatus. Eine neue Instruktion.
Erkenntnis bei dem Oberappellationssenat.
Der Beklagte wird nur in 800 Taler kondemniert, und diese werden wegen des begangenen Wuchers dem Fiskus zuerkannt.
Der Jude revidiert. Die Sache kommt zum Tribunal. Dort wird konfirmiert.

Der zweite Fall. Es wird über die Auslegung eines Testaments gestritten. Jemand hat seinem Kommandeur seine Garderobe vermacht, ohne ihn zu benennen.

Über das Hypothekenwesen 282R

Sicherheit des Grundeigentums und Festigkeit des Realkredits sind für einen Staat von großer Wichtigkeit.

Über ersteres bedarf es keines Beweises. Es ist der Hauptzweck der ganzen bürgerlichen Gesellschaft, das Eigentum ihrer Mitglieder so wie durch die vereinigten Kräfte aller gegen gewaltsame Störungen, also durch Festsetzung sicherer allgemein erkennbarer Merkmale gegen Zweifel und Ungewißheit zu schützen.

Aber auch an der Befestigung des Realkredits ist dem Staat ausnehmend viel gelegen. Dies werden folgende Betrachtungen zeigen:

1. Man sagt, ein Mann habe Kredit, wenn es ihm leicht wird, die zu seinen Ausgaben im Verkehr oder Gewerbe erforderlichen Gelder unter billigen Bedingungen zu erhalten.
2. Diese Leichtigkeit gründet sich auf das Vertrauen, welches diejenigen, bei

denen er Darlehen sucht, in ihn setzen, daß sie die Zinsen ihrer Darlehen gehörig erhalten werden und das Kapital selbst zur bedungenen Zeit ohne Gefahr eines Verlustes werden zurücknehmen können.

3. Dieses Vertrauen beruht entweder auf den persönlichen Eigenschaften des Schuldners oder auf der Sicherheit, die er seinen Gläubigern für seine Darlehen in seinem Vermögen anweisen kann. Der persönliche und der Realkredit.
4. Der persönliche Kredit ist sehr zufällig, schwankend und kann seiner Natur nach nur von kurzer Dauer sein. Nichts ist veränderlicher als die Meinung der Menschen; der kleinste Umstand kann machen, daß der Mann, dem man heute noch wegen seiner Redlichkeit und zuverlässigen Charakters alles anvertraut hätte, morgen der Gegenstand unseres Verdachts und Argwohns wird.
5. Der Realkredit hingegen ist allgemeiner, fester und weniger Abwechslungen unterworfen. Wenn jemand, der 5/m Taler borgen will, mir ein Gut von 20/m Talern zum Unterpfande darbieten kann, so wird kein Kapitalist Anstand nehmen, ihm diese 5/m Taler gegen sehr billige Bedingungen vorzuschießen.
6. Der einzige Zweifel, welcher dabei noch übrigbleibt, ist, ob nicht dieser Gutsbesitzer noch mehrere und ältere Schulden habe, für welche sein Gut schon verpfändet ist, und ob also nicht die für das Darlehn 5/m Taler damit zu stellende Sicherheit bloß scheinbar und gar nicht wirklich vorhanden sei.
7. Dieser Zweifel kann sehr leicht in ein völliges Mißtrauen übergehen und den Realkredit ganz vernichten, wenn sich, wie oft geschieht, Fälle ereignen, da ein Gutsbesitzer wegen überhäufter Schulden bankrott wird und Leute, die ihm gegen Verpfändung seines Guts geliehen hatten, unbezahlt bleiben müssen, weil mehrere und ältere Kreditoren vorhanden sind, die sich an das Gut vorzüglich halten und dem späteren Gläubiger den Fonds zu seiner Befriedigung, auf den er gerechnet hatte, vorwegnehmen.
8. Es ist für den Staat sehr nachteilig, wenn der beste und schätzbarste Teil 283
seiner Einwohner, die Grundbesitzer, keinen Realkredit mehr haben. Sie müssen alsdann, wenn erlittene Unglücksfälle sie nötigen, zur Wiederherstellung des Schadens und Fortsetzung ihrer Wirtschaft Darlehen zu suchen, deren entweder ganz entbehren und also zugrunde gehen oder Wucherern in die Hände geraten, sich die härtesten und unbilligsten Bedingungen gefallen lassen und werden dadurch nach und nach in den Untergang hineingezogen. Alle Lust, ja alle Möglichkeit, Meliorationen, die irgendeinen Vorschuß erfordern, zu unternehmen, fällt sodann weg; der Wert der Grundstücke und ihrer Produkte, aus welchen doch der größte

und solideste Teil des Nationalreichtums besteht, sinkt herab, und der Landbau, diese Hauptbasis der Staatswohlfahrt, gerät in Verfall.

9. Es muß also dem Staat viel daran gelegen sein, ein Mittel zu finden, wodurch der Realkredit seiner Grundbesitzer befestigt und sichergestellt werden könne.

Dies Mittel zur Sicherheit des Grundeigentums und zur Befestigung des Realkredits ist die Einführung des Hypothekenbuchs.

Das Hypothekenbuch ist ein Verzeichnis aller in einem gewissen Distrikt befindlichen Güter oder aller an einem Orte gelegenen Häuser, aus welchem zu ersehen ist:

1. Der Name und die Beschaffenheit des Guts; ob darüber frei disponiert werden könne oder ob es Lehn- oder Fideikommißgut sei, wo der Besitzer bekanntlich über das Eigentum nicht disponieren kann.
2. Der Name des Besitzers und die Art, wie er zum Besitz gelangt sei; ob er es gekauft, geerbt, eingetauscht, zum Geschenk erhalten habe pp; titulus possessionis.
3. Der Wert des Guts entweder nach dem letzten Kaufe oder nach einem Anschlage, der bei einer Erbteilung aufgenommen worden pp.
4. Die Schulden, für welche das Gut verpfändet ist, worunter sowohl die eigentlichen Darlehen als andre Arten der Schulden, z. E. rückständig gebliebene Kaufgelder, Abfindungen von Miterben, übernommene Kautionen und Bürgschaften pp., gehören.

Durch dieses Hypothekenbuch wird das Grundeigentum sichergestellt. Wenn in dem Eigentum eines Grundstücks eine Veränderung vorfällt und dasselbe von einem Besitzer an einen andern übergeht, so muß der neue Besitzer sich sogleich bei dem Richter melden, ihm den Grund nachweisen, aus welchem er zum Besitz gelangt ist, und die Urkunden, auf welchen sein Besitztitel beruht, z. E. den Kaufkontrakt, das Testament usw., vorlegen. Der Richter kontrolliert diese Urkunden genau, und wenn er sie überall richtig und gesetzmäßig findet, so schreibt er den Titel des neuen Besitzers in das Hypothekenbuch ein. Dadurch wird das Eigentumsrecht desselben gegen alle Zweifel und Verdunkelungen sichergestellt, und weder er noch andre, die sich mit ihm in irgendein Geschäft oder Verkehr in Ansehung dieses Grundstücks eingelassen haben, dürfen ferner besorgen, daß noch irgendjemand vorhanden sei, der ein besseres Recht auf das Eigentum des Guts habe als der wirkliche Besitzer.

Aber auch der Realkredit wird durch das Hypothekenbuch gegründet und befestigt. Die Gesetze haben verordnet, daß diejenigen, welche auf ein Gut geliehen haben und ihre Forderung in das Hypothekenbuch eintragen lassen, aus dem Werte dieses Guts vorzüglich vor allen andern Privatgläubigern des Besitzers befriedigt werden sollen, und zwar nach der Ordnung der Zeit, wie ihre Einschreibung im Hypothekenbuch geschehen ist. Wenn z. E. jemand ein Gut von 20/m Talern und 25/m Taler Schulden hat, wovon aber nur 18/m Taler im Hypothekenbuch eingeschrieben sind, so wird, | wenn der Bankrott über ihn ausbricht, das Gut gerichtlich verkauft. 283 R
Von dem dafür gelösten Kaufgelde werden zuerst die im Hypothekenbuch eingeschriebenen 18/m Taler Schulden bezahlt, und die andern 7000 Taler Privatschulden erhalten nur, was etwa nur von dem Kaufgelde noch übrigbleibt. Hat nicht soviel für das Gut gelöst werden können, als die eingetragenen Schulden betragen, so gehen die früher eingeschriebenen Kreditoren den jüngeren vor, und der zuletzt eingetragene muß den Ausfall tragen. Wenn also jemand wissen will, ob er auf ein Gut mit Sicherheit Geld leihen könne, so darf er sich nur das Hypothekenbuch aufschlagen lassen. Aus diesem sieht er, ob der Besitzer frei über das Gut disponieren und Schulden darauf gültig kontrahieren könne, wieviel das Gut wert sei, ob und wieviel an früheren Schulden darauf schon eingetragen sind. Nun kann er mit Zuverlässigkeit beurteilen, ob der Wert des Guts ihm für das dem Besitzer zu gebende Darlehen eine hinlängliche Sicherheit gewähre, und er kann gewiß sein, daß diese Sicherheit, die ihm durch das Einschreiben seiner Forderung in das Hypothekenbuch verschafft wird, derselben durch keinen andern Gläubiger des Besitzers streitig gemacht oder vereitelt werden könne.
Auf diese Art wird also durch das Hypothekenbuch der Realkredit der Grundbesitzer erleichtert und befestigt, indem ein jeder, der mit seinem Gute für ein aufzunehmendes Darlehen noch hinlängliche Sicherheit geben kann, dem Manne, bei welchem er das Geld sucht, nur sein Hypothekenbuch vorlegen darf, um auch bei diesem eine gleiche Überzeugung hervorzubringen. Auf der andern Seite wird dadurch aller Mißbrauch des Realkredits verhütet. Denn wenn jemand auf sein Gut schon so viel oder mehr Schulden hat eintragen lassen, als der Wert desselben beträgt, so wird ihm niemand mehr darauf leihen, und er wird also nicht mehr imstande sein, durch falsche Vorspiegelungen von seinen Reichtümern und großen Besitzungen seine Mitbürger zu betrügen.

Die Führung dieses Hypothekenbuchs nun ist in Ansehung der Häuser den Magisträten und in Ansehung der Landgüter den Landesjustizkollegien anvertraut. Bei letzterem macht die Mark allein eine Ausnahme, wo die Stände ihr Hypothekenbuch durch ihre eigenen Offizianten führen lassen.

Dem das Hypothekenbuch führenden Richter müssen,
1. wie schon oben bemerkt worden, alle Veränderungen, die sich in dem Besitz des Grundstücks ereignen, angezeigt werden. Er prüft genau nach den Vorschriften der Gesetze, ob der Grund, aus welchem der neue Besitzer zu dem Eigentum des Grundstücks gelangt zu sein behauptet, überall richtig und rechtmäßig sei. Wenn sich dabei Bedenklichkeiten finden, die künftig zu den Zweifeln oder gar zu Prozessen über die Rechtmäßigkeit des Besitzes Anlaß geben könnten, so sorgt er dafür, daß solchen Bedenklichkeiten noch in Zeiten abgeholfen werde. Erst dann, wenn bei dem Rechte des neuen Besitzers sich nichts mehr zu erinnern findet, wird dasselbe in das Hypothekenbuch eingeschrieben oder, wie der Kunstausdruck heißt, der Titulus possessionis wird für den neuen Besitzer berichtigt.
2. Wer Geld auf ein Gut leihen oder sonst eine Schuld darauf versichern will, muß das über seine Forderung von dem Besitzer ausgestellte Dokument ebenfalls dem Richter vorlegen. Dieser untersucht auf gleiche Art, ob bei dem Geschäfte, aus welchem die | Forderung entspringt, oder bei der 284
Form und Abfassung des Dokuments irgendetwas nach den Gesetzen zu erinnern sei. Ist alles richtig und gesetzmäßig verhandelt, so schreibt der Richter die Schuld in das Hypothekenbuch ein, welches man in der Kunstsprache Ingressieren oder Eintragen nennt. Dadurch erhält der Gläubiger die Versicherung, daß er aus dem Werte des Guts an dem Orte, wo seine Forderung eingetragen steht, wenn dieser Wert so weit hinreicht, seine Befriedigung zuverlässig erhalten werde.
3. Wenn der Gläubiger, der eine eingetragene Forderung hat, sein Geld verlangt, so kann er sich zwar wie natürlich an den Besitzer des Guts als seinen Schuldner halten und diesem sein Kapital aufkündigen. Er kann aber auch zu seiner Befriedigung dadurch gelangen, daß er einen Dritten findet, der eben Geld unterbringen will, der ihm sein Kapital bezahlt und sich dagegen seine Forderung an das Gut abtreten oder zedieren läßt. Der neue Gläubiger tritt alsdann in alle Rechte des alten und wird nunmehr ein Kreditor des Guts. Will er dabei völlig sicher sein, so muß er die an ihn geschehene Zession dem Richter anzeigen und deren Richtigkeit nachweisen, worauf sie sodann in das Hypothekenbuch unter einer dazu bestimmten Rubrik eingeschrieben wird.

4. Wenn der Grundbesitzer eine eingetragene Schuld bezahlt hat, so läßt er sie im Hypothekenbuch löschen, d. h. er weist dem Richter die geleistete Zahlung nach und legt ihm die darüber erhaltene Quittung vor. Der Richter streicht alsdann die gezahlte Post im Hypothekenbuch aus und bemerkt unter einer dazu gewidmeten Rubrik, wie und zu welcher Zeit die Zahlung erfolgt sei.
5. Von allen Dokumenten, die bei dem Hypothekenbuch vorkommen, von allen Kontrakten, Testamenten, Erbrezessen, Schuldverschreibungen, Zessionen und Quittungen werden genaue Abschriften bei den Hypothekenakten aufbewahrt, so daß die zu einem Gute gehörigen Nachrichten und Urkunden, wenn sie auch in den Händen ihrer Inhaber durch Länge der Zeit, Unvorsichtigkeit oder Zufall verloren gehen sollten, doch allemal in solchen beglaubigten Abschriften bei den Hypothekenakten vorhanden sind und man also gegen alle Verdunkelungen der Rechte und Ansprüche, die nach langem Zeitverlauf sehr häufig entstehen, gesichert sein kann.

Der Richter muß bei Führung des Hypothekenbuches mit der strengsten Ordnung und genauesten Akkuratesse verfahren. Er muß dafür stehen, daß sein Hypothekenbuch stets vollkommen richtig und zuverlässig sei, und wenn er dabei die geringste Unrichtigkeit begeht, es sei aus Vorsatz oder auch nur aus Versehen, so muß er jeden daraus entstehenden Schaden aus seinem eigenen Vermögen ersetzen.

Auf diese Verfassung unseres Hypothekenwesens gründen sich die in den meisten Provinzen der Monarchie errichteten Kreditsysteme, von welchen man Eurer Königlichen Hoheit schon bei dem Vortrage der Finanzwissenschaft unterhalten haben wird. Es ist nämlich bei aller Sicherheit, welche ein Grundstück einer darauf im Hypothekenbuch eingetragenen Forderung gewährt, doch immer möglich, daß der Kreditor daran einen Verlust leide. Einesteils kann der Kapitalist, wenn er Geld auf ein Gut leihen will, den Wert dieses Guts bei der Beurteilung seiner Sicherheit nirgends anders her kennenlernen als aus dem Hypothekenbuch, wie hoch nämlich der Besitzer das Gut erkauft, in der Erbteilung angenommen, es taxieren lassen pp. Nun ist es aber sehr möglich, daß der Besitzer sich überkauft, daß er das Gut zu hoch über seinem wahren Wert bei der Erbteilung angenommen hat, daß die Taxe unrichtig sei, daß also das Gut nicht diejenige Sicherheit gewähre, die sich der Kapitalist davon nach dem im Hypothekenbuch eingetragenen übertrie|benen Werte versprochen hatte. Andernteils ist es möglich, daß ein 284 R

Gut durch allerlei Unglücksfälle, z. E. Brand, Überschwemmung, Mißwachs, Viehsterben pp., in seinem Werte wenigstens auf eine Zeitlang sehr heruntergesetzt werden kann. Der Kapitalist riskiert also immer noch, nicht nur seine Zinsen nicht gehörig zu erhalten, sondern auch, wenn das Gut in solchen delaborierten Umständen verkauft werden muß, in seinem Kapital einen Ausfall zu erleiden.

Dergleichen Fälle hatten sich in Schlesien nach dem 7jährigen Kriege sehr häufig zugetragen, indem viele Güter durch den Krieg sehr ruiniert waren und ihr Wert durch die Münzveränderung sehr gefallen war. Es hatten bei den vielen nach dem Frieden ausgebrochenen Konkursen viele im Hypothekenbuch eingetragene Gläubiger Kapital und Zinsen verloren, und dadurch hatte der Realkredit der Grundbesitzer so gelitten, daß sie die zu ihren Bedürfnissen erforderlichen Gelder entweder gar nicht oder doch nur unter den onerösesten Bedingungen erhalten konnten.

Um diesem Übel abzuhelfen, vereinigten sich auf Veranlassung und unter Approbation des hochseligen Königs die schlesischen adligen Gutsbesitzer und fertigten auf die Güter Pfandbriefe unter ihrer gemeinschaftlichen Garantie und Verbürgung aus. Diese Pfandbriefe sind im Grunde nichts anderes als Hypothekeninstrumente, wodurch aber dem Inhaber außer dem Werte des Guts, auf welches sie gegeben worden, auch die Garantie der verbundenen Landschaft dergestalt verpfändet wird, daß das ganze Korps der Stände ihm für jeden möglichen Ausfall haftet, den er an seinem Kapital oder Interessen erleiden könnte. Die Landschaft versichert sich dagegen durch eine sehr genaue und zuverlässige Taxe von dem wahren Werte des Guts, auf welches sie Pfandbriefe geben und sich dafür verbürgen soll. Sie hat Mittel in Händen, wenn ein solches Gut Unglücksfälle leidet, sogleich das Retablissement zu besorgen und dadurch den vorigen Wert wiederherzustellen. Die Pfandbriefe gewähren also ihrem Inhaber den höchsten Grad der Sicherheit für sein Kapital und dessen richtige Verzinsung. Sie sind sogleich so eingerichtet, daß sie bequem und ohne alle Weitläufigkeiten aus einer Hand in die andre übergehen und also leicht in Zirkulation gebracht werden können.

Durch dieses Mittel ward dem ganz vernichteten Realkredit der schlesischen Gutsbesitzer in kurzer Zeit völlig wieder aufgeholfen und das allgemeine Mißtrauen der Kapitalisten gegen die Gutsbesitzer gänzlich gehoben. Die Zinsen, die sonst mit 6 Prozent bezahlt werden mußten, wurden auf 4 Prozent heruntergebracht. Die Zirkulation erhielt durch die dazu bequem eingerichteten Pfandbriefe neues Leben. Die Industrie und die Lust, durch

Meliorationen den Ertrag der Güter zu verbessern, ward durch die Leichtigkeit, die dazu benötigten Gelder zu finden, unterstützt. Die Güter stiegen immer mehr im Werte, der Landbau nahm sich in einem ganz unglaublichen Grade auf, und der durch dieses gesegnete Mittel jährlich höher steigende Wohlstand Schlesiens reizte die meisten übrigen königlichen Provinzen zur Nachahmung. Doch man wird die Vorteile der Kreditsysteme und die Wichtigkeit derselben für den Staat Eurer Königlichen Hoheit bei dem Vortrage der Finanzwissenschaft bereits detailliert haben. Jetzt arbeitet man dem Vernehmen nach an einer Veränderung in den Grundsätzen und Verfassungen derselben. Die Vorsehung gebe, daß diejenigen, die auf solche Art auch dieses große Werk Friedrichs des Einzigen zu meistern sich anmaßen und ihren Ideen | darüber das allerhöchste Vertrauen zu erwerben gewußt haben, 285
durch die Ausführung derselben nicht eine gänzliche Zerüttung desselben, wodurch der Wohlstand des Landes gewiß einen sehr harten Stoß erhalten würde, bewirken mögen.

Über das Depositalwesen

Es kommen oft Fälle vor, daß Gelder, Pfandbriefe oder Schuldscheine oder auch andere bewegliche Sachen, z. E. Juwelen pp., in gerichtliche Verwahrung niedergelegt werden müssen. Diese Fälle sind von doppelter Art:

1. Wenn eine Geldsumme oder eine andere Sache streitig ist, so daß mehrere zugleich Anspruch darauf machen und [über] diese Ansprüche so wie die vorzüglichen Rechte des einen vor dem andern erst durch einen Prozeß entschieden werden muß, so wird inzwischen und bis zum Erfolg dieser Entscheidung das streitige Objekt in gerichtliche Verwahrung oder, in der Kunstsprache, ad depositum abgeliefert, z. E. bei dem Banquerout eines Kaufmanns.
2. Wenn Minderjährige unter Vormundschaft stehen und Gelder für sie eingehen, die zu ihren Ausgaben nicht erforderlich sind und doch auch dem Vormund nicht in Händen gelassen werden können, so werden diese Gelder ebenfalls in das Depositum des Vormundschaftsgerichts abgeliefert.

Dergleichen in gerichtliche Verwahrung gekommene Gelder und Sachen heißen Deposita. Der Richter ist schuldig,

1. dieselben sicher aufzubewahren, also, daß sie dem, welchem sie gehören, sogleich als die Ursache der Deponierung wegfällt, wieder herausgegeben werden können;
2. in der Zwischenzeit aber muß der Richter, besonders bei Geldern, welche Minderjährigen gehören, für deren sichere und zinsbare Unterbringung sorgen.

Zur Erreichung der nötigen Sicherheit der Deposita sind folgende Veranstaltungen getroffen:

1. Sie werden in feuerfesten Gewölben und in eisernen oder sonst stark verwahrten Kästen aufbehalten.
2. Ein solcher Kasten hat drei verschiedene Schlösser, und die Schlüssel zu diesen sind unter drei Personen aus dem Gerichte verteilt, so daß einer ohne den andern den Kasten nicht öffnen kann und also alle drei miteinander komplottieren müßten, wenn irgendetwas aus dem Depot entwendet werden sollte.
3. Diese drei Personen, welche die Depositarii heißen, dürfen nichts einnehmen oder ausgeben, als wozu sie durch ausdrückliche schriftliche Ordres des ganzen Gerichts angewiesen werden.
4. Das ganze Gericht haftet für die Sicherheit des Depositum und muß den Interessenten jeden dabei auch nur durch das kleinste Versehen sich ereignenden Verlust ersetzen.
5. Es wird darüber eine genaue und ordentliche Rechnung geführt. Das Journal oder Kassenbuch und das Manual werden von den Depositarii gehalten, | und die Kontrolle darüber führt das ganze Gericht. 285 R
6. Die Kasse wird alle Vierteljahre, und außerdem sooft es der Präsident des Gerichts für gut findet, visitiert, die Bücher werden abgeschlossen, und der Bestand muß vorgezeigt werden.
7. Alle Jahre müssen die Depositarii über ihre Administration förmlich Rechnung legen, welche ihnen von dem ganzen Gericht abgenommen wird und wo sie die Richtigkeit aller Einnahmen und Ausgaben durch die obgedachten Ordres des Gerichts und durch die von den Empfängern der Gelder oder Sachen aufgestellten Quittungen nachweisen müssen.

Ehemals blieben Gelder, die in das gerichtliche Depot abgeliefert waren, so lange tot und müßig liegen, bis sie nach hinwegfallender Ursache der Deposition ihren Eigentümern zurückgegeben werden konnten. Dadurch ward im ganzen Lande eine beträchtliche Summe Geldes der Zirkulation entzogen, und die Interessenten verloren für diese oft lange Zwischenzeit allen Genuß von Zinsen. Diesem half der hochselige König dadurch ab, daß er es den Gerichten zur Pflicht machte, für die sichere zinsbare Unterbringung der in ihre Verwahrung kommenden Gelder zu sorgen und den Interessenten die dadurch gewonnenen Zinsen gehörig zu berechnen. Jetzt müssen also die Gerichte, sobald Geld in ihr Depot einkommt, welches wahrscheinlich länger als sechs Wochen in ihren Händen bleiben wird, sich sofort um Gelegenheit bewerben, dasselbe auf Hypotheken gegen Pfandbriefe oder auf irgendeine andre Art sicher unterzubringen. Für die Sicherheit dieser Unterbringung müssen die Gerichtspersonen mit ihrem eignen Vermögen haften, und über die Zinsen muß den Interessenten, wenn zu seiner Zeit die Rückzahlung des Kapitals erfolgt, ordentliche Rechnung gelegt werden. Wenn die Gerichte keine andre Gelegenheit wissen, das Geld sicher und gegen höhere Zinsen unterzubringen, so ist ihnen erlaubt, dasselbe in die Bank zu schicken, von welcher die Gelder der Minorennen mit 3, die übrigen aber mit 2 Prozent verzinst werden. Durch diese weise Veranstaltung des hochseligen Königs ist nicht nur die Zirkulation des Geldes im Staat vermehrt, sondern auch den Interessenten, vornehmlich den Witwen oder Waisen, der wichtige Vorteil verschafft worden, daß nicht allein ihre kleinen Kapitalien in den Händen des Richters völlig sicher sind, sondern ihnen auch Revenuen abwerfen, die sich damit selbst zu verschaffen [sie] in den wenigsten Fällen Gelegenheit haben würden.

(Schlußwort)

Ich schließe, gnädiger Herr, die Vorträge, in welchen ich länger als ein Jahr 286
hindurch Eure Königliche Hoheit über die verschiedenen Teile und Gegenstände der Rechtswissenschaft zu unterhalten die Gnade gehabt. Ich werde es stets als das höchste Glück meines Lebens ansehen, daß ich dieses so wichtigen und ehrenvollen Auftrags gewürdigt worden bin. Ob es mir gelungen sei, Eurer Königlichen Hoheit gehegten Erwartungen bei der Ausführung desselben einigermaßen zu erfüllen, dies muß ich Höchstdero gnädigem und nachsichtsvollem Urteil lediglich überlassen. Darüber aber darf ich mir vor Gott und meinem Gewissen Zeugnis geben, daß ich Ihnen, gnädiger Herr, nichts gesagt habe, als was ich bei der sorgfältigsten Prüfung als wahr, richtig und dem großen Zwecke meines Vortrags gemäß erkannt habe. Ich habe Ihnen mitunter dreiste Wahrheiten gesagt, welche den Ohren der Fürsten selten willkommen sind, aber ich hielt es für meine Pflicht, dies zu tun; denn es kommen die Zeiten, wo Eure Königliche Hoheit Dero Person und künftig Dero Thron mit Leuten umgeben sehen werden, denen es an Mut oder an Uneigennützigkeit fehlt, ihrem Gebieter unangenehme, aber notwendige Wahrheiten vorzutragen. Möchten doch Eure Königliche Hoheit Sich in diesen Zeiten zuweilen an gewisse Grundsätze erinnern, die Ihnen ein Mann gesagt, der keine andre Regel seiner Handlungen kennt als seine Pflicht und die innigste Zuneigung für sein Vaterland und dessen erhabenen Herrscher. Ich ziehe mich jetzt ehrfurchtsvoll in den großen Kreis Eurer Königlichen Hoheit übrigen treuen und untertänigen Verehrer zurück und werde in dem Glück, die großen Eigenschaften Ihres Charakters näher als andre zu kennen, einen neuen Antrieb finden, meine Pflicht gegen den Staat und also auch gegen Eure Königliche Hoheit mit demjenigen Eifer, zu welchem nur persönliches Attachement beseelen kann, aus allen Kräften ein Genüge zu leisten. Geruhen Eure Königliche Hoheit, mich zuweilen eines gnädigen Andenkens zu würdigen, so ist der höchste Gipfel meiner Wünsche erreicht.

KRONPRINZENVORTRÄGE

Schriftliche Vorträge

Allgemeines Staatsrecht

[GRUNDSÄTZE DES NATUR- UND ALLGEMEINEN STAATSRECHTS]

Das Allgemeine Staatsrecht, welchem Eure Königliche Hoheit gegenwärtig 288
einen Teil Ihrer Stunden zu widmen geruhen wollen, verdient in der Tat die ganze Aufmerksamkeit eines künftigen Regenten. Diese Wissenschaft hat zur Absicht, die Natur und Beschaffenheit der unter einer gemeinschaftlichen Obergewalt vereinigten bürgerlichen Gesellschaften, welche wir Staaten nennen, näher zu erforschen, den Zweck aufzusuchen, zu welchem die Menschen mit Aufopferung ihrer natürlichen Freiheit sich in Staaten begeben und der Obergewalt eines andern unterworfen haben, endlich aber aus diesem Zweck die Verhältnisse zwischen Regenten und Untertanen nebst ihren gegenseitigen Rechten und Pflichten zu entwickeln. Der Geschichte bleibt alsdann vorbehalten, dem aufmerksamen Beobachter im Spiegel der Erfahrung zu zeigen, wie durch treue Beobachtung dieser Rechte und Obliegenheiten Reiche blühend und glücklich oder durch deren Vernachlässigung Nationen elend und verächtlich geworden sind.

Ehe wir aber, gnädiger Herr, den Menschen im Stande der bürgerlichen Gesellschaft betrachten und über seine Verhältnisse als Mitglied eines Staates nachdenken können, werden wir uns zuvor denselben im Stande der Natur, wo noch kein Staat, kein Oberherr, keine bürgerliche Ordnung existiert, vorstellen müssen. Die Geschichte lehrt uns nämlich, daß Staaten und Könige nicht vom Anfang der Dinge her dagewesen sind; daß fast in jedem Lande des Erdbodens, von dessen früherem Zustande uns Nachrichten überliefert worden, eine Zeit war, wo die Menschen entweder einzeln oder in Familien und Geschlechter verteilt ganz frei und unabhängig voneinander lebten, und daß erst nach Verlauf von Jahrhunderten, ja -tausenden durch den Zusammentritt dieser Familien und kleineren Gesellschaften die großen Verbindungen entstanden sind, die unsere heutigen Staaten ausmachen.

Es muß daher interessant für uns sein zu wissen, welches die Rechte sind, die dem Menschen in diesem natürlichen Zustande zukommen, welcher der-

selben er sich bei seinem Übergang in die bürgerliche Gesellschaft begeben habe und welches die Vorteile sind, die er mit der Aufopferung eines Teils seiner natürlichen Freiheit und Unabhängigkeit hat erkaufen wollen.
Die natürlichen Rechte und Pflichten des Menschen lassen sich am füglichsten aus dem Triebe zur Glückseligkeit herleiten, der einem jeden unter uns von unserem großen Urheber eingepflanzt, der also gewiß der Zweck unseres Daseins, die Grundlage unserer ganzen moralischen Natur ist. Ein jeder Mensch ohne Unterschied oder Ausnahme sehnt sich danach, glücklich zu sein. Dahin vereinigen sich alle seine Wünsche und Bestrebungen, das ist das letzte Ziel, wohin alle seine Unternehmungen abzwecken. Selbst in Fällen, wo die Handlungen eines Menschen diesem Zwecke ganz entgegen zu sein scheinen, werden wir bei näherer Untersuchung immer finden, daß ein solcher Mensch bloß durch falsche Begriffe von dem, was zu seiner Glückseligkeit gehöre, irregeführt worden und daß er durch eben die Handlung, die ihn ins Verderben stürzt, seine Wohlfahrt zu befördern geglaubt hat.
Nach dem Begriff, den wir uns von Gott als dem Urheber unseres Wesens und unserer Natur zu machen haben, müssen wir notwendig annehmen, daß das höchste Wesen, indem es diesen rastlosen Trieb zur Glückseligkeit in unsere Brust gepflanzt, uns zugleich die Kräfte und Mittel gegeben hat, durch deren weise Anwendung wir denselben befriedigen können. Wir können also auch sicher behaupten, daß jeder Mensch von Natur berechtigt sei, alles zu tun, was seine Glückseligkeit erhält und befördert, sowie verpflichtet, alles zu unterlassen, was diese Glückseligkeit stört oder hindert.
Wollen wir uns nun im allgemeinen belehren, was denn eigentlich zur Glückseligkeit des Menschen gehöre, so müssen wir auf die Beschaffenheit seines Wesens, nach welchem er aus einem organisierten Körper und einem vernünftigen Geiste zusammengesetzt ist, Rücksicht nehmen. In seiner Seele entdecken wir Vernunft, Freiheit des Willens und eine Menge andrer mannigfaltiger Fähigkeiten. Vermöge seiner Vernunft ist er imstande, Begriffe zu fassen, Kenntnisse zu erwerben, Wahrheit | zu finden, Entdeckungen 288R
im Reiche der Natur zu machen, über sich selbst, über seine Handlungen und deren Folgen nachzudenken. Vermöge der Freiheit seines Willens ist er fähig, sich in seinen Handlungen nach vernünftigen Bewegungsgründen zu bestimmen, das, was der Verstand als gut erkannt hat, zu begehren und das, was dieser als schädlich und böse verwirft, zu verabscheuen. Je heller nun sein Verstand, je ausgebreiteter seine Kenntnisse und Einsichten sind, je richtiger, je freier sein Begehrungsvermögen und je mehr es dem Einfluß der Vernunft untergeordnet ist, desto mehr nähert sich der Mensch dem

großen Zweck seines Daseins, seiner Glückseligkeit. Ebenso finden wir, daß der Leib des Menschen mit einer Menge von Organen und Gliedmaßen ausgestattet ist, die er als Werkzeuge der Seele gebrauchen kann, mit einer Menge von Kräften, die er anwenden kann, sich den Besitz der Güter außer ihm zu erwerben und zu versichern. Je mehr alle diese Gliedmaßen und Organe sich im Stande befinden, das auszurichten und zu bewirken, wozu sie die Natur bestimmt hat, je mehr seine körperlichen Kräfte durch Gebrauch und Übung gestärkt worden, je leichter sich also die Seele dieser ihrer Werkzeuge bedienen kann, desto vollkommener stimmt alles im Menschen zur Erreichung seines letzten Zwecks, seiner Glückseligkeit, überein. Wir finden ferner, daß die Natur um uns her einen Überfluß physischer Güter ausgestreut hat, deren Besitz wir uns durch die Anwendung unserer Fähigkeiten und Kräfte verschaffen können und die uns helfen, teils unser Dasein zu erhalten, teils dasselbe froher und angenehmer zu machen. Wir bemerken endlich, daß der Mensch von der Natur nicht bestimmt sei, in der Welt isoliert und ohne alle Verbindung mit andern zu leben, daß er eine Menge von Bedürfnissen habe, die nur in einer solchen Verbindung befriedigt werden könne, daß in ihm ein starker Trieb zur Geselligkeit wirke und daß es also mit zu seiner Glückseligkeit gehöre, in gesellschaftlichen Verbindungen zu leben.
Der Mensch hat folglich ein natürliches Recht, sein Dasein zu erhalten, weil dieses die Bedingung ist, unter welcher er alle seine übrigen Güter nur genießen kann; er hat ein Recht, seinen Verstand aufzuklären, Wahrheit zu suchen und den Vorrat seiner Begriffe und Kenntnisse zu vermehren; er hat das Recht, die Freiheit seines Willens zu behaupten und sich in seinen Entschließungen und Handlungen nur durch die Einsichten seines Verstandes, nicht aber durch blinde Triebe oder äußeren Zwang bestimmen zu lassen. Er hat das Recht, für die Nahrung und Gesundheit seines Körpers zu sorgen, die Gliedmaßen und Kräfte desselben zu üben und dadurch zu stärken und zu verbessern. Er hat das Recht, durch die Anwendung seiner körperlichen und Geisteskräfte sich allerhand Güter, die außer ihm sind, zuzueignen und sich bei dem Besitz derselben zu erhalten. Er hat endlich das Recht, in Gesellschaften zu treten und vereinigt mit andern Menschen an der Beförderung seiner moralischen und physischen Glückseligkeit zu arbeiten.
Aus diesen Rechten entstehen Pflichten, vermöge deren dem Menschen teils obliegt, für die Erhaltung und Vervollkommnung aller dieser Güter zu sorgen, teils in Fällen, wo es ihm unmöglich wäre, sie insgesamt und jedes in einem gleichen Maße zu erreichen, die Ausnahmen und den Vorzug, welchen er alsdann einem vor dem andern geben muß, nach Regeln zu bestim-

men, welche die Vernunft aus dem verschiedenen Werte dieser Güter und aus dem mehreren oder minderen Grade herleiten muß, in welchem jedes derselben zu dem Ganzen unsrer Glückseligkeit beitragen kann.

Dies, gnädigster Herr, sind gleichsam die Außenlinien des weiten Gebietes der praktischen Philosophie, welche den Menschen über den ganzen Umfang seiner Rechte und Pflichten belehren soll. Zu unsrer gegenwärtigen Absicht ist es nicht nötig, daß wir uns in den verschiedenen einzelnen Provinzen dieses Reichs länger verweilen; nur eine derselben wird | unsere Auf- 289
merksamkeit noch auf einige Augenblicke beschäftigen dürfen, und diese ist das sogenannte Naturrecht.

Der Gegenstand dieser Wissenschaft sind bloß die natürlichen Rechte des Menschen gegen andre außer ihm und unter diesen nur solche, die er nötigenfalls mit Gewalt und Zwang auszuüben befugt ist.

Da, wie wir gesehen haben, jeder Mensch von Natur ein Recht hat, seine Glückseligkeit zu suchen und zu befördern, dies aber nicht anders geschehen kann, als wenn er sich im Besitz seiner teils angeborenen, teils erworbenen Güter erhält und die Summe derselben durch Anwendung seiner Fähigkeiten und Kräfte vermehrt, so ist der Mensch vollkommen berechtigt, sich einem jeden, der ihm diese Güter entreißen oder ihn in dem freien Gebrauch seiner Kräfte zur Vermehrung derselben hindern will, mit Gewalt zu widersetzen, folglich gegen einen jeden, der ihn beleidigt, sich mit Gewalt zu schützen und bevorstehenden oder wiederholten Beleidigungen durch solche Mittel vorzubeugen, die er für die schicklichsten hält, seinen Beleidiger zu dergleichen widerrechtlichen Unternehmungen außer Stand zu setzen.

So weit geht also das Zwangsrecht des Menschen im Stande der Natur. Er kann, nötigenfalls mit Gewalt, verhindern, daß ihm ein andrer nichts von dem Seinigen entziehe; er kann das, was ihm geraubt worden, mit Gewalt zurücknehmen; er kann, wenn ein solcher Ersatz nicht mehr stattfindet, Entschädigung dafür von dem Beleidiger fordern.

Dies Recht ist allerdings von großem Umfang, wenn wir erwägen, daß zu dem Seinigen eines jeden Menschen nicht nur seine angeborenen Fähigkeiten, Kräfte und übrigen Güter, sondern auch alle diejenigen gehören, die durch den Gebrauch dieser Fähigkeiten und Kräfte, durch die Wohltaten der Natur, durch Verträge mit andern Menschen, ja selbst nur durch einen glücklichen Zufall sein geworden sind. Alle diese Güter und seine Freiheit, deren noch mehrere sich zu verschaffen, kann er mit Anwendung aller seiner Kräfte verteidigen.

Aber diese Zwangsrechte haben auch ihre natürlichen Grenzen. Jeder

Mensch ist befugt, sich im Besitz und Genuß des Seinigen mit Gewalt zu behaupten. Jeder Mensch ist also verpflichtet, keinen andern zu beleidigen und vielmehr einem jeden das Seine zu lassen. Eben daraus folgt aber auch, daß im Stande der Natur kein Mensch das Recht haben kann, den andern wider dessen Willen zu zwingen, daß er zu seiner, des Zwingenden, Glückseligkeit etwas beitrage, daß er von dem Seinigen etwas hergebe oder aufopfere, um damit das Wohl des andern zu vermehren. Denn da im Stande der Natur der Gebrauch, den ein jeder von seinen Fähigkeiten, Kräften und übrigen Gütern machen will, solange dieser Gebrauch nur nicht in eine Beleidigung andrer ausartet, lediglich von seinen eigenen Einsichten und Entschließungen abhängt, da diese Freiheit des Willens zu den vorzüglichsten angeborenen Gütern gehört, bei deren Besitz ein jeder sich mit Gewalt zu behaupten befugt ist, so würde ja der, welcher den andern zwingen wollte, seine Handlungen nach dem Zweck der Glückseligkeit des Zwingenden einzurichten, sich einer Beleidigung gegen die Freiheit desselben schuldig machen; er würde ihm ein Recht geben, diesem Eingriff mit Gewalt zu widerstehen; es würde also ein Widerspruch zwischen Recht und Recht da sein, und ein solcher Widerspruch ist in der moralischen Natur ebensowenig als in der physischen denkbar.

Hier fängt also das Gebiet der Moral an. Ihr kommt es zu, den Menschen zu belehren, in welcher natürlichen und untrennbaren Verbindung die Wohlfahrt eines jeden einzelnen Menschen mit dem Wohl und der Glückseligkeit seiner Nebenmenschen stehe, daß nur edle, großmütige und wohlwollende Gesinnungen der Natur und Würde unsers unsterblichen Geistes gemäß sind; daß wir nur durch solche Gesinnungen und deren tätige Ausübung | uns 289 R
das Wohlwollen und die Zuneigung andrer, die zu unsrer Glückseligkeit so unentbehrlich sind, verschaffen können; daß wir nur dadurch, indem wir andre um uns her glücklich und zufrieden machen, die wohlwollenden Neigungen, welche der Schöpfer in uns gelegt hat, befriedigen können; daß nur diese Befriedigung das Mittel sei, eine heitere Zufriedenheit in unserem Herzen zu erzeugen, die am Ende alle übrigen Güter, womit Natur oder Zufall uns beschenkt haben, weit überwiegt; daß, mit einem Worte, nur praktische Tugend uns wahrhaft glücklich machen könne; daß wir also, wenn wir unsere wahre Glückseligkeit befördern wollen, auch andre um uns her, so viel an uns ist, glücklich machen und daß wir sogar zuweilen diesem edelsten unserer Triebe, dem Wohlwollen, einen Teil unsrer übrigen Güter, wenn deren fernerer Besitz nicht damit bestehen kann, aufopfern müssen. Da, wo uns die philosophische Moral verläßt, ergreift die Religion unsere Hand,

führt uns dem Ziele unserer ewigen Bestimmung näher, läßt uns Blicke auf dieses Ziel jenseits des Grabes tun und überzeugt uns noch kräftiger, daß nur die Ausbildung und Vervollkommnung unseres unsterblichen Geistes der Zweck unseres hiesigen Daseins ist und daß wir alle andern Güter, ja sogar unser irdisches Dasein selbst der Erfüllung dieses unseres höchsten Zwecks aufopfern müssen.

Moral und Religion legen uns also eine Menge von Pflichten auch gegen andre Menschen auf und verknüpfen unsere Glückseligkeit mit einer treuen und gewissenhaften Beobachtung derselben. Aber diese Pflichten sind nicht zwingend, sie geben andern außer uns kein Recht, ihre Erfüllung von uns mit Gewalt zu fordern. Unsere natürliche Freiheit wird durch diese moralischen Gesetze nicht aufgehoben; denn wir werden dadurch nur insoweit verpflichtet, als sich unser Verstand überzeugt findet, daß sie zu unserer Glückseligkeit nötig oder beförderlich sind. Unsere eigne Einsicht und Überzeugung sind also hierunter unsere alleinigen Richter. Niemand außer uns kann sich einer Beurteilung darüber anmaßen, inwiefern wir um unserer eigenen Glückseligkeit willen das Wohl anderer befördern müssen. Tugend verträgt ihrer Natur nach keinen Zwang. Ich kann im Stande der Natur nur gezwungen werden, die Pflichten der Gerechtigkeit zu beobachten, d. h. niemanden zu beleidigen und einem jeden das Seine zu lassen. Niemand aber kann mich zwingen, wohlwollend und edelmütig zu handeln, weil diese Tugenden aufhören würden, Tugenden zu sein, wenn man sie nicht mehr als Früchte der eigenen Einsicht und freien Entschließung, sondern als Folgen des Zwanges und der Übermacht ansehen müßte.

In dieser kurzen Entwicklung des Umfangs der natürlichen Rechte und Pflichten liegt zugleich der richtige Verstand des in unsern Tagen so häufig gepredigten und so sehr mißverstandenen Satzes, daß alle Menschen von Natur einander gleich sind. Jeder Mensch nämlich ist von Natur berechtigt, alles zu tun, was seine Glückseligkeit erhält und befördert; er hat die vollkommenste Freiheit, die Kräfte seines Körpers, die Fähigkeiten seines Geistes zu bilden, zu üben und durch den Gebrauch derselben die Summe seiner physischen und moralischen Güter beständig zu vermehren; er ist berechtigt, demjenigen, welcher ihn im Besitz und Genuß des Seinigen stören will, mit Gewalt zu widerstehen; seine Freiheit wird nur durch das Gesetz, andre nicht zu beleidigen und einem jeden das Seine zu lassen, eingeschränkt;
in allen | übrigen Stücken steht er bloß unter der Botmäßigkeit seiner eigenen 290
Vernunft. Sie ist seine einzige Gesetzgeberin, und niemand darf ihn zu Handlungen zwingen, die seine Einsicht und Überzeugung ihm nicht als

notwendig oder nützlich zu seiner eigenen Glückseligkeit vorschreiben. In diesem Sinne ist es eine große und ewige Wahrheit, daß alle Menschen im Stande der Natur einander gleich sind, obgleich übrigens auch schon in diesem Stande, nach dem größeren oder kleineren Maße von Einsichten, Fähigkeiten und Kräften, von angeborenen und erworbenen Gütern eine unendliche Menge von Stufen und Unterschieden unter ihnen vorhanden sein können.

Es läßt [sich] gar wohl gedenken, daß in diesem Zustande der natürlichen Gleichheit eine Gesellschaft, ja ein ganzes Volk einen hohen Gipfel von Glückseligkeit erreichen könne. Wenn alle Mitglieder einer solchen Gesellschaft die Pflichten der natürlichen Gerechtigkeit genau beobachteten, wenn keiner den anderen beleidigte und im Genuß des Seinigen störte, wenn die Gesetze der Moral und Religion eines jeden Verstande gleich stark einleuchteten und in eines jeden Willen die nötige Bereitwilligkeit, sie zu befolgen, anträfen, so würde eine solche Gesellschaft sich bei ihrer natürlichen Gleichheit und Unabhängigkeit sehr wohl befinden, und sie würde nicht die geringste Ursache haben, sich einer Obergewalt zu unterwerfen, in einen Staat überzugehen und dadurch einen Teil ihrer natürlichen Freiheit aufzuopfern.

Aber leider belehren uns Natur und Geschichte, daß dieses Bild ein bloßes Ideal sei, welches in der Wirklichkeit nie existiert hat noch existieren kann. Wir finden, daß der Mensch in seinem natürlichen Zustande vermöge der zu unserem hiesigen Dasein notwendigen Verbindung seines Geistes mit dem Körper und vermöge der Einrichtung unserer Natur, nach welcher wir unsere meisten Kenntnisse und Eindrücke nur durch die Sinne erhalten, in seinen Einsichten äußerst eingeschränkt sei; daß Sinnlichkeit und Leidenschaften nur allzu häufig das Übergewicht über seine edleren Geisteskräfte behaupten; daß dieses Übergewicht ihm in der Ausbildung seines Verstandes sehr oft hinderlich werde; daß es die Freiheit seines Begehrungsvermögens, sich nur nach vernünftigen Bewegungsgründen zu bestimmen, unterdrücke; daß also der Mensch sein wahres Glück sehr oft verkenne; daß er geneigt sei, die Sättigung seiner bloß sinnlichen und tierischen Triebe, die Stillung seiner ungestümen und unordentlichen Leidenschaften den höheren Gütern, die seine endliche Bestimmung ausmachen, vorzuziehen, sich selbst als den Mittelpunkt der ganzen Schöpfung zu betrachten, andre bloß als Werkzeuge und Instrumente zur Befriedigung seiner Begierden anzusehen, folglich ihnen ihre natürlichen und erworbenen Güter nur so lange zu lassen, als sie die Macht haben, sich im Besitz derselben gegen ihn zu schützen. Da nun

überdies die Fälle sehr häufig vorkommen müssen, wo das, was der eine Mensch sich zum Ziel seiner Wünsche und seines Verlangens vorgesteckt hat, zugleich den Gegenstand der Wünsche und des Verlangens eines andern ausmacht, da im Stande der Natur jeder Mensch, wie wir schon oben bemerkt haben, sein eigener Richter ist und also die Entscheidung der Frage, welcher dem andern in der Bewerbung um einerlei Gut, das beide nicht zugleich besitzen können, nachstehen müsse, von der Einsicht und Überzeugung eines jeden abhängt, so ist leicht abzunehmen, daß in einem solchen Zustande keine Sicherheit bei dem Besitz und Genuß natürlicher und erworbener Güter, keine wahre Freiheit in dem Gebrauch seiner Kräfte und Fähigkeiten, folglich auch keine wahre Glückseligkeit für das Menschengeschlecht stattfinden könne. Vielmehr wird in einem solchen Zustande Stärke für Recht gelten. Jeder, der die Gesetze der Moral und Religion nicht kennt oder das Joch derselben abgeworfen hat, wird sich für befugt halten, über die Person, | die Kräfte, das Eigentum und selbst über das Leben des 290 R
andern zu schalten, sobald die Befriedigung seiner Wünsche es erfordert und sobald er Stärke genug in sich fühlt, den Widerstand des andern mit Gewalt zu überwinden. Er wird, wenn ihm die Kräfte dazu fehlen, sich mit andern zur Beraubung des Dritten verbinden; über die Teilung des gemeinschaftlichen Raubes werden abermals Streitigkeiten entstehen, wo wiederum nur das Schwert und die Stärke Richter sein werden. Der Angegriffene wird sich mit andern zur gemeinschaftlichen Verteidigung vereinigen. Wenn es ihm glückt, den Angreifer abzutreiben und zu überwältigen, so werden Rache, Zorn und Habsucht ihn gar bald über die Grenzen der Selbstverteidigung hinausreißen, der Beraubte wird sich in den Räuber verwandeln. Und so wird zuletzt der Zustand des Menschengeschlechts in einen allgemeinen Krieg aller gegen alle sowie seine Gesellschaften und Verbindungen in Räuberbanden ausarten. Kultur des Geistes, Veredlung der Seelenkräfte, Ausbildung wohlwollender Gesinnungen können unmöglich in einem solchen Zustande immerwährender Unsicherheit gedeihen, wo jede Anstrengung des Körpers und des Geistes bloß auf Verteidigung des Lebens und der Güter gegen die gewaltsamen Angriffe andrer gerichtet sein muß. Das Menschengeschlecht wird also in einem solchen Zustande von der hohen Stufe, worauf es sein allgütiger Urheber in dem Reiche der Geister gestellt hatte, bis zur Klasse der reißenden Tiere herabsinken, und der Zweck seines Daseins, seine physische und moralische Glückseligkeit, wird, solange es in diesem Zustande beharrt, ewig unerreicht bleiben müssen.

Mit diesem traurigen Bilde von dem natürlichen Zustande des sich selbst überlassenen Menschengeschlechts stimmen die Überlieferungen der Geschichte nur allzu genau überein. Die älteste aller noch vorhandenen Urkunden, die Bibel, schildert uns die Menschen vor jener merkwürdigen Überschwemmung als Geschöpfe, die sich bloß ihren sinnlichen Begierden überließen, kein Gesetz und keine Ordnung kannten oder achteten und durch den hohen Grad ihrer moralischen Verdorbenheit ihre gänzliche Austilgung von der Erde notwendig machten. Noch mehrere Jahrhunderte nach dieser großen Naturbegebenheit finden wir das menschliche Geschlecht in viele kleine Familien, Stämme und Horden verteilt, die beständig untereinander Krieg führten und kein andres Gesetz als die Stärke, keine andre Glückseligkeit als diejenige kannten, die ihnen daraus erwuchs, wenn eine Horde die andre überwältigen, plündern, ihre Kinder zu Sklaven machen und ihre freilich nur in Herden und Feldfrüchten bestehenden Schätze an sich reißen konnte. Die Nachrichten der Profanskribenten stimmen damit vollkommen überein. Sie schildern uns z. E. die ersten Bewohner des nachmals wegen seiner Kultur so berühmten Griechenlands als Menschen, die in Höhlen und Wäldern lebten, sich von Kräutern, Wurzeln, Fischen und andern rohen Naturprodukten nährten, in beständigen Kriegen miteinander verwickelt waren oder mit ihren Brüdern, den Raubtieren, kämpften[1];

1. Geschichte der Menschen vor der Sündflut.
2. Nach der Sündflut zu Abrahams Zeiten.
3. Geschichte des alten Griechenlands.
4. Geschichte der Nationen in den neuentdeckten Südländern Neuseeland, Otaheite.
5. Geschichte Deutschlands zu der Zeit des großen Interregni; zu Ende des 12ten und Anfang des 13ten Seculi.

So stimmt die Geschichte aller Nationen und aller Zeiten darin überein, uns zu belehren, daß der Zustand der natürlichen Freiheit und Unabhängigkeit derjenige nicht sei, in welchem das menschliche Geschlecht seine Glückseligkeit als den Zweck seines Daseins erreichen kann, und daß also die Menschen, um diesem Zwecke näher zu kommen, notwendig in jene großen bürgerlichen Gesellschaften unter einer gemeinschaftlichen Obergewalt, welche wir Staaten nennen, haben zusammentreten müssen. Wie diese Verbindungen eigentlich entstanden sind und worauf das Verhältnis zwischen Regenten und Untertanen sich gründe, davon werde ich die Gnade haben, Eure Königliche Hoheit in der nächsten Stunde zu unterhalten.

[1] Hier bricht der Satz ab.

Die so wichtige Frage: 291

Wie sind Staatsverbindungen entstanden, und worauf gründet sich das Verhältnis zwischen Regenten und Untertanen?

ist zu verschiedenen Zeiten sehr verschieden beantwortet worden.

1. Vormals, da es Mode war, daß der Theologe alles Wissenswürdige aus der Bibel und der Rechtsgelehrte aus seinen Pandekten erklärte, nahm man an, *die Gewalt der Regenten komme unmittelbar von Gott* und die Untertanen müßten ihm um Gottes willen gehorchen. Aus dieser Meinung leitet sich auch noch der Gebrauch her, daß alle unsere regierenden Herren sich in ihrem Titel Von Gottes Gnaden schreiben. Freilich wäre auf diese Weise das Problem am leichtesten und simpelsten aufgelöst; aber es ist schade, daß man die unmittelbare göttliche Stiftung der Regierungen aus der Geschichte so gar nicht dokumentieren kann. Der einzige glaubwürdige Fall dieser Art, den wir wissen, kommt in der Geschichte des Jüdischen Volkes vor, von dem die Bibel uns benachrichtigt, daß ihm sein erster König Saul unmittelbar von Gott gesetzt worden. Aber die Bibel sagt uns auch, daß Gott diesen König seinem Volke im Zorn gegeben habe und wir die Macht und Gewalt unsrer Regenten auf einen Ursprung von dieser Art zurückzuführen [haben]. Ferner finden wir zuvor auch in der Profangeschichte verschiedene Staaten, deren erste Regenten sich einer unmittelbaren göttlichen Sanktion berühmt haben. Die Geschichte des ersten französischen Königs Clodowicus aus dem Anfang des 6ten Jahrhunderts, zu dessen Salbung in Reims der hl. Geist in der Gestalt einer Taube ein Ölfläschchen vom Himmel gebracht haben soll, welches noch heutzutage in Reims aufbewahrt und zur Salbung der französischen Könige gebraucht wird.

2. Mehrere Wahrscheinlichkeit hat die Meinung dererjenigen vor sich, welche den ersten Ursprung der königlichen oder überhaupt der Obergewalt im Staat aus dem sogenannten Rechte des Stärkeren herleiten. Diese Meinung scheint wirklich die Geschichte zu begünstigen, indem wir finden, daß die Stifter der meisten älteren Staaten, von deren erstem Entstehen wir Nachricht haben, Helden und Eroberer gewesen sind, die ursprünglich nur Chefs einer Horde oder einer Familie waren, diese aber zu Kriegern ausbildeten, mit ihrem Beistand sich zuerst die zunächst wohnenden und dann immer weiter hiernach entferntere Horden unterwarfen, bis endlich ihre Eroberungen einen solchen Umfang erreichten, daß sie in wirkliche Königreiche und Staaten übergingen. An der Spitze der Verteidiger dieser Meinung stehen der Engländer Hobbes und besonders der berüchtigte Machiavell, dessen Schriften lange Zeit hindurch das Handbuch der Könige und ihrer Minister

gewesen sind, bis der glorreiche Verfasser des Antimachiavell, Friedrich der Einzige, sein gefährliches System erst mit der Feder und sodann durch eine 46jährige Regierung auf das vollständigste widerlegt hat. In der Tat ist die Meinung, als ob das Recht der Regenten sich bloß auf das Recht des Stärkeren gründe, ebenso falsch als gefährlich. Stärke kann niemals ein wirkliches Recht geben; sonst würden die Löwen befugt sein, über die Menschen zu herrschen, weil sie unter übrigens gleichen Umständen unstreitig die Stärkeren sind. Auch würde, besonders in gegenwärtigen Zeiten, es den Rechten der Könige und Völkerbeherrscher sehr nachteilig sein, wenn man sie bloß auf Gewalt und Stärke gründen wollte. Denn es dürfte sodann nur der Fall eintreten, den wir in unsern Tagen wirklich gesehen haben, daß das Volk oder der Pöbel sich stärker fühlte als sein König; so würden wir nach jenem Grundsatz einräumen müssen, daß das Volk berechtigt sei, den König nach eigenem Belieben zu entsetzen oder zu verjagen und sich eine neue Regierungsform nach eigenem Gutdünken zu wählen. Freilich sind besonders in älteren Zeiten die ersten Stifter der Königreiche sehr oft nur glückliche Usurpateurs gewesen, aber das, was anfänglich nur Anmaßung war, ist durch eine andere entweder bei ihnen selbst oder doch bei ihren Nachkommen hinzugekommene Sanktion wirkliches Recht geworden. Diese Sanktion nun ist

3. dasjenige, was wir den bürgerlichen Vertrag nennen. Nach diesem System werden nämlich die Staatsverbindungen und die in selbigen bestehenden Verhältnisse zwischen Regenten und Untertanen durch gegenseitige Einwilligung gegründet. Der Regent übernimmt dabei, das Volk nach den Gesetzen und nach dem dadurch bestimmten Zwecke der bürgerlichen Gesellschaft, von dem wir bald umständlicher reden werden, zu regieren, und die Untertanen geloben an, ihm zu gehorchen und seinen Befehlen in allen das gemeinschaftliche Wohl betreffenden Dingen Folge zu leisten. Dergleichen Verträge sind freilich in den wenigsten Fällen in förmlichen schriftlichen Aufsätzen verfaßt; sie sind aber darum nicht weniger wirklich vorhanden und werden fast alle Tage entweder ausdrücklich oder stillschweigend eingegangen. Dahin gehören:

a) die Huldigung bei Regierungsveränderung;

b) die Eide der Vasallen, Bürger, Offizianten pp.;

c) das Faktum der Etablierung in einem Staate, welches eine stillschweigende Unterwerfung unter die Gesetze und Verfassungen desselben enthält.

Nachdem wir nun auf diese Art den Grund der Staatsverbindungen, auf 291 R
welchem die Rechte und Pflichten zwischen Regenten und Untertanen be-

ruhen, festgesetzt haben, so betrifft die nächste Untersuchung, die Eurer Königlichen Hoheit Aufmerksamkeit beschäftigen wird, den Zweck dieser Verbindung, zu dessen Erreichung die Menschen in dieselbe sich eingelassen haben. Im allgemeinen genommen kann dieser Zweck kein andrer sein als die Beförderung der gemeinschaftlichen Glückseligkeit. Es ist aber notwendig, daß wir uns diesen Zweck noch etwas näher und bestimmter zergliedern, um hiernächst die nötigen Folgen daraus herleiten zu können. Eure Königliche Hoheit werden sich zu erinnern geruhen, daß wir oben dem Menschen das natürliche Recht beigelegt haben, sich gegen alle Beleidigungen und Störungen im Besitz und Genuß seiner angeborenen und erworbenen Güter mit Gewalt zu verteidigen; daß wir aber auch gefunden haben, wie unzureichend dieses Recht der Selbstverteidigung sei, dem Menschen Schutz und Sicherheit für seine Person und sein Eigentum zu gewähren. Da nun der Mensch hauptsächlich, um dieser ewigen Unsicherheit zu entgehen und dem zerstörenden Kriege aller gegen alle ein Ende zu machen, aus dem Stande der Natur heraus und in den Staat übergegangen ist, so folgt, daß der erste und höchste Zweck der Staatsverbindung sei,

1. daß jedes Mitglied derselben für seine Person und sein Vermögen der möglichsten Sicherheit gegen alle gewaltsamen Angriffe und Störungen andrer genießen solle.

Dies ist der unmittelbare und höchste Zweck aller Staatsverbindungen, auf dessen Erreichung alle Anstalten und Einrichtungen darin abzielen und dem alle anderen etwaigen Nebenzwecke untergeordnet werden müssen.

Diese untergeordneten Zwecke können sehr mannigfaltig sein; einige der wichtigsten aber verdienen hier näher bemerkt zu werden.

Wenn der Staat einen jeden bei dem Seinigen schützen soll, so muß entschieden sein, was ein jeder zu dem Seinigen zu rechnen habe. Der Mensch kann sich nämlich von den mannigfaltigen Gütern und Erzeugnissen der Natur, die noch in keines andern Besitze sind, dies und jenes, was er für sich zuträglich findet, zueignen; er kann durch Verträge mit andern sich auf die Handlungen und Kräfte derselben gewisse Rechte verschaffen. Alles, was er sich solchergestalt erworben hat, gehört zu dem Seinigen, bei welchem er gegen die Beeinträchtigungen andrer geschützt werden muß. Aber woraus sieht man, woran kann man erkennen, daß diese oder jene Sache wirklich in jemandes Eigentum und ausschließenden Besitz übergegangen, daß dies oder jenes Recht gegen andre durch einen mit ihnen geschlossenen Vertrag wirklich erworben sei? In vielen Fällen ergeben sich zwar diese Bestimmungen aus der Natur der Sache mit hinlänglicher Gewißheit. So wird z. E. niemand zweifeln, daß der Apfel, den ich von meinem Baume gepflückt habe und in der Hand halte, der meinige sei. Aber in weit mehreren Fällen sind die Kennzeichen und Merkmale des erworbenen Eigentums nicht so klar und in die Sinne fallend. Wenn z. B. der eine Mensch ein wüstes Land, das bisher noch keinen Eigentümer hatte, zuerst von Bäumen und Wurzeln gereinigt und in den Stand gesetzt hat, daß es einer Kultur fähig wurde, der andre aber dies Stück Land zuerst in Kultur genommen, gepflügt und besät hat, so kann unter diesen beiden Menschen sehr gezweifelt werden, welchem unter ihnen das Eigentum dieses Stückes gehöre. Ebenso, wenn jemand dem andern etwas aus dem Seinigen zu überlassen versprochen hat, kommt es sehr darauf an, ob dies Versprechen so beschaffen gewesen sei, daß der andre ein wirkliches Recht daraus hat erlangen können. Es ist also zur völligen Sicherstellung des Eigentums und der Rechte eines jeden sehr notwendig, daß durch ein allgemeines Übereinkommen aller Mitglieder der bürgerlichen Gesellschaft gewisse feste und in die Augen fallende Merkmale bestimmt werden, aus welchen sogleich erhelle, was ein jeder als das Seinige betrachten und dabei gegen alle Beeinträchtigungen andrer geschützt zu werden verlangen könne. Die Bestimmung solcher allgemein zu respektierender Kennzeichen des Eigentums und der Rechte ist also einer der wichtigsten untergeordneten Zwecke einer jeden Staatsverbindung.

Ein nicht minder erheblicher Zweck ist die Bestimmung fester und allgemein geltender Regeln für die unter den Menschen so häufig vorkommenden Kollisionsfälle. Eure Königliche Hoheit werden sich nämlich zu erinnern geruhen, daß im Stande der Natur ein jeder Mensch sein eigner Richter sei und nur nach seiner eignen Einsicht und Überzeugung zu beurteilen habe, worin er seine Glückseligkeit suchen und was für Mittel er zur Erlangung derselben anwenden solle. Der Fall kann, wie ebenfalls schon bemerkt worden, sehr oft entstehen, daß ein Gut, welches sich der eine Mensch zum Ziele seiner Wünsche gesetzt hat, auch der Gegenstand der Wünsche und des Bestrebens eines andern wird und daß also, da beide zugleich dieses Gut nicht besitzen und erwerben können, einer dem andern weichen müsse.
Welcher nun dem andern nachstehen solle, darüber lassen sich freilich 292
wohl Grundsätze und Regeln aus der Natur der Dinge und aus der verschiedenen Art der Güter und der Grade von Glückseligkeit, die dadurch bei dem einen oder dem andern erreicht werden können, angeben. So ist es z. E. in die Augen fallend, daß, wenn ein gewisser Vorrat von Lebensmitteln, der in niemandes Eigentum ist, von dem einen gesucht wird, um seiner gegenwärtigen Hungersnot abzuhelfen, von dem andern aber nur,

um sich einen größeren Überfluß zu verschaffen, der letztere nach den Regeln der Moral natürlich verpflichtet sei, dem ersteren nachzustehen. Aber einesteils sind diese Regeln nicht immer so klar und in die Augen fallend als in dem gegebenen Beispiele. Andernteils fehlt es im Stande der Natur an einem unparteiischen Richter, der die vorhandenen Regeln auf jeden vorkommenden Fall richtig anwendet. Es ist also ein sehr erheblicher Lebenszweck der Staatsverbindung,

2. allgemein anerkannte Regeln für die Entscheidung der unter den Mitgliedern des Staats vorkommenden Streitigkeiten und Kollisionsfälle zu bestimmen und der Obergewalt im Staat die Anwendung dieser Regeln auf die wirklich eintretenden Fälle zu übertragen.

Aber noch ein sehr wichtiger Zweck der Staatsverbindung muß unsere Aufmerksamkeit auf sich ziehen. Wir haben nämlich oben bemerkt, daß der Mensch im Stande der Natur zwar das Recht habe, seine Glückseligkeit durch Anwendung seiner Kräfte und Fähigkeiten zu erhalten und zu befördern, soweit er dabei nur nicht einen andern in dem Seinigen stört oder beleidigt; daß er von Natur nicht berechtigt sei, einen andern zu zwingen, daß derselbe zur Beförderung seiner Glückseligkeit mitwirke. Gleichwohl ist es gewiß, daß der Mensch, sich selbst überlassen und ohne den Beistand andrer, die wenigsten seiner Bedürfnisse befriedigen könne und noch seltener imstande sein werde, durch Ausbildung seiner Kräfte und Fähigkeiten und durch richtige Anwendung derselben sich nur bis zu einem mittelmäßigen Grade von Glückseligkeit emporzuschwingen. Die Bewegungsgründe, welche die Sittenlehre den Menschen an die Hand gibt, sich einander beizustehen und durch gegenseitige wohlwollende Unterstützung einer des andern Glück zu befördern, setzen, wenn sie wirksam sein sollen, einen aufgeklärten Verstand und ein von Leidenschaften freies Herz voraus. Diese Eigenschaften lassen sich von den wenigsten Menschen im bloßen Naturzustande erwarten. Es ist also auch leicht einzusehen, daß im Naturzustande aus Mangel einer solchen gegenseitigen Unterstützung das Menschengeschlecht stets auf einer sehr niedrigen Stufe von Wohlstand und Glückseligkeit zurückbleiben würde. Da nun die Menschen nicht bloß in der Absicht, sich in dem Zustande zu erhalten, in welchen sie die Natur gesetzt hat, sondern auch, um diesen Zustand zu verlassen, in Staatsverbindungen getreten sind, so ist es einer der wichtigsten Zwecke dieser Verbindung,

3. daß die Kräfte und Fähigkeiten aller zur gegenseitigen Beförderung der Glückseligkeit eines jeden einzelnen in dem Maße verwendet werden sollen, als geschehen kann, ohne einen jeden an dem freien Gebrauch die-

ser seiner Fähigkeiten und Kräfte zur Beförderung seiner eigenen Glückseligkeit zu hindern;
daß Anstalten getroffen werden sollen, wodurch einem jeden die möglichste Ausbildung seiner Fähigkeiten und Kräfte nach seiner Lage und Umständen erleichtert werde;
daß einem jeden Gelegenheit verschafft werden soll, diese seine eigenen Kräfte und Fähigkeiten zu seinem Vorteil ohne Beeinträchtigung anderer anzuwenden.

Aus dieser Entwicklung der Zwecke einer jeden Staatsverbindung lassen sich die Natur und die Grundsätze derselben ohne Mühe herleiten. Die Menschen haben sich zur Erreichung aller dieser verschiedenen Zwecke in die bürgerliche Gesellschaft vereinigt. Sie haben einem oder mehreren unter ihnen aufgetragen, durch Gesetze als Aussprüche des allgemeinen Willens die Mittel zur Erreichung dieser Zwecke zu bestimmen; sie haben dieser Obergewalt im Staat die Disposition über ihre gemeinschaftlichen Kräfte zur Aufrechterhaltung dieser Gesetze und Verfügungen anvertraut; die Obergewalt im Staat ist also gleichsam der Verwahrer, der Depositarius des allgemeinen Willens und der gemeinschaftlichen Kräfte der ganzen Gesellschaft. Jedes einzelne Mitglied ist also schuldig, seine Handlungen den von der rechtmäßigen Obergewalt im Staat gegebenen | Gesetzen als den 292 R
Aussprüchen des allgemeinen Willens zu unterwerfen; jeder muß seine Kräfte nach der Verfügung dieser Obergewalt zur Beförderung des gemeinschaftlichen Endzwecks anwenden.

Eben daraus erhellen aber auch die Grenzen des Rechts einer jeden Obergewalt. Sie kann nämlich nie weiter gehen, als es dem Zwecke der Staatsverbindung gemäß und zur Erreichung desselben notwendig ist. Die Menschen sind in Staatsverbindungen getreten, um ihre gemeinschaftliche Glückseligkeit zu erhalten und zu befördern. Sie haben dabei von ihrer natürlichen Freiheit nur so viel aufgeopfert, als notwendig geschehen mußte, um diesen Zweck ihrer Verbindung zu erreichen. Der Regent im Staat ist also nicht berechtigt, irgendetwas zu tun, was diesem gemeinschaftlichen Zwecke zuwider wäre. Alle seine Handlungen und Unternehmungen müssen vielmehr auf die Erhaltung und Beförderung des allgemeinen Wohls seiner Untertanen abzielen. Er muß die ihm anvertrauten gemeinschaftlichen Kräfte nie dazu brauchen, seine eigenen Leidenschaften oder sein Privatinteresse zu befriedigen oder das Wohl eines Teils seiner Untertanen auf Kosten der Glückseligkeit aller übrigen zu befördern. Er muß die Freiheit seiner einzelnen Untertanen nur soweit einschränken, als es unumgänglich notwendig ist, um die Sicherheit und Freiheit aller zu schützen und aufrechtzuerhalten. In allen übrigen Stücken muß er den Untertanen in der Ausbildung und Anwendung ihrer Fähigkeiten und Kräfte, in dem Gebrauch ihrer angeborenen und erworbenen Güter ihre natürliche Freiheit lassen und keinen verhindern, seine Glückseligkeit nach seiner eigenen besten Einsicht und Überzeugung zu befördern, solange nur dadurch die allgemeine Sicherheit nicht gestört oder in Gefahr gesetzt wird. Er muß endlich seine Gewalt nur nach den vorhandenen allgemeinen Gesetzen ausüben, weil nur diese die Aussprüche des gemeinschaftlichen Willens sind und weil, wenn er für jeden einzelnen Fall sich nach Willkür besondere Gesetze formieren wollte, einer der Hauptzwecke des Staats, nämlich die sichere Festigkeit des Eigentums und der Rechte, verletzt werden würde.

Überschreitet der Regent diese Grenzen, so bricht er den bürgerlichen Vertrag und untergräbt den Grund, auf welchem sein Recht zu gebieten und die Pflicht seiner Untertanen, ihm zu gehorchen, wesentlich beruht.

Ich kann diese allgemeine Übersicht der Rechte und Pflichten eines Regenten nicht besser schließen als mit Anführung einer Stelle aus den unsterblichen Werken Friedrichs des Einzigen. In seiner Abhandlung über die verschiedenen Regierungsformen bedient er sich dieser merkwürdigen Ausdrücke:

> „Man behalte es ja wohl und drücke es sich fest ein, daß die Aufrechthaltung der Gesetze die einzige Ursache war, welche die Menschen vermögen konnte, sich einem Oberherrn zu unterwerfen. Denn das ist der wahre Ursprung aller Souveränitätsrechte. Der Beherrscher war der erste Diener des Staats."

Und an einer andern Stelle:

> „Der Regent muß sich oft erinnern, daß er nur der erste Diener des Staats ist, dem die Pflicht obliegt, weise, rechtschaffen und durchaus uneigennützig zu handeln, d. h. als wenn er in jedem Augenblick seinen Bürgern Rechenschaft von seiner Verwaltung ablegen müßte[1]".

Möchte es Eurer Königlichen Hoheit gefallen, dieser soeben angeführten ganz unübertrefflichen Abhandlung, die sich im 6ten Teile der Oeuvres posthumes befindet, eine nähere Aufmerksamkeit zu widmen.

[1] Essai sur les formes de gouvernement et sur les devoirs des souverains; Oeuvres de Frédéric le Grand, tom. IX, p. 225, 238.

[ÜBER DIE REGIERUNGSFORMEN] 283

Eure Königliche Hoheit haben sich bisher mit der Entwicklung der Fragen beschäftigt, wie Staaten entstanden sind, welches der Zweck der Staatsverbindung sei und was aus diesem Staatszweck für allgemeine Grundsätze über die Rechte und Pflichten zwischen Regenten und Untertanen hergeleitet werden können.

Der nächste Gegenstand Ihrer Aufmerksamkeit werden nunmehr die Regierungsformen sein, die in einem Staate stattfinden können. Es wird darauf ankommen, von den verschiedenen Arten derselben richtige Begriffe zu bilden und die Vorzüge und Mängel einer jeden zu untersuchen. Dies wird uns dann auf die Regierungsform des preußischen Staats führen und Gelegenheit geben, die verschiedenen Rechte eines preußischen Monarchen, aber auch seine damit verbundenen Pflichten näher zu entwickeln.

Die Macht der Obergewalt in einem jeden Staat begreift hauptsächlich drei Stücke unter sich:

1. Das Recht, allgemeine Vorschriften zu erteilen, nach welchen die Mitglieder des Staats ihre Handlungen dem Zwecke desselben gemäß einzurichten verbunden sind.
2. Das Recht, diese Anordnungen zu vollziehen und die Untertanen des Staats zu deren Befolgung anzuhalten.
3. Das Recht, die Streitigkeiten der Bürger bei der Anwendung der Gesetze auf ihre Handlungen zu beurteilen und zu entscheiden.

Je nachdem diese verschiedenen Bestandteile der Obergewalt einzeln oder zusammen einem oder mehreren übertragen sind, entstehen die verschiedenen Arten der Regierungsformen. Die Vorschriften darüber heißen Grundgesetze.

Ein Staat, in welchem allen einzelnen Bürgern ein Anteil an allen Rechten der Obergewalt vorbehalten ist, heißt eine Demokratie.

Ein Staat, in welchem diese Rechte nur gewissen Klassen der Staatsmitglieder, gewissen Familien oder Geschlechtern übertragen sind, wird Aristokratie genannt.

Sind hingegen alle Rechte der Obergewalt nur einem übertragen, so ist der Staat eine Monarchie.

Vermischte Regierungsformen entstehen, wenn die verschiedenen Rechte der Obergewalt unter mehrere verteilt sind, so daß z. E. die gesetzgebende Macht dem ganzen Volke vorbehalten ist, die vollziehende und richterliche Macht hingegen gewissen Klassen, Familien oder Ständen oder auch nur einer einzelnen Person zukommt.

Exempel werden diese Begriffe erläutern.

Reine Demokratien, wo alle Rechte der Obergewalt durch das Volk und dessen Versammlungen ausgeübt werden, gibt es unter unsern jetzigen Staaten gar nicht mehr, wenn man nicht etwa einige der kleinern Schweizer Kantons anführen will, die aber zu unbedeutend sind, als daß ihre Staatsverfassung eine nähere Entwicklung verdienen sollte. Einige Provinzen der vereinigten Niederlande sind demokratisch, z. E. Holland, Utrecht, Friesland, andre aristokratisch, z. E. Geldern. Hingegen zeigt uns die alte Geschichte verschiedene Beispiele solcher Demokratien, z. E. Athen, Rom in den nächsten Zeiten vor den Cäsaren.

Unter die berühmtesten Aristokratien, die noch vorhanden sind, gehört die Republik Venedig. Ingleichen Genua. Nähere Entwicklung der venezianischen Staatsverfassung[1].

Die meisten unserer heutigen Staaten scheinen beim ersten Anblick Monarchien zu sein, weil fast überall nur einer an der Spitze des Staats sich befindet. Wenn wir aber die Verfassung derselben näher untersuchen, so werden wir finden, daß viele derselben zu den vermischten Regierungsformen gehören, in welchen der König nur einen gewissen bald größeren, bald minderen Anteil an den Rechten der Obergewalt hat und der Überrest dieser Rechte in den Händen gewisser Repräsentanten, es sei des ganzen Volks oder gewisser Klassen und Stände desselben, sich befindet. Hieraus entsteht der Unterschied unter eingeschränkten und uneingeschränkten Monarchien, indem unter den letzteren solche verstanden werden, wo alle Rechte der Obergewalt in einer einzigen Person vereinigt sind[2].

[1] Am Rande: Venedig besteht seit 1100 Jahren und hat seine Verfassung seit 600 Jahren. Der große Rat. 1500. Alle Nobili über 25 Jahre. Die Pregadi 100. Der Rat degli Dieci.

[2] Am Rande: Die Provinz Holland ist demokratisch, weil der Adel nur eine und die Städte 18 Stimmen haben. Utrecht ist demokratisch. 8 Stimmen, halb Adel, halb Städte. Friesland ist demokratisch, weil von 52 Stimmen der Adel nur 15 hat.

Dänemark. Durch das königliche Gesetz von 1660 ist dem König die Souveränität völlig übertragen.

Schweden. Die gesetzgebende Macht ist bei dem Volke. Das Recht, Auflagen zu machen, Krieg anzufangen pp. Potestas iudiciaria (1772).

Rußland uneingeschränkt. Gesetz wegen der Regierungsfolge von Peter dem Großen 1722.

Portugal hat zwar Reichsstände, deren Beistimmung zu neuen Auflagen und zur Bestimmung der Thronfolge erfordert wird; sie sind aber seit 93 Jahren nicht zusammenberufen worden.

Spanien hat ebenfalls Reichsstände, die aber seit 200 Jahren nicht versammelt gewesen sind.

Beispiele der eingeschränkten Monarchien sind England, Schweden, Polen, Frankreich nach der jetzigen Reform.
Beispiele der uneingeschränkten Monarchien: Portugal, Spanien, Dänemark, Rußland.
Von allen diesen Regierungsformen sind noch die sogenannten Staatensysteme zu unterscheiden, welche in einer Verbindung mehrerer Staaten bestehen, deren jeder für sich seine eigentümliche innere Verfassung hat, die sich aber miteinander unter einer gemeinschaftlichen Direktion, zu gewissen Zwecken, z. E. zur gemeinschaftlichen Verteidigung, miteinander verbunden haben; z. E. das Deutsche Reich, die Schweizer Republik, die Republik Holland.

Da in der letzten Stunde die verschiedenen Regierungsformen erklärt und 294
durch Beispiele aus der Geschichte erläutert worden, so kommt es nunmehr darauf an, die in jeder derselben anzutreffenden Vorteile und Mängel zu prüfen, um danach zu bestimmen, welche derselben den Vorzug verdiene.

Die Demokratie, wo die Souveränitätsrechte durch das Volk selbst in seinen Versammlungen oder durch von ihm gewählte Repräsentanten ausgeübt werden, hat den Vorzug, daß diese Staatsverfassung sich dem Stande der natürlichen Freiheit am meisten nähert, daß Privateigentum und Rechte in einer Verfassung am sichersten heißen, wo jeder Bürger an der Gebung und Ausführung der dazu abzielenden Gesetze teilnimmt und wo der willigste Gehorsam gegen die Gesetze von dem zu erwarten ist, der sich diese Gesetze selbst gegeben hat.

Nichtsdestoweniger ist die demokratische Verfassung der Freiheit des Eigentums und der Rechte am wenigsten günstig. Es herrscht in selbiger noch zu viel von den Mängeln und Unvollkommenheiten des natürlichen Zustandes. Wenn die Souveränitätsrechte in den Händen des großen Haufens sind, so ist gar nicht zu erwarten, daß die Ausübung derselben nach richtigen allgemeinen Grundsätzen geschehen werde. Vielmehr herrscht in den Beratschlagungen und Schlüssen der Volksversammlungen Leichtsinn, Unordnung und Unbeständigkeit. Der große Haufe wird von Laune und Leidenschaften regiert; er wird durch die Eingebungen und Kunstgriffe ehrloser Demagogen hingerissen und irregeleitet. Eine weise, standhafte und stets nach gleichen festen Grundsätzen handelnde Gesetzgebung ist also bei Volksregierungen nicht zu erwarten. Die ausübende Macht kann ebenfalls

in den Händen einer solchen Volksregierung nicht zweckmäßig angewendet werden. Es fehlt dazu a) Gleichförmigkeit des Plans, b) Geheimhaltung, c) Schnelligkeit der Ausführung. Ebenso verhält es sich mit der richterlichen Macht, da, wenn Rechtsstreitigkeiten in Volksversammlungen entschieden werden, nicht der, welcher das beste Recht und die stärksten Gründe für sich hat, sondern der, welcher durch sophistische Räsonnements den großen Haufen zu blenden oder durch die Künste der Beredsamkeit sich seiner Leidenschaften zu bemeistern weiß, des Sieges gewiß sein kann. Endlich ist eine demokratische Verfassung inneren Unruhen und Revolutionen am meisten unterworfen. Wenn das Volk, in dessen Händen die Souveränitätsrechte beruhen, über wichtige und ein allgemeines Interesse habende Gegenstände sich in Parteien teilt, so bleibt zur Entscheidung des Streits zwischen diesen verschiedenen Parteien, die alle an die Souveränitätsrechte gleichen Anspruch machen, nicht leicht ein andres Auskunftsmittel als die Gewalt übrig, und so entstehen innere Unruhen. Es finden sich ferner in jeder Nation einzelne Menschen, die durch vorzügliche Geistesgaben, durch Reichtum oder andre Vorzüge sich auszeichnen, und diesen wird der Stand der Gleichheit, in welchem sie nach den Grundsätzen der demokratischen Verfassung mit einem jeden ihrer Mitbürger bleiben müssen, sehr leicht unerträglich. Wenn nun dergleichen ehrsüchtige Männer sich an die Spitze der Parteien stellen, wenn sie den Mangel der Einsicht bei dem großen Haufen und die ihn beherrschenden Leidenschaften zu ihren ehrgeizigen Zwecken geschickt zu lenken und die eine Partei durch die andre zu unterjochen wissen, entstehen Revolutionen, die gewöhnlich eine Verwandlung der demokratischen Verfassung in einen aristokratischen oder monarchischen Despotismus hervorbringen, und da der Despotismus, wie wir in der Folge sehen werden, sich allemal am Ende selbst zerstört, da die Liebe der Freiheit bei einem an die demokratische Verfassung einmal gewöhnten Volke sich nie ganz unterdrücken läßt, sondern unter einem schwachen Despoten oder bei Unterstützungen von außen sehr schnell wieder ausbricht, so begreift man leicht, daß hier immer eine Revolution auf die andre folgen müsse.
Erörterung aus der Geschichte von Athen:

1. Während dem persischen Kriege.
2. Im peloponnesischen; Perikles, Alkibiades.
3. Die 30 Tyrannen.
4. Die häufigen Erschütterungen bis auf die gänzliche Unterjochung durch die Römer.

Die aristokratische Regierungsform scheint diese Fehler einer Volksregie- 294R
rung sehr glücklich zu vermeiden. Man findet dabei:

1. Weisheit in der Gesetzgebung, weil nur die Besten und Aufgeklärtesten im Volke daran teilnehmen.
2. Festigkeit und Gleichförmigkeit der Grundsätze in der Verwaltung des Regiments.

Mängel sind:

1. Mangel an Verschwiegenheit und Schnelligkeit in der Ausführung der genommenen Maßregeln.
2. Unterdrückung der übrigen an der Regierung keinen Anteil habenden Stände. Diese entsteht teils aus Verachtung gegen Leute, über die man sich durch seine Geburt so sehr erhaben glaubt, teils aus Eifersucht und Argwohn gegen jedes in den niederen Ständen aufkeimende Verdienst, von dem man fürchtet, daß es der Macht der regierenden Familien Eintrag tun und die eingeführte Staatsverfassung stören möchte. Daher wird einer aristokratischen Regierungsform immer daran gelegen sein, das Volk in Dummheit und Unwissenheit zu erhalten, keinen daraus zu irgendeinem Grade von Vermögen oder Ansehen unter seinen Mitbürgern gelangen zu lassen und verdiente Leute aus den übrigen Volksklassen entweder auf die Seite zu schaffen oder zu entfernen.

Daher sind die aristokratischen Regierungsformen immer die strengsten und grausamsten, und die natürlichen Rechte der Menschheit werden in keinem Staate so sehr verkannt als in einem aristokratischen. Exempel von Venedig. Die Gleichförmigkeit seiner Grundsätze seit 700 Jahren. Unterdrückung des Volks durch die Nobili. Grausamkeiten des Tribunals der Zehner.

Die eingeschränkten Monarchien scheinen alle Vorteile der übrigen Regierungsformen in sich zu vereinigen und gegen alle Nachteile derselben gesichert zu sein. Da zu Gebung der Gesetze die Mitwirkung des Königs und der Repräsentanten des Volks, die teils aus dem Adel, teils aus den übrigen Volksklassen genommen werden, erforderlich ist, so ist von der einen Seite das Tumultuarische, Leichtsinnige und Schwankende bei bloß demokratischen Gesetzgebungen nicht zu besorgen und auf der andern Seite nicht zu fürchten, daß die Gesetze zur Unterdrückung des Volks und zu unnötigen Beeinträchtigungen seiner Freiheit wie in Aristokratien gereichen werden. Da die exekutive Macht dem Landesherrn anvertraut ist, so kann man bei der Verwaltung der Regierung Festigkeit des Plans, Verschwiegenheit und Geschwindigkeit erwarten. Gegen den Mißbrauch der exekutiven

Macht ist das Volk dadurch gesichert, daß die Werkzeuge dieser Macht seinen Repräsentanten verantwortlich sind und daß Geld als das unentbehrliche Mittel zu einer solchen ungebührlichen Ausdehnung der exekutiven Macht nur mit seiner Bewilligung aufgebracht werden kann. Und so scheinen die verschiedenen an der Regierung teilnehmenden Mächte des Königs und der Volksrepräsentanten sich untereinander in einem so glücklichen Gleichgewicht zu erhalten, daß jede derselben nur zu dem Zwecke des Staats ihrer Bestimmung gemäß hinwirken und keine derselben ein dem Ganzen nachteiliges Übergewicht erlangen kann.

Allein in eben diesem Gleichgewicht liegt der Hauptmangel solcher eingeschränkten Monarchien. Teils können die Grenzen der verschiedenen Mächte in einer solchen Staatsverfassung unmöglich so genau bestimmt sein, daß nicht alle Augenblicke Fälle eintreten sollten, wo eine Macht die andre der Überschreitung ihrer Grenzen beschuldigt. Daher entsteht ein beständiger Kampf, eine immerwährende Eifersucht zwischen den verschiedenen an der Regierung teilnehmenden Mächten, der, wenn er von heftigen Leidenschaften oder durch äußere hinzukommende Umstände entflammt wird, in innerliche Unruhen und Kriege ausbricht. Wenn aber auch die Grenzen bestimmt sind, so bleibt doch bei einem jeden Teile noch immer der Hang, seine Grenzen in das Gebiet des andern zu erweitern, übrig. Der König strebt danach, sich von den oft lästigen Einschränkungen seiner Gewalt zu befreien, die Repräsentanten ergreifen jede Gelegenheit, die Vorrechte der Krone, die freilich in einzelnen Fällen dem Volke lästig fallen, immer mehr einzuschränken. Es bleibt also in einem solchen Staat ein ewiges Ringen um Macht zwischen den Parteien, welchem sehr oft das Ganze aufgeopfert wird und woraus immer nachteilige Folgen für die Glückseligkeit und für die Moralität des Volks entstehen.

Exempel von England. 295

1. Innere Unruhen, welche mit verschiedenen Unterbrechungen von a. 1215 bis 1689, von der Magna Charta bis zu der Bill of Rights gedauert haben, über 450 Jahre.

2. Mängel der jetzigen Staatsverfassung:

a) Die Ungleichheit der Repräsentation. 358 Repräsentanten. 5723 Wählende wählen die Hälfte, der Rest von mehr als 6 Millionen wählt die andre Hälfte.

b) Die Testakte.

c) Das System der Korruption.

d) Die schlechte Polizei.

e) Die langsame und kostbare Privatjustiz.
f) Die Unsicherheit in den Verbindungen mit auswärtigen Mächten.
Allen diesen Mängeln wird nur durch den hohen Grad von Aufklärung und Gemeingeist unter der Nation die Waage gehalten, aber diese Eigenschaften können bei keiner andern Nation in gleichem Grade erwartet werden.

Die uneingeschränkte Monarchie hat vor allen übrigen Regierungsformen die sichtbarsten Vorzüge.
1. Sie gewährt den zuverlässigsten und nachdrücklichsten Schutz gegen auswärtige Feinde vermöge der Gleichförmigkeit, Geheimhaltung und schnellen Ausführung ihrer Beschlüsse.
2. Sie sichert am vollkommensten gegen innere Unruhen, weil in ihr kein Kampf zwischen verschiedenen um die Ausdehnung ihrer Gewalt gegeneinander ringenden Mächten stattfindet.
3. Sie gewährt den sichersten Schutz für die Rechte des Privateigentums durch den ihr eigenen Nachdruck in der Vollziehung der dahin abzielenden Gesetze.
4. Sie sichert am meisten die bürgerliche Freiheit der Untertanen, weil zwischen dem Regenten und dem Volke keine Mittelmacht da ist, die durch ihre Teilnahme an der Regierung Gelegenheit hätte, die niederen Volksklassen zu drücken, und weil der Regent kein vernünftiges Interesse dabei haben kann, die eine Volksklasse auf Kosten der andern zu begünstigen.
5. Der Regent selbst kann, wenn er richtige Begriffe hat, kein Interesse haben, welches von dem Interesse des Volks verschieden oder demselben entgegengesetzt wäre. Je blühender sein Reich ist, je mehr Wohlstand und Zufriedenheit darin herrschen, desto größer ist seine eigene Macht, desto glücklicher er selbst.
Erläuterungen aus der Geschichte der Preußischen Monarchie seit ihrer Regeneration durch den großen Kurfürsten.
a) Vergrößerung der äußeren Macht und Ansehens.
b) Innere Ruhe und Ordnung.
c) Sicherheit des Eigentums durch gute Justiz- und Polizeiverfassungen.
d) Bürgerliche Freiheit der verschiedenen Stände.
e) Blühender Zustand der Provinzen.
Die einzige Klippe der öffentlichen Glückseligkeit in einer uneingeschränkten Monarchie ist der Hang derselben zum Despotismus.
Despotisch ist der Regent, wenn er in seiner inneren Staatsverwaltung nicht nach allgemeinen und gleichförmigen Grundsätzen, sondern nach

bloßer Willkür zu Werke geht, wenn er die ihm anvertraute Macht nicht zum Besten des Ganzen, sondern zur Befriedigung seiner Privatleidenschaften, es sei aus Eroberungssucht, Wollust, Geiz, oder wie es sonst Namen haben mag, anwendet.

Der uneingeschränkte Monarch *kann* sehr leicht Despot werden, weil kein Gegengewicht der Macht vorhanden ist, welches ihn einschränkte und hinderte, die in Händen habende Gewalt nach seinem Gutfinden anzuwenden. Er wird aber nur Despot werden entweder aus Mangel an Einsicht oder aus Schwäche des Charakters. Denn solange ein Monarch sein eigenes Interesse richtig versteht und Festigkeit genug hat, seinen Einsichten gemäß zu handeln, solange wird er sich nie entschließen, die erniedrigende Rolle eines Despoten zu übernehmen. Der Monarch, welcher sich hierzu entschließt, handelt

a) wider seine Pflicht,

b) wider seine Sicherheit.

Oben ist gezeigt worden, daß die Rechte des Souveräns auf dem bürger- 295 R
lichen Vertrage beruhen, vermöge dessen das Volk sich seinen Befehlen unterworfen hat, um von ihm nach dem Zweck des Staats, der allgemeinen Ruhe, Sicherheit und Glückseligkeit, regiert zu werden.

Wenn nun der Souverän Despot wird, so verändert er diesen Zweck des bürgerlichen Vertrags; er verliert also sein Recht und untergräbt selbst den Grund der Verpflichtung seines Volks zum Gehorsam gegen seine Befehle. Seine Macht beruht also nicht mehr auf seinem Rechte, sondern bloß auf seiner Stärke.

Seine Stärke ist nichts und unbedeutend gegen die Stärke aller der Millionen, denen er befehlen will und die doch keine Pflicht mehr haben, ihm zu gehorchen.

Die Einsichtsvolleren in der Nation wissen es sehr gut, daß der Despot das Band des Gehorsams, welches sie an ihn fesselte, aufgelöst habe, und sie gehorchen ihm also nicht mehr mit Freudigkeit und Willigkeit. Sie fühlen keinen Trieb mehr, eine Staatsverfassung aufrechtzuerhalten und zu unterstützen, in welcher keiner von den Zwecken des Staats mehr erreicht werden kann.

Dem großen Haufen sagt es, wenn nicht deutliche Einsicht, doch dunkles Gefühl und der gemeine Menschenverstand, daß nicht Millionen um eines einzigen willen da sein können und daß, wenn dieser einzige die ihm anvertraute Gewalt mißbraucht, die Millionen nicht mehr schuldig sein können, ihm zu gehorchen.

Dies dunkle Gefühl und das daraus entstehende innere Mißvergnügen kann durch zufällige Umstände, durch äußere Unglücksfälle, durch allgemeine Kalamitäten sehr leicht zum Ausbruch gebracht werden, und dann gärt es in Rebellion und Empörung auf, die sich gewöhnlich mit dem Untergange des Despoten, zuweilen auch mit dem Untergange der ganzen Staatsverfassung endigen.

Um sich gegen diese Gefahren zu sichern, hat der Despot, der es bleiben will, nur zwei Mittel:

a) das Militär,

b) die vorzügliche Begünstigung gewisser Stände,

um eine oder die andre Art seiner Stärke zu behaupten.

Der *militärische Despotismus* macht den Souverän zum Sklaven der Armee und in der Folge zum Raube auswärtiger Feinde.

Der *aristokratische Despotismus* führt auf demokratische Anarchie oder im besten Falle auf Einschränkungen der monarchischen Verfassung.

Die besten Beweise hiervon liefert die Geschichte.

1. Geschichte des militärischen Despotismus in Rom, der sich mit dem gänzlichen Untergange des Reichs endigt (durch die Türken).
2. Geschichte des aristokratischen Despotismus in Frankreich, der jetzt auf dem Punkte steht, entweder in eine bloße Demokratie oder bestenfalls in eine sehr eingeschränkte Monarchie überzugehen.

Große Männer von ausgezeichneten Talenten können zwar vielleicht eine Zeitlang eine despotische Regierungsform durch die innere Stärke ihres Geistes, durch glänzende Taten, die durch persönliche Ehrfurcht und Bewunderung das Volk blenden, aufrechterhalten. Aber früher oder später kommt das im Verborgenen schleichende Gift zum Ausbruch, und wenn der glückliche Despot diesen Ausbruch auch nicht erlebt, so treffen doch die traurigen Folgen davon seine Familie, und die unparteiische Geschichte brandmarkt ihn mit dem Namen eines Tyrannen, der allen den Ruhm, nach welchem er mit Aufopferung seiner heiligsten Pflichten so rastlos gestrebt hat, in den Augen der unparteiischen Nachwelt auf ewig verdunkelt.

ÜBER DAS RECHT DER GESETZGEBUNG

In der letzten Stunde habe ich die Gnade gehabt, Eurer Königlichen Hoheit 296
den Begriff des Rechts der Gesetzgebung, den Umfang dieses höchsten

Rechts und die Einschränkungen, denen es vermöge des bürgerlichen Vertrags und des Zwecks der Staatsverbindung unterworfen ist, vorzutragen. Ich habe dabei erwähnt, daß es außer diesen inneren Einschränkungen auch noch gewisse äußere Formen gebe, an welche selbst ein uneingeschränkter Monarch bei der Ausübung der gesetzgebenden Macht gebunden sein könne.

Diese Formen sind im Preußischen zweierlei:
1. hat der Hochselige König in der Cabinetsordre vom 14ten April 1780 und noch bestimmter in dem Patent vom 29ten Mai 1781 festgesetzt, daß kein neues Gesetz gemacht noch dem Monarchen zur Unterzeichnung vorgelegt werden solle, über welches die Gesetzkommission nicht zuvor mit ihrem Gutachten vernommen worden. Diese Gesetzkommission besteht aus Männern, die unter den Mitgliedern der höheren Kollegien in Berlin ausgesucht und von dem König bestellt werden und die sich durch Kenntnis, Erfahrung und Rechtschaffenheit vorzüglich auszeichnen. Ihre Pflicht ist es, wenn ihnen die Entwürfe neuer Gesetze zur Prüfung vorgelegt werden, genau zu untersuchen, ob das vorgeschlagene neue Gesetz den Zwecken des Staats und den im Vorhergehenden angeführten Grundregeln der Gesetzgebung angemessen, ob es mit der natürlichen Billigkeit und dem ganzen System der Rechte und Verfassungen harmoniere oder ob dadurch wohlerworbene Rechte einer oder der andern Klasse von Staatsbürgern gekränkt werden würden, ob der Entwurf in seiner Fassung vollständig sei und ob dabei die in allen Gesetzen notwendige Deutlichkeit und Bestimmtheit des Ausdrucks beobachtet worden. Jedes Bedenken, welches die Gesetzkommission bei dem entworfenen Gesetze aus einem oder dem andern dieser Gesichtspunkte wahrnimmt, ist sie schuldig, dem Minister, in dessen Departement das zu gebende Gesetz einschlägt, ohne den geringsten Rückhalt anzuzeigen, und dieser ist schuldig, dergleichen Bedenken dem Landesherrn mit dem entworfenen Gesetze zugleich zur selbsteigenen Prüfung treulich vorzulegen.
2. Die 2te Form, welche in dem preußischen Staat bei Gebung neuer oder Aufhebung alter Gesetze stattfindet, ist die Zuziehung der Stände. Diese Zuziehung beruht auf den den Ständen der verschiedenen Provinzen von den vormaligen Landesherren beigelegten Privilegiis oder mit ihnen geschlossenen Verträgen, welche die nachherigen Landesherren bei der jedesmaligen Thronbesteigung bestätigt haben. Vornehmlich aber haben des jetzt regierenden Königs Majestät durch die Cabinetsordre vom 26ten August 1786 die Erklärung ausgestellt, daß bei den neuen Gesetzen, welche auf die Rechte der Privatpersonen untereinander oder gegen den Staat Beziehung haben

und wobei es auf Befugnisse oder Privilegia der Stände mit ankommen möchte, diese zuvor mit ihrer Erklärung und etwaigen Erinnerungen gehört werden sollen.

Diese durch die Landesverfassung bestimmten Formen benehmen dem preußischen Monarchen nichts von der ihm als das höchste Souveränitätsrecht zukommenden gesetzgebenden Macht, indem dadurch weder den Ständen und noch weniger der Gesetzkommission eine wirkliche Teilnehmung an dieser Macht zugestanden ist, sondern beide in die Grenzen abzustattender Gutachten, vorzulegender Erinnerungen und zu machender Remonstrationen eingeschränkt sind. Aber sie sind dennoch von dem erheblichsten Nutzen für die ganze Staatsverfassung. Denn
a) wird dadurch die dem wichtigen Geschäft der Legislation | so schädliche 296 R
Übereilung, deren nachteilige Folgen ich in der Geschichte der Gesetzgebung Kaiser Josephs II. Eurer Königlichen Hoheit vorzulegen die Gnade gehabt habe, verhütet;
b) der Monarch, selbst wenn er das größte und weitumfassendste Genie ist, kann doch unmöglich eine so genaue und beständig gegenwärtige Kenntnis von dem ganzen Detail der Staatsverfassung, vom ganzen System der Gesetze, der mannigfaltigen Verhältnisse der verschiedenen Klassen von Staatsbürgern teils untereinander, teils gegen den Staat, der verwickelten Geschäfte des bürgerlichen Lebens und des sehr wichtigen, oft aber nicht sogleich in die Augen fallenden Einflusses, den die Gesetzgebung darauf hat, besitzen, daß er imstande sein sollte, jedes von ihm beschlossene oder ihm vorgelegte Gesetz nach den Grundsätzen, die dabei beobachtet werden müssen, zu prüfen und die Verletzung dieser Grundsätze, die ihm stets heilig sein sollten, zu vermeiden. Es ist also gewiß eine sehr weise Einrichtung, daß, ehe ein entworfenes Gesetz wirklich erlassen und publiziert werden kann, die Prüfung des Entwurfs von Männern geschehen muß, die sich den größten Teil ihres Lebens hindurch mit dem Studium der Gesetze und Landesverfassungen in ihrem Ressort beschäftigt haben und daher die nötigen Kenntnisse sowie die erforderliche Muße besitzen, eine solche Prüfung mit Genauigkeit und Vorsicht anzustellen, und daß auf der andern Seite Männer darüber gehört werden, welche die nach ihrer Lage, inneren Verfassung und besonderen Eigentümlichkeiten in dem Charakter, den Sitten und dem Nahrungsbetriebe ihrer Einwohner so sehr verschiedenen Provinzen der preußischen Monarchie so genau kennen, folglich so geschickt sind, für den Fehlern und Nachteilen zu warnen, welche aus der Anwendung eines solchen an sich

vielleicht guten und nützlichen Gesetzes in dieser oder jener einzelnen Provinz entstehen könnten.

c) Die Mitwirkung der Gesetzkommission und der Stände bewahrt auch den Monarchen für der Gefahr, der er sonst so oft ausgesetzt sein könnte, wohlerworbene Rechte seiner Untertanen durch seine Verordnungen zu kränken und dadurch eine seiner vornehmsten Pflichten zu verletzen. Die Minister, denen der Souverän die verschiedenen Departements der Staatsverwaltung anvertraut hat, sind gewöhnlich sehr geneigt, die Grenzen der landesherrlichen Gewalt in ihrem Ressort zu erweitern, weil dadurch ihre eigene Macht und persönliches Ansehen stets einen neuen Zuwachs erhalten. Verbindet ein solcher Mann mit diesem natürlichen Hange einen übertriebenen Ehrgeiz und ein verdorbenes Herz, hat er sich durch blendende Talente oder auf andre Art des Vertrauens seines Souveräns zu bemächtigen gewußt, so wird es ihm leicht fallen, demselben unter irgendeiner scheinbaren Hülle Gesetze unterzuschieben, welche den Grundsätzen der Staatsverfassung zuwider, dem Wohl des Ganzen nachteilig und für die Rechte der Untertanen kränkend sind, welche dem Souverän die Liebe und das Vertrauen seines Volkes rauben und dadurch die Grundfesten seiner Macht und der wahren Größe des Staats erschüttern. So wie Richelieu und Mazarin, so haben in neueren Zeiten die Choiseuls, Aiguillons, Maupeous, Vergennes, Breteuils und Calonnes die schreckliche Revolution in Frankreich teils vorbereitet, teils zum Ausbruch gebracht, welche der königlichen Gewalt in diesem Reiche den gänzlichen Untergang droht, und so hat der Ministerialdespotismus auch in andern Ländern weit mehr Schaden angerichtet als der | eigene Despotismus ihrer Regenten. Gegen diese Gefahr 297
ist der Preußische Staat und sein Regent durch die in seiner Verfassung gegründete Zuziehung der Gesetzkommission und der Stände gesichert, da auf diesem Wege der unparteiischen Stimme der Wahrheit und des gemeinen Besten der Zugang zu den Ohren des Monarchen immer offenbleibt und der Ministerialdespotismus in dieser Einrichtung so lange ein unüberwindliches Gegengewicht findet, als nur der Monarch über der Beobachtung dieser Grundgesetze mit Festigkeit und Nachdruck halten will. Daß er es aber wolle, dazu fordert ihn sein eigenes Interesse auf, weil dadurch seine rechtmäßige Gewalt nicht im geringsten geschwächt, wohl aber die Grundlage derselben immer mehr verstärkt und befestigt wird.

VON DER GERICHTSBARKEIT ODER DEM RECHTE DER JUSTIZ

Eine der vornehmsten Ursachen, warum die Menschen aus dem Stande der Natur in den Stand der bürgerlichen Gesellschaft übergetreten sind, war, wie wir gesehen haben, damit die unter ihnen entstehenden Streitigkeiten nicht durch Gewalt und Stärke, sondern nach Gesetzen und durch richterliche Aussprüche entschieden werden möchten. Die bürgerliche Gesellschaft hat also ihrem Oberhaupt das Recht übertragen, über die Streitigkeiten unter ihren Mitgliedern nach den Gesetzen zu richten und die von ihm gefällten Aussprüche gegen den, welcher sich ihnen nicht gutwillig unterwerfen will, nötigenfalls durch Anwendung der ihm anvertrauten Gewalt in Vollziehung zu setzen. Dieses Recht wird die Gerichtsbarkeit genannt. Einteilung derselben in die Zivil- und Kriminalgerichtsbarkeit; in Personal- und Realjurisdiktion.

Anfänglich, solange die Staaten noch klein und die in der bürgerlichen Gesellschaft vorkommenden Geschäfte noch einfach und unverwickelt, mithin die daraus entstehenden Streitigkeiten seltener und leichter zu entscheiden waren und also der Staat nur noch sehr weniger kurzer und einfacher Gesetze bedurfte, solange noch jeder Staat für sich gleichsam eine ganz isolierte Insel ausmachte und mit andern Völkern in fast gar keiner oder doch einer sehr geringen und bloß temporellen Verbindung stand, in diesen älteren Zeiten haben die Regenten das Richteramt unter ihrem Volke gemeiniglich in Person und mit Zuziehung ihrer Räte ausgeübt. In neueren Zeiten aber, wo die Staaten sich immer vergrößerten, wo steigende Kultur und Industrie im Gewerbe und Handel die Geschäfte des bürgerlichen Lebens mannigfaltiger und verwickelter machten, wo mit der Verfeinerung der Sitten und der Ausbildung des Geistes zugleich Schlauheit, Künstelei und Hang zur Intrige in den Charakter der Nationen mit überging, wo also die Zahl der Gesetze sich häufte und ihre richtige Anwendung immer mehr Zeit, Bedachtsamkeit und mühsame Untersuchungen erforderte, wo das neu entstandene europäische Staatensystem eine ganz neue Staatskunst erschuf, die stehenden Armeen einführte, die Bedürfnisse des Staats häufte und eine sorgfältigere Rücksicht auf die Verwaltung und Verbesserung der Finanzen notwendig machte, wo also die politischen, militärischen und Finanzgeschäfte des Regenten sich so sehr anhäuften, daß er unmöglich ihnen allen zugleich gewachsen sein konnte, seit dieser Zeit hat sich mit der Verwaltung der Gerichtsbarkeit eine doppelte Veränderung zugetragen.

Einmal haben die Regenten die Ausübung des richterlichen Amts gewissen von ihnen ernannten Personen und Collegiis aufgetragen und sich nur die Aufsicht über dieselben vorbehalten. Zu dem Ende ist jedes Land in gewisse Distrikte eingeteilt, und die [Streitigkeiten] | eines jeden solchen 297R
Distrikts sind an einen landesherrlichen Richter oder Gerichtskollegium gewiesen worden. Dergleichen Distrikte werden Jurisdiktionsbezirke genannt. Zweitens sind die schon aus älteren Zeiten herrührenden städtischen und adligen Jurisdiktionen von dem Landesherrn anerkannt und ausdrücklich bestätigt worden.

Die Natur und Entstehungsart dieser untergeordneten Jurisdiktionen erfordert eine nähere Erklärung.

Soweit wir in die älteste Geschichte der europäischen, besonders der deutschen, Landesverfassungen zurückgehen können, finden wir, daß, als das Volk noch auf der untersten Stufe der Kultur sich befunden, der Adel sich fast durchgehends einer unumschränkten Botmäßigkeit über die in seinen Dörfern wohnenden gemeinen Landleute angemaßt und dieselben als seine Dienstboten oder gar als seine Sklaven behandelt hat. Diese Anmaßung gründete sich teils darauf, weil der Adel aus denjenigen bestand, welche in jenen Zeiten der großen Völkerwanderungen dem Heerführer der siegenden Nation in der Unterjochung der Bezwungenen beigestanden hatten und dafür von ihm gewisse Distrikte des eroberten Landes nebst ihren vermöge damaliger barbarischer Sitte für Sklaven geachteten Bewohnern zur Belohnung angewiesen erhielten. Teils gründeten sie sich darauf, weil die Besitzer solcher durch die Verwüstungen des Krieges entvölkerter Distrikte aus andern Ländern Kolonisten herbeizogen, welchen sie die Ländereien zur Kultur und Benutzung überließen und sich dagegen von ihnen eine völlige Unterwürfigkeit unter ihren Willen und Befehl versprechen ließen. Die Fortschritte der Kultur, sanfter gewordene Sitten und menschlichere Gesetze haben diese unumschränkte Gewalt des Adels über seine Untertanen nach und nach sehr gemildert; inzwischen sind dem Adel aus jener älteren Verfassung noch viele Rechte über dieselben mit ausdrücklicher landesherrlicher Genehmigung und Bestätigung übriggeblieben. Unter denselben ist eines der vornehmsten die Befugnis eines adligen Gutsbesitzers, die Prozesse seiner Untertanen als Richter zu entscheiden und diese Entscheidungen zur Exekution zu bringen. Diese heißt die Patrimonialgerichtsbarkeit. Ursprung der städtischen Gerichtsbarkeit. Sowohl die Patrimonial- als städtischen Gerichtsbarkeiten sind nur mittelbare Jurisdiktionen und bleiben der höchsten landesherrlichen Jurisdiktion immer unterworfen.

Nach dieser geschichtsmäßigen Darstellung des Jurisdiktionswesens in Deutschland ist also das heutige Verhältnis desselben folgendes:
1. Die Obergewalt im Staat oder der Landesherr ist und bleibt die Quelle aller Jurisdiktionsrechte, und seine Jurisdiktion tritt überall ein, wo sich nicht findet, daß er die Ausübung derselben einem adligen Gutsbesitzer oder einem städtischen Magistrat verliehen habe.
2. Gewöhnlich aber kommt dem Adel über seine Untertanen und dem Magistrat über seine Bürger die Jurisdiktion zu.
3. Soweit der Staat Domänengüter besitzt, hat er über die Einwohner derselben die Patrimonialjurisdiktion.
4. Der Adel selbst und die Städte, als ein Ganzes betrachtet, sind der unmittelbaren landesherrlichen Jurisdiktion unterworfen.
5. Alle Offizianten des Staats stehen ebenfalls unter der unmittelbaren Jurisdiktion desselben.
6. Die unmittelbare Jurisdiktion des Landesherrn wird durch die von ihm angeordneten Gerichte und Collegia ausgeübt.
7. Die Collegia, welchen die unmittelbare landesherrliche Jurisdiktion in einer 298
ganzen Provinz übertragen ist, heißen Landesjustizcollegia.
8. Den Landesjustizcollegiis ist zugleich die Aufsicht über die Mediatjurisdiktion des Adels und der Städte übertragen.

Bevor ich nun von dieser geschichtsmäßigen Darstellung der Rechte und Pflichten des Landesherrn in Ansehung der ihm zukommenden höchsten Gerichtsbarkeit übergehe, muß ich noch zweier Arten der Jurisdiktion gedenken, die nicht eigentlich Streitigkeiten und Prozesse betreffen, aber doch gewöhnlich mit zur Jurisdiktion gezogen werden.
a) Jurisdictio voluntaria: Kennzeichen des Eigentums und der Rechte zu bestimmen.
b) Jurisdictio pupillaris: Sorge des Staats für die Unmündigen, die sich selbst nicht vorstehen können.

Nach dieser bestehenden Landesverfassung sind also zu der landesherrlichen Gerichtsbarkeit, soweit dieselbe als ein Hoheitsrecht oder ein Recht der Obergewalt im Staat angesehen werden muß, folgende Stücke zu rechnen.
a) Das Recht, Prozeßordnungen zu machen, d. h. allgemeine Vorschriften zu erteilen, wie bei der Untersuchung und Entscheidung der vorkommenden Streitigkeiten und Prozesse verfahren werden soll.
b) Das Recht, die Personen zu ernennen und zu bestellen, welche die unmittel-

bare landesherrliche Jurisdiktion in gewissen Provinzen und Distrikten im Namen des Landesherrn ausüben sollen.

c) Das Recht, über diese Collegia und Gerichte die Aufsicht zu führen und sie wegen Übertretung oder Vernachlässigung ihrer Pflichten zur Verantwortung zu ziehen.

d) Das Recht, die Aufsicht über die Mediatjurisdiktion des Adels und der Städte zu führen, zu untersuchen, inwiefern von diesen untergeordneten Gerichten die Vorschriften der Gesetze und der Prozeß-Ordnung beobachtet werden, und die dabei vorgefundenen Mängel und Unordnungen abzustellen. Das Visitationsrecht.

e) Das Recht, die Beschwerden gegen solche untergeordneten Gerichte durch die Landesjustizcollegia untersuchen und denselben durch gesetzmäßige Mittel abhelfen zu lassen. Das Appellationsrecht.

f) Das Recht, gewisse Nutzungen aus der mittelbaren und unmittelbaren Jurisdiktion zu ziehen, wovon suo loco ein mehreres.

Mit diesen Rechten des Landesherrn sind auch gewisse Pflichten verbunden, deren genaue Beobachtung auf das Wohl des Staats den erheblichsten Einfluß hat.

1. Bei Abfassung der Prozeßordnung muß er alle die Sorgfalt und Vorsicht beobachten wie bei der Gesetzgebung. Remission.
2. Er muß für die Bestallung tüchtiger, geschickter und rechtschaffener Leute zu Richterämtern sorgen. Da hierzu gewisse Prüfungen vorgeschrieben sind, so muß er niemand ohne dergleichen Prüfung ernennen.
3. Er muß darüber halten, daß ein jeder ohne Unterschied rechtlich gehört und niemand verurteilt werde, ehe nicht seine Sache auf die in den Gesetzen vorgeschriebene Art vollständig untersucht worden.
4. Daß kein Bürger des Staates wider seinen Willen vor einen anderen als den ihm durch die Gesetze angewiesenen Richter gezogen werde.
5. Er muß nicht selbst Richter sein wollen. Es fehlt ihm dazu die nötige Kenntnis, die erforderliche Zeit, die nur durch Übung zu erlangende Fertigkeit. Alle die Ursachen, welche die Regenten genötigt haben, das Richteramt andern zu übertragen, verpflichten sie auch, sich der eigenen Entscheidungen in einzelnen Fällen zu enthalten.
6. Er muß die von seinen Gerichten ausgesprochenen Erkenntnisse selbst aufrechterhalten und sie nicht durch willkürliche Verfügungen aufheben oder abändern. Denn die Sicherheit des Eigentums beruht darauf, daß die Kennzeichen desselben, welche der Staat durch die Gesetze bestimmt hat, von

einem jeden und also auch von dem Landesherrn respektiert werden. Unter diese Kennzeichen gehört auch, daß derjenige, welchem ein streitiges Recht nach vorhergegangener gesetzmäßiger Untersuchung durch den Richter zugesprochen worden, für den rechtmäßigen Inhaber dieses Rechts im Staate gelten und also niemandem gestattet werden müsse, ihn dabei auf irgendeine Art weiter zu beunruhigen. Dies Gesetz ist notwendig, weil sonst des Prozessierens kein Ende sein und die Rechte ewig ungewiß bleiben würden. Es ist billig und vernünftig vermöge der Gesetze, die getroffen sind, daß die streitigen Rechte mit der größten Sorgfalt untersucht werden müssen und die Instanzen einem jeden offenstehen.

In einzelnen Fällen kann es hart scheinen, aber die Sicherheit des Ganzen fordert es.

Der Regent also, welcher durch Machtsprüche die Erkenntnisse seiner Gerichte aufheben oder abändern wollte, würde einer seiner ersten Pflichten, einen jeden bei dem Seinigen zu schützen, entgegenhandeln.

7. Er muß aber die genaueste Aufsicht über seine Gerichte führen und zu dem Ende die Beschwerden seiner Untertanen über dieselben willig anhören, dieselben von unparteiischen und sachverständigen Männern untersuchen lassen und, wenn er findet, daß jemandem die Justiz versagt oder verzögert worden, durch nachdrückliche Verfügungen abhelfen.
8. Er muß die Inhaber der Patrimonial- und städtischen Jurisdiktionen dabei schützen, weil sie ihr Eigentum sind.
9. Er muß also darauf sehen, daß diese Jurisdictiones nur von Männern, die dazu gehörig qualifiziert sind, und nur nach den Regeln der Prozeßordnungen verwaltet werden.

ÜBER DAS RECHT DER POLIZEI 302

Grundsätze des Polizeirechts

... Ehe ich aber fortfahre, muß ich um Erlaubnis bitten, die Bemerkung zu 303
machen, wie es zwei ganz verschiedene Fragen sind:

1. was für Mittel sind nach den Regeln der Klugheit die besten und wirksamsten, die verschiedenen Zweck der Staatspolizei zu erreichen? und
2. welche Mittel ist der Staat zur Erreichung dieser Zwecke anzuwenden berechtigt?

Die Beantwortung der ersteren dieser Fragen liegt außer den Grenzen meines Auftrags. Sie ist das Problem, mit dessen Auflösung sich die ganze innere Staatswirtschaft und Regierungskunst beschäftigt. Mir liegt es bloß ob, die zweite Frage zu beantworten und die Grundsätze anzugeben, nach welchen das Recht des Staats bei der Anwendung der Mittel zur Erreichung des Zwecks der Polizei zu beurteilen ist.

Aus obiger Zergliederung der Objekte des Polizeirechts ergibt sich, daß solches viele und mannigfaltige Einschränkungen der natürlichen Freiheit enthalte. Es gebietet Handlungen, die bloß zur Beförderung der Glückseligkeit anderer gereichen sollen, es untersagt deren noch mehrere, welche keine Zwangspflichten gegen andre verletzen und also keineswegs als Verbrechen anzusehen sind. Nach dem Rechte der Natur kann ich mein Haus auf meinem Eigentum hinbauen, wohin ich will. Ich kann für mein Fenster setzen, was ich Lust habe. Durch keines von beiden verletze ich Zwangpflichten gegen andre. Die Polizei aber verbietet mir, mein Haus zu nahe an das Haus meines Nachbars zu rücken, damit ich diesem nicht das Licht benehme; sie untersagt mir bei Strafe, keine Blumentöpfe oder andre Sachen unbefestigt vor mein Fenster zu stellen, damit durch deren Herabstürzen nicht | etwa 303 R
Vorübergehende beschädigt werden. Die Polizei geht also in der Einschränkung der natürlichen Freiheit weiter, als es genau genommen nötig ist, um eigentliche Beleidigungen andrer abzuwenden. Da es nun der erste Grundsatz des öffentlichen Staatsrechts ist,

> daß der Staat die Freiheit der einzelnen nur so weit einzuschränken berechtigt sei, als es notwendig ist, damit die Freiheit und Sicherheit aller bestehen könne,

so fließt aus dieser Betrachtung der erste Grundsatz des Polizeirechts,

> daß nur die Abwendung eines großen und mit moralischer Gewißheit zu befürchtenden Schadens für die bürgerliche Gesellschaft oder nur die gegründete Hoffnung zur Erlangung eines sehr erheblichen und dauerhaften Vorteils für das Ganze den Staat berechtigen könne, die natürliche Freiheit seiner einzelnen Bürger durch Polizeigesetze einzuschränken.

Polizeigesetze erfordern also eine verdoppelte Behutsamkeit von seiten des Gesetzgebers, damit er nicht verleitet werde, der Freiheit seiner Bürger unnütze Fesseln anzulegen und sie in dem ungehinderten Gebrauch und Genuß des Ihrigen bloß zum einseitigen Vorteil einiger ihrer Mitbürger einzuschränken.

2. Ein zweiter Grundsatz des Polizeirechts ist:

Der Schade, welcher durch die Einschränkung der Freiheit abgewendet werden soll, muß bei weitem erheblicher sein als der Nachteil, welchen das Ganze oder auch die einzelnen durch eine solche Einschränkung leiden.

Denn nur ein überwiegendes Gut für das Ganze kann den Staat berechtigen, die Aufopferung eines minderen Guts von seinen Untertanen zu fordern. Solange es daher nur noch im geringsten zweifelhaft ist, ob der Vorteil des Ganzen, der durch die Einschränkung der Freiheit bewirkt werden soll, den Schaden, welchen das Ganze oder auch nur einzelne dadurch leiden, überwiege, solange darf sich der Staat zu solchen Einschränkungen nicht entschließen. So würde z. E. eine Stadt gegen Feuersbrünste in einem sehr hohen Grade sicher sein, wenn in ihr keine im Feuer arbeitenden Gewerbe, keine Bäcker, Brauer, Töpfer, Schmiede pp. geduldet würden. Aber die bürgerliche Gesellschaft würde durch die Verbannung solcher Gewerbe einen Nachteil erleiden, welcher die Gefahr, daß durch sie zuweilen Feuersbrünste veranlaßt werden möchten [,überwiegen würde]. Ein Polizeigesetz also, welches diesen Gewerben ihren Betrieb oder ihre Niederlassung in Städten untersagen wollte, wäre ungerecht, sowie im Gegenteil dasjenige sehr gerecht ist, welches ihnen bei dem Gebrauch des Feuers gewisse Vorsichtsregeln auflegt oder auch ihnen ihren Sitz in solchen Gegenden der Stadt anweist, wo ein wirklich entstehendes Feuer wegen ihrer Abgelegenheit oder freieren Lage sich nicht sogleich ausbreiten oder geschwinder gelöscht werden kann.

3. Der dritte Grundsatz ist:

Die Einschränkung der Freiheit, die durch ein Polizeigesetz geschieht, muß so beschaffen sein, daß sie dem Eingeschränkten selbst zum Vorteil gereiche.

So ist z. E. das Polizeigesetz recht und billig, welches verbietet, daß niemand durch neue Baue seinem Nachbarn das Licht benehmen solle, daß niemand Blumentöpfe für sein Fenster stellen solle, daß niemand auf den Straßen und in volkreichen Gegenden schnell fahren oder reiten solle.

4. Der vierte Grundsatz ist:

Zu Einschränkungen, welche zur Abwendung gemeiner Stör|ungen und Gefahren abzielen, hat der Staat ein stärkeres Recht als zu solchen, wo- 304
durch bloß der Wohlstand, die Bequemlichkeit, die Schönheit oder andre dergleichen Nebenvorteile für das Ganze befördert werden sollen.

So haben Polizeigesetze, welche dahin abzielen, Verbrechen zu verhüten, allgemeinschädliche Folgen der Naturbegebenheiten abzuwenden, dem

Lande die ersten Bedürfnisse des Lebens zu verschaffen oder zu erhalten pp., einen stärkeren Grund der Verbindlichkeit in sich als diejenigen, welche bloß dahin abzielen, den Flor dieser oder jener Fabrik zu befördern, den Handel mit Waren des bloßen Luxus zu begünstigen, die Verschönerung einer Stadt oder Gegend ins Werk zu richten.

5. Ein fünfter Grundsatz ist:

   Da der Staat in allen seinen Gesetzen die wohlerworbenen Eigentums- und anderen Rechte seiner Bürger respektieren muß, so muß eben dies vornehmlich auch bei den Polizeigesetzen geschehen. Zu Absichten der Polizei, welche nicht unmittelbar den Schutz und die Sicherheit des Ganzen gegen gemeine Gefahr betreffen, kann niemand gezwungen werden, sein schon erworbenes Recht wider seinen Willen fahren zu lassen.

   So würde z. E. ein Polizeigesetz sehr ungerecht sein, welches die Einwohner einer Stadt nötigen wollte, ihre Gärten an die Polizei zu verkaufen, damit diese dort einen öffentlichen Spaziergang anlegen könnte. Selbst das Aufdringen eines noch so hohen Kaufgelds würde einen solchen Eingriff in die Eigentumsrechte nicht rechtfertigen. Dagegen läßt es sich wohl rechtfertigen, daß der Staat, welcher zur Verteidigung des Landes gegen auswärtige Feinde irgendwo eine Festung anzulegen nötig findet, die Einwohner nötigen könne, ihm ihre dazu erforderlichen Grundstücke gegen eine billige Entschädigung zu überlassen. Dies Exempel führt

6. auf den sechsten Grundsatz:

   Wenn die Ausführung eines Polizeigesetzes Aufopferungen der Eigentums- oder andern Rechte von seiten der einzelnen notwendig macht und dies Gesetz wirklich zur Sicherheit gegen gemeine Gefahr abzielt, so kann der Staat zwar die einzelnen zu solchen Aufopferungen nötigen, er muß aber sorgen, daß sie dafür nach Billigkeit entschädigt werden.

   Wenn also z. E. in einer Stadt noch Häuser mit Schindeln gedeckt vorhanden sind, so kann zwar der Staat die Eigentümer nötigen, Schindel[1]dächer anzulegen, er muß sie aber dafür durch Hergebung der Kosten entschädigen.

7. Von Polizeigesetzen sind bloße Polizeianstalten zu unterscheiden. Wenn der Staat nötig findet, dergleichen Anstalten zu treffen, wodurch z. E. der Unterricht der Jugend gut und zweckmäßig eingerichtet, der Betrieb dieses oder jenes Gewerbes befördert, eine gewisse Kunst oder Wissenschaft zu einem höheren Grade von Vollkommenheit gebracht werden soll, so ist er dazu ohne allen Zweifel berechtigt. Nur kann er in der Regel niemand

[1] Gemeint ist wohl: „Schiefer-".

zwingen, an einer solchen Anstalt teilzunehmen. Beobachtet er aber diesen einzigen Grundsatz, so kann er der Anstalt selbst Gesetze nach eigenem Gutfinden vorschreiben, die alsdann von allen, welche daran teilnehmen wollen, befolgt werden müssen; z. E. wenn der Staat eine Schule, eine Akademie errichtet, eine Zeichenschule anlegt, ein Schauspiel unterhält, wenn er ein Pfand- und Leihhaus anlegt, eine neue Branche von Handlung etabliert pp.

8. Von Polizeigesetzen sind Polizeiverordnungen zu unterscheiden. Letztere beziehen sich nur auf einen gewissen bestimmten Ort und sollen nur diejenigen, welche an diesem Orte sich aufhalten werden, verpflichten.
9. Polizeistrafen. Diese dürfen nie so strenge sein als die Kriminalstrafen.
10. Polizeiverfahren. Es soll nur die Übertretung von Polizeigesetzen verhindert oder es soll eine schon wirklich geschehene Übertretung bestraft werden.

[Anwendung obiger Grundsätze auf einige einzelne Materien]

In der vorigen Stunde habe ich die Gnade gehabt, Eure Königliche Hoheit 305
von dem Polizeirechte des Staats, dem großen Umfange desselben und den Grenzen zu unterhalten, welche beobachtet werden müssen, wenn die Ausübungen dieses Rechts nicht in ungebührliche und widerrechtliche Beeinträchtigungen der natürlichen und bürgerlichen Freiheit ausarten sollen. Wir haben gefunden, daß der Zweck der Polizei teils in möglichster Verhütung der den Bürgern des Staats aus Verbrechen oder Naturbegebenheiten drohenden Gefahren, teils in Begrenzung gemeinschädlicher Mißbräuche des Eigentums, teils in Leitung der mannigfaltigen Gewerbe des bürgerlichen Lebens und Wegräumung der ihnen sich entgegenstellenden Hindernisse, teils auch in Treffung solcher Anstalten bestehe, wodurch der Unterricht und die Ausbildung der Bürger in nützlichen Kenntnissen besorgt oder ihnen ein bequemer und froher Lebensgenuß verschafft werde. Wir haben ferner gefunden, daß fast alle Polizeigesetze auf Einschränkungen der natürlichen und bürgerlichen Freiheit hinauslaufen, weil sie entweder Handlungen gebieten, wozu der Mensch nach den Naturgesetzen nicht verpflichtet ist, teils Handlungen untersagen, welche keine Verletzungen von Zwangspflichten und also keine Verbrechen sind, und daß also bei Gebung von Polizeigesetzen eine ganz vorzügliche Vorsicht und Behutsamkeit von seiten des Staats notwendig sei. Wir haben uns überzeugt, daß nur die höchste Wahrscheinlichkeit eines bevorstehenden sehr großen Übels oder nur

die gegründete Hoffnung eines für die ganze bürgerliche Gesellschaft zu erlangenden überwiegenden Vorteils den Staat berechtigen könne, die Freiheit der einzelnen durch Polizeigesetze einzuschränken, daß Eigentum und schon wirklich erworbene Rechte durch Polizeigesetze nicht gekränkt werden müssen und daß, wenn je in ein oder andrem außerordentlichen Falle der Staat sich genötigt sieht, über das Eigentum eines einzelnen Bürgers zum Zwecke der allgemeinen Sicherheit zu disponieren, er auch schuldig sei, einen solchen Eigentümer für den dadurch entstehenden Nachteil vollständig zu entschädigen.
Um diese Grundsätze in der Anwendung desto deutlicher und überzeugender darzustellen, bitte ich um Erlaubnis, aus dem reichen Vorrat der Gegenstände, mit welchen das Polizeirecht des Staats sich beschäftigt, einige der wichtigsten herausnehmen und näher auseinandersetzen zu dürfen.

Das wichtigste und heilsamste Geschäft der Polizei besteht ohne Zweifel in den Bemühungen, die sie anwendet, den Verbrechen vorzubeugen und die Ausführung derselben zu hindern und zu erschweren. Dies bewirkt sie einesteils dadurch, daß sie durch ausgestellte Wachen und andre dergleichen Anstalten, besonders an Orten und in Zeiten, welche zur Begehung von Verbrechen die bequemsten und gewöhnlichsten sind, die Personen und das Vermögen ihrer Bürger gegen die Beeinträchtigungen der Bösewichter zu schützen sucht, teils und vornehmlich aber dadurch, daß sie die Quellen der Verbrechen aufsucht und zu verstopfen sich bemüht. Die Hauptquelle der meisten Verbrechen ist ohne Zweifel der Müßiggang und die dadurch entstehende Armut. Die Polizei richtet also ihre Aufmerksamkeit hauptsächlich auf diejenige Klasse von Menschen, die, ohne irgendein nützliches Geschäft zur Erwerbung ihres Unterhalts zu treiben, müßig im Lande herumziehen und ihren Mitbürgern durch Betteln zur Last fallen. Sie unterscheidet den Bettler, den hohes Alter, Krankheit oder Gebrechlichkeit zur Arbeit wirklich unvermögend machen, von demjenigen, der aus bloßer Faulheit oder aus einem Hange zum liederlichen herumschweifenden Leben sich der Arbeit entzieht. Für den wirklich Armen sorgt sie durch Einrichtung zweckmäßiger Armenverpflegungsanstalten. Den andern Landstreicher treibt sie über die Grenze und verbietet ihm das Wiederkommen bei Festungsstrafe. Dem ein|heimischen arbeitsfähigen Bettler weist sie ent- 305 R
weder Gelegenheiten an, wo er durch Arbeit seinen Unterhalt verdienen kann, oder, wenn sie findet, daß es ihm nicht ernst sei, diese Gelegenheiten zu benutzen, so schließt sie ihn in Arbeitshäuser ein, wo er so lange ge-

zwungen arbeiten muß, bis er seinen Hang zum Müßiggange überwunden und soviel Kenntnis und Fertigkeit sich erworben hat, daß man es ihm nunmehr überlassen kann, sich sein Brot durch irgendein nützliches Geschäft in seiner Freiheit zu verdienen. Alle diese Maßregeln werden durch die Notwendigkeit gerechtfertigt, die Bürger des Staats gegen ein Heer von Bettlern und Landstreichern zu sichern, die, wenn sie sich selbst überlassen und ohne alle Aufsicht bleiben sollten, der Person und dem Vermögen ihrer Mitbürger ganz ohnfehlbar äußerst gefährlich werden würden. Aus ähnlichen Gründen sind die Regierungen auf den Gedanken geraten, daß es ihre Pflicht und ein Teil ihres Polizeirechts sei, die Schriftstellerei und den Buchhandel unter ihre nähere Aufsicht zu ziehen, damit nicht durch das Drucken und Verkaufen schädlicher Schriften die Sicherheit des Staats und seiner Bürger gefährdet werden möge. Dies ist der Ursprung der Bücherpolizei und der Zensurgesetze. An und für sich hat es seine Richtigkeit, daß diese Gegenstände der Aufmerksamkeit des Staats keineswegs unwürdig sind, vornehmlich in unsern Tagen, wo die Schriftstellerei ein Gewerbe geworden ist und wo die lesende Klasse sich so vermehrt hat, daß nicht mehr bloß der gelehrte oder sonst durch Erziehung gebildete Mann in seinem Kabinett, sondern sehr häufig auch Handwerker, Professionisten, Bediente und andre niedere Volksklassen sich mit Lesen beschäftigen. Durch Bücher können daher Begriffe, Meinungen und Grundsätze in einen unglaublich schnellen Umlauf gebracht und eine große Menge Köpfe damit angefüllt werden. Betreffen nun diese Begriffe, Meinungen oder Maximen Gegenstände, die auf das bürgerliche Leben, dessen verschiedene Verhältnisse und Pflichten unmittelbare Beziehung haben, und sind sie unrichtig und moralisch böse, so kann ihre Verbreitung der öffentlichen Sicherheit und Ordnung allerdings ausnehmend schädlich werden. Man kann daher, was auch die Verteidiger einer uneingeschränkten Pressefreiheit dagegen einwenden mögen, dem Staat unmöglich das Recht versagen, durch Verhinderung des Drucks und der Verbreitung schädlicher Schriften den für ihn und seine Bürger daraus zu besorgenden Gefahren möglichst vorzubeugen, und dies geschieht vornehmlich durch Zensurgesetze, welche befehlen, daß im Staat nichts gedruckt werden soll, was nicht zuvor gewissen dazu verordneten Personen zur Prüfung vorgelegt und von ihnen als unschädlich und unbedenklich anerkannt worden.

Es gibt aber vielleicht keine Klasse der Polizeigesetze, die bei ihrer Abfassung und Anwendung einen höheren Grad von Vorsicht und Behutsamkeit erforderten als diese. Folgende Betrachtungen werden uns davon überzeugen.

1. Das Recht, seine Gedanken andern mitzuteilen und dieselben sich mitteilen zu lassen, ist eines der ersten und natürlichsten Rechte der Menschen, da es unmittelbar aus dem Triebe zur Geselligkeit, welchen der Schöpfer in unserer aller Seelen gelegt hat, entspringt. Dies Recht der schriftlichen Mitteilung wird durch die Zensur sehr eingeschränkt. Eine solche Einschränkung kann also nur alsdann rechtmäßig sein, wenn aus der gestatteten Mitteilung eine erhebliche Gefahr für den Staat oder seine Bürger mit einem überwiegenden Grade von Wahrscheinlichkeit zu besorgen ist.

2. Es ist ein Hauptgrundsatz der Polizei, daß der Schade, welcher durch ein Polizeigesetz abgewendet werden soll, bei weitem er|heblicher sein müsse 306
als der Nachteil, welcher den einzelnen oder auch dem Ganzen aus einer solchen Einschränkung erwächst. Dieser Grundsatz ist besonders bei der Bücherpolizei von der äußersten Wichtigkeit. Es ist unstreitig, daß Bücher das wirksamste Mittel sind, Wahrheiten und nützliche Kenntnisse durch alle Volksklassen zu verbreiten, den Verstand aufzuklären, die Grenzen der menschlichen Erkenntnis zu erweitern, Herzen und Gesinnungen zu veredeln und ein Volk auf die höchste Stufe der Kultur, welche zur Größe und inneren Stärke eines Reichs so viel beiträgt, zu erheben. Wenn es gewiß ist, daß die Seele des Menschen der edelste und würdigste Teil seines Wesens sei und daß Erkenntnis der Wahrheit dasjenige Gut ist, nach welchem der Mensch vermöge des von dem Urheber seiner Natur in ihn gelegten rastlosen Triebes beständig strebt und streben muß, so ist es auch gewiß, daß die ungerechteste und drückendste Art der Tyrannei diejenige sei, welche dem Erkenntnisvermögen des Menschen Zwang anlegen und es ihm mit Gewalt wehren will, seinen Durst nach Wahrheit zu befriedigen. Der Gefahr einer solchen Bedrückung setzt sich der Staat durch Gebung von Zensurgesetzen aus, wenn dieselben nicht mit der äußersten Vorsicht und Behutsamkeit abgefaßt sind. Zwar ist der Zweck der Zensur, nur die Verbreitung *schädlicher* Begriffe, Grundsätze und Meinungen zu verhüten. Aber diejenigen, welche es beurteilen sollen, ob der Inhalt eines Buchs von dieser Art sei, sind Menschen, dem Irrtum und den Vorurteilen gleich allen ihren Mitbrüdern unterworfen. Es ist nicht alles falsch, was gewissen angenommenen Meinungen und Begriffen widerspricht. Es ist nicht alles schädlich, was den Ungrund dieser oder jener herrschenden Vorurteile oder Anmaßungen darstellt. Zu der Zeit, als Luther seine Reformation anfing, war es eine allgemein geltende Meinung, daß außer der katholischen Kirche keine Seligkeit zu hoffen sei, daß, wer die Unfehlbarkeit des Papstes, die Autorität der Konzilien bezweifle, die Religion selbst in ihren Grund-

festen antaste, daß niemand ein guter Mensch und guter Bürger sein könne, der nicht die Transsubstantiation, den Ablaß, die Anbetung der Heiligen für Grundwahrheiten der Religion ansehe. Wären nun damals die Regierungen auf den Gedanken geraten, die Schriften Luthers und seiner Nachfolger, in welchen alle diese Meinungen angegriffen und widerlegt wurden, zu unterdrücken, und wäre es ihnen damit gelungen, was würde aus der Reformation geworden sein, welcher das ganze menschliche Geschlecht und selbst die katholisch gebliebenen Länder so unendlich viel zu verdanken haben? Es gab eine Zeit, wo es für eine ebenso absurde als gottlose Behauptung gehalten wurde, daß die Sonne stille stehe und die Erde sich um sie herumbewege, wo die Verteidiger dieser Meinung, besonders der berühmte Galilei, den ärgsten Verfolgungen ausgesetzt waren. Was würde aus der Astronomie, welcher Schiffahrt, Handlung und andre Gewerbe so viel verdanken, geworden sein, wenn man die Verbreitung dieses Satzes hätte verhindern wollen und können? Es gab eine Zeit, wo das als ein Beweis der ärgsten Ruchlosigkeit gehalten wurde, wo man den für einen erklärten Bibelfeind ansah, welcher sich beigehen ließ zu behaupten, daß ein Sokrates, ein Titus, eine Antonia gar wohl selig geworden sein und in jener Welt ein glückliches Los erhalten haben könnten, und jetzt wird auch der strengste Orthodoxe sich nicht mehr getrauen, diesen berühmten und tugendhaften Heiden die Hölle zu ihrem Aufenthalt anzuweisen. Es gab eine Zeit, und ich erinnere mich ihrer selbst noch, wo die Inokulation der Pocken für einen sündlichen und höchst frevelhaften Eingriff in die Leitungen der göttlichen Vorsehung gehalten und sogar von den Kanzeln dagegen deklamiert wurde. Und doch hat seitdem diese Methode schon vielen 100000 Kindern das Leben und in ihnen dem Staat ebensoviel nützliche Bürger erhalten. Es gab endlich, um nur noch ein Exempel anzuführen, eine Zeit, da die Regenten und ihre Ministres es für äußerst gefährlich hielten, wenn die Pflichten der Obergewalt im Staat und die Rechte der Untertanen zum Gegenstande öffentlicher Verhandlungen in Büchern | und Schriften gemacht wurden, wenn 306 R
ein Schriftsteller sich einfallen ließ, zu behaupten und wohl gar zu beweisen, daß nicht das Volk um des Regenten willen, sondern der Regent um des Volks willen da sei, daß die Rechte des Regenten sich nicht auf eine unmittelbare göttliche Einsetzung, sondern auf seine Pflicht, sein Volk glücklich zu machen, gründen und daß der Regent, sobald er Tyrann werde, sich des Rechts, Gehorsam von seinen Untertanen zu fordern, selbst verlustig mache. Und gleichwohl können wir von dem Zeitpunkt an, wo diese Meinungen, besonders unter dem Schutze und nach dem Beispiele Fried-

richs des Großen lauter und freimütiger haben vorgetragen werden dürfen, die Periode datieren, da unsre Fürsten angefangen haben, sich mehr um die Glückseligkeit ihres Volks zu bekümmern, die natürliche und bürgerliche Freiheit zu schonen, sanft, gelinde und wohltätig zu regieren und die Festigkeit ihrer Throne mehr auf die Zuneigung ihres Volks und dessen innere Überzeugung von der Güte der Staatsverfassung als auf einen blinden sklavischen Gehorsam zu gründen. Diese Beispiele zeigen, wie mißlich es sei, die Verbreitung von Begriffen und Grundsätzen bloß um deswillen, weil sie nach der vorhandenen gemeinen Meinung für irrig oder schädlich gehalten werden, mit Zwang und durch scharfe Zensurgesetze verhindern zu wollen, und wie groß die Gefahr sei, welcher der Staat sich aussetzt, indem er nur schädliche Irrtümer unterdrücken will, große und nützliche Wahrheiten zu ersticken. Nicht einmal die öffentliche Beurteilung und Bestreitung eigentlicher Landesgesetze kann der Staat verbieten, ohne dieser Gefahr sich auszusetzen. Denn auch Gesetze können fehlerhaft und schädlich sein und sind es sehr oft. Dem Staat widerfährt also eine Wohltat, wenn der denkende und unparteiische Schriftsteller den Regenten und seine Ministres aufmerksam auf solche Fehler machen darf. Es ist bekannt, daß noch im vorigen und sogar noch zu Anfang des jetzigen Jahrhunderts viele arme unschuldige alte Weiber als Hexen verbrannt worden sind, und dies geschah auf den Grund wirklicher Gesetze, die einen Menschen, welcher gewisse Zeichen an sich trug, gewisse ungewöhnliche Gebärden zu machen gewohnt war, gewisse nach der Meinung der damaligen Zeiten unerklärbare Handlungen vornahm, gewisse sehr sorgfältig bestimmte Proben nicht aushalten konnte, für einen Bundesgenossen des Satans achteten und zum Feuer verurteilten. Ebenso war die Tortur in wirklichen Gesetzen vorgeschrieben, und auch ihre Grade waren darin sehr genau und sorgfältig bestimmt. Wäre es nun der Vernunft und ihren Organen, den Schriftstellern, nicht erlaubt gewesen, sich gegen diese Gesetze aufzulehnen, hätte Thomasius in Halle, den Friedrich der Große dafür in seinen Werken verewigt hat, das Unvernünftige, Unnatürliche und Absurde der sogenannten Hexenprozesse in seinen Schriften nicht aufdecken dürfen, so würden wir vielleicht jetzt noch manch ehrliches altes Weib als eine Hexe den Scheiterhaufen besteigen und manchen Unschuldigen durch die Folterkammer zum Schafott befördert sehen. Auch hieraus erhellt, wie weit die Grenzen sein müssen, die der Pressefreiheit zu setzen sind, wenn nicht der
Staat Gefahr laufen will, durch allzu enge Bestimmungen | derselben sich 307

um die Vorteile zu bringen, welche mit der Verbreitung nützlicher Wahrheiten und Kenntnisse allemal verbunden sind.
3. Es ist ein Hauptgrundsatz der Regierungskunst, daß der Staat niemals etwas unternehmen müsse, wenn er nicht voraussehen kann, daß er den dabei sich vorgesetzten Zweck werde erreichen können. Denn bei gewagten und hinterher fehlschlagenden Unternehmungen verliert allemal sein Ansehen und seine Achtung bei Einländern und Fremden, da sie allemal als Beweise von Übereilungen oder Schwächen angesehen werden. Diese Maxime verdient besonders in der Materie von Zensurgesetzen sorgfältige Rücksicht. Nach der Lage, in welcher die Dinge sich gegenwärtig einmal befinden, nach dem Grade von Aufklärung und Kultur, zu welchem die Völker in den meisten Ländern Europens nun einmal gekommen sind, nach der Verfassung des Druckerwesens und Buchhandels, besonders in Deutschland, ist es beinahe eine Unmöglichkeit, daß irgendeine Regierung imstande sein sollte, die Zirkulation und Verbreitung gewisser Ideen und Meinungen selbst durch die strengsten Zensurgesetze zu verhindern. Fast in jedem der 300 Länder und Länderchens, aus welchen das Heilige Römische Reich deutscher Nation komponiert ist, existieren eine oder mehrere Druckereien, die zum Teil unter gar keiner Zensur oder sonstigen Aufsicht stehen. Wenn also auch ein deutscher Landesherr den Druck gewisser Schriften in seinen Staaten untersagt, so kann er es doch unmöglich hindern, daß eben diese Schriften in andern Ländern gedruckt werden. Gleich unmöglich ist es ihm, die Einbringung derselben in seinen Staaten, zu welcher tausend Wege offenstehen, zu verhindern. Es ist bekannt, welche sorgfältigen und kostbaren Anstalten getroffen sind, um die Einbringung contrebander Waren in die hiesigen Lande zu verhindern, und doch hört man täglich laute Klage über die Unzulänglichkeit derselben. Die Bücher-Contrebande ist viel leichter zu begehen und viel schwerer zu verhüten als jene, wovon der österreichische Staat den Beweis liefert, in welchem die Einfuhr der verbotenen Bücher durch die unter Maria Theresia dagegen gemachten äußerst strengen und drückenden Anstalten nie ganz hat verhindert werden können. Da es nun überdem in der Natur der menschlichen Seele liegt, daß sie nach einer Sache, die einmal ein Gegenstand ihrer Wünsche und von ihr als ein Gut erkannt worden ist, um so eifriger strebt und einen desto höheren Wert darauf legt, je mehr ihr deren Erlangung erschwert wird, so erreicht die Regierung durch Bücherverbote weiter nichts, als daß solche verbotenen Bücher um so eifriger gesucht und um so begieriger gelesen werden und daß manche an sich unbedeutende Broschüre, die ungelesen dem Strome der Vergessenheit

überlassen geblieben wäre, nun eine starke und allgemeine Sensation macht, bloß weil die Regierung sie wichtig genug gefunden hat, ein Verbotsgesetz dawider ergehen zu lassen. Dies ist ein neuer Grund, der die Regierung abhalten muß, sich zu Zensurgesetzen und Bücherverboten so leicht zu entschließen.

4. Endlich verbindet sich mit allem Vorstehenden auch noch folgende Betrachtung. Die Gefahr, die aus einer weit ausgedehnten Druckfreiheit irgend entstehen kann, ist bei weitem so groß nicht, als dieselbe scheinen möchte. Diese Gefahr soll, wie man gemeiniglich dafür hält, entweder der Religion oder dem Staat bevorstehen. Die vermeintliche Gefahr für die Religion ist offenbar ungegründet. Es ist ein ganz ausgemachter und durch die Erfahrung aller Jahrhunderte bestätigter Satz, daß die Wahrheit nicht anders als gewinnen könne, wenn sie geprüft und angegriffen wird. Jeder Angriff erzeugt Verteidigung, und ist der angegriffene Religionssatz|wirklich Wahrheit, so 307 R
kann es unmöglich fehlen, daß seine Verteidiger nicht gar bald das Übergewicht über ihre Gegner gewinnen sollten. So ist die christliche Religion nie heftiger angegriffen worden als ohngefähr seit 50 Jahren. Aber seit eben dieser Zeit sind auch ihre Grundwahrheiten von ihren Verteidigern mit so vielen neuen und starken Beweisen gefestigt worden, daß sie nunmehr gegen alle ferneren Angriffe unerschütterlich feststehen. Ebenso stellt man sich die Gefahr für den Staat weit größer vor, als sie wirklich ist. Dergleichen Gefahr könnte doch nur von dem großen Haufen zu besorgen sein. Dieser aber handelt in den wenigsten Fällen nach spekulativen Meinungen oder Grundsätzen, sondern er ist, wie Friedrich der Große sagt, ein animal d'habitude, ein Geschöpf, das den einmal gewohnten Gang so lange ruhig fortgeht, als nicht besondere Umstände oder Vorfälle ihn aus dieser gewohnten Bahn gleichsam mit Gewalt herausreißen und seinen Handlungen eine andre Richtung geben. Solange daher ein Staat gute Gesetze hat, solange der Regent über die Beobachtung dieser Gesetze und eine unparteiische Rechtspflege mit treuer Sorgfalt wacht, solange er nicht Despot wird, seine Untertanen nicht mit übertriebenen Auflagen drückt, ihren Schweiß und ihr Blut nicht verschwendet oder durch unwürdige Günstlinge verschwenden läßt, solange er dafür sorgt, daß die eigentlichen Bedürfnisse des Lebens im hinlänglichen Maße und zu billigen Preisen zu haben sind, daß jeder, der arbeiten will und kann, Gelegenheit habe, sich seinen Unterhalt zu erwerben, solange kann er bei allen spekulativen Meinungen, die etwa in den Köpfen seiner Untertanen verbreitet werden, sehr ruhig sein und sich völlig versichern, daß die beredteste Deklamation gegen alle monarchischen Ver-

fassungen, die glänzendsten Lobreden der republikanischen Freiheit nicht ein einziges Dörfchen in seinen ganzen Staaten zum Aufruhr bewegen werden. Läßt er es aber an jenen Erfordernissen fehlen, so werden auch Zensurgesetze und Bücherverbote zu nichts helfen; das gedrückte und bis zu einem gewissen Grade der Verzweiflung gebrachte Volk wird sich empören, ohne ein Wort davon zu wissen, was Hobbes, Milton, Rousseau, Mounier und andre über das Recht der Nation, einem Tyrannen zu widerstehen, gesagt und geschrieben haben. Ganz ohne Grund schreibt man daher die gegenwärtige Revolution in Frankreich auf die Rechnung einer sogenannten Philosophie, die durch die Schriften Rousseaus, Mablys und andrer unter dem großen Haufen der französischen Nation verbreitet worden. Die Unordnung in den Finanzen, der harte Druck übermäßiger Auflagen, die Verschwendungen des Hofes, der Mätressen und Günstlinge, der willkürliche Despotismus, der gegen die Person, die Freiheit und das Vermögen der einzelnen Staatsbürger von ehrgeizigen und habsüchtigen Ministern unter der Nachsicht eines schwachen Regenten verübt wurde — das sind die wahren und einzigen Quellen der Revolution. Man kann zugeben, daß dieselbe vielleicht durch jene philosophischen Meinungen eine gewisse Richtung erhalten habe, die sie sonst nicht genommen hätte. Aber entstanden
würde sie immer | sein, wenn auch nie ein Rousseau, ein Mably oder ein 308
Mounier existiert oder geschrieben hätten, so wie sie in Konstantinopel und Petersburg ehemals entstanden sind, da man doch diesen Nationen gewiß nicht vorwerfen wird, daß sie von den philosophischen Meinungen jener Schriftsteller angesteckt gewesen wären.

Alle diese Betrachtungen scheinen darauf zu führen, daß es für den Staat wohl am ratsamsten sein dürfte, der Druckfreiheit gar keine Gesetze vorzuschreiben und sich nur damit zu begnügen, daß jeder Schriftsteller, der in seinen Werken den Staat oder andre wirklich beleidigt hätte, dafür zur Verantwortung und Strafe gezogen würde. So ist die Verfassung in England, und es findet sich nicht, daß dadurch Religion und Staatsverfassung im geringsten gefährdet würden. Ich wage es nicht, Euer Königlichen Hoheit eigenen Beurteilung hierüber im geringsten vorzugreifen, sondern bemerke nur, daß in dem preußischen Staat Zensurgesetze existieren, die jedoch so billig und gelinde sind, daß eine gemäßigte Denk- und Preßfreiheit dabei noch immer bestehen kann. Es ist nämlich bei uns verboten, Bücher zu drucken, welche gegen die allgemeinen Grundsätze der Religion, gegen den Staat und gegen die guten Sitten sind. Unter den allgemeinen Grundsätzen der Religion versteht man diejenigen, welche in allen Religionen anerkannt werden und auf die Handlungen der Menschen unmittelbaren Einfluß haben können. Diese sind: daß ein Gott sei, daß dieses höchste Wesen sich um die Menschen und ihre Handlungen bekümmere, daß die Seele unsterblich sei, daß zwischen Tugend und Laster ein wesentlicher Unterschied obwalte und daß der Zustand nach dem Tode für den Tugendhaften angenehm und glücklich, für den Bösewicht aber traurig und elend sein werde. Unter Schriften gegen den Staat versteht man solche, die das Volk gegen die Person des Monarchen aufbringen und ihn seinen Untertanen verhaßt oder verächtlich machen oder die sonst das Volk geradezu zu Ungehorsam und Empörungen reizen oder die solche Grundverfassungen des Staats angreifen, auf welchen die Sicherheit desselben wesentlich beruht. Unter Schriften endlich gegen die guten Sitten versteht man solche, wodurch zu gewissen Arten gemeinschädlicher Laster Unterricht und Anweisung gegeben oder solche Laster, besonders die Wollust, unter so lockenden und schlüpfrigen Bildern dargestellt werden, daß davon die Verführung der Jugend zu schädlichen Ausschweifungen mit Grund zu besorgen ist. Dies sind allein die Schriften, deren Druck und Verbreitung in den hiesigen Landen verboten ist. Solange der Staat bei diesen Grundsätzen stehen bleibt, wird man seinen Zensurgesetzen den Vorwurf der Ungerechtigkeit nicht machen können. Sollte aber die Zensur weitergehen, sollte man anfangen, die Widerlegung dieser oder jener besonderen Lehren einer gewissen Religionspartei für einen Angriff gegen die Religion selbst, die bescheidene Prüfung dieser oder jener einzelnen Einrichtung oder Verordnung für einen Angriff auf die Sicherheit und Ruhe des Staats zu erklären, so würde der Fall eintreten, wo der Staat von solchen übertriebenen Zensurgesetzen alle die nachteiligen Folgen zu besorgen hätte, deren im Vorstehenden erwähnt worden ist.

Ich kann diese wichtige Materie von Polizeigesetzen nicht verlassen, ohne zuvor die Notwendigkeit der dabei zu beobachtenden Behutsamkeit und Vorsicht noch in einem andern Beispiele von verschiedener Art gezeigt zu haben. Wir haben schon oben bemerkt, daß es einer der wichtigsten Gegenstände 308 R
der Staatspolizei ist, die verschiedenen Nahrungsbetriebe und Gewerbe dergestalt zu leiten, daß sie nebeneinander bestehen können, und die Hindernisse, welche sich ihrem Emporkommen entgegenstellen, aus dem Wege zu räumen. Fabriken und Handlung sind unter diesen Gewerbsarten unstreitig mit die wichtigsten und bedürfen am meisten der Vorsorge des Staats, dessen Einwirkung bei dem Landbau und den gewöhnlichen Handwerksgewerben lange so nötig nicht ist. Unter den Mitteln, welche die Regierungen gewählt

haben, den Flor der Fabriken und des Handels zu befördern, zeichnen sich hauptsächlich aus Einfuhrverbote und Monopolia. Beide können in doppelter Rücksicht betrachtet werden, nämlich insofern sie zweckmäßig und insofern sie rechtmäßig sind. Nur die letzte Betrachtung gehört hierher.
Wenn der Staat irgendeine Fabrik emporbringen will, so verbietet er die Einführung fremder Waren von eben der Art entweder ganz, oder er belegt diese Waren mit einer hohen Abgabe. Die Absicht dabei ist, dem einländischen Fabrikanten den Absatz seiner Waren zu versichern und ihn in den Stand zu setzen, daß er dieselben für einen solchen Preis loswerden könne, wodurch seine Auslagen und seine Mühen hinlänglich vergütet und seine Industrie zu neuen Bestrebungen aufgemuntert werde. Ein solches Gesetz schränkt also die Freiheit des Staatsbürgers, seine Waren zu nehmen, woher er will, sehr ein, und es ist den Particuliers insoweit nachteilig, als durch dergleichen Verbotsgesetze die Preise solcher Waren ganz ohnfehlbar gesteigert werden. Denn Wohlfeilheit der Waren entsteht nur aus der Konkurrenz vieler Verkäufer; je mehr also die Anzahl derselben eingeschränkt wird, desto höher steigen die Preise. Inzwischen würde man doch irren, wenn man dergleichen Verbotsgesetze ohne Unterschied für ungerecht ausgeben wollte. Man muß nur einen Unterschied machen unter den Arten der Waren, deren Einführung aus dem Auslande zur Begünstigung einheimischer Fabriken verboten wird. Diese dienen entweder bloß dem Luxus, der Pracht und der Mode, oder sie gehören zur Befriedigung eigentlicher Bedürfnisse der zahlreicheren Volksklassen, d. h. zu ihrer Nahrung, Kleidung, Wohnung oder zu den ihrem Gewerbe unentbehrlichen Materialien und Gerätschaften. Ausländische Waren des Luxus, der Pracht und der Mode zu verbieten, um dadurch einländische Fabriken von gleicher Art zu unterstützen, ist der Staat ganz unbedenklich berechtigt. Denn der Nachteil, welcher den reicheren und höheren Volksklassen daraus entsteht, daß sie diese Waren von den einländischen Fabriken vielleicht von etwas geringerer Güte und in etwas höheren Preisen nehmen müssen, als wenn die Einfuhr der fremden Waren frei wäre, ist unendlich geringer als der Vorteil, welcher dem Ganzen daraus erwächst, wenn eine Menge von Händen in einer Landesfabrik, die ohne dergleichen Verbotsgesetze, wie ich voraussetze, nicht bestehen könnte, nützlich beschäftigt und der Nationalreichtum vermehrt wird. Der, welcher die einländische Ware seinem Geschmack nicht angemessen oder den Preis derselben zu hoch findet, hat noch immer die Freiheit, sich derselben ganz zu enthalten, da sie, wie wir voraussetzen, weder zu den wahren Bedürfnissen noch zu den gewöhnlichsten Bequemlichkeiten des Lebens gehört. Die Gerechtig-

keit | wird also gegen Verbotsgesetze dieser Art niemals etwas zu erinnern 309
finden und es lediglich der Politik überlassen, ihre Nützlichkeit und Zweckmäßigkeit zu beurteilen. Anders verhält sich der Fall, wenn von Waren die Rede ist, welche zu den Bedürfnissen oder gewöhnlichen Bequemlichkeiten des Lebens gehören. Hier kommt der Vorteil, welcher aus solchen Verbotsgesetzen einigen, im Verhältnis gegen das Ganze nur immer wenigen Fabrikanten erwächst, in Kollision mit dem Schaden, welchen alle übrigen Staatsbürger durch eine solche Einschränkung leiden, wenn sie die ihnen unentbehrlichen Bedürfnisse entweder in schlechterer Güte erhalten oder teurer bezahlen müssen. Solange also der Regent nicht versichert sein kann, daß seine einländischen Fabriken eben dieselben Waren von gleicher Güte und um eben den Preis verschaffen können und werden, als sie der Ausländer zu liefern vermögend ist, so lange kann er die Einfuhr der fremden Waren ohne Ungerechtigkeit nicht untersagen. Treten aber jene Voraussetzungen ein, so wird es auch sehr selten des Verbotsgesetzes bedürfen, weil alsdann der Ausländer mit seinen Waren von selbst zu Hause bleiben wird, indem er mit dem einländischen Fabrikanten, der so viel Vorteile in Ansehung der Nähe, der minderen Transportkosten usw. vor ihm voraus hat, doch niemals würde Preis halten können. Einfuhrverbote sind also ungerecht, wenn dadurch den Untertanen des Staats ihre Bedürfnisse verschlechtert oder verteuert werden; sie sind aber gerecht, wenn der Staat dadurch einländische Fabrikanten bloß auf Kosten des Luxus der Pracht und der Mode begünstigt. Weit weniger als für die Einfuhrverbote läßt sich zur Verteidigung der Monopolien sagen. Monopolien heißen Gesetze, wodurch die Verfertigung einer gewissen Art von Ware oder der Handel damit einer einzelnen Person oder Gesellschaft dergestalt ausschließend beigelegt wird, daß es den übrigen Einwohnern verboten sein soll, eben dieselbe Ware zu verfertigen oder eben denselben Handel zu treiben. Dergleichen Monopolia pflegen gemeiniglich alsdann erteilt zu werden, wenn das Unternehmen einer solchen Fabrik oder Handels große Auslagen erfordert und wegen obwaltender besondrer Umstände einem großen Risiko unterworfen ist. Exempel von den Zuckerfabriken. Alle Gründe, die man zur Verteidigung der Monopolien anführt, können die Erteilung derselben, sobald sie fortdauernd sind, in den Augen der Gerechtigkeit nicht verteidigen. Sie haben zuförderst alles das wider sich, was oben gegen die Einfuhrverbote überhaupt angeführt worden. Wenn nicht nur die Einbringung aller fremden Waren von einer gewissen Art verboten, sondern auch die Anfertigung derselben innerhalb Landes nur auf eine einzelne Person oder Gesellschaft eingeschränkt wird, so muß ohnfehlbar das ganze Pu-

blikum unter einem solchen Zwangsgesetze sowohl in Rücksicht auf die Güte als auf den Preis der Ware noch weit mehr verlieren, als wenn nur der fremde Mitwerber ausgeschlossen wird, innerhalb Landes aber die Verfertigung einer solchen Ware jedem freisteht. Was aber die Ungerechtigkeit der Monopolien am auffallendsten darstellt, ist die Betrachtung, daß dergleichen Gesetz jedem Einwohner des Staats zugunsten des Monopolisten einen Weg verschließt, auf welchem er seinen Unterhalt hätte erwerben und seinen Wohlstand befördern können. Dies ist ein unmittelbarer Eingriff in das
natürliche Recht eines jeden Menschen, seine Fähigkeiten | und Kräfte zur 309 R
Beförderung seines Wohls ohne Beleidigung andrer frei anwenden zu dürfen. Es ist also nicht abzusehen, mit welchem Grunde man in einer wohleingerichteten Staatsverfassung die Monopolien verteidigen könne. Das sogenannte Staatsinteresse kann hier nicht angeführt werden. Denn dies kann, wenn es mehr als ein leerer Schall sein soll, mit der Wohlfahrt der einzelnen nie im Widerspruch stehen, da es eine ewige Wahrheit ist und bleibt, daß der Staat die natürliche Freiheit seiner Bürger nur so weit einschränken dürfe, als es notwendig ist, damit die Sicherheit und Freiheit aller dabei bestehen könne. Der Staat kann also keine Monopolia erteilen, und wenn er es gleichwohl getan hat, so bleibt er doch berechtigt, eine solche widerrechtliche Einschränkung seiner Bürger zu allen Zeiten wieder aufzuheben. Nur werden ihn freilich die an andern Orten aufgestellten Grundsätze der Gerechtigkeit und Billigkeit verpflichten, wenn der Monopolist auf den Grund der vom Staat ihm erteilten Zusicherung Kosten verwendet hat, die ihm weder durch den bisher schon genossenen Vorteil vergütet sind noch deren Vergütung nach aufgehobenem Monopolio ferner zu hoffen steht, den Monopolisten zu entschädigen und also die nachteiligen Folgen seines in Verleihung des Monopols begangenen Irrtums auf sich selbst zu übernehmen.

ÜBER DAS RECHT DER OBERAUFSICHT 310-313

Rechte des Staats über die Religionsgesellschaften 314

Die zahlreichsten und wichtigsten aller Gesellschaften, die wir im Staate bemerken und die also auch dem Rechte der Oberaufsicht des Staats unterworfen sein müssen, sind die Religionsgesellschaften.

Religionsgesellschaften sind solche, die sich zu einer gemeinschaftlichen Gottesverehrung vereinigt haben. Die Verehrung der Gottheit wird durch die Begriffe bestimmt, die wir uns von der Gottheit, ihrem Wesen und Eigenschaften und unserem Verhältnis gegen sie machen können. Die Verschiedenheit der Religionen entsteht also aus der Verschiedenheit dieser Begriffe und aus der verschiedenen Art, wie nach selbigen die Verehrung, die wir derselben erweisen, ausgedrückt wird. Alle äußeren Handlungen, welche zur Bezeugung dieser Verehrung vorgenommen werden, heißen Religionsübungen.

Das Verhältnis des Staats gegen die Religionsgesellschaften ist von der äußersten Wichtigkeit. In den Zeiten vor der Einführung des Christentums war dies Verhältnis weniger wichtig. Denn damals bestand die öffentliche Religion fast bloß allein in gewissen äußeren Zeremonien, die auf das praktische Leben fast gar keinen oder doch nur einen höchst unbedeutenden Einfluß hatten. Auf Lehrmeinungen und auf moralische Grundsätze kam es dabei gar nicht an; die Religion hatte daher auch keinen Einfluß in das bürgerliche Leben, und der Staat hatte nicht nötig, sich um das Innere derselben weiter zu bekümmern. Er schränkte sich bloß darauf ein, daß die zur Landesreligion gehörenden Zeremonien gehörig beobachtet und die zur Feierung dieser Gebräuche vereinigten Gesellschaften dabei von niemandem gestört oder beunruhigt werden mußten.
Als aber das Christentum entstand und nach einem langwierigen Kampfe die allgemeine und herrschende Religion fast in der ganzen gesitteten Welt wurde, da ward die Religion für den Staat wichtiger. Denn nach den Lehren des Christentums sind Zeremonien und äußere Feierlichkeiten nicht mehr das Wesentliche der Religion, sondern diese besteht in Begriffen und Lehrsätzen, die dem Verstande von der Gottheit, ihrem Wesen, Eigenschaften und Werken und ihrem Verhältnisse gegen die Menschen beigebracht werden sollen, in moralischen Pflichten und den Bewegungsgründen dazu, welche aus jenen Begriffen hergeleitet werden sollen, und in gewissen Übungen, wodurch die Begriffe und Lehrsätze dem Verstande gegenwärtig, die Pflichten aber nebst ihren Motiven dem Willen beständig lebhaft erhalten und eingeschärft werden sollen. Da eine Religion von dieser Art den wichtigsten Einfluß auf das bürgerliche Leben haben kann, so ist sie der Aufmerksamkeit des Staats vollkommen würdig, und es wird für den Staat sehr wichtig, daß das Verhältnis der Religionsgesellschaften gegen die bürgerliche Gesellschaft gehörig bestimmt sei.

Bei der Bestimmung dieses Verhältnisses ist der menschliche Verstand in die größten und bedauernswürdigsten Irrtümer verfallen. Zu der einen Zeit haben die Religionsgesellschaften sich vom Staat ganz unabhängig betrachten, sich seiner Aufsicht und seinen Anordnungen gänzlich entziehen und den Zweck ihrer Verbindung als einen solchen, der dem Hauptzweck der bürgerlichen Gesellschaft subordiniert sei, gar nicht anerkennen wollen. Sie wollten also statum in statu formieren. Dies waren die Zeiten der Herrschaft des Papsttums.

Zu anderen Zeiten haben die Regenten wiederum ihre Rechte über die Religion und Religionsgesellschaften zu weit ausgedehnt. Sie haben sich einer Herrschaft über die Gewissen angemaßt, die Religionsmeinungen ihrer Untertanen durch Gesetze bestimmen wollen, denjenigen, welche von diesen Meinungen abgingen, nicht nur die | Rechte und Vorteile der bür- 314R
gerlichen Gesellschaft versagt, sondern sie auch als Feinde derselben behandelt, verfolgt und mit Gewalt und Martern zur Änderung ihrer Meinungen und Überzeugungen zwingen zu wollen sich angemaßt. Dies ist der Ursprung der Religionskriege, welche fast ganz Europa verwüstet haben. *Bürgerkriege.* Auch noch jetzt herrscht über diese Materie eine Menge dunkler Begriffe und unrichtiger Grundsätze, die, wenn sie auch nicht mehr blutige Kriege und Unruhen hervorbringen oder die Sicherheit der bürgerlichen Gesellschaft unmittelbar gefährden, doch eine Menge unnützer und verhaßter Einschränkungen der natürlichen und bürgerlichen Freiheit erzeugen, die Fortschritte der Kultur, des Verstandes und der Wissenschaften hindern und einen Samen des Mißvergnügens in den Gemütern ausstreuen, welcher die Erreichung der Zwecke des Staats, wozu ein freudiger und williger Gehorsam von seiten der Gehorchenden so viel beitragen kann, erschweren. Es ist daher ein Hauptgegenstand, diese Begriffe zu berichtigen.

a) Begriffe und Meinungen.
b) Pflichten und Motive dazu.
c) Feier des Gottesdienstes.

Auf Begriffe und Meinungen kommt's gar nicht an, als insofern sie unmittelbar und geradezu auf das praktische Leben wirken.

Ad b) ist das wahre. Dies und c) sind die Gegenstände, um die sich der Staat zu bekümmern hat.

Verhältnis des Staats
1. als Staat,
2. als Repräsentant der Potestatis ecclesiasticae.

Bei der Untersuchung, wie weit die Rechte des Staats über Religionsgesellschaften sich erstrecken, müssen wir die Gegenstände, mit welchen diese letzteren sich beschäftigen, wohl unterscheiden.
Die Religion bestimmt
1. gewisse Begriffe und Lehrsätze von der Natur Gottes, von seinen Eigenschaften, von seinen Werken, von der Art und Weise, wie er sich den Menschen offenbart hat, von dem Menschen, von seinem Verhältnis gegen Gott und von dem Zustande nach dem Tode. Diesen Teil der Religion wollen wir in der Folge der gegenwärtigen Untersuchung der Kürze wegen den dogmatischen oder spekulativen Teil derselben nennen. Die Religion bestimmt
2. gewisse Pflichten des Menschen gegen Gott, gegen sich selbst, gegen andre und leitet die Bewegungsgründe aus den Begriffen und Lehrsätzen her. Dieser Teil der Religion heißt der moralische oder praktische. Endlich
3. schreibt die Religion die äußeren Handlungen vor, durch welche die Menschen ihre Verehrung gegen die Gottheit an den Tag legen und sich in der Erkenntnis der Religionslehren sowie der Ausübung der Pflichten befestigen und stärken sollen. Dies nennt man kurz den äußerlichen Gottesdienst.

Inwiefern stehen nun die Religionsgesellschaften in Ansehung dieses dreifachen Gegenstandes ihrer Verbindung unter der Aufsicht und unter dem Einflusse des Staats?
Um diese Frage richtig und vollständig zu beantworten, müssen wir wiederum den Staat oder dessen Oberhaupt in einem doppelten Verhältnisse betrachten:
1. insofern, als derselbe bloß das Haupt der bürgerlichen Gesellschaft ist;
2. insofern, als er zugleich unter gewissen Umständen als Haupt der Religions- oder Kirchengesellschaft angesehen werden kann.

Insofern, als wir den Regenten bloß als das Oberhaupt der bürgerlichen Gesellschaft betrachten, fließen alle seine Rechte über die Religionsgesellschaften bloß aus dem Rechte der Oberaufsicht, vermöge dessen er darauf sehen muß, daß im Staat keine Gesellschaften geduldet werden, die dem Zwecke des Staats zuwider sind und die öffentliche Ruhe und Sicherheit gefährden könnten. Vermöge dieses Grundsatzes kommen also dem Staat über die Religionsgesellschaften ganz unwidersprechlich folgende Rechte zu:
1. Jede Religionsgesellschaft im Staat ist schuldig, dem Oberhaupte des- 315
selben treulich anzuzeigen, zu welchen Meinungen von Gott und göttlichen Dingen sie sich bekenne, was für Pflichten sie ihren Anhängern lehre und wie die Einrichtung ihres äußeren Gottesdienstes beschaffen sei.

2. Der Staat ist berechtigt, dieses ihm vorgelegte Religionssystem zu prüfen und, insofern er dasselbe der öffentlichen Ruhe und Sicherheit gefährlich findet, dessen weitere Verbreitung zu untersagen oder auch die Gesellschaft, die sich zu einem solchen schädlichen System bekennt, ganz aufzuheben.
3. Der Staat ist berechtigt zu verlangen, daß die von ihm aufgenommenen Religionsparteien ihren Gottesdienst entweder ganz öffentlich begehen, so daß einem jeden der Zutritt in ihre Versammlungen gestattet sei, oder wenigstens, wenn das System einer solchen Religionspartei dergleichen ganz öffentliche Zusammenkünfte nicht gestattet, daß den Abgeordneten oder Aufsehern des Staats der Zutritt zu den besonderen Versammlungen der Gesellschaft nicht gewehrt werde.
4. Der Staat ist berechtigt zu verlangen, daß die Lehrer und Vorsteher der Religionsgesellschaften ihm angezeigt und keiner derselben ohne sein Vorwissen und Genehmigung bestellt werde. Denn ihm ist daran gelegen, daß dergleichen Lehrer und Vorsteher, welche auf die Denkungsart und die Gesinnung ihrer Zuhörer den wichtigsten Einfluß haben, Leute sind, an deren treuen und zuverlässigen Gesinnungen gegen den Staat man zu zweifeln keine Ursache habe.
5. Keine Religionsgesellschaft kann sich die äußeren Rechte einer Korporation anmaßen, der dieselben nicht vom Staat beigelegt worden. Sie kann diese ihr verliehenen Rechte nur nach den Gesetzen des Staats ausüben und ist bei dieser Ausübung der richterlichen Macht und dem Polizeirechte des Staats unterworfen.
6. Der Staat ist berechtigt, auch über das Vermögen der öffentlichen Religionsgesellschaften die Aufsicht zu führen, über dessen Konservation und zweckmäßige Verwendung zu wachen und eine dem gemeinen Besten nachteilige übermäßige Vermehrung und Anhäufung desselben durch Amortisationsgesetze zu verhindern.
7. Da es im Staat immer verschiedene Religionsparteien gibt, unter welchen fast beständig Streitigkeiten obwalten, so ist der Staat berechtigt, dahin zu sehen, daß diese Streitigkeiten nie in bürgerliche Unruhen, wodurch die öffentliche Sicherheit und Ordnung gestört werden könnte, ausbrechen und daß vielmehr alles vermieden werde, was zu solchen Ausbrüchen Anlaß geben könnte. Daraus folgt also auch
8. die Pflicht des Staats, jede von ihm aufgenommene Religionspartei bei den ihr verliehenen Rechten und in der ruhigen Ausübung ihrer gottesdienstlichen Handlungen zu schützen.

Dagegen fließen aus dem Begriffe der Oberaufsicht und den dabei vorgetragenen Grundsätzen folgende Einschränkungen der Rechte des Staats über die Religionsgesellschaften.

1. Der Staat kann niemals und unter keinerlei Umständen berechtigt sein, einer Religionsgesellschaft vorzuschreiben, was sie lehren und wie sie ihren Gottesdienst einrichten solle. Es ist schon mehrmals vorgekommen und bewiesen worden, daß Meinungen und Gesinnungen außerhalb der Sphäre der gesetzgebenden Macht liegen und daß das die ärgste Tyrannei sei, welche über den Verstand und das Gewissen der Menschen ausgeübt werde. Es ist unmöglich, einer menschlichen Seele zu befehlen, was sie erkennen oder glauben solle. Nur eigene freie Anwendung der Verstandeskräfte kann Erkenntnis und nur Überzeugung kann Glauben wirken. Der Staat kann also durch Lehrvorschriften nur Heuchler machen, und wenn er das Bekenntnis zu solchen Vorschriften mit Zwang fordert, so wird er Verfolger. Das Recht der Oberaufsicht ist, wie wir gesehen haben, bloß verneinend. Der Staat kann einer Gesellschaft nie vorschreiben, was sie tun, er kann ihr nur befehlen, was sie unterlassen soll. | Der Staat ist also schuldig, einem jeden seiner Untertanen, 315 R
er bekenne sich zu einer Religionspartei, zu welcher er wolle, die vollkommenste Gewissensfreiheit zu verstatten.

2. Der Staat kann die Ausübung einer Religion bloß um ihrer dogmatischen Lehrsätze willen niemals verbieten; er kann keiner Religionspartei bloß aus diesem Grunde die Aufnahme versagen oder deswegen irgendeine Religionsgesellschaft aufheben. Bloße dogmatische Begriffe und Meinungen von Gott und göttlichen Dingen, von dem Verhältnis des Menschen gegen die Gottheit, von seinem Zustande nach dem Tode können, wenn sie auch noch so falsch und unrichtig sind, auf das bürgerliche Leben und auf die Pflichten, die ein Mensch seinem Nächsten oder dem Staat schuldig ist, nie einen schädlichen Einfluß haben. Diese Pflichten, soweit sie Zwangspflichten sind und in die Erhaltung der bürgerlichen Ruhe und Ordnung einen Einfluß haben, sind von jenen spekulativen Meinungen ganz unabhängig. Sie folgen aus der Natur des Menschen und aus dem in dieser Natur liegenden Triebe nach Glückseligkeit. Es kann daher jemand, der von der Religion auch noch so irrige Begriffe hat, dennoch ein ruhiger Untertan und ein nützlicher Bürger [sein]. Alle in ihren theoretischen Lehrsätzen noch so verschiedenen Religionssysteme kommen daher auch in ihrem Unterricht von den moralischen Pflichten wenigstens soweit, als diese auf den Staat und die bürgerliche Gesellschaft Beziehung haben, im wesentlichen vollkommen überein. Friedrich der Große sagt in seiner Abhandlung über die Irrtümer des Verstandes: „Nicht von unsrer Denkart über spekulative Materien, sondern von unserer

Art zu handeln hängt das Glück der bürgerlichen Gesellschaft ab."[1] Die Erfahrung und die Geschichte aller Religionen bestätigt diesen Ausspruch auf das vollkommenste. Der Heide, der Mohametaner und der Jude, der Katholik und der Protestant, der Deist und selbst der Gottesleugner lehren einmütig, daß der Mensch schuldig sei, seinen Nebenmenschen nicht zu beleidigen, einem jeden das Seine zu lassen, seine Verträge zu erfüllen, Betrug im Handel und Wandel zu vermeiden, den Gesetzen zu gehorchen und der Obrigkeit Folge zu leisten. Freilich sind die Motive, welche diese verschiedenen Religionsparteien aus ihren Lehrsystemen zur Erfüllung dieser Pflichten herleiten, in ihrem Wert und Gewicht sehr verschieden, und es ist nicht zu leugnen, daß eine Religion viel geschickter sei als die andere, ihre Anhänger nicht bloß zu den Pflichten der Gerechtigkeit, sondern auch zu den Tugenden des Wohlwollens zu vermögen, folglich Menschen aus ihnen zu bilden, durch welche auch die bürgerliche und öffentliche Glückseligkeit in einem vorzüglicheren Grade befördert werden kann. Aber daraus folgt weiter nichts, als daß der Staat wünschen muß, eine Religion, von welcher er eine vollkommenere Erreichung seiner Zwecke zu gewarten, unter seinen Bürgern soweit als möglich verbreitet zu sehen. Diesen Wunsch kann er aber nur durch Unterricht und Belehrung, nie durch Gesetze oder Strafen erreichen, weil es durchaus wider die Natur der menschlichen Seele ist, daß Glaube und Überzeugung in irgendeinem Falle durch Gewalt und Zwang sollten hervorgebracht werden können. Da nun nach den bei dem Rechte der Gesetzgebung vorgetragenen und erwiesenen Grundsätzen die Rechte des Staats sich nur auf die äußeren Handlungen seiner Bürger erstrecken, da auch die äußeren Handlungen nur insoweit, als sie Pflichten der Gerechtigkeit gegen andre und gegen den Staat selbst betreffen, vor den Richterstuhl des Staats gehören und Pflichten des Wohlwollens von ihm nicht geboten noch erzwungen werden können, da, wie wir soeben gesehen haben, die Pflichten der Gerechtigkeit von Religionsmeinungen ganz unabhängig sind, so folgt von selbst, daß der Staat nicht berechtigt sein kann, irgendeinem seiner Untertanen gewisse Religionsmeinungen aufzudringen oder ihn, weil er diesen Meinungen seinen Beifall versagt und andere annimmt, | zu verfolgen, zu drücken 316
und ihm den Genuß der bürgerlichen Rechte zu versagen. „Alle Religionen", sagt Friedrich der Große in der Abhandlung über die Religion und den Aberglauben, „gehen in Ansehung der moralischen Pflichten nicht weit voneinander ab; sie können daher dem Staat alle gleichgültig sein, und dieser läßt

[1] Dissertation sur l'innocence des erreurs de l'ésprit; Oeuvres de Frédéric le Grand, tom. VIII, p. 48.

einem jeden die Freiheit, auf welchem Wege er den Himmel suchen will. Er sei ein guter Bürger, das ist alles, was man von ihm fordert."[1] Kann nun der Staat den einzelnen nicht wehren, sich zu derjenigen Religion zu bekennen, die sie nach ihrer Einsicht und Überzeugung für die beste halten, so kann er auch denjenigen, die in ihren Religionsmeinungen übereinstimmen, nicht verbieten, daß sie sich zu gemeinschaftlichen Religionsübungen vereinigen und also Religionsgesellschaften formieren. Der Staat ist also nicht berechtigt, irgendeiner Religionspartei den Zutritt zu versagen oder sie mit Gewalt zu unterdrücken oder zu verjagen, bloß weil sie sich zu Meinungen bekennt, die für falsch und irrig gehalten werden. Er ist vielmehr schuldig, jede Religion in seinem Schoße zu dulden und ihren Anhängern die freie Ausübung derselben zu gestatten, solange er nicht findet, daß diese Religion moralische Lehren verkündige, die mit der öffentlichen Ruhe, Sicherheit und Ordnung nicht bestehen können.

3. Dagegen ist der Staat vermöge des ihm zukommenden Rechts der Oberaufsicht befugt und verpflichtet, auf das Moralische in dem System der verschiedenen Religionsparteien eine größere Aufmerksamkeit als auf ihre spekulativen Lehrsätze zu verwenden. Wenn es je eine Religionssekte geben sollte, die ihren Anhängern erlaubte, die Pflichten der Gerechtigkeit und natürlichen Billigkeit zu verletzen, die es erlaubte, daß ein Mensch um seines Vorteils willen den andern in seinen Rechten beeinträchtigen dürfe, die Betrug und Untreue billigte, die den Gesetzen des Staats den Gehorsam versagte oder die Bürger desselben zum Ungehorsam und zur Widersetzlichkeit gegen ihre Obrigkeiten aufforderte, so würde der Staat vollkommen berechtigt sein, die Ausbreitung einer solchen Religion zu untersagen und die Bekenner derselben aus seinen Grenzen zu entfernen. Wäre es z. E. gegründet, was man den Jesuiten Schuld gegeben hat, was sie aber nie haben an sich kommen lassen, daß ihr Religionssystem die Treulosigkeit gegen die sogenannten Ketzer billige und sogar den Königsmord rechtfertige, so würde dies allein schon hinreichen, alle gegen diesen Orden und zu dessen gänzlicher Ausrottung in neueren Zeiten ergangenen Verordnungen völlig zu rechtfertigen. Glücklicherweise aber kommen, wie schon oben bemerkt worden, fast alle Religionsparteien, soweit sie auch in ihren theoretischen Systemen voneinander abweichen, dennoch in dem, was die moralischen Pflichten und das Verhalten in der bürgerlichen Gesellschaft betrifft, soweit es dabei auf das wesentliche ankommt, miteinander überein. Der Staat wird also auch hierin schwerlich jemals einen Grund antreffen können, irgendeiner Religionspartei

[1] De la superstition et de la religion; Oeuvres de Frédéric le Grand, tom. I, p. 241 - 242.

seinen Schutz zu versagen oder gar Zwangsmittel zu deren Unterdrückung anzuwenden.

4. Was endlich den äußerlichen Gottesdienst betrifft, so ergibt sich von selbst, daß, wenn der Staat nach den obigen Grundsätzen schuldig ist, eine Religionspartei zu dulden, er ihr auch gestatten müsse, ihre Verehrung des höchsten Wesens auf die ihren Religionsbegriffen gemäße Art auszudrücken. Der Staat muß es also den Religionsgesellschaften überlassen, wie sie ihren äußerlichen Gottesdienst einrichten wollen, und sich nur damit begnügen, daß durch die Feierung desselben die öffentliche Ruhe und bürgerliche Ordnung nicht gestört werden.

Vorstehende Betrachtungen geben uns also den richtigen Begriff von der 316R
Toleranz, deren Regeln folgende sind:

a) Der Staat muß jede Religionspartei, deren moralische Lehren nichts enthalten, was der öffentlichen Ruhe und Sicherheit und der bürgerlichen Ordnung zuwider wäre, dulden. Er muß keine derselben wegen bloß spekulativer Meinungen drücken und verfolgen.

b) Er muß jeder von ihm geduldeten Religionspartei die freie Übung ihres Gottesdienstes nach ihrem System gestatten, soweit dadurch die öffentliche Ruhe und Ordnung nicht gestört wird.

c) Jedem Bürger des Staats muß es frei stehen, zu welcher Religionspartei er sich halten wolle. Dies muß lediglich seiner eigenen Einsicht und Überzeugung anheimgestellt werden.

d) Der Staat muß niemand bloß seines Religionsbekenntnisses wegen von den Rechten und Vorteilen der bürgerlichen Gesellschaft ausschließen. Wer die Pflichten eines guten Bürgers erfüllt, dem müssen auch alle Rechte desselben zuteil werden.

e) Der Staat muß nicht gestatten, daß eine Religionspartei die andere beunruhige, drücke oder verfolge. Er muß dem Bekehrungsgeiste und dem Proselytenmachen Schranken setzen und darauf halten, daß eben die Duldung, die er selbst allen Sekten und Religionsparteien gestattet, auch eine jede derselben den übrigen widerfahren lasse.

Außer diesen wesentlichen Bestimmungen gibt es noch einige andre, die teils auf Verträgen und hergebrachten Verfassungen beruhen, teils von der Willkür des Staats und den Maßregeln abhängen, welche ihm die Klugheit nach den jedesmaligen Umständen an die Hand gibt. So kann der Staat, ohne gegen die Gesetze der Duldung zu handeln:

a) Eine Religion vor der andern begünstigen und unterstützen, sobald nur diese Begünstigung nicht in eine Bedrückung der übrigen ausartet. Die Katholiken in Schlesien. Diezos in Preußen.

b) Wenn das Exercitium religionis publicum et privatum durch Verträge nicht bestimmt ist, so dependiert es vom Staat, welche Art von Exercitio er einer jeden Religionspartei einräumen will.

c) Wenn Verträge und Verfassungen darüber vorhanden sind, so ist der Staat berechtigt, dieselben zu maintenieren, und er kann, wenn er dieses tut, keiner Intoleranz beschuldigt werden.

d) Wenn eine Religionspartei Lehrsätze hat, die zwar an sich nicht gegen die bürgerliche Ruhe und Ordnung sind, aber doch ihre Bekenner hindern, an den Pflichten der bürgerlichen Gesellschaft teilzunehmen, so kann eine solche Religionspartei sich nicht beschweren, wenn ihr auch nur eine eingeschränktere Teilnahme an den Rechten der Gesellschaft gestattet wird; z. E. Juden und Memnonisten.

1. Ein protestantischer Landesherr ist nicht berechtigt, den Kirchengemeinen 317
in seinen Landen und deren Lehrern und Predigern unabänderliche Lehrvorschriften zu erteilen. Daß er dazu aus dem ihm zukommenden Rechte der Oberaufsicht nicht befugt sei, erhellt aus demjenigen, was oben von den Grenzen dieses Rechts gesagt worden, von selbst. Sollte er also dergleichen Recht wirklich haben, so müßte es ihm von der Kirchengemeine übertragen worden sein. Es läßt sich aber unmöglich behaupten, daß die protestantischen Kirchengemeinen ihren Landesherren ein solches Recht zur Erteilung unabänderlicher Vorschriften haben erteilen können und wollen. Sie können es nicht gewollt haben, da sie sich eben darum von der katholischen Kirche absonderten, weil sie nicht so wie diese die Autorität des Papstes, der Konzilien und der Kirchenväter in Religionssachen anerkennen wollten, sondern behaupteten, daß ein jeder nur diejenigen Religionssätze anzunehmen schuldig sei, die er nach der Bibel durch eigene vernunftmäßige Prüfung als wahr erkannt und eingesehen habe. Sie konnten also unmöglich irgendeinen Menschen als Richter in Glaubenssachen anerkennen wollen, und es konnte unmöglich ihre Absicht sein, ihren Landesherren bei der Übertragung ihrer gesellschaftlichen Kirchenrechte auch die Befugnis zur Erteilung unabänderlicher Lehrvorschriften einräumen zu wollen. Wenn sie also Symbolische Bücher ausgeben ließen, so geschah dies einesteils in der Absicht, dem Kaiser und dem Reichstage ein Bekenntnis des damaligen Religionssystems vorzulegen und sich dadurch gegen die verleumderischen Anschuldigungen ihrer Widersacher aus dem römischen Klerus, die ihnen die abscheulichsten und unsinnigsten und der öffentlichen

Ruhe und Sicherheit höchst gefährlichen Meinungen andichteten, zu rechtfertigen. Andernteils war dabei die Absicht, die damals unter den protestantischen Theologen entstandenen Streitigkeiten über gewisse spekulative Materien, die wegen der gar zu großen Aufmerksamkeit, deren man sie würdigte, sogar zu bürgerlichen Unruhen Anlaß gaben, beizulegen und eine Regel zu geben, nach welcher die damaligen streitigen Parteien zur Vermeidung fernerer Unruhen in ihren Lehrvorträgen sich richten sollten. Unmöglich aber kann es ihre Absicht gewesen sein, diesen Symbolischen Büchern eine verbindliche Kraft auf ewige Zeiten, auch bei veränderten Einsichten und Überzeugungen, beizulegen. Denn, wenn sie dies gewollt hätten, so hätten sie sich selbst widersprechen und ihre Trennung von der römischen Kirche als unerlaubt und widersinnig erkennen müssen, von der sie sich, wie schon bemerkt worden, eben darum absonderten, weil ihnen diese die Aussprüche des Papstes, der Konzilien und der Kirchenväter gegen ihre eigene Überzeugung als Wahrheiten aufdringen wollte. Gesetzt aber auch, die damaligen protestantischen Kirchengemeinen wären eines solchen Widerspruchs fähig gewesen, sie hätten in der Tat die Symbolischen Bücher als unabänderliche Vorschriften festgesetzt und ihren Landesherren das Recht, über deren beständiger Beibehaltung zu wachen, übertragen, so würde doch eine solche Übertragung ganz nichtig und für ihre Nachkommen unverbindlich gewesen sein. Dies ergibt sich vor allem aus folgender Beobachtung. Niemand kann etwas glauben oder davon überzeugt sein, als was er für wahr hält. Etwas als falsch und irrig erkennen und es doch glauben, enthält einen Widerspruch. Die Erkenntnis der Wahrheit hängt von dem Maße unserer Verstandeskräfte und von deren richtiger Anwendung ab. Da nun der menschliche Verstand einer immer größeren Ausbildung und der Grad seiner Einsichten einer beständigen Vergrößerung fähig ist, so kann unmöglich jemand sich verpflichten, etwas, das er heute für wahr erkennt, auch beständig für wahr zu erkennen, viel weniger kann er eine solche | Verpflich- 317 R
tung für seine Nachkommen übernehmen. Wollte er dies tun, so müßte er zugleich auf allen ferneren Gebrauch seiner Vernunft und auf alle Erweiterung seiner Erkenntnisse und Einsichten Verzicht leisten. Dazu aber ist kein Mensch berechtigt, vielmehr handelt er dadurch wider eine seiner ersten und natürlichsten Pflichten, die ihn zur möglichst vollkommenen Ausbildung seiner Seelenkräfte als einem der notwendigsten Mittel zur Beförderung seiner Glückseligkeit auffordern. Wenn ein Ingenieur sich auch noch so sehr von der Güte und Vorzüglichkeit der Vaubanschen Fortifikationsgrundsätze überzeugt und wenn er sich auf das feierlichste verpflichtet hätte, diese

Methode jederzeit für die beste zu erkennen und anzunehmen, so würde er doch, wenn er nach Lesung der Montalembertschen Schriften einsähe, daß diese Methode besser und zweckmäßiger sei, sich unmöglich enthalten können, seine Überzeugung zu ändern und das, was er vorhin mit der vollkommensten Überzeugung für wahr hielt, nunmehr für einen Irrtum zu erkennen. Noch im 14ten Jahrhundert war es die Überzeugung der ganzen christlichen Welt, daß es keine Antipoden gebe und daß auf der der unsrigen entgegengesetzten Seite des Erdballs kein Land und keine Menschen existieren könnten. Sogar ein Konzilium hatte die Behauptung von den Antipoden für einen groben, absurden und unchristlichen Irrtum erklärt. Gleichwohl mußte diese Überzeugung sich notwendig ändern, als nach der Endeckung von Amerika und dem Wege nach Ostindien um das Vorgebirge der guten Hoffnung das Dasein dieser Antipoden zur vollkommensten Evidenz gebracht wurde. Eben das gilt auch von Religionsmaterien. Wenn auch diese oder jene Stelle in der Bibel von jeher auf eine gewisse Art erklärt worden, wenn die Symbolischen Bücher diese Auslegungsart für die einzige wahre und richtige erklärt und alle Protestanten sich noch so feierlich verpflichtet haben, dieselbe jederzeit für wahr anzunehmen, so würde doch dies keinen einzigen von ihnen hindern können, sobald sein Verstand einsähe, daß diese Stelle nach den Gesetzen der Logik, der Sprachkunde und der Auslegungskunst anders erklärt werden müsse, seine Überzeugung zu ändern und das, was er bisher für wahr gehalten, als einen Irrtum anzusehen.

Können also die Menschen des Rechts, ihre Vernunft auch in Religions- und Glaubenssachen zu gebrauchen und bei veränderten Einsichten auch ihre Überzeugung zu ändern, sich unmöglich begeben, so können sie auch weder sich selbst, noch viel weniger aber ihre Nachkommen zu einer unabänderlichen Lehrvorschrift verpflichten; sie können also auch das Recht, dergleichen Vorschriften zu erteilen, irgendeinem andern, folglich auch dem Landesherrn, nicht übertragen. Der Landesherr hat also durch die ihm geschehene Übertragung der gesellschaftlichen Kirchenrechte keine Befugnis erlangen können, irgendjemandem seiner Untertanen und am wenigsten ganzen Kirchengemeinen Symbolische Bücher vorzuschreiben oder sie zur Beibehaltung solcher schon vorhandenen Lehrvorschriften wider ihren Willen zu nötigen.

2. Freilich folgt aus obigen Betrachtungen auch der Satz, daß kein einzelner Lehrer oder Prediger befugt sei,

(hier bricht der Vortrag über die Rechte des Landesherrn über protestantische Kirchengesellschaften ab).

Über das Völkerrecht 331

I. VON DEM EIGENTUME DER NATIONEN UND DESSEN FOLGEN

... Lassen Sie uns nun, gnädiger Herr, diese Grundsätze des Naturrechts 334
vom Eigentum auf das Eigentumsrecht unter den Völkern anwenden.

Um diese Anwendung richtig zu machen, müssen wir folgenden Hauptsatz bemerken.

Das Eigentum eines Volks erstreckt sich über den ganzen Umfang des von ihm in Besitz genommenen Landes. Das Land, welches ein Volk in Besitz genommen hat, heißt das Territorium desselben. Dies Territorium kann von allen Mitgliedern dieses Volks gemeinschaftlich besessen und genutzt werden; es kann unter die einzelnen Mitglieder des Volks als Privateigentum verteilt sein; es kann sich teils im Privateigentum, teils im gemeinschaftlichen aller Mitglieder befinden. Ob bei einem Volke diese oder jene Einrichtung getroffen sei, hat auf die Beziehung desselben gegen ein andres Volk gar keinen Einfluß. Selbst solche Stücke Landes in einem Territorio, die noch ganz wüste und ungebraucht liegen, die kein einzelner Mensch sich jemals zugeeignet hat, gehören dennoch zu dem Territorio dieses Volks und können wider seinen Willen von keinem Fremden in Besitz genommen werden. Man muß also im Völkerrecht das Territorial- und das Privateigentum wohl voneinander unterscheiden. Jenes begreift alle Stücke des Landes, welches von einem Volke bewohnt wird, unter sich, sie mögen sich nun im Privateigentum befinden oder nicht. Wer also das Territorium eines Volkes verletzt, der verletzt das Eigentum des ganzen Volks, auch wenn der unmittelbare Schade nur einen Privateigentümer getroffen hat. So weit ferner das Territorium einer Nation sich erstreckt, so weit erstreckt sich das ausschließende Recht der regierenden Macht in derselben, die Handlungen aller Einwohner nach dem Zwecke der in dieser Nation subsistierenden bürgerlichen Gesellschaft anzuordnen. Dieses Recht wird die Territorial- oder Landeshoheit genannt.

Diese Bestimmungen vorausgesetzt, wollen wir jetzt die Theorie des Naturrechts vom Eigentum auf einige der wichtigsten im Völkerrecht vorkommenden Gegenstände anwenden.

a) Daß ein Volk sich nichts zueignen könne, was zum Gebiet oder Territorio eines andern gehört, ist von selbst klar. Wenn aber ein Volk Länder entdeckt, die noch ganz unbewohnt und von niemand in Besitz genommen sind, so hat es ein vollkommenes Recht, sich dieselben zuzueignen. Diese Zueignung geschieht gewöhnlich dadurch, daß der Entdecker mit gewissen Feierlichkeiten im Namen seines Volks oder Souveräns von dem entdeckten Lande Besitz nimmt und zum Zeichen davon ein Kreuz, eine Pyramide oder irgend ein andres Merkmal errichtet. Es ist aber unter den Völkern bestritten worden, ob eine solche Handlung für sich allein hinreiche, das entdeckte Land dem Souverän des Entdeckers dergestalt zuzueignen, daß nun kein andres Volk, welches später dahin kommt, sich in diesem Lande etablieren und davon wirklich Besitz nehmen könne. Dies war der Grund des Streits zwischen England und Spanien über die Ländereien am Nootka-Sund, der im verwichenen Jahre beinahe zu einem Kriege ausgebrochen wäre, indem die Spanier behaupteten, daß dieses Land, in welchem die Engländer Etablissements gemacht hätten, von ihnen früher entdeckt und durch Errichtung von Kreuzen, mit dem spanischen Wappen bezeichnet, in Besitz genommen worden. Wenn wir uns erinnern, daß zur Besitzergreifung nicht der bloße Wille oder die Intention, wenn sie auch durch äußere Zeichen an den Tag gelegt worden, hinreichend sind, sondern daß eine solche Handlung hinzukommen müsse, die es jedem andern unmöglich macht, sich der Sache anzumaßen, ohne zugleich eine Zwangspflicht gegen den Besitznehmenden zu verletzen, so werden wir über diesen Streit leicht ein richtiges Urteil fällen können. Das bloße Entdecken des Nootka-Sundes, die durch die gemachten Zeichen geäußerte Intention, dieses Land in Besitz nehmen zu wollen, konnte die Spanier noch nicht zu wirklichen Eigentümern desselben machen. Die Engländer konnten sich in eben diesem Lande etablieren, ohne irgendeine Zwangspflicht gegen die Spanier zu verletzen. Sie konnten die Kreuze, welche die Spanier mit ihren Wappen errichtet hatten, unbeschädigt stehen lassen und ein Fort daneben bauen. Das Gewohnheitsrecht der Völker hat daher angenommen, daß eine Nation den Besitz eines von ihr entdeckten Landes erst dann wirklich erworben und dasselbe sich zugeeignet habe, wenn es in diesem Lande Etablissements errichtet und dieselben aus dem Mutterlande fortwährend unterstützt. Bekümmert sich ein Volk in der Folge nicht weiter um die von ihm entdeckten Länder und um die daselbst angelegten

Etablissements, läßt es dieselben wieder eingehen und nimmt wohl gar die Menschen, die es daselbst hingeschickt oder zurückgelassen hatte, wieder weg, so wird ein solches Land für verlassen angesehen und kann alsdann von jeder andern Nation aufs neue in Besitz genommen werden.

b) Die europäischen Nationen haben bei ihren Entdeckungen, besonders in 334R Westindien, Amerika und auf dem Südmeere, sehr oft Länder in Besitz genommen, die schon von andern Völkern bewohnt waren. Man hat gezweifelt, ob diese Besitznehmungen rechtmäßig sind. Wenn das Volk, welches in einem solchen Lande vorgefunden wird, dasselbe wirklich bewohnt, d. h. wenn es in demselben gewisse feste Niederlassungen, Häuser oder gar Dörfer und Städte errichtet, den Ackerbau treibt, unter sich in einer gewissen bürgerlichen Verfassung lebt, so kann man nicht zweifeln, daß das von einem solchen Volke bewohnte Land wirklich das Eigentum desselben sei und daß also keine europäische Nation ein Recht haben könne, sich ein solches Land wider den Willen der alten Bewohner zuzueignen. So waren z. E. Cortes und Pizarro, welche die Reiche von Mexiko und Peru unterjochten, weiter nichts als Räuber und Usurpateurs, da diese Reiche von einer Nation besessen waren, die in Städten und Dörfern beieinander wohnten, den Ackerbau und allerhand Manufakturen und Künste trieben und in einer wohl eingerichteten bürgerlichen Verfassung lebten. Ebenso würde die europäische Nation, welche sich Otaheite, die Sozietäts- oder Freundschaftsinseln oder andre dergleichen Eilande auf dem Südmeere zueignen wollte, eine Ungerechtigkeit begehen, da diese Länder von Völkern bewohnt sind, welche sie wirklich in Besitz haben, daselbst in einer gewissen Ordnung und Verfassung beieinander leben, den Boden kultivieren und daher ebenso gut Herren dieser Inseln sind, als es die Britische Nation von ihren Inseln England, Schottland und Irland ist. Anders verhält es sich, wenn ein noch ganz wildes und rohes Volk nicht sowohl in einem Lande wohnt, als vielmehr nur in demselben herumirrt, wenn, wie z. E. bei den Ländern am Nootka-Sund, bei den um den Amazonenfluß in Südamerika herumliegenden ungeheuren Strecken wenige tausend Menschen in einem Lande leben, das vielleicht ganz Europa an Größe übertrifft, die nirgend eine feste Niederlassung genommen haben, sondern bald in dieser, bald in jener Gegend sich aufhalten, bloß von Wurzeln oder von der Jagd und vom Fischen leben und gar keine ordentliche Verfassung unter sich errichtet haben. In einem solchen Falle läßt es sich eher verteidigen, wenn die Europäer ein solches Land, welches von seinen ursprünglichen Einwohnern eigentlich noch gar nicht in Besitz genommen ist, sich zueignen und Kolonien daselbst anlegen, sobald nur den Eingeborenen hinreichender Raum gelassen wird, in welchem sie sich aufhalten und ihre Nahrung wie bisher finden können. Inzwischen war es doch immer sehr edel und rechtschaffen von dem berühmten Wilhelm Penn gehandelt, welcher die erste englische Kolonie in der nach seinem Namen benannten nordamerikanischen Provinz Pennsylvanien errichtete, daß er darüber mit den Landeseingeborenen einen ordentlichen Vertrag schloß und dadurch denselben den für seine Kolonie bestimmten Distrikt abkaufte.

c) Daß die in einem Territorio strömenden Flüsse, daß die Küsten des Meeres, die Häfen, die in das Land hineingehenden Buchten oder Baien das Eigentum des Volkes sind, welchem das Territorium gehört, ist keinem Zweifel unterworfen. Aber darüber ist gestritten worden, ob irgendein Volk sich das Eigentum des Meeres oder die Herrschaft und Souveraineté über dasselbe zueignen könne. England wollte sich ehemals einer solchen Herrschaft über die Nordsee, Holland über das Ostindische, Venedig über das Adriatische und Spanien über das Südmeer anmaßen. Allein nach den obigen allgemeinen Grundsätzen vom Eigentum fällt in die Augen, daß das Meer eines solchen Eigentums oder einer Souveraineté nicht fähig sei. Jede Nation kann sich des Meeres zur Schiffahrt und zum Fischen bedienen, ohne dem gleichen Gebrauche, den ein andres Volk davon machen will, Abbruch zu tun. Keine Nation kann sich das Meer zu einem solchen Gebrauche zueignen, bei welchem der Mitgebrauch eines andern Volkes nicht bestehen könnte. Keine Nation kann alle andern zu jeder Zeit von dem Gebrauche des offenen Meeres entfernt halten. Das Meer ist also von Natur frei und keiner Besitznehmung fähig. Doch kann 1. ein Volk sich durch Verträge mit einem andern gewisse Rechte über das Meer erwerben, die den Gebrauch, welchen dieses andre Volk davon machen könnte, einschränken. So haben z. E., als Kaiser Karl VI. von Ostende aus einen Handel nach Ostindien anlegte und zu dem Ende eine Gesellschaft niederländischer Kaufleute mit einem Privilegio darüber versah, England und Holland nicht eher abgelassen, als bis der Kaiser diese Gesellschaft wieder aufhob und auf alle Schiffahrt in den Ostindischen Gewässern für die Zukunft Verzicht tat. Ebenso hat England durch den mit der Republik Holland i. J. 1667 geschlossenen Traktat von Breda das Anerkenntnis einer gewissen Superiorität über diese Republik in Ansehung der Nordsee erhalten, da Holland in diesem Traktat sich verpflichtet hat, daß seine Schiffe in diesem Meere die englischen zuerst begrüßen und die Flaggen vor ihnen streichen, auch ihnen andere Ehrenbezeugungen, die man les honneurs du Pavillon nennt, erweisen

müssen. 2. Das Meer in der Nähe der Küsten ist eines | Eigentums aller- 335
dings fähig und wird daher auch zu dem Eigentume desjenigen Volks gerechnet, welchem die Küsten gehören. Denn ein solcher Strich des Meeres verschafft den Küstenbewohnern allerhand Vorteile, die sie ausschließend benutzen und an welchen andre Völker, ohne sie dabei zu verkürzen, nicht teilnehmen können. Da es nun zugleich möglich ist, daß das küstenbewohnende Volk andre von diesem bestimmten Teile des Meeres, welchen man die Reede nennt, entweder durch Schanzen und Forts, die an der Küste errichtet, oder durch Kriegsschiffe, die daselbst stationiert sind, entfernt halten könne, so steht nichts im Wege, daß ein Volk nicht berechtigt sein sollte, sich die Reede an seinen Küsten zuzueignen. So darf z. E. ein Volk nicht zugeben, daß ein andres auf seine Reeden komme und daselbst fische, daß fremde Kriegsschiffe sich auf seiner Reede vor Anker legen. Wie weit aber die solchergestalt in dem ausschließenden Eigentum einer Nation befindliche Reede sich in das Meer hineinerstrecke, ist schwer zu bestimmen. Die einzige und sicherste Bestimmung, die man angeben kann, ist, daß das Meer auf einen Kanonenschuß weit von der Küste gerechnet das Eigentum des Volkes sei, welchem die Küste gehört. 3. Aus dem bisher Angeführten läßt sich auch das Recht der Krone Dänemark, den handelnden Nationen die Passage duch den Sund zu sperren oder ihnen einen Zoll dafür abzufordern, beurteilen. Da diese bekannte Meerenge, durch welche die Ost- und Nordsee miteinander kommunizieren, nicht so schmal ist, daß sie ganz zur Reede der dänischen Küste gerechnet werden könnte, so ist in der Natur der Sache kein Grund vorhanden, aus welchem Dänemark sich das Eigentum derselben anzumaßen berechtigt wäre. Seine Befugnis, einen Zoll von den durchpassierenden Schiffen zu fordern, gründet sich auf einige Anstalten, welche die dänische Regierung zur Erleichterung und Sicherheit der Schiffahrt in den dasigen Gegenden gemacht hat. Dieses Recht ist überdem von den meisten andern Nationen durch ausdrückliche Traktaten anerkannt, und insoweit gründet es sich mehr auf das positive als das allgemeine Völkerrecht.

d) Aus dem Eigentumsrechte eines Volks über seine Küsten und die daran stoßenden Reeden hat man in ehemaligen Zeiten das Strandrecht gründen wollen. Vermöge dieses vermeintlichen Rechts ward angenommen, daß ein Schiff, welches an einer Küste Schiffbruch litt, mit allen darauf befindlichen Waren und Sachen dem Volk, welchem die Küste gehörte, anheimgefallen sei. Die Souveräns der alten Zeiten scheuten sich nicht, dieses Strandrecht unter ihre wichtigsten Regalien zu rechnen, und es gab Länder, wo in den

Kirchen darum gebetet wurde, daß Gott den Strand segnen, d. h. daß er durch Sturm und Ungewitter häufige Schiffbrüche an der Küste veranlassen wolle. Es fällt wohl von selbst in die Augen, wie wenig dieses barbarische Recht, nach welchem einem Unglücklichen das wenige, was ihm die Wut der Elemente von dem Seinigen noch übrig gelassen hat, von den Bewohnern der Küste, an welche er sich damit rettet, geraubt wird, dem Rechte der Natur und der Völker gemäß sein könne. Auch ist dasselbe unter allen kultivierten Nationen vorlängst abgeschafft, und das Regale des Strandrechts besteht nach heutiger Verfassung nur darin, daß, wenn durch Sturm und Ungewitter Waren und Sachen an den Strand geworfen werden, zu welchen sich kein Eigentümer meldet oder ausgeforscht werden kann, dergleichen Sachen als herrenlos dem Souverän, an dessen Küsten der Schiffbruch erfolgt ist, anheimfallen.

e) Wir haben schon oben bemerkt, daß einem Volke über das Land, welches von ihm bewohnt wird, und über alles, was dazu gehört, das Territorialeigentum und dem Souverän dieses Volks die Territorial- oder Landeshoheit zukomme. Kein fremdes Volk darf also in dem Territorio des andern wider dessen Willen etwas vornehmen, wodurch dem Eigentumsrechte dieses Volks, dem Gebrauche, welchen es von seinem Lande nach Gutfinden machen kann, seiner Sicherheit oder den Hoheitsrechten seines Souveräns im geringsten Eintrag geschähe. Dergleichen Handlungen eines fremden Volks werden Verletzungen des Territorii genannt. Es darf also kein Volk seine Verbrecher über die Grenzen verfolgen, es darf keine Truppen in das Land desselben oder durch dasselbe hindurchführen. Wenn ein Volk das Territorium des andern auf irgendeine Art vorsätzlich verletzt und Genugtuung dafür versagt, gibt [es] demselben ein gegründetes Recht zum Kriege. Inwiefern dergleichen Verletzungen, die von einzelnen Mitgliedern eines Volks einem andern zugefügt werden, von dem Volke selbst, zu welchem der Beleidiger gehört, verantwortet werden müssen, ist nach dem § XXIII der allgemeinen Grundsätze[1] zu beurteilen.

f) So wie das Eigentumsrecht der einzelnen durch das Notrecht und durch 335R
das Recht des unschädlichen Gebrauchs, welches andern zukommt, eingeschränkt werden kann, so gilt eben dieses auch unter ganzen Völkern. Wenn die in § XI der allgemeinen Grundsätze[2] entwickelten Erfordernisse

[1] Vgl. statt dieser hier nicht abgedruckten Stelle den entspr. Abschnitt der mündl. Vorträge, oben S. 149 dort XXII.

[2] Vgl. oben S. 144, XI.

des Notrechts wirklich vorhanden sind, wenn eine Zwangspflicht, die das Volk sich oder einem dritten Volk schuldig ist, unmöglich anders erfüllt werden kann, wenn die Unterlassung dieser Pflicht einen beträchtlichen Schaden nach sich ziehen würde, so kann ein Volk sich des Eigentums des andern auch wider dessen Willen bedienen, sobald es nur den aus diesem Gebrauche entstandenen Schaden zu vergüten erbötig ist. So kann z. E. ein im Kriege mit einem Dritten begriffenes Volk sich der Festung eines andern Volks bemächtigen und dieselbe, solange der Krieg dauert, besetzt halten, wenn es ihm nicht anders möglich ist, sein Land gegen die Einfälle des Feindes zu decken oder seine Kriegsoperationen mit der notwendigen Sicherheit fortzusetzen. Aus diesem Grunde nahm im 30jährigen Kriege Gustav Adolf, ehe er weiter in Deutschland vorrückte und den bedrängten Protestanten zu Hilfe kam, die brandenburgischen Festungen Küstrin und Spandau in Besitz, um sich die Kommunikation durch Pommern mit Schweden und nötigenfalls den Rückzug offen zu erhalten. So würde, wenn es in den letztverwichenen Konjunkturen zu Feindseligkeiten zwischen Preußen und Rußland gekommen wäre, Preußen allerdings berechtigt gewesen sein, Danzig in Besitz zu nehmen, weil es ihm sonst nicht möglich gewesen wäre, einer russischen Flotte, die in den dortigen Hafen aufgenommen worden wäre oder sich dessen bemächtigt hätte, die Landungen auf seinen Küsten zu verwehren. Inzwischen wird von einem Volke und dessen Souverän, welche die Gerechtigkeit lieben, die strengste und sorgfältigste Prüfung [zu verlangen sein], teils daß dieses gefährliche und von der Regel so sehr abweichende Notrecht nicht anders, als wenn der Fall der dringendsten Not wirklich vorhanden ist, ausgeübt, teils daß es nicht weiter getrieben werde, als es die Umstände der vorhandenen Not wirklich erfordern. Denn es ist dieses Recht des größten Mißbrauchs fähig, und es hat sehr oft den Prätext zu den widerrechtlichsten Unternehmungen abgeben müssen. Fast gleiche Bewandtnis hat es mit dem Rechte des unschädlichen Gebrauchs. Ein Volk kann von dem Gebrauch seiner Sachen ein anderes nicht ausschließen, sobald dieser Gebrauch denjenigen, welchen es selbst davon machen will, nicht im geringsten verhindert. So kann z. E. ein Volk den Schiffen eines andern nicht wehren, an seinen Küsten zu landen, sich daselbst mit Wasser zu versehen, das Schiff auszubessern, sobald nur hieraus kein Schade oder keine Unsicherheit für dasselbe entsteht. Ebenso kann ein Volk den Mitgliedern eines andern den unschädlichen friedlichen Durchgang durch sein Territorium nicht versagen. Aber es kommt wie unter einzelnen Menschen, also auch unter

Völkern hauptsächlich auf die Beurteilung des Eigentümers an, ob er den Gebrauch, den ein andrer von seiner Sache machen will, für unschädlich halte, und es gibt nur wenig Fälle, wo dies so offenbar in die Augen fällt, daß das Volk, welches einem andern dergleichen Gebrauch untersagt, sich dadurch einer Beleidigung desselben wirklich schuldig machen würde. So kann z. E. der Durchmarsch bewaffneter Truppen durch ein Land immer versagt werden, wenn auch der Souverän dieser Truppen erbötig wäre, für allen daraus zu besorgenden Schaden Sicherheit und Vergütung zu leisten. Schon die Möglichkeit, durch den verstatteten Durchzug mit einem andern Volk in unangenehme Verwicklungen zu geraten oder daß eine Teuerung oder gar ein Mangel an Lebensmitteln im Lande dadurch verursacht werden möchte, kann eine solche Versagung entschuldigen. Wenn also ein Volk dem andern einen solchen an sich unschädlich scheinenden Gebrauch seines Territorii verweigert, so muß das andre Volk diese Weigerung respektieren, insofern ihm nicht etwa das Notrecht die Befugnis gibt, sich darüber hinwegzusetzen.

g) Es ist oben gezeigt worden, daß nach dem Natur- und allgemeinen Völkerrechte keine Verjährung unter den Völkern stattfinde, d. h. daß ein Volk sein Eigentum und seine Rechte bloß dadurch, daß es eine geraume Zeit hindurch keinen Gebrauch davon gemacht hat, noch nicht verliere. Inzwischen ist es doch durch die allgemeine Gewohnheit unter allen europäischen Völkern eingeführt, daß unter gewissen Umständen veraltete Ansprüche nicht mehr hervorgesucht werden können. Solange ein Volk auf irgendeine Art zu erkennen gibt, daß es solche Ansprüche aufzuopfern nicht gemeint sei, solange es nur durch die Übermacht eines andern Volks oder durch andre widrige Konjunkturen diese Ansprüche geltend zu machen verhindert wird, | so lange bleibt ihm sein Recht, und es kann davon Gebrauch machen, 336
sobald der dazu günstige Zeitpunkt, und wenn es auch nach Jahrhunderten wäre, herbeikommt. Daher pflegen auch die Nationen und Souveräns ihre Ansprüche dadurch zu konservieren, daß sie die Titel und Wappen der Länder, auf die sie ein Recht zu haben glauben, fortführen. Wenn aber ein Volk in einem langen Zeitraume Gelegenheit gehabt hätte, seine vermeinten Ansprüche geltend zu machen, wenn es sich deren gleichwohl nicht bedient und vielmehr Handlungen vornimmt, die als Entsagungen auf diese Ansprüche angesehen und erklärt werden können, oder wenn gar ein so langer Zeitraum verstrichen ist, daß der erste Ursprung der formierten und vielleicht nur durch Beibehaltung des Titels und Wappens konservierten Ansprüche nicht mehr erforscht und nachgewiesen werden kann, so wird

im Völkerrecht angenommen, daß das Volk sich solcher Ansprüche, wenn es auch jemals dergleichen wirklich gehabt, stillschweigend begeben habe. Dieser Grundsatz des Gewohnheitsrechts unter den Völkern ist für die Beibehaltung des Friedens und der Ruhe in Europa äußerst wichtig. Denn wenn man unter den Völkern gar keine Verjährung gelten lassen wollte, so würden die wenigsten Souveräns bei ihren jetzigen Besitztümern sicher sein, und es würde dem machiavellistischen Minister eines eroberungssüchtigen Herrn nicht leicht an Prätexten fehlen, Ansprüche auf ein jedes ihm gelegene Land zu formieren, da besonders in den Zeiten des Mittelalters unter den damals so häufigen Unruhen und Revolutionen manche Länder ihre Beherrscher zu mehreren Malen gewechselt haben und die Vorsicht, mit welcher man heutzutage seine Rechte durch ausdrückliche Traktaten und Verträge feststellt und sichert, in jenem rohen Zeitalter nur sehr selten angewendet wurde.

II. VON DEN VERTRÄGEN UNTER DEN VÖLKERN

... Dies sind, gnädiger Herr, die vornehmsten Grundsätze, welche das Recht 337
der Natur von den Verträgen unter einzelnen Menschen lehrt. Eben dieselben gelten auch von Verträgen unter ganzen Völkern. Es treten dabei nur noch einige nähere Bestimmungen hinzu, welche teils aus der Qualität der Personen entspringen, welche hier die kontrahierenden Teile sind, teils in dem Gewohnheitsrechte der Völker ihren Grund haben. Ich werde jetzt die wichtigsten dieser Bestimmungen anzeigen.

a) Verträge, die im Namen eines ganzen Volks errichtet werden und die ganze Nation verpflichten sollen, können nur von dem oder denjenigen gegeschlossen werden, denen die Obergewalt im Staat zukommt. Dies muß bei jeder Nation nach der Beschaffenheit ihrer Regierungsform bestimmt werden. So ist z. E. in einer Aristokratie nur ein solcher Vertrag für die Nation verbindlich, welcher mit dem die Oberste Gewalt in der Republik ausübenden Senat geschlossen worden. In einer uneingeschränkten Monarchie ist es nur der Regent allein, welcher einen Vertrag im Namen des Staats gültig schließen kann. Bei eingeschränkten Monarchien kommt es darauf an, inwiefern nach der Verfassung die Einschränkungen des Monarchen sich auch auf dieses Recht erstrecken oder nicht. So ist z. E. der

König von England zwar nur ein eingeschränkter Monarch, ihm ist aber durch die Grundgesetze des Reichs das Recht, Verträge und Bündnisse mit andern Völkern zu schließen, ausdrücklich beigelegt. Hingegen haben die Franzosen in ihrer neuen Konstitution dieses Recht ihrem Könige genommen, und kein von ihm geschlossener Vertrag soll verbindlich sein, solange er nicht die Sanktion der Nationalversammlung erhalten hat.

b) So wie unter einzelnen Menschen nur diejenigen, welche fähig sind, mit Vernunft und Überlegung zu handeln, gültige Verträge schließen können, so wird bei den Vorstehern und Regenten der Völker eben diese Eigenschaft zur Gültigkeit eines von ihnen zu schließenden Vertrags erfordert. Daher können Regenten, die noch minderjährig sind oder denen wegen Geistesschwäche die eigene Führung des Regiments hat abgenommen und ihnen eine Regentschaft zugegeben werden müssen, keine gültigen Verträge schließen. Eben das gilt von Verträgen, welche nicht mit dem Regenten selbst, sondern mit seinem künftigen Nachfolger in der Regierung geschlossen werden. Man hat in der Geschichte des Brandenburgischen Hauses einen solchen Fall, da zu Ausgang des vorigen Jahrhunderts zwischen dem Hause Österreich und dem Kurfürsten | Friedrich Wilhelm M. 337R
über die Ansprüche des Hauses Brandenburg auf die schlesischen Fürstentümer traktiert wurde. Man schloß damals einen Traktat mit dem Kurfürsten, worin demselben ein gewisses Äquivalent für diese seine Ansprüche und unter anderm die Abtretung des Schwiebusischen Kreises versprochen ward. Zu gleicher Zeit aber wurde der damalige Kurprinz, nachmalige König Friedrich I., durch österreichische Emissaires verleitet, in einem geheimen Traktate die Rückgabe dieses Ländchens, sobald er zur Regierung gelangen würde, zu versprechen. Er hat in der Folge sein Versprechen wirklich erfüllt, aber nach den Grundsätzen des Natur- und Völkerrechts war er dazu nicht verpflichtet. Denn der Vertrag war von Anfang an nichtig, weil es zur Zeit seiner Errichtung dem Prinzen noch an der Befugnis ermangelte, sich im Namen des brandenburgischen Staats auf dergleichen Verträge einzulassen.

c) Wir haben oben bemerkt, daß nach dem Naturrechte den Verträgen unter den Menschen keine besondere Form beigelegt sei, sondern daß ein Vertrag, dem es sonst an keinem Erfordernisse mangelt, seine Gültigkeit habe, wenn er auch nur mündlich verabredet worden. Eben dieses fand ehemals auch unter ganzen Völkern statt. Die alte Geschichte liefert uns viele Fälle solcher bloß mündlich geschlossener Traktaten. So errichtete z. E. der römische Diktator Sulla mit dem pontischen König Mithridates, den er in zwei großen

Schlachten überwunden, ihm zwei Armeen ruiniert und seine Eroberungen in Griechenland und Kleinasien wieder abgenommen hatte, bloß mündlich einen Frieden, der von beiden Teilen auf das genaueste erfüllt wurde. In neueren Zeiten aber ist es zur Gewohnheit unter den Völkern geworden, alle ihre Verträge schriftlich zu errichten. Bloße mündliche Verabredungen werden nur als bloße Unterhandlungen angesehen, die nicht eher verbindliche Kraft haben, als bis sie in Schriften verfaßt und die darüber errichtete Urkunde von den kontrahierenden Teilen unterschrieben worden.

d) Verträge unter den Völkern werden entweder von den Regenten selbst oder durch ihre Bevollmächtigten geschlossen. Fälle der ersten Art, die ehemals sehr gewöhnlich waren, sind in neueren Zeiten äußerst selten geworden. Heutzutage werden fast alle Verträge nur durch Bevollmächtigte der kontrahierenden Staaten errichtet. Diese müssen von dem Regenten, in dessen Namen sie handeln sollen, mit einer ausdrücklichen und schriftlichen Vollmacht versehen sein. Daher besteht die erste Handlung, mit welcher Friedens- und andre dergleichen Kongresse eröffnet werden, darin, daß die Minister der traktierenden Teile ihre Vollmachten gegeneinander auswechseln. Diese Vollmachten enthalten aber nur eine allgemeine Autorisation, über den Traktat zu unterhandeln und denselben zu schließen, und beziehen sich übrigens auf die dem Bevollmächtigten oder Gesandten erteilte besondere Instruktion. Da nun jeder Bevollmächtigte seinen Machtgeber nur soweit verpflichtet, als er der ihm erteilten Instruktion gemäß handelt, so ist auch unter den Völkern ein von einem solchen Bevollmächtigten wirklich geschlossener Vertrag nicht eher verbindlich, als bis der Regent denselben ausdrücklich genehmigt hat. Diese Genehmigung erfolgt entweder dadurch, daß der Regent den von seinem Minister geschlossenen Vertrag hinterdrein selbst unterzeichnet oder daß er seine Einwilligung in einer besonders ausgestellten Urkunde erklärt. Letzteres ist die gewöhnlichste Art, und eine solche Urkunde wird die Ratifikation des geschlossenen Vertrages genannt. Daher wird auch in den meisten Friedens- und andern Verträgen eine gewisse Frist bestimmt, binnen welcher die Ratificationes der kontrahierenden Mächte gegeneinander ausgewechselt werden sollen. Solange dies noch nicht geschehen ist, so lange ist nach den Grundsätzen des Völkerrechts noch kein gültiger Vertrag vorhanden. Inzwischen haben wir in neueren Zeiten keinen einzigen Fall, da ein Regent die Ratifikation eines von seinen Gesandten geschlossenen Vertrages geweigert hätte.

e) Es gibt Fälle, in welchen Abgeordnete eines Staats, denen gewisse Geschäfte übertragen sind, gültige und für den Staat verbindliche Verträge

schließen können, ohne daß es dazu einer besonderen Vollmacht oder Ratifikation bedarf. So kann z. E. der kommandierende General einer Armee Waffenstillstände errichten, Kartelle über die Auswechslung der Gefangenen schließen. Der Kommandant einer Festung kann Kapitulationen mit den Belagerern schließen, die der Staat, in dessen Diensten er steht, halten muß, wenn sie auch seinen Absichten und seinem Interesse noch so sehr zuwider sind. Nur ist die Befugnis solcher Befehlshaber genau auf Gegenstände eingeschränkt, die in seinem Auftrage enthalten sind oder mit selbigem in unmittelbarer Verbindung stehen. Soweit der Befehlshaber diese Grenzen überschreitet, ist der von ihm geschlossene Vertrag nichtig und unverbindlich. So schloß z. E. i. J. 1711 die schwedische Regierung in Abwesenheit Königs Karl XII., welcher sich damals zu Bender in der Türkei aufhielt, einen Neutralitätstraktat für die damaligen deutschen Staaten der Krone Schweden, welchen aber der König, sobald er davon Nachricht bekam, und zwar mit Recht, wieder aufhob, weil die Regierung in Schweden bei seiner Abwesenheit und weiteren Entfernung zwar die ordinären Reichsgeschäfte besorgen, keineswegs aber dergleichen wichtige Traktaten mit fremden Mächten ohne sein Wissen und Genehmigung abschließen konnte. Der berühmteste Fall von dieser Art kommt in der Geschichte der römischen Republik vor. Die Römer hatten schon lange Zeit mit dem benachbarten samnitischen Volke Kriege geführt, ihnen verschiedene Städte und Ländereien abgenommen und daselbst Kolonien errichtet. Die Samniten | bra- 338
chen den mit den Römern geschlossenen Frieden und waren so glücklich, die römische Armee unter dem Kommando der beiden Konsuls in die Defileen bei Caudium zu locken, wo sie entweder vor Hunger umkommen oder von den Pfeilen und Schleudern des ringsum auf unersteiglichen Anhöhen postierten Feindes den ohnfehlbaren Untergang erwarten mußten. In dieser Lage schlossen die Samniten einen Traktat mit den römischen Konsuls, vermöge dessen die ganze Armee die Waffen niederlegen und auf eine schimpfliche Weise unter einem von drei Spießen errichteten Joche durchkriechen mußte, übrigens aber den Samniten die Rückgabe ihrer verlorenen Ländereien, die Abführung der Kolonien und die gänzliche Aufhebung aller ferneren Feindseligkeiten unter beiden Völkern versprochen wurde. Auf den Grund dieses Traktats ließen die Samniten das römische Heer entwaffnen, auf die verabredete schimpfliche Art unter dem Joch hindurchpassieren und sodann aus den engen Pässen, in denen es eingesperrt war, wieder nach Rom zurückkehren. Als sie aber von dem römischen Senat und Volke auch die Erfüllung der übrigen Bedingungen des Vertrags forderten,

ward ihnen solches aus dem Grunde verweigert, weil die Konsuls nicht die Macht gehabt hätten, einen solchen Traktat zu schließen. Man offerierte ihnen die Auslieferung der beiden Konsuls, die sie aber nicht annahmen, sondern verlangten, man solle ihnen, wenn man den Vertrag nicht halten wolle, die ganze Armee wieder in die engen Pässe zurückschicken, aus welchen sie nur unter diesen Bedingungen lebendig entlassen worden. Darüber kam es aber zu neuen Feindseligkeiten, welche sich mit der Überwindung und gänzlichen Unterjochung des samnitischen Volkes endigten. Man hat sehr darüber gestritten, inwiefern die römische Republik berechtigt gewesen sei, diesen von ihren Konsuls geschlossenen Traktat wieder aufzuheben; die richtigste Meinung ist aber wohl die, welche den Römern diese Befugnis beilegt. Ein römischer Konsul hatte zwar das unumschränkte Kommando der Armee im Kriege; was sie also in dieser Rücksicht taten und verabredeten, mußte von der Republik allerdings genehmigt werden. Der Teil des Traktats also, welcher bloß die Armee betraf, mußte erfüllt werden und ward es auch wirklich. Hätten es sich die Samniten zur Bedingung gemacht, daß diese Armee nicht mehr gegen sie dienen solle, wie es heutzutage sehr oft mit Garnisonen belagerter Festungen gehalten wird, so hätte auch diese Verabredung erfüllt werden müssen. Allein zu Verträgen, Friedensschlüssen und Bündnissen mit andern Völkern war ein römischer Konsul nach der Staatsverfassung nicht berechtigt; vielmehr konnten dergleichen Verhandlungen nur von dem Senat und Volke gültig geschlossen werden. Es war daher eine große Unvorsichtigkeit von den Samniten, daß sie nicht vorher, ehe sie die Konsuls mit ihren Truppen aus den engen Pässen, in denen sie eingesperrt waren, herausgehen ließen, die Genehmigung und Ratifikation des Traktats in Rom selbst verlangten. Nachdem sie aber diese Unvorsichtigkeit einmal begangen hatten und nunmehr die Republik ihre Genehmigung versagte, so konnten sie auch nicht mehr verlangen, daß ihnen das römische Heer wiederum nach Caudium in seine vorige üble Situation zurückgeliefert werden sollte, da die Römer gar keine Verbindlichkeit hatten, das von ihren Feinden begangene Versehen auf ihre eigenen Kosten zu redressieren.

f) Ein Vertrag, den das Oberhaupt eines Volks im Namen desselben mit einer andern Nation geschlossen hat, verbindet nicht nur ihn selbst, sondern auch seine Nachfolger in der Regierung. Der Regent schließt Verträge nicht für sich selbst und für seine Person, sondern als Repräsentant des Volkes, über welches ihm die Obergewalt anvertraut ist. Dies Volk stirbt nicht, sondern ist nach dem Begriffe, den wir oben davon gegeben haben, eine immerwährende Gesellschaft, die durch den Abgang alter und den Zutritt neuer Mitglieder in ihrem Wesen und in ihren Rechten nicht verändert wird. Was also diese Gesellschaft durch die von ihrem rechtmäßigen Repräsentanten geschlossenen Verträge einmal verabredet hat, daran ist es selbst, mithin auch der Nachfolger seines Repräsentanten, fortwährend gebunden.

g) Unter den Völkern sind verschiedene Mittel, sich die Festhaltung der geschlossenen Traktaten zu versichern, üblich. Die vornehmsten darunter sind die Geiseln und die Garantien. Geiseln heißen Personen, welche eine Nation der andern in Verwahrung gibt, damit diese mit ihrer persönlichen Freiheit dafür haften sollen, daß das Volk, von welchem sie gegeben worden, seiner in dem Vertrage übernommenen Verbindlichkeit ein Genüge leiste. Es werden dazu Personen von hohem Range und Ansehen unter dem Volke ausgesucht, damit das Volk, welches sie stellt, durch die Achtung und Ehrerbietung für ihre Personen desto gewisser bewogen werde, seinen Vertrag zu erfüllen. Dasjenige Volk, dem die Geiseln gegeben worden, hat das Recht, dieselben so lange bei sich und in seiner Verwahrung zu behalten, bis es sich von der Erfüllung des Traktats hinlänglich versichert halten kann. Barbarische Nationen haben sich zwar für berechtigt gehalten, wenn ein mit ihnen geschlossener Traktat gebrochen worden, die Geiseln zu töten. Aber schon die gesitteteren Nationen des Altertums haben den Grundsatz angenommen, daß nicht das Leben, sondern nur die Freiheit der Geiseln für die Erfüllung der Verträge, zu deren Sicherheit sie gegeben worden, verhaftet sei. Die Methode, sich die Festhaltung der Verträge durch Geiseln zu sichern, ist überhaupt in älteren Zeiten gewöhnlicher gewesen als jetzt. Den letzten merkwürdigen Fall dieser Art finden wir in dem Jahrhunderte Karls V. und Franz' I., da Franz I. | für den Traktat, den er mit 338R
Karl V. während seiner Gefangenschaft in Madrid geschlossen hatte, seine beiden Söhne zu Geiseln gab, die er in der Folge, da er diesen Traktat gleichwohl nicht erfüllte, mit der für die damaligen Zeiten ungeheueren Summe von dritthalb Millionen Taler wieder loskaufen mußte. Heutzutage ist es nicht mehr gewöhnlich, daß über Traktaten zwischen ganzen Völkern Geiseln gegeben werden, sondern es geschieht nur noch bei einzelnen Verträgen, welche zur Zeit des Krieges von Befehlshabern des einen Volks mit Obrigkeiten oder Gemeinheiten eines andern geschlossen werden. So ist es z. E. noch gewöhnlich, daß, wenn der Feind in einer Stadt Brandschatzungen ausgeschrieben hat und sich nicht lange genug daselbst aufhalten kann, um die wirkliche Einkassierung derselben abzuwarten, einige der vornehmsten Magistratspersonen oder angesehensten Einwohner als Geiseln mitgenom-

men werden, um so lange in den Händen des Feindes zu bleiben, bis die Stadt ihren Vertrag durch Bezahlung der Brandschatzung erfüllt hat. Solche Geiseln werden gewöhnlich als Kriegsgefangene behandelt und bleiben so lange in feindlicher Verwahrung, bis sie entweder durch die erfolgende Bezahlung oder durch einen Artikel, der dem Hauptfriedenstraktat eingerückt zu werden pflegt, wiederum in Freiheit gelangen.

h) Desto gewöhnlicher sind bei den heutigen Verträgen unter ganzen Völkern die sogenannten Garantien. Wenn nämlich zwei Nationen einen Vertrag miteinander schließen, so pflegen sie eine dritte Nation zu ersuchen, daß sie sich verbindlich mache, denjenigen unter den kontrahierenden Teilen, welcher seinem Engagement zuwiderhandeln wollte, zu dessen Erfüllung nötigenfalls mit Gewalt anzuhalten. Wenn nun die dritte Nation diese Verbindlichkeit wirklich übernimmt, so sagt man, daß sie den Traktat garantiert habe. Dies ist der eigentliche Begriff der Garantie. Im uneigentlichen Verstande sagt man auch, daß ein Regent dem andern seine Länder, die Sukzessionsordnung in seiner Familie usw. garantiert habe. So hatte z. E. Kaiser Karl VI. die berühmte pragmatische Sanktion, kraft welcher alle Staaten des Hauses Österreich nach seinem Tode seiner ältesten Tochter Maria Theresia zufallen sollten, fast von allen europäischen Mächten garantieren lassen. Dies sind aber nicht eigentliche Garantien, sondern vielmehr Bündnisse, welche die Aufrechthaltung der Sukzession, des Besitzes usw. zur Absicht haben. Aus dem Begriffe der eigentlichen Garantie, welche die Festhaltung eines zwischen zwei Nationen geschlossenen Vertrages zur Absicht hat, folgt, daß, sobald eine dieser Nationen den Traktat zu erfüllen verweigert oder demselben sonst zuwiderhandelt, der Garant, wenn er von dem andern Volke dazu aufgefordert wird, sich ins Mittel schlagen und den bundbrüchigen Teil nötigenfalls mit Gewalt der Waffen zur Erfüllung seiner Verbindlichkeiten anhalten müsse. Doch muß der Garant es abwarten, bis er zur Geltendmachung seiner Garantie aufgefordert wird. Denn wenn die Hauptparteien miteinander einig sind, von dem geschlossenen Traktat wieder abzugehen oder gewisse Artikel und Bedingungen desselben zu ändern, so kann der Garant sich wider den Willen beider Teile in die Sache nicht mischen; er wird aber auch alsdann von seiner durch die Garantie übernommenen Verbindlichkeit entledigt. Ebenso ist der Garant nicht schuldig, auf die erste Aufforderung des einen kontrahierenden Teils sogleich die Waffen gegen den andern zu ergreifen, sondern ihm gebührt die Prüfung, ob auch der, gegen welchen er aufgefordert wird, sich eines widerrechtlichen Bruchs des garantierten Traktats wirklich schuldig gemacht habe. Denn nur gegen eine widerrechtliche Brechung des Vertrages hat er dem dadurch beleidigten Teile Sicherheit und Beistand versprochen.

i) Manche Verträge unter den Völkern werden auch durch Verpfändungen sichergestellt. Dies geschieht besonders in Fällen, wenn ein Volk dem andern gewisse Geldzahlungen für erhaltene Darlehen oder aus irgendeinem andern Titel zu leisten hat. So wurde z. E. noch vor der Okkupation von Westpreußen das Elbingische Territorium dem Hause Brandenburg für ein der Republik Polen gemachtes Darlehen verpfändet. So besitzt das Kurhaus Hannover die Grafschaft Bentheim ebenfalls nur pfandweise, und Österreich sowohl als Rußland haben mehrmalen gewisse Zölle und andre Einkünfte den Genuesern oder Holländern für die bei ihnen aufgenommenen Summen verpfändet. In dergleichen Fällen hängt es vornehmlich von dem Inhalte des geschlossenen Vertrages ab, welche Rechte dem Pfandinhaber über die verpfändete Sache zukommen sollen. Soweit aber in diesem nichts Besonderes festgesetzt ist, erstreckt sich das Recht des Pfandinhabers nicht weiter, als daß er die Sache in seiner Gewahrsam und Besitz solange behalte, bis sie der Verpfänder durch Zahlung des Pfandschillings wieder einlöst, und daß er inzwischen die Nutzungen davon statt der Zinsen des ihm zukommenden Kapitals erhebe. Das Eigentum und die Landeshoheit aber bleibt der verpfändenden Nation, und der Pfandinhaber kann mit der verpfändeten Sache selbst keine Veränderungen vornehmen noch sonst darüber disponieren.

k) Die Heiligkeit der Verträge unter den Völkern beruht auf eben den 339
Gründen, aus welchen wir sie oben in Ansehung der einzelnen Menschen hergeleitet haben. Doch kommt hier noch ein Grund mehr hinzu, weil die Ruhe und Sicherheit nicht etwa dieses oder jenes einzelnen Privatmannes, sondern der ganzen menschlichen Gesellschaft darauf beruht, daß Völker, die sonst keinen Richter über sich erkennen als Gott und das Schwert, ihren einmal geschlossenen Verbindungen mit Treue und Rechtschaffenheit nachkommen. Gleichwohl sehen wir alle Tage, daß Traktaten unter Nationen und Staaten errichtet und wieder gebrochen werden. Es ist also für den Zweck meines gegenwärtigen Vortrags von der äußersten Wichtigkeit, die Gründe zu prüfen, aus welchen eine Nation und deren Oberhaupt berechtigt sein können, geschlossene Verträge nicht zu erfüllen, sondern davon wiederum abzugehen, und ich wage es, mir für diesen Teil meines Vortrags insbesondere Eurer Königlichen Hoheit gnädigste Aufmerksamkeit zu erbitten.

Die Gründe, aus welchen ein Regent von geschlossenen Verträgen mit andern Nationen abgehen kann, teilen sich in zwei Hauptklassen. Zur ersten gehören diejenigen, welche darauf beruhen, daß der Vertrag von Anfang an nichtig und ungültig ist. Die zweite Klasse begreift die Fälle unter sich, wo auch ein an und für sich gültiger Vertrag aufgehoben werden kann.

Daß ein Vertrag, der von Personen, die dazu nicht berechtigt waren, geschlossen worden, z. E. von Bevollmächtigten ohne hinlängliche Autorisation, von Befehlshabern mit Überschreitung ihres Amts und Auftrags, für die Nation und den Staat von gar keiner Verbindlichkeit ist, ist bereits oben bemerkt worden.

Ebenso unverbindlich sind Verträge, wodurch ein Staat sich zu etwas anheischig macht, was unmöglich oder nach den Gesetzen der Natur unerlaubt ist. Ein Fürst, der sich mit einem andern verbindet, um einen Dritten, von dem er niemals beleidigt worden, mit einem Kriege zu überziehen, kann niemals schuldig sein, ein so widerrechtliches Bündnis zu halten; er würde vielmehr, wenn er solches tun wollte, dem ersten Grundsatze des Natur- und Völkerrechts, niemanden zu beleidigen und einem jeden das Seine zu lassen, entgegenhandeln. Die Verträge, durch welche in den rohen Zeiten des Mittelalters die sarazenischen Völker den von ihnen überwundenen Nationen einen Menschentribut auflegten dergestalt, daß alle Jahre eine gewisse Anzahl junger Personen beiderlei Geschlechts von der überwundenen Nation dem Sieger zu Sklaven ausgeliefert werden mußten — diese Verträge waren ebenfalls von Anfang an nichtig, weil kein Volk und kein Souverän berechtigt sind, ihre Mitglieder und Untertanen, solange dieselben kein Verbrechen begangen haben, der persönlichen Sklaverei zu überliefern. Ein Traktat, worin über das Eigentum oder das Recht eines Dritten ohne dessen Zuziehung verfügt wird, ist von keiner Kraft, weil es nach dem Rechte der Natur nicht erlaubt ist, irgend jemanden in dem, was zu dem Seinigen gehört, wider seinen Willen zu beeinträchtigen.

Aus eben dem Grunde sind auch Allianzen unverbindlich, welche früher geschlossenen Bündnissen zuwiderlaufen. Ein Staat, der mit einem andern ein Defensivbündnis geschlossen hat, kann sich mit dem Feinde desselben nicht in eine gleiche Verbindung einlassen, weil beide nicht miteinander bestehen können und der frühere Alliierte ein Zwangsrecht hat, die Erfüllung des mit ihm geschlossenen Bündnisses zu fordern, welches ihm durch die spätere Allianz nicht mehr genommen werden konnte. Wußte der spätere Alliierte, als er seinen Traktat schloß, das Dasein der früheren Allianz, so hat er keine Ursache, sich zu beschweren, da ihm alsdann auch bekannt sein mußte, daß er die Erfüllung desselben mit Recht nicht fordern könne. War

ihm aber die frühere Allianz verheimlicht worden, so ist er berechtigt, von dem Staat, der ihn solchergestalt hintergangen hat, Genugtuung für die dadurch angetane Beleidigung zu fordern.
Betrug und unrechtmäßiger Zwang vereiteln jeden Vertrag sowie zwischen einzelnen Menschen, also auch zwischen ganzen Völkern und Staaten. Wenn z. E. erwiesen werden kann, daß die eine kontrahierende Macht die Ministers und Staatsbedienten der andern bestochen und dadurch bewirkt habe, daß diese treuloserweise ihrem Souverän die wahre Lage der Sachen verhehlt und ihn durch falsche Vorspiegelungen zu einem für sein Volk nachteiligen Traktate verleitet haben, so kann ein solcher Souverän und noch mehr sein Nachfolger, sobald er den ihm gespielten Betrug wahrnimmt, einen solchen Vertrag als nichtig allerdings widerrufen. Was den Zwang betrifft, so muß man hier zwischen einem rechtmäßigen und widerrechtlichen wohl unterscheiden. Nicht jeder Zwang vereitelt die Gültigkeit eines unter Völkern geschlossenen Vertrages; denn sonst würden alle Friedensschlüsse, die in den meisten Fällen durch die Überlegenheit der Waffen des einen Teils erzwungen werden, für den andern keine Verbindlichkeit haben. Hiervon aber ist im Völkerrecht jederzeit das Gegenteil behauptet worden. Der Krieg ist, wie wir bald näher ausführen werden, das letzte Mittel unter unabhängigen und freien Völkern, die keinen Richter über sich erkennen, die entstandenen Streitigkeiten zu entscheiden. Diese Entscheidung hängt, wenn der Krieg einmal angefangen ist, lediglich von dem Glück der Waffen ab. Wenn dieses entschieden hat, so kann von der Rechtmäßigkeit oder Unrechtmäßigkeit des Krieges selbst im Völkerrecht ebenso wenig mehr die Rede sein als in der bürgerlichen Gesellschaft, wenn die | Rechte der prozeßführenden Parteien 339 R
durch das Erkenntnis des Richters entschieden worden. Daher muß man im Völkerrecht annehmen, daß derjenige Staat, dessen Waffen vom Kriegsglück begünstigt worden, das Recht gehabt habe, dem Überwundenen die Bedingungen vorzuschreiben, unter welchen er der weiteren Verfolgung seines Glücks Grenzen setzen und die Feindseligkeiten gegen ihn aufheben wolle. Der Zwang also, durch welchen in einem solchen Falle der Überwundene zum Frieden genötigt wurde, war rechtmäßig, und der Friede kann unter dem Vorwande, daß er erzwungen worden, nicht wieder gebrochen werden. Ich zweifle nicht, daß Eure Königliche Hoheit nach Dero feinem Gefühl für Gerechtigkeit und Moralität das Unzureichende dieser Ausführung leicht bemerken werden. Was einmal Unrecht ist, kann freilich durch das bloße Waffenglück, das von einer Überlegenheit der Macht, der Geschicklichkeit oder des Muts, oft auch von einem blinden Ohngefähr abhängt, niemals in

Recht verwandelt werden. Es führt daher allerdings etwas Widerstehendes und Zurückstoßendes bei sich, wenn man behauptet, daß auch ein durch unrechtmäßigen Krieg erzwungener und nachteiliger Frieden gehalten werden müsse. Allein das Wohl des ganzen menschlichen Geschlechts, die Erhaltung der Ruhe und Sicherheit unter den Völkern machen es notwendig, diesen Grundsatz als ein Principium des Gewohnheitsrechts unter den Völkern gelten zu lassen. Europa würde der Schauplatz eines unaufhörlichen Krieges und Blutvergießens werden, wenn man statuieren wollte, daß ein Streit unter Völkern, über den das Glück der Waffen entschieden und den ein gehörig vollzogener Friedensschluß beigelegt hat, von neuem zur Untersuchung gezogen und der geschlossene Friede unter dem Vorwande, daß er durch unrechtmäßige Gewalt erzwungen sei, wieder aufgerufen werden könne. Am Ende würde doch zur Entscheidung dieses erneuerten Streits wiederum kein anderer Weg als der Weg der Waffen übrigbleiben, und so würde sich in Ewigkeit der Zeitpunkt nicht denken lassen, da man sagen könnte, daß nun die Sache abgetan und der Streit völlig beigelegt sei. Daher ist es durch ein stillschweigendes Übereinkommen aller gesitteten Nationen angenommen, daß ein auch durch Gewalt der Waffen erzwungener Frieden gehalten werden müsse, und kein Staat getraut sich mehr, einen solchen nachteiligen Vertrag bloß aus diesem Grunde wieder aufzurufen. Freilich, wenn der Sieger sein Glück mißbraucht, die Grenzen der Mäßigung zu sehr überschreitet und dem Überwundenen allzu harte und schimpfliche Bedingungen auflegt, kann es letzterem nicht verdacht werden, wenn er unter eintretenden günstigeren Umständen gegen diese Bedingungen sich auflehnt und sich davon, des geschlossenen Friedenstraktats ohnerachtet, loszumachen sucht. Allein sein Recht hierzu beruht nicht darauf, weil er zu dem Frieden gezwungen worden, sondern aus einem andern Grunde, von welchem sogleich mehr gesagt werden soll.

Bisher haben wir die erste Klasse von Fällen abgehandelt, in welchen ein Volk oder Staat von seinen geschlossenen Verträgen wieder abgehen kann, weil dieselben von Anfang nichtig und unverbindlich gewesen sind.
In diese [sic!] Klasse gehört zuerst der Fall, wenn der Vertrag mehrere von den kontrahierenden Teilen gegenseitig übernommene Verpflichtungen enthält und der eine Teil zuerst seinem Versprechen entgegenhandelt. Alsdann hat der andere Teil die Wahl, ob er denselben zur Erfüllung zwingen oder auch seinerseits von dem Vertrage wieder abgehen und denselben für aufgehoben erklären wolle. Denn da in einem Vertrage, worin gegenseitige Verbindlich-

keiten übernommen werden, der eine Teil das ihm übertragene Recht nur unter der Bedingung erlangt, wenn er die dagegen übernommene Pflicht erfüllen wird, so kann er sich jenes Rechts nicht ferner anmaßen, sobald er dieser Pflicht zuwiderhandelt. Wenn zwei Mächte eine Defensivallianz geschlossen haben und die eine im eintretenden Falle der andern die versprochene Hilfe nicht leistet, so kann sie dieselbe auch ihres Orts von dem Alliierten nicht weiter fordern, sondern der Traktat ist durch den von der einen Seite erfolgten Bruch für aufgehoben zu achten. So weit ist die Sache klar und bedarf wohl keines weiteren Beweises. Aber zweifelhafter ist es, wenn der Traktat aus mehreren Artikeln besteht und nur einer derselben nicht gehalten wird, ob alsdann der andere Teil auch seines Orts von allen übrigen Artikeln abgehen könne.

Über diese Frage wird unter den berühmtesten Lehrern des Völkerrechts sehr 340
gestritten, indem verschiedene der Meinung sind, daß die unterlassene Erfüllung eines oder des andern außerwesentlichen Nebenartikels von der einen Seite den andern Teil von seinen Hauptverpflichtungen nicht dispensieren könne. Man wird aber diesen Unterschied zwischen Haupt- und Nebenartikeln nur insofern zulassen können, als ihn die kontrahierenden Teile in dem Traktat selbst ausdrücklich gemacht haben. Denn ist dieses nicht geschehen, so fehlt es im Naturzustande, in welchem Völker gegeneinander leben, an einem Richter, welcher bestimmen könne, welches ein Haupt- und welches nur ein Nebenartikel sei. Jeder kontrahierende Teil ist also berechtigt zu behaupten, daß er alles, was er sich in dem Traktat von dem andern ausdrücklich hat versprechen lassen, als eine Hauptbedingung des Traktats, ohne die er sich dazu nicht verstanden hätte, habe betrachtet wissen wollen und daß er also, weil diese Bedingung nicht erfüllt worden, von dem Vertrage wieder abgehen könne.

Dagegen ist es keinem Zweifel unterworfen, daß, wenn unter zwei Nationen oder Staaten mehrere voneinander ganz verschiedene Traktaten bestehen, die Nichterfüllung des einen Vertrags kein rechtmäßiger Grund sein könne, auch den andern zu brechen. Wenn eine Defensivallianz um deswillen, weil der andre Teil die versprochene Hilfe nicht geleistet hat, aufgehoben wird, so kann damit der Bruch eines besonderen unter beiden Staaten bestehenden Kommerzientraktats nicht gerechtfertigt werden.

Der zweite Fall, wenn ein Volk oder Staat sich von Erfüllung gültig geschlossener Verträge dispensieren kann, gründet sich auf das schon oft angeführte und erörterte Notrecht. Wenn ein Volk einen geschlossenen Vertrag nicht erfüllen kann, ohne zugleich einer wesentlichen und unerläßlichen

Pflicht, die es sich selbst schuldig ist, entgegenzuhandeln, so ist es zu einer solchen Erfüllung nicht verbunden. Dieser Satz ist in der Theorie ebenso gewiß und richtig, als er in der Anwendung oft zweifelhaft und gefährlich ist. Die meisten Prätexte zur Brechung der heiligsten Traktaten sind aus einem vermeintlichen Notrechte hergenommen worden, und dies hat freilich um so leichter geschehen können, da es im Naturzustande unter freien Völkern und ihren Regenten, die, wie nicht oft genug erinnert werden kann, keinen Richter über sich erkennen als Gott und ihr Gewissen, lediglich der eignen Prüfung und Beurteilung des Regenten überlassen werden muß, ob der Fall des Notrechts wirklich vorhanden sei. Alles, was sich darüber auf den Grund der oben vorgetragenen Theorie vom Notrecht im allgemeinen sagen läßt, reduziert sich auf folgende Regeln:

1. Die Erhaltung der eigenen Existenz ist die erste und unerläßlichste Pflicht eines jeden Menschen. Bei einem Volke gehört die Erhaltung seiner Verbindung und seiner Unabhängigkeit zum Wesen desselben, als Volk betrachtet. Die Auflösung dieser Verbindung, der Verlust dieser Unabhängigkeit ist der moralische Tod des Volkes. Wenn also der Untergang dieser moralischen und politischen Existenz des Staats aus der Erfüllung eines geschlossenen Vertrages notwendig entstehen müßte, so ist der Staat und dessen Regent einen solchen Vertrag zu erfüllen nicht verbunden.

Nach dieser Regel kann also ein Traktat gebrochen werden, wenn darin einem andern Volke solche Rechte eingeräumt worden, mit welchen die eigene Landeshoheit des Staats und seines Regenten nicht bestehen kann; z. E. wenn dem andern Volke gestattet wäre, Festungen im Lande nach Gutfinden anzulegen, einen kommandierenden General über die Truppen des Staats, der von dem Regenten ganz unabhängig wäre, zu bestellen, das Recht der Gesetzgebung über das ganze Land auszuüben usw. Ein Vertrag kann gebrochen werden, welcher dem Staate, mit welchem er geschlossen worden, ein solches Übergewicht von Macht gibt, daß die Aufrechthaltung des Gleichgewichts in Europa nur noch von seinem guten Willen abhängt usw.

2. Die Erhaltung aller einzelnen, aus welchen ein Volk zusammengesetzt ist, oder wenigstens des größten Teils derselben gehört notwendig zur Erhaltung des ganzen Volks. Wenn also die Erhaltung aller oder doch der meisten einzelnen Mitglieder eines Volks mit der Erfüllung eines geschlossenen Vertrages unmöglich bestehen kann, so ist keine wahre Verbindlichkeit zur Erfüllung eines solchen Vertrages vorhanden. Wenn ein Regent sich verpflichtet hätte, seinem Nachbarn eine gewisse Quantität Getreide zu überlassen, und es fände sich, daß sein eigenes Volk so viel Getreide nicht ent-

behren könne, ohne sich in der augenscheinlichen Gefahr einer Hungersnot zu befinden, so würde ein solcher Vertrag offenbar unverbindlich sein. Ebenso, wenn ein Regent sich mit einem andern Staat in ein Defensivbündnis eingelassen hat, so ist er an sich allerdings schuldig, diesem Staat, sobald der Fall wirklich eintritt, die versprochene Hilfe zu leisten. Aber wenn der daraus entstandene Krieg eine solche Wendung nimmt, daß der Bundesgenosse ihn unmöglich länger fortsetzen kann, ohne sein eigenes Volk durch übertriebene Werbungen und Auflagen zu ruinieren, so ist er berechtigt, von dem Traktat abzugehen, und kann, wenn er es tut, von seinem Alliierten keiner Bundbrüchigkeit beschuldigt werden.

3. Das Glück eines Volks ist, wie schon oft gesagt worden, sein höchster Zweck, sein erstes und unverbrüchlichstes Gesetz. Unmöglich kann ein Volk glücklich sein, wenn die Mitglieder desselben ihre geistigen Fähigkeiten nicht ausbilden, dadurch ihren Verstand aufklären und ihre Moralität verbessern können. Denn es ist und bleibt eine ewige Wahrheit, daß für Menschen als vernünftige Geschöpfe ohne wahre Aufklärung des Verstandes und ohne von dieser allein abhängenden Tugend keine Glückseligkeit denkbar sei. Wenn | also ein Vertrag so beschaffen wäre, daß es dadurch allen oder doch den 304R
meisten Mitgliedern eines Volks ganz unmöglich gemacht würde, die Vervollkommnung ihres Geistes und Herzens zu befördern, so würde ein solcher Vertrag für das Volk unverbindlich sein. Wenn z. E. ein Regent durch einen Vertrag mit einem andern Volke sich verpflichtet hätte, die spanische Inquisition in seinen Landen einzuführen, alle, die in ihrem Glauben und in ihren Meinungen von einem gewissen festgesetzten Lehrsystem abweichen, mit Feuer und Schwert zu verfolgen, eine ganz vernunftwidrige Lehr- und Erziehungsmethode in seinen Kirchen und Schulen einzuführen, so würde der Regent und noch mehr sein Nachfolger zum Widerruf eines solches Traktats zu allen Zeiten berechtigt sein.

4. Dagegen gibt es andre Pflichten, die zwar ein Volk sich selbst ebenfalls schuldig ist, die aber nur auf eine Vermehrung oder Verbesserung seines äußeren Wohlstandes, seiner Macht oder seines Reichtums abzielen. Diese Pflichten sind, einzeln genommen, nicht unerläßlich, das Hindernis also, welches gegen ihre Erfüllung aus einem Vertrage entstehen könnte, ist kein hinreichender Grund, den Bruch dieses Vertrages zu rechtfertigen. Es gibt der Wege, auf welchen Völker sowie einzelne Menschen ihren äußeren Wohlstand befördern und vermehren können, viel und mancherlei. Ist einem Volke einer dieser Wege versperrt, so werden ihm stets noch andre offenbleiben, und es wird nie der Fall eintreten, daß es durch den Zweck der Beförderung

seiner Glückseligkeit wirklich genötigt wäre, zu diesem einzigen durch obwaltende Verträge mit andern Völkern ihm verbotenen Wege seine Zuflucht zu nehmen. Durch den Wunsch, seine äußeren Glücksumstände zu verbessern, kann nie ein Mensch und nie ein Volk berechtigt werden, sich von seinen Zwangspflichten zu dispensieren. Karl VI. schloß mit England und Holland einen Vertrag, wodurch er der Schiffahrt nach Ostindien aus seinen niederländischen Häfen für immer entsagte. Ohnstreitig würde diese Schiffahrt den Flor und Reichtum der Niederlande sehr erhöht haben, da die Häfen dieses Landes zu einer solchen Schiffahrt so vorzüglich gut gelegen sind, und die Betreibung dieses Handelszweiges hätte zur Vergrößerung der ganzen österreichischen Monarchie ungemein viel beitragen können. Aber die Niederlande hatten so viel andre Ressourcen, sie konnten vermöge ihres vortrefflichen Ackerbaues und ihrer Fabriken als ein wohlhabendes und blühendes Land vollkommen bestehen, wenn ihnen auch die Schiffahrt nach Ostindien untersagt blieb. Wenn also das Haus Österreich von diesem Traktat, durch welchen es gegen jene Entsagung soviel andre Vorteile erhalten hat, wieder abgehen sollte, so würde es sich gegen den Bruch desselben mit dem Notrechte oder mit dem Wohl des Staats vergeblich entschuldigen. Österreich hat durch wiederholte Verträge seinem Rechte auf Schlesien entsagt und diese Provinz dem Hause Brandenburg abgetreten. Es ist kein Zweifel, daß die österreichische Monarchie weit mächtiger, daß manche seiner Provinzen, besonders Ungarn, weit blühender und reicher sein würden, wenn Schlesien noch jetzt dem Hause Österreich gehörte. Aber es blieb auch nach dem Verluste von Schlesien noch immer möglich, und die Erfahrung hat es als wirklich gezeigt, daß die österreichische Monarchie auch ohne diese Provinz einen hohen Grad von Macht und Wohlstand behaupten konnte. Nie kann also das Wohl der österreichischen Monarchie für einen Regenten derselben ein rechtmäßiger Grund sein, seine Ansprüche auf Schlesien zu erneuern und die darüber geschlossenen Verträge zu widerrufen.

Dies ist es ohngefähr alles, gnädiger Herr, was das Völkerrecht über diese verwickelte und schwere Frage mit irgendeiner Bestimmtheit im allgemeinen an die Hand geben kann. Alles kommt darauf an, die Erhaltung des Staats von der Vermehrung der Macht und des äußeren Wohlstandes desselben sorgfältig zu unterscheiden. Das Gesetz des Völkerrechts ist deutlich und bestimmt. Kein Vertrag darf erfüllt werden, sobald die Erfüllung desselben mit der Erhaltung des Staats nicht bestehen kann. Aber ob nun dieser Fall

wirklich vorhanden, ob die Umstände wirklich so beschaffen sind, daß die Erhaltung des Staats den Bruch eines Vertrages zu einer unvermeidlichen Notwendigkeit mache, das muß lediglich der Einsicht und dem Gewissen desjenigen, der am Ruder des Staats sitzt und das Ganze übersieht, anheimgestellt bleiben. Wahre Staatskunst, nicht machiavellistische Politik, Entfernung von allen Leidenschaften des Ehrgeizes und der Eroberungssucht, besonders aber fleißiges Studium der Geschichte, dieser großen Lehrerin der Regenten, muß die Schritte | des Souveräns in diesem Labyrinthe leiten, 341
über welches die Fackel der Philosophie nur ein entferntes und ungewisses Licht verbreiten kann. Ludwig XIV. von Frankreich und der große Kurfürst lebten in einerlei Zeitalter. Beide hatten unter andern auffallenden Ähnlichkeiten auch diese, daß sie eine Menge von Verträgen geschlossen und wieder gebrochen haben. Gleichwohl ist das allgemeine Urteil der Nachwelt über ihr Verhalten dabei ganz verschieden. Ludwig wird von allen unparteiischen Geschichtsschreibern wegen der Unzuverlässigkeit in seinen Traktaten und der Leichtigkeit, womit er dieselben zu verletzen gewohnt war, allgemein getadelt, und ein dem äußeren Ansehen nach völlig gleiches Benehmen von Friedrich Wilhelm M. wird nirgends als ein Flecken in seinem Charakter betrachtet. Woher dieser Unterschied des Urteils? Nirgend anders als daher, weil Ludwig XIV. seine Traktaten brach, bloß um von günstigen Umständen zur Vergrößerung seiner Macht, zum Arrondissement seiner Staaten, zur Befriedigung seiner Eitelkeit oder seines Stolzes zu profitieren; dahingegen Friedrich Wilhelm nur alsdann von seinen Verträgen abging, wenn ihn die Pflichten der Selbsterhaltung, die er sich und seinem Volke schuldig war, dazu nötigten. Er stand mit Polen im Bündnis, als dieses Reich von dem schwedischen Könige Karl Gustav mit Krieg bedroht wurde. Er warnte diese Republik, forderte sie zu den nötigen Verteidigungsanstalten auf, er setzte sich selbst in Bereitschaft, ihr die nach den Traktaten schuldige Hilfe zu leisten. Aber als seine Warnungen nicht geachtet wurden, als die Republik über ihren inneren Uneinigkeiten alle Verteidigungsanstalten vernachlässigte, als das schwedische Heer den größten Teil von Polen ohne allen Widerstand überschwemmte und in Besitz nahm, als der Krieg sich nach den preußischen Grenzen zog und Karl Gustav mit feindlichem Einfall drohte, wenn Friedrich Wilhelm noch ferner auf seinem Bündnisse mit Polen beharren würde, da gab Friedrich Wilhelm der Übermacht, der er allein Widerstand zu leisten viel zu schwach war, weislich nach; er opferte seine Verträge mit Polen dem Gesetze der Selbsterhaltung auf und suchte durch Annehmung des ihm angebotenen Bündnisses mit Schweden das seinem

Lande drohende Verderben abzuwenden. Jedoch die Umstände änderten sich. Karl Gustav wußte sich seines Glücks nicht mit Mäßigung zu bedienen. Er verwarf die annehmlichsten Friedensbedingungen und wollte den Krieg nicht anders als mit der gänzlichen Unterjochung Polens endigen. Österreich und Dänemark vereinigten sich, diese Republik von ihrem Verderben zu retten. Karl Gustav trotzte dem sich aufziehenden Ungewitter und konnte oder wollte gleichwohl nicht die nötigen Maßregeln nehmen, um die furchtbaren Folgen desselben von sich und seinem Bundesgenossen abzuwenden. Ein Einfall der Dänen in seine Erblande rief ihn mit dem Kerne seiner Armee aus Polen zurück. Die ganze Last der vereinigten polnischen und österreichischen Macht drohte nun dem Haupte und den Staaten Friedrich Wilhelms. Hätte dieser unter solchen Umständen dem schwedischen Bündnisse ferner treubleiben wollen, so würde er sich und sein Volk einer äußersten Gefahr ausgesetzt haben, deren Abwendung seine eigenen und die Kräfte seines Bundesgenossen weit überstieg. Er handelte also der unerläßlichen Pflicht gegen sein Volk und den Gesetzen des Natur- und Völkerrechts völlig gemäß, daß er seinem Bündnisse mit Schweden entsagte und mit Polen einen besonderen Frieden schloß. Wenn Eure Königliche Hoheit geruhen wollen, das Verhalten dieses großen Mannes in dem ganzen Laufe seiner Regierung und besonders in seinen Unterhandlungen und Traktaten mit Holland, Frankreich und Österreich auf diese Art zu prüfen, so werden Sie immer finden, daß er in Schließung und Aufhebung seiner Verträge stets nach gleichen, rechtmäßigen Grundsätzen gehandelt hat, und es ist also kein Wunder, daß die unparteiische Geschichte sein Verhalten entschuldigt und rechtfertigt, indem sie über das dem ersten Anblick nach so sehr ähnliche Verhalten des französischen Monarchen den strengsten Tadel verbreitet. Eine solche Prüfung wird das Urteil Friedrichs des Großen vollkommen rechtfertigen, wenn er sich in der meisterhaften Vergleichung zwischen Ludwig XIV. und Friedrich Wilhelm in den Memoires de Brandebourg folgendermaßen äußert:

> Beide schlossen Verträge und brachen sie; der eine aus unersättlichem Ehrgeiz, der andre aus unwiderstehlicher Notwendigkeit. Die Mächtigen verschmähen es, Sklaven ihrer Worte zu sein, weil man sie dazu nicht zwingen kann. Die Schwachen brechen ihre Verpflichtungen, weil sie durch die Gewalt dazu genötigt werden[1].

Einen weitläuftigen Kommentar über diese Stelle liefert eben derselbe er-

[1] Mémoires pour servir à l'histoire de la maison de Brandebourg; Oeuvres de Frédéric le Grand, tom. I, p. 110.

habene Verfasser in der Vorrede zu den Oeuvres posthumes S. 11-16, und ich darf es wagen, dieses interessante Stück Euer Königlichen Hoheit zum näheren Nachlesen untertänigst zu empfehlen.

III. VOM KRIEGE UNTER DEN VÖLKERN

Unter Völkern, die auf irgendeine Art miteinander in Verbindung stehen, können ebenso wie unter einzelnen nicht ganz isoliert lebenden Menschen Streitigkeiten von mancherlei Art sich ereignen. Ein Volk kann sich von dem andern für beleidigt halten, es kann Genugtuung und Schadensersatz fordern, wozu sich das andre nicht für schuldig erkennt. Ein Volk kann seine Freiheit und Sicherheit von einem andern bedroht und sich berechtigt glauben, Maßregeln zur Abwendung dieser Gefahr zu nehmen. Ein Volk kann sich des Eigentums über eine Sache oder ein Recht anmaßen, auf die ein andres gegründetere Ansprüche zu haben vermeint. Wenn dergleichen Streitigkeiten durch gütliches Übereinkommen und durch Verträge nicht beigelegt werden können, so bleibt unter unabhängigen Völkern, die keinen höheren Richter über sich erkennen, kein andrer Weg zur Entscheidung übrig, als der Weg der Gewalt und der Waffen. Krieg ist also ein Mittel zum Schutze des Seinigen gegen verübte oder gedrohte Gewalt und zur Entscheidung der Streitigkeiten unter den Völkern, welche durch gütliches Übereinkommen nicht beigelegt werden können.

Es ist schon im Allgemeinen Staatsrechte ausgeführt worden, daß nur der Regent eines Staats allein und ausschließend befugt sei, einen wirklichen Krieg anzufangen und zu führen, und daß jeder Privatmann, der, ohne von seinem Regenten dazu autorisiert zu sein, sich die Ausübung von Feindseligkeiten gegen ein fremdes Volk erlauben. wollte, sich eines Verbrechens gegen seinen eigenen Landesherrn schuldig mache; so wie er in Absicht auf das fremde Volk, das er eigenmächtig angreift, nicht nach dem Rechte des Krieges, sondern als ein bloßer Räuber anzusehen und zu behandeln sein würde.

Auch von den rechtmäßigen oder unrechtmäßigen Ursachen zum Kriege ist schon im Allgemeinen Staatsrecht ausführlich gehandelt worden. Eure

Königliche Hoheit werden sich aus jenem Vortrage der Gründe zurückzuerinnern geruhen, aus welchem nur folgende Ursachen zum Kriege für rechtmäßig angesehen werden können:

1. wenn ein Volk von dem andern feindlich angegriffen oder
2. mit dergleichen Angriffe bedroht wird;
3. wenn ein Volk dem andern gegründete Ansprüche streitig macht oder vorenthält;
4. wenn ein Volk die Ehre des andern oder seines Regenten beleidigt und billige Genugtuung dafür versagt;
5. wenn ein Volk seine Macht durch auswärtige Erwerbungen in einem solchen Übermaße zu vergrößern sucht, daß dadurch die Freiheit und Unabhängigkeit eines andern Volks in wirkliche Gefahr kommt.

Ich hoffe, daß die damals angeführten Gründe Eure Königliche Hoheit werden überzeugt haben, daß jeder Souverän nach dem Rechte der Natur vor Gott und in seinem Gewissen verpflichtet sei, sich aus keinen andern als solchen Ursachen in Krieg mit fremden Völkern einzulassen; daß unrechtmäßige und unnötige Kriege den Pflichten, die er seinen eigenen Untertanen schuldig ist, schlechterdings zuwiderlaufen. Diese Wahrheiten behalten auch im Völkerrechte ihre völlige Kraft und Gültigkeit, und der erste Schritt, den jeder Regent, dem seine Pflicht am Herzen liegt, wenn er sich in einen Krieg einlassen will, zu tun hat, bleibt immer der, daß er die Rechtmäßigkeit und Notwendigkeit desselben nach diesen Regeln sorgfältig und gewissenhaft prüfe. Aber wenn der Krieg einmal angefangen ist, so sind die während desselben zwischen den kriegführenden Völkern bestehenden Rechte, die Folgen und Wirkungen der dadurch über den obgewalteten Streit erfolgenden Entscheidung für beide kriegführenden Teile eben dieselben ohne Rücksicht darauf, welcher Teil eigentlich die gerechte Sache auf seiner Seite habe. Dieser im Völkerrecht angenommene und von allen gesitteten Völkern anerkannte Satz gründet sich auf die schon so oft bemerkte Eigenschaft des Naturzustandes, in welchem unabhängige Nationen gegeneinander leben, daß nämlich keine derselben einen Richter über sich erkennt, welcher befugt wäre, über die Rechtmäßigkeit oder Unrechtmäßigkeit ihrer Handlungen ein solches entscheidendes Urteil zu fällen, welchem sich das unabhängige Volk zu unterwerfen schlechterdings | schuldig wäre. In der 342
bürgerlichen Gesellschaft gibt es Gesetze über die Handlungen der Bürger; es gibt Richter, denen die Gesellschaft das Recht anvertraut hat, in den vorkommenden einzelnen Fällen nach diesen Gesetzen zu bestimmen, welche Handlungen ihrer Mitglieder erlaubt oder unerlaubt, rechtmäßig oder unrecht-

mäßig sind; jedes Mitglied ist vermöge des bürgerlichen Vertrages schuldig, diesen richterlichen Entscheidungen, es sei nun mit oder gegen seine eigene Überzeugung, zu gehorchen. In der natürlichen Gesellschaft unter freien Völkern gibt es zwar ebenfalls Gesetze, welche Recht und Unrecht zwischen ihnen bestimmen; aber es gibt keinen Richter, der befugt wäre, diese Gesetze auf die vorkommenden Fälle anzuwenden und mit einer für beide Teile verpflichtenden Wirksamkeit zu entscheiden, auf welcher Seite das Recht oder Unrecht sich befinde. Die Stelle dieser fehlenden richterlichen Gewalt vertritt hier das Schwert. Wenn also eine Nation, welcher das Recht zum Kriege überhaupt zukommt, durch ihren Regenten, dem sie die Ausübung dieses Rechts ausschließend anvertraut hat, einer anderen Nation erklärt, wie sie rechtmäßige Ursachen zum Kriege gegen sie zu haben glaube; wenn die andre Nation sich nicht für verpflichtet hält, diese angeblichen Ursachen des Krieges durch Zugestehung dessen, was man von ihr verlangt, aus dem Wege zu räumen, und also zu erkennen gibt, daß sie den Streit auf die Entscheidung der Waffen ankommen lassen wolle, und wenn nun von beiden Seiten die Feindseligkeiten wirklich angefangen werden, so muß man annehmen, daß der Krieg von beiden Seiten rechtmäßig sei, und jede fernere Untersuchung, auf welcher Seite sich die innere Gerechtigkeit der Sache befinde, hat auf die Rechte und Pflichten der kriegführenden Nationen gegeneinander und gegen einen Dritten sowie auf die Wirksamkeit der zuletzt durch den Ausschlag der Waffen erfolgenden Entscheidung keinen Einfluß mehr. Es ist schon oben bemerkt worden, wie sehr dem Wohl des menschlichen Geschlechts an der Beobachtung dieses Grundsatzes gelegen sei. Die Kriege würden noch ungleich blutiger und grausamer, die Ruhe und Sicherheit unter den Völkern würde noch viel unsicherer und ungewisser werden, wenn man annehmen wollte, daß das Volk, welches einen in sich ungerechten Krieg führt, bloß als Räuber angesehen und behandelt werden müsse; daß das unrechtmäßig angegriffene Volk ihm gar keine Pflichten schuldig sei und daß eine durch die Gewalt unrechtmäßiger Waffen geschehene Erwerbung, ein solchergestalt erzwungener Friede für den Überwundenen gar keine Verbindlichkeit hervorbringen könne. Ich beziehe mich deshalb auf dasjenige, was ich oben über die Gültigkeit und Verbindlichkeit der Friedensschlüsse Eurer Königlichen Hoheit vorzutragen die Gnade gehabt, und nehme also den Satz für erwiesen an,

daß im Völkerrechte gesitteter Nationen, sobald von den Rechten und Pflichten der kriegführenden Völker unter sich und gegen andre oder von der Gültigkeit der durch den Krieg gemachten Erwerbungen die Rede ist, auf die innere Rechtmäßigkeit oder Unrechtmäßigkeit des Krieges selbst weiter keine Rücksicht genommen werden könne.

In diesem Sinne unterscheidet sich also ein rechtmäßiger Krieg vom Raube bloß dadurch, daß bei jenem die Feindseligkeiten von einem unabhängigen Volke durch denjenigen, welchem dasselbe die Obergewalt über sich und mit dieser das Recht des Krieges aufgetragen hat, begangen und autorisiert werden; wohingegen der oder diejenigen Particuliers, welche eigenmächtig und ohne von dem Oberhaupt ihres Staats dazu autorisiert zu sein, Feindseligkeiten gegen ein andres Volk ausüben, bloß als Räuber angesehen werden können.

Sonst erforderte man zur Rechtmäßigkeit eines Krieges im Sinne des Völkerrechts auch noch die feierliche Ankündigung desselben, welche vor wirklicher Ausübung von Feindseligkeiten geschehen mußte. Diese Kriegsankündigung war besonders bei den alten Völkern mit vielen Solennitäten und Zeremonien verbunden. Es ward ein Herold an das andre Volk abgeschickt, welcher die Beschwerden, die man gegen dasselbe zu haben glaubte, öffentlich vortragen, Abstellung derselben oder Genugtuung für die angetanen Beleidigungen fordern und, wenn diese nicht sofort geleistet oder wenigstens versprochen wurde, nicht nur mit Worten, sondern auch mit gewissen feierlichen Handlungen, z. E. durch das Abschießen eines Pfeils, das Werfen eines Spießes, den Krieg förmlich erklären mußte. Diese Förmlichkeiten sind in unsern Zeiten nicht mehr gewöhnlich. Unter unsern heutigen Staaten gehen dem wirklichen Kriege gemeiniglich Unterhandlungen über den Gegenstand | des Streits und öffentliche Rüstungen zum Kriege von beiden Seiten 342 R
vorher. Wenn man sieht, daß die Unterhandlungen fruchtlos sind, so werden sie abgebrochen, die Gesandten werden zurückberufen und gehen ohne Abschied fort, man erklärt auch wohl ausdrücklich, wie man sich genötigt sehe, zu den Waffen als dem einzigen noch übrigen Weg zur Verteidigung seiner Rechte oder zur Erlangung der gebührenden Satisfaktion seine Zuflucht zu nehmen. Dergleichen Äußerungen vertreten hinlänglich die Stelle einer förmlichen Kriegserklärung, da der andre Teil daraus hinlänglich abnehmen kann, daß er sich nunmehr auf die Ausübung wirklicher Feindseligkeiten gefaßt zu halten habe. Die Manifeste und Deduktionen, worin beide Teile ihre Gründe, warum sie zu den Waffen greifen müssen, der Welt vorlegen, kommen gemeiniglich erst nach dem Anfange der Feindseligkeiten zum Vorschein. Inzwischen ist doch auch noch heutzutage irgendeine Art von vorläufiger Äußerung, daß ein Staat die Waffen gegen den andern ergreifen wolle, notwendig, und es würde von ganz Europa für einen Bruch des Völkerrechts

angesehen werden, wenn ein Staat den andern ganz ohngewarnt und ohne demselben seinen Vorsatz vorher auf irgendeine Art eröffnet zu haben, mit gewaffneter Hand überfallen wollte. Es wird stets ein Flecken in dem Leben Kaiser Josephs II. geben, daß er i. J. 1788, ehe er noch den Türken seine Absicht, an dem Kriege Rußlands wider sie teilnehmen zu wollen, deutlich erklärt hatte, Anstalten machte, Belgrad zu überfallen und damit die Feindseligkeiten zu eröffnen.

Soviel von den Erfordernissen eines rechtmäßigen Krieges im Sinne des Völkerrechts und von dem Anfange desselben, welcher in der ersten Ausübung wirklicher Feindseligkeiten besteht. Wir müssen nunmehr die Rechte selbst untersuchen, welche während eines Krieges einer Nation teils gegen diejenige, mit welcher sie in den Krieg verwickelt ist, teils gegen andre Nationen zukommen. Alle diese Rechte fließen, im allgemeinen genommen, aus dem Rechte eines Volks, für seine Erhaltung und Sicherheit zu sorgen, sich gegen die feindlichen Anfälle und Beschädigungen zu schützen und den Feind zur Erfüllung derjenigen Pflichten zu zwingen, deren Versagung oder Verletzung die Ursache des Krieges war. Vermöge dieses allgemeinen Grundsatzes ist nach dem natürlichen Völkerrecht ein kriegführendes Volk zu allem berechtigt, was zur Erreichung dieser Zwecke nur irgend beitragen kann. Die Wahl der Mittel, deren es sich dazu bedienen will, bleibt lediglich seiner eigenen Beurteilung überlassen. Das einzige Gesetz, welches die Natur dabei einem Volke vorschreibt, ist, die Feindseligkeiten nicht weiterzutreiben, als es zur Erreichung jener Zwecke notwendig ist. Aber wie weit die Grenzen dieser Notwendigkeit sich erstrecken, welche Art oder welcher Grad von Feindseligkeiten über diese Grenze hinausgehe, das ist wiederum durch keine allgemein geltenden Gesetze bestimmt, sondern muß in jedem vorkommenden Falle der eigenen Einsicht und Beurteilung eines Volks und seines Souveräns, der auch hierin keinen Richter über sich erkennen darf, anheimgestellt bleiben. Eure Königliche Hoheit geruhen, sich nur an den Grundsatz des Naturrechts zu erinnern, daß der, welcher von einem andern beleidigt worden, nicht nur befugt ist, die gegenwärtige Beleidigung mit Gewalt abzuwenden und Ersatz dafür zu erzwingen, sondern daß er auch berechtigt ist, sich gegen künftige Beleidigungen sicherzustellen und den Beleidiger zu deren Wiederholung außerstande zu setzen. Schon aus diesem einzigen Principio läßt sich abnehmen, wie unendlich weit das Recht des Krieges ausgedehnt werden könne und daß nicht leicht eine Art von Gewalt gegen den Feind, sobald sie nur nicht in offenbar unnütze und henkermäßige Grausamkeiten aus-

artet, zu denken sei, die sich nicht unter gewissen Umständen nach den Grundsätzen des natürlichen Völkerrechts verteidigen oder doch entschuldigen ließe. Daher endigten sich auch in den alten Zeiten die Kriege gemeiniglich nur mit der gänzlichen Unterjochung oder wohl gar mit der Ausrottung des überwundenen Volkes. Nicht nur Barbaren verfuhren so gegeneinander, sondern auch Griechen und Römer, selbst in den Perioden ihrer höchsten Kultur. So legte z. E. Rom in dem letzten Punischen Kriege mit den Karthaginensern die Waffen nicht eher nieder, als bis die Stadt gänzlich zerstört, Handel und Schiffahrt, die bisherige Hauptbeschäftigung und die einzige Grundlage der Macht dieses Staats, unwiederbringlich ruiniert und Karthago aus einer unabhängigen Republik in eine unterwürfige Provinz des römischen Staats verwandelt war, und der einzige Grund, womit dieses strenge, ja grausame Verfahren gerechtfertigt wurde, bestand darin, weil man sich in Rom überzeugt hielt, daß Ruhe und Sicherheit | für Rom anders gar nicht zu 343
hoffen sei, als wenn Karthago dergestalt geschwächt wurde, daß es diesem Volke unmöglich werde, sich jemals wieder zu erholen und der römischen Republik von neuem gefährlich zu werden.

Zwar erkennt auch schon eine gereinigte natürliche Moral Pflichten der Gelindigkeit, der Großmut, der Mäßigung gegen Feinde. Sie erklärt alle Behandlungen derselben, die mit den Gefühlen der Menschlichkeit und mit der Würde unsrer vernünftigen Natur nicht bestehen können, für unerlaubt. Sie mißbilligt nachdrücklich gewisse Arten, den Krieg zu führen, das Niedermachen unbewaffneter und um Gnade bittender Feinde, das Sengen und Brennen im feindlichen Lande, das unmenschliche Plündern, welches den Überwundenen nicht mehr die Mittel zur Erhaltung ihrer physischen Existenz übrigläßt, das Fortschleppen der Gefangenen in Sklaverei und Knechtschaft. Aber die Regeln der Moral sind noch keine Gesetze des Naturrechts. Es hängt sehr von den Umständen ab, inwiefern sie befolgt werden können, und allemal kommt es auf den Grad der Einsicht und Aufklärung bei einem Volke an, inwiefern es in jedem vorkommenden Falle die Beobachtung dieser moralischen Pflichten mit seiner natürlichen Hauptpflicht, für seine eigene Erhaltung und Sicherheit zu sorgen, verträglich finde. Mit vollem Grunde danken wir es also der Vorsehung, daß wir in Zeiten leben, wo jene unbestimmten Grenzen des natürlichen Kriegsrechts durch die allgemein angenommenen Gewohnheiten aller Völker mehr eingeschränkt sind; daß durch dieses Gewohnheitsrecht mancherlei Arten von Feindseligkeiten, die das Naturrecht nicht schlechterdings verbieten konnte, als unnatürliche Grausamkeiten verworfen und verabscheut werden; daß die moralischen Gebote der Großmut und Mäßigung in einem gewissen Grade zu Gesetzen des Völkerrechts erhöht sind und daß daher unsre heutigen Kriege weit weniger verwüstend, blutig und grausam sind, als sie es unter Völkern, die das bloße strenge Naturrecht erkennen, sein müßten. Die entfernteren Ursachen dieser glücklichen Veränderung sind die höhere Stufe von Aufklärung und Kultur, zu welcher die heutigen europäischen Nationen sich emporgeschwungen haben, die gemilderten Sitten derselben und der hier besonders unverkennbare Einfluß der christlichen Religion. Die nächsten und unmittelbaren Ursachen derselben können in der heutigen Art, den Krieg durch regelmäßige stehende Truppen zu führen, und in dem eingeführten System des politischen Gleichgewichts gesetzt werden. Jene hat den Grundsatz eingeführt, daß eigentliche und unmittelbare Feindseligkeiten nur von und gegen diejenigen ausgeübt werden können, die mit den Waffen in der Hand betroffen werden. Das System des Gleichgewichts hat die moralische Pflicht der Mäßigung im Siege zu einer Zwangspflicht erhöht, indem es allen übrigen Völkern ein Recht beigelegt hat, dem Sieger, der seine Rechte gegen den Überwundenen zu weit treiben wollte, darunter zur Erhaltung ihrer eigenen Sicherheit und Unabhängigkeit Schranken zu setzen.

Ich eile, diese Betrachtungen in näherer Anwendung auf einige der wichtigsten Materien und Angelegenheiten, die bei einem obwaltenden Kriege vorfallen können, Eurer Königlichen Hoheit darzustellen.

1. Was zuerst die Personen betrifft, gegen welche Feindseligkeiten ausgeübt werden können, so würden dazu nach dem strengen Naturrechte alle Mitglieder des feindlichen Volks ohne Unterschied zu rechnen sein. Denn da eigentliche Kriege zwischen Volk und Volk geführt werden und ein Volk weiter nichts als der Inbegriff aller einzelnen ist, welche dazugehören, so folgt von selbst, daß jedes Mitglied des feindlichen Volks auch als Feind betrachtet und solchergestalt behandelt werden könne. Hier aber tritt der erste merkliche Unterschied ein zwischen dem natürlich strengen und dem durch Sitten und allgemein angenommene Gewohnheiten gemilderten Völkerrechte. Nach letzterem sind nur diejenigen einzelnen als Feinde anzusehen und zu behandeln, welche für die Sache des feindlichen Volks die Waffen führen. Nicht nur Weiber, Kinder, Greise und andre, welche die Natur selbst außerstande gesetzt hat, der feindlichen Nation zu schaden, müssen von ihr mit Feindseligkeiten verschont werden, wie solches schon in den älteren roheren Zeiten von allen nur einigermaßen auf Kultur Anspruch machenden

Nationen angenommen war, sondern überhaupt alle und jede unbewaffneten Einwohner des feindlichen Landes, die sich auf keine Weise mit Tätlichkeiten in den Streit mischen, müssen für ihre Personen, Leben und Freiheit gegen feindliche Behandlung sicher sein. Daher werden nach dem heutigen | Völkerrechte wirkliche Feindseligkeiten nur von den Kriegsheeren 343 R
und Truppen der im Kriege begriffenen Staaten, denen ihre Völker die Ausfechtung ihres Streits gleichsam aufgetragen haben, verübt. Der friedliche Landmann und Bürger, der seine Geschäfte ruhig betreibt, ohne sich anzumaßen, den Unternehmungen des Feindes einen tätigen Widerstand entgegensetzen zu wollen, hat keine feindliche Behandlung zu fürchten, sondern wird vielmehr gegen alle Gewalttätigkeiten einzelner feindlicher Soldaten von den Befehlshabern derselben geschützt. Das Recht eines Feindes gegen solche unbewaffneten Einwohner des feindlichen Volks schränkt sich bloß darauf ein,

a) daß er denselben die etwa in ihren Häusern habenden Waffen abnehmen kann, um sich dadurch gegen die Besorgnis, daß sie wider ihn selbst gebraucht werden möchten, sicherzustellen;

b) daß er sie verhindern kann, ihren gewöhnlichen Wohnort zu verlassen und in das Gebiet, welches die feindliche Macht noch in Besitz hat, sich zu begeben, damit sie sich nicht zu dem Heere des Feindes schlagen und die Anzahl seiner Truppen verstärken helfen;

c) daß er, wenn er ein in Besitz genommenes feindliches Gebiet wieder räumen muß, Maßregeln treffen kann, damit der Feind die zurückgelassene junge Mannschaft nicht ausheben und mit selbiger seine Armee verstärken könne. Es ist daher nicht ungewöhnlich, daß in solchen Fällen die sich aus Feindesland zurückziehende Armee die zur Führung der Waffen bestimmte junge Mannschaft mit sich nimmt und jenseits der Grenze in Sicherheit bringt. Inzwischen müssen doch auch solche Maßregeln der Vorsicht nicht in wirkliche Grausamkeiten ausarten, und die bloße Möglichkeit, daß ein solches zu den Waffen fähiges Mitglied der feindlichen Nation die Waffen in der Folge wirklich ergreifen und die Macht des Feindes verstärken werde, ist allein nicht hinreichend, denselben seiner Freiheit, seiner Gliedmaßen oder gar des Lebens zu berauben. Auch läßt es sich mit den Gesetzen des Krieges nicht rechtfertigen, wenn dergleichen feindliche Untertanen mit Gewalt gezwungen werden wollen, unter der gegenseitigen Armee Dienste zu nehmen und die Waffen gegen ihr eigenes Vaterland zu führen.

Jene Pflicht einer milden Behandlung gegen die Mitglieder eines feindlichen Volks, die nicht zum feindlichen Kriegsheere wirklich gehören, setzt jedoch voraus, daß dieselben ihres Orts sich aller Ausübung wirklicher Feindseligkeiten enthalten. Tun sie dies nicht, ergreifen sie vielmehr wirklich die Waffen, suchen sie auf irgendeine Art den Truppen des gegenseitigen Staats Schaden zuzufügen und den Unternehmungen derselben Hindernisse in den Weg zu legen, so sind sie als wirkliche Feinde zu betrachten und zu behandeln. Ja, das Recht des Krieges kann gegen sie billig mit um so größerer Strenge ausgeübt werden, je gefährlicher dergleichen heimliche Feinde sind, je schwerer es ist, sich gegen sie in Sicherheit zu setzen, und je mehr es das allgemeine Beste der menschlichen Gesellschaft erfordert, den Grundsatz aufrechtzuerhalten, daß der Krieg nur zwischen den Armeen der feindseligen Mächte geführt werden müsse, weil nur davon die Schonung abhängt, die man den übrigen Einwohnern des feindlichen Landes widerfahren läßt, — eine Schonung, die bald aufhören müßte, wenn man gegen feindliche Unternehmungen von ihrer Seite nicht mehr sicher sein könnte. Es ist daher auch gar nicht zu billigen, wenn noch in neueren Zeiten die Verfasser der gewöhnlichen bei dem Ausbruche eines Krieges ergehenden Manifeste alle Untertanen ihres Souveräns ohne Unterschied oder Ausnahme auffordern, den Feinden allen möglichen Schaden zuzufügen. Glücklicherweise werden solche Stellen in den Manifesten als bloße Formalitäten betrachtet, und kein heutiger Souverän verlangt im Ernste von seinen Untertanen, die er nicht in wirkliche Kriegsdienste genommen hat, daß sie dem Feinde tätigen Abbruch tun sollen. Er begnügt sich vielmehr damit, wenn sie nur dem Feinde auf keinerlei Art und Weise freiwilligen Vorschub leisten, wenn sie, auch während des Krieges, nicht nur ihre übrigen Pflichten gegen den Staat heilig beobachten, sondern auch den Staat und seine Kriegsheere mit den geforderten Abgaben und Lieferungen an Lebensmitteln und andern Bedürfnissen willig unterstützen und wenn einzelne unter ihnen, denen er bei dieser oder jener Gelegenheit besondere ausdrückliche Aufträge zur Beförderung seiner Unternehmungen macht, diese Aufträge mit pflichtmäßiger Treue vollziehen.

2. Wirkliche Feindseligkeiten finden also nur zwischen den Armeen und Trup- 344
pen der im Kriege begriffenen Nationen statt. Wie weit erstreckt sich aber unter diesen das Recht des Krieges? Die allgemeine Antwort auf diese Frage ist: So weit, daß der Feind außerstande gesetzt werde, ferner zu schaden. Kann dies nicht anders als durch Tötung des Feindes erreicht werden, so ist diese rechtmäßig und erlaubt. Sobald aber der Feind die Waffen niederlegt und sich dem Überwinder als Gefangener ergibt, sobald hört das Recht, ihn

zu töten, auf, weil ein entwaffneter und gefangener Feind nicht ferner schaden kann. Hierin stimmen sowohl das natürliche als das Gewohnheitsrecht der Völker miteinander überein. Auch darin sind sie einverstanden, daß es gleichwohl Fälle geben könne, wo auch einem entwaffneten und gefangenen Feinde das Leben mit Recht genommen werden kann. Beiderlei Rechte unterscheiden sich aber teils in der Bestimmung dieser Fälle, teils in der Behandlung der Gefangenen, teils in der Dauer der Gefangenschaft.

a) Was die Bestimmung der Fälle betrifft, wo auch einem entwaffneten und gefangenen Feinde das Leben genommen werden kann, so ist es keinem Zweifel unterworfen, daß solches alsdann mit Recht geschehen könne, wenn der Feind sich grober Verbrechen gegen die Gesetze des Natur- und Völkerrechts schuldig gemacht hat. Daher kann solchen Feinden mit Recht der Pardon versagt werden, die den Krieg auf eine barbarische Weise führen, die unbewaffneten Einwohner töten und mit allerhand Qualen und Grausamkeiten mißhandeln, Städte und Dörfer, die ihnen keinen Widerstand tun, ohne den geringsten Nutzen vor ihre Partei aus bloßer Brutalität verbrennen und andre dergleichen der Menschlichkeit widerlaufende Barbareien ausüben. Daher läßt es sich verteidigen, daß im 7jährigen Kriege bei der preußischen Armee verboten war, den unregelmäßigen russischen Truppen, die sich durch solche Unmenschlichkeiten in Schlesien, in Pommern und in der Neumark ausgezeichnet hatten, Pardon zu geben. Auch das ist keinem Zweifel unterworfen, daß, wenn der Feind zuerst den Anfang damit macht, den gegenseitigen Truppen den Pardon zu versagen, ein gleiches auch als Repressaille von der andern Seite mit Recht geschehen könne, zumalen dies das einzige Mittel ist, die feindlichen Heerführer zum Widerruf eines solchen unmenschlichen Befehls zu vermögen. Endlich ist es auch gewiß, daß, wenn der gefangene Feind die einmal niedergelegten Waffen wieder ergreifen und neue Feindseligkeiten verüben will, man berechtigt sei, sich durch Tötung desselben gegen fernere Gefahren, die bei solchen erbitterten und unzuverlässigen Gesinnungen stets zu besorgen sind, sicherzustellen. Die bedenklichsten Fälle sind die, wenn die Menge der Gefangenen so groß wird, daß der Sieger nicht weiß, was er damit anfangen soll. Diese Fälle kommen im Kriege nicht selten vor. Nach der Leuthener Bataille übertraf die Anzahl der in dieser Schlacht und nachher in Breslau gemachten Kriegsgefangenen die Stärke der siegenden Armee bei weiten. Oft befinden sich in einer belagerten Stadt Gefangene, deren Bewachung den Dienst der vielleicht schwachen Garnison zu sehr erschwert oder deren Unterhalt einen Mangel an Lebensmitteln verursachen würde. Die Armee kann auf ihrem Marsche eine starke

Anzahl von Gefangenen nicht füglich mit sich fortführen, und sie hat wegen der Entfernung von ihren eigenen Grenzen und Festungen, wegen der unterbrochenen Kommunikation oder wegen andrer Umstände keine Gelegenheit, sie in Sicherheit zu bringen. In solchen Kollisionsfällen hielt man es sich in alten Zeiten für erlaubt, die Gefangenen zu töten, und man kann nicht sagen, daß dieses Verfahren dem strengen Naturrechte zuwider sei. Allein unser heutiges milderes Völkerrecht hat glücklicherweise einen Ausweg gegen dergleichen die menschliche Natur empörende Härte gefunden. In dergleichen Fällen werden die Gefangenen gegen das Versprechen, in diesem Kriege nicht mehr zu dienen, entlassen; und da, wie ich bald näher ausführen werde, dergleichen Verträge auch unter kriegführenden Völkern gültig sind und beobachtet werden, so wird auf diese Art der traurigen Notwendigkeit, sich solcher überlästigen Gefangenen durch ihre Tötung zu entledigen, abgeholfen.

b) Die Behandlung der Gefangenen und die Dauer ihrer Gefangenschaft ist nach dem strengen Natur- und dem heutigen gemilderten Völkerrechte ebenfalls ausnehmend verschieden. Das Naturrecht schreibt dem Sieger kein Gesetz vor, nach welchem er seinen Gefangenen behandeln müßte; es bestimmt keinen Zeitpunkt, mit welchem er demselben seine Freiheit wiederzugeben schuldig wäre. Daher wurde bei den alten Völkern der Gefangene
| der Knecht und Sklave desjenigen, von welchem er sein Leben mit seiner 344R
Freiheit erkauft hatte. Es stand bei dem Sieger, wozu er seinen Gefangenen gebrauchen, ob er ihn in beständiger Knechtschaft behalten oder ob und unter welchen Bedingungen er ihn losgeben wollte. Selbst der Staat konnte darunter seinen Kriegsleuten keine Gesetze vorschreiben. Der Gefangene wurde das Eigentum desjenigen, der ihn gemacht hatte; der Nutzen, den dieser davon ziehen, die Ranzion, die er für seine Loslassung erhalten konnte, war für den Herrn ein rechtmäßiger Erwerb. Diese Grundsätze galten noch in ziemlich neuen Zeiten, selbst noch in der Periode des 30jährigen Krieges; sie gelten noch heutzutage unter Nationen, die man nicht gänzlich Barbaren nennen kann, die aber doch nur auf einer niederen Stufe der Kultur stehen, z. E. in den Kriegen, welche die asiatischen Nationen gegeneinander führen. Unter den europäischen Völkern aber sind gegenwärtig ganz verschiedene Grundsätze angenommen. Die Gefangenen gehören nicht mehr den Truppen, welche sie gemacht haben, sondern dem Staat, in dessen Diensten diese Truppen stehen. Dieser bewahrt sie nur soweit und nur in der Absicht auf, sie außerstande zu setzen, daß sie ihm ferner schaden könnten, und sie gegen seine eigenen Truppen, welche in feindliche Gefangenschaft geraten

sind, auszuwechseln. Unterdessen sorgt er für deren Unterhalt auf eben den Fuß, wie sie denselben in den Diensten ihres eigenen Staats zu genießen haben, und versichert sich dadurch, daß seinen eigenen Soldaten, die sich in feindlichen Händen befinden, eine gleiche menschliche Behandlung widerfahren werde. Die Auswechselung der Gefangenen erfolgt entweder noch während dem Kriege, und es werden darüber besondre Konventionen geschlossen, von welchen bald mehr gesagt werden wird; oder wenn auch besondere Umstände die Schließung solcher Konventionen verhindern, so ist es doch immer ein Artikel des Friedenstraktats, der dem Kriege ein Ende macht, daß die Gefangenen von beiden Seiten auf freien Fuß gestellt werden sollen. Diese gelinde und menschliche Behandlung der Gefangenen ist einer der wesentlichsten Vorzüge, den die Sitten unseres Zeitalters selbst für blühendsten Perioden der ihrer Ausbildung und Kultur halber so berühmten Griechen und Römer voraus haben.

3. Aus eben den Grundsätzen, aus welchen bisher die Rechte des Krieges gegen die zu einem feindlichen Volke gehörenden Personen erklärt worden, lassen sich auch die Rechte über Sachen, Güter und Eigentum, welche einem feindlichen Volke oder dessen Mitgliedern gehören, herleiten. Wenn das Recht des Krieges überhaupt alle Mittel erlaubt, wodurch die Sicherheit gegen den Feind erreicht und derselbe gezwungen werden kann, den Pflichten, deren Verweigerung oder Verletzung die Ursache des Krieges ist, ein Genüge zu leisten, wenn es bloß von der eigenen Beurteilung des kriegführenden Volkes abhängt, welche Mittel es zur Erreichung dieses Zwecks nötig und dienlich findet, so kann es nach dem strengen Naturrechte nicht anders als erlaubt sein, dem Eigentume des Feindes alle Arten von Beschädigungen in dieser Absicht zuzufügen. Ebenso kennt das strenge Naturrecht nur die einzelnen Menschen, aus denen ein Volk zusammengesetzt ist; was also gegen das ganze Volk überhaupt erlaubt und rechtmäßig ist, das muß es auch ohne Unterschied gegen die einzelnen Mitglieder desselben sein. Daher war bei den alten Völkern alles, was der feindlichen Nation und deren Mitgliedern gehörte, ein Gegenstand erlaubter Feindseligkeiten; alles, was sich in einem eroberten Orte oder Gebiete befand, war die rechtmäßige Beute des Siegers, und das Recht der Beute war ein hinlänglicher, sogar durch positive Gesetze anerkannter Titel, das Eigentum feindlicher Güter und Sachen an sich zu bringen. Auch hierin hat das heutige auf allgemein anerkannten Gewohnheiten beruhende Völkerrecht der europäischen Nationen weit mildere Grundsätze angenommen. Man unterscheidet nämlich:

a) Güter und Sachen, die dem feindlichen Volke oder Staate, im ganzen genommen, zugehören, von dem Privateigentume der einzelnen Mitglieder.
b) Bei letzterem unterscheidet man wiederum das Privateigentum solcher Mitglieder des feindlichen Volks, die zu den den Krieg wirklich führenden Heeren und Truppen gehören, von dem Privateigentume der übrigen Einwohner.

Nach diesen ganz verschiedenen Verhältnissen finden auch ganz verschiedene Rechte statt.

a) Soviel zuerst die Güter und Sachen betrifft, die dem gesamten feind- 345
lichen Volke oder Staate zugehören, so ist es keinem Zweifel unterworfen, daß eine kriegführende Nation berechtigt sei, sich derselben zu bemächtigen und sie sich zuzueignen. Sie hat dazu ein doppeltes Recht; einmal, weil solches eine Mittel ist, den Feind zu schwächen und ihm die Fortsetzung des Krieges zu erschweren; zweitens, weil man sich dadurch eines Mittels versichert, für seine Forderung, die durch den Krieg geltend gemacht werden soll, und für die aufgewendeten Kriegskosten Entschädigung zu erhalten. Alles daher, was in einer eroberten Stadt oder Lande gefunden wird und dem feindlichen Staate zugehört, es bestehe im Gelde, in Lebensmitteln, Kriegsbedürfnissen oder wie es sonst Namen haben möge, fällt dem Sieger anheim und wird dessen rechtmäßiges Eigentum. Er erlangt das Recht, aus dem eroberten Lande eben die Einkünfte zu ziehen und von den Einwohnern desselben eben die Abgaben zu fordern, welche sie dem Staat, zu welchem sie eigentlich gehören, zu entrichten verbunden sind. Dieses Recht eines kriegführenden Staats gegen den andern erstreckt sich so weit, daß, wenn der Eroberer sich bei dem Besitz der weggenommenen Güter und Sachen nicht behaupten kann, er befugt ist, dieselben zu verderben und zu vernichten, damit sie dem Feinde nicht wieder in die Hände geraten und demselben Mittel geben, den Krieg fortzusetzen. Es ist daher im Kriege sehr gewöhnlich, daß weggenommene Magazine, die man weder verzehren noch behaupten kann, verbrannt oder ins Wasser geworfen, daß die Fortifikationen der feindlichen Festungen, die man zu behaupten und zu besetzen nicht für gut findet, rasiert und in die Luft gesprengt werden. Inzwischen führt doch auch dieses Recht schon in seinem Fundament seine natürliche Einschränkung bei sich. Es gründet sich auf die Befugnis, die Macht des Feindes zu schwächen und ihm die Mittel zur Fortsetzung des Krieges möglichst zu benehmen. Was also nicht eine wirkliche Verstärkung des Feindes ausmachen, was ihm zur Fortsetzung des Krieges kein Mittel werden kann, das ist

diesem Kriegsgesetz nicht unterworfen. Daher tadelt man mit Grunde diejenigen Fürsten und Feldherren als Barbaren, welche in den eroberten feindlichen Städten öffentliche Gebäude ohne Not ruinieren, Werke der Kunst, der Malerei, der Bildhauerei pp. vernichten und an Meubles und Effekten, die bloß zum persönlichen Privatgebrauche des feindlichen Fürsten in Friedenszeiten bestimmt sind, ihre Wut auslassen. Das Verfahren der Russen im 7jährigen Kriege bei den Verwüstungen, die sie im Charlottenburger Schlosse und in andern königlichen Schlössern und Lusthäusern angerichtet haben, ist von allen gesitteten Nationen Europens gemißbilligt worden.

b) So viel von den Gütern und Sachen, die dem feindlichen Staate selbst zugehören. Was das Privateigentum der Mitglieder des feindlichen Volks betrifft, so ist es sowohl nach dem natürlichen als nach dem Gewohnheitsrechte der Völker keinem Zweifel unterworfen, daß Güter und Sachen, welche den wirklich in Waffen stehenden Feinden gehören, besonders solche, die sie bei und um sich haben, dem Sieger nach dem Rechte des Krieges anheimfallen. Daher ist es im Kriege erlaubt, gefangenen Feinden, was sie an Geld und Kostbarkeiten bei sich führen, abzunehmen; der Sieger, welcher das Schlachtfeld behauptet hat, plündert die getöteten Feinde; die Beute in einem eroberten Lager fällt den siegenden Truppen anheim; ja selbst in einer eroberten Stadt, wenn dieselbe nicht mit Kapitulation übergegangen ist, würde der Eroberer sich die Habseligkeiten der zur Garnison gehörigen Personen zueignen können. Inzwischen hat selbst diesen an sich unbestrittenen Rechten der Edelmut und die Generosité der am meisten gebildeten europäischen Nationen verschiedene Einschränkungen beigefügt. Man hat es z. E. in den neuesten Kriegen nicht gestattet, daß die Gefangenen ganz ausgeplündert und ihrer Habseligkeiten entblößt werden dürfen. Oft schickt ein feindlicher General dem andern seine weggenommene Equipage zurück; mit einem Worte, es wird selbst bei Ausübung der Rechte des Krieges selbst gegen den Feind, sobald man nicht mehr die Waffen wider ihn in der Hand hat, eine Politesse beobachtet, welche die Hoffnung nährt, daß die Härte des Kriegsrechts sich in der Folge noch immer mehr mildern und es zuletzt eine allgemein angenommene Maxime unter den gesitteten Völkern werden wird, selbst den gegenseitigen Krieger nur so lange und nur in den Zeitpunkten, wo er wirklich die Waffen in der Hand hat, als Feind zu betrachten, zu jeder andern Zeit aber von dem Rechte des Krieges gegen ihn keinen Gebrauch mehr zu machen.

c) Was endlich die Güter und das Privateigentum solcher Mitglieder des feindlichen Volks betrifft, welche unmittelbar und durch wirkliche Feind-

seligkeiten an dem Kriege keinen Teil nehmen, so ist es schon jetzt ein allgemein angenommener Grundsatz des heutigen Völkerrechts, daß gegen diese keine Feindseligkeiten verübt und daß dieselben ihren Eigentümern | unter 345 R
dem Vorwande des Kriegsrechts nicht entzogen werden können. Ein General also, der in Feindeslande sengen und brennen läßt und seinen Truppen die Plünderung erlaubt, handelt wider die Regeln des Völkerrechts und verdient den strengsten Tadel. Selbst bei Festungen, die mit Sturm erobert worden, kann das Plündern der Einwohner, welche an dem geleisteten Widerstande keinen Teil genommen haben, nicht gebilligt werden. Freilich ist der Feldherr in solchen Fällen nicht immer imstande, alle Unordnungen zu verhüten, aber er muß sie nicht autorisieren, sondern ihnen sobald als möglich Einhalt zu tun suchen. Wenn inzwischen ein kommandierender General jemals in den Fall kommen sollte, wo er sich berechtigt hielte, seinen Truppen Erlaubnis zum Plündern zu geben, so ist es keinem Zweifel unterworfen, daß die nach einer solchen Erlaubnis von den Soldaten gemachte Beute das wirkliche Eigentum derselben wird und daß dieses Eigentumsrecht von ihnen auf andre Erwerber übertragen werden kann. In der Regel aber kann, wie gesagt, das Plündern des Privatvermögens der Einwohner eines feindlichen Landes nicht gestattet werden. Inzwischen sind durch diesen Grundsatz des heutigen Völkerrechts noch nicht alle Ansprüche, welche auf dieses Privatvermögen gemacht werden können, aufgehoben. α) Ein kriegführendes Volk nämlich und dessen Feldherr, welche sich feindlicher Städte oder Gebiete bemächtigt haben, können nicht nur von den Einwohnern derselben die unentgeltliche Verpflegung ihrer Truppen fordern, sondern sie können auch Kontributionen ausschreiben und dadurch Beiträge zur Fortsetzung des Krieges von solchen feindlichen Untertanen erheben. Darüber werden gemeiniglich besondere Konventionen geschlossen, und wenn nur die geforderten Summen nicht so übertrieben sind, daß deren Herbeischaffung ganz unmöglich wird oder daß durch deren Aufbringung den Untertanen ihre notdürftige Subsistenz entzogen wird, so ist dagegen nach Grundsätzen des strengen natürlichen sowohl als des heutigen durch Gewohnheit angenommenen Völkerrechts nichts zu erinnern. Zwar preist die Geschichte die Großmut solcher Feldherrn, die auch von diesem traurigen Rechte entweder gar nicht oder doch nur selten und mit großer Mäßigung Gebrauch machen. Auch würde es, besonders in Fällen, wenn ein Staat eine eroberte Stadt oder Provinz zu behaupten und in einem künftigen Frieden für sich zu behalten hoffte, der Klugheit nicht gemäß sein, die Einwohner derselben mit Kontributionen auszusaugen und die Gemüter derselben von

sich zu entfernen. Allein ein andres ist, was Edelmut und Klugheit raten, und ein andres, was das Recht erlaubt. Nach diesem kann die Befugnis, Kontributionen in feindlichen Landen auszuschreiben, keinem Zweifel unterworfen sein. β) Übrigens hat ein kriegführender Staat auf das Privatvermögen der Untertanen des andern alle die Rechte, welche zur Selbstverteidigung notwendig sind. Da diese der höchste Zweck eines kriegführenden Volkes ist, so müssen auch alle die Mittel erlaubt und rechtmäßig sein, ohne welche dieser Zweck nicht erreicht werden kann. Aus diesem Grundsatze, welcher eine Folge des schon so oft bemerkten Notrechts ist, fließen eine Menge von Befugnissen, die in vorkommenden einzelnen Fällen gegen das feindliche Gebiet und das Privatvermögen seiner Einwohner ausgeübt werden können, die zum Teil eine sehr auffallende Härte bei sich führen, die aber doch rechtmäßig sind, sobald nur erwiesen werden kann, daß sie wirklich notwendig waren, um den Zweck der Selbstverteidigung zu erreichen. Unter solchen Umständen kann ja ein Staat sich sogar über die Güter und das Privatvermögen seiner Untertanen Verfügungen erlauben, die unter jeden andern Umständen Tyrannei und Grausamkeit sein würden. Nur erfordert es, ehe zu solchen traurigen Extremitäten geschritten wird, die sorgfältigste und gewissenhafteste Prüfung, ob auch der Fall der dringenden und unvermeidlichen Notwendigkeit vorhanden sei und ob der Zweck der Selbstverteidigung durch diese harten Mittel wirklich erreicht werden könne. Denn hiervon allein hängt die Rechtmäßigkeit oder Unrechtmäßigkeit, der Beifall oder Tadel, den solche Verfügungen verdienen, lediglich ab. Niemand wird dem Kommandanten einer belagerten Festung Vorwürfe darüber machen, wenn er eine Vorstadt abbrennt, damit die Feinde nicht darin Posto fassen und sich unter dem Schutze solcher Gebäude der Festung zu sehr nähern können. Dagegen verdammt die ganze gesittete Welt noch heute das Andenken der französischen Generale und Minister, die in den Jahren 1674 und 1688 den größten Teil der Pfalz und des niederrheinischen Kreises in eine Wüste verwandelten und eine Menge Städte und Dörfer bei kaltem Blute zerstörten und wegbrannten, bloß unter dem Vorwande, dadurch die französische Grenze gegen die Annäherung des deutschen Heeres zu decken, da doch einesteils die Umstände Frankreichs bei weitem nicht so schlecht waren, daß es eines solchen grausamen Mittels zu | seiner Selbst- 346
verteidigung bedurft hätte, andernteils aber die Erfahrung bald lehrte, daß der Zweck durch dieses barbarische Verfahren nicht einmal erreicht werden konnte, indem die Feinde Frankreichs andre Wege genug fanden, sich den Grenzen desselben zu nähern.

Am Schlusse dieser Materie von den Rechten eines kriegführenden Volks auf die Güter und das Vermögen des andern, muß ich noch eine doppelte Bemerkung beifügen:

A) Es ist der Satz behauptet worden, daß in der Regel, und wenn nicht besondere Fälle eintreten, das Privatvermögen der Untertanen beider feindlichen Mächte auch im Kriege geschont werden und sicher sein müsse. Dieser Satz gilt inzwischen nur von Landkriegen; bei den Seekriegen ist die Strenge des natürlichen Völkerrechts auch noch heutzutage durch die Gewohnheit der Seemächte beibehalten. Nicht nur die Kriegsschiffe des Staats, sondern auch die von ihm autorisierten Kapers machen Jagd auf alle feindlichen Kauffahrteischiffe und bemächtigen sich, wenn sie können, der darauf befindlichen Waren und Sachen ohne Unterschied, ob sie dem feindlichen Staate selbst oder dessen Privatuntertanen gehören. Ja man treibt hierin die Sache so weit, daß selbst solche Waren, die Mitgliedern eines neutralen Volks gehören, für gute Beute gehalten werden, sobald sie an Bord eines feindlichen Kauffahrteischiffs gefunden werden. Dieser zum Nachteil des Seekrieges so auffallende Unterschied gegen den Landkrieg macht jenen noch weit grausamer und zerstörender. Wahrscheinlich hat er darin seinen Grund, weil die zur See kriegführenden Nationen zugleich handlungstreibende Völker sind und die größte Stärke, die ergiebigsten Einkünfte eines solchen Staats auf seiner Handlung beruhen. Mithin hat man geglaubt, daß, wenn durch solche Kapereien die Handlung des Staats gestört und zernichtet würde, solches ein Mittel sein werde, den Feind aus Mangel des zur Fortsetzung des Krieges erforderlichen Geldes desto eher zum Frieden zu nötigen. Inzwischen hat die Erfahrung gelehrt, daß dieses Mittel sehr unzuverlässig und ungewiß sei, daß beide kriegführenden Staaten sich dadurch in gleichem Verhältnis entkräften und daß aller Vorteil, den das Ganze von einem solchen Verfahren gewinnt, durch den dadurch verursachten Ruin so vieler tausend Untertanen weit überwogen werde. In unsern Tagen sind Schritte geschehen, welche hoffen lassen, daß das Seekriegsrecht sich auch in diesem Stück den menschlicheren und edleren Grundsätzen, welche bei Landkriegen angenommen sind, immer mehr nähern werde. Im englisch-amerikanischen Kriege hat die bewaffnete Neutralität, der auch Preußen beigetreten war und von der ich in der Folge mehr sagen werde, den Grundsatz etabliert, daß die Güter neutraler Völker auf feindlichen Schiffen und die Güter feindlicher Untertanen auf neutralen Schiffen respektiert werden müssen. Friedrich der Große aber hat in seinem Traktat mit den Staaten von Nordamerika den europäischen Staaten das erste Beispiel der Verabredung gegeben, daß bei einem entstehenden Kriege derselbe nur unter den Truppen und Kriegsschiffen beider Völker geführt, die Handlungsetablissements und Kauffahrteischiffe von beiden Seiten geschont werden sollen.

B) Wir haben den Satz angenommen, daß das Recht der Eroberung ein gegründeter Titel sei, Eigentum zu erwerben, sowohl für das kriegführende Volk, welches sich beweglicher oder unbeweglicher Güter und Sachen der feindlichen Nation bemächtigt, als für die einzelnen Truppen und Soldaten, welche in den bestimmten erlaubten Fällen Beute gemacht haben.

Daraus folgt, daß, wenn ein Dritter dergleichen eroberte oder erbeutete Sache von dem Eroberer kauft oder sonst an sich bringt, er dadurch rechtmäßiger Herr derselben werde und sie auch dem vorigen Eigentümer nicht zurückgeben dürfe. Diese Folgerung ist an sich vollkommen richtig. Sie führt aber auf eine nähere Bestimmung der Umstände, unter welchen gesagt werden kann, daß eine eroberte oder erbeutete Sache wirklich das Eigentum des Siegers geworden sei. Es ist nämlich nicht genug, wenn der Eroberer die Sache in seine Gewalt genommen hat, sondern sie muß auch so weit in Sicherheit gebracht sein, daß für den vorigen Besitzer keine wahrscheinliche Hoffnung, ihm dieselbe sogleich wieder abzunehmen, mehr übrigbleibt. Solange die Sache noch nicht in Sicherheit gebracht worden, so lange ist die Erwerbung des Eigentums noch unvollendet; es kann also darüber noch nicht zum Besten eines Dritten gültig verfügt werden. Wenn also z. E. die von einer streitenden Partei eroberte Beute derselben von den verfolgenden feindlichen Truppen wieder abgejagt wird, so muß dieselbe ihren vorigen Besitzern wiedergegeben werden. In dieser Rücksicht hat man angenommen, daß das Eigentum einer erbeuteten beweglichen Sache erst alsdann vollständig erworben sei, wenn sie in das Lager oder in eine Festung, das Eigentum eines genommenen Schiffes erst alsdann, wenn es in einem freundschaftlichen oder | neutralen Hafen aufgebracht worden. Sobald dies 346 R
geschehen ist, kann der vorige Eigentümer die Sache, wenn er sie nachher im Besitz eines Dritten findet, von demselben nicht zurückfordern, weil der Eroberer nunmehr vollständiger Eigentümer geworden war und also das Eigentum der Sache auf den, welcher sie von ihm erhielt, wirklich übergegangen ist. Die Erwerbung des Eigentums der im Kriege eroberten unbeweglichen Sachen, Städte und Provinzen wird nicht eher vollendet, als bis solche in dem erfolgenden Frieden dem Eroberer von dem bisherigen Besitzer ausdrücklich abgetreten worden.

4. Über die Mittel, dem Feinde im Kriege Schaden zuzufügen, wird durch die Grundsätze des strengen natürlichen Völkerrechts nichts bestimmt. Vielmehr ist nach diesem alles erlaubt, was zu dem Zweck, die Macht des Feindes zu schwächen, etwas beitragen kann. Es gibt daher nach dem bloßen natürlichen Völkerrechte keine an sich verbotenen Waffen, und alle Arten von Kriegslisten können gegen den Feind ausgeübt werden. Nur die doppelte Einschränkung findet dabei statt: *einmal*, daß keine solchen Waffen gebraucht werden müssen, die dem Feinde ein Übel zufügen, welches zur Erreichung des Zwecks nichts beitragen kann; *zweitens*, daß die gegen den Feind zu verübenden Kriegslisten mit keiner Treulosigkeit und Brechung eines dem Feinde ausdrücklich gegebenen Wortes verbunden sein müssen. So wie letzteres aus der bald näher zu zeigenden Verbindlichkeit, auch die mit einem Feinde geschlossenen Verträge zu halten, folgt, so hat die erste Einschränkung darin ihren Grund, daß die Beschädigung des Feindes nur so weit erlaubt ist, als sie zum Zwecke des Krieges etwas beitragen kann, folglich aufhört, rechtmäßig zu sein, und in eine bloße Grausamkeit ausartet, sobald das Übel, welches dem Feinde dadurch zugefügt wird, die Erreichung dieses Zwecks auf keine Weise befördert.
Aus diesen ziemlich allgemeinen und unbestimmten Einschränkungen, welche das strenge Völkerrecht der natürlichen Befugnis, dem Feinde durch alle nur ersinnlichen Mittel Schaden zu tun, beifügt, hat das Gewohnheitsrecht unter den gesitteten Völkern verschiedene Folgen hergeleitet, die jetzt als allgemein geltende Regeln des Kriegsrechts angesehen werden können.
a) Der Gebrauch vergifteter Waffen und des Gifts überhaupt wird von diesen Völkern im Kriege als unerlaubt angesehen. Schon das natürliche Gefühl von Großmut und Ehre sagt es ihnen, daß es niederträchtig sei, sich solcher Mittel zur Besiegung eines Feindes zu bedienen. Es ist aber auch klar, daß die Anwendung des Giftes im Kriege eine ganz unnütze Grausamkeit sein würde. Denn der Zweck des Krieges ist erreicht, wenn der Feind durch Tod oder Verwundung außerstande gesetzt wird, ferner zu schaden, und es ist zur Erreichung dieses Zwecks nicht nötig, daß die kleinste ihm zugefügte Wunde tödlich sei. Wollte ein Volk sich den Gebrauch vergifteter Waffen erlauben, so würde es seinen Gegner berechtigen, ja sogar nötigen, sich ähnlicher Waffen zu bedienen. Dadurch aber würden die Kriege noch mörderischer und grausamer werden, als sie es leider schon sind, ohne daß irgendein Teil im ganzen dabei etwas gewinnen könnte. Aus eben diesen Gründen wird auch von den meisten Völkern der Gebrauch gläserner Kugeln für un-

erlaubt gehalten, weil die mit solchen Kugeln gemachten Wunden weit schwerer als andre und zum Teil gar nicht geheilt werden können.
b) Die Tötung eines Feindes, besonders des feindlichen Generals oder gar des Fürsten, durch Meuchelmord und Verrat wird allgemein als unerlaubt gemißbilligt und verabscheut. Dergleichen Verräterei ist nämlich vorhanden, wenn ein gedungener Mörder sich unter irgendeiner Verstellung und scheinbaren Vorwand, der gar keine feindseligen Absichten bei ihm vermuten läßt, in das Lager oder in den Aufenthalt des feindlichen Feldherrn oder Regenten einschleicht und ihn heimlich oder unversehens durch Gift, Dolch oder sonst, auf welche Art es wolle, aus dem Wege räumt.
Es bedarf wohl keines Beweises, daß eine solche Verräterei höchst schändlich und unerlaubt sei, da sie schon dem natürlichen Gefühl eines jeden noch nicht ganz verwilderten oder verdorbenen Menschen widersteht. Sie ist daher auch zu allen Zeiten und von allen nur einigermaßen gebildeten Völkern mit Abscheu angesehen und verworfen worden. Der Arzt des Königs Pyrrhus. Alexander und Darius. Der Alte vom Berge. Wilhelm von Oranien.

5. Auch während eines Krieges können mancherlei Arten von Verträgen unter 347
den kriegführenden Völkern geschlossen werden. Die Verbindlichkeit zu deren Erfüllung beruht auf eben den Gründen des Naturrechts, aus welchen die Pflicht, Verträge überhaupt zu erfüllen, oben hergeleitet worden. Das heutige Völkerrecht erfordert die strengste und gewissenhafteste Beobachtung derselben um so mehr, da dergleichen Verträge sehr oft Mittel sind, die Schrecknisse und Grausamkeiten des Krieges zu mildern, und also der menschlichen Gesellschaft an deren Aufrechterhaltung ungemein viel gelegen ist. Die gewöhnlichsten unter solchen Verträgen sind Waffenstillstand, Kapitulation, Kartell wegen Auswechselung der Gefangenen, sicheres Geleite, Salvegarden und Entlassung der Kriegsgefangenen auf ihr Ehrenwort. *Waffenstillstände*, die eine gänzliche Aussetzung der Feindseligkeiten in allen Gegenden und auf eine nicht ganz kurze Dauer bewirken sollen, können nur von den Regenten der kriegführenden Völker oder mit ihrer ausdrücklichen Genehmigung geschlossen werden. Waffenstillstände auf kürzere Zeit und nur in Ansehung eines gewissen Orts oder einer Gegend können auch die kommandierenden Generale miteinander gültig errichten. Während eines Waffenstillstandes müssen die Sachen soviel als möglich in der Lage bleiben, in welcher sie waren, da derselbe geschlossen wurde. Kein Teil darf etwas vornehmen, was nach geendigtem Waffenstillstande die Lage des andern verschlimmert und woran ihn dieser verhindern könnte

und würde, wenn kein Waffenstillstand vorhanden wäre. So dürfen z. E., wenn bei einer Belagerung ein Waffenstillstand geschlossen worden, die Belagerer keine neuen Batterien anlegen noch die Belagerten die Bresche reparieren. Dagegen ist es beiden Teilen wohl erlaubt, Zurüstungen im Inneren des Lagers oder der Festung zu machen, an welchen sie der Feind nicht verhindern könnte, auch wenn er durch den Waffenstillstand davon nicht abgehalten würde. Ist der Waffenstillstand auf eine unbestimmte Zeit geschlossen, so muß er, wenn nicht ein andres ausdrücklich verabredet ist, wenigstens 24 Stunden vorher, ehe man die Feindseligkeiten wieder anfangen will, aufgerufen werden. Ist die Dauer eines Waffenstillstandes auf den Zwischenraum gewisser Tage bestimmt, z. E. vom 15ten November bis 15ten Dezember, so werden beide Tage in den Stillstand miteingerechnet. Die Tage selbst berechnet man von Mitternacht zu Mitternacht, so daß z. E. in dem gegebenen Falle der Waffenstillstand den 15ten Dezember nachts nach 12 Uhr erst seine Endschaft erreicht. *Kapitulationen* kann der Kommandant einer belagerten Festung mit dem kommandierenden General der Belagerer schließen, und alles, was darin wegen der Übergabe der Festung, wegen der darin befindlichen Garnison, Artillerie, Kriegs- und Mundvorräte verabredet worden, muß von den beiderseitigen Souveräns anerkannt und erfüllt werden. Der Souverän des Kommandanten, welcher glaubt, daß dieser sein Devoir nicht getan habe, daß er zu zeitig kapituliert, sich zu nachteiligen Bedingungen unterworfen habe, muß sich an den Kommandanten halten und diesen darüber zur Verantwortung ziehen, kann aber die Kapitulation selbst unter solchen Vorwendungen nicht widerrufen. Sie schränken sich aber, wie schon anderwärts bemerkt worden, genau auf die Gegenstände ein, über welche dem kapitulierenden Befehlshaber die Disposition anvertraut war. *Kartelle* wegen Auswechselung der Gefangenen können nur unter ausdrücklicher Autorisation und Genehmigung der beiderseitigen Landesherren errichtet werden. Es wird darin, wie die Gefangenen nach den verschiedenen Ämtern und Graden, die ein jeder in den Kriegsdiensten seines Landesherrn bekleidet, gegeneinander berechnet, und wieviel für die Losgebung derjenigen, welche gegen andre nicht ausgewechselt werden können, bezahlt werden soll. Solange aber kein Kartell errichtet ist, steht es jedem Teile frei, seine gemachten Kriegsgefangenen bis zum Frieden in Verhaft zu behalten, in welchem sodann gemeiniglich eine gegenseitige unentgeltliche Loslassung derselben verabredet wird. *Sicheres Geleit* erteilt der kommandierende General für Personen oder Sachen, die dem Feinde gehören und die dadurch auf so lange, als das sichere Geleit dauert, von allen Feind-

seligkeiten ausgenommen werden. Dergleichen sicheres Geleite ist nur ganz genau auf die Personen und Sachen, für die es erteilt worden, eingeschränkt und kann auf andre darin nicht benannte Personen oder Gegenstände nicht übertragen noch ausgedehnt werden. Wenn der, welcher das sichere Geleite erhalten hat, dasselbe zu irgendeinem andern Zwecke, als wozu es erteilt worden, zum Schaden des Gegners gebraucht, so macht er sich dessen verlustig und kann als Feind behandelt werden. So würde z. E. ein Offizier, der auf sicheres Geleit in eine Festung geschickt worden, um wegen der Übergabe derselben Unterhandlungen zu pflegen, mit Recht als Feind traktiert und als Gefangener zurückbehalten werden können, wenn er sich einfallen ließe, während seines Aufenthalts in der Festung die Schwächen derselben auszukundschaften oder Meuterei unter der Garnison anzuzetteln. *Salvegarden* werden bei der Besitznehmung feindlicher Plätze oder Bezirke an Privatpersonen in selbigen bewilligt, um sie und ihr Vermögen gegen Plünderungen und andre Exzesse zu schützen. Solche Salvegarden müssen selbst vom Feinde respektiert werden, da sie zum Schutz und Sicherheit seiner eigenen Untertanen bestellt sind. Daher werden auch, wenn der Feind aus der Gegend oder den Örtern, die er okkupiert hatte, wieder vertrieben worden, die etwa zurückgebliebenen Salvegarden, insofern sie selbst keinen Widerstand leisten, weder getötet noch gefangengenommen, sondern unbeschädigt zu ihrer | Armee zurückgeschickt. Oft werden *Gefangene auf* 347 R
ihr Ehrenwort entlassen, und dies Ehrenwort verpflichtet sie, an den fortwährenden Feindseligkeiten zwischen beiden Völkern nicht den geringsten Anteil mehr zu nehmen. Der Souverän des solchergestalt entlassenen Gefangenen kann ihm nichts anmuten, was seinem gegebenen Versprechen zuwider wäre; denn zu der Zeit, als er in den Vertrag sich einließ, war er in der Gewalt des Feindes, gegen die ihn sein Landesherr nicht schützen konnte. Er war insoweit in den Stand der Natur zurückversetzt und mußte für sich selbst sorgen, so gut er konnte, ohne daß ihm die Pflichten, die er außerdem seinem Landesherrn schuldig ist, dabei entgegenstehen. Der Gefangene selbst, welcher sein Ehrenwort bricht, macht sich dadurch aller Ansprüche auf die milderen Gesetze des Völkerrechts verlustig. Wird er mit den Waffen in der Hand gegen den Feind, der auf sein Wort getraut und ihn entlassen hatte, betroffen, so betrachtet ihn dieser nicht als Soldaten, sondern er kann ihn als einen Verbrecher und Meineidigen nach der äußersten Strenge behandeln. Es ist daher nichts Ungewöhnliches, daß dergleichen Entlassene, wenn sie sich ihrem Versprechen zuwider zu neuen Feindseligkeiten gebrauchen lassen und mit den Waffen in der Hand abermals gefangengenommen werden,

ihr Leben durch des Henkers Hand haben verlieren müssen. Überhaupt erfordert es die Ehre einer Nation, daß sie in der Erfüllung aller dergleichen während eines Krieges geschlossenen Verträge äußerst pünktlich sei und sich bei der Auslegung derselben keine Schikanen und Sophistereien erlaube. Als i. J. 1675 die schwedische Besatzung zu Stralsund diese Festung der vereinigten dänischen und brandenburgischen Armee übergab, so ward verabredet, daß die Garnison freien Abzug habe und mit dänischen Schiffen nach Schweden übergesetzt werden sollte. Die dänischen Schiffskapitäne richteten aber die Fahrt so ein, daß die Schiffe mit den schwedischen Truppen ohnweit der dänischen Küsten auf den Strand gesetzt wurden und also die Mannschaft sich auf dänisches Gebiete retten mußte. Hier ward sie gefangen genommen unter dem Vorwande, daß das ihr zugestandene sichere Geleite sich bloß auf die See einschränke und zu Lande nicht gelten könne. Diese rabulistische Auslegung der Kapitulation ward aber von allen übrigen unparteiischen Nationen durchgehends gemißbilligt. Der französische Admiral Graf d'Estaing ward im 7jährigen Kriege in Ostindien von den Engländern gefangen und erhielt auf sein Ehrenwort die Erlaubnis, nach Europa zurückzugehen. Das französische Schiff, auf welchem er sich befand, eroberte auf seiner Reise eine kleine englische Faktorei und nahm den Vorsteher derselben gefangen. Ohnerachtet dieser nach der englischen Militärverfassung nur Lieutnants-Rang hat, so wechselte doch d'Estaing sich selbst eigenmächtig gegen diesen aus, übernahm das Kommando zweier französischer Kriegsschiffe und griff damit ein englisches Etablissement auf der Insel Sumatra an. Er hielt sich von seinem Ehrenworte befreit, weil er sich selbst, wie gedacht, ausgewechselt hätte und überdem sein Versprechen ihn nur hindern könne, auf dem festen Lande von Ostindien gegen die Engländer zu dienen. Die Engländer hingegen beschuldigten ihn der Wortbrüchigkeit, und sein Verfahren wird sich vor einem unparteiischen Richter kaum entschuldigen lassen. Der Fall ist oft vorgekommen, daß eine Kapitulation nicht gehalten worden unter dem Vorwande, daß in einem früheren Falle der Gegenteil eine mit ihm geschlossene Kapitulation gebrochen habe. Die Sache kann zweifelhaft scheinen; aber aus dem Gesichtspunkt der Ehre betrachtet, hat man es stets für anständiger gehalten, sein Versprechen genau zu erfüllen, als sich solcher von der Wortbrüchigkeit des Feindes hergenommener Prätexte zur Übertretung desselben zu bedienen.

6. Es bleibt uns nunmehr noch übrig, etwas über das Verhältnis, die Rechte und Pflichten hinzuzufügen, welche zwischen kriegführenden Völkern und andern

Nationen stattfinden. Eine solche andre Nation nimmt entweder an dem Kriege als Bundesgenosse der einen Partei wirklichen Anteil, oder sie verhält sich bei dem Kriege ganz unparteiisch und wird alsdann neutral genannt.

a) Die Frage, inwiefern ein Volk berechtigt sei, ein andres, welches seinem Gegner Beistand leistet, feindlich zu behandeln, kommt im Völkerrechte häufig vor. An dem ganzen österreichischen Sukzessionskriege nahm die Republik Holland nur als Bundesgenosse des Hauses Österreich teil und behauptete daher, daß Frankreich nicht berechtigt sei, die Holländer in ihren übrigen Etablissements, besonders außerhalb Europas, anzugreifen. In der Tat wurde auch damals diese Theorie von Frankreich selbst angenommen und befolgt bis in den letzten Jahren vor dem Aachener Frieden, da Frankreich den Krieg gegen Holland ausdrücklich erklärte. Die Schweizer stellen der französischen Armee nach den mit Frankreich subsistierenden Traktaten eine gewisse Anzahl von Truppen, behaupten aber dennoch, mit denjenigen Mächten, gegen welche Frankreich diese Truppen braucht, im Frieden [zu] leben. Wenn wir die Sache nach den Grundsätzen des Völkerrechts betrachten, so fällt zuerst von selbst in die Augen, daß derjenige, welcher einen Feind in seinen Unternehmungen gegen mich tätig unterstützt, notwendig ebensogut wie jener als mein Feind betrachtet werden müsse. Es liegt also in der Natur der Sache, daß ein Volk berechtigt sei, den Alliierten seines Gegners, der ihm wirklich Hilfe leistet, als seinen Feind zu behandeln. Jedoch | hat das Gewohnheitsrecht der Völker von dieser Regel wirklich eine Ausnahme gemacht, 348
wenn der Alliierte vermöge eines vor Entstehung der Feindseligkeiten geschlossenen Verteidigungsbundes zu einem Kriege, bei welchem der Fall des Bündnisses wirklich vorhanden ist, jenem nur die in dem Traktat versprochene Hilfe leistet und sich außerdem aller Teilnehmung an den Feindseligkeiten enthält.

In einem solchen Falle können nur die dem Feinde wirklich zu Hilfe geschickten Truppen als Feinde behandelt werden, in allem übrigen aber müssen dem Alliierten die Rechte eines neutralen Volkes zustatten kommen. Man muß aber diesen Fall der Ausnahme sehr genau und deutlich bestimmen, um nicht irrezugehen. Es gehört nämlich dazu:

α) Daß das Bündnis nur eine Defensivallianz sei. Wenn zwei Nationen sich miteinander verbinden, eine dritte anzugreifen, so würde es offenbar lächerlich sein, wenn die eine derselben sich für neutral ausgeben wollte.

β) Daß das Bündnis schon vor dem Anfange der Feindseligkeiten bestanden haben müsse. Denn in diesem Falle erfüllt der Alliierte bloß eine ältere Verbindlichkeit gegen seinen Bundesgenossen und tut seine Pflicht, welches der Gegner desselben für eine Beleidigung nicht ansehen kann. Mischt sich aber ein Volk erst während dem Kriege ohne alle vorhergegangene Verbindlichkeit in denselben und unterstützt den einen Teil mit Hilfstruppen, so fällt jener Grund offenbar hinweg, und die Absicht, den andern Teil zu beleidigen, ist unverkennbar.

γ) Daß der Fall des Bündnisses wirklich vorhanden sein müsse. Denn wenn es offenbar ist, daß ein Staat den ersten Anlaß zum Kriege gegeben und seinen Nachbarn zu Feindseligkeiten gereizt habe, so ist derselbe, wenn auch der Nachbar zuerst losschlägt, dennoch als der angreifende Teil zu betrachten. Sein Alliierter ist also nicht schuldig, ihm den bloß zu seiner Verteidigung versprochenen Beistand zu leisten, und wenn er es dennoch tut, so gibt er dadurch offenbar feindselige Gesinnungen gegen den andern Teil zu erkennen.

δ) Daß der geleistete Beistand genau in den Grenzen des Versprechens stehenbleibe. Tut der Alliierte nur das geringste mehr, als wozu er nach dem obwaltenden Traktate schuldig ist, so fällt insoweit abermals der Grund weg, warum die geleistete Hilfe nicht als eine Beleidigung des andern Teils angesehen werden kann.

Wenn diese vier Umstände zusammentreffen, so ist der Gegenteil allerdings nicht berechtigt, den Alliierten seines Feindes auch als seinen Feind zu behandeln, und sein eigenes Interesse wird sich in einem solchen Falle gemeiniglich mit der Vorschrift des Völkerrechts vereinigen; da es ihm offenbar vorteilhafter ist, wenn er nur die bestimmte Anzahl der Hilfstruppen eines solchen Alliierten seines Gegners zu bekämpfen hat, als wenn er sich durch weitergetriebene Feindseligkeiten die ganze Macht desselben auf den Hals ziehen wollte.

b) Wenn ein Volk an dem Kriege zwischen zwei andern Nationen gar keinen Teil nimmt, so wird es neutral genannt. Aus diesem Begriffe folgt also

α) als die erste und natürlichste Pflicht eines solchen Volkes, welches die Neutralität behaupten will, daß es zwischen den kriegführenden Völkern die genaueste Neutralität beobachten und nichts vornehmen müsse, wodurch eins derselben sein Recht gegen das andre durch den Krieg auszuführen und geltend zu machen verhindert würde. Aus dieser Pflicht der Unparteilichkeit folgt inzwischen nicht, daß das neutrale Volk schuldig sei, alle Verbindungen mit beiden kriegführenden Nationen abzubrechen; vielmehr wird die Neutralität keineswegs verletzt, wenn das neutrale Volk einem der kriegführenden Vorteile zugesteht, die es demselben, auch wenn kein Krieg existierte, nicht versagt haben würde. Es wird daher auch als eine Verletzung der Neutralität nach dem heutigen europäischen Völkerrechte nicht angesehen,

aa) wenn das neutrale Volk seinen Handel und Verkehr mit einer der kriegführenden Nationen fortsetzt und Kommerzientraktaten mit derselben schließt. Denn dazu war es auch mitten im Frieden berechtigt. Es kann daher auch

bb) ein neutrales Volk einem kriegführenden gestatten, in seinem Lande freiwillige Werbungen anzustellen, Kriegs- und Mundbedürfnisse aufzukaufen oder auch die vom Feinde erbeuteten Sachen und Schiffe in sein Gebiet oder in seine Häfen in Sicherheit zu bringen und daselbst zu verkaufen. Nur das wird nach dem Gewohnheitsrechte der euro- 348 R päischen Völker nicht gestattet, daß eine kriegführende Nation Gefangene der andern in ein neutrales Gebiet bringe und daselbst gefangenhalte. Ein Volk verletzt ferner die Neutralität nicht,

cc) wenn es seinen eigenen Untertanen nicht wehrt, den kriegführenden Völkern Mund- und Kriegsbedürfnisse in ihren eignen Schiffen als einen Handlungsartikel zuzuführen. Der Gegenteil kann zwar dergleichen Schiffe, wie in der Folge vorkommen wird, wegnehmen und konfiszieren; aber es folgt daraus noch nicht, daß er berechtigt sei, den übrigens neutralen Staat, zu welchem solche Kaufleute gehören, als seinen Feind anzusehen. Die Neutralität wird ferner nicht verletzt,

dd) wenn das neutrale Volk einem der kriegführenden Gelder auf Zinsen darleiht, da es eben dieses auch in Friedenszeiten tun konnte. Die Holländer und Genueser haben oft Frankreich und Spanien zugleich, wenn sie im Kriege miteinander begriffen waren, mit solchen Darlehen unterstützt. Die Neutralität wird endlich auch dadurch nicht verletzt,

ee) wenn das neutrale Volk einem der kriegführenden den freien Durchzug durch sein Land gestattet.

Mit einem Worte, alles, was ein Volk gegen ein andres tun und demselben gestatten kann, mit dem es in Frieden lebt, das kann es auch tun und gestatten, wenngleich dieses andre Volk mit einem dritten im Kriege begriffen ist, gesetzt nur, daß nicht daraus indirectement ein Nachteil für letzteres entstehen sollte. Ja es kann sogar ein neutrales Volk eins der kriegführenden in allen vorbenannten Stücken vorzüglich vor dem andern begünstigen, weil es vermöge seiner Unabhängigkeit berechtigt ist, nach eigenem Gutfinden zu bestimmen, wie es in seinem Eigentum tun oder lassen oder wem es

Pflichten des Wohlwollens leisten oder versagen wolle, und eine solche Versagung noch für keine Beleidigung geachtet werden kann.

Dagegen wird die Neutralität gebrochen, wenn das angeblich neutrale Volk etwas tut oder geschehen läßt, was offenbar dahin abzielt, die Feindseligkeiten des einen der kriegführenden Völker gegen das andre geradezu zu begünstigen, und was in Friedenszeiten gar nicht würde stattfinden. So ist es z. E. ein Bruch der Neutralität, wenn das neutrale Volk Truppen der einen kriegführenden Nation in sein Land oder in seine festen Plätze aufnimmt und ihnen gestattet, von dort aus gleichsam als aus einem Waffenplatze Feindseligkeiten gegen den andern Teil auszuüben, oder wenn es geschehen läßt, daß der eine kriegführende Teil die Truppen oder Schiffe des andern auf sein Territorium oder in seine Häfen verfolge, daselbst angreife, gefangennehme oder sonst feindlich behandle. Daß es ein Bruch der Neutralität und einem wirklich feindseligen Angriffe gleichzuachten sei, wenn ein Volk nach schon ausgebrochenem Kriege mit einer Partei ein Bündnis schließt und dieselbe mit Geld oder Truppen unterstützt, ist bereits oben vorgekommen.

Bis hierher von den Pflichten eines neutralen Volks gegen die Kriegführenden. Was nun aber

β) die Pflichten der kriegführenden Völker gegen das neutrale betreffen, so bestehen selbige darin,

aa) daß demselben gestattet werde, seine Neutralität zu behalten. Keins der kriegführenden Völker kann also den neutralen Staat wider dessen Willen in seinen Streit mit verwickeln. Es muß vielmehr alles vermeiden, was zum Nachteil des neutralen Staats zu solchen Verwicklungen Anlaß geben könnte. Daher ist es nicht erlaubt, den Feind auf neutralem Grund und Boden, feindliche Schiffe in neutrale Häfen oder an neutrale Küsten zu verfolgen, sich den Durchzug durch ein neutrales Territorium wider den Willen des Staats zu erzwingen. Mit einem Worte, was ein Volk gegen ein andres, mit dem es in Frieden lebt, nicht tun kann, ohne sich einer Beleidigung desselben schuldig zu machen, das kann auch eine kriegführende Nation sich gegen eine neutrale nicht erlauben, selbst wenn es nur in der Absicht geschähe, um seinem Gegner Abbruch zu tun. Vornehmlich aber muß

bb) ein kriegführendes Volk den Handel des neutralen, selbst den, welcher mit seinem Feinde getrieben wird, respektieren und sich aller Störungen desselben enthalten. Denn ist das neutrale Volk, wie wir oben gesehen haben, auch im Kriege seinen Verkehr mit beiden kriegführenden Völkern nach eigenem Gutfinden zu betreiben und fortzusetzen berechtigt, so kann keines dieser letzteren es in der Ausübung dieses seines Rechts stören, ohne sich einer Beleidigung desselben schuldig zu machen. Davon ist allein

cc) der Fall ausgenommen, wenn das neutrale Volk nur einem der kriegführenden Waffen und andre Kriegsbedürfnisse zuführt. Denn wenngleich der Neutrale dieses, wie wir oben gesehen haben, tun kann, ohne sich eines Bruchs der Neutralität schuldig zu machen, so ist jedoch auf der andern Seite auch ein jedes kriegführende | Volk berechtigt, seinen 349
Feind an der Erlangung und dem Gebrauche der Mittel, wodurch er ihm schaden kann, nötigenfalls mit Gewalt zu verhindern. Wenn [es] also Waffen und Kriegsbedürfnisse, die seinem Feinde zugeführt werden, wegnimmt, so bedient es sich nur seines Rechts, und das neutrale Volk kann solches nicht als eine Beleidigung, sondern nur als einen Zufall ansehen. Daher ist es von jeher unter den europäischen Nationen für einen unbezweifelten Grundsatz des Völkerrechts angenommen worden, daß neutrale Schiffe, welche einem der kriegführenden Teile sogenannte kontrebande Waren zuführen, weggenommen und für gute Prisen erklärt werden können.

Diese Grundsätze des Völkerrechts über den Handel der neutralen Nationen sind noch niemals so deutlich ausgedrückt und so bestimmt behauptet worden als in dem letzten englisch-amerikanischen Kriege durch die nordische bewaffnete Neutralität. Als in diesem Kriege die englischen Kriegsschiffe und Kapers den französischen und spanischen Handel fast ganz ruiniert hatten, so bedienten sich diese Nationen, um denselben doch einigermaßen fortzusetzen, der neutralen Schiffe. Dadurch wurden die Engländer veranlaßt, auch neutrale Schiffe wegzunehmen, wenn sich Güter und Waren, die ihren Feinden gehörten oder für feindliche Handlungsplätze bestimmt waren, am Bord derselben befanden. Es fielen dabei häufig Unordnungen und Exzesse vor, und die englischen Schiffe schienen allen Respekt für neutrale Flaggen vergessen zu haben. Dies bewog zuerst die Kaiserin von Rußland, welcher in der Folge Dänemark, Schweden und Preußen beigetreten sind, i. J. 1780 den sämtlichen europäischen, besonders aber den kriegführenden Höfen ihre Grundsätze über die Rechte der Neutralität zu eröffnen und zugleich zu deklarieren, daß sie dieselben allenfalls mit gewaffneter Hand gegen jeden, der sie antasten wollte, aufrechterhalten würde. Diese Grundsätze nun sind folgende:

I. Neutrale Schiffe können von einem Hafen zum andern und auch an den Küsten der kriegführenden Nationen sicher fahren.

II. Das am Bord neutraler Schiffe befindliche Eigentum der Untertanen kriegführender Mächte und das am Bord eines feindlichen Kauffahrteischiffs befindliche Eigentum neutraler Untertanen ist frei und kann unter keinerlei Vorwande konfisziert werden.

III. Hiervon sind allein ausgenommen kontrebande Waren, die einer der kriegführenden Mächte zugeführt werden und die der andre Teil den neutralen Untertanen wegnehmen kann, ohne daß ihr Souverän solches für eine Beleidigung der Neutralität ansehen darf.

IV. Kontrebande Waren sind:

a) Zu allen Zeiten jede Art von Waffen und Kriegsbedürfnissen, ingleichen solche Dinge, die leicht in Kriegsbedürfnisse verwandelt werden können, z. E. Salpeter und Schwefel.

b) Andre Sachen, z. E. Lebensmittel, sind nur alsdann für kontrebande zu achten, wenn sie in einen wirklich belagerten oder blockierten Platz oder Hafen gebracht werden sollen.

c) Ein Hafen ist alsdann für eingeschlossen zu achten, wenn derselbe durch Landbatterien oder vor dem Hafen stationierte Kriegsschiffe gesperrt wird.

Es ist zu hoffen, daß diese Grundsätze, welche in dem letzten Seekriege wirklich mainteniert worden, in der Folge die durchgängige Richtschnur sein werden, nach welcher man die Rechte der neutralen Völker beurteilen wird.

IV. VOM VÖLKERRECHT IN ANSEHUNG DER GESANDTEN

Gesandte sind Abgeordnete eines Volks, die an ein andres geschickt werden, um im Namen des ersteren seine Geschäfte bei demselben zu besorgen.

Zu dem Begriffe eines Gesandten gehört es wesentlich,

1. daß er von dem Volke oder dessen Regenten abgesendet sei;
2. daß er dem Volke, an welches er abgeschickt ist, als ein solcher, der die Geschäfte des Absenders bei ihm besorgen solle, bekanntgemacht sei;
3. daß die Geschäfte, die er besorgen soll, öffentliche Angelegenheiten des Staats und nicht bloße Privatgeschäfte sind.

Dadurch unterscheidet sich der Gesandte von andern Abgeordneten, die 349 R
unter mancherlei Namen vorkommen. So werden z. E. Leute, welche bloße Privatangelegenheiten des Regenten in einem fremden Lande besorgen, Agenten genannt. Ebenso nennt man mit dem gelindesten Namen diejenigen, welche zwar Staatsangelegenheiten, aber nur insgeheim und ohne daß solches dem fremden Volke bekanntgemacht wird, zu besorgen haben. Konsuls heißen diejenigen, welche bloß dazu bestimmt sind, das Handlungsinteresse ihrer Nation zu besorgen und ihren Kaufleuten in den Geschäften, welche sie in dem Lande, wo der Konsul residiert, betreiben, Beistand zu leisten. Abgeordnete, die ein Volk oder gewisse Klassen desselben an ihren eigenen Regenten schicken oder die zwar an einen fremden Staat, aber nicht im Namen des ganzen Volks oder dessen Regenten, sondern nur einer einzelnen Stadt, eines Orts oder einer Klasse von Bürgern abgeordnet sind, werden Deputierte genannt. Abgeordnete, die ein Geschäft besorgen, welches hauptsächlich Privatrechte betrifft und wobei der Staat nur im gewissen Maße teilnimmt, z. E. bei Grenzregulierungen, heißen Commissarii. Alle diese Arten von Abgeordneten, Agenten, Konsuls, Deputierte, Commissarii, sind keine Gesandten und können auf die Rechte derselben keinen Anspruch machen.

Der Gesandten selbst gibt es mancherlei Arten. Einige sind bestimmt, sich bei dem Volke oder Staat, an welches sie abgeschickt worden, für beständig oder doch auf eine unbestimmte Zeit aufzuhalten; andre sind nur zu einem gewissen einzelnen und bestimmten Geschäfte abgeordnet, mit dessen Vollziehung ihre Gesandtschaft sich endigt. Jene heißen residierende, diese nichtresidierende Gesandten.

Hauptsächlich aber unterscheidet man die Ambassadeurs von den übrigen Klassen der Gesandten. Der Unterschied unter beiden besteht darin, daß die Ambassadeurs ihren Herrn selbst in Ansehung seiner Person und persönlichen Würde auch außer den Geschäften vorstellen, die übrigen Gesandten aber nur in Ansehung der ihnen übertragenen Geschäfte für die Stellvertreter ihres Hofes anzusehen sind. Ein Ambassadeur kann also eben den Rang und eben die Ehrenbezeugung fordern, die seinem Herrn, wenn er in Person zugegen wäre, zukommen würden. Er hat den Rang vor allen übrigen Gesandten, die nicht Ambassadeurs sind, wenngleich die Prinzipale derselben an sich mächtiger und von höherer Würde wären als die seinigen. Die vielen Kosten, welche hieraus sowohl für den Hof, der ihn absendet, als für den, an welchen er geschickt wird, entstehen, das lästige Zeremoniell, welches mit einer solchen Repräsentation verbunden ist, und die vielen Streitigkeiten, wozu das-

selbe leicht Anlaß geben kann, sind Ursache, daß die europäischen Höfe einander jetzt fast gar keine eigentlichen Ambassadeurs mehr zuschicken. Höchstens geschieht solches nur bei einer außerordentlichen Gelegenheit und immer nur auf kurze Zeit; so wie wir vor ein paar Jahren hier in Berlin den Fall gehabt haben, da dem holländischen Gesandten der Charakter eines Ambassadeurs nur auf ein paar Tage beigelegt wurde, um in dieser Eigenschaft die feierliche Danksagung der Republik für die durch preußische Vermittelung wieder hergestellte Ruhe abzulegen.
Die Gesandten, welche nicht Ambassadeurs sind, werden zwar ebenfalls in verschiedene Untergattungen eingeteilt. Man hat Envoyés ordinaires und extraordinaires, Ministres plénipotentiaires, Residenten, Chargés d'Affaire usw., allein der Unterschied unter ihnen bezieht sich gewöhnlich nur auf die Qualität und den persönlichen Stand des Gesandten. So wird z. E. ein Mann, der in seinem Lande den Charakter als Minister hat, wenn er an einen fremden Hof geschickt worden, Ministre plénipotentiaire genannt. Ein Mann von Adel aus einer alten angesehenen Familie erhält den Titel als Envoyé; Leute von bürgerlicher Herkunft oder sonstigem niederen Range heißen Residenten oder Chargés d'Affaire. Der Unterschied äußert sich bloß in dem Zeremoniell und der Hofetikette, die sich nach dieser Verschiedenheit des Ranges richten.

Gesandte können nur souveräne Staaten absenden, und die eigentümliche Verfassung eines jeden Staats bestimmt, welcher Macht in demselben dieses Recht zukomme. Ein Volk, das nicht eigene volle Souveränität hat, sondern von einem andern Volke abhängt, kann auch keine eigentlichen Gesandten schicken, sondern seine Verhandlungen mit fremden Völkern, wenn es anders zu solchen Verhandlungen überhaupt berechtigt ist, werden nur durch Deputierte betrieben. So befanden sich vor einigen Jahren allhier Abgeordnete der Stadt Danzig. Diese Stadt steht unter polnischem Schutze, besitzt aber große Freiheiten, vermöge welcher sie mit fremden Nationen in Handlungs- und Schiffahrtsangelegenheiten zu traktieren berechtigt ist. Weil sie aber doch nicht die volle Souveraineté hat, so wurden ihre Abgeordneten nur Deputierte genannt und genossen nicht die Rechte der eigentlichen Gesandten. Untertanen eines Staats können ohne Erlaubnis ihres Landesherrn weder Gesandte noch Deputierte an fremde Nationen abschicken, und wenn sie es tun, so ist solches ein Eingriff in die Souveränitätsrechte des Staats.
Wenn in einem Staat verschiedene Parteien sind, welche sich über die

Souveränitätsrechte streiten, so wird es oft zweifelhaft, wer unter ihnen Gesandte an fremde Staaten schicken könne und wessen Abgeordnete von dem Volke, an welches sie gesendet sind, dafür anerkannt werden sollen. Höfe, welche selbst bei dem Streite als Bundesgenossen eines oder des andern Teils nicht interessiert sind, dezidieren sich in einem solchen Falle gemeiniglich danach, wer im wirklichen Besitze der Regierung ist, ohne sich weiter um das Recht, worüber ihnen ohnehin die Entscheidung nicht zukommt, zu bekümmern, z. E. England unter Cromwell, Sigismund und Karl IX. von Schweden.

Ein Volk kann die Annahme eines Gesandten von einem andern Volke nicht 350
verweigern und würde, wenn es solches täte, feindselige oder doch geringschätzige Gesinnungen gegen dasselbe an den Tag legen. Inzwischen hat es doch Fälle gegeben, wo Nationen es abgelehnt haben, beständig residierende Gesandten andrer Staaten bei sich zu sehen. So war es ehemals eine Maxime der polnischen Republik, daß sie keine solche residierenden Gesandten bei sich dulden wollten, weil sie besorgten, daß bei dem ohnehin zu Unruhen und Intrigen geneigten Charakter der Nation und besonders der Großen die Anwesenheit solcher beständigen Gesandten zu allerhand Kabalen und Machinationen Anlaß geben könnte, die entweder der Freiheit oder der inneren Ruhe der Republik Gefahr brächten. Wenn ein Volk nur in vorkommenden einzelnen Fällen Gesandte fremder Nationen zuläßt, so können diese sich nicht beschweren, wenn dasselbe keine beständig residierenden Gesandten dulden will. Ein jeder muß Herr in seinem Hause sein, und es muß von ihm abhängen, wem er darin einen beständigen Aufenthalt gestatten wolle.

Ein Gesandter erhält seinen Charakter und die damit verbundenen Rechte durch die Erklärung des Staats, welcher ihn absendet, daß er wirklich derjenige sei, der im Namen dieses Staats die Angelegenheiten desselben bei dem Volke, an welches er geschickt wird, besorgen soll. Diese Erklärung wird schriftlich ausgestellt und heißt das Kreditiv. Ein jeder also, welcher sich für einen Gesandten ausgibt, muß dem Hofe, an welchen er geschickt ist, sein Kreditiv einreichen. Von dem Kreditiv aber ist die Instruktion wohl zu unterscheiden, die für den Gesandten allein gehört und deren Mitteilung von ihm in keinem Falle gefordert werden kann.
Von den Rechten der Gesandten sagt das natürliche Völkerrecht nur wenig. Es lehrt bloß, daß, da es die gegenseitige Wohlfahrt der Völker erfordert, freundschaftliche Verbindungen miteinander zu unterhalten, und da unter

ihnen häufig Geschäfte vorfallen, die weder von der ganzen versammelten Nation noch von ihren Regenten in eigner Person abgemacht werden können, sondern wozu sie sich des Dienstes der einander zugeschickten Gesandten bedienen müssen, ein jedes Volk schuldig sei, den Gesandten des andern die vollkommenste Sicherheit zur Ausrichtung ihres Auftrages zu gewähren, und daß alles, was mit einem Gesandten auf den Grund der ihm erteilten Vollmacht verhandelt worden, das Volk, welches ihn gesendet hat, verpflichte.

Das Gewohnheitsrecht der Völker fügt diesem noch verschiedene nähere Bestimmungen hinzu, unter welchen folgende die vornehmsten sind:

1. Die Person des Gesandten ist heilig und unverletzlich. Der Staat, an welchen er gesendet ist, ist ihm den besondersten Schutz schuldig und muß nicht nur selbst sich aller Gewalttätigkeiten wider ihn enthalten, sondern auch diejenigen, welche ihm von andern zugefügt werden, mit der größten Strenge bestrafen. Daher kommt es, daß Verbrechen, welche gegen einen Gesandten begangen worden, schärfer bestraft werden müssen als diejenigen, die irgendeinen andern Particulier betreffen, und daß der Regent sein ihm zustehendes Begnadigungsrecht gegen den, welcher sich an einem fremden Gesandten vergriffen hat, nicht selbst ausübt, sondern, wenn er glaubt, daß die Sache sich dazu qualifiziere, die Ausübung desselben dem Prinzipal des Beleidigten überläßt.

2. Der Gesandte ist von der Landeshoheit des Regenten, an welchen er gesendet worden, und von der Gerichtsbarkeit der Gerichte des Landes, wo er sich befindet, völlig ausgenommen. Es kann bei diesen Gerichten keine Klage wider ihn angestellt werden, sondern wer etwas von ihm zu fordern hat, was er in Güte von ihm nicht erhalten kann, muß sich an den Regenten und an die Gerichte desjenigen Staats wenden, von welchem er abgesendet ist. Nur allein in Fällen, wenn ein fremder Gesandter in dem Lande, wo er residiert, Häuser, Landgüter oder andre Grundstücke eigentümlich erwirbt, ist er in Prozessen, welche diese Grundstücke betreffen, der Jurisdiktion des Gerichts, unter welchem sie gelegen sind, unterworfen. Wenn der Gesandte Verbrechen begeht, so kann zwar der Staat, bei dem er residiert, Maßregeln nehmen, um seine Untertanen gegen die Ausführung und Wiederholung solcher Verbrechen zu schützen; er kann auch allenfalls, wenn besonders von Mord und andern groben Verbrechen die Rede ist, sich seiner Person versichern. Aber strafen kann er ihn nicht, sondern er muß seinem Hofe davon Nachricht geben, von welchem es alsdann abhängt, ob er den Ge|sandten der Bestrafung der Gerichte an dem Orte, wo er das Verbrechen 350 R

begangen hat, überlassen oder ob er ihn zurückrufen und selbst bestrafen wolle.
3. Die Freiheit des Gesandten von der Territorialhoheit und Jurisdiktion des Staats, bei welchem er residiert, erstreckt sich auf die zur Gesandtschaft gehörigen Personen, z. E. Legationssekretäre, Gesandtschaftskavaliere, Gesandtschaftsprediger pp., ja selbst auf die in seinen Diensten stehenden Domestiken. Alle diese sind den Gerichten des Landes, wo er residiert, nicht unterworfen. Klagen wider sie können nur bei dem Gesandten angebracht werden, welcher sie nach dem Grade von Macht und Gewalt, womit sein eigener Hof ihn bekleidet hat, entweder selbst entscheidet oder an die Gerichte seines Landes verweist. Auch Verbrechen solcher Personen können nicht von den Gerichten des Orts, wo sie begangen worden, untersucht und bestraft, sondern die Sache muß dem Gesandten überlassen werden. Doch ist unter den meisten europäischen Nationen die Gewohnheit eingeführt, daß, wenn besonders Personen von niederem Range, die zu einer Gesandtschaft gehören, sich eines die öffentliche Ruhe und Sicherheit störenden Verbrechens schuldig gemacht haben, die Gerichte sich ihrer Person versichern können und der Gesandte, in dessen Diensten sie stehen, sich auf gebührendes Ersuchen nicht weigern kann, ihnen den Abschied zu geben und sie also der weiteren Untersuchung und Bestrafung der ordentlichen Gerichte zu überlassen. In jedem Falle ist der Gesandte nicht berechtigt, an einer in seinen Diensten stehenden Person ein Straferkenntnis, besonders wenn es eine öffentliche Leibes- oder gar Lebensstrafe betrifft, selbst zu vollziehen, sondern dies wird als eine Verletzung der Landeshoheit des Staats, in welchem er residiert, angesehen. Man gestattet sogar einem Souverän nicht, wenn er in einem fremden Lande sich aufhält, an einem seiner Untertanen oder Diener Kriminalstrafen zu vollziehen, sondern er muß einen solchen Verbrecher in sein Land zurückschicken und dort bestrafen lassen. Exempel der Königin Christine und des Monaldeschi.
4. Auch die Wohnung des Gesandten genießt einer vorzüglichen Sicherheit und eines besonderen Schutzes. Die Gerichte können in einem solchen Hause ohne Vorwissen und Genehmigung des Gesandten keine Haussuchungen oder andre Handlungen der richterlichen Gewalt vornehmen. Dieses Privilegium war in vorigen Zeiten von größerem Umfange als heutzutage. Noch im vorigen Jahrhunderte behaupteten die großen europäischen Höfe, daß die Häuser ihrer Gesandten heilig seien und der ärgste Verbrecher, wenn er sich dahin flüchte, der vollkommensten Sicherheit in demselben genießen müsse. Berühmter Streit wegen der Quartiersfreiheit in Rom. Heutzutage würde

man zwar den Gesandten, in dessen Haus ein Verbrecher sich geflüchtet hätte, zuerst um die Auslieferung desselben ersuchen. Wenn er sich aber einfallen ließe, dieselbe zu verweigern, so würde man kein Bedenken tragen, den Verbrecher nötigenfalls mit Gewalt herauszuholen und in das Gefängnis zu transportieren.

5. Der Gesandte genießt für sich und alle zur Gesandtschaft gehörenden Personen die Befreiung von allen Abgaben, welche unmittelbar die Person betreffen. Dagegen ist er den Abgaben, welche auf Grundstücken haften, sowie den Akzise- und Zollabgaben unterworfen. Gewöhnlich werden zwar, wenn ein Gesandter aus seinem Lande Waren und Sachen zu seinem persönlichen Gebrauche kommen lassen will, deren Einfuhr entweder ganz verboten oder mit hohen Abgaben belegt ist, ihm dazu auf sein Ansuchen Freipässe bewilligt. Als ein Recht aber kann er diese Befreiung nicht fordern; vielmehr sind die von ihm aus der Fremde verschriebenen Waren den Akzise- und Zollgesetzen des Landes, folglich auch der danach verwirkten Konfiskation gleich eben andern unterworfen.

6. Der Gesandte genießt obige Freiheiten von dem Augenblick an, da er als Gesandter die Grenzen des Landes, wohin er geschickt ist, betritt, bis zu dem Augenblicke, wo er dieselben wieder verläßt. In Ansehung dieses letzteren Zeitpunkts aber ist das Gewohnheitsrecht der europäischen Völker nicht völlig gleich. Die Engländer haben den Grundsatz angenommen, daß die Freiheiten eines Gesandten mit dem Augenblick aufhören, da er seinen Rappell erhalten und seine Abschiedsaudienz gehabt hat. Wenn daher ein fremder Gesandter Schulden in London gemacht hat, so mag er nach erhaltenem Rappell wohl auf seiner Hut sein, sich der Verfolgung seiner Gläubiger so schleunig als möglich zu entziehen, weil er sonst Gefahr läuft, gleich einem andern Schuldner arrettiert zu werden, wie dieses Schicksal im Anfange des jetzigen Seculi einem portugiesischen Gesandten widerfuhr, der im Arrest zu London gestorben ist.

7. Selbst ein unter den Nationen ausbrechender Krieg tut den Rechten der Gesandten keinen Eintrag. Es muß nicht nur dem Gesandten der feindlichen Macht, welcher zur Zeit des ausbrechenden Krieges noch gegenwärtig ist, die vollkommenste Sicherheit zu seiner Rückreise verschafft werden, sondern wenn auch während dem Kriege eins der kriegführenden Völker Gesandte an das andre schickt, um Friedensvorschläge zu machen oder andre Gegenstände zu unterhandeln, so muß ein solcher Gesandter, sobald er einmal angenommen worden, eben die Rechte und Freiheiten genießen wie der Gesandte einer freundschaftlichen Nation. Hingegen ist ein Volk nicht schuldig,

dem Gesandten seines Feindes an ein andres Volk den freien Durchgang durch
sein Land zu gestatten, sondern es kann einen solchen Gesandten arrettieren
und als einen Kriegsgefangenen behandeln. Exempel des Maréchal de Belleisle
im österreichischen Sukzessionskrieg.

8. Die Pflichten, die nach vorstehendem ein Volk den Gesandten des an-
dern schuldig ist, sind so wie alle Pflichten des Natur- und Völkerrechts dem
höchsten Gesetze der Erhaltung des Staats und dem schon so oft erwähnten
Notrechte unterworfen. Wenn also ein Ge|sandter die Sicherheit des Staats, 351
bei welchem er residiert, verletzt, wenn er Verschwörungen gegen denselben
oder gegen seinen Regenten anzettelt oder wenn er gar feindselige Handlun-
gen gegen diesen Staat unternimmt, so können alle seine Vorrechte den
Staat nicht abhalten, sich gegen ihn in Sicherheit zu setzen und alle Maßregeln,
welche dazu notwendig sind, zu ergreifen. Fälle dieser Art, wo Gesandte
sich solcher gefährlichen Unternehmungen gegen den Staat, wo sie residierten,
schuldig gemacht haben, sind in der Geschichte leider! nur allzu viele vor-
handen. Verschwörung des Fiesco in Venedig und Marquis v. Bedmar.
Verschwörung des schottischen Gesandten Rosse gegen die Königin
Elisabeth. Konspiration des spanischen Gesandten Bruneau wegen des Ver-
rats von Marseille zur Zeit Heinrichs IV. Betragen des russischen Gesandten
in Schweden bei den letzten Unruhen. Wie inzwischen das Notrecht nur so
weit geht, als es unumgänglich erforderlich ist, um den Staat gegen die ihm
drohende Gefahr sicherzustellen, so schränkt sich die Ausübung desselben
gegen einen Gesandten in der Regel nur darauf ein, daß man sich seiner Per-
son versichert und ihn so lange im Arrest behält, bis die Gefahr vorüber ist
und er ohne weitere Besorgnis wiederum auf freien Fuß gestellt und aus dem
Lande geschafft werden kann.

9. Wenn ein Gesandter sich zwar etwa eben nicht wirklicher Staatsverbrechen
schuldig gemacht, aber doch sonst durch sein Betragen sich das gerechte
Mißvergnügen des Hofes, bei welchem er residiert, zugezogen hat, so kann
seine Zurückberufung und die Absendung eines andern an seine Stelle ver-
langt werden. Wird dieses Verlangen nicht erfüllt, so deklariert gewöhnlich
der Hof, welcher auf den Rappell angetragen hat, daß er mit diesem Gesand-
ten nicht mehr unterhandeln werde, und verbietet ihm den Zutritt bei Hofe,
wodurch dann gemeiniglich der andre Hof genötigt wird, in die Zurück-
berufung zu willigen. Ja wenn die Ursachen zum Mißvergnügen von großer
Erheblichkeit sind, so wird auch wohl dem Gesandten unmittelbar angedeu-
tet, sich zu entfernen, und wenn er dieser Bedeutung nicht Folge leistet, so
wird er über die Grenze gebracht. Doch ist letzteres schon ein sehr bedenk-

licher und heftiger Schritt, der durch sehr wichtige und in die Augen fallende Gründe gerechtfertigt werden muß, wenn er nicht von dem andern Staate für einen Beweis feindseliger Gesinnungen und von den übrigen Nationen für eine Verletzung des Völkerrechts angesehen werden soll.

10. Eine Ähnlichkeit mit der den Personen der Gesandten zukommenden Unverletzlichkeit haben die Rechte der Herolde und Trompeter, welche besonders in Kriegszeiten von den kommandierenden Offiziers der gegeneinander stehenden Truppen zur Ausrichtung einzelner Kommissionen und Aufträge gebraucht werden. Im Altertum waren es gemeiniglich Herolde, deren man sich in solchen Fällen bediente. Diese sind jetzt aus der Mode gekommen, und man schickt an ihrer Stelle Trompeter, entweder allein oder in Begleitung eines Offiziers, der eigentlich den Auftrag zu besorgen hat. Dies geschieht z. E., wenn eine Festung aufgefordert wird, wenn Kapitulationspunkte vorgeschlagen werden, wenn für Personen, die entweder in das feindliche Lager oder in die Residenz des feindlichen Fürsten sich begeben sollen, um an einem Frieden oder Waffenstillstande zu arbeiten, Pässe auszuwirken, oder auch, wenn über Privatangelegenheiten solcher Personen vom hohen Range, die in der einen oder der andern Armee sich befinden, Bestellungen zu machen sind. Da es das gegenseitige Beste auch unter kriegführenden Völkern erfordert, daß nicht alle Wege einer Mitteilung und Kommunikation unter ihnen abgeschnitten werden, so hat man von jeher angenommen, daß man sich nicht weigern könne, einen solchen Abgeordneten des Feindes, wenn er sich durch ein gewisses mit der Trompete gegebenes Zeichen meldet, zuzulassen und sein Anbringen zu vernehmen, daß gegen ihn keine Feindseligkeiten verübt werden können, daß vielmehr seine Person unverletzlich sein und die völligste Sicherheit genießen müsse. Inzwischen kann und muß nicht nur der Befehlshaber, an welchen ein solcher Trompeter abgeordnet wird, alle Maßregeln nehmen, welche nötig sind, um zu verhüten, daß derselbe nicht etwa unter dem Prätexte seines Auftrages Schaden anrichte, wohin z. E. gehört, daß einem feindlichen Trompeter, ehe er in eine belagerte Festung gelassen wird, die Augen verbunden werden, daß man ihm alle Kommunikation mit andern Personen außer dem Kommandanten und denjenigen, denen dieser es ausdrücklich gestattet, abschneidet. Sondern es können auch Fälle vorkommen, wo der, an welchen der Trompeter abgeordnet wird, die Annahme desselben verweigern kann. In solchen Fällen muß der Trompeter gewarnt werden, sich zurückzubegeben, und wenn er dieser Warnung keine Folge leistet, so ist es allerdings erlaubt, auf ihn zu schießen und ihn dadurch zum Rückzuge zu nötigen. Dies ist mehrmalen bei

Festungen geschehen, die unter schimpflichen Bedingungen aufgefordert wurden oder wo der Kommandant einer mutlosen oder mißvergnügten |Garnison es für bedenklich hielt, durch Eröffnung von Unterhandlungen 351 R mit dem Feinde diesem Mißvergnügen oder Mutlosigkeit mehrere Nahrung zu geben.

V. VON DEM VERHALTEN DER VÖLKER GEGEN DIE MITGLIEDER EINES ANDERN VOLKS

In den allgemeinen Grundsätzen ist bereits gezeigt worden, daß es nach der Strenge des natürlichen Völkerrechts von der Beurteilung und dem Gutfinden einer jeden Nation abhänge, ob und unter welchen Bedingungen sie den Mitgliedern eines andern Volks den Zutritt in ihr Land gestatten wolle. Schon längst aber ist es unter allen kultivierten Völkern, die durch das Band der Geselligkeit, der Handlung und der gegenseitigen Ausbildung in Künsten und Wissenschaften gleichsam zu einer allgemeinen großen Gesellschaft untereinander vereinigt sind, ein durchgehends angenommener Grundsatz, daß keinem Fremden, insofern er nicht zu einer feindlichen Nation gehört oder sonst wegen feindseliger, dem Staate schädlicher Absichten verdächtig ist, der Zutritt in ein Land versagt werden kann. Daß der solchergestalt in einem Lande sich aufhaltende Fremde, er mag nun ein bloßer Durchreisender sein oder sich seiner Geschäfte wegen daselbst verweilen, seine Handlungen, die er in diesem Lande vornimmt, nach den Gesetzen des Landes einrichten müsse und, wenn er daselbst Verbrechen begeht, nach den Gesetzen des Landes bestraft werden könne, ist ebenfalls schon oben erinnert worden. Hier sind über diese Materie nur noch folgende nähere Bemerkungen beizufügen:

1. Der Staat ist einem Fremden, dem er einmal Zutritt in sein Land verstattet hat, eben den Schutz und eben die Sicherheit schuldig wie seinen eigenen Untertanen. Wer also einen Fremden beleidigt oder ein Verbrechen an ihm verübt, muß ebenso bestraft werden, als wenn er sich dessen gegen einen Inländer schuldig gemacht hätte.

2. Der Staat kann eine Jurisdiktion über Fremde nur insofern ausüben, als sie entweder Forderungen an seine Untertanen machen oder als der Gegen-

stand des Prozesses eine Handlung, die der Fremde im Lande vorgenommen hat, oder ein Grundstück betrifft, welches er im Lande besitzt. Wenn also der Fremde in Berlin einen Kontrakt geschlossen hat, so kann er auch von den hiesigen Gerichten zu dessen Erfüllung angehalten werden. Wenn er ein Haus in Berlin besitzt und über das Eigentum desselben oder über Schulden, die auf dem Hause haften, über Mieten usw. Streit entsteht, so muß er sich auf einen solchen Prozeß bei den hiesigen Gerichten einlassen. Wenn er jemandem Schaden zugefügt hat, so kann er von den Gerichten des Orts, wo die Beschädigung erfolgt ist, zur Schadloshaltung genötigt werden. In allen andern Fällen, welche bloß seine Person und persönlichen Rechte betreffen, bleibt der Fremde der Jurisdiktion der Gerichte seines eigenen Landes unterworfen.

3. In allen Rechtsangelegenheiten, welche Fremde vor auswärtigen Gerichten zu verhandeln haben, muß ihnen eben die Gerechtigkeit wie den eigenen Landeseinwohnern widerfahren. Gesetze, welche zwischen Ausländern und Einländern in Privatrechtssachen zum Nachteil der Fremden einen Unterschied machen, sind wider das Völkerrecht und geben dem Staate, zu welchem der Fremde gehört, das Recht, die Untertanen des andern Volks ebenso nachteilig zu behandeln. Dies heißt das Retorsionsrecht. Wenn also z. E. ein Staat festsetzen wollte, daß ein Fremder nicht berechtigt sein solle, seine Untertanen aus Wechseln zu verklagen und Wechselarrest gegen sie nachzusuchen, so würde jeder andre Staat ein gleiches vermöge des Retorsionsrechts verordnen können. Es ist aber wohl zu bemerken, daß das Retorsionsrecht nicht bloß eine Verschiedenheit, sondern eine wirkliche Ungleichheit der Rechte zum Nachteil der Fremden voraussetze. Im Braunschweigischen z. E. gilt gar kein Wechselrecht. Wenn also ein braunschweigischer Untertan einen Wechsel an einen preußischen ausgestellt hat, so werden die braunschweigischen Gerichte dem Preußen die Wechselexekution versagen. Aber dies wird dem preußischen Staat noch kein Recht zur Retorsion geben; denn auch ein Braunschweiger gegen den andern kann keine Wechselexekution verlangen; es ist also hier nur eine Verschiedenheit, aber keine Ungleichheit der Rechte vorhanden.

4. Der Fremde ist in dem Lande, wo er sich aufhält, den Lasten und Abgaben, 352
welche auf den Personen der Untertanen des Landes haften, nicht unterworfen. Denn der bloße Aufenthalt macht ihn noch nicht zum Mitgliede der bürgerlichen Gesellschaft, in welcher er sich befindet. Er ist also z. E. der

Kopfsteuer und andern bloßen Personalauflagen nicht unterworfen; er kann zu Kriegs- und andern öffentlichen Diensten nicht angehalten werden. Dagegen kann er sich solchen Abgaben, welche auf Waren oder Sachen gelegt sind, nicht entziehen, sobald er diese Dinge besitzen oder Gebrauch davon machen will. Er muß also, wenn er Grundstücke im Lande besitzt, ebenso Kontribution und Steuern davon entrichten wie andre Grundbesitzer von gleicher Art. Er ist den Akzise- und Zollabgaben, den Handlungs- und Gewerbesteuern pp. unterworfen.

5. Eben weil der Fremde durch den bloßen Aufenthalt noch kein Mitglied der bürgerlichen Gesellschaft wird, in welcher er lebt, kann er auch auf Rechte, die an diese Qualität gebunden sind, keinen Anspruch machen. Er kann also z. E. keine Grundstücke erwerben, zu deren Besitz die Eigenschaft eines Eingeborenen (das Indigenat) gehört; er kann keine Gewerbe treiben, die nach der Verfassung eines Staats den Bürgern desselben vorbehalten sind, z. E. der polnische Handel in Königsberg.

6. Wenn einem Fremden durch Erbschaft, Vermächtnis, Schenkung oder auf andre Art Vermögen in einem andern Lande zufällt, so kann der Staat ihm nicht wehren, dies Vermögen aus dem Lande herauszuziehen. Frankreich war bisher der einzige Staat, welcher von dieser Regel eine Ausnahme machte. Vom Droit d'Aubaine und dessen neuerlich erfolgter Aufhebung.

7. Weil aber dennoch das allgemeine Staatsvermögen geschwächt wird, wenn dergleichen Privatvermögen und Erbschaften aus dem Lande gehen und der Staat alle Beiträge, die er davon zu seinen Bedürfnissen in Zukunft fordern könnte, verliert, so ist es ein allgemein angenommener Grundsatz des positiven Völkerrechts, daß der Staat, aus dessen Gebiet dergleichen Vermögen herausgezogen werden soll, befugt sei, einen Teil desselben zu seiner Entschädigung zurückzuhalten und sich zuzueignen. Dies ist es, was man das Abschoßrecht nennt. Der wievielste Teil solchergestalt als Abschoß genommen werden könne, ist fast überall durch Verträge unter den Völkern bestimmt. Gewöhnlich beträgt der Abschoß den zehnten Teil, so daß, wenn z. E. die herausgehende Erbschaft 10/m Taler wert ist, 1000 Taler als Abschoß gegeben werden müssen. Unter angrenzenden oder sonst in näherer freundschaftlicher Verbindung miteinander stehenden Völkern ist durch Verträge eine gegenseitige Abschoßfreiheit eingeführt, wie z. E. zwischen der Mark und dem Herzogtum Mecklenburg.

Privatrecht

VON DEM PRIVAT- ODER BÜRGERLICHEN RECHTE ÜBERHAUPT

In meinen bisherigen Vorträgen habe ich die Ehre gehabt, Eure Königliche 364
Hoheit auf die wichtigsten Wahrheiten der Rechtswissenschaft, welche zu Ihrer großen Bestimmung als künftiger Beherrscher der preußisch-brandenburgischen Staaten in der nächsten Beziehung stehen, aufmerksam zu machen. Im Allgemeinen Staatsrechte sind die Rechte und Pflichten zwischen dem Regenten und seinen Untertanen aus den Zwecken der bürgerlichen Gesellschaft und aus der Natur und Absicht des Vertrages, auf welchen jenes Verhältnis sich gründet, entwickelt worden. Im Allgemeinen Völkerrechte haben wir die Rechte und Pflichten untersucht, welche zwischen unabhängigen Nationen teils nach dem Rechte der Natur, teils nach den allgemein angenommenen Sitten und Gewohnheiten der europäischen Völker stattfinden. In dem kurzen Tableau des Deutschen Staatsrechts habe ich mich bemüht,

[1] Den Privatrechtsvorträgen ist folgender Briefentwurf vorangeheftet:

Durchlauchtigster Kronprinz

Gnädigster Herr

Eurer Königlichen Hoheit überreiche ich hierbei untertänigst die noch rückständigen Hefte über einige Materien des Zivil- und Kriminalrechts, über den Prozeß, über das Vormundschafts-, Hypotheken- und Depositalwesen, welche der Gegenstand meiner letzten Vorträge gewesen sind. Die Besuche, womit Eure Königliche Hoheit die hiesigen Justizcollegia beehrt, werden Höchstdenenselben Gelegenheit gegeben haben, die Deutlichkeit, Treue und Richtigkeit meiner Darstellungen über diese Materien zu prüfen. Möchte doch diese Prüfung zu Höchstdero Zufriedenheit ausgefallen sein. Ich wiederhole den devoten Wunsch, von Eurer Königlichen Hoheit auch in der Folge zuweilen eines gnädigen Andenkens gewürdigt zu werden, und ersterbe in der reinsten und treuesten Verehrung

Berlin, d. März 1792 — Eurer Königlichen Hoheit.

Eurer Königlichen Hoheit die Grundzüge jener sonderbaren Verbindung zu zeichnen, welche die nach ihren speziellen Verfassungen und Regierungsformen so sehr verschiedenen größeren und kleineren Staaten Deutschlands zu dem gemeinschaftlichen Ganzen, welches wir das Deutsche Reich nennen, vereinigt.

Nunmehr bleibt uns noch derjenige Teil der Rechtswissenschaft übrig, welchen man das bürgerliche Privatrecht zu nennen pflegt.

Dieses bürgerliche Recht enthält die Gesetze, welche die Rechte und Pflichten zwischen den Bürgern des Staats in Ansehung ihrer Privatangelegenheiten und Geschäfte bestimmen.

Man nennt dasselbe auch das positive bürgerliche Recht, weil seine Vorschriften nicht bloß vermöge logischer Schlußfolgerungen aus den Grundsätzen des Naturrechts fließen, sondern von dem bestimmt ausgedrückten und erklärten Willen eines Gesetzgebers abhängen.

Es ist bereits in dem Vortrage des Allgemeinen Staatsrechts von dem Rechte der Gesetzgebung gehandelt, und es sind daselbst die Regeln angegeben worden, nach welchen der Umfang und die Grenzen dieses Rechts bestimmt werden müssen. Ich bitte um gnädige Erlaubnis, die wichtigsten dieser Grundsätze, soweit sie sich auf meinen gegenwärtigen Zweck beziehen, wieder in Erinnerung bringen zu dürfen.

Jeder Mensch ist im Stande der Natur sein eigener Richter; er beurteilt selbst, was ihm für Rechte zukommen; er übt diese Rechte durch sich selbst aus; er zwingt mit eigener Gewalt jeden andern, der ihn in dem ruhigen Besitz und Genuß desjenigen stört, was er zu dem Seinigen rechnet, oder der ihm sonst Pflichten versagt, die er nach seiner Überzeugung von ihm fordern kann.

Die vielen Irrtümer, denen der Mensch wegen eingeschränkter Kenntnisse und Fähigkeiten, wegen des überwiegenden Hanges zur Sinnlichkeit, wegen der tyrannischen Gewalt, die von den Leidenschaften über den Verstand und das moralische Gefühl ausgeübt werden, in der Beurteilung seiner Rechte und Pflichten unterworfen ist, sind die Ursache, warum nach dem Zeugnisse der Erfahrung und der Geschichte aller Zeitalter und aller Völker der bloße Naturzustand ein Stand beständiger Unruhen und Streitigkeiten ist, in welchem keine Gewißheit und Sicherheit des Eigentums stattfindet, in welchem nicht die Gesetze der Natur, sondern das Recht des Stärkeren entscheidet und in welchem die Ausbildung und Veredelung der höheren Seelenkräfte zum Zwecke der Vollkommenheit und Glückseligkeit als der höchsten und letzten Bestimmung unseres Daseins niemals gedeihen kann.

Da also die Menschen, um diesen Übeln des Naturzustandes zu entgehen, in den Stand der bürgerlichen Gesellschaft getreten sind, so haben sie sich notwendig der selbsteigenen Ausübung ihrer Zwangsrechte begeben und dieselbe dem Staate übertragen müssen.

Der Staat, welcher die Zwangsrechte der einzelnen in ihrem Namen ausüben soll, muß diese Rechte notwendig kennen; er muß imstande sein, zu wissen und zu beurteilen, was zu den Rechten und Pflichten eines jeden Staatsbürgers wirklich gehöre. Diese Prüfung setzt äußere Merkmale und Kennzeichen voraus, an welchen erkannt werden könne, ob dieser oder jener das Recht, welches er zu haben behauptet, wirklich besitze; ob er die Pflicht, die von ihm ge|fordert wird, wirklich übernommen habe. Es kommt also nicht 364 R
mehr so wie im Naturzustande auf die innere Meinung und Überzeugung eines jeden an, was er zu dem Seinigen rechne, sondern es muß durch äußerliche Merkmale bestimmt werden, was der Staat, der die Rechte eines jeden einzelnen in seinem Namen ausüben soll, als ein ihm zukommendes Recht, als eine ihm obliegende Pflicht betrachten müsse. Ferner sind im Naturzustande die Fälle sehr häufig, wo die Rechte und Pflichten der Menschen in Kollision kommen können, wo es nicht möglich ist, daß ein Recht ausgeübt werde, ohne dadurch zugleich eine Pflicht zu verletzen, wo ein Gut, das nach seiner Beschaffenheit nur von einem genossen werden kann, von mehreren zugleich in Anspruch genommen wird. Hier muß wiederum der Staat entscheiden, nach welchen Grundsätzen der Kollisionsfall bestimmt werden, welches Recht dem andern nachstehen, welche Pflicht vorzüglich vor der andern erfüllt werden solle.

Diese Festsetzung der Kennzeichen des Eigentums und der Rechte, diese Entscheidungen der Kollisionsfälle müssen auf allgemeinen und festen Bestimmungen beruhen. Diese Bestimmungen heißen Gesetze, und derjenige, dem die bürgerliche Gesellschaft ihre Festsetzung übertragen hat, übt die gesetzgebende Macht aus.

Die gesetzgebende Macht kann also einesteils die Vorschriften des Naturrechts durch deutliche und bestimmte Aussprüche anerkennen und dadurch über alle Zweifel und Widersprüche hinaussetzen, sie kann aber auch an den natürlichen Rechten und Pflichten manches ändern und sie verschieden bestimmen. Solche Veränderungen machen eigentlich das aus, was man positive Gesetze nennt. Wenn jemand einem andern etwas gültig versprochen und der andre dieses Versprechen angenommen hat, so ist unter ihnen ein Vertrag vorhanden, dessen Erfüllung der, welchem das Versprechen geschehen ist, nötigenfalls mit Zwang fordern kann. Die Ausübung dieses

Zwangsrechts ist in der bürgerlichen Gesellschaft dem Staat übertragen. Wenn also der Staat ein Gesetz macht, daß gültige Verträge erfüllt und der, welcher die Erfüllung verweigert, durch den Richter dazu gezwungen werden solle, so ist dies weiter nichts als eine bloße ausdrückliche Deklaration eines Naturgesetzes. Das Recht selbst aus dem Vertrage bleibt unverändert, die Ausübung desselben durch den Richter ist nur eine Folge der geschlossenen bürgerlichen Gesellschaft. Wenn aber der eine behauptet, es sei ein Vertrag geschlossen worden, der andre hingegen solches leugnet; wenn der, welcher erfüllen soll, behauptet, das Versprechen sei nicht im Ernste und mit gehöriger Überlegung, sondern es sei bloß aus Übereilung und Unbedachtsamkeit oder bloß zum Scherze geschehen, so muß irgendein äußeres Merkmal vorhanden sein, an welchem der Staat erkenne, ob unter den streitenden Teilen ein gültiger Vertrag wirklich obwalte. Wenn nun der Staat dieses Merkmal allgemein dahin bestimmt, daß nur Verträge, die schriftlich aufgesetzt worden, für gültig angesehen werden sollen, so ändert er etwas an dem Rechte desjenigen, der nur einen mündlichen Vertrag geschlossen hatte und auch aus diesem schon nach dem Naturrechte die Erfüllung fordern konnte; die Vorschrift also, daß nur schriftliche Verträge im Staat gültig sein sollen, ist ein positives Gesetz.
Daher kann unter Menschen, die in einer bürgerlichen Gesellschaft und unter Gesetzen leben, nicht mehr davon die Frage sein, was für Befugnisse und Obliegenheiten unter ihnen nach dem Naturrechte stattfinden, sondern es kommt alles darauf an, was die Gesetze des Staats über ihre Rechte und Pflichten bestimmen.

Inzwischen würde man sehr irren, wenn man glauben wollte, daß der Mensch durch den Übergang in die bürgerliche Gesellschaft alle seine natürlichen Rechte gänzlich und für immer verloren habe. Es gibt vielmehr noch viele solche natürlichen Rechte, die einem jeden Staatsbürger nach wie vor zukommen. Dies findet hauptsächlich in einer dreifachen Rücksicht statt.

1. Der Mensch behält alle seine natürlichen Rechte, die mit dem Begriff einer bürgerlichen Gesellschaft bestehen können und die ihm durch positive Gesetze nicht ausdrücklich genommen sind. So hat z. E. jeder Mensch, nachdem seine Vernunft sich bis zu einem gewissen Grade entwickelt hat, ein natürliches Recht, die Lebensart oder das Metier zu wählen, denen er sich widmen und die er als den Weg zur Beförderung seiner Glückseligkeit einschlagen will. Dies Recht behält er in der Regel auch nach dem Übertritt in die bürgerliche Gesellschaft. Denn | in dem Begriffe dieser Gesellschaft und 365

in dem dabei zum Grunde liegenden Vertrage ist nichts enthalten, was ihn in dieser seiner natürlichen Freiheit einschränken könnte, sobald nur die Lebensart, die er wählt, der bürgerlichen Gesellschaft nicht schädlich ist. Auch gibt es für die meisten Klassen der Staatsbürger kein positives Gesetz, welches ihnen in der Wahl der Lebensart zwingende Vorschriften erteilte. Bloß diejenigen Stände sind in manchen Ländern, z. E. bei uns, ausgenommen, welche der Staat zur Pflanzschule seiner Armee zu bestimmen für nötig geachtet hat. Diese Klasse von Landeseinwohnern ist nun freilich durch ein positives Gesetz in ihrer natürlichen Freiheit eingeschränkt. Für die übrigen Klassen ist kein solches einschränkendes Gesetz vorhanden. Die Mitglieder dieser Klassen bedienen sich also ihrer natürlichen Freiheit in der Wahl ihrer Lebensart, und sie sind dazu vollkommen berechtigt, wenn es auch gar kein positives Gesetz gäbe, welches ihnen diese Befugnis ausdrücklich beilegte.

2. Es gibt Fälle, wo der Mensch, ohnerachtet er sonst in der bürgerlichen Gesellschaft lebt, dennoch in den Stand der Natur zurücktritt und so alle seine Rechte in eben dem Umfange und ebenso durch sich selbst mit eigener Gewalt ausübt, als wenn er wirklich noch im Naturzustande lebte. Diese Fälle treten allemal ein, wenn der Staat seinem Untertanen den Schutz, welchen er ihm schuldig ist und gegen dessen versprochene Leistung der Untertan dem Rechte, sich selbst zu schützen, entsagt hat, nicht leisten kann. Eure Hoheit sehen leicht, daß ich hier vornehmlich die Fälle der Notwehr meine. In der Regel hat ein jeder Bürger des Staats das Recht, sein Leben, seine Gesundheit und sein Vermögen gegen feindselige Beleidigungen mit Gewalt zu schützen, dem Staat übertragen. Er tut daher einen strafbaren Eingriff in die Rechte desselben, wenn er in gewöhnlichen Fällen dieses Recht durch sich selbst ausüben will. Vielmehr muß er in solchen gewöhnlichen Fällen die Hilfe des Staats anrufen und diesem seine Verteidigung gegen den gedrohten feindseligen Angriff überlassen. Wenn aber die Umstände so beschaffen sind, daß der Schutz des Staats zu spät kommen würde, um einen unwiederbringlichen Schaden abzuwenden, wenn ein Mensch in einem Wald oder in einer einsamen Gegend von einem Räuber oder Feinde mit gewaffneter Hand angefallen wird, der ihm weder Raum, sich mit der Flucht zu retten, noch Zeit, die Hilfe des Staats anzurufen, übrigläßt, dann leben alle seine natürlichen Rechte in ihrem vollen Umfange wieder auf, und er ist vollkommen befugt, sich gegen den Angriff mit Gewalt zu verteidigen, ja seinen Feind zu töten, wenn er die gegenwärtige drohende Gefahr auf andre Art nicht abwenden kann. Bei den Grenzen dieses Notrechts werde ich mich

nicht aufhalten, da ohnehin von dieser Materie im Kriminalrechte umständlicher gehandelt werden muß. Hier genügt es mir, die zweite Klasse von Fällen entwickelt zu haben, wo natürliche Rechte auch mitten in der bürgerlichen Gesellschaft stattfinden können.

3. Der Mensch hat einige Rechte, deren er sich unter keinerlei Umständen begeben kann und die er also durch seinen Übertritt in die bürgerliche Gesellschaft nicht verlieren kann. Dies sind die sogenannten unveräußerlichen Rechte der Menschheit. Der Ausdruck hat in unsern Tagen fast eben das Schicksal gehabt wie das Wort *Aufklärung*. Er ist seit dem Anfange der Französischen Revolution in den Mund so vieler Menschen gekommen, die ihn gar nicht verstehen oder ganz irrig erklären, daß der ernsthafte Denker sich beinahe wird schämen müsse, denselben ferner zu brauchen. Inzwischen ist doch in der Sache allerdings etwas Wahres. Da der Mensch von seinem großen Urheber zur Glückseligkeit geschaffen und diese der letzte Zweck seines Daseins ist, so hat ihn auch die Natur mit Kräften, Fähigkeiten und andern Gütern ausgerüstet, die er als Mittel zur Erreichung jenes Zwecks anwenden soll. Unter diesen sind einige so beschaffen, daß ohne sie Glückseligkeit gar nicht möglich ist. Der Mensch würde also gerade gegen seine Bestimmung handeln, wenn er auf diese Güter und auf sein Recht, sich derselben zu bedienen, Verzicht tun wollte. Dergleichen Verzicht ist moralisch unmöglich; sie würde daher, wenn sie auch wirklich geleistet wäre, unverbindlich sein; man nennt also mit Recht diese Klasse von Gütern unveräußerlich. Es gehören aber dahin nur:

a) Das Leben, weil dies die Bedingung ist, unter welcher allein der Mensch als ein aus Körper und Geist zusammengesetztes Wesen Glückseligkeit genießen kann. Mit dem Tode hört die Existenz des Menschen als Mensch auf; er verliert alsdann die Möglichkeit, seine Fähigkeiten und Kräfte zum Zwecke seiner Glückseligkeit anzuwenden. Was ihn die Religion von der Fortdauer des Lebens nach dem Tode lehrt, gehört nicht hierher. Religion ist lediglich Sache des Herzens und der Überzeugung. Es ist die Sache jedes einzelnen, ob er zu einem solchen Grade der Überzeugung von den Wahrheiten derselben gelangen könne, daß er sein hiesiges Leben der Erfüllung höherer moralischer Pflichten und der dadurch begründeten Hoffnung einer seligen Unsterblichkeit willig aufopfert.

b) Das Vermögen, sich in seinen Handlungen nach Gesetzen der Vernunft zu bestimmen, d. h. die moralische Freiheit. Ohne moralische Freiheit hört der Mensch auf, ein vernünftiges Wesen zu sein. Er kann also auf den Gebrauch derselben unmöglich Verzicht tun. Es ist unmöglich, daß der Mensch

sich verpflichten kann, etwas zu wollen, von dem er einsieht, daß es wider die Gesetze seiner Vernunft und wider den Zweck seiner Glückseligkeit sei. Es ist möglich, daß er in einzelnen Fällen etwas wolle, das unvernünftig ist oder zu seinem Unglück gereicht. Allein dies setzt voraus, daß er wenigstens in dem Augenblicke, da er einen solchen Willen hat, aus einem Irrtume des Verstandes sich vorstelle, daß das, was er will, vernunftmäßig sei und dem Zwecke | seiner Glückseligkeit wenigstens nicht zuwiderlaufe. Mora- 365 R
lische Freiheit ist also ein unveräußerliches Recht des Menschen.

c) Das Vermögen, durch Vervollkommnung seiner Fähigkeiten und Kräfte seine Glückseligkeit zu befördern, ist ebenfalls, da es unmittelbar zum Zwecke seines Daseins gehört, unveräußerlich. Zwar in Ansehung dieser oder jener einzelnen Kraft oder Fähigkeit kann und muß sogar zuweilen der Mensch auf das Recht, dieselbe zu einem höheren Grade von Vollkommenheit auszubilden, Verzicht tun, da es sogar Fähigkeiten gibt, deren Ausbildung darunter leidet, wenn andre bis zu einem gewissen Grade kultiviert werden. Es ist z. E. nicht möglich, daß ein Mensch, der alle seine Zeit und Bemühungen auf die Ausbildung seiner höheren Seelenkräfte, auf das Studium der Wissenschaften, auf die Schärfung seines Nachdenkens wendet, nicht eben dadurch die unteren Seelenkräfte, z. E. Gedächtnis, Einbildungskraft pp. zurückhalten sollte, die Stufe von Ausbildung zu erlangen, die sie an sich hätten erreichen können. Der wahre tiefsinnige Philosoph kann unmöglich zugleich ein blühender Dichter sein. Es geht also gar wohl an, daß ein Mensch auf die Vervollkommnung dieser oder jener einzelnen Fähigkeit oder Kraft Verzicht tue; aber das ist unmöglich, daß er dem Vermögen, alle seine Fähigkeiten und Kräfte als die von der Natur ihm verliehenen Mittel zur Glückseligkeit auszubilden, entsagen sollte. Es gibt ferner unter den Fähigkeiten des Menschen verschiedene, deren Gebrauch eine so notwendige Bedingung der Glückseligkeit ist, daß diese ohne einen solchen Gebrauch gar nicht gedacht werden kann, und dies ist der Verstand und die Vernunft. Ein unvernünftiger Mensch kann mitten im Genuß aller übrigen Güter zwar allenfalls als Tier, aber unmöglich als Mensch glücklich sein. Der Gebrauch der Vernunft also zur Erkenntnis der Wahrheit ist ein unveräußerliches Recht, dessen der Mensch sich unter keinerlei Umständen begeben kann.

Diese natürlichen und unveräußerlichen Rechte bleiben also dem Menschen auch nach seinem Übergange in die bürgerliche Gesellschaft, und es gibt keine gesetzgebende Macht, die ihn deren zu berauben berechtigt wäre. Dies sind also die Schranken der gesetzgebenden Macht. Zwar kann es Fälle geben, wo auch diese natürlichen Rechte in Ansehung einzelner Bürger dem

Zwecke des Staats aufgeopfert werden müssen, wenn nämlich der Fall des Notrechts als des höchsten Gesetzes in der Natur eintritt, daß der Zweck des Staats, die allgemeine Ruhe und Sicherheit, unmöglich anders erreicht werden kann. So kann z. E. der Staat allerdings einzelne Bürger zwingen, den Staat selbst mit Gefahr seines Lebens zu verteidigen, weil ohne solche Verteidiger die Sicherheit gegen äußere oder innere Feinde unmöglich bestehen könnte. Der Staat kann oft einen seiner Untertanen zwingen, etwas zu tun, was gegen seine Überzeugung ist, was er nicht wollen kann, was also seiner inneren moralischen Freiheit zuwider ist. Denn das Wollen hängt vom Erkennen ab; die Einsichten des Verstandes können unrichtig sein, und dann will der Mensch etwas, das er nicht wollen sollte. Der Staat kann also in Fällen, wo es der Zweck der bürgerlichen Gesellschaft notwendig erfordert, seine Einsichten an die Stelle der Einsichten desjenigen setzen, welcher handeln soll. Er kann ihn zu dieser Handlung gegen seine Überzeugung zwingen, aber er kann ihn nicht zwingen, etwas anderes zu wollen, als was er für gut und vernunftmäßig erkennt. Der Staat kann verbieten, daß ein Mensch diese oder jene seiner Fähigkeiten und Kräfte zu diesem oder jenem Gebrauche nicht anwenden soll, aber er kann nicht verbieten, daß er seine Fähigkeiten und Kräfte überhaupt und besonders seine höheren Seelenkräfte ausbilde, daß er nach Wahrheit strebe und dem vom Schöpfer in seine Seele gelegten Triebe zur Erkenntnis der Wahrheit nach Möglichkeit ein Genüge leistet. Solche Gesetze ist kein Staat seinen Mitgliedern vorzuschreiben berechtigt, und keins dieser Mitglieder ist solchen Gesetzen Gehorsam zu leisten verpflichtet.

Innerhalb dieser Schranken aber kann durch positive Gesetze des Staats die natürliche Freiheit der Menschen eingeschränkt, ihre natürlichen Rechte können bestimmt, ja sie können sogar geändert und aufgehoben werden. Hier hat die gesetzgebende Macht keine andre Regel, die sie bindet, als den Zweck des Staats, d. h. die Erhaltung und Befestigung der gemeinen Ruhe und Sicherheit, die Erleichterung und Begünstigung der Mittel, wodurch einem jeden einzelnen die Gelegenheit verschafft werden kann, seine Privatglückseligkeit ohne Beeinträchtigung und Beleidigung anderer zu befördern, und die Aufrechterhaltung | der Staatsverbindung selbst als der notwen- 366
digen Bedingung, unter welcher nur jene Zwecke erreicht werden können. Hier ist also Zweckmäßigkeit der Gesetze das höchste Ideal der gesetzgebenden Macht im Staat, und sie ist vermöge des bürgerlichen Vertrages schuldig, alle Vorschriften, die sie gibt, nach dieser höchsten Regel der Zweckmäßigkeit einzurichten. Da aber die Beurteilung, ob ein Gesetz zweck-

mäßig sei, ihr allein zukommt, so hängt auch der Gehorsam gegen ihre Gesetze von dem Urteile nicht ab, welches der, der gehorchen soll, von der Zweckmäßigkeit oder Unzweckmäßigkeit des Gesetzes fällt. Daher kann den Gesetzen des Staats der Gehorsam von den Untertanen bloß aus dem Grunde, weil sie glauben, daß das Gesetz dem Zwecke des gemeinen Wohls nicht gemäß sei, niemals versagt werden. Der Staat kann seinen Untertanen nicht wehren, über seine Gesetze nachzudenken, darüber zu urteilen, allenfalls auch ihr Urteil laut zu sagen, soweit dies geschehen kann, ohne einen tätigen Ungehorsam gegen das Gesetz zu veranlassen. Wollte er ihnen diese Freiheit nehmen, so würde er in eins ihrer unveräußerlichen Rechte Eingriff tun, wozu er, wie oben bewiesen worden, nicht befugt ist. Aber er kann verlangen, daß sie das Recht, ihren Einsichten gemäß zu handeln, ihrer Pflicht aus dem bürgerlichen Vertrage aufopfern, der unmöglich würde bestehen können, wenn es einem jeden erlaubt sein sollte, nur solchen Gesetzen zu gehorchen, die er nach seiner vielleicht unrichtigen und zu sehr eingeschränkten Einsicht für gut und zweckmäßig hält. Hier ist der wesentliche Unterschied zwischen dem souveränen Gesetzgeber und dem Despoten. Der Despot sagt: räsoniere nicht. Der Souverän sagt: räsonieren magst du, aber gehorche. Daß übrigens diese Pflicht des Gehorsams bei den Untertanen den Gesetzgeber von seiner Pflicht nicht loszähle, alle seine Verordnungen nach dem Zweck des möglichst allgemeinen Wohlstandes abzumessen, daß er bei Hebung seiner Gesetze nur diesen Zweck unablässig vor Augen haben, folglich nie seinen Launen, seinen Leidenschaften, seinem mit dem Wohl des Ganzen unverträglichen Privatinteresse Einfluß auf die Ausübung seiner gesetzgebenden Macht gestatten, daß er nie die Wohlfahrt der größeren Anzahl seiner Untertanen und ihrer zahlreicheren Klassen den Vorteilen einiger weniger Begünstigten aus bloßer Neigung oder Vorurteil aufopfern müsse, daß es einen Grad von Verderbnis in der Gesetzgebung gibt, wo es dem gemeinen und gesunden Menschenverstande sofort in die Augen fällt, daß die Verordnungen des Staats offenbar nicht mehr durch den Zweck des allgemeinen Wohls bestimmt werden, sondern vielmehr demselben gerade zuwiderlaufen, daß, wenn die Gesetzgebung diesen Grad der Verdorbenheit einmal erlangt hat, wenn der Wille des Gesetzgebers mit den Regeln der Vernunft und des Wohlwollens in einen offenbaren Streit gerät, wenn also der Gehorsam gegen die Gesetze nicht mehr auf der eigenen Einsicht und Überzeugung derer, die ihnen gehorchen sollen, sondern nur noch auf der schwachen Stütze äußerer Macht und Gewalt beruht, wenn dieser Widerspruch zwischen dem, was die allgemeine Vernunft als nützlich oder schädlich für das Wohl des Ganzen erkennt, und demjenigen, was der Gesetzgeber dafür gehalten wissen will, sich bei Gegenständen äußert, die auf das Privatwohl der Untertanen einen unmittelbaren fühlbaren Einfluß haben, wenn die Rechte des Eigentums, zu deren Schutz doch die Staatsverbindung hauptsächlich geschlossen worden, durch den Gesetzgeber selbst gekränkt und verletzt werden, wenn den Untertanen die Mittel und Gelegenheiten, ihren Privatwohlstand zu befördern, offenbar ohne Not und ohne allen überwiegenden Nutzen für das Ganze entzogen werden, wenn der Staat die Untertanen mit Abgaben erschöpft, die er nicht zu wahren Staatsbedürfnissen, sondern nur zur Ausführung ehrgeiziger Projekte oder zu seinen und seiner Günstlinge Verschwendungen anwendet — daß unter solchen Umständen der Zeitpunkt einer Revolution da sei, die entweder mit dem gänzlichen Umsturz des Thrones und mit Zerreißung des Bandes der bürgerlichen Gesellschaft oder im besten Falle mit der kränkendsten Schmälerung der bisherigen Rechte des Regenten sich endigt, daß also jeder Gesetzgeber ebenso sehr durch sein eigenes richtig verstandenes Interesse als durch seine Pflicht angetrieben werden müsse, seine Untertanen nur mit weisen, wohltätigen, den Zwecken des Staats überall gemäßen Gesetzen zu beglücken — davon ist im Allgemeinen Staatsrecht bei der Entwicklung des Hoheitsrechts der Gesetzgebung umständlicher gehandelt worden.

Aus dem bisher Gesagten erhellt, wie weitläufig das Feld der Gesetzgebung 366 R
und wie zahlreich die Menge der Objekte sei, die durch Gesetze bestimmt und geordnet werden können und müssen.
Je größer die Anzahl der Einwohner eines Staats ist, je mehr Unterscheidendes unter ihnen aus der Verschiedenheit der Lage, des Klimas, des Bodens und andrer natürlichen Beschaffenheiten obwaltet, in je mehrere Klassen und Ordnungen diese Einwohner verteilt sind, je mannigfaltiger und zusammengesetzter die Beschäftigungen, die Gewerbe, die Nahrungsbetriebe unter ihnen sind, je mehr Einfluß äußere politische Verhältnisse selbst auf die Bestimmung der Privatrechte der Einwohner haben können und müssen, desto zahlreicher muß die Menge der Gesetze sein, welche allen diesen Personen, Ständen, Klassen, Geschäften und Verhältnissen die möglichst beste Richtung zum Zwecke des allgemeinen Wohls geben sollen.
Wenden wir dies auf den preußischen Staat an, so finden wir, daß dieser Staat fast sechs Millionen Menschen in sich begreift, daß diese große Anzahl von Menschen in einer Menge einzelner Länder und Provinzen wohnen, die sich von Rußlands Grenzen bis an die von Frankreich erstrecken, die nach

ihrem Klima, der Beschaffenheit ihres Bodens, dem Charakter und der Kultur ihrer Einwohner unendlich verschieden sind, daß diese Menschen in eine Menge von Klassen und Ständen verteilt sind, zwischen welchen vom Kaschubenschen Leibeigenen an bis zum ersten Landstande des Herzogtums Kleve oder der Kurmark ein ungeheurer Abstand sich findet, daß im preußischen Staat alle Arten von Gewerben, Künsten, Fabriken und Handlung betrieben werden, daß die Lage seiner Provinzen, die verschiedene Art, wie dieselben unter einem gemeinschaftlichen Szepter vereinigt worden, und die Verschiedenheit des Verhältnisses derselben gegen auswärtige Völker den preußischen Staat notwendig in eine Menge politischer Verbindungen setzen müsse, die unmöglich ohne Einfluß auf die innere Gesetzgebung bleiben können. Es ist also sehr begreiflich, daß die Gesetze für den preußischen Staat unmöglich so wie die Gesetze Roms in seiner Kindheit auf 12 Tafeln oder wie die Gesetze anderer alten noch halb rohen und isolierten Völker auf wenigen Bogen sich zusammenfassen lassen, sondern daß schon diejenigen, welche die Privatrechte der Bürger des Staats untereinander betreffen, oder die sogenannten Zivilgesetze einen sehr weitläufigen Umfang von Vorschriften unter sich begreifen müssen.

Es würde vergeblich und wider den Zweck meines gegenwärtigen Vortrags sein, wenn ich es unternehmen wollte, Eure Königliche Hoheit in das Detail aller dieser gesetzlichen Vorschriften hineinzuführen. Eben diese nach der Natur aller großen Staaten ganz unvermeidliche Menge und Mannigfaltigkeit der Gesetze hat aus dem Studio derselben eine eigene Wissenschaft gemacht; es erfordert die ganze Zeit und die ungeteilte Aufmerksamkeit eines Menschen, die Gesetze mit irgendeiniger Vollständigkeit kennen und sie auf die unendliche Verschiedenheit der vorkommenden Fälle richtig anwenden zu lernen. Daher haben die Fürsten die Ausübung ihres Richteramts, dessen Pflichten sie im ersten Entstehen der bürgerlichen Gesellschaft persönlich erfüllten und erfüllen konnten, andern anvertrauen müssen, die sich dazu durch das Studium der Gesetze gehörig vorbereitet haben und ihre ganze Zeit und Aufmerksamkeit der Anwendung derselben auf die verschiedenen Angelegenheiten der Bürger des Staats widmen können. Von dem Regenten eines großen Staats, dessen Auge so viele andre Teile einer so ungeheuren Maschine übersehen und leiten soll, der seine nähere Aufmerksamkeit einer solchen Menge andrer Geschäfte widmen muß, die weit weniger nach festen Normen und unveränderlichen Regeln behandelt werden können und also seine fortwährende unmittelbare Mitwirkung weit notwendiger erfordern

als die Privatrechte seiner Untertanen untereinander — von einem solchen
Regenten kann man es weder fordern noch erwarten, daß ihm alle einzelnen
Gesetze seines Landes bekannt seien, daß er sich mit Beurteilung und Ent-
scheidung der einzelnen Rechtsstreitigkeiten unter seinen Bürgern befassen
solle. Vielmehr wird es mit Recht für einen Fehler von einem Regenten ge-
halten, wenn er sich in die unmittelbare Ausübung des Richteramts mengt
und nicht nur eine Zeit dazu verwendet, die er notwendigeren Regierungs-
geschäften entziehen muß, sondern sich auch der Gefahr aussetzt, aus Mangel
an Kenntnis vom Detail der Gesetze und aus Mangel der Fertig|keit, die- 367
selben auf den vorliegenden Fall richtig anzuwenden, in der besten und
gerechtesten Absicht wirkliche Ungerechtigkeiten zu begehen. Die Pflicht
eines Regenten als Gesetzgebers äußert sich hauptsächlich alsdann, wenn
von Gebung neuer oder von Aufhebung bisher gegoltener Gesetze die Rede
ist, wo dann freilich seine unmittelbarste und sorgfältigste Mitwirkung er-
forderlich ist, weil hier nur er allein beurteilen und entscheiden kann, was
dem Zwecke des Staats und dem Wohle des Ganzen zuträglich oder nach-
teilig sei. Ferner äußert sich seine Pflicht als Gesetzgeber und höchster Rich-
ter in der Sorgfalt, die er bei der Auswahl derjenigen Personen anwenden
muß, denen er die Ausübung des Richteramts an seiner Statt übertragen will,
in der Aufmerksamkeit, mit welcher er über das Verhalten derselben wacht,
auf die gegen sie eingebrachten Beschwerden hört und diese Beschwerden
durch Männer, auf deren Kenntnis und Redlichkeit er sich verlassen kann,
untersuchen läßt; endlich in der Strenge, mit welcher er jede Übertretung
der so heiligen und wichtigen Pflichten des Richteramts ahndet. Außerdem
ist es genug, wenn der Regent nur den Geist der Gesetze seines Landes
richtig gefaßt hat, wenn er die allgemeinen Grundsätze kennt, aus welchen
die einzelnen Vorschriften abgeleitet werden, wenn er den Umfang der Ge-
setze und die verschiedenen Klassen der Gegenstände, mit denen sie sich
beschäftigen, im großen überschauen gelernt hat und wenn er sich nur von
denjenigen Angelegenheiten und Geschäften, die seiner unmittelbaren Mit-
wirkung mehr oder weniger bedürfen, eine nähere Kenntnis zu verschaffen
sucht.

Nach diesem Plan werde ich also meinen gegenwärtigen Vortrag des bürgerlichen Rechts einrichten. Ich werde zuerst Eurer Königlichen Hoheit die allgemeinen Grundsätze vorlegen, auf welchen unser ganzes bürgerliches Recht beruht; ich werde sodann Höchstdenenselben das ganze System dieser Gesetzgebung in einem großen, möglichst leicht zu übersehenden Tableau zu

entwerfen suchen, und ich werde mich nur bei solchen einzelnen Materien etwas länger verweilen, die vermöge unserer Staatsverfassung unmittelbare Entschließungen, Verfügungen und Entscheidungen des Souveräns erfordern.
Ehe ich aber zu dieser Abhandlung selbst übergehen kann, ist es notwendig, eine kurze Geschichte unseres bürgerlichen Rechts vorauszuschicken, die sehr viel dazu beitragen wird, den wahren Geist der preußischen Gesetzgebung Eurer Königlichen Hoheit einleuchtender darzustellen.

GESCHICHTE DER GESETZGEBUNG, BESONDERS IN DEM PREUSSISCH-BRANDENBURGISCHEN STAATE

Soweit die historischen Denkmäler von den ältesten Bewohnern Deutschlands und besonders der nördlichen Gegenden desselben zurückgehen, waren die Deutschen eine Nation, die sich bloß mit Krieg und Jagd beschäftigte. Was im Kriege vom Feinde erbeutet wurde, gehörte dem Sieger. Das auf der Jagd getötete oder gefangene Wild war das unstreitige Eigentum des geschickten und glücklichen Jägers. Über die Herden des zahmen Viehs, die der Besitzer vom Feinde erbeutet oder die er durch seine Sorgfalt und Pflege großgezogen hatte, konnte ihm niemand das Eigentum und die Nutzungen streitig machen. Landeigentum kannte man gar nicht, weil der Ackerbau von diesen kriegerischen Nationen nur sehr wenig betrieben wurde. Das Feld, welches jemand bestellt hatte, war nur insoweit sein, daß er die Früchte seines Samens einernten und genießen konnte. Wer es im folgenden Jahre wieder bestellte, der hatte auf die Früchte seines eingestreuten Samens ein gleiches Recht. Künste und Handel waren den alten Deutschen völlig fremd, sie kannten sogar nicht oder verachteten die gemeinsten Bequemlichkeiten des bürgerlichen und geselligen Lebens. Eine solche Nation bedurfte wenig oder gar keiner Gesetze. Auch sagt Tacitus, daß nicht geschriebene Gesetze, sondern nur hergebrachte Sitten und Gewohnheiten unter ihnen gegolten hätten. Die etwa vorfallenden wenigen Streitigkeiten wurden entweder durch Vergleich beim freundschaftlichen Becher oder durch das Schwert entschieden; höchstens wählten sich die streitenden Parteien einen Richter unter Männern, die durch Alter und Erfahrung oder durch den Dienst der Gottheit, dem sie sich gewidmet hatten,

ehrwürdig gemacht wurden. In der Folge gelangten freilich auch die Deutschen zu einer etwas höheren Stufe der Kultur, sie lernten das Landeigentum kennen, einige mechanische Künste, besonders solche, die auf den Krieg sich beziehen, fanden Eingang unter ihnen; ihre Einfälle in Gallien und andern Provinzen des kultivierten römischen Reichs machten sie mit manchen Bedürfnissen und Bequemlichkeiten des geselligen Lebens bekannter. Aber eben damals entstand auch das Lehnssystem. Dies fürchterliche System, das ich zu seiner Zeit Eurer Königlichen Hoheit näher werde entwickeln müssen, kennt nur zwei Klassen von Menschen, Adel oder Lehnsherren und Leibeigne oder Sklaven. Unter jenen sind zwar unendlich viel Abstufungen. Das Verhältnis des | Oberlehnsherrn gegen seinen Ober- 367 R
vasallen und dieses gegen seine untergeordneten Lehnsleute sowie das Verhältnis dieser letzteren gegen ihren unmittelbaren und gegen den obersten Lehnsherrn ist unendlich kompliziert und bedarf der genauesten Bestimmungen. Dagegen ist auch das Recht der andern Klasse, der Lehnsuntertanen, desto einfacher. Sie haben im Grunde wenig mehr Rechte als die Tiere, deren sich ihr Herr zum Ackerbau oder andrem häuslichen Gebrauch bedient. Alles, was sie besitzen, alles, was sie erwerben, hängt von der Disposition ihres Herrn ab. Seine Willkür ist der Richter aller unter ihnen entstehenden Streitigkeiten. Es bedurfte also nur einiger Gesetze für den lehnsfähigen Adel, und in der Tat sind die ältesten Gesetze deutscher Völker, die wir noch besitzen, soweit sie das Mein und Dein betreffen, Lehnsgesetze. Auch diese Gesetze konnten sehr kurz sein, da mit dem Lehnssystem zugleich die Einrichtung entstand, daß die über dergleichen Angelegenheiten entstandenen Streitigkeiten nur vor einen Lehnshof gehörten, der aus Standesgenossen der Parteien zusammengesetzt war und den Streit mehr als Schiedsrichter und nach eigenem Ermessen und hergebrachten Gewohnheiten als nach geschriebenen Gesetzen in der Eigenschaft als Richter entschied. Auch hatte man aus der früheren Periode die Gewohnheit beibehalten, die Entscheidung entstandener Streitigkeiten der Spitze des Degens zu überlassen. So wie man in unsern Tagen hin und wieder noch den Zweikampf zum Richter über Ehrenstreitigkeiten wählt, so war er damals die gewöhnlichste Art der Entscheidung über streitiges Eigentum und andre Rechte. Wenn ihrer zwei auf die Erbschaft eines Dritten Anspruch machten, so kämpften sie darum, und der Sieger ward für den rechtmäßigen Erben gehalten.

Zwar zeigt sich früh schon der Keim der wahren bürgerlichen Freiheit und der mit ihr stets gleichen Schritt haltenden höheren Kultur in den Städten,

welche früher im südlichen, ungleich später aber im nördlichen Deutschland entstanden. Hier wurden zuerst die Künste des Friedens getrieben, hier entstand zuerst ein Handlungsverkehr zwischen den verschiedenen Gegenden Deutschlands und den übrigen europäischen Ländern, welcher in der Periode des Hanseatischen Bundes seinen höchsten Gipfel erreichte. Aber die großen deutschen Handelsstädte machten ebensoviel kleine, für sich bestehende und isolierte Republiken aus, deren Einfluß auf die übrigen Bewohner des Landes anfänglich nur sehr gering war. Sie sorgten für sich selbst durch Statuten und Willküren, die eigentlich Sammlungen hergebrachter Gewohnheiten waren und die sie zur Belehrung ihrer Bürger schriftlich abfassen ließen. Aber diese Statuten hatten außerhalb der Mauern der Stadt, welche sich ihnen unterworfen hatte, keine gesetzliche Kraft. Jeder deutsche Fürst, Graf oder Ritter glaubte, Souverän in seinem Lande oder Ländchen zu sein, und hielt es für eine Entehrung seiner Würde, außer den wenigen Fällen, wo ihn das lockere Band der Lehnsbarkeit noch etwas einschränkte, seine Rechte und Ansprüche irgendeinem andern Gesetze als seinem freien Willen oder seinem Schwerte zu unterwerfen. Bei diesen Umständen war gar nicht daran zu denken, daß für ganz Deutschland oder auch für irgendeinen beträchtlichen Teil desselben Gesetze sollten gemacht werden können, die von allgemein anerkannter Verbindlichkeit gewesen wären. Inzwischen fühlte doch Deutschland, je mehr es sich aus der Roheit, Unwissenheit und Barbarei emporarbeitete, je mehr das Lehnssystem, an dessen Fall die gesunde Vernunft und die Politik der Fürsten mit vereinigtem Bestreben zu arbeiten anfing, von seiner Kraft verlor, desto stärker die Notwendigkeit einer besseren und vollständigeren Gesetzgebung. In eben diesem Zeitpunkte, d. h. gegen das Ende des 14ten Jahrhunderts, war es, als mit dem Wiederaufleben der Wissenschaften in Deutschland auch das römische Recht daselbst bekannt wurde. Die fähigsten Köpfe Deutschlands, besonders diejenigen, die aus irgendeinem Grunde den Weg der Waffen zu ihrem Emporkommen nicht wählen konnten oder wollten, fingen damals an, die italienischen Universitäten zu besuchen, woselbst das römische Recht schon seit beinahe 200 Jahren gelehrt wurde. Sie kamen zurück, bereichert mit Kenntnissen und erfüllt mit Bewunderung für eine Gesetzsammlung, die alle Kräfte des menschlichen Verstandes auf der Stufe, wo er damals stand, zu übertreffen und für alle möglichen Fälle, wo über Mein und Dein, über | Rechte und An- 368
sprüche im bürgerlichen Leben Streit entstehen könnte, die bestimmtesten und scharfsinnigsten Entscheidungen zu enthalten schien. Der Ruf vorzüglicher Klugheit und Gelehrsamkeit, der vor ihnen herging, verschaffte ihnen

die willige Aufnahme unter die Räte der Fürsten und auf den Stühlen der Richter. Hier fingen sie an, ihre erlernten Kenntnisse in Ausübung zu bringen und nicht bloß, wie wohl zu wünschen gewesen wäre, den Geist und die philosophischen Grundsätze des römischen Rechts in die Geschäfte des Lebens hinüberzutragen, sondern vielmehr diese Geschäfte nach dem von Deutschlands Verfassung so sehr verschiedenen Leisten des römischen Rechts zu modeln. Sie fanden darin bei den Kaisern und den mächtigeren deutschen Fürsten desto bereitwilliger Unterstützung, je mehr die Vorschriften des zunächst für eine souveräne Monarchie gebildeten römischen Rechts die Gewalt der Regenten gegen den ihnen untergeordneten Adel begünstigten. So ward dem römischen Rechte nach und nach der Zutritt nach Deutschland gebahnt, bis endlich dasselbe i. J. 1495 durch einen förmlichen Schluß der auf dem Reichstage zu [Worms] versammelten deutschen Fürsten und Stände unter dem Namen des Kaiserrechts als ein allgemeines für ganz Deutschland verbindliches Gesetzbuch förmlich aufgenommen wurde. Den besseren Einrichtungen, welche damals bei der Reichsjustiz gemacht wurden, folgten die großen deutschen Fürsten in ihren Landen bald nach, und unter ihnen auch Kurfürst Joachim I. von Brandenburg, der das Kammergericht in Berlin nach dem Modell des Reichskammergerichts bildete und diesem Collegio ebenfalls das römische Recht zur Richtschnur bei seinen Entscheidungen vorschrieb. Zwar sollte das römische Recht nur als ein Hilfsrecht, d. h. nur insoweit gelten, als nicht über gewisse Materien und Gegenstände schon ältere Landesgesetze vorhanden wären. Auch behielten die deutschen Fürsten vermöge der ihnen schon damals zukommenden Landeshoheit sich vor, die Vorschriften des römischen Rechts über einzelne Materien durch neue Landesgesetze und Konstitutionen, je nachdem sie es ihren Untertanen zuträglich finden würden, zu erklären, zu ergänzen und abzuändern. Inzwischen war und blieb denn doch das römische Gesetzbuch die vornehmste Grundlage der bürgerlichen Rechte, und da der Fälle, wo über einen Gegenstand vollständige, deutliche und bestimmte Landesgesetze existieren, verhältnisweise immer nur sehr wenig waren, so kann man mit Wahrheit sagen, daß Deutschland und besonders auch die preußischen Staaten seit dreihundert Jahren unter Gesetzen leben, welche von römischen und byzantinischen Despoten für ganz andre Menschen, Sitten und Verfassungen vorgeschrieben worden.

Fast zu gleicher Zeit mit dem römischen ward auch noch ein andres fremdes Recht in Deutschland eingeführt. Als nämlich im 12ten Jahrhundert das römische Gesetzbuch in Italien wieder eingeführt wurde, wollten die Päpste, welche von jeher auf die Herrschaft über den Geist der Menschen äußerst jaloux gewesen sind, es nicht gestatten, daß in einer so wichtigen Angelegenheit Verordnungen einer bloß weltlichen Macht ihnen den Vorrang abgewinnen sollten. Sie veranstalteten also eine Sammlung von Beschlüssen der Kirchenversammlungen und Verordnungen der Päpste über allerhand Rechtsmaterien, besonders über solche, die mit der Religion in irgendeiner auch nur scheinbaren Verbindung stehen, z. E. über die Ehe, über die Vormundschaften und über die Rechte der Klerisei. Diese unter dem Namen des kanonischen Rechts bekannte Sammlung fand vermöge der Ehrfurcht, die man damals noch dem Papste als dem sichtbaren Statthalter Gottes widmete, und durch die Bemühungen der Geistlichkeit ebenso leicht Eingang in Deutschland, und sie ward die zweite Hauptquelle unseres bürgerlichen Rechts, der sogar in den Materien, welche sie berührte, der Vorzug vor dem römischen Recht beigelegt wurde.

Römisches und kanonisches Recht sind also noch bis auf den heutigen Tag für das übrige Deutschland und waren noch bis vor wenigen Monaten für die preußischen Staaten die beiden Hauptquellen aller bürgerlichen Rechte. Da die Veränderung, welche damit nach dem von Friedrich M. entworfenen und von des jetzt regierenden Königs Majestät ausgeführten Plane in unseren Tagen vorgenommen worden, noch so neu und da, wie sich bald zeigen wird, ein sehr großer Teil der Vorschriften des neuen Gesetzbuchs aus jenen Quellen abgeleitet ist, so wird es nicht überflüssig sein, das Notwendigste von der Geschichte jener beiden Gesetzbücher hier anzuführen.

Die Römer beschäftigten sich bei dem ersten Entstehen und in den früheren Perioden ihres Staats sowie alle zuerst aus dem Stande der . . .[1] | und Acker- 368R
bau und den zu beiden unentbehrlichsten mechanischen Künsten. Sie bedurften daher ebenfalls nur weniger Gesetze, und noch im 4ten Jahrhunderte nach Roms Erbauung war die Anzahl derselben so klein, daß sie auf 12 Tafeln gebracht werden konnten, wozu noch obenein Gesetze Griechenlands einen Teil der Materialien geliefert hatten. In der Folge, als Rom seine Eroberungen weiter und selbst über die Grenzen Italiens ausbreitete, als diese Eroberungen sie mit gebildeteren Völkern in nähere Verbindung brachten, als sie dadurch die Künste des Friedens, die Bequemlichkeiten des geselligen Lebens und bald auch die Reizungen und Bedürfnisse des Luxus kennenlernten, fand es sich gar bald, daß jene 12 Tafeln bei weitem nicht hinreichend waren, über alle Geschäfte und Verwicklungen des bürgerlichen Lebens bestimmte Entscheidungen darzubieten. Der natürlichste Gedanke wäre es ge-

[1] Textlücke.

wesen, diesem Mangel durch neue zweckmäßige Gesetze abzuhelfen. Allein es ist in Freistaaten, wo die Ausübung der gesetzgebenden Macht unter mehrere verteilt ist, immer äußerst schwer, ein Gesetz zustande zu bringen, und bei den Römern war diese Schwierigkeit doppelt groß, da ihre Verfassung stets zwischen Aristokratie und Demokratie schwankte, bis beide zuletzt von der unumschränkten Monarchie verschlungen wurden. Es konnten daher nur äußerst wenige Materien, z. E. der Zinswucher, die Eigentumsrechte über Grundstücke, die Rechte des Herrn über seine Sklaven, durch Schlüsse des Senats und Verordnungen des Volkes einigermaßen bestimmt werden. In allen übrigen Fällen half man sich damit, daß man der richterlichen Macht einen Teil der gesetzgebenden Macht in den Geschäften des bürgerlichen Lebens überließ. Jeder Praetor (so hießen die bürgerlichen Obrigkeiten in Rom) machte bei dem Antritte seines Amts die Grundsätze bekannt, nach welchen er sich während desselben bei Entscheidung der für ihn gebrachten Streitigkeiten richten werde. Langten diese Grundsätze in ein oder dem andern vorkommenden Falle nicht aus, so wendeten sich die Parteien oder auch wohl die Richter selbst an Leute, die von der Rechtsgelehrsamkeit Profession machten, d. h. welche sich darauf legten, die in den Schulen der Griechen erlernte Philosophie auf die Geschäfte des bürgerlichen Lebens zu akkommodieren. Diese gaben dann über den ihnen vorgelegten Fall ein Gutachten, welches der Richter bei seiner Entscheidung zum Grunde legte. Sehr mangelhaft waren allerdings diese Auskunftsmittel, und notwendig mußten bei einer solchen Verfassung die Rechte eines römischen Bürgers sehr schwankend und ungewiß sein. Das Amt eines römischen Praetors dauerte nur ein Jahr, und es hing schlechterdings von seinem Nachfolger ab, inwiefern derselbe die Grundsätze seines Vorgängers beibehalten oder nach andern Principiis Recht sprechen wollte. Überdies waren die römischen Rechtsgelehrten so wie die Philosophen in verschiedene Schulen und Sekten geteilt, die in vielen Stücken sehr abweichende Meinungen hegten. Das Schicksal eines Prozesses kam also sehr oft darauf an, welcher Sekte der Praetor, der ihn entscheiden sollte, zugetan war oder zu welcher Sekte der Rechtsgelehrte gehörte, dessen Gutachten in der Sache eingezogen wurde. Inzwischen blieb doch diese mangelhafte Verfassung nicht nur so lange, als die republikanische Regierungsform dauerte, sondern auch noch unter den ersten Kaisern, die teils mit politischen Geschäften zur Befestigung ihrer neuen und nicht gesetzmäßig erworbenen Gewalt, teils mit innerlichen Unruhen zu viel zu tun hatten, als daß sie mehr als einzelne Verordnungen zur Verbesserung der bürgerlichen Rechtspflege hätten beitragen kön-

nen. Erst Kaiser Hadrian, der zu Anfang des 2ten Jahrhunderts nach Christi Geburt regierte, tat zu einer solchen Verbesserung den ersten wichtigen Schritt, indem er die einzelnen von Praetoren während ihrer Amtsführung erlassenen Verordnungen sammelte und daraus das sogenannte beständige Edikt verfertigen ließ, welches ein wichtiges und eins der besten Stücke der römischen Gesetzgebung ausmacht. Eine lange Folge von Kaisern, die teils in Rom, teils in Byzanz oder Konstantinopel regierten, begnügte sich wiederum mit Verbesserung und Ergänzung einiger Stücke des bürgerlichen Rechts durch Verordnungen, die bei Gelegenheit vorkommender einzelner Fälle erlassen wurden, bis endlich der griechische Kaiser Theodosius der Jüngere und nicht lange nach ihm in noch größerem Umfange Kaiser Justinian zuerst den großen und für sein Jahrhundert (es war das 6te nach Christi Geburt, mitten im Verfall des römischen Reichs) fast zu kühnen
Gedanken, eine vollständige Gesetzsammlung aus allen | den mannigfaltigen 369
bisher ungebrauchten Quellen des römischen Rechts zu veranstalten. Er brachte damit ohngefähr sieben Jahre zu und vollendete in dieser Zeit dies wichtige Werk, welches so viele Jahrhunderte lang unter dem Namen des Corpus Juris das Orakel aller juristischen, sondern auch sehr oft der politischen Weisheit gewesen ist. Das Werk selbst ist eine Zusammensetzung der sonderbarsten Art. Es besteht aus Bruchstücken von den Gesetzen der alten römischen Könige, aus Extrakten einzelner Verordnungen des römischen Senats und Volks, aus Edikten der römischen Praetoren, aus Gutachten und Entscheidungen der Rechtsgelehrten über einzelne ihnen vorgelegte Fälle, aus Konstitutionen der Kaiser von Augustus an bis auf Justinian herunter. So verschieden diese mannigfaltigen Materialien in Ansehung des Zeitalters sind, dem sie abgeborgt worden, so verschieden ist der Geist, der in ihnen herrscht, so unendlich verschieden ist ihr innerer Wert. In einem Teil dieser Bruchstücke atmet der Geist freier Republikaner, die Strenge der stoischen Sekte, zu der die meisten alten Rechtsgelehrten sich bekannten, und der Scharfsinn einer durch Künste und Wissenschaften im höchsten Grade aufgeklärten Nation. In andern sieht man die feinen Züge eines künstlichen Despotismus, der selbst in der bürgerlichen Rechtsverfassung Stützen seiner durch Gewalt errungenen Macht aufsucht und seinen willkürlichen Befehlen die äußeren Formen einer republikanischen Verfassung zu geben bemüht ist. In den späteren Stücken dieser Sammlung lebt schon jener schwerfällige und unterdrückende Geist eines groben orientalischen Despotismus, der nicht mehr aus Grundsätzen der aufgeklärten Vernunft, sondern aus den Zeughäusern des finstersten Aberglaubens die Materialien seiner Gesetze herbei-

holt. Und alles das steht in einem bunten Gemisch untereinander da, ohne System, ohne irgendeine dem gemeinen Menschenverstande sichtbare Ordnung.

Fast ebenso ist es mit der zweiten Gesetzsammlung beschaffen, die man das kanonische Recht nennt. Es besteht, wie schon erwähnt worden, aus Verordnungen und Beschlüssen der Kirchenversammlungen, unter welchen sich, wie jetzt historisch erwiesen ist, viele ganz erdichtete befinden, vornehmlich aber aus Verordnungen und Entscheidungen der Päpste, und ist in verschiedenen Kompilationen nach und nach vom 6ten bis zum 16ten Jahrhundert, wo Papst Gregorius XIII. ihm gleichsam das letzte Siegel aufdrückte, zusammengetragen worden. Der größte Teil desselben betrifft die Angelegenheiten und Rechte der Geistlichkeit, die verschiedenen Stufen und Verhältnisse der römischen Hierarchia und einige andre Materien des bürgerlichen Rechts, auf welche die Geistlichkeit sich eines vorzüglichen Einflusses anmaßte. Überall, wo nicht das Interesse der Geistlichkeit mit ins Spiel kommt, merkt man es an der Billigkeit und dem Scharfsinn der Entscheidungen, daß sie das Werk derjenigen Männer sind, in deren Händen sich während jener finsteren Jahrhunderte der ganze Vorrat von Einsichten und Kenntnissen befand, den die verwüstenden Völkerwanderungen, die Barbarei der immerwährenden Kriege und der noch verderblichere Druck des gröbsten Aberglaubens in unserem Weltteile noch übriggelassen hatte.

So sieht, ins Große gezeichnet, das Bild der Gesetzbücher aus, die allen bürgerlichen Rechten des heutigen Europa zum Grunde liegen. So schrankenlos und abgöttisch beinahe die Verehrung war, die diesen Gesetzbüchern von unsern Vorfahren gewidmet war, so sehr hat man in neueren Zeiten in den Vorwürfen und Schmähungen gegen dieselben alle Grenzen der Wahrheit und Billigkeit überschritten. Jene Gesetzbücher, besonders das römische, enthalten in der Tat viel schätzbare Denkmäler einer aufgeklärten Philosophie; viele Verordnungen und Entscheidungen beruhen auf Grundsätzen des reinsten und richtigsten, nach den Verhältnissen einer wohl eingerichteten bürgerlichen Gesellschaft angewendeten Naturrechts; ein großer Teil der Vorschriften führt augenscheinlich den Charakter der Billigkeit und Nutzbarkeit für das Wohl der Gesellschaft. Inzwischen war es doch immer äußerst bedenklich, ein solches fremdes Recht bei einem Volke einzuführen, dessen Sitten, natürlicher Charakter, Erziehung, Klima, politische Verhältnisse und ganze bürgerliche Verfassung von dem Volke und Lande, für welche jene Gesetze gegeben wurden, so unendlich verschieden sind. Es war eine auffallende Unschicklichkeit, einem Volke Rechte vorzuschreiben und

es danach beurteilen zu wollen, die nicht der zehnte Teil lesen und vielleicht nicht der hundertste Teil verstehen konnte. In der Tat hielt sich auch ein großer Teil von denen, | welchen dieses fremde Recht wider seinen Willen 369 R
aufgedrungen wurde, so lange und so sehr als möglich an seine vaterländischen hergebrachten Gewohnheitsrechte. Die Unmöglichkeit, das fremde Recht auf die so sehr verschiedenen deutschen Verfassungen in manchen Fällen buchstäblich anzuwenden, erzeugte eine Menge Deklarationen, Kommentarien und Auslegungen. Es fanden sich häufig darin dunkle und zweideutige Stellen, die von einem Rechtslehrer oder Richter so und von dem andern anders erklärt wurden. Dieses Gesetzbuch, das nur wenig allgemeine Grundsätze und gar keine systematische Ordnung kennt, hat eine Menge Lücken, welche die Landesherren durch einzelne Konstitutionen zu ergänzen sich beeiferten. Diese Verordnungen waren bei weitem nicht immer nach einerlei Geist und Grundsätzen abgefaßt; sie widersprachen sich häufig, wurden also deklariert, modifiziert oder gar aufgehoben. Und so wurde aus unsrem bürgerlichen Rechte ein Chaos, in welchem römisches Recht, kanonisches Recht, altes deutsches Recht, einzelne landesherrliche Konstitutionen, Gerichtsobservanzen und Meinungen der Rechtsgelehrten sich in einem unaufhörlichen Wirbel herumtrieben, aus welchem selbst die geübtesten Sachverständigen sich oft nicht herauszufinden wußten. Die Rechte der Bürger des Staats waren äußerst schwankend und unsicher, Prozesse waren nicht viel besser als Hazardspiele, und die Schikane hatte es völlig in ihrer Gewalt, jede nur irgend wichtige und nicht ganz gewöhnliche Sache dergestalt zu verdrehen, daß der Richter stets Gefahr lief, die richtige Entscheidung zu verfehlen oder doch dazu nicht eher, als nachdem die Parteien durch die lange Dauer und durch die Kosten des Prozesses erschöpft waren, gelangen zu können.

Es war daher ein Gedanke, der großen Seele Friedrichs des Einzigen würdig, daß er den Entschluß faßte, sein Volk mit einem in seiner Landessprache abgefaßten, seinen Sitten, Charakter und Verfassungen gemäßen, möglichst vollständigen und bestimmten Gesetzbuche zu beglücken und dadurch der bisherigen Ungewißheit der Rechte, diesem für die bürgerliche Gesellschaft so äußerst schädlichen Übel, ein Ende zu machen. Er fing mit einer Reform der Prozeßordnung an, die i. J. 1748 beendet wurde, und i. J. 1749 ließ er den Entwurf eines neuen Gesetzbuchs bekanntmachen. Dieser Versuch entsprach seinen Gesinnungen und Wünschen nicht, weil die Ausführung einem Manne anvertraut war, der bei seinen übrigen großen Verdiensten eine solche Vorliebe für das römische Recht hegte, daß sein Projekt wenig mehr als eine bloße Übersetzung der römischen Gesetze enthielt. Der wenig Jahre darauf entstandene 7jährige Krieg und nach demselben die neue Schöpfung, welche Friedrich seinen durch diesen Krieg in ihren Grundfesten erschütterten Staaten geben mußte, hinderten ihn viele Jahre lang, diesem wichtigen, aber minder dringenden Gegenstand seine Aufmerksamkeit zu widmen. Kaum aber hatte er den bayrischen Sukzessionsstreit glorreich beendigt, so lebte die große Idee einer Verbesserung der Legislation in ihm wieder auf, und er erließ unterm 14ten April 1780 an den jetzigen Großkanzler die berühmte Kabinettsordre, die ein ewiges Monument seiner Weisheit und Liebe für seine Untertanen auch in diesem Fache der Staatsverwaltung bleiben wird[1].

Nach dieser Kabinettsordre sollte eigentlich zweierlei geschehen.

1. Das römische Recht, welches nun schon seit 300 Jahren auch in den hiesigen Landen aufgenommen ward, das mit der inneren Staatsverfassung, soweit sie die Privatrechte der Einwohner bestimmt, innig verwebt ist, an welches die Nation seit so vielen Jahrhunderten sich nun einmal gewöhnt und auf welchem so viel Familien- und andre Verhältnisse in der bürgerlichen Gesellschaft beruhen, sollte teils deswegen, teils wegen seiner innern Vorzüge, die ihm im ganzen nicht abzusprechen sind, bei dem neuen Gesetzbuche zum Grunde gelegt werden. Es sollte aber daraus nur das Wesentliche, mit dem Naturgesetz und der heutigen Verfassung Übereinstimmende abstrahiert, das Unnütze weggelassen, das Fehlende ergänzt, das Streitige und Zweifelhafte bestimmt und entschieden | und der Inhalt der verschiede- 370
nen einzelnen Landesgesetze gehörigen Orts eingeschaltet werden.

2. Da die preußische Monarchie aus so vielen einzelnen, ihrer Lage und inneren Verfassung nach so sehr verschiedenen Provinzen besteht, die deswegen auch bisher schon in einigen Stücken verschiedene Gesetze hatten, so fand Friedrich der Große aus Gründen, die seiner Weisheit und seiner Achtung für die bürgerliche Freiheit seiner Untertanen gleich viel Ehre machen, nicht vor gut, diese besonderen Provinzialgesetze gänzlich aufzuheben, sondern er verordnete nur, daß dieselben vollständig gesammelt, revidiert, wo es nötig verbessert und in eine deutliche, zusammenhängende Ordnung gebracht werden sollten.

Der erste und schwerste Teil dieses Plans ist durch die im vorigen Sommer erfolgte Publikation des Allgemeinen Gesetzbuches ausgeführt[2]. Es ward nämlich nach den in der Kabinettsordre [vom 14. April 1780] vorgeschriebe-

[1] N. C. C., Bd. VI, Nr. 13, Sp. 1935 ff.
[2] Das Publikationspatent ist vom 20. März 1791.

nen Grundsätzen zuerst ein Entwurf zu dem neuen Gesetzbuche abgefaßt und nicht nur der Gesetzkommission, sondern auch den sämtlichen Landeskollegien zur Prüfung vorgelegt. Er ward gedruckt, und es wurden ansehnliche Prämien für die gründlichsten und brauchbarsten Bemerkungen darüber ausgesetzt. Des jetzt regierenden Königs Majestät verordneten auch noch, daß die Stände sämtlicher Provinzen mit ihren Monitis gehört werden mußten[1]. Alle solchergestalt eingesammelten Erinnerungen wurden geprüft, die erheblich gefundenen aufgenommen und der Entwurf danach gänzlich umgearbeitet. Diese Umarbeitung ward nochmals der Gesetzkommission vorgelegt, und über alle wichtigen und zweifelhaften Punkte wurde von Seiner Königlichen Majestät unmittelbar die Entscheidung eingeholt. Auf diese Art entstand nach einer höchst mühsamen Arbeit von zehn Jahren das gegenwärtige Allgemeine Gesetzbuch. Die Vorteile, welche dadurch der bürgerlichen Verfassung und dem preußischen Staat überhaupt zugewachsen, sind hauptsächlich folgende:

a) Die Entscheidungen der einzelnen Fälle, woraus der größte Teil des römischen Rechts besteht, sind auf allgemeine Grundsätze zurückgeführt.

b) Das römische Recht ist nur so, wie es in den preußischen Staaten bisher wirklich gegolten hat, in dem Gesetzbuche aufgenommen, und dadurch sind alle Streitigkeiten, ob dieses oder jenes Stück des römischen Corpus Juris ein wirklich geltendes Gesetz sei, kupiert.

c) Alle dunklen Stellen des römischen Rechts, über deren Verstand und Auslegung unter den Rechtsgelehrten und in den Gerichten gestritten wurde, sind erklärt und ihnen ein deutlicher und bestimmter Sinn beigelegt.

d) Alle Vorschriften des römischen Rechts, die bloß in den Lehrsätzen der stoischen Philosophie oder in der römischen Staatsverfassung gegründet waren, alle Verordnungen, die mit den Sitten, Gewohnheiten und bürgerlichen Verfassung der Nation nicht harmonieren, alle Spitzfindigkeiten und unnützen Formalitäten, womit manche Arten der Geschäfte überladen waren, sind abgeschafft und zweckmäßigere Vorschriften an ihre Stelle gesetzt.

e) Über Angelegenheiten und Geschäfte, von welchen das römische Recht keine hinreichenden Vorschriften enthält oder wo diese Vorschriften durch neuere Landesgesetze schon abgeändert waren, sind nur diese Landesgesetze aufgenommen; sie sind in Ordnung gebracht, von Widersprü-

[1] Cabinets-Ordre vom 28. August 1786 und Schreiben an v. Carmer vom 27. August 1786, N. C. C., Bd. VIII, Nr. 52, Sp. 143 ff.

chen gereinigt, ergänzt und auf feste bestimmte Principia zurückgeführt worden.

f) Diejenigen Angelegenheiten, über welche nach der preußischen Staatsverfassung Prozesse zwischen dem Fiskus und den Untertanen des Staats entstehen können, sind nach den Grundsätzen dieser Staatsverfassung durch deutliche und vollständige Vorschriften bestimmt.

g) Alle Rechtswahrheiten sind in einer natürlichen und zusammenhängenden Ordnung, so wie eine aus der andern abgeleitet werden und eine die andre erklären kann, aufgestellt.

h) Die Gesetze selbst sind in der deutschen Sprache und in einem möglichst deutlichen Stil abgefaßt, so daß jeder Mann von einiger Erziehung und Ausbildung sie selbst lesen, verstehen und von seinen Rechten und Pflichten sich daraus belehren kann.

Da bei der Ausarbeitung die geschicktesten und erfahrensten Männer sowohl in den ganzen preußischen Staaten als in einem beträchtlichen Teile des übrigen Deutschlands zu Rate gezogen worden, so darf man mit Grunde hoffen, daß der Zweck der neuen Gesetzgebung erreicht und ein gewisses, zusammenhängendes, billiges und allgemein verständliches Recht an die Stelle der bisherigen schwankenden und ungewissen, sich selbst untereinander und noch mehr unsern Sitten und Verfassungen oft widersprechenden, unvollständigen und dem größten Teile der Landeseinwohner durchaus unverständlichen fremden Gesetze getreten sein werde.

Der zweite Hauptteil des ganzen Plans, die Sammlung und Verbesserung der einzelnen Provinzialgesetze, ist noch nicht ausgeführt, sondern es wird gegenwärtig daran gearbeitet. Die Konkurrenz dabei, welche den Ständen verschiedener Provinzen teils vermöge der Grundverfassung zukommt, teils ihnen von des Königs Majestät eingeräumt worden ist, dürfte die Vollendung dieses Teils noch etwas aufhalten. Inzwischen ist doch die hauptsächlichste Verbesserung schon geschehen. Denn die Provinzialgesetze betreffen keineswegs den ganzen Umfang des Privatrechts, sondern nur gewisse einzelne Materien, z. E. die in den Provinzen sehr abweichenden Lehnsverfassungen, die Verhältnisse zwischen den Gutsherrschaften und ihren Untertanen, die Erbfolge unter dem Adel und hin und wieder auch die Erbfolge unter den Eheleuten. In dergleichen Materien wird allerdings hauptsächlich | auf die Vorschriften der Provinzialgesetze Rücksicht genommen; in allen 370R
übrigen Stücken aber dient das Allgemeine Gesetzbuch zur alleinigen Richtschnur.

Ich wende mich nunmehr zu der Ausführung des oben entworfenen Plans, nach welchem Eurer Königlichen Hoheit

1. die allgemeinen Grundsätze, auf welchen das ganze bürgerliche Recht beruht, vorgetragen,
2. eine allgemeine Übersicht von dem System des bürgerlichen Rechts gegeben, bei dieser Gelegenheit aber
3. diejenigen speziellen Materien, die für Eure Königliche Hoheit als künftigen Regenten ein näheres und unmittelbares Interesse haben können, etwas umständlicher erläutert werden sollen.

ALLGEMEINE GRUNDSÄTZE DES RECHTS

I.

Die allgemeinen Grundsätze des bürgerlichen Rechts bestimmen entweder die Verhältnisse der Untertanen gegen den Staat oder die Verhältnisse der Untertanen untereinander.

A. Die Verhältnisse der Untertanen gegen den Staat beruhen auf folgenden Grundsätzen.

1.

(II, 2, 3) [§§ 2 u. 3 II 13][1] Der Zweck des Staats ist, die äußere und innere Ruhe und Sicherheit zu erhalten, einen jeden bei dem Seinigen gegen Gewalt und Störungen zu schützen und für Anstalten zu sorgen, wodurch den Einwohnern Mittel und Gelegenheiten verschafft werden, ihre Kräfte und Fähigkeiten auszubilden und dieselben zur Beförderung ihres Wohlstands anzuwenden.

2.

(§ 78) [Einl. § 78] Das Oberhaupt des Staats hat vermöge des bürgerlichen Vertrages, auf welchem die ganze Staatsverbindung beruht, die Pflicht, folglich auch das Recht, die äußeren Handlungen aller Einwohner des Staats nach dem Zwecke desselben zu leiten und zu bestimmen.

[1] In den eckigen Klammern sind Hinweise auf die entsprechenden Bestimmungen des AGB enthalten.

3.

(II, 5) [§ 6 II 13] Das Oberhaupt des Staats hat also auch allein das Recht der Gesetzgebung im weitesten Sinne; denn Gesetze sind nichts andres als allgemeine Vorschriften, nach welchen die Untertanen ihre Handlungen einrichten sollen.

4.

(I, 1—4) [Einl. §§ 1—4] Im preußischen Staat gelten also keine andern Gesetze, als die der Landesherr gegeben oder bestätigt hat.

5.

(I, 79) [Einl. § 79] Durch Gesetze sollen die natürlichen Rechte und Freiheiten der Bürger des Staats nur so weit eingeschränkt werden, als es die Erreichung der Zwecke des Staats erfordert.

6.

(I, 10 —13) [Einl. §§ 10—13] Wenn neue Gesetze über die Privatrechte und Pflichten der Bürger des Staats gegeben oder alte Gesetze aufgehoben, geändert, erklärt oder ergänzt werden sollen, so muß die Gesetzkommission darüber mit ihrem Gutachten vernommen werden. Die Ministres und Departementschefs sind verantwortlich dafür, daß dem Landesherrn kein Gesetz vorgelegt werde, welches nicht zuvor auf diese Art bei der Gesetzkommission geprüft worden.

7.

(I, 14) [Einl. § 14] Kein Gesetz kann verpflichten, insofern es nicht gehörig publiziert worden ist.

8.

(I, 18) [Einl. § 18] Daher kann ein Gesetz auf Handlungen und Begebenheiten, die schon vor der Publikation vorgefallen sind, nicht angewendet werden[1].

9.

(I, 22) [Einl. § 22] Nur in dem Fall, wenn die Strafen eines Verbrechens durch ein neues Gesetz gemildert worden, kommt diese Milderung auch demjenigen zustatten, der das Verbrechen schon vor der Publikation des neuen Gesetzes begangen hat.

[1] Am Rande zwischen 8. und 9.: Daß die Gesetze alle verbinden.

10.

Streitige Rechte der Untertanen müssen nach den Gesetzen des Staats durch die Gerichte, welche jedem Untertanen angewiesen sind, erörtert und entschieden werden.

11.

(I, 6) [Einl. § 6] Eine Entscheidung, die in streitigen Fällen ohne gehörige Untersuchung und rechtliches Erkenntnis gegeben wird, heißt ein Machtspruch.

12.

(I, 6) [Einl. § 6] Machtsprüche wirken keine Rechte und Verbindlichkeiten. Es kann also weder irgendein Minister noch auch der Landesherr selbst Machtsprüche tun.

13.

(I, 9) [Einl. § 9] Der Landesherr allein hat das Recht, Privilegia zu erteilen, d. h. durch besondere Gesetze Ausnahmen von allgemeinen Vorschriften zum Vorteil gewisser Personen oder Sachen festzusetzen.

14 371

Durch solche Privilegia müssen aber die wohlerworbenen Rechte eines Dritten nicht gekränkt werden.

15.

Auch schon verliehene Privilegia sind im zweifelhaften Falle so zu deuten, wie sie am wenigsten zum Nachteil eines Dritten gereichen, jedoch so, daß die wohltätige Absicht des Gebers dabei nicht verfehlt werde.

16.

(I, 76) [Einl. § 76] Privilegia gehen verloren, wenn der Begünstigte eines groben Mißbrauchs derselben zum Schaden des Staats oder seiner Bürger schuldig befunden wird.

17.

(I, 74) [Einl. § 74] Außerdem können Privilegia nur alsdann wieder aufgehoben werden,

a) wenn überwiegende Gründe des gemeinen Wohls solches erfordern und
b) der Privilegierte hinlänglich entschädigt wird.

18.

(I, 83, 84, 85) [Einl. §§ 83—85] Jeder Einwohner des Staats ist den Schutz desselben für seine Person und sein Vermögen zu fordern berechtigt.

19.

Dagegen ist niemand befugt, sich durch eigene Gewalt Recht zu verschaffen.

20.

Die eigenmächtige Selbsthilfe kann nur in dem Falle entschuldigt werden, wenn die Hilfe des Staats zur Abwendung eines unwiederbringlichen Schadens zu spät kommen würde.

21.

(I, 88) [Einl. § 88] Der Schutz des Staats und seiner Einwohner gegen auswärtige Feinde ist lediglich den Anordnungen des Landesherrn, nach Beschaffenheit der jedesmaligen Umstände vorbehalten.

22.

(I, 80) [Einl. § 80] Jeder Untertan des Staats ist schuldig, die Sicherheit und Wohlfahrt des gemeinen Wesens nach dem Verhältnisse seines Standes und Vermögens zu unterstützen.

23.

[§ 129 II 17] Kein Untertan des Staats darf ohne Vorwissen desselben aus dem Lande gehen.

24.

[§ 128 II 17, §§ 48 ff. II 10] Kantonisten dürfen sich ohne Vorwissen des Landrats oder Magistrats des Ortes nicht aus ihrer Heimat und ohne Vorwissen der Kammer nicht aus der Provinz entfernen.

25.

Haben sie es dennoch getan, so werden sie zitiert, und wenn sie sich weder stellen noch rechtfertigen, so wird ihr Vermögen zum Besten der Invalidenkasse konfisziert.

26.

[§129 II 17] Elternlose Waisen dürfen ohne besondere Einwilligung des Staates nicht in auswärtige Länder gebracht werden.

27.

[§ 130 II 17] Die Provinzialgesetze bestimmen, welche außer diesen Klassen einer besondern Einwilligung bedürfen.

28.

Die Regel aber ist, daß ein jeder auswandern kann, wenn er nur dem Staat den Abzug entrichtet.

29.

(II, 15) [§ 15 II 13] Der Staat hat das Recht, zur Bestreitung der Staatsbedürfnisse das Privatvermögen, die Personen, die Gewerbe und Produkte, ingleichen die Konsumtion der Untertanen mit Abgaben zu belegen.

30.

(III, 2) [§ 2 II 14] Diesem Besteurungsrechte des Staats sind alle diejenigen unterworfen, die für ihre Personen, Vermögen oder Gewerbe den Schutz des Staats genießen.

31.

(III, 78) [§ 78 II 14] Der Staat macht die Verteilung dieser Abgaben nach seinem Gutfinden, und die Untertanen müssen sich derselben ohne Widerrede unterwerfen.

32.

(III,3,4,5) [§§ 3—5 II 14] Wenn aber gewisse Klassen von Landeseinwohnern oder auch einzelne Personen auf den Grund besonderer Gesetze oder mit dem Landesherrn geschlossener Verträge oder erhaltener Privilegien eine Befreiung von dieser oder jener Art der Abgaben prätendieren, so müssen sie darüber gehört werden.

33.

(II, 7, 8) [§§ 7, 8 II 14] Der Landesherr kann Personen, die bisher zu den Staatsabgaben beigetragen haben, davon weder durch Verträge noch durch Privilegia befreien, sobald dadurch die Last der übrigen Kontribuenten erschwert wird.

34.

(I, 87/III, 81, 82) [Einl. § 87; §§ 81, 82 II 14] Wenn der Staat in Ansehung seiner Domänen, wegen geschlossener Verträge oder vorgefallener einzelner Geschäfte mit Privatpersonen in Streit verwickelt wird, so muß ein solcher Streit bei den ordentlichen Gerichten nach den Vorschriften der Gesetze erörtert und entschieden werden.

35.

(I, 81) [Einl. § 81] Einzelne Rechte und Vorteile der Mitglieder des Staats müssen den Rechten und Pflichten zur Beförderung des gemeinschaftlichen Wohls, wenn zwischen beiden eine wirkliche Kollision eintritt, nachstehen.

36.

(I, 82) [Einl. § 82] Dagegen ist der Staat denjenigen, welcher seine Rechte und Vorteile dem Wohl des gemeinen Wesens aufopfern muß, zu entschädigen gehalten.

Ad A. 372

Von den Verhältnissen des Staats gegen seine Untertanen

Alle diese Sätze sind bereits im Allgemeinen Staatsrechte vorgekommen und erwiesen worden. Hier werden sie nur als der bestimmt erklärte Wille des Gesetzgebers, mithin als positives Gesetz vorgetragen und auf den preußischen Staat näher angewendet.

Ad 1. et 2.

Diese Sätze enthalten den Grund und den Umfang der Souveränitätsrechte eines preußischen Monarchen. Er ist vermöge der Verfassung des Landes das Oberhaupt der bürgerlichen Gesellschaft, die sich unter ihm vereinigt hat, an den Zwecken ihrer Verbindung, d. h. an der Erhaltung ihrer Ruhe und Sicherheit, an der Beförderung ihrer Privatwohlfahrt, mit vereinigten Kräften zu arbeiten. Sie hat vermöge des bürgerlichen Vertrags den Gebrauch und die Disposition über diese ihre vereinigten Kräfte ihrem Souverän übertragen; sie hat ihm niemand an die Seite gesetzt, der ein Recht hätte, ihn bei den Maßregeln, die er zur Erreichung der Zwecke des Staats nötig findet, bei der Anwendung, die er von den vereinigten Kräften des Staats machen will, Schranken vorzuschreiben oder ihn in der Ausführung der beschlossenen Maßregeln zu hindern. In ihm vereinigen sich also alle Rechte der bürgerlichen Gesellschaft, und dies ist es eigentlich, was seine Souveränität ausmacht.

Vermöge dieser Souveränität ist er also auch befugt, alle Handlungen der Bürger des Staats nach den Zwecken der bürgerlichen Gesellschaft zu leiten und zu bestimmen.

Aber diese Zwecke enthalten zugleich die innere Einschränkung der Souveränität und den unterscheidenden Charakter zwischen ihr und dem Despotismus. Beide sind einander darin gleich, daß niemand im Staat ist, der das Recht hätte, sich dem Willen des Regenten mit äußerlicher Gewalt zu widersetzen. Aber der Souverän übt seinen Willen nur darum aus, damit durch selbigen einer oder der andere von den Zwecken der bürgerlichen Gesellschaft befördert werden möge. Der Despot hingegen bedient sich seiner Macht bloß zur Beförderung seiner Privatabsichten, seiner Leidenschaften, seiner Launen und seines Eigensinns. Der Despot betrachtet die Untertanen, über die er regiert, als sein Privateigentum, mit welchem er nach Gutfinden schalten und walten kann; der Souverän sieht sich als den Vater seiner Bürger an, die ihm nur um deswillen die Disposition über sich und ihre Handlungen anvertraut haben, damit er desto ungehinderter und nachdrücklicher imstande sein möge, ihre Sicherheit zu schützen und ihr Wohl zu befördern.

Da nun der Despotismus, wie anderswärts gezeigt worden, den Grund seiner eigenen Zerstörung bei sich führt und die Macht des Despoten, sobald sie nicht mehr von der Liebe und dem Vertrauen der Untertanen unterstützt wird, notwendig früher oder später in sich selbst zerfallen muß, so ist eine der festesten Stützen der Monarchie, daß der Souverän ausdrücklich erklärt, er wolle seine Macht nur zur Erreichung der Zwecke des Staats, d. h. zum Schutze seiner Untertanen und zur Erleichterung der Mittel, durch welche sie ihre eigene Wohlfahrt befördern können, anwenden. Dadurch hat er seinen Souveränitätsrechten nicht das geringste vergeben, denn er bleibt nach wie vor der einzige, dessen Wille und Entschluß entscheidet, was für Mittel zur Beförderung der Zwecke des Staats gewählt und wie dieselben ausgeführt werden sollen. Aber er hat dadurch von seinem Lande und seiner Regierung den Vorwurf des Despotismus, den man ihm in allen übrigen Ländern Europas bisher aus Mangel richtiger Kenntnisse von unsrer eigentlichen Staatsverfassung beizulegen gewohnt war, völlig abgelehnt; er hat in den Herzen seiner Untertanen Liebe und Vertrauen gegen die Regierung, unter welcher sie leben, von neuem befestigt; er hat zwischen sich und den Ratschlägen eigennütziger und ehrsüchtiger Staatsdiener eine unübersteigliche Schutzmauer gezogen, da die Furcht für der früher oder später gewiß erfolgenden Verantwortung und Strafe für verletzte Grundgesetze des Staats notwendig einen jeden abhalten muß, dem Regenten Maßregeln vorzuschlagen, die seinem feierlichen Versprechen, alle seine Macht nur zum Wohl der bürgerlichen Gesellschaft anzuwenden, entgegenlaufen. Es sind übrigens eben die Grundsätze, welche Friedrich der Große in seinen Schriften so oft erklärt und nach welchen er den ganzen Plan seiner langen glorreichen Regierung eingerichtet hat. Nie hat wohl ein Regent die Zügel der Souveraineté mit festerer Hand geführt als er; nie aber ist auch einer bereitwilliger gewesen, die große Wahrheit, daß ihm alle seine Rechte nur zum Besten des Staats anvertraut wären, ausdrücklich anzuerkennen und in seinen Handlungen tätig zu erweisen.

Ad 3, 4, 5.

Diese Sätze eignen dem Oberhaupte des Staats das Recht der Gesetzgebung als das erste und wichtigste aller Hoheitsrechte ausschließend zu. Im allgemeinen Sinne genommen, begreift das Recht der Gesetzgebung alle übrigen Hoheitsrechte unter sich, da jede allgemeine Vorschrift des Landesherrn, wodurch die Handlungen der | Untertanen geleitet und bestimmt werden 372R
sollen, ein Gesetz ist. Die Gesetze werden nach ihren Gegenständen in verschiedene Klassen eingeteilt. Einige derselben bestimmen die Handlungen der Untertanen, die das Mein und Dein derselben, d. h. ihr Vermögen und ihre Privatrechte, betreffen. Diese heißen Zivilgesetze. Kriminalgesetze verbieten die Handlungen, wodurch entweder die öffentliche Ruhe und Ordnung oder die Sicherheit der Untertanen bei dem Ihrigen gestört werden und bestimmen die Strafen solcher verbotenen Handlungen. Polizeigesetze schreiben vor, wie ein jeder sich in seinen auch an sich erlaubten Handlungen und bei Ausübung seiner Rechte zu verhalten habe, damit weder der Staat noch andre seiner Mitbürger dadurch in Schaden und Nachteile versetzt werden. Auflagegesetze bestimmen, wie die Bedürfnisse des Staats aufgebracht werden und wieviel jeder Landeseinwohner dazu beitragen solle.

Diese Gesetze, so verschieden sie an sich sind, haben doch zweierlei miteinander gemein.

1. Sie betreffen alle nur äußere Handlungen, denn über Meinungen und Gesinnungen kann keine Macht in der Welt, folglich auch der Staat nicht, sich einer Gewalt anmaßen. Es liegt in der Natur der Sache, daß die inneren Hand-

lungen der menschlichen Seele durch äußeren Zwang unmöglich bestimmt werden können. Darin besteht eben der große Vorzug des Menschen als eines vernünftigen Geschöpfes, daß er frei ist, d. h. daß sein Wille nur durch die Einsichten seines Verstandes bestimmt werden, daß er unmöglich etwas glauben kann, was er für falsch, noch etwas wollen, was er für böse hält. Es kann also auch im preußischen Staat, der seine Untertanen als vernünftige Menschen behandelt, keine Gesetze geben, welche vorschreiben, was jemand glauben, für wahr halten oder verlangen und wünschen solle. Nur Äußerungen des Willens, die in wirkliche Handlungen ausbrechen, können ein Gegenstand der Gesetze sein. Gesetze, welche Denk- und Gewissensfreiheit auf irgendeine Art verbieten wollen, sind also keine wirklichen Gesetze, sondern bloße Äußerungen despotischer Willkür.

2. Alle Gesetze haben ferner das miteinander gemein, daß sie die natürliche Freiheit der Staatsbürger in ihren äußeren Handlungen einschränken. In einem Lande, wo Gesetze sind, kann der Einwohner nicht mehr so wie im Stande der Natur seine eigene Einsicht und Überzeugung zur Richtschnur seiner Handlungen annehmen. Er muß den Gesetzen gehorchen ohne Rücksicht, ob dieselben mit seinen eigenen Meinungen und Überzeugungen harmonieren oder nicht. Er ist also in seiner natürlichen Freiheit zu handeln allerdings eingeschränkt. Aber diese Einschränkung kann sich nicht weiter erstrecken als auf solche Handlungen, die mit den Zwecken des Staats in irgendeiniger Verbindung stehen. Handlungen, die darauf keine Beziehung haben, die dem Staate in der Ausübung seiner Rechte zum Schutze der Gesellschaft und zur Beförderung ihres äußeren Wohlstandes keine Hindernisse in den Weg legen, kann der Staat durch Gesetze nicht einschränken wollen. Dahin gehört z. E. jede Äußerung von Meinungen und Gesinnungen, welche auf die Ruhe des Staats keinen nachteiligen Einfluß haben kann. Wie die Untertanen von diesen oder jenen spekulativen Sätzen der Religion denken, wie diese Sätze erklärt, angefochten oder verteidigt werden, ist für das Wohl des Staats sehr gleichgültig. Wie diese oder jene Maßregel der Regierung beurteilt wird, ob man sie zweckmäßig findet oder tadelt, hat insolange auf das Wohl der bürgerlichen Gesellschaft keinen Einfluß, als der Tadel mit Mäßigung und Bescheidenheit vorgetragen wird, folglich weder Geringschätzung noch Ungehorsam gegen die Regierung dadurch erzeugt werden kann. Der Staat muß also vermöge dieses Grundsatzes nur solche Handlungen seiner Bürger durch Gesetze bestimmen, welche die Erreichung seiner Zwecke befördern oder dieselbe verhindern können.

Übrigens sollen im preußischen Staat nur solche Gesetze gelten, die der Landesherr selbst gegeben oder bestätigt hat. Letzteres bezieht sich darauf, daß den meisten Städten in den königlichen Landen sowie dem Adel in verschiedenen Provinzen das Recht zukommt, über Gegenstände, die ihre gemeinschaftlichen Angelegenheiten betreffen, Beratschlagungen anzustellen und Schlüsse abzufassen. So haben z. E. viele Städte in älteren Zeiten sogenannte Statuten errichtet, worin die Verhältnisse ihrer Einwohner in mancherlei Geschäften des bürgerlichen Lebens, z. E. die Erfordernisse zur Erlangung des Bürgerrechts, die Befugnisse zur Treibung dieses oder jenes Gewerbes, die Art, das gemeinschaftliche Stadtvermögen zu administrieren und zu benutzen, auch wohl die Erbfolge, besonders unter den Eheleuten, näher bestimmt werden. So hat der Adel in der Mark, nachdem der Lehnsnexus gegen den Souverän aufgehoben worden, eine Konstitution errichtet, wie es künftig mit Verschuldung der Lehne, mit Vererbung derselben, mit der Abfindung der Töchter und Ehefrauen gehalten werden solle. Eine gleiche Konstitution hat auch der pommernsche Adel entworfen. Der Adel in verschiedenen Provinzen hat sich unter der vorigen und jetzigen Regierung zur Errichtung von Kreditsystemen verbunden und gewisse Grundsätze angenommen, nach welchen bei Besorgung dieser ihrer gemeinschaftlichen Angelegenheiten verfahren werden soll. Alle dergleichen Statuten und Reglements sind so lange von gar keiner Kraft und Verbindlichkeit, als sie der Landesherr noch nicht geprüft und bestätigt hat. Ist aber die landesherrliche Konfirmation erfolgt, so erlangen sie die Kraft wirklicher Gesetze ebenso, als wenn sie von dem Landesherrn unmittelbar und aus eigener Bewegung ergangen wären.

Ad 6.

Zu den vornehmsten und zahlreichsten Gegenständen der Gesetzgebung gehören die Privatrechte und Pflichten der Untertanen und die darüber ergehenden Zivil-, Kriminal- und Polizeigesetze. Die Entwürfe zu solchen Gesetzen sollen nach der gegenwärtigen Vorschrift, ehe sie durch die königliche Vollziehung die wirkliche Sanktion und Kraft eines Gesetzes erlangen, der Gesetzkommission zum Gutachten vorgelegt werden.

Durch diese Verordnung wird also die gesetzgebende Macht des Souveräns keineswegs eingeschränkt. Die Gesetzkommission hat weder das Recht, Gesetze zu machen, ja nicht einmal in Vorschlag zu bringen, noch kann sie
sich bei der ihr übertragenen Prüfung der entworfenen Gesetze irgendeiner 373
entscheidenden Stimme anmaßen. Sie soll bloß ihr Gutachten darüber abstatten, d. h. sie soll untersuchen, ob das vorgeschlagene Gesetz mit dem

ganzen Zusammenhange des Systems der preußischen Gesetzgebung harmoniere, ob es der natürlichen Billigkeit gemäß und ob davon Nutzen für die bürgerliche Gesellschaft zu hoffen oder Schaden und Nachteil zu besorgen sei. Sie soll hierüber ihre Meinung freimütig eröffnen, sie soll dieselbe mit Gründen unterstützen, und dies ihr Gutachten soll dem Landesherrn mit vorgelegt werden. Diesem bleibt alsdann die Entscheidung, ob er das Sentiment der Gesetzkommission gegründet und erheblich finde, lediglich vorbehalten, und es hängt immer ganz allein von seiner Entscheidung ab, ob das Gesetz so oder anders abgefaßt und publiziert werden solle. Dagegen hat der Landesherr von dieser Einrichtung folgende wesentlichen Vorteile:

a) Daß alle Übereilungen und Erschleichungen vermieden werden. Ein Souverän, dem die gesetzgebende Macht in ihrem ganzen Umfange beiwohnt, kann sehr leicht in der besten Absicht und in der Meinung, für das Wohl seiner Untertanen zu sorgen, Gesetze machen, die ganz wider seine Absicht der bürgerlichen Gesellschaft nachteilig sind. Noch leichter können seine Minister, von Irrtum, Leidenschaft oder andern Nebenabsichten geleitet, ihm Verordnungen vorlegen, die zum Wohl des Staats abzuzielen scheinen und demselben in der Tat schädlich sind. Bei einer so wichtigen Sache als die Gesetzgebung müssen die Gegenstände notwendig von allen Seiten und nach ihren verschiedenen Verhältnissen betrachtet werden. Einzelne Menschen, welche stets von gewissen Lieblingsideen, Maximen oder Rücksichten geleitet werden, sind selten imstande, eine solche kaltblütige und ruhige Überlegung anzustellen. Sie sind dem Fehler, die Sachen nur einseitig, nur aus einem Gesichtspunkte zu betrachten, zu sehr unterworfen. Der Souverän, welcher den Krieg liebt, wird sehr geneigt sein, Gesetze zu geben, die zur Vermehrung oder Vervollkommnung seiner Armee abzielen, ohne den nachteiligen Einfluß, welchen ein solches Gesetz auf die Population und den Ackerbau haben kann, in die nötige Erwägung zu ziehen. Der Finanzminister sinnt auf Gesetze, welche die Vermehrung der landesherrlichen Revenuen zur Absicht haben, ohne viel danach zu fragen, ob auch die Rechte der Untertanen damit bestehen können. Der Justizminister schlägt Gesetze vor, die zur Verminderung oder Abkürzung der Prozesse dienen sollen, und erwägt nicht immer, ob nicht dadurch die Industrie, der freie Verkehr und überhaupt die bürgerliche Freiheit der Untertanen auf eine dem Staat nachteilige Weise gestört werden. Von allen dergleichen Irrtümern und Mißgriffen in der Gesetzgebung hat der preußische Staat nicht so leicht etwas zu besorgen, da künftig alle neuen Gesetze von einem Collegio geprüft werden müssen, dessen Mitglieder aus allen Departements der Staats-

verwaltung genommen sind, welches kein andres Interesse hat noch haben kann, als jedes neue ihm vorgelegte Gesetz von allen Seiten her unparteiisch zu erwägen und den Einfluß, den es auf die Wohlfahrt des Staats in allen seinen Teilen haben kann, mit gewissenhafter Sorgfalt zu untersuchen, und dem das Recht beigelegt ist, alle seine dabei bemerkten Bedenklichkeiten dem Souverän und seinem Ministerio ehrerbietig, aber freimütig vorzutragen.
b) Der zweite Nutzen der Gesetzkommission ist, daß durch sie Festigkeit und Einförmigkeit in den Grundsätzen der Gesetzgebung erhalten werden kann. In einem souveränen Staat kann es bei der abwechselnden Folge der Regenten nicht leicht anders sein, als daß der Nachfolger andre Principia hegt, die Sachen aus andern Gesichtspunkten betrachtet, andre Zwecke sich vorsetzt als sein Vorfahr in der Regierung. Noch mehr trifft diese Bemerkung zu bei den Veränderungen, welche sich in den Personen der Minister ereignen. Jeder neue Minister ist von Natur geneigt, neue Einrichtungen zu machen, in dem System seines Vorgängers etwas zu ändern, dadurch von der ihm anvertrauten [Macht] einen in die Augen fallenden Gebrauch und sich selbst durch dergleichen Neuerungen bei dem Souverän und dem Publico wichtig zu machen. Gleichwohl ist in der Gesetzgebung nichts schädlicher als die Veränderlichkeit in den Grundsätzen und die Häufung solcher Verordnungen, deren eine immer der andern widerspricht und sie aufhebt. Wir dürfen uns nach Beweisen hiervon nicht weit umsehen. Wir dürfen nur unsre Augen auf die österreichischen Staaten und auf die Geschichte ihrer Legislation in den letzten zehn Jahren richten. Die drei hintereinanderfolgenden Beherrscher derselben, Maria Theresia, Joseph und Leopold, waren in ihrem Charakter, in ihrer Denkart und in ihren Grundsätzen himmelweit unterschieden. Diese Verschiedenheit hat den größten und für die Untertanen nachteiligsten Einfluß auf die Gesetzgebung gehabt. Kaiser Joseph hat das ganze System, welches Maria Theresia in einer 40jährigen Regierung errichtet hatte, von Grund aus umgekehrt; er hat eine ganz neue Gesetzgebung eingeführt, die aber auf gar keinem festen Plane beruht und deren Verordnungen von Zeit zu Zeit noch unter seiner Regierung die wesentlichsten Abänderungen erlitten haben. Und jetzt ist Kaiser Leopold, wie alle Nachrichten übereinstimmen, damit beschäftigt, das ganze System der Josephinischen Gesetzgebung umzustürzen und sowohl seine Gerichtsordnung[1] als das von ihm abgefaßte | bürgerliche Gesetzbuch[2] wieder 373R

[1] Allgemeine Gerichtsordnung vom 1. Mai 1781 (JGS Nr. 13).
[2] Allgemeines bürgerliches Gesetzbuch, I. Teil (sog. Josephinisches Gesetzbuch) vom 1. November 1786 (JGS Nr. 591).

aufzuheben. Es bedarf wohl keines Beweises, wie ungewiß und schwankend bei solchen häufigen Abwechslungen die Rechte der Bürger des Staats sein und welchen nachteiligen Einfluß diese Ungewißheit auf die Wohlfahrt derselben und auf den Wohlstand des Landes überhaupt haben müsse. Auch gegen dieses Übel ist der preußische Staat durch die Einrichtung der Gesetzkommission gesichert. In solchen zahlreich besetzten Collegiis findet sich stets eine gewisse Festigkeit und Einförmigkeit der Grundsätze und Maximen, die dem Laufe der Zeiten und den Abwechselungen der Dinge Widerstand leisten. Die neu hinzutretenden Glieder werden in diesen Principiis und Maximen von ihren älteren Kollegen gleichsam eingeweiht und teilen sie hinwiederum denen, die nach ihnen kommen, mit. So entsteht in einem solchen Collegio ein gewisser beständig fortlebender Geist, der das Collegium bei seinen Geschäften leitet und der also auch, wenn dieses Geschäft in Prüfung neuer Gesetze und Verordnungen besteht, dasselbe stets geneigt machen wird, einen festen Plan der Gesetzgebung zu befolgen und den Veränderungen, welche darin ohne überwiegende Gründe des gemeinen Besten aus bloßer Willkür oder Neuerungssucht vorgenommen werden wollen, seinen Rat und seine Vorstellungen entgegenzusetzen.

Ich bitte Eure Königliche Hoheit um Verzeihung, daß ich mich bei diesem Gegenstande etwas länger aufgehalten habe. Er ist das wichtigste Stück in der neuen preußischen Zivilgesetzgebung, und ich weiß, daß man davon, von dem Zwecke und von dem Nutzen der Gesetzkommission eine Menge unrichtiger Ideen im Publico verbreitet hat.

Übrigens bemerke ich noch, daß die Zuziehung der Gesetzkommission nur bei Zivil-, Kriminal- und Polizeigesetzen erforderlich ist, bei solchen Verordnungen aber, welche bloß die Armee, die Finanzen oder andre Gegenstände der Staatswirtschaft betreffen, nicht stattfindet.

Ad 7, 8, 9.

Diese Sätze bedürfen an sich weder eines Beweises noch einer besonderen Erläuterung. Ich bemerke dabei bloß, daß die Publikation eines Gesetzes auf verschiedene Art geschehen kann. Es kommt nämlich darauf an, ob das Gesetz alle Untertanen des Staats oder nur gewisse Klassen derselben verpflichten soll. In Fällen, da ein Gesetz Vorschriften enthält, nach welchen sich alle Untertanen des Staats oder doch mehrere Klassen derselben in ihren Handlungen richten sollen, wird das Gesetz gedruckt, in den Zeitungen und Intelligenzblättern eingerückt, an öffentlichen Versammlungsplätzen, z. E. auf den Rathäusern, vor den Gerichtsstuben und in den Krügen auf

den Dörfern, angeschlagen, auch wohl von den Kanzeln oder vor den Kirchtüren der Gemeinen vorgelesen. Bei speziellen Gesetzen, welche nur für diese oder jene Klasse von Einwohnern bestimmt sind, werden andre Mittel der Publikation gewählt, z. E. Gesetze, welche bloß Kaufleute betreffen, werden auf der Börse vorgelesen und angeschlagen. Verordnungen, welche bloß Handwerker und Zünfte betreffen, werden in den gewöhnlichen Zusammenkünften derselben durch den Beisitzer, welcher jederzeit ein Mitglied des Magistrats ist, bekanntgemacht. Sobald aber die Publikation eines Gesetzes geschehen ist, kann sich niemand mehr mit der Unwissenheit desselben entschuldigen. Denn da jeder, der in einem Staate lebt und Geschäfte des bürgerlichen Lebens darin betreibt, schuldig ist, sich um die Gesetze des Landes zu bekümmern, so muß man annehmen, daß es an ihm selbst gelegen habe, wenn ein gehörig publiziertes Gesetz ihm dennoch unbekannt geblieben ist. Solange aber ein Gesetz noch nicht publiziert worden, so lange hat auch der Untertan seine Handlungen danach noch nicht einrichten können; solche Handlungen können also auch nach dem Gesetze noch nicht beurteilt werden. Von dieser Regel finden nur Ausnahmen statt bei Kriminalgesetzen, wenn die Strafe des neuen Gesetzes gelinder ist als die des alten. Denn alsdann wird, wenn auch das Verbrechen noch vor der Publikation begangen worden, die Strafe dennoch nur nach dem neuen gelindederen Gesetze bestimmt; z. E. nach dem Edikt de 1766 über die Bestrafung des Kindermords[1] wird jede Weibsperson, die außer der Ehe geschwängert worden, wenn sie ihre Schwangerschaft nicht offenbart, sondern heimlich geboren hat, mit einer Zuchthausstrafe von mehreren Monaten belegt, wenngleich das Kind frisch und gesund zur Welt gekommen ist und sich wirklich am Leben befindet. Diese Strafe ist durch das neue Gesetzbuch abgeschafft, und eine solche Weibsperson wird nur alsdann gestraft, wenn durch Verbergung der Schwangerschaft und durch die heimliche | Geburt das Kind 374
zu Schaden gekommen ist. Wenn also heute eine Weibsperson überführt würde, daß sie vor dem Jahre, wie das Edikt noch galt und das neue Gesetzbuch noch nicht publiziert war, heimlich geboren habe, so würde sie, wenn nur sonst das Kind am Leben geblieben ist, nicht mehr zur Strafe gezogen werden können.

Ad. 10, 11, 12.

Diese Sätze sind die Schutzwehr der bürgerlichen Freiheit eines preußischen Untertanen; sie unterscheiden einen Bürger des preußischen Staats von dem

[1] Edict vom 8. Februar 1765, N. C. C. Bd. III, Sp. 583 ff.

bloßen Sklaven eines orientalischen Despoten. Sie sind nicht neu, sondern aus wiederholten Deklarationen und Verordnungen Friedrichs des Großen gezogen. Schon i. J. 1748 erklärte derselbe ausdrücklich,

„daß er in Rechtssachen, welche vor die ordentlichen Gerichte gehören, keine besonderen Kommissionen anordnen wolle, sondern, wenn auch eine Kabinettsordre zur Bestellung einer solchen Kommission ausgebracht würde, dieselbe für erschlichen geachtet und die Kommission nicht verstattet werden solle“[1].

Ferner,

„daß die Gerichte sich an Reskripte und Ordres aus dem Kabinett, wenn etwas darin, was wider die Gesetze sei, befohlen oder der Lauf des Rechts gehindert und unterbrochen werden wolle, nicht zu kehren hätten, sondern nach Pflicht und Gewissen in der Sache weiterverfahren sollten.“[2]

Diesen Grundsätzen ist dieser erhabene Monarch in dem ganzen Laufe seiner langen Regierung treugeblieben, und so sehr er zuweilen von ungestümen Parteien, welche oft sehr in Gnaden bei ihm standen, um unmittelbare Entscheidungen in ihren Rechtsangelegenheiten und um Aufhebung der zu ihrem Nachteil von den Gerichten ergangenen Urtel bestürmt worden, so hat er sich doch dazu niemals bewegen lassen. Ich selbst kann mich rühmen, eine Menge Kabinettsordres von ihm unter den Händen gehabt zu haben, in welchen er solche Parteien, die unmittelbare Entscheidungen zu ihrem Vorteil bei ihm nachsuchten, an die Gerichte verwies und ihnen oft mit viel Sanftmut, zuweilen aber auch mit nachdrücklichem Ernste zu erkennen gab, daß er keine Machtsprüche tun könne noch wolle. Gleiche Gesinnungen haben des jetzt regierenden Königs Majestät sogleich bei Ihrer Thronbesteigung zu erkennen gegeben und dieselben nunmehr in dem Allgemeinen Gesetzbuche als ein Grundgesetz sanktioniert. Wenn daher auch in Zukunft ein das Zutrauen seines Herrn mißbrauchender Minister oder ein mächtiger Favorit Mittel finden sollte, einen Machtspruch in seinen Rechtsangelegenheiten zu erschleichen, so würden die Gerichte nach ihren Pflichten schuldig sein, Gegenvorstellungen zu machen. Wenn aber auch auf diese nicht geachtet werden sollte, so würden zwar Gerichte und Parteien sich vor der Hand das gefallen lassen müssen, was sie durch rechtmäßige Mittel nicht ändern können. Der aber, welcher einen solchen Machtspruch erschlichen hätte, würde bei den sich dadurch verschafften Vorteilen niemals sicher sein, sondern stets der Gefahr ausgesetzt bleiben, daß sein

[1] Vgl. Project des Codicis Fridericiani Marchici, 1748, 4. Teil, Tit. VI, §§ 3—9.
[2] Vgl. Project des Codicis Fridericiani Marchici, 1748, 1. Teil, Tit. I, § 15.

Gegner, sobald die Umstände sich ändern, und wenn nicht eher, doch unter einer neuen Regierung gegen den Machtspruch reklamiere und die Wiederherstellung seiner ihm dadurch wider die Gesetze entzogenen oder vorenthaltenen Gerechtsame antrage. Ich bemerke hierbei nur noch, daß diese Verordnung zugleich dazu diene, den Thron eines preußischen Monarchen zu befestigen und gegen innere Unruhen und Revolutionen sicherzustellen. Nächst den drückenden Auflagen waren es hauptsächlich die berüchtigten Lettres de Cachet, welche die jetzige Revolution in Frankreich und durch sie den Umsturz der königlichen Gewalt veranlaßt haben. Diese Lettres de Cachet waren aber nichts anderes als Machtsprüche, wodurch der König oder in seinem Namen die Minister über die persönliche Freiheit und die Rechte der Einwohner eigenmächtig und ohne gesetzmäßiges Verfahren zu disponieren pflegten.

Ad. 13, 14, 15.

Das Wort *Privilegium* ist von sehr verschiedener Bedeutung. Man versteht darunter:

1. Ausnahmen von der Vorschrift eines allgemeinen Gesetzes zum Besten des Privilegierten, z. E. privilegium fori der französischen Kolonie, Privilegium der Kaufleute, 8 Prozent nehmen zu dürfen.
2. Einschränkungen der allgemeinen natürlichen oder bürgerlichen Freiheit zum Vorteil eines oder mehrerer einzelner Privilegierten, z. E. die Zunftprivilegia, Fabrikenprivilegia, Handlungsprivilegia.
3. Verleihungen gewisser Rechte und Nutzungen, die an sich nur dem Staat oder dem Landesherrn zukommen. Zollprivilegia, Jurisdiktionsprivilegia, Abschoßprivilegia.
4. Überhaupt alle landesherrlichen Begnadigungen, die dem Begnadigten einen fortwährenden Nutzen bringen.

Nur in den drei ersten Bedeutungen wird das Wort hier genommen, und in allen drei Bedeutungen ist die Erteilung eines Privilegii eine Handlung der gesetzgebenden Macht, die von niemandem als dem Landesherrn ausgeübt werden kann. Was der Landesherr bei der Erteilung eines Privilegii für Regeln und Grundsätze zu befolgen habe, daß er nicht zu geneigt sein müsse, durch solche | Verleihungen das Ansehen der Gesetze des Staats zu schwä- 375
chen, zu Ungewißheiten in den Rechten Anlaß zu geben, die natürliche und bürgerliche Freiheit ohne Not einzuschränken, der Industrie und Gewerbsamkeit seiner Untertanen Fesseln anzulegen, durch übertriebene Begünstigung einiger weniger mit ausschließender Beilegung vorteilhafter und

lukrativer Monopolien die übrigen Untertanen zu drücken und ihnen die Wege zur Verbesserung ihrer Glücksumstände zu versperren, das Vermögen und die Einkünfte des Staats durch zu freigebige Verleihung nutzbarer Rechte desselben an Privatpersonen nicht zu schwächen — das alles sind Grundsätze der Regierungskunst, die in das Gesetzbuch nicht gehören. Dagegen ist die Einschränkung des Gesetzbuchs, daß durch solche Privilegia wohlerworbene Rechte andrer nicht gekränkt werden müssen, eine notwendige Folge von der Pflicht des Regenten, einen jeden bei dem Seinigen zu schützen und also nicht selbst wohlerworbene Rechte seiner Untertanen durch neue Privilegia zu beeinträchtigen; z. E. die Erteilung von Monopolien ist zwar an sich nach Grundsätzen der Regierungskunst und Staatswirtschaft niemals oder doch nur in äußerst seltenen Fällen anzuraten; wenn inzwischen der Regent über eine Art von Gewerbe oder Verkehr, die bisher in seinen Staaten gar nicht betrieben wurde, gewissen Personen oder Gesellschaften ein ausschließendes Privilegium erteilt, so kann dies vielleicht ein Fehler in der Regierungskunst sein, aber eine Ungerechtigkeit ist es nicht; wenn hingegen der Regent ein im Staat schon existierendes Verkehr oder Gewerbe in ein Monopol verwandeln wollte, so würde er gegen diejenigen, welche dasselbe bisher unter dem Schutze und mit Genehmigung des Staats betrieben haben und die solches nunmehr aufgeben müßten, eine offenbare Ungerechtigkeit begehen.

Die beigelegte Auslegungsregel ist zwar nur eigentlich für den Richter bestimmt, wenn über den eigentlichen Verstand eines nicht deutlich genug abgefaßten Privilegii gestritten wird. Sie ist aber auch für den Regenten wichtig, weil dieser oft in den Fall kommen kann, daß bei ihm Erklärungen über Privilegia, die von ihm oder von seinen Vorfahren erteilt worden, nachgesucht werden. Hier ist der erste Grundsatz, daß ein jedes Privilegium so zu deuten sei, wie es am wenigsten zum Nachteil eines Dritten gereicht; z. E. es ist jemandem ein Privilegium über eine gewisse Handlungsbranche gegeben; es ist aber nicht deutlich, ob solches ganz ausschließend sein oder ob auch andern freistehen solle, ähnliche Privilegia bei dem Staat nachzusuchen pp. Soweit es aber nicht auf das Interesse eines Dritten ankommt, ist ein Privilegium so zu deuten, daß die wohltätige Absicht des Gebers dabei nicht vereitelt werde; z. E. ein Mühlenprivilegium, und der Staat wollte eine Mühle daneben bauen.

Ad. 16, 17.

Die Macht, Gesetze aufzuheben, kommt dem Landesherrn ohne Einschränkung zu. Denn da dergleichen Aufhebung nur auf künftige Fälle wirkt und alle früheren nach dem damals bestandenen Gesetz beurteilt werden müssen, so verliert durch eine solche Operation des Regenten niemand etwas an seinem wirklich schon erworbenen Rechte. Hingegen können Privilegia, die einzelnen Untertanen oder einzelnen Klassen derselben beigelegt sind, nicht mit gleicher Willkür wieder aufgehoben werden. Die Vorrechte, die dem Privilegierten beigelegt worden, der Nutzen, den er aus dem Genuß seines Privilegii zog, machen einen wirklichen Teil seines Eigentums aus, welches ihm der Staat so wenig wie ein anderes Eigentum nach bloßem Gutfinden wieder nehmen kann. Daher kann jemandem ein Privilegium nur genommen werden,

1. wenn er sich eines groben Mißbrauchs desselben schuldig macht; z. E. Zollprivilegia wegen Erpressungen, Jurisdiktionsprivilegia wegen vorsätzlicher Ungerechtigkeit, Vernachlässigung der Justizpflege;
2. wenn es überwiegende Gründe des gemeinen Wohls erfordern, wo jedoch der Privilegierte entschädigt werden muß.

Ad. 18, 19, 20.

Diese Sätze bedürfen keiner Erläuterung. Sie fließen unmittelbar aus dem Zweck der bürgerlichen Gesellschaft und aus dem Vertrage, welcher bei ihrer Verbindung zum Grunde liegt. Der Mensch, welcher in die bürgerliche Gesellschaft tritt, entsagt der Ausübung seiner Zwangsrechte durch sich selbst oder dem natürlichen Rechte der Selbsthilfe als der Quelle der Unruhen und Unordnungen des Naturzustandes. Er überträgt die Ausübung seiner Zwangsrechte dem Staat, welchem die vereinigten Kräfte der bürgerlichen Gesellschaft zu dem Ende anvertraut sind, damit er dadurch jeden einzelnen bei dem Seinigen schützen und gegen Beleidigungen sicherstellen soll. Jeder also, dem eine solche Störung und Beleidigung widerfährt, muß, anstatt sich selbst Recht zu verschaffen, die Hilfe der Obrigkeit anrufen; wenn er diese übergeht und sich eigenmächtiger Selbsthilfe bedienen will, so macht er sich eines Eingriffs in die Rechte des Staats und in das Grundgesetz der bürgerlichen Verfassung schuldig. Er wird also gestraft selbst alsdann, wenn er in der Sache selbst das Recht auf seiner Seite hätte. Auch die beigefügte Ausnahme ist schon oben unter den Fällen, in welchen der in die bürgerliche Gesellschaft übergetretene Mensch doch noch gewisse

Rechte der natürlichen Freiheit übrig behält, erklärt worden. Das Gesetz drückt sich inzwischen hierbei behutsam aus. Es *entschuldigt* bloß selbst in diesem Falle die Selbsthilfe; es *rechtfertigt* sie nicht voll|kommen, weil die 375
Selbsthilfe immer eine höchst gefährliche Sache und der Mensch von Natur nur allzu geneigt ist, sich derselben auch außer einem wirklichen Notfalle zu bedienen, mithin das Gesetz es für bedenklich gehalten hat, dieselbe förmlich und ausdrücklich zu autorisieren.

Daher sind auch durch besondere Verordnungen die Grenzen der Notwehr genau bestimmt. Diese sind folgende:

(Teil 2. XX. 518) [§ 518 II 20 AGB].

a) Die Notwehr findet nur gegen eigenmächtige Gewalt eines andern statt; also kann sich gegen die Verfügungen der Obrigkeit niemand unter dem Vorwande der Notwehr opponieren.

b) Sie findet nur dann statt, wenn die obrigkeitliche Hilfe die Beleidigung weder abwenden noch den vorigen Zustand wieder herstellen kann.

   Wenn also jemand nur mit einer Beschädigung an seinem Vermögen bedroht wird und mit Gewißheit voraussehen kann, daß er durch die Hilfe der Obrigkeit von seinem Gegner vollkommene Schadloshaltung werde erlangen können, so kann er sich der Selbsthilfe nicht bedienen; z. E. wenn, wie bei streitigen Grenzen häufig zu geschehen pflegt, ein Nachbar dem andern Holz aus seinem Wald wegführt, so kann der Eigentümer das weggenommene Holz nicht mit Gewalt zurückholen, sondern er muß sich an die Obrigkeit wenden. Hingegen wenn mir auf der Straße ein unbekannter Mensch mein Schnupftuch aus der Tasche zieht und damit fortläuft, so kann ich ihn verfolgen.

c) Die Ausübung der Notwehr darf nicht weiter getrieben werden, als die Notdurft zur Abwendung des drohenden Übels erfordert.

   Denn wenn diese Grenze überschritten wird, so ist es nicht mehr Notwehr, welche stets nur den Zweck eines abzuwendenden Schadens voraussetzt; z. E. Pfändungen einer ganzen Herde wegen eines durch Hütung zugefügten Schadens.

d) Das zur Abwendung des Schadens angewendete Mittel muß mit dem Schaden selbst, welcher dadurch abgewendet werden soll, im Verhältnis stehen.

   Dies ist ein Grundsatz der natürlichen Billigkeit. Es ist nicht mehr Notwehr, sondern es ist Rache, Schadenfreude oder eine andre unerlaubte Leidenschaft, wenn ich, um einen geringeren Schaden von mir abzuwenden, meinem Nebenmenschen einen unersetzlichen Schaden zufüge;

z. E. ich treffe in meinem Walde einen Menschen, der ohne meine Erlaubnis und unbefugterweise auf der Jagd ist; ich kann ihm die Flinte wegnehmen, ich kann ihm allenfalls seinen Hund totschießen, ich kann ihn allenfalls arrettieren und an die Gerichte zur Bestrafung ausliefern; aber ich kann ihn nicht totschießen oder zum Krüppel schlagen, weil zwischen dem geringen Schaden meiner Jagd und dem Leben oder der Gesundheit eines Menschen gar kein Verhältnis ist.

e) Lebensgefährliche Beschädigungen des Angreifenden sind nur erlaubt, wenn gegen dessen Beleidigungen die Person des Angegriffenen nicht anders geschützt werden kann.

f) Zur Verteidigung des Vermögens sind dergleichen Beschädigungen nur erlaubt, wenn sonst der Schade unersetzlich sein würde.
Es ist also erlaubt, den, welcher mit einem tödlichen Gewehr auf mich losgeht, selbst zu töten, wenn ich meine Person gegen ihn nicht anders in Sicherheit setzen kann.
Wieweit Gefahren, womit nur das Vermögen bedroht wird, die Tötung des Angreifenden entschuldigen können, ist schwer zu bestimmen. Wenn in der Nacht Diebe bei mir einbrechen, so kann ich mich ihrer allenfalls auch durch ihre Tötung erwehren, zumalen ich nicht weiß, ob sie nicht zur Ausführung oder Verheimlichung ihres Raubes meine Person und mein Leben selbst angreifen dürften. Wenn aber der englische Räuber, von dem es bekannt ist, daß er nie mordet, wenn er keinen gewaltsamen Widerstand antrifft, dem reichen Lord auf der Straße seinen Beutel abfordert, so wird ihn dieser willig hingeben, weil der Verlust einiger Guineen vor ihn sicher leicht zu verschmerzen ist und nicht die Mühe lohnt, daß er zu seiner Verteidigung sein eignes oder das Leben seines Angreifers in Gefahr setzen sollte. Aber wenn ein armer Reisender, der vielleicht sein ganzes Vermögen bei sich führt, von Räubern angefallen wird, die, ohne seine Person zu bedrohen, ihn bloß ausplündern wollen, so kann er dies sein Vermögen allenfalls auch mit lebensgefährlichen Beschädigungen seines Angreifers verteidigen, weil der Verlust desselben *für ihn* unersetzlich sein würde.

g) Solange der Angegriffene sich *ohne seine Gefahr* dem Angriffe des andern zu entziehen vermag, ist er zu dessen lebensgefährlicher Beschädigung nicht berechtigt;
z. E. ich werde auf der Straße angefallen und darf mich nur ins nächste Haus retirieren. Ich werde von einem unbewaffneten Räuber im Wald angegriffen, dem ich leicht entgehen kann, wenn ich nur meinem Pferde

den Sporn gebe. Aber der Räuber hat Pistolen; er kann hinter mir dreinschießen.

h) Wer zwar im Stande der Notwehr, aber mit Überschreitung der vorgeschriebenen Grenzen einen andern beschädigt, wird nach Verhältnis dieses seines Exzesses bestraft.
Also niemals so, als wenn er nicht im Stande der Notwehr sich befunden hätte, weil hier die Grenzen so leicht überschritten werden können.

Ad. 21. 375 R

So wie der Staat für die innere Ruhe und Sicherheit seiner Untertanen durch Gesetze und Obrigkeiten sorgt, denen die Macht beigelegt ist, einen jeden bei dem Seinigen zu schützen, und unter deren Schutze ein jeder gegen Störungen und Gewalttaten sicher sein kann, so sorgt er für die äußere Sicherheit durch Verteidigungsanstalten, durch Festungen und Truppen und durch den Gebrauch, den er davon macht zur Abwendung oder Verhütung feindseliger Angriffe. Dies Recht des Staats ist seiner Natur nach irgendeiner Bestimmung durch Gesetze nicht fähig. Es wird daher auch dem Oberhaupte des Staats ohne alle Einschränkungen beigelegt.

Ad. 22.

Dieser Grundsatz enthält den Inbegriff aller Pflichten der Untertanen gegen den Staat. Es folgt aus dem Grundvertrage, auf welchem die bürgerliche Gesellschaft beruht, daß die Mitglieder derselben ihrem Oberhaupte das Recht übertragen haben, über ihre gemeinschaftlichen Kräfte zur Erreichung des Zwecks ihrer Verbindung zu disponieren. Hierauf gründet sich also die Befugnis des Staats

a) Kriegsdienste zu fordern von denjenigen Klassen, die dazu bestimmt sind; Kantonisten, Adel;
b) andre persönliche Dienste zu verlangen, sobald die Notdurft des Staats solches erfordert;
c) Geldbeiträge zur Bestreitung der Staatsbedürfnisse zu fordern.

Vermöge eben dieser wechselseitigen Verbindung, die jedes Mitglied der bürgerlichen Gesellschaft bei ihrem Eintritt in dieselbe mit der Gesellschaft und ihrem Oberhaupte schließt, kann auch kein Mitglied sich derselben ohne das Vorwissen des Staats durch Verlassung des Landes eigenmächtig wieder entziehen.

Ad. 23.—28.

Diese Sätze enthalten die Theorie von Auswanderungen und müssen also näher auseinandergesetzt werden.

Es liegt in der Natur einer jeden Gesellschaft, die nicht auf eine gewisse bestimmte Zeit geschlossen worden, daß es den Mitgliedern freistehen muß, dieselbe wieder verlassen zu können;

Hier bricht der dritte Teil der Vorträge ab.

VORTRÄGE

VOR DER MITTWOCHSGESELLSCHAFT

INWIEFERN KÖNNEN UND MÜSSEN GESETZE KURZ SEIN?[1]

Gesetze müssen kurz sein. — Das ist einer der gewöhnlichsten Gemeinplätze in den Werken unsrer alten und neuen Schriftsteller über Staatswissenschaft und Gesetzgebung. Noch vor kurzem hat einer unsrer würdigen und wohldenkenden Mitbürger, Herr Geh. Finanzrat von Ernsthausen, wenige und kurze Gesetze zu den Erfordernissen eines wohl eingerichteten Staats gerechnet; und — um mich auf eine noch ehrwürdigere Autorität zu beziehen — als der zweite Teil von dem Entwurf des Allgemeinen Preußischen Gesetzbuchs dem Hochsel. Könige eingereicht ward, schrieb derselbe unter den Bericht: „Gut, aber es ist ja so dikke. Gesetze müssen kurz sein." Und doch enthielt dieser Teil die ganze Lehre von den Rechten und Pflichten des Bauer-, des Bürger- und Kaufmanns-, des adligen und des geistlichen Standes in noch nicht anderthalb Alphabeten.

Es ist nicht zu leugnen, daß jener Satz viel Wahres enthalte. Wenn Gesetze gegeben werden, so ist doch gewiß die Absicht dabei, daß solche von den Bürgern des Staats befolgt werden sollen. Da nun die wenigsten unter diesen auf die Kenntnis und das Studium der Gesetze viel Zeit verwenden können, so folgt natürlich, daß, je höher die Anzahl der Gesetze steigt, desto tiefer die Möglichkeit ihrer Erkenntnis und Beobachtung herabsinke. Nichts ist unbilliger, als Leute nach Gesetzen beurteilen, die sie nicht kannten und zu kennen nicht vermögend waren.

Gleichwohl — so wie fast jedes Ding in der Welt seine zwei verschiedenen Seiten hat — also auch hier. Daß ein Volk, welches noch auf den untersten Stufen der Kultur steht; das ein enges, von allen Seiten her gleichsam abgerundetes Gebiet bewohnt; dessen Beschäftigung Ackerbau und Krieg ist; das noch keine Verbindungen mit andern Völkern kennt, als welche durch

[1] *Abgedruckt in: Berlinische Monatsschrift hrsg. v. F. Gedike und J. E. Biester, 12. Band, Julius bis Dezember 1788, S. 99—112*

die Waffen oder mit den Waffen in der Hand geschlossen werden; wo noch Gleichheit oder doch Verhältnis in Verteilung des Eigentums stattfindet; wo Künste, Wissenschaften und Luxus entweder noch ganz unbekannt oder noch in ihrer ersten Kindheit sind; — kurz, daß Rom unter den Zehnmännern mit zwölf Tafeln von Gesetzen zurecht kommen konnte: dies begreift sich leicht. Aber denken wir uns Rom unter den Kaisern, wo seine Herrschaft sich über den größten Teil des bekannten Erdkreises erstreckte; wo es bescheidene Einschränkung war, wenn man dieser Herrschaft auf der einen Seite den Euphrat und auf der andern den Rhein zur Grenze setzte; wo alle diese unzählbaren, so unendlich voneinander verschiedenen Völker und Länder durch das Band einer gemeinschaftlichen Regierung, durch einen unaufhörlichen Tausch ihrer Bedürfnisse und ihres Überflusses in Verbindung gesetzt wurden; wo Luxus und der ihn fast immer begleitende Kunstfleiß den höchsten Gipfel erreicht hatten; wo der Handel um desto weitläufiger und verwickelter war, je weniger man noch die Mittel, ihn zu simplifizieren und eben dadurch zu erleichtern, kannte: — so wird es ebenso begreiflich, daß der Rücken vieler Kamele zur Fortschaffung der für diesen Staat gegebenen Gesetze nicht mehr hinreichte.

Was sollen wir nun hierzu sagen? Es ist unstreitig ein Übel, wenn die Rechte und Pflichten der Bürger des Staats in ihren mannigfaltigen Verhältnissen, die aus der Verschiedenheit der Stände und Geschäfte entstehen, nicht mit Deutlichkeit und Gewißheit bestimmt sind und also diese Bestimmung bei vorfallendem Streite dem Befinden des Richters überlassen werden muß. Denn alsdann wird der Richter zum Gesetzgeber; und nichts kann der bürgerlichen Freiheit gefährlicher sein, zumal wenn der Richter ein besoldeter Diener des Staats und das Richteramt lebenswierig oder, um mich eines neuerlich gestempelten Ausdrucks zu bedienen, inamovibel ist. — Aber ein sehr großes Übel ist und bleibt es doch auch immer, wenn die Sammlung der Gesetze zur Last vieler Kamele anschwillt und also die Unmöglichkeit eintritt, daß der Bürger des Staats die Norm seiner Handlungen kenne und zu befolgen imstande sei.

Freilich schrumpft jener Berg von Gesetzen schon sehr zusammen, wenn man sich bemüht, die für eine Menge von einzelnen Fällen gegebenen Vorschriften auf gewisse allgemeine Grundsätze zurückzuführen; wenn man diese Grundsätze so bestimmt, fruchtbar und reichhaltig zu bilden sucht, daß daraus mit Hilfe seiner bloßen natürlichen Logik sichere und zuverlässige Folgerungen für die einzelnen Fälle hergeleitet werden können; wenn man das, was nach den Begriffen eines richtigen gesunden Menschenverstandes,

aus der Natur einer gewissen Art von Geschäften oder Verhältnissen folgt, nicht ohne die äußerste Not durch positive Bestimmungen verändert; wenn man also die Ausnahmen von der Regel des Gesetzes so sehr als möglich einschränkt und auch diese Ausnahmen nach den verschiedenen Gründen und Rücksichten, welche sie nötig machten, zu klassifizieren und unter gewisse allgemeine Gesichtspunkte zu stellen sucht; wenn man endlich auch in der Sprache und im Ausdruck sich der Kürze und Präzision so sehr befleißt, als es irgend ohne Abbruch der so wesentlich notwendigen Deutlichkeit und Gemeinverständlichkeit geschehen kann. — Nach diesem Plan ist bei der Ausarbeitung des bekannten Entwurfs zum allgemeinen Gesetzbuch verfahren worden; inwiefern man den Zwek dabei erreicht habe, darüber werden jetzt die Stimmen des Publikums gesammelt.
Aber die Erfahrung hat gelehrt, daß man auch auf diesem Wege nicht so weit gelangen könne, die Zahl der Gesetze dergestalt zu vermindern und einzuschränken, daß die Kenntnis derselben, ich will nicht sagen: allen, aber doch den meisten Staatsbürgern, wenigstens den gebildeteren Klassen derselben möglich werde. Unter allen Ausstellungen, welche man jenem nunmehr vollendeten Entwurfe machen dürfte, würde die, daß solcher zu viel enthalte, gewiß am wenigsten gegründet sein; und doch besteht das Werk aus mehr als 130 Bogen. Wie kann man es dem mit seinem Amte, mit seinem Verkehr und Gewerbe vom Morgen bis auf den Abend beschäftigten Staatsbürger anmuten, ein solches Werk nicht bloß etwa einmal flüchtig durchzulesen, sondern dessen Inhalt sich dergestalt eigen zu machen, daß er in vorkommenden Fällen seine Handlungen danach einrichten könne?

Alle diese Betrachtungen führen ganz natürlich auf den Gedanken, daß wir ein doppeltes Gesetzbuch nötig haben: eines für den Richter und Rechtsgelehrten und das andre für das Volk überhaupt. Jenes muß für alle Geschäfte und Verhältnisse des bürgerlichen Lebens in der möglichst größten Vollständigkeit Vorschriften und Regeln enthalten, die für alle vorkommenden Fälle, zwar nicht wörtlich (denn das hieße Unmöglichkeiten fordern), aber doch vermöge einer nach richtigen philosophischen Regeln sich bestimmenden Schlußfolge sichere und gleichförmige Entscheidungen an die Hand geben. Besonders muß darin alles Positive, das heißt, alles, was nicht aus der Natur der Sache und des Geschäftes erkannt werden kann, sondern was der Gesetzgeber aus gewissen andern Rücksichten hinzuzufügen nötig findet, so deutlich und ausführlich vorgetragen sein, daß dabei der Willkür des Richters so wenig, als es irgend möglich ist, Raum gelassen werde.

Aber wie muß das zweite Gesetzbuch oder der Volkskodex abgefaßt sein? Daß er nicht andre Vorschriften oder Anordnungen als jenes größere Werk enthalten könne, daß er ein bloßer Auszug desselben sein müsse, versteht sich von selbst. Aber nach welchem Plan, nach was für Regeln muß der Auszug abgefaßt werden? — Hier eröffnet sich ein Feld, das für die Grenzen einer solchen Abhandlung wie die gegenwärtige viel zu weit ist. Gern bediene ich mich dieser Ausflucht, um hinter derselben das Gefühl der Unzulänglichkeit meiner Kräfte zu verbergen und mich nur mit einigen hingeworfenen Betrachtungen über diese Materie aus der Sache zu ziehen.

1. Gesetze, die nur für eine gewisse Klasse von Staatsbürgern oder für gewisse Arten der derselben ausschließend überlassenen Geschäfte bestimmt sind, gehören nicht in den Volkskodex. So müssen z. B. die Verordnungen über Haverei, Bodmerei, Assekuranz, ja selbst das kaufmännische Wechselrecht aus dem Volkskodex wegbleiben. Die Verhältnisse zwischen Reedern und Schiffern, Schiffern und Befrachtern, die Befugnisse und Obliegenheiten der privilegierten Pfandverleiher usw. gehören ebensowenig dahin. Wer sich einem solchen Gewerbe widmet, von dem kann man es unter den übrigen Vorbereitungen dazu ohne Unbilligkeit fordern, daß er sich die Gesetze, welche der Staat diesem Gewerbe vorzuschreiben für gut gefunden hat, aus der größeren Gesetzsammlung bekannt mache. Es ist also genug, wenn er in dem Volkskodex einen Fingerzeig findet, daß dergleichen Gesetze vorhanden sind und wo er solche zu suchen habe.

2. Die Geschäfte des bürgerlichen Lebens, welche den Gegenstand der Gesetze ausmachen, sind von sehr verschiedener Art. Einige derselben sind so beschaffen, daß sie fast täglich vorkommen; daß nicht leicht ein Bürger des Staats es vermeiden kann, sich darauf einzulassen; daß sie vermöge ihrer Natur oder vermöge des einmal eingeführten und gewöhnlichen Laufs der Dinge kurz und schnell abgeschlossen werden müssen und also wenig Raum zum Bedenken und Überlegen gestatten. Gesetze, welche diese Arten von Geschäften betreffen, müssen in dem Volkskodex mit möglichster Vollständigkeit enthalten sein. Aber bei Geschäften, die nur zuweilen vorfallen, wo es gewissermaßen von der Willkür eines jeden abhängt, ob er sich darauf einlassen wolle oder nicht, wo wegen ihrer Wichtigkeit die Parteien ohnehin gewohnt sind, sich zur Überlegung Zeit zu nehmen: da können die Vorschriften des Volkskodex viel kürzer gefaßt und weit mehr eingeschränkt werden. Denn da bei solchen Geschäften, welche gemeiniglich von zusammengesetzter und verwickelter Natur sind, die Vorschriften der Gesetze notwendig sehr bestimmt und umständlich sein müssen, so würde es wider das

bei einem Volkskodex so nötige Erfordernis der Kürze und dabei für den großen Haufen der Leser doch ganz unnütz sein, wenn man alle diese Vorschriften hier aufnehmen wollte. Es ist also hinreichend, wenn nur deutliche Begriffe von solchen Geschäften festgesetzt und die allgemeinsten Regeln darüber mit Übergehung der Ausnahmen vorgetragen werden, übrigens aber dem Leser gesagt wird, daß über dies Geschäft nach den verschiedenen Umständen und Verhältnissen, in welchen dasselbe vorgenommen wird, mancherlei besondere und nähere gesetzliche Bestimmungen vorhanden sind und er also wohl tun werde, ehe er auf dergleichen Verhandlung sich einläßt, entweder aus der größeren Gesetzsammlung oder durch den Rat von Sachverständigen nähere Belehrung einzuziehen.

3. Fast gleiche Bewandtnis hat es mit denjenigen Gesetzen, welche die Form gewisser Handlungen bestimmen, von welcher die Gültigkeit oder Ungültigkeit derselben oder doch gewisse andere rechtliche Folgen abhängen sollen. So wie überhaupt der Gesetzgeber eigentlich nur solche Handlungen an eine gewisse Form binden sollte, deren Folgen nicht, sozusagen, stehenden Fußes abgetan werden können, sondern sich mehr oder weniger in die Zukunft hinaus erstrecken, so muß auch diese Form selbst nach Verhältnis der Wichtigkeit des Gegenstandes und nach dem Umfang und der Dauer der Folgen mehr oder weniger umständlich und feierlich sein. Da nun nach diesem Grundsatz die gemeinen und gewöhnlichen Geschäfte des bürgerlichen Lebens entweder an gar keine oder nur an eine sehr einfache Form gebunden sind, so wird es auch keine Schwierigkeiten haben, die diese Form bestimmenden Vorschriften in einen Volkskodex aufzunehmen. Dagegen wird bei Handlungen von entgegengesetzter Natur der Staatsbürger entweder auf das größere Gesetzbuch oder an sachverständige Ratgeber oder auch bei den wichtigsten derselben, z. B. bei Testamenten, bei Fideikommißstiftungen, bei Veräußerungsverträgen über beträchtliche Grundstücke an den Richter unmittelbar unbedenklich verwiesen werden können. Der Volkskodex tut in diesem Falle meines Erachtens genug, wenn er dem Leser nur sagt: diesem oder jenem Vertrage oder anderen Geschäfte haben die Gesetze eine gewisse Form vorgeschrieben. Du mußt also, wenn du dergleichen Handlung vornehmen willst, dich an Sachverständige oder an den Richter verwenden.

4. Hierher rechne ich auch diejenigen Gesetze, welche die Form des gerichtlichen Verfahrens, besonders in streitigen Rechtsangelegenheiten, bestimmen. Davon gehört in den Volkskodex nur so viel, als ein jeder wissen muß, um seine Klage oder Verteidigung in den gesetzmäßigen Weg einzuleiten; ferner die allgemeinen Grundsätze, die dem Richter im Gange des Ver-

fahrens vorgeschrieben sind und von welchen die Parteien um deswillen unterrichtet sein müssen, damit sie richterliche Gewalt von richterlicher Willkür unterscheiden können; die Anweisungen der Wege, welche einer Partei offenstehen, um ihre Beschwerden über ein von diesen Grundregeln abweichendes Verfahren des Richters oder auch über den Inhalt seiner Entscheidungen gehörigen Orts zur näheren Prüfung anzubringen; insonderheit aber die sogenannten Präjudizia, d. h. die nachteiligen Folgen, welche eine Partei treffen, wenn sie dieser oder jener Anweisung des Gesetzes oder des Richters nicht Folge leistet. Alles übrige ist nur (besonders bei uns) Vorschrift für den Richter und muß zwar zu eines jeden näherer Kenntnis und Einsicht offen liegen, kann aber in einem Volksgesetzbuche sehr füglich übergangen werden.

5. Noch ist eine Hauptklasse von Gesetzen zurück, von welcher man auf den ersten Anblick glauben sollte, daß sie nach ihrem ganzen Umfang in den Volkskodex gehöre, und das sind die Kriminalgesetze. In der Tat scheint nichts natürlicher zu sein, als daß Vorschriften, die jeder Einwohner des Staats bei Vermeidung unangenehmer positiver Folgen an Leib, Gut oder Ehre beobachten soll, auch einem jeden so deutlich, bestimmt und allgemein als möglich bekannt gemacht werden müssen. Und hier erschrickt man freilich, wenn man findet, daß selbst in dem oft angeführten Entwurfe, dem doch hier besonders von seinen bisherigen Beurteilern zu viele Kürze und zu vieles Anheimstellen in die Willkür des Richters teils mit, teils ohne Grund vorgeworfen worden, die Lehre von Verbrechen und Strafen fast 1300 Paragraphen einnehmen. Doch auch hier scheinen mir noch Abkürzungsmittel für meinen Volkskodex ohne Nachteil des Endzwecks möglich. Ich halte es nämlich für hinreichend, wenn darin nur die Klassen der verbotenen Handlungen und in jeder Klasse die dahin gehörenden Hauptarten angegeben sind; z. B. bei den Verbrechen, wodurch der Nächste an seinem Vermögen beschädigt wird: gemeiner Betrug (soweit positive Strafen darauf stehen); Verfälschung; gemeiner Diebstahl; Hausdiebstahl; Diebstahl an Sachen, die der öffentlichen Obhut anvertraut werden müssen; gewaltsamer Diebstahl; Raub; und wenn andrerseits nur die Gattungen und Hauptstufen der Strafen, die auf ein solches Verbrechen folgen, ausgedrückt werden. Die mancherlei Abartungen der Verbrechen, die verschiedenen Umstände, welche die Moralität dabei verstärken oder schwächen, und die daraus sich ergebenden genaueren Abstufungen der Strafen können aus dem Volkskodex füglich wegbleiben. Aber alle die Fälle, worauf in den Gesetzen zehnjähriger oder lebenswieriger Verlust der Freiheit oder gar Lebensstrafe verordnet ist,

müßten darin so vollständig und bestimmt als möglich ausgedrückt werden.
6. Eine Unterart der Verbotsgesetze enthält diejenigen, welche die Finanzeinrichtungen des Staats betreffen und teils die Pflichten der Einwohner bei Entrichtung der öffentlichen Abgaben, teils die Strafen derjenigen, welche dabei nicht gehörig zu Werke gehn, teils die Artikel des Verkehrs, deren Aus- oder Einfuhr unter dergleich Pönalsanktion verboten ist, vorschreiben. Wie man sich bei der Einschaltung dieser Klasse von Gesetzen in einen Volkskodex nehmen solle, dürfte um so schwerer zu bestimmen sein, als dieselben mehrenteils bloße Zeitgesetze sind, die nach den Umständen abgeändert, aufgehoben, ausgedehnt und eingeschränkt werden. Hier weiß ich keinen andern Rat, als daß man auch hier diejenigen Finanzgesetze, welche nur gewisse Arten von Gewerben betreffen, von den übrigen absondere, in eine besondere Sammlung bringe und die darin von Zeit zu Zeit sich ereignenden Veränderungen in jährlichen Supplementen dazu aufbewahre. Aus den übrigen Gesetzen, welche von jedem Bürger des Staats beobachtet werden sollen, müßte man gewisse allgemeine Regeln zu abstrahieren suchen und nur diese dem Volkskodex einverleiben; übrigens aber den festen Grundsatz annehmen, daß ein Bürger des Staats, welcher nicht von einer gewissen Art des Gewerbes Profession macht, alle die verschiedenen Akzise-, Zoll- und andere dergleichen Finanzgesetze unmöglich wissen könne; daß also von ihm in jedem vorkommenden Falle nur eine getreue Angabe der Umstände, unter welchen er in Beziehung auf diesen Fall sich befindet, verlangt werden könne; daß es alsdann den Beamten des Staats obliege, ihn wegen seines Verhaltens dabei zu belehren; und daß er, sobald diese Belehrung von ihm befolgt worden, vor Verantwortung und Strafe sicher sei.
Endlich hätte ich auch über den Stil und Ton, in welchem der Volkskodex abzufassen wäre, noch manches auf dem Herzen. Aber aus gegründeter Besorgnis, den Leser auf einmal zu sehr zu ermüden, will ich mir dessen Mitteilung zu einem künftigen Stück vorbehalten.

ÜBER DEN EINFLUSS DER GESETZGEBUNG IN DIE AUFKLÄRUNG

Daß Aufklärung den wichtigsten Einfluß in die Güte und Vollkommenheit der Gesetzgebung habe, ist wohl keinem Zweifel unterworfen und bedarf für eine Gesellschaft wie die gegenwärtige keines Beweises. Aber wie verhält sich umgekehrt Gesetzgebung zur Aufklärung; was kann und darf jene tun, um diese zu befördern? Hierüber läßt sich eher etwas Interessantes sagen, wovon ich aber nur Bruchstücke zu liefern vermögend bin.

Da es die Aufklärung mit der Ausbildung und Übung unsrer Denkkraft, mit Richtung derselben auf gemeinnützige praktische Gegenstände und mit Hervorbringung der Fertigkeit, in Geschäften dieser Art nach eigenen Einsichten und Überzeugungen zu urteilen, hauptsächlich zu tun hat, Gesetzgebung hingegen sich mehrenteils nur auf äußere Handlungen der Menschen und auf Bestimmung ihrer rechtlichen Folgen einschränken muß, wobei es auf dasjenige, was die Handlung motiviert hat, nur in seltenen Fällen ankommt, so erhellt, daß die Gesetzgebung unmittelbar und geradezu nur wenig zur Beförderung der Aufklärung tun könne. Aufklärung durch Gesetze befehlen wollen, enthält einen Widerspruch, und wehe der Aufklärung, wenn je ein Gesetzgeber sich einfallen läßt, sie zum Gegenstande selbst begünstigender Verordnungen zu machen.

Inzwischen liegen doch Meinungen und Urteile, insofern solche in Worten oder Schriften sich äußern, mitnichten ganz außerhalb dem Gebiete der Gesetzgebung. Insofern also, wie diese die rechtlichen Folgen solcher Äußerungen bestimmt, können ihre Verordnungen der Aufklärung entweder sehr beförderlich oder sehr schädlich werden. Aber auch hier kann und darf das Verdienst der Gesetzgebung um die Aufklärung mehr verneinend als positiv sein. So wie nämlich überhaupt es billig der große Grundsatz eines jeden Gesetzgebers sein sollte, die natürliche Freiheit der zur bürgerlichen Gesellschaft verbundenen Menschen nur so weit einzuschränken, als es der Zweck dieser Gesellschaft, nämlich äußere und innere Sicherheit, erfordert, so muß eben dieser Grundsatz alsdann, wenn der Gesetzgeber bloße Äußerungen von Urteilen und Meinungen für sein Forum zieht, um so mehr angewendet werden, je entfernter verhältnisweise die Beziehung ist, in welcher solche mit jenem Zweck der bürgerlichen Gesellschaft stehen. Er muß also *erstlich* sich so wenig als möglich auf positive Bestimmungen darüber einlassen; wo er es aber nicht ganz vermeiden kann, da muß er *zweitens* die gesetzmäßigen Schranken solcher Äußerungen nur so bestimmen, daß jede Überschreitung derselben wirklich unmittelbar und geradezu die äußere oder innere Ruhe und Sicherheit der bürgerlichen Gesellschaft verletze. Hierin besteht meines Ermessens ein sehr wichtiger, aber auch sehr oft übersehener Unterschied zwischen der Gesetzgebung über Handlungen und der über bloße Meinungen und Urteile. Handlungen können eingeschränkt, geboten oder verboten werden, bloß weil, um mich kurz auszudrücken, das Bene esse der bürgerlichen Gesellschaft solches erfordert, indem dies Bene esse mit dem letzten Zweck der Gesellschaft, der Sicherheit, in einer, wenn auch nur mittelbaren und nicht sogleich in die Augen fallenden, doch an sich gewissen oder wenigstens höchstwahrscheinlichen Verbindung steht. Bei bloßen Äußerungen von Meinungen und Urteilen ist dies weit seltener der Fall, weil, sobald dergleichen Äußerung den letzten Zweck der bürgerlichen Gesellschaft nicht unmittelbar angreift, der Gesetzgeber nie mit einem solchen Grade von Gewißheit oder auch nur Wahrscheinlichkeit den indirekten Einfluß derselben auf diesen Zweck berechnen kann und es ihn offenbar zu weit führen würde, wenn er dabei auf bloße Möglichkeiten Rücksicht nehmen wollte.

Sind vorstehende Sätze von der Legislation überhaupt richtig, so sind sie es gewiß noch mehr von der allgemeinen Gesetzgebung. Es können allerdings Umstände sich ereignen, wo der Gesetzgeber überwiegende Gründe hat oder wenigstens zu haben vermeint, die Äußerung von Meinungen und Urteilen über gewisse Gegenstände in engere Schranken, als es jene allgemeine Theorie erlaubt, einzuschließen. Aus diesem Gesichtspunkt können sich manche Gesetze, die auffallende Einschränkungen der Freiheit in diesem Stück zu enthalten scheinen, als bloße Zeitgesetze noch wohl verteidigen lassen. Aber die allgemeine Gesetzgebung, deren Werk es ist, feste, sichere und fortdauernde Grundsätze über Recht und Unrecht festzustellen, die besonders in einem Staat, welcher keine eigentliche Grundverfassung hat, die Stelle derselben gewissermaßen ersetzen soll, die also für den Gesetzgeber selbst Regeln enthalten muß, denen er auch in bloßen Zeitgesetzen nicht zuwiderhandeln darf, die sich den stolzen Gedanken erlauben darf, die Wohlfahrt nicht bloß der gegenwärtigen, sondern auch künftiger Generationen zu befördern — diese kann und darf sich bei allen dergleichen Nebenrücksichten auf bloß temporelle Bedürfnisse oder Umstände nicht aufhalten. Ihr Geist und ihre Grundsätze müssen gleichsam die Feste [sein], in welche sich die durch Zeitgesetze gedrängte Freiheit zurückziehen und aus der sie unter günstigeren Umständen zur Wiedererlangung ihrer gekränkten Rechte mit gestärkten Kräften zurückkehren kann.

Es sei mir erlaubt, die bisher vorgetragene Theorie mit einigen Beispielen aus dem Entwurf unseres Gesetzbuchs zu erläutern.

Meinungen über Religionsmaterien und über Anordnungen und Einrichtungen im Staat sind diejenigen, die man bisher am gewöhnlichsten als Gegenstände der Gesetzgebung betrachtet hat. In Ansehung der religiösen Meinungen enthält der Entwurf folgende Vorschriften. Siehe Teil [I Abt.] II Tit. VI §§ 1, 2, 3, 9, 10, 35, 45, 59.

Ich glaube, daß diese Vorschriften nach der vorangeschickten Theorie die Prüfung aushalten werden. Einige darunter, z. E. §§ 1, 2, 35, scheinen zwar teils an sich, teils in Rücksicht auf den Zeitpunkt, wo sie angenommen wurden, so klar zu sein und sich so sehr von selbst zu verstehen, daß man ihnen den Vorwurf der Überflüssigkeit gemacht hat. Aber wenn man an den von mir oben bemerkten Zweck der allgemeinen Gesetzgebung zurückdenkt, so wird man es schwerlich mißbilligen können, daß solche ausdrücklich gesagt und festgestellt werden. Die in den §§ 9, 10 enthaltenen Einschränkungen der Freiheit, religiöse Meinungen zu äußern, sind so beschaffen, daß sie nicht überschritten werden können, ohne den letzten Zweck der bürgerlichen Gesellschaft unmittelbar anzugreifen. Auch das Verbotsgesetz des § 59 wird man hoffentlich nicht zu hart finden, wenn man bedenkt, daß das Gesetz die Geistlichen als Beamte des Staats betrachte und nur aus diesem Gesichtspunkt von ihnen fordere, daß sie in Verrichtung ihres Amtes die dafür gegebenen Vorschriften befolgen sollen. Inzwischen gestehe ich gern, daß bei diesem Satze noch die meisten Erinnerungen stattfinden können, deren Erörterung aber mich viel zu weit über die Grenzen der gegenwärtigen Vorlesung hinausführen würde.

Weniger bestimmt und hinreichend scheint mir dasjenige, was der Entwurf wegen der Äußerung von Meinungen und Urteilen über Verordnungen und Einrichtungen des Staats vorschreibt. Siehe [Teil I] Abt. III Tit. VIII § 146. An sich dürfte gegen den Satz wohl nichts zu erinnern sein. Daß die Gesetzgebung das Recht habe, frechen und unehrerbietigen Tadel der Landesverfassungen und Anordnungen des Staats, wodurch wirklich Mißvergnügen und Unzufriedenheit der Bürger gegen die Regierung veranlaßt wird, zu untersagen, hat wohl seine Richtigkeit; denn durch *solche* Äußerungen wird allerdings der letzte Zweck der bürgerlichen Gesellschaft unmittelbar angetastet. Aber die in diesen Satz hineingekommenen Bestimmungen scheinen mir nicht ganz passend zu sein. Zwar halte ich es für keinen Fehler, daß auf den Grund oder Ungrund des Tadels keine Rücksicht genommen worden. Denn wenn er auch gegründet ist, so hat zwar der, welcher die Anordnung gemacht hat, den Tadel verdient. Aber der Tadler selbst hat deswegen noch kein Recht, durch die Verbreitung desselben die Ruhe und Sicherheit der bürgerlichen Gesellschaft zu stören. Hingegen scheint auf der einen Seite das Gesetz zu viel zu fordern, wenn es, um den Tadel öffentlicher Anordnungen und Einrichtungen als verboten darzustellen, zweierlei in Verbindung erfordert, nämlich 1. daß er frech und unehrerbietig sei, 2. daß er die bemerkten nachteiligen Folgen wirklich hervorbringe. Das Unerlaubte der Äußerung wird also mit in den Folgen derselben gesetzt, und da der Tadler nicht vorauswissen kann, ob diese Folgen, ohne welche das Gesetz die Äußerung selbst noch nicht für strafbar erklärt, daraus entstehen werden oder nicht, so scheint das Gesetz keinen Ausgang haben zu können. Wollte man aber auf der andern Seite von dem Begriffe des Unerlaubten die Folgen der Äußerung ganz absondern und also diesen Begriff bloß auf die Art des Tadels einschränken, so würde, da die Ausdrücke *frech und unerlaubt* so sehr schwankend und relativ sind, das Gesetz wieder gar zu leicht zur Unterdrückung der Freiheit gemißbraucht werden können. Vielleicht würde man am besten tun, den frechen und unehrerbietigen Tadel überhaupt zwar für unerlaubt zu erklären, positive Strafen aber nur alsdann darauf zu verordnen, wenn die bemerkten nachteiligen Folgen daraus wirklich entstehen. Doch ich breche von einem Detail ab, welches vielleicht zu wenig Interesse für die Gesellschaft haben dürfte, und da ich überhaupt finde, daß die Materie von dem Einfluß der Gesetzgebung in die Aufklärung viel zu reichhaltig sei, um auch nur von ihren wichtigsten Seiten her in einer solchen Vorlesung mit irgendeinem Grade der Vollständigkeit abgehandelt zu werden, so bitte ich zum Schluß bloß um die Erlaubnis, solche noch von einer vielleicht am wenigsten in die Augen fallenden Seite betrachten zu dürfen. Ich glaube nämlich, daß die gegenwärtige Art des gerichtlichen Verfahrens in Prozessen der Aufklärung sehr zuträglich sei. Da es jetzt dem Richter obliegt, die bei einem Prozeß zum Grunde liegende Tatsache in ihrem ganzen Zusammenhange und nach allen den Umständen, aus welchen vermöge der Gesetze Rechte oder Verbindlichkeiten entspringen, zu entwickeln, so muß er dadurch notwendig mehr als sonst zum Selbstdenken gewöhnt werden. Dies muß um so gewisser geschehen, als das Gesetz ihn dabei dem eigenen Gebrauche seines Verstandes und seiner Fähigkeiten überläßt und sich damit begnügt, teils ihn in seinem Verfahren einer beständigen Kontrolle zu unterwerfen, teils die Parteien gegen bloße Willkürlichkeiten zu sichern. Vormals war der Richter in demjenigen Teile des Prozesses, welcher die Instruktion betraf, bloß Maschine, und erst dann, wenn er das Urteil machte, fand er zuweilen noch Gelegenheit, seine Denkkraft zu üben. Zwar lag es dagegen desto mehr den Advokaten ob, sich um die Entwicklung des Facti zu bemühen. Aber diese Bemühung konnte in der Regel nur einseitig sein, und Witz und Einbildungskraft wurden dabei mehr als die eigentliche Vernunft in Übung gesetzt. Auch auf die Parteien sollte, dünkt mir, das gegenwärtige Prozeßverfahren einen der Aufklärung vorteilhaften Einfluß haben. Da sie der Entwicklung ihrer Angelegenheiten selbst beiwohnen und dem Richter bei jedem Schritte darin folgen können, da diese Schritte nur nach den Regeln des gesunden Menschenverstandes abgemessen sind und also die Partei, wenn sie den ihrigen nur einigermaßen ausgebildet hat, die Gründe, warum dies oder jenes geschehe, leicht einsehen und beurteilen kann, da ihr bei der Sache habendes Interesse sie auf den Gang und die Entwicklung derselben notwendig aufmerksam machen muß, so entsteht daraus wirklich eine Übung im Selbstdenken, und der Aufklärung ist solchergestalt ein Feld eröffnet worden, in welchem sie vorhin ganz unbekannt war. In der Tat scheint auch diese Bemerkung durch die Erfahrung bestätigt zu werden. Denn nie ist wohl im großen Publico über Prozeßordnung, Gesetzgebung und damit verwandte Materien so viel räsonniert, freilich auch deräsonniert worden als in dem zu Ende eilenden Jahrzehent. — Doch ich erinnere mich an mein Versprechen, die Gesellschaft nicht länger aufzuhalten, und schließe mit dem Wunsche, durch diesen Aufsatz wenigstens Anlaß zu lehrreichen Diskussionen gegeben zu haben.

[1. April 1789] *Svarez*

ÜBER DEN ZWECK DES STAATS

Materien aus dem Allgemeinen Staatsrecht sind schon seit einiger Zeit der Gegenstand unsrer gesellschaftlichen Unterhaltungen gewesen, und ich glaube, daß sie sich besonders in unsrer gegenwärtigen Periode vorzüglich dazu schicken, indem nicht nur das, was um und neben uns geschieht, natürlicherweise unsere Aufmerksamkeit auf solche Gegenstände hinlenkt, sondern auch jedem unter uns, nach den verschiedenen Lagen und Verhältnissen, in denen er sich entweder schon jetzt befindet oder in die er noch künftig versetzt werden kann, daran gelegen sein muß, über gewisse allgemeine Wahrheiten dieser Art mit seinem Verstande und Herzen einig zu werden, damit er wisse, nach welchen Grundsätzen er in vorkommenden Fällen sein Betragen einzurichten, inwiefern dem Strome der Meinungen zu folgen oder sich demselben entgegenzustemmen oder, wenn er kann, diesem Strome die oder jene Richtung zu geben habe.

Ich hoffe also Verzeihung zu finden, wenn ich für heute abermals eine dergleichen Materie zum Gegenstand unserer Diskussionen vorschlage.

So scharfsinnig die Gründe auch waren, aus welchen letzthin eines unserer würdigen Mitglieder behaupten wollte, daß das Recht der bürgerlichen Obergewalt im Staat aus der moralischen Verbindlichkeit, alles zu tun, was unsere Glückseligkeit befördert, hergeleitet werden müsse und daß also der Weisere und Bessere, wenn er zugleich der Stärkere ist, befugt sei, die übrigen Menschen zu zwingen, daß sie seinen auf ihr Bestes abzielenden Verordnungen Folge leisten müssen, so sind wir doch, soviel ich mich erinnere, durch eine ziemlich überwiegende Stimmenmehrheit dahin übereingekommen, daß man die Rechte des Staats nicht füglich aus dieser Quelle herleiten könne, sondern daß man den Entstehungsgrund dieser Rechte in dem sogenannten bürgerlichen Vertrage suchen müsse, vermöge dessen mehrere einzelne Menschen oder Familien in eine bürgerliche Gesellschaft zusammengetreten sind und sich einer gemeinschaftlichen Obergewalt unterworfen haben, um unter der Leitung und Anführung derselben den Zweck ihrer Verbindung zu erreichen.

Diesen bürgerlichen Vertrag setze ich also hier als ausgemacht voraus, da es teils unnütz, teils zu fremd für meine gegenwärtige Absicht sein würde, die Gründe für seine Existenz wiederholen oder verstärken zu wollen.

Die Frage, worauf es mir gegenwärtig ankommt, ist also nur die:

Welches ist der Zweck, zu dessen Erreichung dieser bürgerliche Vertrag geschlossen zu sein angenommen werden muß?

Ich erinnere mich, bei unsern bisherigen Diskussionen mehrmalen gehört zu haben, daß man diese Frage dahin beantwortet habe, der Zweck des Staates sei nur die Sicherheit der Personen und des Eigentums gegen äußere Störungen und Beeinträchtigungen, woraus man dann die Folge hergeleitet hat, daß der Staat nur so weit ein Recht habe, die natürliche Freiheit seiner Bürger einzuschränken, als es notwendig ist, um einem jeden den ruhigen Besitz und Genuß des Seinigen sicherzustellen. Eben dieser Grundsatz ist auch bei den neuerlichen Verhandlungen über die Französische Konstitution von den besten Schriftstellern dieser Nation behauptet und verteidigt worden, und es scheint wirklich, daß die Nationalversammlung denselben bei ihrer Legislation zur alleinigen oder doch hauptsächlichsten Richtschnur angenommen habe. Ich gebe auch gern zu, daß Sicherheit der Person und des Eigentums der erste und nächste Zweck der Staatsverbindungen sein möge, da es höchst wahrscheinlich, ja ich mag wohl sagen: gewiß ist, daß die Empfindung der mannigfaltigen Übel und Gefahren, welchen ein jeder in dem Naturzustande aus Mangel an Schutz und Sicherheit gegen die Beeinträchtigungen in seinen angeborenen und erworbenen Gütern ausgesetzt ist, die Menschen zuerst veranlaßt haben möge, in Staatsverbindungen zu treten und die vereinigten Kräfte der ganzen Gesellschaft in die Hände des Regenten gleichsam niederzulegen, damit der Anblick und das Gewicht einer solchen vereinigten Masse von Kräften, die zum Schutz eines jeden einzelnen da ist und in jedem Augenblick dazu in Bewegung gesetzt werden kann, jeden in und außer der Gesellschaft von Beleidigungen und Kränkungen ihrer Mitglieder abschrecken möge.

Ich gebe ferner zu, daß dieser Grundsatz fruchtbar genug sei, um daraus den bei weitem größeren Teil aller Rechte und Pflichten zwischen Regenten und Untertanen herzuleiten und zu bestimmen, zumalen wenn man *das Seinige*, wobei ein jeder durch den Staat geschützt werden soll, im weitläufigsten Sinne nimmt, in welchem auch der freie Gebrauch und die Ausbildung der Kräfte und Fähigkeiten eines jeden, so wie er solches zum Zweck seiner

Glückseligkeit oder Vollkommenheit nach seiner eigenen Einsicht und Überzeugung für gut findet, darunter mitbegriffen ist. Selbst das Recht des Staats, Merkmale und Kennzeichen zu bestimmen, an welchen erkannt und wonach beurteilt werden soll, ob ein gewisses Eigentums- oder andres Recht erworben oder verloren worden, folgt aus diesem Grundsatze ganz natürlich, da, wenn der Staat einen jeden bei dem Seinigen schützen soll, dem in sehr vielen Fällen eintretenden Mangel natürlicher Bestimmungsgründe, aus welchen erkannt werden kann, was zu dem Seinigen dieses oder jenes Menschen gehöre, durch allgemein angenommene positive Bestimmungen notwendig abgeholfen werden muß. Ebenso fließt aus dem Zweck der Aufrechthaltung der allgemeinen Ruhe und Sicherheit das Recht des Staats, für die Kollisionsfälle, wenn die Wünsche und Bestrebungen mehrerer Menschen um die Erhaltung oder Erwerbung eines und eben desselben Guts dergestalt zusammentreffen, daß nur einer von ihnen den von allen beabsichtigten Zweck erreichen kann, allgemeine Regeln zu bestimmen, nach welchen einer dem andern nachstehen muß, und dadurch die Veranlassungen zu Streit und Uneinigkeit zwischen den Mitgliedern der bürgerlichen Gesellschaft aus dem Wege zu räumen. Auch diejenigen Anordnungen der Obergewalt im Staat, wodurch die Bürger desselben angewiesen und nötigenfalls gezwungen werden, durch Geben oder Tun zum gemeinschaftlichen Besten wirksam zu sein, lassen sich aus jenem Zweck insoweit vollkommen rechtfertigen und verteidigen, als diese Anordnungen wirklich dahin abzielen, das Band, welches alle Staatsbürger untereinander und mit dem Regenten vereinigt, zu erhalten oder zu befestigen, weil von dem Stehen oder Fallen dieser Vereinigung die Erhaltung der Ruhe und Sicherheit eines jeden einzelnen notwendig abhängt.

Bei dem allen zweifle ich aber doch, daß man damit auslangen könne, wenn man den Zweck des Staats bloß auf den Schutz und die gemeinschaftliche Verteidigung gegen Beeinträchtigung des Eigentums und der Rechte der einzelnen setzen und also keine Befugnisse der Obergewalt im Staat gelten lassen will, welche sich nicht auf eine oder die andre Art aus diesem alleinigen Zwecke herleiten lassen. Wir finden nämlich in einem jeden wohleingerichteten Staate eine Menge von Anordnungen und Ausübungen der Obergewalt, denen wir uns alle ohne Murren sogar mit Freuden unterwerfen, ohnerachtet sie bloß dahin abzielen, zum Besten nicht des Ganzen, sondern gewisser einzelnen Mitglieder des Staats unvollkommene Pflichten in vollkommene, bloße moralische Befugnisse in Zwangsrechte zu verwandeln. Oder mit andern Worten: Es kommen in jeder, auch der vollkommensten, Staatsverfassung Gesetze vor, die uns zwingen sollen, das Beste andrer einzelner Menschen tätig zu befördern, wozu wir doch nach dem Rechte der Natur keineswegs gezwungen werden können. So haben wir z. E. Gesetze, welche die Eltern zwingen, nicht nur für die physischen Bedürfnisse ihrer Kinder, solange diese sich noch nicht selbst helfen können, sondern auch für ihre moralische Ausbildung und Erziehung zu sorgen, welche die Kinder zwingen, ihre hilflosen und verarmten Eltern zu ernähren und zu verpflegen, welche den einen Staatsbürger zwingen, die vormundschaftliche Obsorge für die minderjährigen Kinder eines andern zu übernehmen; alle Gesetze, welche den Staatsbürgern gewisse Beiträge zur Unterhaltung der Armenanstalten abfordern, gehören in eben diese Klasse, die mit einer großen Menge von andern Beispielen leicht vermehrt werden könnte. Wollen wir alle diese Gesetze als widerrechtliche, in dem Zwecke des Staats nicht gegründete Einschränkungen unsrer natürlichen Freiheit verwerfen? Wir können es unmöglich leugnen, daß sie, wenn sie nur sonst mit Weisheit und Mäßigung abgefaßt sind, ungemein viel dazu beitragen, den Wohlstand eines Staats zu befördern und die Summe der bürgerlichen Glückseligkeit zu vermehren; wie könnten wir sie also für Fehler in der Staatsverfassung ausgeben, das sie doch notwendig sein müßten, wenn sie in dem Zwecke des Staats nicht gegründet wären? Mit eben dem Rechte, wie man annimmt, daß der Mensch bei seinem Eintritt in den Staat des natürlichen Rechts, sich im Besitz und Genuß des Seinigen mit eigener Gewalt zu verteidigen und in vorkommenden Kollisionsfällen sein eigener Richter zu sein, hat entsagen können und wollen, warum sollte man nicht mit eben dem Rechte annehmen können, daß er bei diesem Übertritt sich auch zu Handlungen, wodurch das Wohl einzelner Mitbürger tätig befördert wird, verpflichten gekonnt und gewollt habe. Es ist doch unstreitig, daß solche Handlungen, wodurch der Mensch andere um sich her glücklich macht, am Ende immer auch zur Beförderung seiner eigenen Glückseligkeit gereichen, und Glückseligkeit war doch wohl der höchste Zweck, warum der Mensch seine natürliche Unabhängigkeit aufgab und in die bürgerliche Gesellschaft überging.

Auf der andern Seite ist es auch nicht zu leugnen, daß der Satz:

> Es sei Zweck des Staats, die Bürger desselben zu Handlungen der tätigen Beförderung des Wohls einzelner Mitbürger zwingend zu verpflichten,

in diesem Umfang genommen, in sich selbst einen Widerspruch bei sich zu führen scheine und daß er der bürgerlichen Freiheit äußerst gefährlich sei. Tugenden, durch Gesetze geboten, hören auf, Tugenden zu sein; sie verlieren ihren ganzen Wert, und man hebt alle Moralität, die man doch befördern will, auf, wenn man sie dem Zwange der Gesetze zu unterwerfen sich anmaßt. Freilich bleibt der Unterschied in der Sache selbst noch immer übrig, ob die Handlung des Wohlwollens bloß aus moralischen Bewegungsgründen oder ob sie aus Furcht vor der Strafsanktion des Gesetzes ausgeübt wird. Aber am Ende verlieren sich die Motive der ersteren Art ganz, weil die von der letzteren einen sinnlicheren und gegenwärtigeren Eindruck machen, und wir werden am Ende alle zu Chinesen, die äußerst höflich sind, weil die Höflichkeit dort bei Stockschlägen geboten ist, die aber keinen Anstand nehmen, denselben Mann, welchen sie soeben mit den tiefsten Verbeugungen geehrt haben, wo sie nur wissen und können, nach Herzenslust zu hintergehen und zu verraten. Räume man es nur einmal unsern Regenten und ihren Staatsdienern ein, daß sie berechtigt sind, moralisch gute Handlungen durch Gesetze zu gebieten, so werden wir bald eine Legislation à la Chinoise haben, zumalen daraus ein ganz ergiebiger Zufluß für die Straf- und Brüchtenkassen zu erwarten stünde.

Es ist also gewiß sehr schwer, in diesem Punkt ein richtiges Mittel zu halten und auf der einen Seite dem Staat die Hände nicht zu sehr zu binden, auf der anderen aber auch die besorglichen Mißbräuche unnötiger und also auch ungerechter Einschränkungen der natürlichen Freiheit zu vermeiden.

Sollte ich Vorschläge tun, wie diese Mittelstraße am sichersten bezeichnet werden könnte, so würden es folgende Sätze sein:

1. Der Staat ist berechtigt, Anstalten zu machen, durch welche die moralischen Bewegungsgründe zur Ausübung der Pflichten des Wohlwollens in den Gemütern seiner Bürger erweckt, unterhalten und verstärkt werden können. Dahin rechne ich alle Unterrichts- und Erziehungsanstalten und überhaupt alles, was zur Beförderung wahrer Aufklärung gereicht.

2. Er ist berechtigt, zur Gründung und Unterhaltung solcher Anstalten von denjenigen seiner Staatsbürger, welche davon Gebrauch machen können, Beiträge zu fordern. Denn ius ad finem dat ius ad media.

3. Er ist berechtigt, solche unvollkommenen Pflichten durch Gesetze in Zwangspflichten zu verwandeln, von welchen sich mit überzeugender Gewißheit voraussehen läßt, daß die unterlassene Beobachtung derselben unmittelbar und geradezu entweder die Erreichung des Hauptzwecks der Staatsverbindung hindern oder die Auflösung des Bundes der bürgerlichen Gesellschaft zur Folge haben würde.

4. Wenn es möglich ist, die Kräfte und Fähigkeiten eines Menschen zur Beförderung der Glückseligkeit eines andern so zu verwenden, daß jener da-

durch in dem freien Gebrauch dieser seiner Fähigkeiten und Kräfte zur Beförderung seiner eigenen Glückseligkeit gar nicht gehindert werde, so ist der Staat dergleichen Verwendungen zu gebieten berechtigt.
Ich gestehe, daß dieser letztere Satz etwas zu spekulativ klinge und es mir selbst noch nicht klar sei, ob ein Fall dieser Art wirklich existieren könne. Ich bitte also hierüber besonders um Belehrung, sowie ich derselben über den ganzen Inhalt dieses flüchtigen Aufsatzes, dessen Gegenstand aber für das Allgemeine Staatsrecht und für die Theorie der Legislation gewiß sehr wichtig ist, lehrbegierig entgegensehe.

19ten Januar 1791 *Svarez*

Sachregister

Personenregister

Ohne Namen der Antike

GPSR Compliance

The European Union's (EU) General Product Safety Regulation (GPSR) is a set of rules that requires consumer products to be safe and our obligations to ensure this.

If you have any concerns about our products, you can contact us on ProductSafety@springernature.com

In case Publisher is established outside the EU, the EU authorized representative is:

Springer Nature Customer Service Center GmbH
Europaplatz 3
69115 Heidelberg, Germany

Batch number: 10809636

Printed by Printforce, the Netherlands